"十三五"国家重点出版物出版规划项目

重大工程的动力灾变学术著作丛书

桥梁结构抗震分析与地震保护

杜修力　韩　强　著

科学出版社

北　京

内 容 简 介

本书系统介绍了作者十五年来在桥梁结构抗震减震领域的相关研究工作。全书共14章，主要内容包括：地震动特性及输入问题，桥梁结构弹性地震反应分析方法，桥梁主要构件非线性分析模型，RC桥墩非线性分析模型，土-基础-桥梁结构相互作用，桥梁地震反应非线性分析方法，直接基于位移的桥梁抗震设计方法，空间地震动作用下桥梁随机反应，基于多尺度有限元建模的桥梁地震倒塌分析，桥梁地震保护装置，减隔震桥梁地震反应分析方法，摇摆桥梁结构分析与抗震设计，桥墩地震动水压力分析方法，以及桥梁结构模型动力试验等。

本书可供从事工程结构抗震领域相关工作的工程技术人员和科技人员等参考，也可供土木工程专业高年级本科生和研究生阅读参考。

图书在版编目(CIP)数据

桥梁结构抗震分析与地震保护/杜修力，韩强著. —北京：科学出版社，2019.3
(重大工程的动力灾变学术著作丛书)
"十三五"国家重点出版物出版规划项目
ISBN 978-7-03-052370-9

Ⅰ.①桥…　Ⅱ.①杜…②韩…　Ⅲ.①桥梁结构-防震设计-研究
Ⅳ.①U442.5

中国版本图书馆CIP数据核字(2017)第054151号

责任编辑：刘宝莉　陈　婕　乔丽维／责任校对：郭瑞芝
责任印制：吴兆东／封面设计：陈　敬

科 学 出 版 社 出版
北京东黄城根北街16号
邮政编码：100717
http://www.sciencep.com

北京捷迅佳彩印刷有限公司 印刷
科学出版社发行　各地新华书店经销
*
2019年3月第　一　版　开本：720×1000　1/16
2023年1月第三次印刷　印张：29 3/4
字数：600 000

定价：228.00元

(如有印装质量问题，我社负责调换)

前　言

我国是地震多发国家，也是世界上地震灾害最严重的国家之一。桥梁是交通生命线的枢纽工程。在地震中，桥梁的破坏将导致交通中断，影响地震灾区救援和救灾工作，而且遭受地震破坏的大型桥梁修复困难，严重影响交通运输的尽早恢复，会造成严重经济损失和不良社会影响。因此，对桥梁采取合理、有效的抗震对策，保证桥梁在地震中的安全与震后正常使用，对城市和地区的抗震防灾减灾工作及地震灾区的恢复重建工作都具有重要意义。

作者长期从事地震工程与结构动力学研究，特别是基础设施工程抗震问题研究。2001年，作者调入北京工业大学工作后，组建了北京工业大学桥梁抗震课题组。本书系统介绍作者十五年来在桥梁结构抗震减震领域的相关研究工作。全书主要内容包括：地震动特性及输入问题，桥梁结构及主要构件的力学性能与分析模型，桥梁结构地震反应分析与倒塌分析，桩-土相互作用及在桥梁抗震分析中的应用，直接基于位移的桥梁抗震设计方法及其应用，空间地震动作用下桥梁随机地震反应分析，桥梁地震保护装置及其在桥梁减隔震设计中的应用，摇摆桥梁结构分析理论与设计方法，桥墩地震动水压力计算分析方法以及桥梁结构动力试验。

在开展桥梁抗震减震相关研究期间，作者获得多项国家自然科学基金项目（包括国家自然科学基金创新研究群体项目、重大研究计划重点项目和集成项目、重大国际合作项目、重点项目、面上项目和青年基金项目），国家重点基础研究发展计划（973计划）项目和国家科技支撑计划，北京市教育委员会科学研究、创新平台和“人才强教”计划项目，北京市自然科学基金项目（包括重点项目和面上项目）的资助。在此，作者要特别感谢国家自然科学基金委员会、中华人民共和国科学技术部、北京市教育委员会和北京市自然科学基金委员会等单位的资助！

与本书内容相关的研究成果是作者与国内外合作者及研究生共同完成的，主要包括：北京工业大学闫维明教授、陈彦江教授、贾俊峰副教授、白玉磊副教授，天津大学李忠献教授，清华大学刘晶波教授，上海大学刘文光教授，防灾科技学院孙治国副教授，北京市市政工程设计研究总院何维利教授级高级工程师，以及课题组的研究生赵建锋、董振华、燕斌、王丕光、唐贞云、李勇、李晰、周大兴、闫晓宇、董慧慧、周雨龙、陈敬一、温佳年、张轩、刘卫刚、王利辉、丁兆旺、张强、王晓强、杨怀茂、贾振雷、胡梦涵、赵玉坤、赵建瑜、袁婉莹、丁怡宣等。感谢北京工业大学李洪泉教授、纪金豹副教授，同济大学李建中教授、王君杰教授，清华大学樊健生教授，河北工业大学王东升教授，招商局重庆交通科研设计院有限公司唐光武研究员，台湾大学欧昱辰教授等给予的支持。同时,感谢澳大利亚科廷大学郝洪教授、毕凯明博士,美国纽约州立大学布法罗分校 George C. Lee 教授,美国联邦公路局公路研究中心黄超博士,挪威 Aker Solu-tions 公司贾军波博士等在相关研究中提出宝贵建议。此外,特别感谢广州大学周福霖院士长期以来对北京工业大学桥梁抗震课题组的学术指导和大力支持!

由于作者水平有限,书中难免存在不妥之处,敬请读者批评指正。

目　　录

第1章　地震动特性及输入问题

对工程结构进行抗震分析，首先面临的就是地震动选择和输入问题，因此有必要清楚地震动特性及其是如何对工程结构产生作用的。地震动是指由震源释放出来的地震波引起的地面运动[1]。地震动的主要工程特征可以由地震动的幅值、频谱和持续时间三个基本要素来表示。强震观测记录和震害经验表明，大量工程结构的破坏现象是这三个基本要素综合影响的结果。随着强震观测技术，特别是地震动观测密集台阵的发展，很多学者逐渐意识到地震动的空间变化性（如行波效应、不相干效应、局部场地效应）和近断层效应（如上盘效应、方向性效应等）也会对结构动力反应产生不可忽视的影响。其次，需要根据工程结构的类型和场地情况选择合适的地震动输入方式和最不利输入角度。对于一般结构，其建筑用地范围较小，地基处的土层变化不大，在对其进行抗震分析时，可以采用一致激励的方式，但是对于桥梁这种延长型大跨度空间结构，桥墩分布范围较大，桥墩各支点处的地形、地貌以及土层分布可能存在较大差别，会导致在同一次地震中各支点处的地震动互不相同但又具有一定的相关性，这就需要采用非一致激励的方式才能真实反映结构在地震下的反应，否则可能会引起较大的分析误差。另外，地震动可能来自任意方向，由于结构具有不规则性及非对称性，当地震波沿某一特定的方向输入时，结构动力反应将达到最大值，称此特定方向角度为地震动最不利输入角度或地震动输入主方向。在结构抗震分析中，为了确保结构设计具有足够的合理性及可靠性且能更全面地评判结构的安全性，一般需要确定地震动的最不利入射角及其对应的结构动力反应。

本章对地震动的特性及输入问题进行概述，介绍地震动的随机过程描述、地震动的工程特性、地震动的人工合成方法、地震动非一致输入、最不利输入角度和地震动选择等问题。

1.1　地震动随机过程

1.1.1　地震动随机过程描述

地震动在空间和时间上具有随机性，同时其加速度、速度、位移时程具有明显的不规则性，因此可以将其看成一个随机过程。由于数学表达困难和强震记录数量有限，建立充分反映地震动特征的地震动随机过程模型尚有困难，通常先根据经验设定能反映地震动主要特征的模型，然后利用强震记录资料拟合模型参数和检验模型的适用性[1]。

随机过程是指定义于一个参数集上的一簇随机变量系，在此参数集的每一点处都对应一个随机变量。一维随机过程可视为多维随机变量的一个自然推广，如果把多维随机变量的维数视为参变量，那么一维随机过程的时间参数可视为此变量连续变化的结果。从这一概念出发，多维随机变量的基本概念可以类推于一维随机过程。地震动随机过程的抽样特征见图 1.1.1。

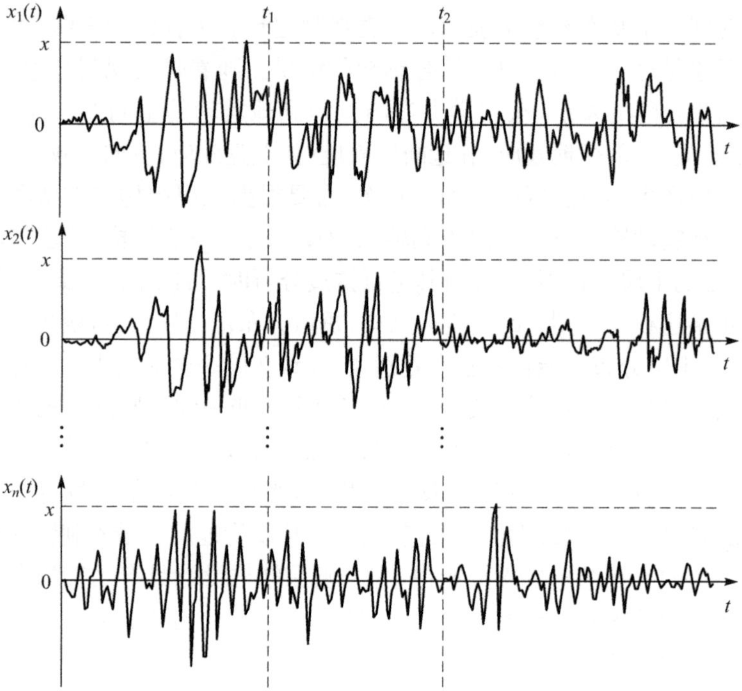

图 1.1.1　地震动随机过程的抽样特征

随机过程的概率结构可以用概率密度和特征函数来表示。随机过程 $x(t)$ 的概率结构采用概率密度的形式可以表示为

$$\begin{cases} P_{\{x\}}(x_1, t_1) \\ P_{\{x\}}(x_1, t_1; x_2, t_2) \\ \qquad \vdots \\ P_{\{x\}}(x_1, t_1; x_2, t_2; \cdots; x_n, t_n) \end{cases} \tag{1.1.1}$$

式中，各行分别称为 $x(t)$ 的一维分布密度、二维分布密度……n 维分布密度。

随机过程 $x(t)$ 的概率结构采用特征函数的形式可以表示为

$$
\begin{cases}
M_{\{x\}}(\theta_1,t_1)=E\{\mathrm{e}^{\theta_1 x(t_1)\mathrm{i}}\}=\int_{-\infty}^{\infty}\mathrm{e}^{\theta_1 x_1 \mathrm{i}}p(x_1,t_1)\mathrm{d}x \\
M_{\{x\}}(\theta_1,t_1;\theta_2,t_2)=E\{\mathrm{e}^{[\theta_1 x(t_1)\mathrm{i}+\theta_2 x(t_2)\mathrm{i}]}\} \\
\qquad =\int_{-\infty}^{\infty}\int_{-\infty}^{\infty}\mathrm{e}^{(\theta_1 x_1+\theta_2 x_2)\mathrm{i}}p(x_1,t_1;x_2,t_2)\mathrm{d}x_1\mathrm{d}x_2 \\
\qquad \vdots \\
M_{\{x\}}(\theta_1,t_1;\theta_2,t_2;\cdots;\theta_n,t_n)=E\{\mathrm{e}^{[\theta_1 x(t_1)\mathrm{i}+\cdots+\theta_n x(t_n)\mathrm{i}]}\} \\
\qquad =\int_{-\infty}^{\infty}\cdots\int_{-\infty}^{\infty}\mathrm{e}^{(\theta_1 x_1+\cdots+\theta_n x_n)\mathrm{i}}p(x_1,t_1;\cdots;x_n,t_n)\mathrm{d}x_1\cdots\mathrm{d}x_n
\end{cases}
\tag{1.1.2}
$$

式中，各行分别称为 $x(t)$的一维特征函数、二维特征函数……n 维特征函数。

对比式(1.1.1)和式(1.1.2)可以看出，特征函数实质上是概率密度的傅里叶变换。因此，随机过程的两种概率结构形式是等价的。

特征函数展开的实部为随机过程的一、二阶数字特征，因此可以用一、二阶数字特征来表示随机过程的主要概率特性，随机过程最重要的是自相关函数和功率谱密度函数。

随机过程 $x(t)$的自相关函数定义为任意两个不同状态 $x(t_1)$和 $x(t_2)$的原点距，即

$$R_{\mathrm{s}}(t_1,t_2)=E[x(t_1)x(t_2)] \tag{1.1.3}$$

自相关函数描述了随机过程两个状态之间在时域上的相关程度。

在频域中，随机过程最重要的二阶统计数字特征为功率谱密度函数，定义为自相关函数的傅里叶变换，即

$$R_x(t)=\frac{1}{2\pi}\int_{-\infty}^{+\infty}S_x(\omega)\mathrm{e}^{\mathrm{i}\omega t}\mathrm{d}\omega \tag{1.1.4}$$

$$S_x(\omega)=\int_{-\infty}^{+\infty}R_x(t)\mathrm{e}^{-\mathrm{i}\omega t}\mathrm{d}t \tag{1.1.5}$$

当 $t\rightarrow 0$ 时，随机过程的方差为

$$D[x(t)]=R_x(0)=\frac{1}{2\pi}\int_{-\infty}^{+\infty}S_x(\omega)\mathrm{d}\omega \tag{1.1.6}$$

式中，$S_x(\omega)$为随机过程的方差在频域内的分布密度函数。

1.1.2　地震动随机过程模型

Housner[2]、Rosenblueth 和 Herrera[3]用随机振动模型表示地震动，将地震动当成随时间随机分布的速度脉冲，该模型等价于白噪声，其谱密度函数是强度为 S_0 的水平线。Kanai[4]和 Tajimi[5]提出过滤白噪声模型，该模型将场地视为单自由度线性过滤器，并考虑场地特性对地震谱值的影响，其数学模型为

$$S_a(\omega)=\frac{1+4\xi_g^2(\omega/\omega_g)^2}{[1-(\omega/\omega_g)^2]^2+4\xi_g^2(\omega/\omega_g)^2}S_0 \tag{1.1.7}$$

式中，S_0 为基岩白噪声的扰动强度；ω 为地震动的频率；ω_g 和 ξ_g 分别为场地的特征频率和特征阻尼比。

Kanai-Tajimi 模型夸大了地震中低频分量的影响[5]。胡聿贤和周锡元[6]为 Kanai-Tajimi 模型添加了控制低频分量的低频滤波器，则修改后的数学模型为

$$S_a(\omega)=\frac{1+4\xi_g^2(\omega/\omega_g)^2}{[1-(\omega/\omega_g)^2]^2+4\xi_g^2(\omega/\omega_g)^2}\frac{\omega^6}{\omega^6+\omega_c^6}S_0 \tag{1.1.8}$$

式中，ω_c 为控制低频分量的参数。该模型较好地解决了低频分量所占影响过大的问题。由此式推得的地震动位移功率谱积分值为有限值，但是其位移功率谱与复频响应函数的乘积不可积分。该模型常应用于以长周期为主的大跨度桥梁结构地震反应分析。

Clough 等[7]将基岩和土体均假设为二阶线性高通滤波器，其数学模型为

$$S_a(\omega)=\frac{1+4\xi_g^2(\omega/\omega_g)^2}{[1-(\omega/\omega_g)^2]^2+4\xi_g^2(\omega/\omega_g)^2}\frac{1}{[1-(\omega/\omega_f)^2]^2+4\xi_f^2(\omega/\omega_f)^2}S_0 \tag{1.1.9}$$

式中，ω_f 和 ξ_f 分别为基岩的特征频率和特征阻尼比。该模型可以满足速度和位移功率谱在频率为零处有限的条件。

欧进萍等[8]提出了修正高频段的 Kanai-Tajimi 模型。杜修力等[9,10]基于工程统计模型与地震学模型相结合的方式提出了一种随机地震动自谱模型(式(1.1.10))，并依据美国西部八十余条基岩强震记录统计获得的不同震级、震中距的地面运动加速度傅里叶幅值谱，用最小二乘法进行曲线拟合确定了 D 值(表 1.1.1)，并给定了 ω_0(取 1.83)和 ω_g、ξ_g、S_0(表 1.1.2)。

$$S_a(\omega)=\frac{1+4\xi_g^2(\omega/\omega_g)^2}{[1-(\omega/\omega_g)^2]^2+4\xi_g^2(\omega/\omega_g)^2}\frac{1}{1+(D\omega)^2}\frac{\omega^4}{(\omega^2+\omega_0^2)^2}S_0 \tag{1.1.10}$$

式中，$1/[1+(D\omega)^2]$为低通滤波器；$\omega^4/(\omega^2+\omega_0^2)^2$ 为高通滤波器；ω_0 为低频拐角频率；D 为常量。

该模型较好地解决了 Kanai-Tajimi 模型导致地面速度和位移无界的缺点，且能方便地利用目前抗震设计所依据的基本参数来确定模型中的参数，特别是借鉴了地震学方法在模拟长周期地面运动方面的成功经验，对地震动长周期特性进行了较好的模拟，目前已应用于大跨空间结构、高坝、桥梁等结构的抗震分析。

表 1.1.1　参数 D 与震级 M 的关系

震级 M	5.5	6.0	6.5	7.0	7.5	8.0
参数 D	0.022	0.017	0.013	0.011	0.010	0.009

表 1.1.2　地震动功率谱模型参数

场地条件	设计烈度	自振周期小于 1s 的结构			自振周期大于 1s 的结构		
		ξ_g	ω_g	S_0	ξ_g	ω_g	S_0
Ⅰ	7	0.69	42.30	5.02	0.85	25.87	8.58
	8	0.69	42.52	19.20	0.85	26.08	32.69
	9	0.68	42.72	73.57	0.85	26.30	124.85
Ⅱ	7	0.85	25.92	8.50	0.92	17.69	12.59
	8	0.85	26.11	32.40	0.92	17.85	47.82
	9	0.85	26.29	123.81	0.93	17.98	182.21
Ⅲ	7	0.92	17.72	12.47	0.97	13.03	17.26
	8	0.93	17.88	47.37	0.97	13.16	65.34
	9	0.93	17.93	185.96	0.97	13.21	256.17
Ⅳ	7	1.01	8.94	25.58	1.04	7.19	32.77
	8	1.02	8.98	100.61	1.04	7.23	128.69
	9	1.02	9.14	365.70	1.04	7.37	465.34

赖明等[11]提出了另一种形式的修正高频和低频的模型，其数学表达式为

$$S_a(\omega)=\frac{1+4\xi_g^2\,(\omega/\omega_g)^2}{[1-(\omega/\omega_g)^2]^2+4\xi_g^2\,(\omega/\omega_g)^2}\,\frac{\omega^4}{\omega^4+\omega_h^4}\,\frac{\omega_l^4}{(\omega^2+\omega_l^4)^2}S_0 \quad (1.1.11)$$

式中，ω_l 为低通滤波器的低通上限频率；ω_h 为高通滤波器的高通下限频率。

上述几种随机地震动模型都是平稳的，但实际地震动是非平稳的随机过程。

1.2　地震动的工程特性

地震动的主要工程特征可以用三个基本要素来表示，即地震动幅值、地震动频谱和地震动持时[12]，简称地震动三要素。

1.2.1　地震动幅值

地震动幅值的大小受震级、震源机制、传播途径、距离以及局部场地条件等因素的影响。地震动幅值可以是地震动加速度、速度、位移中任何一种的峰值、最大值或某种意义下的等代值，代表性的有以下几种。

1. 加速度最大值和速度最大值

加速度最大值和速度最大值是最早提出和最广泛应用的地震动幅值。地震动加速度最大值主要受地震动高频成分振动能量影响，通常不能反映表征低频能量分布的宏观震源特性；而且，地震记录在数字化过程中因等间距取值而易丢掉最大值，因此，仍存在一些问题。例如，对于竖向加速度时程，按非等时间间距和 0.02s

等时间间距给出的最大值之比可达 1.5∶1；对于水平加速度时程，按非等时间间距和 0.02s 等时间间距给出的最大值之比可达 1.3∶1（基岩场地）或 1.2∶1（硬土场地）。现有强震记录大多来自模拟式强震仪，这种仪器对于周期小于 0.04s 的振动将出现严重失真，故加速度最大值通常严重失真[12]。

2. 有效峰值加速度和有效峰值速度

美国 ATC-3 样板规范[13]采用有效峰值加速度（effective peak acceleration，EPA）和有效峰值速度（effective peak velocity，EPV）作为地震动幅值指标。EPA 和 EPV 的定义分别为

$$\mathrm{EPA}=\frac{S_{\mathrm{a}}}{2.5} \tag{1.2.1}$$

$$\mathrm{EPV}=\frac{S_{\mathrm{v}}}{2.5} \tag{1.2.2}$$

式中，S_{a} 为阻尼比 $\xi=0.05$ 的加速度反应谱在周期 $T=0.1\sim0.5\mathrm{s}$ 内的平均值；S_{v} 为阻尼比 $\xi=0.05$ 的速度反应谱在周期 $T=0.8\sim2.5\mathrm{s}$ 内的平均值。

这样定义的有效峰值与真实峰值有关，但并不等于真实峰值，或者与真实峰值成比例关系。如果地震动中包含一定的高频成分，则有效峰值加速度会明显小于真实加速度峰值，但有效峰值速度常大于大震级、远距离处的真实速度峰值。

3. 持续加速度和持续速度

Nuttli[14]认为地震引起的结构破坏一般需要有一个积累的时间过程，多次达到最大值可以部分地反映这个意义，建议采用第 3～5 个峰值作为地震动幅值指标。根据他的研究，持续加速度与最大加速度比值的平均值约为 2/3。

4. 概率有效峰值

Mortgat 和 Shah[15]建议采用具有概率意义的概率有效峰值。Shi 和 Bolt[16]采用的有效峰值加速度也属于这一类，即取随机过程中超越概率为 5%和 10%的峰值作为有效峰值加速度。

5. 等反应谱有效加速度

将地震动加速度时程 $a(t)$最大的一个或者几个加速度峰值削去，使最大加速度从最大值 $a_{\max}$降为 a 而加速度反应谱几乎不变，则等反应谱有效加速度 a_{e} 定义为 $a_{\mathrm{e}}=a/0.9$。

6. 均方根加速度

地震动是一个随机过程，从随机过程的观点看，加速度随机过程 $a(t)$的最大峰值是一个随机量，不宜作为地震动的标志，而方差是表示地震动随机过程幅值大小

的一个统计特征。因此，如果将地震动加速度随机过程 $a(t)$ 看成在强震动阶段内是平稳随机过程，则均方根加速度 a_{rms}^2 定义为

$$a_{\mathrm{rms}}^2 = \frac{1}{T_{\mathrm{d}}}\int_0^{T_{\mathrm{d}}} a^2(t)\,\mathrm{d}t \tag{1.2.3}$$

式中，T_{d} 为地震动周期。

加速度最大值用来描述地震动的局部特征，用于表示最大峰值的大小，它取决于高频振动成分，并不能表示出其他峰值的相对大小；持续加速度对次要的峰值虽有一定的考虑，但是较为粗糙且具有一定局限性；其他几个有效或等效加速度最大值则都是地震动总强度的平均描述，它们虽能反映整体分布情况，但不能反映局部的分布情况。

1.2.2　地震动频谱

在地震工程中，地震动频谱特性的常用表示方法有傅里叶谱、反应谱和功率谱三种。傅里叶谱描述地震动中不同频率分量的幅值和相位分布，反应谱描述某次地震中具有不同阻尼比、不同自振周期的单质点系最大反应值(加速度、速度或位移)与周期的关系曲线，功率谱描述地震动各频率分量的能量。

1. 傅里叶谱

傅里叶谱是数学上用来表征复杂函数的一种经典方法。对于一个复杂的地震动过程 $a(t)$，可以按傅里叶级数展开为一系列具有不同频率周期函数的组合形式，即

$$a(t) = \sum_{j=1}^{N} A_j(\omega)\cos[\omega_j t + \psi_j(\omega)] \tag{1.2.4}$$

式中，$A(\omega)$ 表示 $a(t)$ 的傅里叶振幅谱；$\psi(\omega)$ 表示 $a(t)$ 的傅里叶相位谱。两者合称为傅里叶谱。利用欧拉公式，将式(1.2.4)变换为

$$a(t) = \sum_{j=-N}^{N} A_j(\omega)\mathrm{e}^{\mathrm{i}\omega_j t} \tag{1.2.5}$$

当 $N\to\infty$ 时，

$$a(t) = \frac{1}{2\pi}\int_{-\infty}^{+\infty} A(\omega)\mathrm{e}^{\mathrm{i}\omega t}\,\mathrm{d}\omega \tag{1.2.6}$$

$$A(\omega) = \int_{-\infty}^{+\infty} a(t)\mathrm{e}^{-\mathrm{i}\omega t}\,\mathrm{d}t \tag{1.2.7}$$

式(1.2.6)和式(1.2.7)表明，时域中的过程 $a(t)$ 与频域中的傅里叶谱 $A(\omega)$ 等价，它们共同构成一个傅里叶变换对。式(1.2.6)称为傅里叶逆变换，式(1.2.7)称为傅里叶正变换。将式(1.2.6)进行如下等价变换：

$$a(t) = \frac{1}{2\pi}\int_{-\infty}^{+\infty}\left[\int_{-\infty}^{+\infty} a(\tau)\mathrm{e}^{-\mathrm{i}\omega\tau}\,\mathrm{d}\tau\right]\mathrm{e}^{\mathrm{i}\omega t}\,\mathrm{d}\omega$$

$$=\frac{1}{2\pi}\int_{-\infty}^{+\infty}\left[\int_{-\infty}^{+\infty}a(\tau)\mathrm{e}^{-\mathrm{i}\omega(t-\tau)}\mathrm{d}\tau\right]\mathrm{d}\omega$$

$$=\frac{1}{2\pi}\int_{-\infty}^{+\infty}\left[\int_{-\infty}^{+\infty}a(\tau)\cos[\omega(t-\tau)]\mathrm{d}\tau\right]\mathrm{d}\omega \tag{1.2.8}$$

并记

$$G(\omega)=\int_{-\infty}^{+\infty}a(\tau)\cos[\omega(t-\tau)]\mathrm{d}\tau \tag{1.2.9}$$

则

$$a(t)=\frac{1}{2\pi}\int_{-\infty}^{+\infty}G(\omega)\mathrm{d}\omega \tag{1.2.10}$$

式(1.2.10)为 $a(t)$ 的傅里叶余弦变换。$G(\omega)$ 为傅里叶谱的等价形式,故

$$G(\omega)=A(\omega)\mathrm{e}^{\mathrm{i}\omega t} \tag{1.2.11}$$

注意到 $a(t)$ 的有限时间特性

$$|G(\omega)|=\left|\int_{-\infty}^{+\infty}a(\tau)\cos[\omega(t-\tau)]\mathrm{d}\tau\right| \tag{1.2.12}$$

$$\begin{aligned}G(\omega)&=\int_{-\infty}^{+\infty}a(\tau)\cos[\omega(t-\tau)]\mathrm{d}\tau\\&=\int_{-\infty}^{+\infty}a(\tau)[\cos(\omega t)\cos(\omega\tau)-\sin(\omega t)\sin(\omega\tau)]\mathrm{d}\tau\\&=\cos(\omega t)\int_{-\infty}^{+\infty}a(\tau)\cos(\omega\tau)\mathrm{d}\tau-\sin(\omega t)\int_{-\infty}^{+\infty}a(\tau)\sin(\omega\tau)\mathrm{d}\tau\end{aligned} \tag{1.2.13}$$

记

$$\int_{-\infty}^{+\infty}a(\tau)\cos(\omega\tau)\mathrm{d}\tau=|A(\omega)|\cos\psi \tag{1.2.14a}$$

$$\int_{-\infty}^{+\infty}a(\tau)\sin(\omega\tau)\mathrm{d}\tau=|A(\omega)|\sin\psi \tag{1.2.14b}$$

则有

$$G(\omega)=|A(\omega)|\cos(\omega t-\psi) \tag{1.2.15}$$

傅里叶相位谱为

$$\psi(\omega)=\arctan\frac{\int_{-\infty}^{+\infty}a(\tau)\sin(\omega\tau)\mathrm{d}\tau}{\int_{-\infty}^{+\infty}a(\tau)\cos(\omega\tau)\mathrm{d}\tau} \tag{1.2.16}$$

2. 反应谱

反应谱通过理想化单质点体系的反应来描述地震动特性,详见 2.2 节。

3. 功率谱

谱密度函数 $S(\omega)$(简称功率谱)是随机过程在频域中描述随机过程特性的物

理量，它可以定义为地震动过程 $a(t)$ 的傅里叶振幅谱 $A(\omega)$ 的均方值，即

$$S(\omega)=\frac{1}{2\pi T_{\mathrm{d}}}E[A^2(\omega)] \tag{1.2.17}$$

式中，T_{d} 为地震动持续时间；$E[A^2(\omega)]$ 为 $A(\omega)$ 的均方值。

由此可见，功率谱与傅里叶谱没有本质的区别。

1.2.3　地震动持时

震害经验和试验研究都表明，地震动持时对结构物的破坏有重要影响。地震动持时对结构反应的影响主要表现在结构的非线性反应阶段。目前对地震动持时的定义尚不统一，一般以地震动绝对幅值、地震动相对幅值、地震动总能量、地震动平均能量等定义持时。

1. 以地震动绝对幅值定义持时

取加速度记录图上绝对幅值首次和最后一次达到或超过给定值之间所经历的时间作为地震动持时。

2. 以地震动相对幅值定义持时

取地震动参数(加速度、速度或位移)在首次和最后一次达到或超过峰值的给定比值之间所经历的时间作为地震动持时。

3. 以地震动总能量定义持时

一般取地震动能量达到总能量的 5%～95%所经历的时间作为地震动持时。

4. 以地震动平均能量定义持时

在给定的持续时间内加速度均方值应等于整个加速度记录的能量在持续时间上的平均值，将此持续时间作为地震动持时。

1.3　地震动的空间变化性

由于断层破裂机制、地球介质和地震波传播路径的复杂性和不确定性，地震动空间变化十分复杂，称为地震动的空间变化性。它主要包括不相干效应、行波效应、衰减效应和局部场地效应。下面简单介绍这四种效应的基本概念。

1.3.1　不相干效应

地球介质具有不均匀性，地震波在该介质中的反射和折射使其在传播方向不

同位置上的叠加方式不同，将由此产生各场址点地震动相干程度降低的现象称为不相干效应。

当震源为点源时，同一谐波分量从震源传播到地表两点的过程中会经过不同介质，使其幅值和相位在这两点之间产生差异，并引起部分相干效应的降低（见图 1.3.1(a)）。当震源为线源或面源时，不同部位释放的同频谐波分量的幅值和相位本身就存在差别，再经过不同路径分别传播到两点后叠加，使得两点同频谐波分量的幅值和相位角必然存在差异，引起部分相干效应降低（见图 1.3.1(b)）。显然，随着两点距离的增大，传播路径差异也会增大，谐波分量幅值、相位角产生差异的可能性就越大；谐波分量频率越高，传播过程中震动次数越多，幅值、相位角产生变异的可能性越大。

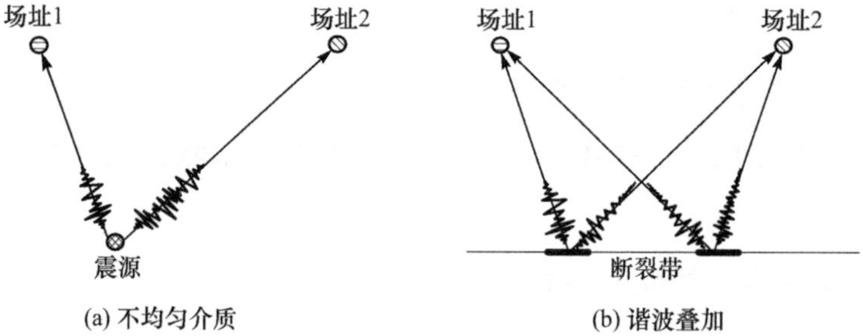

图 1.3.1　不相干效应

1.3.2　行波效应

地震波达到地面观测点时间的不同导致观测点地震波的相位产生差异，称为行波效应。地震波从震源以初始视波速 $v_{app,i}$ 向地面传播，经路径 S_1 和 S_2 分别传至支撑点 1 和 2，由于视波速 v_{app} 的有限性，支撑点 1 和 2 之间存在相位差 $dt=ds/v_{app}$，见图 1.3.2。当仅以行波效应来描述地震动的空间变化性时，结构的地震反应与选取的地震动记录、视波速等密切相关。强台阵记录分析表明，地震动的空间变化性非常复杂，在地震反应分析中如果只考虑行波效应，分析结果可能会产生较大误差。

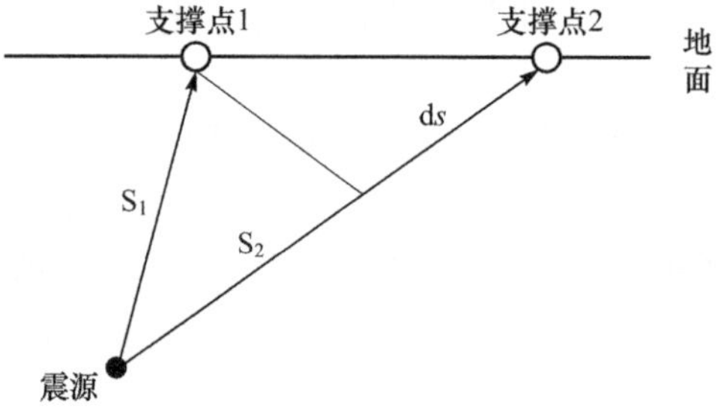

图 1.3.2　行波效应

1.3.3　衰减效应

地震波在传播中随着能量的耗散，其振幅逐渐减小的现象称为衰减效应，见图 1.3.3，支撑点 1 的地震波振幅比支撑点 2 的地震波振幅大。地震波在传播过程中，传播介质的阻尼及波动的频散和几何扩散等导致地震波的幅值发生衰减，而幅值衰减的大小是频率和震源距的函数。

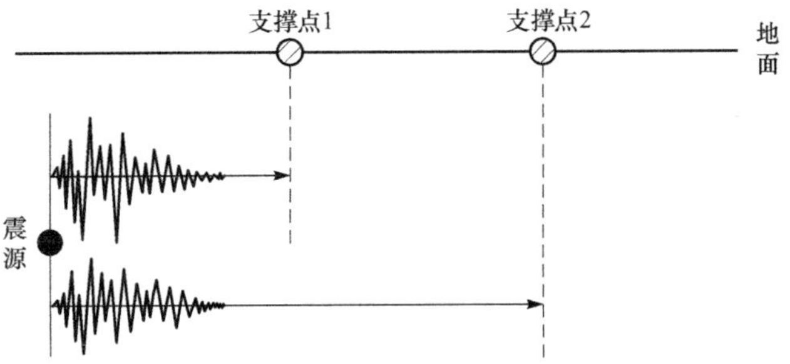

图 1.3.3　衰减效应

1.3.4　局部场地效应

基岩上面的覆盖土层一般会有较大差别且地表存在不规则形状，地震波受地表区域土层滤波或不规则地形导致的散射效应影响后将在各点产生差异。这种由局部场地土层不同或地形不规则导致的地震动差异称为局部场地效应。相同地震激励下，在沙土自由场地和岩石自由场地产生的地震地面运动将截然不同，见图 1.3.4。

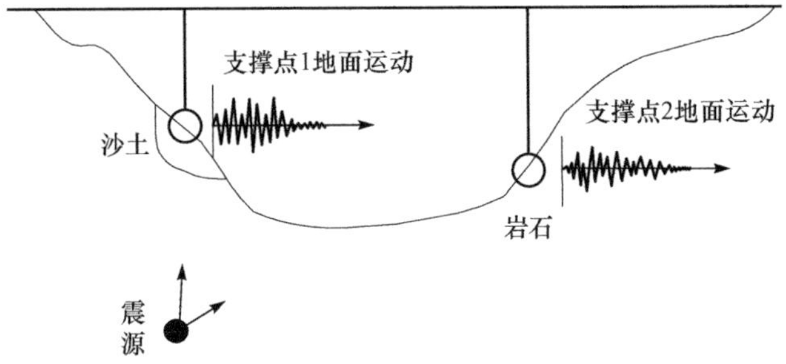

图 1.3.4　局部场地效应

1.4　地震动的近断层效应

从近三十年大地震中获得的强震记录中发现，大量震害是由近断层地面运动速度和显著位移造成的，而且明显不同于远场地震动。一般地，近断层地震动指到断层距离不超过 20km 场地上的地震动，也有研究者认为断层距界限值应取 20～60km 较为合适。目前，对近断层地震动的定义和近断层范围的确定尚不统一[17-19]。

近断层地震动的主要特征有上盘效应、方向性效应、永久位移效应和竖向效应等。其中，方向性效应和永久位移效应是产生近断层加速度和速度大脉冲的主要因素。

1.4.1 上盘效应

对于倾斜断层，断层面与地表之间夹角小于 90°的一侧为上盘，另一侧则为下盘，见图 1.4.1，在距离断层地表迹线相同的 A、B 两点，上盘 A 点到发震断层面的距离要小于下盘 B 点到发震断层面的距离。上盘效应的特点为：①上盘地震动和下盘地震动峰值加速度之间存在系统差异，上盘明显高于下盘，且上盘地震动峰值加速度衰减比下盘缓慢；②上盘效应对加速度反应谱短周期段谱值有明显增大作用。Northridge 地震（美国，1994 年）和集集地震（中国台湾，1999 年）在地震动速度、加速度幅值和频谱特性上均表现出明显的上盘效应。

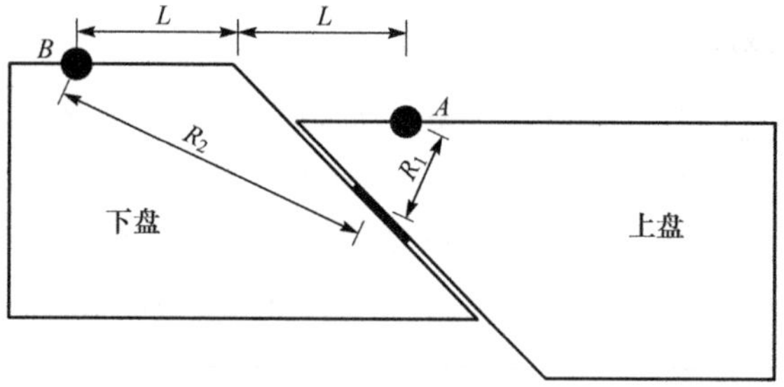

图 1.4.1 上、下盘构造图

1.4.2 速度大脉冲

近断层地震的速度大脉冲主要有以下两种形式。

1）由方向性效应引起的方向性速度脉冲

当断层破裂时，各子源破裂产生的地震波近似以剪切波速向破裂前方传播，其能量会在短时间内同时到达近断层地区。由于能量积累，将产生一个持时相对较短、幅值较大的脉冲。在断层破裂的反方向，各子源产生的地震波会在相对较长的时间内到达，能量分布比较均匀，将产生持时相对较长、幅值较小的地震动。这种现象称为方向性效应。根据断层破裂方向与场地位置的关系，方向性效应分为前方向性效应、后方向性效应和中性方向性效应。一般认为地震动受前方向性效应影响后将加重工程结构的破坏，且前方向性效应是脉冲型地震动产生的主要原因之一，通常所提及的方向性效应均指前方向性效应。

对于方向性效应引起的速度脉冲，主要表现在垂直于断层面的方向上，当断层的倾角较大时，主要表现在垂直于断层走向的方向上。

2) 由永久位移效应引起的速度脉冲

永久位移效应指在地震过程中由于静力位移的影响，断层两盘发生相对错动或滑动，最后在滑动方向上产生地面永久位移的现象。在地面运动记录上表现为在断层滑动方向的速度时程中出现一个单向的速度脉冲，而位移时程中出现一个"台阶"状的永久位移。

由永久位移效应引起的速度脉冲与永久位移的大小和产生永久位移的时间有关，主要表现在平行于断层滑动方向的分量上，且呈单向脉冲。图 1.4.2 为 Izmit 地震（土耳其，1999 年）中在 Sakarya 和 YPT 台站记录到的平行于断层走向的速度和位移记录，可以在速度及位移时程中分别发现明显的单向速度脉冲和地面永久位移[20]。

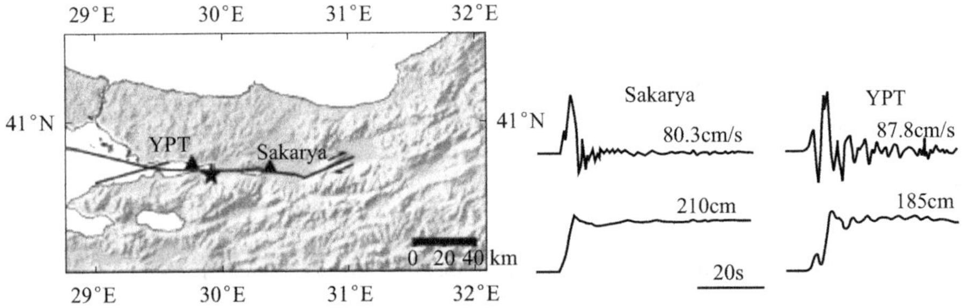

图 1.4.2　Sakarya 和 YPT 台站记录到的平行于断层走向的速度和位移记录

1.4.3　竖向效应

近断层竖向地震动特性不同于远场竖向地震动的现象，称为近断层地震动的竖向效应。有研究表明近断层竖向地震动具有以下特点：①近断层区域竖向和水平向峰值加速度的比值与震级和距离相关，一般大于规范规定的 2/3，甚至可以达到或超过 1，断层距在 20km 以内的近断层区域、软弱土层场地、中等震级地震等条件下具有较大的竖向地震动；②与远场地震动相比，近断层地震动竖向分量可能含有更多的低频成分，但相对于近断层地震动的水平分量，近断层地震动的竖向分量具有相对较多的高频成分；③随着强震记录的增多，统计分析结果表明，竖向与水平向加速度反应谱的比值在不同周期范围内不是简单的常数，而是与震级、震中距和场地类别等因素相关。

近断层地震动的基本特征不一定在每条近断层地震动记录中都同时出现，但它们已经被强震观测和数值模拟所证实，而且由前方向性效应引起的速度脉冲是近断层地震动明显区别于远场地震动的典型特征。

1.5 地震动的合成

在结构地震反应的时程分析中，首先需要确定地震动加速度时间历程。虽然人们在过去几十年中记录到大量实际地震动，但是地震动记录所处的场地条件与拟建桥梁场地条件可能有很大差异，已有实际地震动记录仍然不能满足实际需要。因此，模拟具有某些特征参数的地面运动一直是地震学和地震工程研究中的一个重要内容。

按研究方式可以把地震动合成分为三大类：地震学方法、工程学方法和综合型方法。地震学方法基于地震发生的物理机制和地震动传播过程角度，考虑震源破裂、振动传播和衰减以及局部场地影响这一完整的物理过程。工程学方法以随机过程理论和现有的强震记录为依据，从数学角度分析地震动参数的统计特征，从而总结出符合一定物理概念的经验模型。综合型方法则兼具地震学和工程学两类方法的优点，低频地震动模拟采用地震学方法，高频地震动模拟采用工程学的随机过程方法。下面介绍工程中常用的地震动模拟随机过程方法，即常称的工程统计方法。

1.5.1 人工合成地震动的一般方法

反应谱法是各国抗震规范中最常用的设计方法，于是以拟合设计反应谱为目标的强震地面运动模拟就成为地震动模拟中的重要方法和中心问题之一。

工程学方法中常用三角级数法拟合设计反应谱。其基本原理是用一组三角级数之和来构造一个近似的平稳高斯随机过程 $a(t)$。

$$a(t)=\sum_{k=1}^{N}A_k\cos(\omega_k t+\psi),\quad k=1,2,\cdots,N \tag{1.5.1}$$

式中，A_k 为幅值谱；ω_k 为频率；ψ 为相位角，工程上通常取在$[0,2\pi]$均匀分布的独立随机变量。

合成地震动的功率谱与待拟合的设计反应谱（也称目标反应谱）间的近似转换关系式为

$$S_x(\omega)=\frac{\xi}{\pi\omega}\left[S_{\mathrm{a}}^{\mathrm{T}}(\omega)\right]^2\frac{1}{\ln\left[-\dfrac{\pi}{\omega t}\ln(1-p)\right]} \tag{1.5.2}$$

式中，$S_x(\omega)$为人工合成地震动的功率谱；$S_{\mathrm{a}}^{\mathrm{T}}(\omega)$为给定的目标反应谱；$p$ 为反应的超越概率，一般可取 5%～10%；t 为随机过程的总持时。

功率谱与三角级数幅值谱的关系为

$$A_k=\sqrt{4S(\omega_k)\Delta\omega} \tag{1.5.3}$$

利用三角级数法进行加速度时程合成时，需要预先计算幅值谱和相位谱，根据相位谱确定方法的不同，分为随机相位谱法(φ 为[0,2π]均匀分布的独立随机变量)和相位差谱法。

随机相位谱法，首先确定待求地震动的反应谱、持时和包络函数；其次由式(1.5.2)和式(1.5.3)求得功率谱及幅值谱，通过离散傅里叶逆变换得到平稳加速度时程，再乘以包络函数得到非平稳加速度时程；最后按照某一种收敛准则重复迭代直至满足实际要求。

基于随机相位谱法的非平稳地震动拟合基本步骤如下(见图1.5.1)：

(1) 确定目标反应谱 $S_{\mathrm{a}}^{\mathrm{T}}(\omega)$，利用式(1.5.2)将目标反应谱转换为功率谱。

(2) 由式(1.5.3)将功率谱转换为幅值谱。

(3) 由随机数发生器生成[0,2π]上均匀分布的随机变量得到相位谱。

(4) 用傅里叶逆变换生成零均值的平稳过程。

(5) 按照式(1.5.4)，将平稳加速度时程 $x(t)$ 乘以非平稳强度包络函数 $w(t)$，得到非平稳加速度时程 $a(t)$。常用的强度包络函数 $w(t)$ 见表1.5.1。

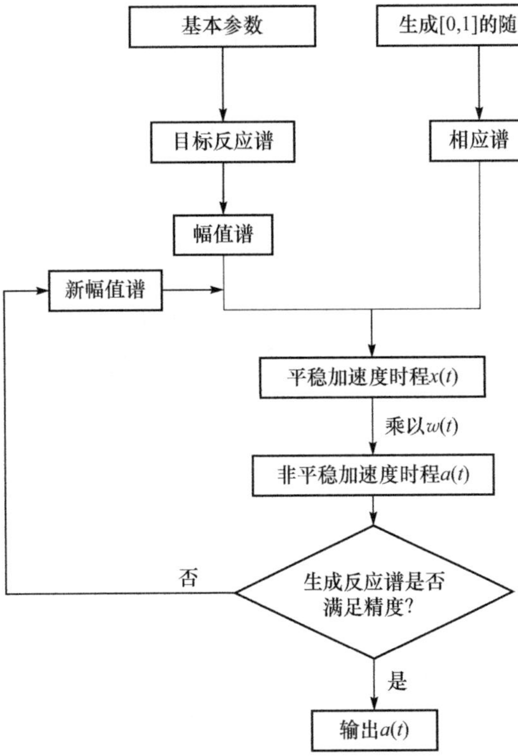

图1.5.1　基于随机相位谱法的非平稳加速度时程合成流程图

$$a(t)=w(t)x(t) \tag{1.5.4}$$

(6) 计算初始加速度时程 $x(t)$ 的反应谱 $S_a(\omega)$，然后判别 $S_a(\omega)$ 与目标反应谱 $S_a^T(\omega)$ 的误差是否满足设定的精度要求，若不满足，则进行循环迭代，直至满足。一般地，相对误差取小于等于 5%。

与随机相位谱法不同，随机相位差谱法用相位差谱直接计算得到非平稳地震动时程，而不需要乘以包络函数。相位差是指频率轴上两个相邻相位角的差，即

$$\Delta\psi(\omega_{k+1})=\begin{cases}\psi_{k+1}-\psi_k, & 0\leqslant\psi_{k+1}-\psi_k<2\pi\\ \psi_{k+1}-\psi_k+2\pi, & -2\pi\leqslant\psi_{k+1}-\psi_k<0\end{cases}\quad k=0,1,2,\cdots,N-1 \tag{1.5.5}$$

式中，N 为加速度时程的傅里叶变换阶数；ψ_k 和 ψ_{k+1} 为两个相邻相位角，ψ_k、$\psi_{k+1}\in[0,2\pi]$。显然，相位差 $\Delta\psi(\omega_{k+1})\in[0,2\pi]$。

表 1.5.1 常用的强度包络函数

提出者	公式	图形
Bogdanoff 等[21]	$w(t)=ate^{1-at}$ 式中，a 为控制峰值到达时刻和衰减快慢的参数，建议取 1/3～1/10	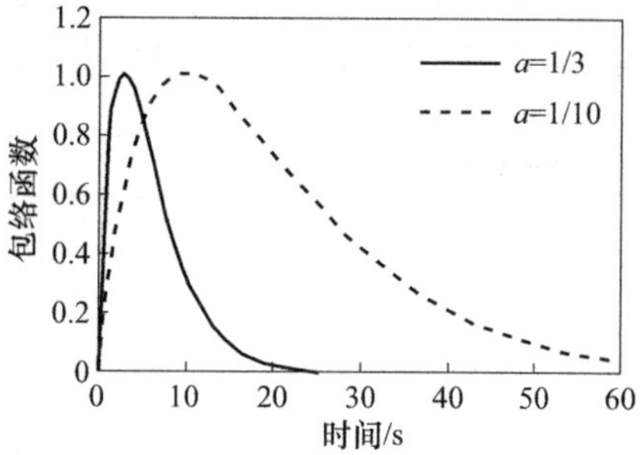
Shinozuka 和 Sato[22]	$w(t)=a\left(e^{-\frac{bt}{T_d}}-e^{-\frac{ct}{T_d}}\right)$ 式中，T_d 为强震持时或能量持时；a、b、c 为包络函数的形状控制参数	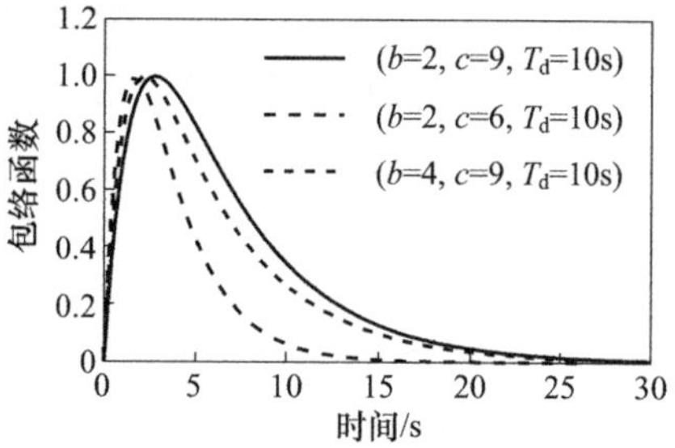
Jennings 等[23]	$w(t)=\begin{cases}(t/t_1)^2, & t\leqslant t_1\\ 1, & t_1<t<t_2\\ e^{-c(t-t_2)}, & t\geqslant t_2\end{cases}$ 式中，t_1、t_2 分别为强震持续阶段的开始时刻和终止时刻；参数 c 为控制衰减阶段的变化速率	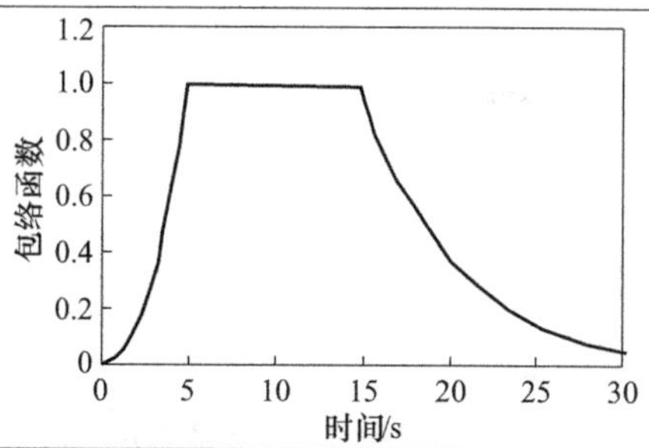

续表

提出者	公式	图形
Saragoni 和 Hart[24]	$w(t)=a\left(\frac{t}{T_\eta}\right)^b \mathrm{e}^{-\frac{ct}{T_\eta}}$ 式中，a、b、c、T_η 为包络函数的控制参数	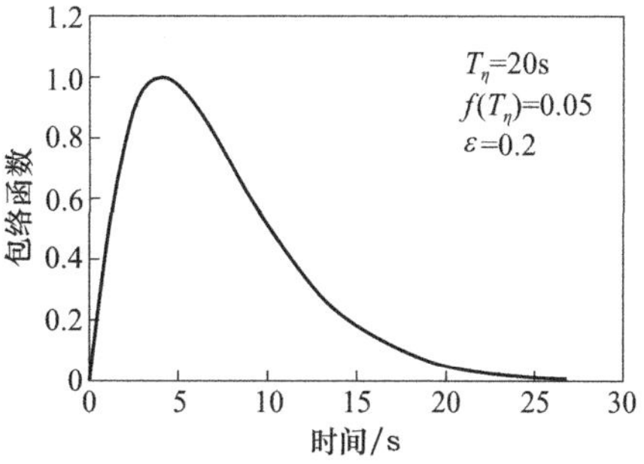

相位差随频率变化的函数称为相位差谱。统计分析得出，相位差谱可用相位差谱的均值函数 $\Delta\overline{\psi}(\omega)$ 和与频率无关且满足对数正态分布规律的零均值随机变量 $\varepsilon(\omega)$ 来表示。根据给定的震级 M 和震中距 R，由式(1.5.6)和式(1.5.8)计算得到不同频率点处均值函数绝对值 $|\Delta\overline{\psi}(\omega)|$ 和根方差 σ_ε[25]。

$$\lg|\Delta\overline{\psi}(\omega)|=a_1(\omega)+a_2(\omega)M+a_3(\omega)\lg(R+R_0) \tag{1.5.6}$$

$$\Delta\overline{\psi}(\omega)=-|\Delta\psi(\omega)| \tag{1.5.7}$$

$$\lg\sigma_\varepsilon=d_1+d_2M+d_3\lg(R+R_0) \tag{1.5.8}$$

式中，M 为震级；R 为震中距，$R_0=15$；$a_1(\omega)$、$a_2(\omega)$、$a_3(\omega)$、d_1、d_2 和 d_3 均为回归系数。

基于相位差谱法的非平稳地震动拟合基本步骤如下：

(1) 确定目标反应谱 $S_\mathrm{a}^\mathrm{T}(\omega)$，利用式(1.5.2)将目标反应谱转换为功率谱，再由式(1.5.3)计算得到幅值谱 A_k。

(2) 通过式(1.5.6)～式(1.5.8)计算得到 $|\Delta\overline{\psi}(\omega)|$ 和 σ_ε。

(3) 由随机数发生器得到随机系列 $\varepsilon(\omega)$，按式(1.5.9)得到相位差谱：

$$\Delta\psi(\omega)=\Delta\overline{\psi}(\omega)+\varepsilon(\omega) \tag{1.5.9}$$

(4) 指定初始相位，由相位差谱定义公式(1.5.5)得到合成时程所需的相位谱。

(5) 将相位谱与幅值谱相结合，通过傅里叶逆变换，得到初始加速度时程 $x(t)$，并求其反应谱 $S_\mathrm{a}(\omega)$。

(6) 判别初始加速度时程的反应谱 $S_\mathrm{a}(\omega)$ 与目标反应谱 $S_\mathrm{a}^\mathrm{T}(\omega)$ 的误差是否满足设定的精度要求，若不满足，则重复第(3)～(5)步，直至满足。

1.5.2　空间变化地震动的合成方法

受行波效应、不相干效应以及局部场地效应的影响，密集台阵记录的天然地震动通常展现出一定的空间变化性。但这些密集台阵布置形式固定且数量较少，在对多支撑结构进行时程分析时，无法直接应用密集台阵记录的天然地震动来考虑地震动的空间变化性对结构动力反应的影响，必须依据实际情况进行人工地震波的合成。下面给出空间变化地震动的合成方法。

1. 空间相干模型

在频域内，地震动的空间变化性用相干模型来模拟。依据自功率谱和互功率谱，地面上任意两点 k 和 l 的相干函数表示为

$$\gamma_{kl}(\omega,d_{kl})=\frac{S_{kl}(\omega,d_{kl})}{\sqrt{S_{kk}(\omega)S_{ll}(\omega)}} \tag{1.5.10}$$

式中，$S_{kk}(\omega)$、$S_{ll}(\omega)$分别为地面上点 k 和 l 的自功率谱密度函数；$S_{kl}(\omega,d_{kl})$为 k、l 两点间的互功率谱密度函数；d_{kl}为空间两点 k、l 的距离。相干函数 $\gamma_{kl}(\omega,d_{kl})$反映了两点时程的功率谱的相关关系。

相干函数是圆频率 ω 的复数函数，可采用其绝对值和相位角的形式表达，即

$$\gamma_{kl}(\omega,d_{kl})=|\gamma_{kl}(\omega,d_{kl})|\exp[\mathrm{i}\theta_{kl}(\omega,d_{kl})] \tag{1.5.11}$$

式中，$|\gamma_{kl}(\omega,d_{kl})|$称为部分相干函数，且 $0<|\gamma_{kl}(\omega,d_{kl})|<1$；$\theta_{kl}(\omega,d_{kl})$为相干函数的相位角，其表达式为

$$\theta_{kl}(\omega,d_{kl})=\arctan\frac{\mathrm{Im}[S_{kl}(\omega,d_{kl})]}{\mathrm{Re}[S_{kl}(\omega,d_{kl})]} \tag{1.5.12}$$

Kiureghian[26]从理论上将地震动相干函数分为不相干效应、行波效应、衰减效应和局部场地效应。由于衰减效应对相干函数的影响最小，可以将其忽略，则相干函数表示为

$$\begin{aligned}\gamma_{kl}(\omega)^{\text{combined}}&=\gamma_{kl}(\omega)^{\text{incoherence}}\gamma_{kl}(\omega)^{\text{wave-passage}}\gamma_{kl}(\omega)^{\text{site}}\\&=\cos[\beta(d_{kl},\omega)]\exp\left[-\frac{1}{2}\alpha^2(d_{kl},\omega)\right]\exp\left[-\mathrm{i}\frac{\omega d_{kl}^L}{v_{\text{app}}(\omega)}\right]\exp(\mathrm{i}\theta_{kl})\end{aligned} \tag{1.5.13}$$

式中，d_{kl}为空间两点在波的传播方向上的距离；$\gamma_{kl}(\omega)^{\text{incoherence}}$为不相干效应引起的相干函数；$\gamma_{kl}(\omega)^{\text{wave-passage}}$为行波效应引起的相干函数；$\gamma_{kl}(\omega)^{\text{site}}$为局部场地效应引起的相干函数；$\theta_{kl}$为与局部场地效应相关的参数，可以通过土层的传递函数得到。$\gamma_{kl}(\omega)^{\text{incoherence}}$和 $\gamma_{kl}(\omega)^{\text{wave-passage}}$可依据研究人员提出的相干函数经验模型获得[27-30]。

2. 局部场地效应

如图 1.5.2 所示，假设场地为水平无限大的多弹性土层分布的半空间体，其中 h_i、G_i、ρ_i、ν_i、ξ_i 分别为第 i 个土层的厚度、剪切模量、质量密度、泊松比和阻尼比。

基岩处的地震动由面外的 SH 波及面内的 P 波和 SV 波组成，以一定的入射角进入土层，并假设基岩各点处的地震动具有一样的功率谱密度函数，则分别位于基岩及地表的一对空间点 $j\text{-}j'$ 和 $k\text{-}k'$ 的功率谱密度函数可以写为

$$G_{a_{k'}a_{j'}}(\omega,d_{k'j'})=H_{kk'}(\omega)H_{jj'}(-\omega)G_{a_ka_j}(\omega,d_{kj}) \tag{1.5.14}$$

式中，$H_{kk'}(\omega)$和 $H_{jj'}(\omega)$分别为点 $j\text{-}j'$ 和点 $k\text{-}k'$ 的传递函数，并且

$$G_{a_ka_j}(\omega,d_{kj})=\gamma_{kj}(\omega,d_{kj})\sqrt{G_{a_ka_k}(\omega)G_{a_ja_j}(\omega)} \tag{1.5.15}$$

其中，$G_{a_ka_k}(\omega)=G_{a_ja_j}(\omega)$；$\gamma_{kj}(\omega,d_{kj})$为空间各点在基岩处的相干函数。

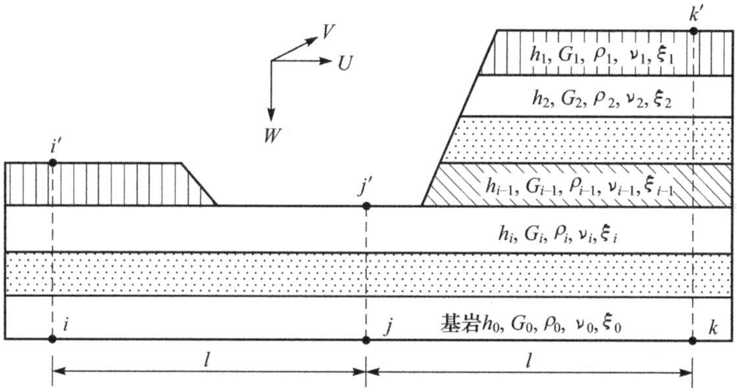

图 1.5.2　变化的场地条件

为了获得式(1.5.14)中的传递函数 $H_{kk'}(\omega)$和 $H_{jj'}(\omega)$，基于体应变 e 和扭转应变向量Ω 的波动公式可以写为

$$\nabla^2 e=-\frac{\omega^2}{c_{\rm p}^2}e,\quad \nabla^2\Omega=-\frac{\omega^2}{c_{\rm s}^2}\Omega \tag{1.5.16}$$

对于 SH 波和 P-SV 波，其在频域内表达为

$$K_{\rm SH}X_{\rm SH}=P_{\rm SH},\quad K_{\rm P\text{-}SV}X_{\rm P\text{-}SV}=P_{\rm P\text{-}SV} \tag{1.5.17}$$

式中，$X_{\rm SH}$、$P_{\rm SH}$和 $X_{\rm P\text{-}SV}$、$P_{\rm P\text{-}SV}$分别为对应 SH 波和 P-SV 波的位移向量和荷载向量；刚度矩阵 $K_{\rm SH}$和 $K_{\rm P\text{-}SV}$由相应土层参数、入射波类型等确定；动力荷载向量 $P_{\rm SH}$和 $P_{\rm P\text{-}SV}$可以通过入射波类型、基岩参数以及入射波的频率、幅值和角度确定。场地的传递函数可以通过求解式(1.5.17)在频域内的每个离散点得到[31]。

3. 合成方法

如图 1.5.2 所示，河谷场地上分布的空间点 $i\text{-}i'$、$j\text{-}j'$及 $k\text{-}k'$所处的位置有不同的土层分布。

假设基岩处各点的地震动都是零均值的平稳过程，并且具有相同的功率谱密度函数，则基岩 n 个位置处地震动的互功率谱密度函数可以表示成

$$S_{\text{bedrock}}(\mathrm{i}\omega)=\begin{bmatrix} S_{11}(\omega) & S_{12}(\mathrm{i}\omega) & \cdots & S_{1m}(\mathrm{i}\omega) \\ S_{21}(\mathrm{i}\omega) & S_{22}(\omega) & \cdots & S_{2m}(\mathrm{i}\omega) \\ \vdots & \vdots & & \vdots \\ S_{m1}(\mathrm{i}\omega) & S_{m2}(\mathrm{i}\omega) & \cdots & S_{mm}(\omega) \end{bmatrix}_{m\times m} \tag{1.5.18}$$

式中，$S_{ii}(\mathrm{i}\omega)$为第 i 个位置处的自功率谱密度函数；$S_{ij}(\mathrm{i}\omega)$为第 i 个位置和第 j 个位置的互功率谱密度函数，可以表示为

$$S_{ij}(\mathrm{i}\omega)=\sqrt{S_{ii}(\omega)S_{jj}(\omega)}\,\gamma_{ij}(\mathrm{i}\omega)=\sqrt{S_{ii}(\omega)S_{jj}(\omega)}\,|\gamma_{ij}(\mathrm{i}\omega)|\exp\left[-\mathrm{i}\frac{\omega d_{ij}}{v_{\text{app}}(\omega)}\right] \tag{1.5.19}$$

式中，$\gamma_{ij}(\mathrm{i}\omega)$为基岩处的相干函数，由行波效应 $\exp[-\mathrm{i}\omega d_{ij}/v_{\text{app}}(\omega)]$和不相干效应$|\gamma_{ij}(\mathrm{i}\omega)|$组成；$d_{ij}$ 为点 i 到点 j 的距离；$v_{\text{app}}(\omega)$为视波速。

为了得到地表处地震动的互功率谱密度矩阵，地表各点处的互功率谱可以用基岩处各点的互功率谱表达成

$$S_{i'j'}(\mathrm{i}\omega)=H_i(\mathrm{i}\omega)H_j^*(\mathrm{i}\omega)S_{ij}(\omega) \tag{1.5.20}$$

式中，$H_i(\mathrm{i}\omega)$和 $H_j(\mathrm{i}\omega)$分别为点 i-i'和 j-j'之间的传递函数，可通过前面所述的方法求出。地表处各点的互功率谱密度函数可以写成

$$S_{\text{surface}}=[S_{i'j'}(\mathrm{i}\omega)]_{n\times n} \tag{1.5.21}$$

地表处的互功率谱密度函数是 Hermitian 矩阵，用 Cholesky 分解成如下形式：

$$S_{\text{surface}}=L(\mathrm{i}\omega)L^{\mathrm{H}}(\mathrm{i}\omega) \tag{1.5.22}$$

$$L(\mathrm{i}\omega)=\begin{bmatrix} l_{1'1'}(\mathrm{i}\omega) & 0 & \cdots & 0 \\ l_{2'1'}(\mathrm{i}\omega) & l_{2'2'}(\mathrm{i}\omega) & \cdots & 0 \\ \vdots & \vdots & & \vdots \\ l_{n'1'}(\mathrm{i}\omega) & l_{n'2'}(\mathrm{i}\omega) & \cdots & l_{n'n'}(\mathrm{i}\omega) \end{bmatrix}_{n\times n} \tag{1.5.23}$$

式中

$$\begin{aligned} l_{i'i'}(\omega)&=\Big[S_{i'i'}(\omega)-\sum_{k'=1}^{i'-1}S_{i'k'}(\mathrm{i}\omega)S_{i'k'}^*(\mathrm{i}\omega)\Big]^{1/2},\quad i'=1,2,\cdots,n \\ l_{i'j'}(\mathrm{i}\omega)&=\frac{S_{i'j'}(\mathrm{i}\omega)-\sum\limits_{k'=1}^{i'-1}S_{j'k'}(\mathrm{i}\omega)S_{i'k'}^*(\mathrm{i}\omega)}{S_{j'j'}(\omega)},\quad j'=1,2,\cdots,i' \end{aligned} \tag{1.5.24}$$

随机过程 $u_{j'}(t)$可以用式(1.5.25)来表达[32]：

$$u_{j'}(t)=\sum_{m'=1}^{j'}\sum_{l=1}^{N_s}a_{j'm'}(\omega_l)\cos[\omega_l t-\theta_{j'm'}(\omega,t)+\psi_{m'l}] \tag{1.5.25}$$

$$a_{j'm'}(\omega_l)=|l_{j'm'}(\mathrm{i}\omega_l)|\sqrt{4\Delta\omega},\quad \theta_{j'm'}(\omega_l)=\arctan\frac{\mathrm{Im}[l_{j'm'}(\mathrm{i}\omega_l)]}{\mathrm{Re}[l_{j'm'}(\mathrm{i}\omega_l)]}\tag{1.5.26}$$

式中，$a_{j'm'}(\omega_l)$、$\theta_{j'm'}(\omega_l)$分别为所模拟的时程曲线的幅值和相位角；$\Delta\omega$ 为频域的分辨率；N_s 为频域上的离散点个数；$\omega_l=l\Delta\omega$ 为第 l 个离散频率；$\psi_{m'l}$ 为随机相位角，一般假设为在$[0,2\pi]$上均匀分布。

通过式(1.5.25)得到的随机过程是平稳的，然后可以使用时域上的包络函数来得到非平稳过程。

4. 算例

基于上述给定的方法，下面以一个算例[33]来进行说明。假设桥梁跨越一个河谷地形，并且各桥墩的场地条件都不同。各桥墩间距 100m，分别处于Ⅲ类、Ⅱ类和Ⅳ类场地条件下。墩底处点 i'、j'、k' 在基岩上的投影点分别为 i、j、k 且假设基岩的场地类型为 A 类场地，各土层的相关参数等见图 1.5.3。

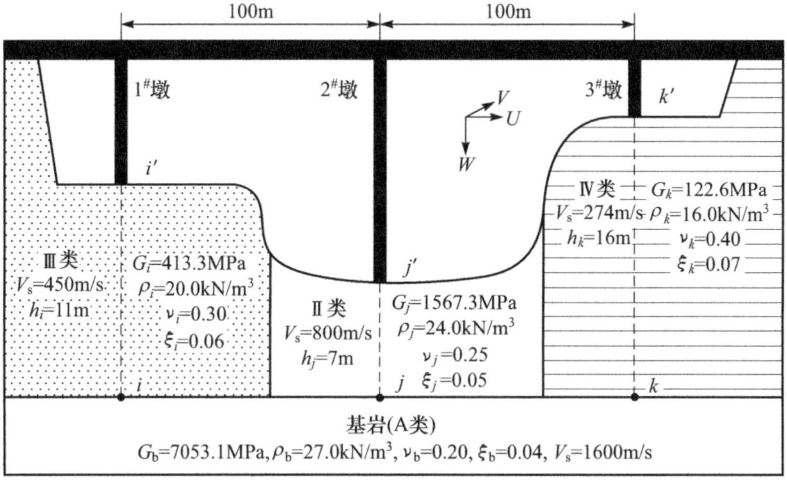

图 1.5.3　桥梁场地例题

基于上述方法，图 1.5.4 给出了Ⅰ类、Ⅱ类、Ⅲ类和Ⅳ类场地条件下面外水平向(V)和面内竖向(W)地震动的场地传递函数的幅值谱，其中假设竖向地震动的放大幅值为水平向的 2/3，简单起见，这里场地传递函数按一维模型计算。可以看出，对于水平向地震的场地幅值谱，场地传递函数的卓越频率从Ⅳ类场地到Ⅰ类场地依次递增，但放大幅值依次减小。这与场地越硬、场地的卓越频率越大、场地的放大系数越小的实际规律相同。

场地条件同样会对地震动的相位产生影响。图 1.5.5 给出了不同场地条件下水平向(V)和竖向(W)地震动的场地传递函数的相位谱。可以看出，场地越软，相位变化越明显。此外,水平向的相位变化要比竖向更明显。这是因为波在软土中传播得较慢,而竖向波速要比横向波速快。

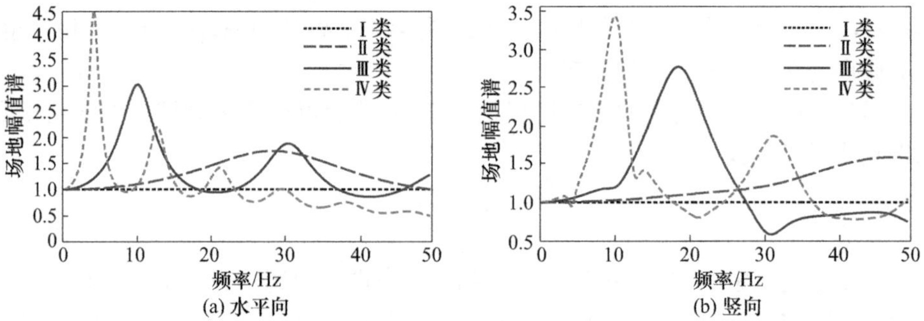

图 1.5.4　场地传递函数的幅值谱

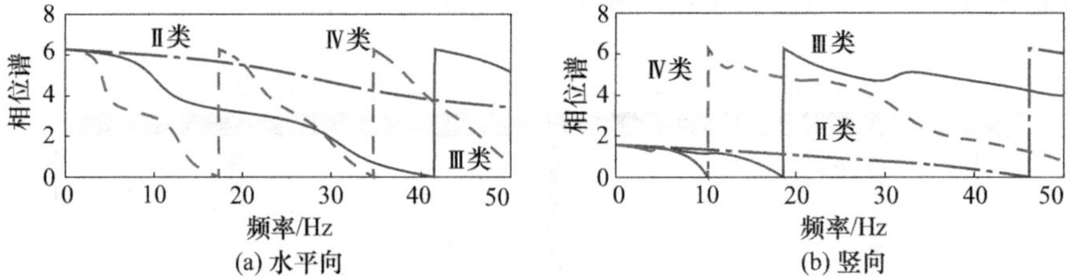

图 1.5.5　场地传递函数的相位谱

基于所获得的场地传递函数,各点处的人工合成地震波见图 1.5.6。其中,图 1.5.6(a)为基岩各点 i、j、k 的人工合成地震动,可以看出,各点加速度时程的峰值基本一致,这是因为基岩处各点的场地类型均为Ⅰ类。图 1.5.6(b)为地表处各点 i'、j'、k' 的人工合成地震动,可以看出,不同土层分布处各点的加速度时程的峰值各不相同,且从Ⅳ类场地到Ⅱ类场地依次递减,分别为 0.219g、0.176g 和 0.117g[34]。

1.5.3　近断层脉冲型地震动合成

近断层地震动最显著的特点是方向性效应和永久位移效应引起的脉冲型地面运动,并以速度脉冲型地面运动最为常见。这种速度脉冲型地震动具有如下特点:①类似脉冲的波形、较长的脉冲周期和丰富的中长周期分量;②地面速度峰值与地面加速度峰值的比值较大;③可能引起永久地面位移等。

1971 年的 San Fernando 地震中,在距离震源 2.8km 的 Pacoima 大坝附近记录的地震波中含有明显的速度脉冲,这引起了人们对近断层脉冲型地震动的关注。随后,人们从加速度峰值、加速度反应谱、持时、速度脉冲周期、速度脉冲峰值等方

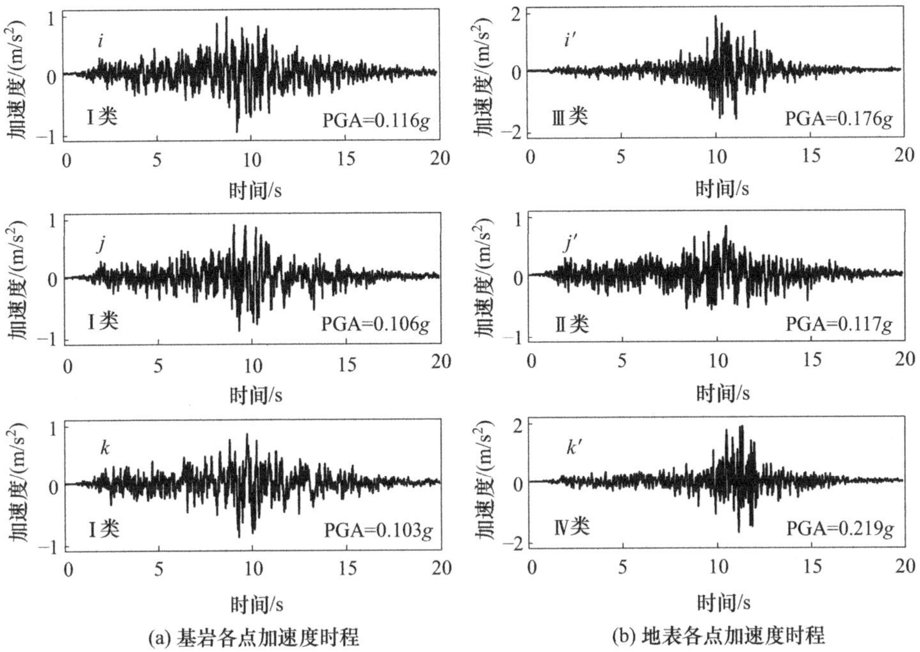

(a) 基岩各点加速度时程　(b) 地表各点加速度时程

图 1.5.6　人工合成基岩和地表各点加速度时程

面对近断层脉冲型地震动的参数展开了统计分析，并在此基础上提出了多种速度脉冲简化模型。根据这些速度脉冲简化模型，可以生成近断层脉冲型地震动，为近断层区域的工程结构地震反应分析提供地震动输入。下面简要介绍速度脉冲简化模型和近断层速度脉冲型地震动的合成方法。

1. 速度脉冲统计参数

在近断层地震动中，低频成分和高频成分混叠在一起，为了分辨速度脉冲的频率可对速度时程进行傅里叶变换，并将主频对应的周期称为脉冲周期。表 1.5.2 为速度脉冲周期的回归关系。

表 1.5.2　速度脉冲周期的统计成果

来源	地震次数	记录数	经验公式	适用范围
文献[35]	8	15	$\lg T_p=-3.17+0.5M_w$	岩石场地
文献[35]	6	12	$\lg T_p=-2.02+0.346M_w$	土质场地
文献[18]	20	36	$\lg T_p=-2.9+0.5M_w$	岩石场地、土质场地
文献[36]	8	27	$\lg T_p=-1.76+0.31M_w$	岩石场地、土质场地
文献[19]	13	54	$\lg T_p=-a+bM_w+\varepsilon+\eta$	岩石场地、土质场地

表 1.5.3 中，Bray 等[19]统计公式中的参数 a、b 随场地条件不同而变化。考虑到不同地震之间的差异及同一次地震不同记录之间的差异，分别引入服从正态分布 $N(0,\sigma^2)$和 $N(0,\tau^2)$的两个随机变量 ε、η。参数 a、b、σ、τ 的取值见表 1.5.3。

表 1.5.3　Bray 脉冲周期公式的参数取值

场地类别	a	b	σ	τ
岩石场地	−8.6	1.32	0.27	0.3
土场地	−5.6	0.93	0.33	0.47
全部记录回归分析	−6.37	1.03	0.38	0.42

表 1.5.4 为速度脉冲峰值的回归关系。其中，Rodriguez-Marek 公式的参数 a、b、c、d、σ 与场地条件有关，ε 为服从正态分布 $N(0,\sigma^2)$的随机变量，a、b、c、d、σ 的取值见表 1.5.5。

表 1.5.4　速度脉冲峰值的统计成果

来源	地震次数	记录数	经验公式
文献[36]	8	27	$\ln(\mathrm{PGV})=-5.11+1.59M_{\mathrm{w}}-0.58\ln R$
文献[37]	13	54	$\ln(\mathrm{PGV})=-a+bM_{\mathrm{w}}+c\ln(R^2+d^2)+\varepsilon$
文献[38]	8	27	$\ln(\mathrm{PGV})=-2.31+1.15M_{\mathrm{w}}-0.5\ln R$

表 1.5.5　Rodriguez-Marek 脉冲峰值经验公式的参数取值

场地类别	a	b	c	d	σ
岩石场地	4.46	0.34	−0.58	7	0.39
土场地	4.58	0.34	−0.58	7	0.49
全部记录回归分析	4.51	0.34	−0.57	7	0.49

2. 速度脉冲简化模型

国内外学者提出了多种模型来体现速度脉冲，并研究了不同模型参数对结构反应的影响及相应的破坏特征。

Menun 和 Fu[39]将脉冲表示成指数型衰减函数（包络函数）和正弦函数的乘积，如式(1.5.27)，两个脉冲周期以外的值取 0，即 5 参数速度脉冲模型，其可以考虑相邻脉冲幅值的变化。

$$v(t)=\begin{cases} v_{\mathrm{p}}\exp[-n_1(0.75T_{\mathrm{p}}+t_0-t)]\sin[\omega_{\mathrm{p}}(t-t_0)], & t_0<t\leqslant t_0+0.75T_{\mathrm{p}} \\ v_{\mathrm{p}}\exp[-n_2(t-t_0-0.75T_{\mathrm{p}})]\sin[\omega_{\mathrm{p}}(t-t_0)], & t_0+0.75T_{\mathrm{p}}<t\leqslant t_0+2T_{\mathrm{p}} \\ 0, & \text{其他} \end{cases} \tag{1.5.27}$$

式中，v_p、T_p 分别为速度脉冲的峰值和周期；ω_p 为脉冲的圆频率；t_0 为脉冲开始时刻；n_1 和 n_2 为脉冲的形状参数。通过调整脉冲形状参数，可以得到 1～4 个半波脉冲，该模型可考虑相邻脉冲波峰、波谷幅值的不同，得到的脉冲形状更加符合实际脉冲型地震动的形状。

Makris 和 Black[40] 将近断层脉冲地震记录按照形状分为 A、B、C 三类，见图 1.5.7。其中，A 类模型为单半波速度脉冲，用来模拟方向性效应和永久地面位移效应引起的脉冲速度记录；B 类模型为双半波速度脉冲，用来模拟方向性效应引起的脉冲速度记录；C 类为三个及以上半波的速度脉冲，用来模拟方向性效应引起的脉冲速度记录。

(a) A类速度脉冲　(b) B类速度脉冲　(c) C类速度脉冲

图 1.5.7　Makris 脉冲模型

这三类模型的公式表达如下。

(1) A 类模型：能较好地模拟负向速度脉冲，不能模拟之后出现的较小幅值的正向脉冲。

加速度时程：

$$a(t)=\omega_p\frac{v_p}{2}\sin(\omega_p t),\quad 0\leqslant t\leqslant T_p \tag{1.5.28}$$

速度时程：

$$v(t)=\frac{v_p}{2}-\frac{v_p}{2}\cos(\omega_p t),\quad 0\leqslant t\leqslant T_p \tag{1.5.29}$$

位移时程：

$$d(t)=\frac{v_p}{2}t-\frac{v_p}{2\omega_p}\sin(\omega_p t),\quad 0\leqslant t\leqslant T_p \tag{1.5.30}$$

(2) B 类模型：能够大致反映位移时程中的永久地面位移，可较好地模拟正向、负向两个速度脉冲，不能反映幅值不等的两个连续脉冲。

加速度时程：

$$a(t)=\omega_p\frac{v_p}{2}\cos(\omega_p t),\quad 0\leqslant t\leqslant T_p \tag{1.5.31}$$

速度时程：

$$v(t)=v_{\mathrm{p}}\sin(\omega_{\mathrm{p}}t),\quad 0\leqslant t\leqslant T_{\mathrm{p}} \tag{1.5.32}$$

位移时程：

$$d(t)=\frac{v_{\mathrm{p}}}{\omega_{\mathrm{p}}}t-\frac{v_{\mathrm{p}}}{\omega_{\mathrm{p}}}\cos(\omega_{\mathrm{p}}t),\quad 0\leqslant t\leqslant T_{\mathrm{p}} \tag{1.5.33}$$

(3) C 类模型：能较好地模拟三个速度脉冲，不能准确反映脉冲幅值的不同。

加速度时程：

$$a(t)=\omega_{\mathrm{p}}v_{\mathrm{p}}\cos(\omega_{\mathrm{p}}t+\psi),\quad 0\leqslant t\leqslant \left(n+\frac{1}{2}-\frac{\psi}{\pi}\right)T_{\mathrm{p}} \tag{1.5.34}$$

速度时程：

$$v(t)=v_{\mathrm{p}}\sin(\omega_{\mathrm{p}}t+\psi)-v_{\mathrm{p}}\sin\psi,\quad 0\leqslant t\leqslant \left(n+\frac{1}{2}-\frac{\psi}{\pi}\right)T_{\mathrm{p}} \tag{1.5.35}$$

位移时程：

$$d(t)=-\frac{v_{\mathrm{p}}}{\omega_{\mathrm{p}}}\cos(\omega_{\mathrm{p}}t+\psi)-v_{\mathrm{p}}t\sin\psi+\frac{v_{\mathrm{p}}}{\omega_{\mathrm{p}}}\cos\psi,\quad 0\leqslant t\leqslant \left(n+\frac{1}{2}-\frac{\psi}{\pi}\right)T_{\mathrm{p}} \tag{1.5.36}$$

式中，ψ 为相位角；n 为与 ψ 有关的表示脉冲形状的参数，两者之间满足

$$\cos[(2n+1)\pi-\psi]+[(2n+1)\pi-2\psi]\sin\psi-\cos\psi=0 \tag{1.5.37}$$

当 $n=1$ 时，$\psi=0.0697$，速度为三半波脉冲；当 $n=2$ 时，$\psi=0.0410$，速度为四半波脉冲。

Mavroeidis[18] 也提出了分段速度脉冲模型，其具有单半波、双半波、三半波及以上半波的脉冲形状，并且能够拟合幅值不同的相邻脉冲，其表达式为

$$v(t)=\begin{cases}\dfrac{v_{\mathrm{p}}}{2}\left\{1+\cos\left[\dfrac{2\pi}{\gamma T_{\mathrm{p}}}(t-t_0)\right]\right\}\cos\left[\dfrac{2\pi}{\gamma T_{\mathrm{p}}}(t-t_0)+\psi\right], \\ \qquad\qquad t_0-\dfrac{\gamma T_{\mathrm{p}}}{2}\leqslant t\leqslant t_0+\dfrac{\gamma T_{\mathrm{p}}}{2},\gamma>1 \\ 0,\quad 其他\end{cases} \tag{1.5.38}$$

式中，t_0 为脉冲达到峰值的时刻；ψ 为可调整脉冲形状的相位角；γ 为脉冲形状参数；$1+\cos[2\pi(t-t_0)/(\gamma T_{\mathrm{p}})]$ 为低频函数；$\cos[2\pi(t-t_0)/(\gamma T_{\mathrm{p}})+\psi]$ 为高频函数，用以调节速度脉冲的幅值。取不同的 ψ 和 γ 组合，可得到不同形状的脉冲。

Tian 等[41] 提出一种利用单一连续函数形式表达速度脉冲时程的方法，即

$$v(t)=v_{\mathrm{p}}w(t)\cos[2\pi f_{\mathrm{p}}(t-t_1)],\quad 0\leqslant t\leqslant T \tag{1.5.39}$$

式中，v_{p} 为速度脉冲的峰值；f_{p} 为速度脉冲的频率，可根据已有的统计回归公式确定(表 1.5.2 和表 1.5.3)；$-2\pi f_{\mathrm{p}}t_1$ 为速度脉冲的相位角；t_1 为余弦函数峰值发生时刻；T 为速度时程的持续时间；$w(t)$ 为包络函数，可取为

$$w(t)=\exp\left\{-\left[\frac{2\pi f_{\mathrm{p}}}{\gamma}(t-t_0)\right]^2\right\} \tag{1.5.40}$$

式中，t_0 为包络函数的峰值发生时刻；γ 为峰值速率。

3. 近断层脉冲型地震动合成

近断层脉冲型地震动合成步骤如下：

(1) 模拟低频速度脉冲时程。脉冲周期、峰值可由经验公式确定，并根据需要确定简化脉冲时程公式中三个形状参数的取值，由公式可生成简化速度脉冲时程，对其求导即可得到简化加速度时程。

(2) 模拟高频时程。近断层地震动的高频成分与远场地震动的高频成分相似，因此根据潜在的矩震级和场地条件，按照 1.5.1 节的方法模拟大于 1Hz 频率成分的加速度时程。此时，在模拟时程的傅里叶幅值谱中，频率小于 1Hz 的幅值设定为零。

(3) 低频脉冲时程的平移。在近断层地区，传播距离短，高频成分与低频成分到达工程场址的时间差很小，因此可以近似认为低频脉冲加速度峰值的到达时间与高频加速度峰值的到达时间相同。根据这一假设，在时间轴上移动低频加速度时程，使得低频加速度时程的峰值时刻与高频加速度时程的峰值时刻相重合，即可得到需要的低频加速度时程。

(4) 高频时程与低频时程叠加，将第(2)步和第(3)步得到的高频加速度时程、低频加速度时程叠加在一起得到近断层脉冲型地震动的模拟加速度时程。

4. 算例

已知断层的潜在矩震级为 7.0 级，场地类别为Ⅲ类，震中距为 5km，结构阻尼比取 0.05，模拟该场址的脉冲型地震动加速度时程。

(1) 模拟高频时程。按照 1.5.1 节的方法模拟高频加速度时程，对高频加速度时程积分得到速度时程，见图 1.5.8(a)。

(2) 模拟低频速度脉冲时程。根据 Mavroeidis[18] 提出的速度脉冲周期统计公式，得到速度脉冲周期 $T_{\mathrm{p}}=4\mathrm{s}$，频率 $f_{\mathrm{p}}=0.25\mathrm{Hz}$；根据速度脉冲峰值的统计公式，得到速度脉冲峰值 $v_{\mathrm{p}}=139\mathrm{cm/s}$；将上述参数代入式(1.5.39)，得到低频速度脉冲时程及其加速度时程，见图 1.5.8(b)。

(3) 低频脉冲时程的平移。在时间轴上移动低频加速度时程，使得低频加速度时程的峰值时刻与高频加速度时程的峰值时刻相重合。

(4) 高频时程与低频时程叠加。将高频加速度时程、低频加速度脉冲时程相加得到模拟加速度时程，对加速度时程积分得到速度时程，见图 1.5.8(c)。

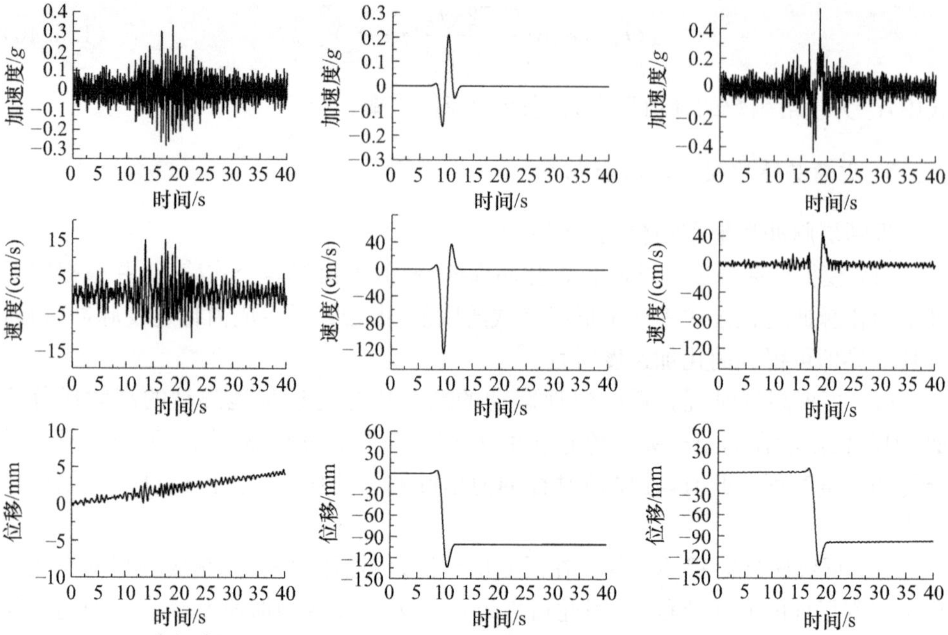

(a) 高频时程　(b) 低频脉冲时程　(c) 近断层脉冲型时程

图 1.5.8　合成地震动时程图

1.6　地震动输入问题

地震动输入是进行结构地震反应分析的基础。结构的地震反应大小、破坏情况，不仅与结构的动力特性、弹塑性变形性质、变形能力有关，还与地震动的输入形式密切相关。地震动输入数据要能够反映不同类型抗震分析以及结构体系的要求。

1.6.1　天然地震动记录的选择

根据分析目的的不同，各国抗震规范、指南和相关文献中用于结构弹塑性时程分析的地震动记录选取方法大致可分为以下三类。

1. 基于台站与地震信息的选取方法

该方法又分为两种：一种是以 ATC-63（Applied Technology Council，ATC）[42]为代表的面向研究的选取方法；另一种是以 ASCE7（American Society of Civil Engineers，ASCE）[43]为代表的面向设计的选取方法。

1）ATC-63 中的选取方法

该方法通过台站与地震信息来间接控制所选地震动的频谱与持时特性，尽量不直接限制地震动的频谱与持时特性，从而排除不必要的或人为因素产生的干扰，保留地震动记录本身合理的离散性，包括地震动的频谱与持时特性的差异，以使所建立的地震动选择集可以为评价不同建筑结构的抗震性能提供统一的标准。其中，台站信息包括台站所在的场地条件、台站距地震断层的距离、台站强震仪的有效记录频段等。地震信息则主要指独立的地震事件及其震级和震源机制等。

2) ASCE7 中的选取方法

ASCE7 要求时程分析所选用的地震动记录应在震级、断层距和震源机制等方面与对当地最大考虑地震(maximum considered earthquake，MCE)贡献较大的地震相一致。一个地区的最大考虑地震由地震危险性分析给出，综合考虑该地区附近各断层和潜在震源可能发生的不同震级地震的概率，并以谱加速度的形式给出对应于不同超越概率的地震动强度。进行时程分析时，根据当地最大考虑地震，通过“反综合”过程，反演出对当地地震危险性贡献较大地震的震级与震中距等参数。由反综合过程得到的震级和震中距，再加上场地条件，即可作为地震动记录选取的依据。

综合考虑我国抗震设计规范的相关要求和 ATC-63 的地震动选取建议，可按以下 6 条规则选择地震波：

(1) 地震震级大于 6.5，以排除不太可能对建筑结构造成严重损坏的地震。

(2) 断层距大于 10km，以减少近断层效应的影响。

(3) PGA＞0.2g 且 PGV＞15cm/s，以排除不太可能对结构安全性造成影响的地震。

(4) 30m 土层平均剪切波速介于 200～500m/s。由于直接建造在坚硬岩石上的建筑结构并不多见，而位于软弱土层上的建筑结构的地震反应受结构与土的相互作用影响较大，因此对于不考虑结构-土相互作用的大量一般建筑结构抗震性能研究，宜排除坚硬岩石与软弱土层场地上记录到的强震记录。

(5) 同一地震只选取 1 条记录，且同一记录中的 2 个水平分量中只取 PGV 较大的 1 个，以消除选取过程对于地震事件的依赖性。当同一地震事件中记录到的地震动记录有不止 1 条符合其他所有条件时，选取 PGV 最大的 1 条。

(6) 仪器应位于自由场地或较小建筑物的地面层，以避免结构-土相互作用对地震动特性的影响。

2. 基于设计反应谱的选取方法

基于设计反应谱的地震动记录选取方法，是直接将地震动记录的反应谱与设计反应谱进行比较，由此来控制所选地震动记录的频谱特性，即所选实际地震动记录的反应谱与规范的设计反应谱尽可能接近，主要可以分为四种：场地选波、场地特征周期选波、反应谱的两个频率段选波和反应谱特征周期前后的面积选波，其中，反应谱的两个频率段选波方法也称双频段控制方法，具有代表性。下面主要介绍双频段控制方法。

该方法对反应谱采用双频段进行控制：一是对地震记录加速度反应谱值在平台段[0.1s, T_g]（T_g 为特征周期）的均值进行控制，要求所选地震记录加速度谱在该段的均值与设计反应谱相差不超过10%；二是对结构基本周期 T_1 附近[$T_1-\Delta T_1, T_1+\Delta T_2$]段的加速度反应谱均值进行控制，要求与设计反应谱在该段的均值差不超过10%，其中，ΔT_1 与 ΔT_2 为周期控制范围。考虑到结构遭受地震损伤后周期会有所增大，一般 $\Delta T_2>\Delta T_1$。

这种方法主要适用于地震动记录选取数量较少时的工程结构弹塑性时程分析校核。例如，我国抗震规范要求至少采用3条地震动记录对设计进行校核，美国ASCE7要求用不少于3条地震动记录输入下的地震反应最大值对设计进行校核，而FEMA356(Federal Emergency Management Agency, FEMA)[44]规定可以采用不少于7条地震动记录输入下的地震反应平均值对设计进行校核。

3. 基于最不利地震动的选取方法

该方法选用可能对结构造成最严重破坏的地震动记录，选取分为两步：

(1) 按基于地震动本身特性或其线弹性反应谱的强度指标对所有地震动记录进行排序。根据翟长海和谢礼立[45]的研究，在实际应用中可以只考虑以下5个指标，即地面峰值加速度、地面峰值速度、地面峰值位移、有效峰值速度和相对能量持时。对于各个指标，分别挑选排名靠前者形成地震动记录备选数据库。

(2) 计算非线性单自由度体系在地震动记录备选数据库中的地震动输入下的地震反应，挑选出地震反应最大的地震动记录，即为最不利地震动。其中，非线性单自由度体系的周期与所研究结构的一阶自振周期相同。

通过基于台站和地震信息的地震动记录选取方法，研究人员希望得到一个能够适用于不同结构类型和不同自振周期结构的地震动记录集合，并以此作为评价和研究各类结构抗震性能的基础，但这往往需要较多的地震动记录。

基于设计反应谱的地震动记录选取方法主要用于在实际工程设计中对所设计结构或既有结构的抗震性能进行校核与检验。为减少计算工作量并与规范设计目标相一致，该方法希望能够给出数量较少且尽量与规范的设计反应谱相一致的地震动记录，从而使所选地震动记录输入下的结构地震反应的离散性尽量小一些。

基于最不利地震动记录的选取方法，寻求少量具有很大潜在破坏趋势的地震动记录，以用于检验地震危险性很高地区的结构或非常重要结构的抗震安全性。在采用该方法选出的地震动记录输入下，结构地震反应明显大于按其他方法选出的地震动记录所计算的结果。

由此可见，基于设计反应谱的选取方法和基于最不利地震动的选取方法对于结构地震反应结果都有明显的倾向性。前者希望在所选地震动记录输入下结构的地震反应离散性比较小，后者则预期得到较大的结构地震反应。与之相比，基于台站和地震信息的地震动记录选取方法没有类似的倾向性。

1.6.2　地震动的输入方式

1. 一致输入

一致输入是指假定地震发生时结构基础各点以相同的振幅和相位振动，只考虑地震动的时间变化性而忽略其空间变化性。

目前对实际工程进行结构地震反应分析时，地震输入方法一般采用一致输入。对于跨度不是很大的高层建筑或高耸结构，采用一致输入进行地震反应分析是可以接受的，其计算结果也基本能够满足工程建设的需要。

2. 非一致输入

地震以地震波的形式经不同路径和不同介质条件传至地表，导致不同采集点所记录的地震动在幅值、相位和频谱分布上存在差异，称为地震动的空间变化性。对于一般的结构，一致输入得到的结果在工程上可以接受，但是对于大跨桥梁、大型体育场、大坝等大长结构，结构的各支撑点可能位于显著不同的场址上，采用一致输入可能会引起较大的分析误差。大量地震记录表明，在同一次地震中，地表各处的震动是不同的，即使相距仅几十米，振动的幅值、相位和频谱特征也不尽相同，且空间变化十分复杂。

目前，我国《公路桥梁抗震设计细则》(JTG/T B02-01—2008)[46]和欧洲桥梁抗震规范[47]都考虑了地震动的空间变化。《公路桥梁抗震设计细则》规定，桥址处的地质不连续或地形特征可能造成各桥墩的地震动参数显著不同，以及桥梁一联总长度超过 600m 时，宜考虑地震动的空间变化性，包括行波效应、不相干效应和不同塔墩基础的场地差异。

欧洲桥梁抗震规范规定，当桥梁跨度超过 200m，地基土质条件不连续或有显著的地形地貌，或者当桥梁跨度大于 600m 时，建议考虑地面运动的空间变化性。

研究地震动的空间变化性需要从地震密集台阵获得大量地震动。随着密集台阵的增多，大大推动了地震动空间变化性的相关研究。为了在工程实践中考虑地震动的空间变化性，研究者以相干函数的形式进行了考虑。从建立相干函数的方法来看，可以将相干函数分为三类：经验模型、半理论半经验模型和纯理论模型。

1.6.3　最不利输入角度

地震具有很强的随机性。地震发生时，不仅其大小是随机的，其方向也是随机的。在抗震分析时，只有在某一特定的地震动输入方向下，结构物内某点或某截面的某一应力或内力才达到最大值。因此，需要选择最不利的方向（包括水平向和竖向）进行地震输入，以保证分析的准确性和合理性。一般的规则结构可只考虑水平向地震作用，例如，直线桥可分别考虑顺桥向和横桥向的地震作用，分别进行验算，不考虑正交地震力的组合。对于曲线桥梁、大跨桥梁等复杂结构，则需要确定地震动最不利输入角度，再进行地震反应分析。

确定地震动最不利输入角度，一般通过多个方向输入试算来确定。一些学者提出了不同的计算地震动最不利输入角度的方法。下面简单介绍基于有效输入能量法[48]确定地震动最不利输入角度的分析步骤：

(1) 选取待分析的实测地震记录（两水平方向）并将其进行分解，从而获得不同角度入射时结构 X 轴和 Y 轴方向的地震动分量。

(2) 对不同入射角度的地震动分量分别进行连续小波变换，以获得相应的小波系数图谱（反映地震能量的频率成分随时间的变化关系）。

(3) 从小波系数图谱中提取与结构某方向基频所对应的小波系数曲线，并计算地震动的“有效输入能量”。有效输入能量指小波系数曲线与时间轴所围的面积。有效输入能量是地震作用时间的函数，地震动结束时刻所对应的有效输入能量称为有效输入总能量。

(4) 结合有效输入能量的时间过程曲线，根据有效输入能量的大小关系来判断地震动不同角度输入时结构某响应的大小关系。

参考文献

[1] 李杰，李国强. 地震工程学导论. 北京：地震出版社，1992.

[2] Housner G W. Characteristics of strong-motion earthquakes. Bulletin of the Seismological Society of America，1947，37(1)：19-31.

[3] Rosenblueth E，Herrera I. On a kind of hysteretic damping. Journal of the Engineering Mechanics Division，1964，90(4)：37-48.

[4] Kanai K. Semi-empirical formula for the seismic characteristics of the ground. Earthquake Research Institute，University of Tokyo，1957，35(2)：309-325.

[5] Tajimi H. Statistical method of determining the maximum response of building structure during an earthquake. Proceedings of the 2nd World Conference on Earthquake Engineering，Tokyo，1960.

[6] 胡聿贤，周锡元. 弹性体系在平稳和平稳化地面运动下的反应//中国科学院土木建筑研究所地震工程研究报告集（第一集）. 北京：科学出版社，1962.

[7] Clough R W，Penzien J，Griffin D S. Dynamics of Structures. New York：McGraw-Hill，1975.

[8] 欧进萍，牛荻涛，杜修力. 设计用随机地震动的模型及其参数确定. 地震工程与工程振动，

1991,(3):45-54.
[9] 杜修力,陈厚群.地震动随机模拟及其参数确定方法.地震工程与工程振动,1994,(4):1-5.
[10] 杜修力,胡晓,陈厚群.强震地运动随机过程模拟.地震学报,1995,(1):103-109.
[11] 赖明,叶天义,李英民.地震动的双重过滤白噪声模型.土木工程学报,1995,(6):60-66.
[12] 胡聿贤.地震工程学.北京:地震出版社,1988.
[13] Applied Technology Council. Tentative Provisions for the Development of Seismic Regulations for Buildings. 2nd ed. Washington DC:National Science Foundation and National Bureau of Standards,1984.
[14] Nuttli O W. The Relation of Sustained Maximum Ground Acceleration and Velocity to Earthquake Intensity and Magnitude. Mississippi:Army Engineer Waterways Experiment Station,1979.
[15] Mortgat C P,Shah H C. A Bayesian model for seismic hazard mapping. Bulletin of the Seismological Society of America,1979,69(4):1237-1251.
[16] Shi Y,Bolt B A. The standard error of the magnitude-frequency *b* value. Bulletin of the Seismological Society of America,1982,72(5):1677-1687.
[17] Aki K,Richards P G. Quantitative Seismology,Theory and Methods. San Francisco:W. H. Freemen and Company,1980:220-345.
[18] Mavroeidis G P. A mathematical representation of near-fault ground motions. Bulletin of the Seismological Society of America,2003,93(3):1099-1131.
[19] Bray J D,Rodriguez-Marek A. Characterization of forward-directivity ground motions in the near-fault region. Soil Dynamics and Earthquake Engineering,2004,24(11):815-828.
[20] 刘启方,袁一凡,金星,等.近断层地震动的基本特征.地震工程与工程振动,2006,(1):1-10.
[21] Bogdanoff J L,Goldberg J E,Bernard M C. Response of a simple structure to a random earthquake-like disturbance. Bulletin of the Seismological Society of America,1961,51(2):293-310.
[22] Shinozuka M,Sato Y. Simulation of nonstationary random process. Journal of the Engineering Mechanics Division,1967,93(1):11-40.
[23] Jennings P C,Housner G W,Tsai N C. Simulated Earthquake Motions. Pasadena:California Institute of Technology,1968.
[24] Saragoni R G,Hart G C. Simulation of artificial earthquakes. Earthquake Engineering & Structural Dynamics,1973,2(3):249-267.
[25] 赵凤新.时程的相位差特性与设计地震动合成[博士学位论文].北京:中国地震局地球物理研究所,1992.
[26] Kiureghian A D. A coherency model for spatially varying ground motions. Earthquake Engineering & Structural Dynamics,1996,25(1):99-111.
[27] Harichandran R S,Vanmarcke E H. Stochastic variation of earthquake ground motion in space and time. Journal of Engineering Mechanics,1986,112(2):154-174.
[28] Oliveira C S,Hao H,Penzien J. Ground motion modeling for multiple-input structural

analysis. Structural Safety,1991,10(1-3):9-93.

[29] Abrahamson N, Silva W. Empirical spatial coherency functions for application to soil-structure interaction analyses. Earthquake Spectra,1991,7(1):1-27.

[30] 屈铁军,王君杰,王前信. 空间变化的地震动功率谱的实用模型. 地震学报,1996,(1):55-62.

[31] Wolf J P. Dynamic Soil and Structure Interaction. Englewood:Prentice-Hall,1985.

[32] Hao H,Oliveira C S,Penzien J. Multiple-station ground motion processing and simulation based on smart-1 array data. Nuclear Engineering and Design,1989,111(3):193-310.

[33] Zhang D,Liu W,Xie W,et al. Modeling of spatially correlated,site-reflected,and non-stationary ground motions compatible with response spectrum. Soil Dynamics and Earthquake Engineering,2013,55:21-32.

[34] 李晰. 空间变化地震作用下曲线梁桥抗震性能研究[博士学位论文]. 北京:北京工业大学,2014.

[35] Somerville P G. Magnitude scaling of the near fault rupture directivity pulse. Physics of the Earth & Planetary Interiors,2003,137(1-4):201-212.

[36] Alavi B,Krawinkler H. Effects of near-fault ground motions on frame structures. Palo Alto:John A. Blume Earthquake Engineering Center,2001.

[37] Rodriguez-Marek A. Near-fault Seismic Site Response [Doctoral Dissertation]. Berkeley: University of California,2000.

[38] Somerville P G. Development of An Improved Representation of Near Fault Ground Motions. Oakland:SMIP98 Seminar on Utilization of Strong-Motion Data,1998.

[39] Menun C,Fu Q. An analytical model for near-fault ground motions and the response of SDOF systems. Proceeding of the 7th US National Conference on Earthquake Engineering,Massachusetts,2002.

[40] Makris N,Black B. Dimensional Analysis of Inelastic Structures Subjected to Near Fault Ground Motions. Berkeley: Earthquake Engineering Research Center,University of California,2003.

[41] Tian Y,Yang Q,Lu M. Simulation method of near-fault pulse-type ground motion. ACTA Seismological Sinica,2007,20(1):80-87.

[42] Applied Technology Council. Quantification of Building Seismic Performance Factors (ATC-63). Redwood City:Applied Technology Council,2008.

[43] American Society of Civil Engineers. Minimum Design Loads for Buildings and Other Structures(ASCE/SEI 7-05). Reston:American Society of Civil Engineers,2005.

[44] Federal Emergency Federal Agency. Prestandard and Commentary for the Seismic Rehabilitation of Buildings(FEMA 356). Washington DC:Federal Emergency Federal Agency, 2000.

[45] 翟长海,谢礼立. 估计和比较地震动潜在破坏势的综合评述. 地震工程与工程振动,2002, 22(5):1-7.

[46] 中华人民共和国交通运输部. 公路桥梁抗震设计细则(JTG/T B02-01—2008). 北京:人民交通出版社,2008.

[47] European Committee for Standardization. Design of Structures for Earthquake Resistance-Part 1:General Rules,Seismic Actions and Rules for Buildings. Bruxelles:European Committee for Standardization,2004.

[48] 何晓宇,李宏男. 海洋平台确定多维地震动最不利输入方向的一种有效方法. 振动与冲击,2007,26(12):49-54.

第 2 章　桥梁结构弹性地震反应分析方法

2.1　单自由度弹性体系地震反应分析

2.1.1　运动方程

一般规则桥梁可以简化为单自由度体系，见图 2.1.1。在地震地面加速度 $\ddot{u}_g(t)$ 作用下，单自由度体系的运动方程为

$$m\ddot{u}(t)+c\dot{u}(t)+ku(t)=-m\ddot{u}_g(t) \tag{2.1.1}$$

运动过程中结构质点受到的惯性力 f_I、弹性恢复力 f_S 和阻尼力 f_D 分别为

$$f_I=m[\ddot{u}(t)+\ddot{u}_g(t)],\quad f_S=ku(t),\quad f_D=c\dot{u}(t)$$

式中，m、k、c 分别为结构的质量、刚度和阻尼系数；$u(t)$、$\dot{u}(t)$、$\ddot{u}(t)$分别为质点运动的位移、速度和加速度。

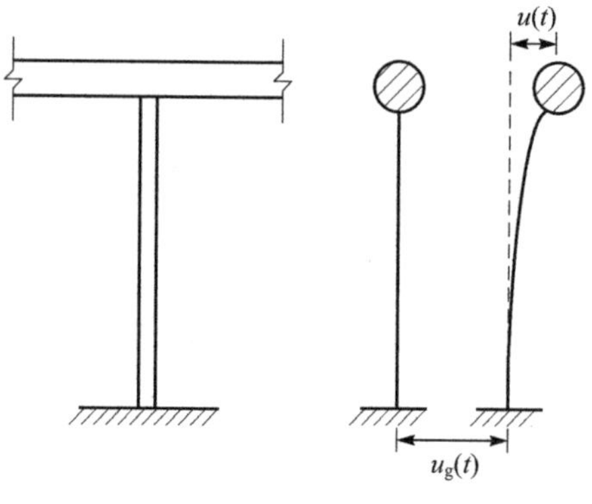

图 2.1.1　单自由度体系

式(2.1.1)可以简化为

$$\ddot{u}(t)+2\xi\omega\dot{u}(t)+\omega^2u(t)=-\ddot{u}_g(t) \tag{2.1.2}$$

式中，ω 为无阻尼结构的自振频率；ξ 为体系的阻尼比。

$$\omega=\sqrt{k/m} \tag{2.1.3}$$

$$\xi=\frac{c}{2\omega m}=\frac{c}{2\sqrt{km}} \tag{2.1.4}$$

式(2.1.2)为常系数二阶非齐次微分方程,其解由齐次方程的解和一个特解组成。

2.1.2 自由振动

式(2.1.1)的自由振动方程(齐次方程)为

$$\ddot{u}(t)+2\xi\omega\dot{u}(t)+\omega^2u(t)=0 \tag{2.1.5}$$

式(2.1.5)的解为

$$u(t)=\mathrm{e}^{-\xi\omega t}[A\cos(\omega_{\mathrm{D}}t)+B\sin(\omega_{\mathrm{D}}t)] \tag{2.1.6}$$

式中,A、B 为任意常数;ω_{D} 为有阻尼结构的自振频率,$\omega_{\mathrm{D}}=\omega\sqrt{1-\xi^2}$。

当 $t=0$ 时,将体系初始位移 $u(0)$ 和初始速度 $\dot{u}(0)$ 代入式(2.1.5),可得

$$A=u(0) \tag{2.1.7}$$

$$B=\frac{\dot{u}(0)+\xi\omega u(0)}{\omega_{\mathrm{D}}} \tag{2.1.8}$$

$$u(t)=\mathrm{e}^{-\xi\omega t}\left[u(0)\cos(\omega_{\mathrm{D}}t)+\frac{\dot{u}(0)+\xi\omega u(0)}{\omega_{\mathrm{D}}}\sin(\omega_{\mathrm{D}}t)\right] \tag{2.1.9}$$

2.1.3 强迫振动

式(2.1.2)的强迫振动方程的解可以采用 Duhamel 积分方法得到。该方法首先将荷载分解成一系列脉冲,然后获得每一个脉冲作用下结构的反应,最后叠加每一脉冲作用下的反应得到结构总的反应。

单位脉冲反应函数是在单位脉冲作用下结构的反应,如果在 τ 时刻一个单位脉冲作用在结构上,则对于无阻尼结构,单位脉冲反应函数为

$$h(t-\tau)=\begin{cases}\dfrac{1}{m\omega}\sin[\omega(t-\tau)], & t\geqslant\tau\\ 0, & t<\tau\end{cases} \tag{2.1.10}$$

有阻尼结构的单位脉冲反应函数为

$$h(t-\tau)=\begin{cases}\dfrac{1}{m\omega_{\mathrm{D}}}\mathrm{e}^{-\xi\omega(t-\tau)}\sin[\omega_{\mathrm{D}}(t-\tau)], & t\geqslant\tau\\ 0, & t<\tau\end{cases} \tag{2.1.11}$$

式中,τ 为单位脉冲作用的时刻。

图 2.1.2 给出了在单位脉冲作用下无阻尼结构和有阻尼结构动力反应时程,即单位脉冲反应函数 $h(t-\tau)$。

将作用于结构的外荷载 $p(t)$ 离散成一系列脉冲,首先计算其中任一脉冲 $p(\tau)\mathrm{d}\tau$ 作用下的动力反应。此时,脉冲的冲量等于 $p(\tau)\mathrm{d}\tau$,则直接利用单位脉冲反应函数可得到在该脉冲作用下结构的反应

$$\mathrm{d}u(t)=p(\tau)h(t-\tau)\mathrm{d}\tau, \quad t>\tau \tag{2.1.12}$$

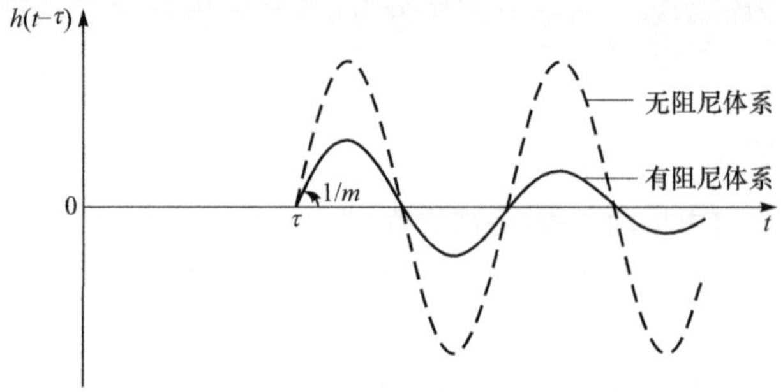

图 2.1.2　单位脉冲反应函数

在任意时间 t，结构的反应等于在 t 以前所有脉冲作用下反应之和，即

$$u(t)=\int_0^t \mathrm{d}u=\int_0^t p(\tau)h(t-\tau)\mathrm{d}\tau \tag{2.1.13}$$

分别将式(2.1.10)和式(2.1.11)代入式(2.1.13)，可以得到无阻尼和有阻尼结构动力反应的 Duhamel 积分公式：

$$u(t)=\frac{1}{m\omega}\int_0^t p(\tau)\sin[\omega(t-\tau)]\mathrm{d}\tau \tag{2.1.14}$$

$$u(t)=\frac{1}{m\omega_\mathrm{D}}\int_0^t p(\tau)\mathrm{e}^{-\xi\omega(t-\tau)}\sin[\omega_\mathrm{D}(t-\tau)]\mathrm{d}\tau \tag{2.1.15}$$

Duhamel 积分给出的解是一个由动力荷载引起的相应于零初始条件的特解。如果初始条件不为零，则需要再叠加上由非零初始条件引起的自由振动。例如，对于无阻尼结构，当存在非零初始条件时，问题的完整解为

$$u(t)=u(0)\cos(\omega t)+\frac{\dot{u}(0)}{\omega}\sin(\omega t)+\int_0^t p(\tau)h(t-\tau)\mathrm{d}\tau \tag{2.1.16}$$

式中，$u(0)$、$\dot{u}(0)$分别为结构的初始位移和初始速度。

将 $p(t)=-m\ddot{u}_\mathrm{g}(\tau)$代入式(2.1.15)，并取 $m=1$，可以得到地震动 $\ddot{u}_\mathrm{g}(\tau)$作用下阻尼结构动力反应的 Duhamel 积分公式为

$$u(t)=-\frac{1}{\omega_\mathrm{D}}\int_0^t \ddot{u}_\mathrm{g}(\tau)\mathrm{e}^{-\xi\omega(t-\tau)}\sin[\omega_\mathrm{D}(t-\tau)]\mathrm{d}\tau \tag{2.1.17}$$

故式(2.1.2)的通解为

$$\begin{aligned}u(t)=&\ \mathrm{e}^{-\xi\omega(t-\tau)}\left[u(0)\cos(\omega_\mathrm{D}t)+\frac{\ddot{u}_\mathrm{g}(\tau)+\xi\omega u(0)}{\omega_\mathrm{D}}\sin(\omega_\mathrm{D}t)\right]\\&-\frac{1}{\omega_\mathrm{D}}\int_0^t \ddot{u}_\mathrm{g}(\tau)\mathrm{e}^{-\xi\omega(t-\tau)}\sin[\omega_\mathrm{D}(t-\tau)]\mathrm{d}\tau\end{aligned} \tag{2.1.18}$$

因为实际工程中结构的阻尼比 ξ 一般很小，所以取 $\omega\approx\omega_\mathrm{D}$，式(2.1.15)简化为

$$u(t)=-\frac{1}{\omega}\int_0^t \ddot{u}_\mathrm{g}(\tau)\mathrm{e}^{-\xi\omega(t-\tau)}\sin[\omega(t-\tau)]\mathrm{d}\tau \tag{2.1.19}$$

Duhamel 积分使用了叠加原理，适用于线弹性结构分析。对于非线性结构分析，可以采用时域逐步积分法求解。目前，已经发展了一系列结构动力反应分析的时域逐步积分法，如分段解析法、中心差分法、平均常加速度法、线性加速度法、Newmark-β 法和 Wilson-θ 法等[1-3]。

2.2　单自由度弹性体系反应谱分析

2.2.1　地震作用基本表达式

对单自由度弹性体系的位移公式(2.1.19)求导两次，得到单自由度弹性体系的绝对加速度为

$$\ddot{u}(t)+\ddot{u}_g(t)=\omega\int_0^t \ddot{u}_g(\tau)e^{-\xi\omega(t-\tau)}\sin[\omega(t-\tau)]d\tau \tag{2.2.1}$$

2.2.2　地震反应谱

由于地面运动的加速度是随时间变化的，在结构设计中一般最关心结构反应的最大值。由式(2.2.1)得到单自由度体系的最大绝对加速度反应 S_a 为

$$S_a=|\ddot{u}(t)+\ddot{u}_g(t)|_{max}=\omega\left|\int_0^t \ddot{u}_g(\tau)e^{-\xi\omega(t-\tau)}\sin[\omega(t-\tau)]d\tau\right|_{max} \tag{2.2.2}$$

类似地，可以得到单自由度结构在地震作用下的最大位移反应 S_d、最大速度反应 S_v，即

$$S_d=|u(t)|_{max}=\frac{1}{\omega}\left|\int_0^t \ddot{u}_g(\tau)e^{-\xi\omega(t-\tau)}\sin[\omega(t-\tau)]d\tau\right|_{max} \tag{2.2.3}$$

$$S_v=|\dot{u}(t)|_{max}=\left|\int_0^t \ddot{u}_g(\tau)e^{-\xi\omega(t-\tau)}\cos[\omega(t-\tau)]d\tau\right|_{max} \tag{2.2.4}$$

由式(2.2.2)～式(2.2.4)可以看出，当阻尼比给定时，结构对给定地震的最大相对位移反应、最大速度反应和最大绝对加速度反应仅由结构自振频率 ω 决定，即

$$S_d=S_d(\omega) \tag{2.2.5}$$

$$S_v=S_v(\omega) \tag{2.2.6}$$

$$S_a=S_a(\omega) \tag{2.2.7}$$

由式(2.2.2)～式(2.2.4)也可以发现，最大绝对加速度反应、最大速度反应与最大相对位移反应满足如下关系：

$$S_v=\omega S_d \tag{2.2.8}$$

$$S_a=\omega^2 S_d \tag{2.2.9}$$

改变结构的自振频率 ω 就可以得到不同的 S_d、S_v 和 S_a，通过连续改变频率 ω，最后可以得到以圆频率 ω 为自变量的函数 $S_d(\omega)$、$S_v(\omega)$和 $S_a(\omega)$，称 $S_d(\omega)$为(相对)位

移反应谱，$S_v(\omega)$为(相对)速度反应谱，$S_a(\omega)$为(绝对)加速度反应谱。值得注意的是，任何一条反应谱曲线都是许多具有不同动力特性的结构对一个地震动过程的动力最大反应的结果。因此，反应谱曲线不反映具体的结构特性，只反映地震动特性。

工程中一般习惯采用结构的自振周期 $T=2\pi/\omega$ 代替圆频率，因而工程中使用的反应谱一般以周期为自变量，即

$$S_d = S_d(T) \tag{2.2.10}$$

$$S_v = S_v(T) \tag{2.2.11}$$

$$S_a = S_a(T) \tag{2.2.12}$$

对于任何一个单自由度体系，只要知道其自振周期和阻尼比，就可以从反应谱曲线中查得该体系在特定地震记录下的最大加速度。

S_a 与质点质量的乘积为水平地震作用的绝对最大值，即

$$F = mS_a \tag{2.2.13}$$

2.2.3　标准反应谱

为了便于应用，可在式(2.2.13)中引入能反映地面运动强弱的地面运动最大加速度$|\ddot{u}_{g0}(\tau)|_{max}$，则

$$F = mS_a = mg\frac{|\ddot{u}_{g0}(\tau)|_{max}}{g}\frac{S_a}{|\ddot{u}_{g0}(\tau)|_{max}} = Gk\beta \tag{2.2.14}$$

$$k = \frac{|\ddot{u}_{g0}(\tau)|_{max}}{g} \tag{2.2.15}$$

$$\beta = \frac{S_a}{|\ddot{u}_{g0}(\tau)|_{max}} \tag{2.2.16}$$

式中，G 为重力，$G=mg$；k 为地震系数；β 为动力放大系数。

鉴于地震的随机性，即使在同一地点、同一烈度，每次地震的地面加速度记录也很不一致，因此，需要根据大量的强震记录算出对应于每一条强震记录的反应谱曲线，然后统计出最有代表性的平均曲线作为设计依据，这种曲线称为标准反应谱曲线。

2.2.4　设计反应谱

为了便于计算，《城市桥梁抗震设计规范》(CJJ 166—2011)[4]中用 α 代替 S_a/g，结果见式(2.2.17)：

$$F = mS_a = \frac{S_a}{g}mg = \alpha G \tag{2.2.17}$$

式中，α 为地震影响系数，其取决于地震烈度、场地类别、设计地震分组、结构自振周期和阻尼比。

如图 2.2.1 所示，α 反应谱曲线由线性上升段、水平线、两个曲线下降段四部分组成，其计算方法如式(2.2.18)所示。应注意，当 $T>6\text{s}$ 时，该设计反应谱已超出其适用范围，应进行专门研究以确定 α。

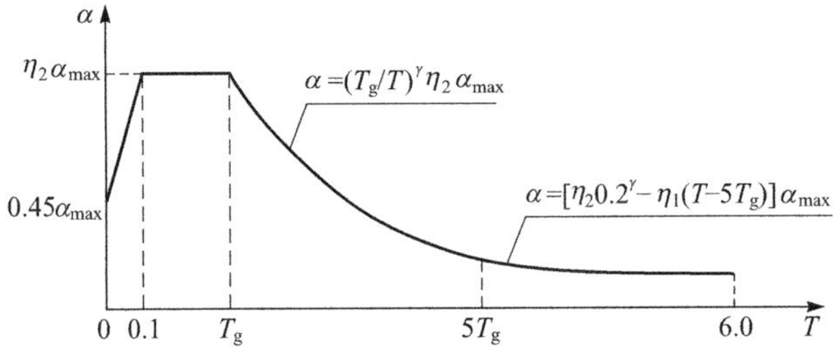

图 2.2.1　地震影响系数 α 曲线

$$\alpha=\begin{cases}\left[\dfrac{0.45}{\eta_2}+10\left(1.0-\dfrac{0.45}{\eta_2}\right)T\right]\eta_2\alpha_{\max}, & T<0.1\text{s}\\ \eta_2\alpha_{\max}, & 0.1\text{s}\leqslant T<T_g\\ \left(\dfrac{T_g}{T}\right)^{\gamma}\eta_2\alpha_{\max}, & T_g\leqslant T<5T_g\\ \left[\eta_2\,0.2^{\gamma}-\eta_1(T-5T_g)\right]\alpha_{\max}, & 5T_g\leqslant T\leqslant 6.0\text{s}\end{cases}\tag{2.2.18}$$

式中，$\alpha_{\max}$ 为地震影响系数最大值，见表 2.2.1；γ 为曲线下降段的衰减指数，应按式(2.2.19)确定；η_1 为直线下降段的下降斜率调整系数，应按式(2.2.20)确定，且当 $\eta_1<0.1$ 时，取 $\eta_1=0$；η_2 为阻尼调整系数，应按式(2.2.21)确定，且当 $\eta_2<0.55$ 时，取 $\eta_2=0.55$；T 为结构自振周期；T_g 为特征周期，可根据场地类别和设计地震分组确定，见表 2.2.2。但在计算 8 度、9 度罕遇地震作用时，其特征周期应增加 0.05s。

$$\gamma=0.9+\frac{0.05-\xi}{0.5+5\xi}\tag{2.2.19}$$

$$\eta_1=0.02+\frac{1}{8}(0.05-\xi)\tag{2.2.20}$$

$$\eta_2=1+\frac{0.05-\xi}{0.06+1.7\xi}\tag{2.2.21}$$

式中，ξ 为结构的阻尼比，一般取 0.05。

表 2.2.1　水平地震影响系数最大值

地震影响	烈度			
	6 度	7 度	8 度	9 度
多遇地震	0.04	0.08(0.12)	0.16(0.24)	0.32
罕遇地震	—	0.50(0.72)	0.90(1.20)	1.40

注：括号中的数值分别用于设计基本地震加速度为 0.15g 和 0.30g 的地区。

表 2.2.2 特征周期 (单位:s)

设计地震分组	场地类别			
	Ⅰ	Ⅱ	Ⅲ	Ⅳ
第一组	0.25	0.35	0.45	0.65
第二组	0.30	0.40	0.55	0.75
第三组	0.35	0.45	0.65	0.90

2.3 多自由度体系运动方程

2.3.1 一致激励运动方程

对于一致激励,结构承受相同的地面加速度。因此,多自由度体系运动方程为

$$\boldsymbol{M}\ddot{\boldsymbol{u}}^{t}+\boldsymbol{C}\dot{\boldsymbol{u}}+\boldsymbol{K}\boldsymbol{u}=0 \tag{2.3.1}$$

式中,$\boldsymbol{M}$、$\boldsymbol{C}$、$\boldsymbol{K}$ 分别为体系的质量、阻尼和刚度矩阵;$\ddot{\boldsymbol{u}}^{t}$、$\dot{\boldsymbol{u}}$ 和 $\boldsymbol{u}$ 分别为结构相对于支承的绝对加速度向量、相对速度向量、相对位移向量。图 2.3.1 为多自由度结构在地震作用下的运动状态,其中 m_i 为第 i 个自由度对应的质量。

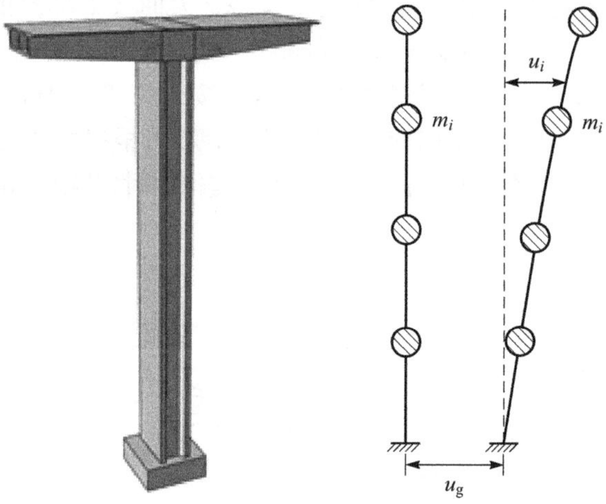

图 2.3.1 多自由度结构在地震作用下的运动状态

$\ddot{u}_i^{t}$ 由式(2.3.2)计算:

$$\ddot{u}_i^{t}=\ddot{u}_i+\ddot{u}_{gi} \tag{2.3.2}$$

式中,$\ddot{u}_i^{t}$ 为质量 m_i 的相对加速度;$\ddot{u}_{gi}$为第 i 个自由度方向的地面加速度。

式(2.3.1)也常表示为

$$\boldsymbol{M}\ddot{\boldsymbol{u}}+\boldsymbol{C}\dot{\boldsymbol{u}}+\boldsymbol{K}\boldsymbol{u}=-\boldsymbol{M}\boldsymbol{I}\ddot{\boldsymbol{u}}_{\mathrm{g}} \tag{2.3.3}$$

式中，$\ddot{\boldsymbol{u}}_{\mathrm{g}}$ 为相对加速度向量；$\boldsymbol{I}$ 为影响系数向量。

2.3.2　多点激励运动方程

从动力学的角度来看，多点输入结构地震响应分析的原理与一致输入情况没有本质的区别，只是在建立动力学方程时需要将结构基础部位也作为动力自由度来考虑。假设结构具有 n 个自由度和 m 个支座约束自由度，在地面多点输入激励下以绝对位移建立的动力方程可写成[1]

$$\begin{bmatrix}\boldsymbol{M}_{\mathrm{ss}} & \boldsymbol{M}_{\mathrm{sg}}\\ \boldsymbol{M}_{\mathrm{gs}} & \boldsymbol{M}_{\mathrm{gg}}\end{bmatrix}\begin{bmatrix}\ddot{\boldsymbol{u}}^{\mathrm{t}}\\ \ddot{\boldsymbol{u}}_{\mathrm{g}}\end{bmatrix}+\begin{bmatrix}\boldsymbol{C}_{\mathrm{ss}} & \boldsymbol{C}_{\mathrm{sg}}\\ \boldsymbol{C}_{\mathrm{gs}} & \boldsymbol{C}_{\mathrm{gg}}\end{bmatrix}\begin{bmatrix}\dot{\boldsymbol{u}}^{\mathrm{t}}\\ \dot{\boldsymbol{u}}_{\mathrm{g}}\end{bmatrix}+\begin{bmatrix}\boldsymbol{K}_{\mathrm{ss}} & \boldsymbol{K}_{\mathrm{sg}}\\ \boldsymbol{K}_{\mathrm{gs}} & \boldsymbol{K}_{\mathrm{gg}}\end{bmatrix}\begin{bmatrix}\boldsymbol{u}^{\mathrm{t}}\\ \boldsymbol{u}_{\mathrm{g}}\end{bmatrix}=\begin{bmatrix}0\\ \boldsymbol{P}_{\mathrm{g}}\end{bmatrix} \tag{2.3.4}$$

式中，$\ddot{\boldsymbol{u}}^{\mathrm{t}}$、$\dot{\boldsymbol{u}}^{\mathrm{t}}$、$\boldsymbol{u}^{\mathrm{t}}$ 分别为结构非支承节点的绝对加速度、速度和位移向量；$\ddot{\boldsymbol{u}}_{\mathrm{g}}$、$\dot{\boldsymbol{u}}_{\mathrm{g}}$、$\boldsymbol{u}_{\mathrm{g}}$ 分别为结构支承节点的加速度、速度和位移向量；$\boldsymbol{M}$、$\boldsymbol{C}$、$\boldsymbol{K}$ 分别为质量、阻尼和刚度矩阵；下标 s 代表非支承节点；下标 g 代表支承节点；下标 sg 和 gs 代表支承节点与非支承节点之间的耦合项；$\boldsymbol{P}_{\mathrm{g}}$ 为支承反力向量。

为了消去未知量 $\boldsymbol{P}_{\mathrm{g}}$，展开式(2.3.4)的第一行，可得

$$\boldsymbol{M}_{\mathrm{ss}}\ddot{\boldsymbol{u}}^{\mathrm{t}}+\boldsymbol{C}_{\mathrm{ss}}\dot{\boldsymbol{u}}^{\mathrm{t}}+\boldsymbol{K}_{\mathrm{ss}}\boldsymbol{u}^{\mathrm{t}}=-(\boldsymbol{M}_{\mathrm{sg}}\ddot{\boldsymbol{u}}_{\mathrm{g}}+\boldsymbol{C}_{\mathrm{sg}}\dot{\boldsymbol{u}}_{\mathrm{g}}+\boldsymbol{K}_{\mathrm{sg}}\boldsymbol{u}_{\mathrm{g}}) \tag{2.3.5}$$

式中，$\boldsymbol{M}_{\mathrm{sg}}\ddot{\boldsymbol{u}}_{\mathrm{g}}$ 为地震地面运动在非支承节点上引起的惯性力；$\boldsymbol{C}_{\mathrm{sg}}\dot{\boldsymbol{u}}_{\mathrm{g}}$ 为地震地面运动在非支承节点上引起的阻尼力；$\boldsymbol{K}_{\mathrm{sg}}\boldsymbol{u}_{\mathrm{g}}$ 为地震地面运动在非支承节点上引起的弹性力。$\ddot{\boldsymbol{u}}_{\mathrm{g}}$、$\dot{\boldsymbol{u}}_{\mathrm{g}}$ 和 $\boldsymbol{u}_{\mathrm{g}}$ 均为地面运动的已知量，因此该式与普通动力学方程并没有本质区别。绝对位移分解为拟静力位移和动力相对位移之和，即

$$\boldsymbol{u}^{\mathrm{t}}=\boldsymbol{u}+\boldsymbol{r}\boldsymbol{u}_{\mathrm{g}} \tag{2.3.6}$$

式中，$\boldsymbol{r}$ 为影响系数向量。

如果忽略质量与阻尼之间的耦合影响，式(2.3.5)简化为

$$\boldsymbol{M}_{\mathrm{ss}}\ddot{\boldsymbol{u}}^{\mathrm{t}}+\boldsymbol{C}_{\mathrm{ss}}\dot{\boldsymbol{u}}^{\mathrm{t}}+\boldsymbol{K}_{\mathrm{ss}}\boldsymbol{u}^{\mathrm{t}}=-\boldsymbol{K}_{\mathrm{sg}}\boldsymbol{u}_{\mathrm{g}} \tag{2.3.7}$$

运动方程也可以用结构的相对位移来表示，将式(2.3.6)代入式(2.3.5)，可得

$$\boldsymbol{M}_{\mathrm{ss}}\ddot{\boldsymbol{u}}+\boldsymbol{C}_{\mathrm{ss}}\dot{\boldsymbol{u}}+\boldsymbol{K}_{\mathrm{ss}}\boldsymbol{u}=-(\boldsymbol{M}_{\mathrm{sg}}+\boldsymbol{r}\boldsymbol{M}_{\mathrm{ss}})\ddot{\boldsymbol{u}}_{\mathrm{g}}-(\boldsymbol{C}_{\mathrm{sg}}+\boldsymbol{r}\boldsymbol{C}_{\mathrm{ss}})\dot{\boldsymbol{u}}_{\mathrm{g}}-(\boldsymbol{K}_{\mathrm{sg}}+\boldsymbol{r}\boldsymbol{K}_{\mathrm{ss}})\boldsymbol{u}_{\mathrm{g}} \tag{2.3.8}$$

由于支承位移 $\boldsymbol{u}_{\mathrm{g}}$ 产生拟静力位移 $\boldsymbol{u}_{\mathrm{s}}$，拟静力平衡方程可以写为

$$\boldsymbol{K}_{\mathrm{ss}}\boldsymbol{u}_{\mathrm{s}}+\boldsymbol{K}_{\mathrm{sg}}\boldsymbol{u}_{\mathrm{g}}=0 \tag{2.3.9}$$

解得

$$\boldsymbol{u}_{\mathrm{s}}=-\boldsymbol{K}_{\mathrm{ss}}^{-1}\boldsymbol{K}_{\mathrm{sg}}\boldsymbol{u}_{\mathrm{g}}=\boldsymbol{r}\boldsymbol{u}_{\mathrm{g}} \tag{2.3.10}$$

将式(2.3.10)代入式(2.3.9)，可得

$$\boldsymbol{r}\boldsymbol{K}_{\mathrm{ss}}+\boldsymbol{K}_{\mathrm{sg}}=0 \tag{2.3.11}$$

由式(2.3.11)知，式(2.3.8)最后一项为零。对于大多数结构，$\boldsymbol{M}_{sg}$通常可忽略，$(\boldsymbol{C}_{sg}+\boldsymbol{r}\boldsymbol{C}_{ss})\dot{\boldsymbol{u}}_g$阻尼项的影响很小并且可以忽略。根据这两个假设，式(2.3.8)简化为

$$\boldsymbol{M}_{ss}\ddot{\boldsymbol{u}}^t+\boldsymbol{C}_{ss}\dot{\boldsymbol{u}}^t+\boldsymbol{K}_{ss}\boldsymbol{u}^t=-\boldsymbol{r}\boldsymbol{M}_{ss}\ddot{\boldsymbol{u}}_g \tag{2.3.12}$$

式(2.3.12)为多点激励动力方程。

2.4　多自由度体系反应谱法

2.4.1　自振频率和振型

由2.3节可知，多自由度结构在地震作用下的运动方程为

$$\boldsymbol{M}\ddot{\boldsymbol{u}}+\boldsymbol{C}\dot{\boldsymbol{u}}+\boldsymbol{K}\boldsymbol{u}=-\boldsymbol{M}\boldsymbol{I}\ddot{\boldsymbol{u}}_g \tag{2.4.1}$$

结构在强迫振动时的动力响应与结构系统的固有特性密切相关，因此有必要先分析系统的固有振动特性，即分析其频率和振型。对于一般结构系统，阻尼对频率的影响较小，因此分析固有振动特性时，可以忽略阻尼的影响。

去掉方程(2.4.1)中的阻尼项和干扰力项，得到n个无阻尼系统的自由振动方程为

$$\boldsymbol{M}\ddot{\boldsymbol{u}}+\boldsymbol{K}\boldsymbol{u}=0 \tag{2.4.2}$$

多自由度结构的自由振动是简谐振动，可以写成

$$\boldsymbol{u}(t)=\boldsymbol{\phi}\sin(\omega t+\theta) \tag{2.4.3}$$

式中，ω为无阻尼固有振动频率；$\boldsymbol{\phi}$为振幅矢量；θ为相位角。

将式(2.4.3)代入式(2.4.2)，消去各项的公因子$\sin(\omega t+\theta)$，可得

$$(\boldsymbol{K}-\omega^2\boldsymbol{M})\boldsymbol{\phi}=0 \tag{2.4.4}$$

式(2.4.4)称为振幅方程，利用该式可以求出振幅矢量。

振幅矢量$\boldsymbol{\phi}$存在非零解，即

$$|\boldsymbol{K}-\omega^2\boldsymbol{M}|=0 \tag{2.4.5}$$

式(2.4.5)称为频率方程。

求解方程(2.4.5)可以得到特征值ω^2的n个正的实根，将解再代入式(2.4.4)得到相应的特征向量$\boldsymbol{\phi}$。ω称为固有频率或自振频率，相应的$\boldsymbol{\phi}$称为振型。n个固有频率中最小的称为基本频率，相应的振型$\boldsymbol{\phi}$称为基本振型。

振型描述了结构按照某一阶自振频率振动时各自由度变化的比例关系。自振频率描述振动反应的时域特性，即振动的快慢；振型描述振动反应的空间特性，即振型的空间模式。

所谓振型的正交性，是指在多自由度结构中，任意两个相应于不同自振频率的振型之间存在下述关系：

$$\boldsymbol{\phi}_i^{\mathrm{T}}\boldsymbol{M}\boldsymbol{\phi}_j=0,\quad i=j \tag{2.4.6}$$

$$\boldsymbol{\phi}_i^{\mathrm{T}}\boldsymbol{K}\boldsymbol{\phi}_j=0,\quad i\neq j \tag{2.4.7}$$

在式(2.4.4)两边同时左乘 $\boldsymbol{\phi}_j^{\mathrm{T}}$，整理可得

$$K_j=\omega_j{}^2M_j \tag{2.4.8}$$

式中，ω_j 为第 j 阶频率，且

$$\omega_j=\sqrt{\frac{K_j}{M_j}},\quad K_j=\boldsymbol{\phi}_j^{\mathrm{T}}\boldsymbol{K}\boldsymbol{\phi}_j,\quad M_j=\boldsymbol{\phi}_j^{\mathrm{T}}\boldsymbol{M}\boldsymbol{\phi}_j$$

由前面的公式得到的振型有时候需要归一化处理。常用的归一化方法有特定坐标法、最大位移值法和正交归一化法。

根据线性代数理论中的坐标变换，可知多自由度结构地震反应位移矢量可以表示为

$$\boldsymbol{u}=\sum_{j=1}^{N}\boldsymbol{\phi}_jq_j=\boldsymbol{\phi}\boldsymbol{q} \tag{2.4.9}$$

式中，$\boldsymbol{\phi}=[\boldsymbol{\phi}_1,\boldsymbol{\phi}_2,\cdots,\boldsymbol{\phi}_N]$为振型组成的矩阵；$\boldsymbol{q}=[q_1,q_2,\cdots,q_N]^{\mathrm{T}}$ 为广义坐标矢量；$\boldsymbol{\phi}_j$ 为坐标变换的坐标基；q_j 为广义坐标。任何结构振动位移的形态都可以用 N 个振型线性表示。

将式(2.4.9)展开，两边同时左乘 $\boldsymbol{\phi}_j^{\mathrm{T}}\boldsymbol{M}$，可得

$$\boldsymbol{\phi}_j^{\mathrm{T}}\boldsymbol{M}\boldsymbol{u}=\boldsymbol{\phi}_j^{\mathrm{T}}\boldsymbol{M}\boldsymbol{\phi}_1q_1+\boldsymbol{\phi}_j^{\mathrm{T}}\boldsymbol{M}\boldsymbol{\phi}_2q_2+\cdots+\boldsymbol{\phi}_j^{\mathrm{T}}\boldsymbol{M}\boldsymbol{\phi}_Nq_N \tag{2.4.10}$$

根据振型的正交性，式(2.4.10)变为

$$\boldsymbol{\phi}_j^{\mathrm{T}}\boldsymbol{M}\boldsymbol{u}=\boldsymbol{\phi}_j^{\mathrm{T}}\boldsymbol{M}\boldsymbol{\phi}_jq_j \tag{2.4.11}$$

则有

$$q_j=\frac{\boldsymbol{\phi}_j^{\mathrm{T}}\boldsymbol{M}\boldsymbol{u}}{\boldsymbol{\phi}_j^{\mathrm{T}}\boldsymbol{M}\boldsymbol{\phi}_j}=\frac{\boldsymbol{\phi}_j^{\mathrm{T}}\boldsymbol{M}\boldsymbol{u}}{\boldsymbol{M}_j} \tag{2.4.12}$$

由式(2.4.12)可以得到相应于各振型的振型坐标。

2.4.2　振型分解法

由于体系的自振振型为完备的正交系，且结构体系的动力反应都可以用其振型展开，因而结构的运动可以表示为

$$\boldsymbol{u}(t)=q_1(t)\boldsymbol{\phi}_1+q_2(t)\boldsymbol{\phi}_2+\cdots+q_N(t)\boldsymbol{\phi}_N=\sum_{j=1}^{N}q_j(t)\boldsymbol{\phi}_j \tag{2.4.13}$$

将式(2.4.13)代入式(2.4.1)，并在方程两边同时左乘 $\boldsymbol{\phi}_j^{\mathrm{T}}$，整理可得

$$\ddot{q}_j(t)+2\xi_j\omega_j\dot{q}_j(t)+\omega_j{}^2q_j(t)=-\gamma_j\ddot{u}_{\mathrm{g}}(t),\quad j=1,2,\cdots,N \tag{2.4.14}$$

式中

$$\xi_j=\frac{C_j}{2\omega_j M_j},\quad C_j=\boldsymbol{\phi}_j^{\mathrm{T}}\boldsymbol{C}\boldsymbol{\phi}_j,\quad M_j=\boldsymbol{\phi}_j^{\mathrm{T}}\boldsymbol{M}\boldsymbol{\phi}_j,\quad K_j=\boldsymbol{\phi}_j^{\mathrm{T}}\boldsymbol{K}\boldsymbol{\phi}_j,\quad \gamma_j=\frac{\boldsymbol{\phi}_j^{\mathrm{T}}\boldsymbol{M}\boldsymbol{I}}{M_j}=\frac{\boldsymbol{\phi}_j^{\mathrm{T}}\boldsymbol{M}\boldsymbol{I}}{\boldsymbol{\phi}_j^{\mathrm{T}}\boldsymbol{M}\boldsymbol{\phi}_j}$$

分别为第 j 阶振型阻尼比、振型阻尼、振型质量、振型刚度和振型参与系数。

式(2.4.14)为自振频率为 ω_j 的单自由度结构运动方程。由此可见，振型分解法将 N 个耦联多自由度结构运动方程变成 N 个单自由度结构运动方程。

令 $q_j(t)=\gamma_j\delta_j(t)$，并代入式(2.4.14)，可得地震作用下单自由度结构的标准运动方程为

$$\ddot{\delta}_j(t)+2\xi_j\omega_j\dot{\delta}_j(t)+\omega_j^2\delta_j(t)=-\ddot{u}_{\mathrm{g}},\quad j=1,2,\cdots,N \tag{2.4.15}$$

式(2.4.15)可由 Duhamel 积分法求得，即

$$\delta_j(t)=-\frac{1}{\omega_j}\int_0^t\ddot{u}_{\mathrm{g}}(\tau)\mathrm{e}^{-\xi_j\omega_j(t-\tau)}\sin[\omega_j(t-\tau)]\mathrm{d}\tau,\quad j=1,2,\cdots,N \tag{2.4.16}$$

同时可得到单自由度结构的绝对加速度为

$$\ddot{\delta}_j(t)+\ddot{u}_{\mathrm{g}}(t)=-\omega_j^2\delta_j(t),\quad j=1,2,\cdots,N \tag{2.4.17}$$

将 $q_j(t)=\gamma_j\delta_j(t)$代入式(2.4.13)，可得结构的运动为

$$\boldsymbol{u}=\sum_{j=1}^{N}\gamma_j\delta_j(t)\boldsymbol{\phi}_j \tag{2.4.18}$$

作用于各质点的惯性力为

$$F=M(\ddot{u}+I\ddot{u}_{\mathrm{g}})=\sum_{j=1}^{N}\gamma_j M[\ddot{\delta}_j(t)+\ddot{u}_{\mathrm{g}}(t)]\boldsymbol{\phi}_j \tag{2.4.19}$$

振型分解法，是将多自由度结构的动力问题转化为一系列单自由度结构的反应问题，使分析问题大大简化[5]。

2.4.3 振型分解反应谱法

1）振型的最大地震作用

对结构上的地震作用，相应于第 j 阶振型的最大值为

$$F_j=\gamma_j M|\ddot{\delta}_j(t)+\ddot{u}_{\mathrm{g}}(t)|_{\max}\boldsymbol{\phi}_j \tag{2.4.20}$$

而$|\ddot{\delta}_j(t)+\ddot{u}_{\mathrm{g}}(t)|_{\max}$可以直接根据结构自振周期 $T_j=2\pi/\omega_j$ 及给定的地震地面运动的反应谱得到。

若给出的加速度反应谱为 $S_{\mathrm{a}}(T)$，则有

$$|\ddot{\delta}_j(t)+\ddot{u}_{\mathrm{g}}(t)|_{\max}=S_{\mathrm{a}}(T_j) \tag{2.4.21}$$

将式(2.4.21)代入式(2.4.20)，可得最大振型地震作用为

$$F_j=\gamma_j S_{\mathrm{a}}(T_j)M\boldsymbol{\phi}_j,\quad j=1,2,\cdots,N \tag{2.4.22}$$

2）振型组合

在结构抗震设计中最关心结构的最大反应，而振型分解法中结构的位移和所

受的地震惯性力均为各个振型反应的叠加，所以可先求出各个振型反应的最大值，然后按照某种方式将这些振型组合得到结构的最大反应。

因为各振型反应达到最大值的时间不同，所以结构的地震作用效应不能简单地用各振型反应的最大值之和表示，需要采用其他手段。目前针对振型分解法分析的组合方式有 SRSS 方法[6]、CQC 方法[7]等，下面简单介绍这两种方法。

SRSS 方法，即平方和开平方方法，假设地震动为平稳随机过程，地震作用效应为

$$S=\sqrt{\sum_{j=1}^{N} S_j^2} \tag{2.4.23}$$

式中，S 为结构的地震作用效应；S_j 为第 j 阶振型地震作用效应。

一般的规则结构可取前 2 或 3 个振型组合。当结构基本自振周期大于 1.55s 或结构高宽比大于 5 时，采用的振型数目可适当增加，取 5～7 个。对于一般的三维结构模型，上述振型数目是指沿地震作用方向上结构的整体振型数，不包括可能存在的局部振型。SRSS 方法不考虑各振型间的耦合效应，因此不适用于耦合效应较大的结构。

CQC 方法，即完全二次项组合法，应用最广泛。该方法以随机振动理论为基础，考虑了振型阻尼引起的邻近振型间的耦合效应，其表达式为

$$S=\sqrt{\sum_{i=1}^{N}\sum_{j=1}^{N} \rho_{ij} S_i S_j} \tag{2.4.24}$$

式中，ρ_{ij} 为第 i 阶振型与第 j 阶振型的耦联系数(相干系数)；S_i、S_j 分别为第 i 阶和第 j 阶振型地震作用效应。相干系数 ρ_{ij} 与第 i、j 阶振型的阻尼比 ξ_i 和 ξ_j 以及自振周期比 r 有关，对于固定阻尼的 CQC 方法，相干系数为

$$\rho_{ij}=\frac{8\xi_i\xi_j(1+r)r^{3/2}}{(1-r^2)^2+4\xi_i\xi_j r\,(1+r)^2} \tag{2.4.25}$$

考虑扭转影响的结构和空间计算模型、相邻自振频率接近的结构，应采用 CQC 方法进行计算。

3) 多点激励下的反应谱分析法

由 2.3 节可知，在多点激励作用下结构的绝对位移 $\boldsymbol{u}^{\mathrm{t}}$ 由结构的拟静力位移 $\boldsymbol{u}_{\mathrm{s}}$ 和结构的动力相对位移 $\boldsymbol{u}$ 组成，即式(2.3.6)。现在由式(2.3.10)求得了结构的拟静力位移 $\boldsymbol{u}_{\mathrm{s}}$，由式(2.4.9)求得了结构的动力相对位移 $\boldsymbol{u}$，则多点激励下结构总的反应 $\boldsymbol{u}^{\mathrm{t}}$ 为

$$\boldsymbol{u}^{\mathrm{t}}=\boldsymbol{u}_{\mathrm{s}}+\boldsymbol{u}=-\boldsymbol{K}_{\mathrm{ss}}^{-1}\boldsymbol{K}_{\mathrm{sg}}\boldsymbol{u}_{\mathrm{g}}+\sum_{j=1}^{N} q_j(t)\boldsymbol{\phi}_j \tag{2.4.26}$$

4) 多维地震作用下的反应谱分析法

在地震作用下，结构除发生平移振动外，还会发生扭转振动，特别是对一些复

杂工程结构,如大型水坝、海洋平台、核电站、大跨度及空间结构等。因此,在进行结构地震分析时仅仅考虑单分量地震作用是不够的,还应考虑多分量地震作用对结构的影响。

多自由度体系第 j 阶振型第 i 层的水平地震作用,可按式(2.4.27)确定:

$$\begin{cases} F_{xji}=\alpha_j\gamma_{tj}X_{ji}G_i \\ F_{yji}=\alpha_j\gamma_{tj}Y_{ji}G_i \\ F_{tji}=\alpha_j\gamma_{tj}r_i^2\Phi_{ji}G_i \end{cases} \tag{2.4.27}$$

式中,F_{xji}、F_{yji}、F_{tji} 分别为第 j 阶振型 i 层的 x、y 方向和扭转方向的地震作用;X_{ji}、Y_{ji} 分别为第 j 阶振型 i 个点质心在 x、y 方向的水平相对位移;Φ_{ji} 为第 j 阶振型 i 层的相对扭转角;r_i 为第 i 层转动半径,可取 i 层绕质心的转动惯量除以该层质量的商的正二次方根;γ_{tj} 为考虑扭转的第 j 阶振型参与系数,可按式(2.4.28)和式(2.4.29)计算:

当仅取 x 方向地震作用时,

$$\gamma_{tj}=\frac{\sum_{i=1}^{n}X_{ji}G_i}{\sum_{i=1}^{n}(X_{ji}^2+Y_{ji}^2+\varphi_{ji}^2r_i^2)G_i} \tag{2.4.28}$$

当仅取 y 方向地震作用时,

$$\gamma_{tj}=\frac{\sum_{i=1}^{n}Y_{ji}G_i}{\sum_{i=1}^{n}(X_{ji}^2+Y_{ji}^2+\varphi_{ji}^2r_i^2)G_i} \tag{2.4.29}$$

对于扭转耦联振动的偏心结构,各振型的频率比较接近。将各振型的地震效应组合成总的地震作用效应时,应考虑相近频率振型之间的相关性。

利用式(2.4.21)分别对 x 方向和 y 方向地震输入求得地震作用效应,分别记为 S_x 和 S_y,则在双向水平地震作用下的总的地震作用效应由式(2.4.30)中的最大值确定。

$$\begin{aligned} S&=\sqrt{S_x^2+(0.85S_y)^2} \\ S&=\sqrt{S_y^2+(0.85S_x)^2} \end{aligned} \tag{2.4.30}$$

2.5　多点激励下斜拉桥弹性地震反应算例

斜拉桥的简化模型如图 2.5.1 所示,假设桥塔是不可伸长的,忽视预应力锚索几何非线性的刚度,桥面板和桥墩之间没有弯矩传递,桥面板由塔垂直支承。地震波的行波效应以每个支承处地震波延迟 5s 来考虑，地震波持时为 45s，即支承 1 处的地震波前 30s 为实际地震波，最后 15s 为零；支承 2 处的地震波前 5s 为零，中间 30s 为实际地震波，最后 10s 为零；支承 3 处的地震波前 10s 为零，中间 30s 为实际地震波，最后 5s 为零；支承 4 处的地震波前 15s 为零，最后 15s 为实际地震波。采用时程分析[5]（Newmark-β 法），结构阻尼比为 0.05，地震动记录采用 El-Centro 地震动记录[6]。

（1）求平移自由度 1、2 和 3 的 $\boldsymbol{r}$ 矩阵。

（2）当 $a=120\text{m}$，$b=\dfrac{3}{2}$，$d=400$，$\cos\theta=\dfrac{12}{13}$，$\sin\theta=\dfrac{5}{13}$时，考虑行波效应，求动力自由度（1、2 和 3）的位移反应。

已知，$EI_t=1.25\,EI_d=EI$，$L=l_1+l_2+l_3$，$l_2=2l_1=2l_3$，$h=h_1+h_2$，$\left(\dfrac{AE}{L}\right)_{\text{deck}}=0.8\left(\dfrac{AE}{l_1}\right)_{\text{cable}}$，$\dfrac{AE}{l_4}=\dfrac{12EI}{a^3}$，$\dfrac{12EI}{a^3}=dm$，$\dfrac{12EI}{h^3}=bm$。

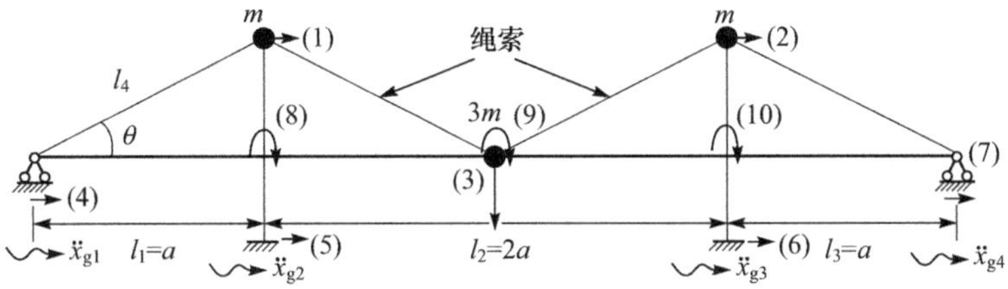

图 2.5.1　斜拉桥简化模型

解：（1）由以上假设可得刚度矩阵的参数为

$$K_{11}=\frac{3.75EI}{h^3}+\frac{2AE}{l_1}\cos^2\theta=1.25bm+2dm\cos^2\theta,\quad K_{21}=0$$

$$K_{31}=-\frac{AE}{l_1}\cos\theta\sin\theta=-dm\cos\theta\sin\theta,\quad K_{41}=-\frac{AE}{l_1}\cos^2\theta=-dm\cos^2\theta$$

$$K_{51}=-\frac{3.75EI}{h^3}=-1.25bm,\quad K_{61}=K_{71}=K_{81}=K_{91}=K_{101}=0$$

$$K_{22}=K_{11},\quad K_{32}=-K_{31},\quad K_{42}=K_{52}=0,\quad K_{62}=K_{51},\quad K_{72}=K_{41}$$

$$K_{82}=K_{92}=K_{102}=0,\quad K_{33}=\frac{24EI}{a^3}+\frac{2AE}{l_1}\sin^2\theta=2dm(1+\sin^2\theta)$$

$$K_{43}=K_{53}=K_{63}=K_{73}=K_{93}=0,\quad K_{83}=-\frac{EI}{l_1}=-6dm,\quad K_{103}=6dm$$

$$K_{44}=\left(\frac{AE}{L}\right)_{\text{deck}}=0.8dm,\quad K_{74}=-0.8dm,\quad K_{54}=K_{64}=K_{84}=K_{94}=K_{104}=0$$

$$K_{55}=\frac{3.75EI}{h^3}=1.25bm,\quad K_{65}=K_{75}=K_{85}=K_{95}=K_{105}=0$$

$$K_{66}=K_{55},\quad K_{76}=K_{86}=K_{96}=K_{106}=0$$

$$K_{77}=0.8dm,\quad K_{87}=K_{97}=K_{107}=0$$

$$K_{88}=\frac{7EI}{a}=\frac{7}{12}a^2dm,\quad K_{98}=\frac{2}{7}K_{88}=\frac{1}{6}a^2dm,\quad K_{108}=0$$

$$K_{99}=\frac{8EI}{a}=\frac{8}{7}K_{88}=\frac{2}{3}a^2dm,\quad K_{109}=\frac{2}{7}K_{88}=\frac{1}{6}a^2dm,\quad K_{1010}=K_{88}$$

分块矩阵的平移和旋转自由度为

$$\boldsymbol{K}_{\Delta\Delta}=m\begin{bmatrix}1.25b+2d\cos^2\theta & & & & & & \\ 0 & 1.25b+2d\cos^2\theta & & & & & \\ -d\cos\theta\sin\theta & d\cos\theta\sin\theta & 2d(1+\sin^2\theta) & & & & \\ -d\cos^2\theta & 0 & 0 & 0.8d & & & \\ -1.25b & 0 & 0 & 0 & 1.25b & & \\ 0 & -1.25b & 0 & 0 & 0 & 1.25b & \\ 0 & -d\cos^2\theta & 0 & -0.8d & 0 & 0 & 0.8d\end{bmatrix}$$

$$\boldsymbol{K}_{\theta\theta}=a^2dm\begin{bmatrix}\frac{7}{12} & \frac{1}{6} & 0\\ \frac{1}{6} & \frac{2}{3} & \frac{1}{6}\\ 0 & \frac{1}{6} & \frac{7}{12}\end{bmatrix},\quad \boldsymbol{K}_{\theta\Delta}=dm\begin{bmatrix}0 & 0 & -6 & 0 & 0 & 0 & 0\\ 0 & 0 & 0 & 0 & 0 & 0 & 0\\ 0 & 0 & 6 & 0 & 0 & 0 & 0\end{bmatrix}$$

$$\overline{\boldsymbol{K}}_{\Delta\Delta}=\boldsymbol{K}_{\Delta\Delta}-\boldsymbol{K}_{\Delta\theta}\boldsymbol{K}_{\theta\theta}^{-1}\boldsymbol{K}_{\theta\Delta}=\begin{bmatrix}\boldsymbol{K}_{ss} & \boldsymbol{K}_{sg}\\ \boldsymbol{K}_{gs} & \boldsymbol{K}_{gg}\end{bmatrix}$$

$$\boldsymbol{K}_{ss}=m\begin{bmatrix}1.25b+2d\cos^2\theta & 0 & -d\cos\theta\sin\theta\\ 0 & 1.25b+2d\cos^2\theta & d\cos\theta\sin\theta\\ -d\cos\theta\sin\theta & d\cos\theta\sin\theta & 2d(1+\sin^2\theta)-123.4a^2d^3m^2\end{bmatrix}$$

$$\boldsymbol{K}_{sg}=\boldsymbol{K}_{gs}^{\mathrm{T}}=m\begin{bmatrix}-d\cos^2\theta & -1.25b & 0 & 0\\ 0 & 0 & -1.25b & -d\cos^2\theta\\ 0 & 0 & 0 & 0\end{bmatrix}$$

$$\boldsymbol{K}_{gg}=m\begin{bmatrix}0.8d & 0 & 0 & -0.8d\\ 0 & 1.25b & 0 & 0\\ 0 & 0 & 1.25b & 0\\ -0.8d & 0 & 0 & -0.8d\end{bmatrix}$$

由式(2.3.10)得

$$\boldsymbol{r}=-\boldsymbol{K}_{\mathrm{ss}}^{-1}\boldsymbol{K}_{\mathrm{sg}}$$

(2) 假设动力自由度(1、2 和 3)的位移分别为 z_1、z_2 和 z_3。

由上述可知，当 $a=120m, b=\frac{3}{2}, d=400, \cos\theta=\frac{12}{13}, \sin\theta=\frac{5}{13}$时，与动力自由度相关的刚度矩阵、质量矩阵和影响矩阵分别为

$$\boldsymbol{K}=m\begin{bmatrix}684 & 0 & -149\\ 0 & 684 & 149\\ -149 & 149 & 575\end{bmatrix},\quad \boldsymbol{M}=m\begin{bmatrix}20 & 0 & 0\\ 0 & 20 & 0\\ 0 & 0 & 60\end{bmatrix}$$

$$\boldsymbol{r}=\frac{1}{10}\begin{bmatrix}5.318 & 0.031 & -0.002 & -0.318\\ -0.318 & -0.002 & 0.031 & 5.318\\ 1.416 & 0.008 & -0.008 & -1.460\end{bmatrix}$$

斜拉桥的自振频率和振型分别为

$$\omega_1=2.86\mathrm{rad/s},\quad \omega_2=5.85\mathrm{rad/s},\quad \omega_3=5.97\mathrm{rad/s}$$
$$\boldsymbol{\phi}_1^{\mathrm{T}}=[-0.036\quad 0.036\quad -0.125]$$
$$\boldsymbol{\phi}_2^{\mathrm{T}}=[0.158\quad 0.158\quad 0]$$
$$\boldsymbol{\phi}_3^{\mathrm{T}}=[-0.154\quad 0.154\quad 0.030]$$

当结构的自振频率取 ω_1 时，结构的运动方程为

$$\ddot{z}_1+2\eta\omega_1\dot{z}_1+\omega_1^2z_1=-\frac{\boldsymbol{\phi}_j^{\mathrm{T}}\boldsymbol{M}\boldsymbol{r}}{\boldsymbol{\phi}_j^{\mathrm{T}}\boldsymbol{M}\boldsymbol{\phi}_j}\begin{bmatrix}\ddot{x}_{\mathrm{g1}}\\ \ddot{x}_{\mathrm{g2}}\\ \ddot{x}_{\mathrm{g3}}\\ \ddot{x}_{\mathrm{g4}}\end{bmatrix}$$

$$p_{\mathrm{g1}}=[1.474\quad 0.008\quad -0.0061\quad 1.474]\begin{bmatrix}\ddot{x}_{\mathrm{g1}}\\ \ddot{x}_{\mathrm{g2}}\\ \ddot{x}_{\mathrm{g3}}\\ \ddot{x}_{\mathrm{g4}}\end{bmatrix}$$

同样可以得到其他两个运动方程。p_{g1}、p_{g2}和 p_{g3}为运动方程右半部分，其加速度时程曲线见图 2.5.2。

求解模态方程可以采用求解单自由度体系的方法。因此，三个运动方程可以由 Newmark-β 法求解。z_1、z_2 和 z_3 初始值均为零，步长为 0.02s，z_1、z_2 和 z_3 的时程曲线见图 2.5.3。可以看出，位移在 30s 后开始减小。

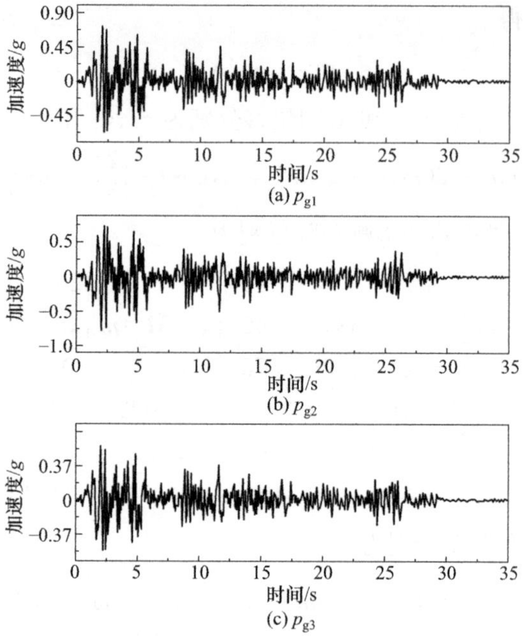

(a) p_{g1}

(b) p_{g2}

(c) p_{g3}

图 2.5.2　加速度时程曲线

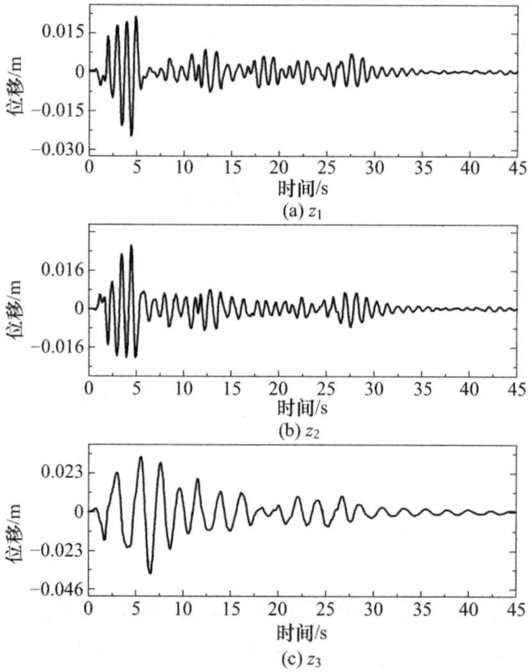

(a) z_1

(b) z_2

(c) z_3

图 2.5.3　位移时程曲线

参考文献

[1] Clough R W, Penzien J, Griffin D S. Dynamics of Structures. New York: McGraw-Hill, 1975.

[2] Chopra A K. Dynamics of Structures. New York:McGraw-Hill,2001.

[3] 李宏男. 地震工程学. 北京:机械工业出版社,2013.

[4] 中华人民共和国住房和城乡建设部. 城市桥梁抗震设计规范(CJJ 166—2011). 北京:中国建筑工业出版社,2011.

[5] 刘晶波,杜修力. 结构动力学. 北京:机械工业出版社,2005.

[6] Datta T K. Seismic Analysis of Structures. New York:John Wiley & Sons,2010.

[7] Kiureghian A D. A response spectrum method for random vibration analysis of MDF systems. Earthquake Engineering & Structural Dynamics,1981,9(5):419-435.

第3章 桥梁主要构件非线性分析模型

根据材料及构件的力学模型，工程设计人员可以通过数值方法开展桥梁设计及分析。由于实际结构非线性地震反应较复杂，材料和构件的实际力学行为与力学模型之间存在一定差异，会影响数值分析结果的精度。随着桥梁抗震设计理论的发展以及强震作用下对桥梁结构抗震安全的需求，进一步提高桥梁结构地震反应的数值模拟精度显得更加重要。本章介绍桥梁主要构件在复杂受力状态下的非线性分析模型及其重要参数的取值问题，以便科研及工程技术人员在复杂桥梁抗震分析和设计时，根据使用环境和受力特性，选择更加合理的桥梁结构构件分析模型，进而得到更为合理和精确的桥梁结构非线性地震反应分析结果。

3.1 上部结构

一般而言，桥梁上部结构建模的基本要求为：建立桥梁空间计算模型，并且该计算模型应能反映实际结构的刚度、质量分布及阻尼特性。在地震作用下，桥梁上部结构基本保持弹性状态，非线性模型主要应用于上部结构各部分间的连接点、上部结构与下部墩柱间的连接装置。此外，考虑到旧桥上部结构没有按照性能设计准则进行设计，非线性模型也可以用于旧桥性能评估与抗震加固分析。一般上部结构可采用杆系单元、板壳单元、梁格单元或实体单元模型进行模拟。

当采用杆系单元时，单元质量可采用集中质量，梁体单元划分应能够反映结构实际动力特性。单元应沿主梁方向布置且与主梁截面质心重合，以合理反映主梁质量分布，如图3.1.1所示。由于主梁弯曲及扭转刚度对桥梁动力响应影响较大，需通过截面分析确定主梁抗弯惯性矩及扭转刚度，必要时通过刚度折减来考虑混凝土开裂的影响。杆系单元在工程中应用最为广泛，其几何构造简单，建模方便，模型自由度少，计算效率高。但是杆系单元模型无法准确考虑上部结构内力横向分布，不适用于宽度较大桥梁的地震反应分析。

板壳单元或实体单元模型可用来分析桥梁结构的复杂受力行为，特别适用于结构局部应力状态及破坏形态的模拟分析。但其建模过程复杂，计算效率较低，不适用于全桥抗震性能分析。

鉴于实际地震作用下，上部结构一般呈弹性状态，美国加利福尼亚州交通运输局(California Department of Transportation，Caltrans)建议可直接按照非开裂状态计算主梁刚度，以等厚度正交各向异性弹性板模拟上部结构。对于减隔震桥梁，

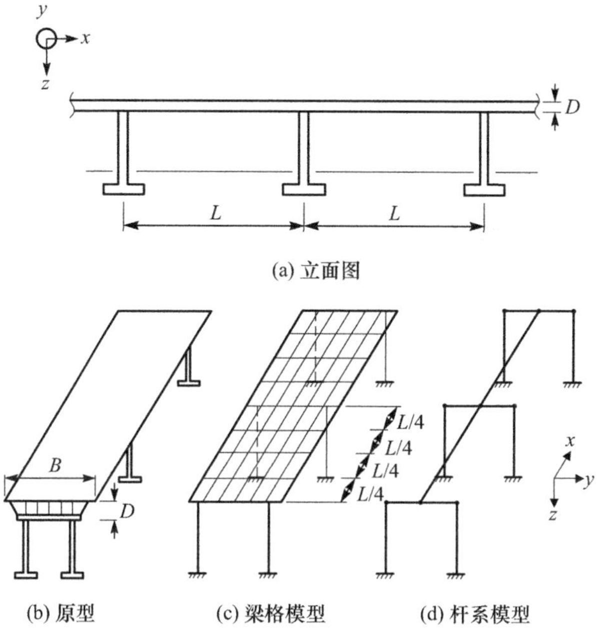

图 3.1.1　桥梁上部结构模型

上部结构可以描述为一个刚体，并根据减隔震系统的等效刚度计算承受的地震力。此外，还可采用壳-梁有限元组合模型模拟上部结构，桥面板以矩形壳单元模拟，主梁以梁单元模拟，梁单元与壳单元在竖向耦合，以考虑主梁弱轴方向惯性矩对上部结构横向刚度的贡献。

当考虑地面运动垂直分量及曲线梁桥在三向地震作用下动力反应的复杂耦合效应时，仅采用梁单元模拟上部结构存在一定局限。为合理考虑计算精度与计算效率，等效梁格模型在桥梁上部结构抗震分析中获得了较为广泛的应用。利用等效梁格模型可获得实际桥梁上部结构在地震作用下的内力和变形，其计算效率比板壳单元和实体单元更高，如图 3.1.2 所示。

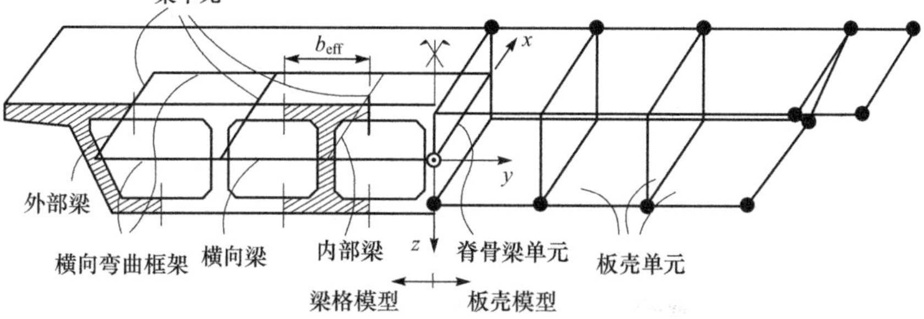

图 3.1.2　等效梁格模型和板壳模型

3.1.1 桥面系类型、截面布置和属性

图 3.1.1 为桥梁上部结构模型，对上部结构进行有限元离散时，需推导表述整个上部结构刚度的等效单元性质。表 3.1.1 列出了四种常见桥面系截面特性计算公式。表中，I_x、I_y 分别表示顺桥向和横桥向截面抗弯惯性矩；J_x、J_y 分别表示绕桥梁纵向轴线及横向轴线截面扭转惯性矩；ν 为泊松比；L_x、L_y 分别表示单元顺桥向及横桥向宽度；E_s、G_s 分别表示弹性模量及剪切模量；t 为桥面板厚度。

对于没有主梁的桥面系(只有桥面板)，必须考虑泊松效应引起的纵横向相互影响。此类桥面系可用纵、横向梁单元组成矩形平面框架，而通过框架内的对角支撑单元考虑泊松效应。

对于主梁加桥面板组合体系，梁格的纵向轴线应与各主梁纵向轴线重合，桥面板用一定宽度范围内的横向次梁表示。一般情况下，可以忽略泊松效应并且假定横桥向截面抗弯惯性矩与抗扭惯性矩一致(适用于矩形梁格体系)。

对于箱形桥面系，纵向梁单元沿腹板轴线方向布置，纵梁截面一般表示为工形，箱梁上下桥面板等效为工形梁的上下翼缘，并通过“等效宽度”来考虑“剪力滞”效应影响，如图 3.1.2 所示。值得注意的是，断面扭转惯性矩并不是采用离散的工形截面计算，而是利用箱梁上下面板及两侧外腹板中心线围成的整个闭合面积进行计算。箱形截面特性计算公式如表 3.1.1 所示，其中，I_1 和 I_2 分别为上、下翼缘抗弯惯性矩；I_3 为腹板抗弯惯性矩；n_s 为底部和顶部翼缘剪切模量比。

对于空心板，结构离散原则和箱梁桥面系基本一致。值得注意的是，“空心”会显著降低结构横桥向抗弯刚度，但是相对于箱梁桥面，空心板的“剪力滞”效应并不明显，一般不需要考虑“等效宽度”。空心板截面特性计算公式也可见表 3.1.1。

3.1.2 斜交及曲线桥

值得注意的是，即使在非地震作用下斜交桥也会倾向于产生平面扭转。与直桥相比，斜交桥中间墩柱的剪切应力和结构最大变形均会显著增加。此外，由于斜交桥的几何特性，沿桥梁纵向或横向轴线的振动均会在另一方向产生相应荷载分量。横向振动时，斜交桥桥面板一端会与相邻跨紧紧相抵，而另一端在地震作用下可任意摆动，结构地震响应类似于循环荷载作用下的“棘轮效应”。

采用脊骨梁模型来模拟斜交桥存在一定误差，尤其是考虑地震与其他荷载效应组合时。排架处带刚性横向联系的简单脊骨模型甚至无法准确得到各个桥墩和桥台支座在重力作用下的荷载分布特征。二维梁格模型可以考虑上述效应，但是需要在主梁间提供足够的横向分布梁格，并且整个桥面板面积上的荷载分布在所有的节点上。当考虑伸缩缝张开-碰撞、挡块刚度变化、相邻跨间碰撞等效应时，需采

表 3.1.1　桥面板的类型及性质

桥面板类型	厚板	网格板	单元或箱形截面桥面板	空心桥面板
对角线	$J_{\mathrm{d}}=\dfrac{\nu(L_x^2+L_y^2)^{1.5}}{L_xL_y}\dfrac{t^3}{24(1-\nu^2)}$	—	—	—
剪切区域	—	—	$A_y=\dfrac{12L_xE_{\mathrm{s}}}{P_yG_{\mathrm{s}}}[n_{\mathrm{s}}I_3(12I_1I_2+P_xI_1I_3+n_{\mathrm{s}}P_xI_2I_3)]$ $\cdot[4P_yI_1I_2+4n_{\mathrm{s}}P_yI_2I_3+12H^2I_1I_2+n_{\mathrm{s}}P_y^2I_3^2]^{-1}$	$A_y=F_1tL_x$
J_y	$J_y=\dfrac{E_{\mathrm{s}}L_x(1-3\nu)}{G_{\mathrm{s}}}\dfrac{t^3}{24(1-\nu^2)}$	$J_y=L_x\dfrac{E_{\mathrm{s}}}{G_{\mathrm{s}}}\dfrac{t^3}{12}$	$J_y=2L_x\dfrac{A_2^2}{b\oint\dfrac{\mathrm{d}s}{n_{\mathrm{s}}t}}$	$J_y=\left(1-0.84\dfrac{t_{\mathrm{v}}}{t}\right)L_x\dfrac{t^3}{6}$
J_x	$J_x=\dfrac{E_{\mathrm{s}}L_x(1-3\nu)}{G_{\mathrm{s}}}\dfrac{t^3}{24(1-\nu^2)}$	$J_x=J_{gx}+L_y\dfrac{t^3}{6}$	$J_x=L_y\dfrac{A_1^2}{b\oint\dfrac{\mathrm{d}s}{n_{\mathrm{s}}t}}$	$J_x=\left(1-0.84\dfrac{t_{\mathrm{v}}}{t}\right)L_y\dfrac{t^3}{6}$
I_y	$I_y=\left(L_x-\nu\dfrac{L_y^2}{L_x}\right)\dfrac{t^3}{24(1-\nu^2)}$	$I_y=L_x\dfrac{t^3}{12}$	$I_y=L_x\dfrac{t_1^3}{12}+n_{\mathrm{s}}L_x\dfrac{t_2^3}{12}+L_x(t_1h_1^2+n_{\mathrm{s}}t_2h_2^2)$	$I_y=\dfrac{L_xt^3}{12}\left(1-0.95\dfrac{t_{\mathrm{v}}}{t}\right)^4$
I_x	$I_x=\left(L_x-\nu\dfrac{L_x^2}{L_y}\right)\dfrac{t^3}{24(1-\nu^2)}$	$I_x=I_{gx}+I_{sx}$	$I_y=I_{gx}+I_{sx}$	$I_x=\dfrac{P_xt^3}{12}-n_{\mathrm{s}}\dfrac{t_{\mathrm{v}}^4}{64}$
截面类型	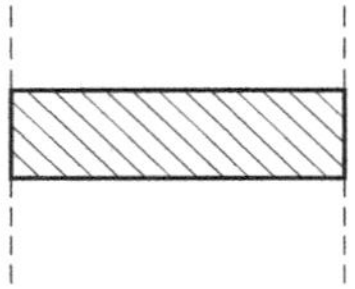	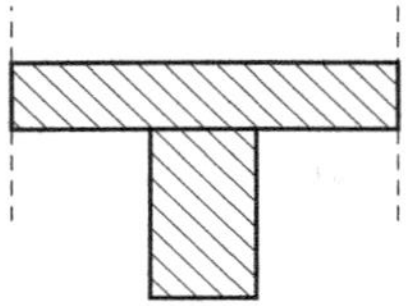	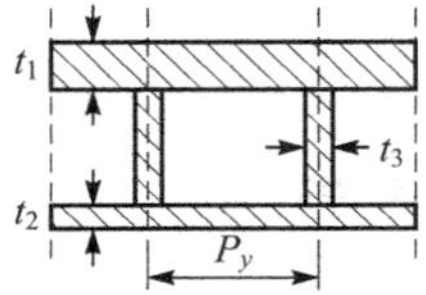	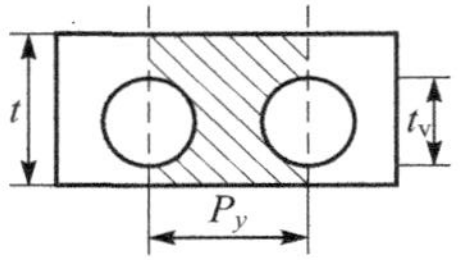

注：横隔梁可用 T 形或工字形梁单元模拟，有效翼缘宽度自腹板中轴线位置向左右两侧各取 8 倍桥面板厚度。

用充分反映上述力学行为的非线性单元并借助非线性时程分析方法获得桥梁结构非线性地震反应。

对于曲线梁桥，由于结构几何特性，纵向或竖向运动均会产生附加横向位移，并且沿纵轴线分布的弯矩也会产生附加扭矩。曲线梁桥对扭矩较为敏感，当地震作用引起的截面扭矩小于开裂扭矩时，可不考虑结构扭转刚度折减；当地震作用引起的截面扭矩大于开裂扭矩时，截面扭转刚度一般取为全截面结果（未开裂）的5%。对于大多数桥梁上部结构（除个别在平面内具有极高曲线线形布置外），地震作用下的扭转水平明显低于扭转开裂极限状态水平，因而多数情况下无须对抗扭刚度进行折减。

3.1.3 预应力的影响

当地震预期作用力小于构件开裂荷载时，截面刚度取构件全截面刚度，而当地震预期作用力大于开裂荷载时，截面刚度取构件开裂截面刚度的均值。值得注意的是，预应力对开裂截面刚度的影响主要体现在预应力对截面裂缝发展程度的影响上。在反复荷载作用下，开裂截面的刚度与预应力束形心在截面的位置及预应力的弯曲方向有关，线弹性分析里面采用的开裂截面平均刚度无法反映交变弯矩作用下预应力构件开裂截面刚度的交替变化。因此，对于开裂预应力构件的刚度折减并没有统一标准。在对桥梁结构进行非线性时程分析时，一般通过构件截面的弯矩-曲率分析来获得构件的实际抗弯刚度。

3.2 桥梁支座

支座是连接桥梁上部结构和下部结构的重要构件。在正常使用荷载下，支座承担上部主梁重量，在荷载、温度、混凝土收缩和徐变等作用下，支座能适应上部主梁的转角和位移需求，使上部主梁可自由变形并不产生额外的附加内力。地震作用下，上部主梁的惯性力则通过支座传递给下部结构。可见，支座是桥梁抗震设计的关键构件。需要说明的是，本节介绍的只是桥梁中的普通支座，减隔震支座将在之后章节详述。

3.2.1 板式橡胶支座

1. 普通板式橡胶支座

板式橡胶支座因其构造简单、性能可靠、安装更换方便、造价低廉等特点，广泛应用于我国中小跨径桥梁中。板式橡胶支座由几层橡胶和薄钢片叠合而成，如图3.2.1(a)所示。板式橡胶支座的主要工作机理是利用橡胶的剪切变形适应梁体水平位移，以橡胶的不均匀弹性压缩适应梁体转动。我国公路桥梁中，板式橡胶支座一般放置于墩台顶的垫石上，梁体直接搁置在支座上，支座与墩台、梁体间没有连接措施。地震作用下，板式橡胶支座与墩顶及梁体接触面之间容易产生相对滑动。

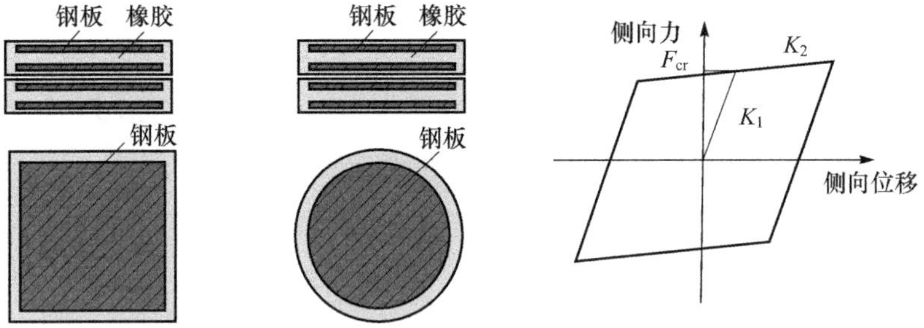

(a) 板式橡胶支座构造　(b) 板式橡胶支座双线性模型

图 3.2.1　板式橡胶支座

为了模拟板式橡胶支座在墩顶和梁底接触面之间的滑动，需要采用双线性模型来反映支座的滑动性能[1,2]。图 3.2.1(b)所示的水平恢复力模型中，K_1 为支座发生滑动前的刚度，K_2 为滑动后的刚度；F_{cr} 为滑动支座水平方向的滑动临界力，可按式(3.2.1)计算：

$$F_{cr}=\mu N \tag{3.2.1}$$

式中，N 为支座单元在某一时刻所受到的支座反力；μ 为支座接触面的滑动摩擦系数。

2. 防落梁板式橡胶支座

我国大量中小跨径桥梁均采用活放的板式橡胶支座，无任何锚固措施，从而造成汶川地震中桥梁上部梁体发生较大的位移。新型防落梁板式橡胶支座[3]主要增加了连接钢板和钢丝绳，其中连接钢板与桥梁上、下部结构连接，钢丝绳与上、下钢板连接，具体构造如图 3.2.2(a)所示。正常使用阶段和较小地震作用下，仅橡胶板发挥作用；在罕遇地震作用下，当橡胶板的变形达到其设计容许变形值时，钢丝绳被拉紧，阻止位移的进一步增大，其力学模型如图 3.2.2(b)所示。防落梁板式橡胶支座的力-位移方程为

$$F=\begin{cases}-k_1u_0+(k_1+k_2)(u+u_0), & u<-u_0\\ k_1u, & -u_0\leqslant u\leqslant u_0\\ k_1u_0+(k_1+k_2)(u-u_0), & u>u_0\end{cases} \tag{3.2.2}$$

式中，k_1 为橡胶板支座剪切刚度；u_0 为钢丝绳的初始间隙；k_2 为钢丝绳弹性刚度。

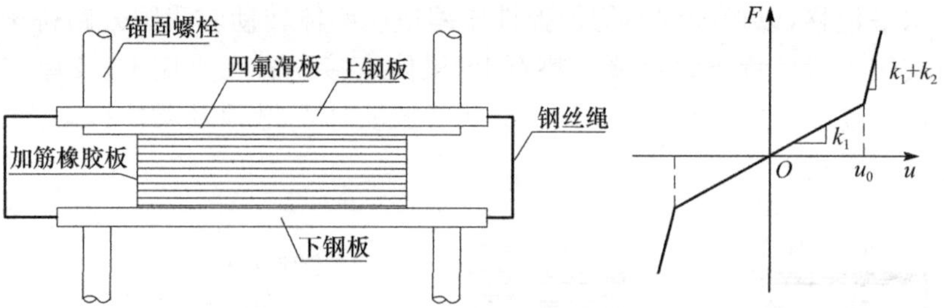

(a) 防落梁板式橡胶支座构造 (b) 防落梁板式橡胶支座模型

图 3.2.2 防落梁板式橡胶支座

3.2.2 盆式橡胶支座

盆式橡胶支座具有承载能力大、水平位移量大、转动灵活等优点，特别适宜在大跨度桥梁上使用。盆式橡胶支座由不锈钢滑板、聚四氟乙烯滑板、中间钢板、密封圈、橡胶板、底盆等组成，如图 3.2.3 所示。盆式橡胶支座通常将橡胶块放置于凹形的钢盆内，使橡胶处于有侧限受压状态，同时利用嵌放在金属盆顶面的填充聚四氟乙烯板与不锈钢板相对摩擦系数小的特性，大大提高了支座的承载力和变形能力。

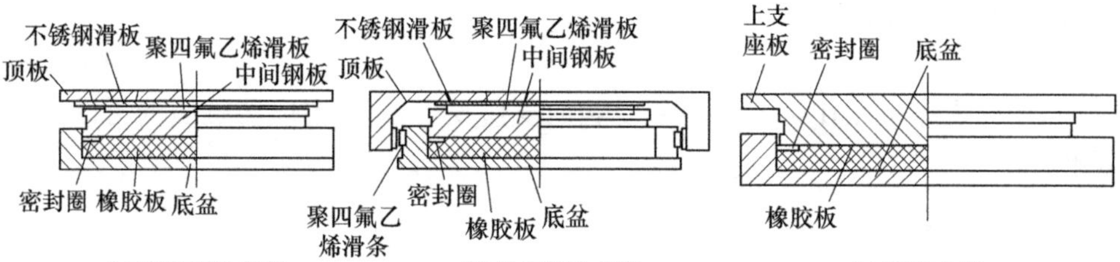

(a) 双向活动支座 (b) 单向活动支座 (c) 固定支座

图 3.2.3 盆式橡胶支座构造及分类

盆式橡胶支座按其工作特点可以分为双向活动支座(多向活动支座)、单向活动支座和固定支座三种。双向活动支座具有竖向承载、竖向转动和多向滑移性能；单向活动支座具有竖向承载、竖向转动和单一方向滑移性能；固定支座仅具有竖向承载和竖向转动性能。

对于活动盆式支座，其相对位移是由聚四氟乙烯滑板和不锈钢板的相对滑动完成的，因此抗震分析中盆式橡胶支座采用双线性模型[4,5]，如图 3.2.4 所示。图中，$F_{\max}$为临界摩擦力，x_y 为临界位移。根据弹性恢复力最大值与临界滑动摩擦力相等的条件，可求得临界摩擦力为

$$F_{\max}=\mu N \tag{3.2.3}$$

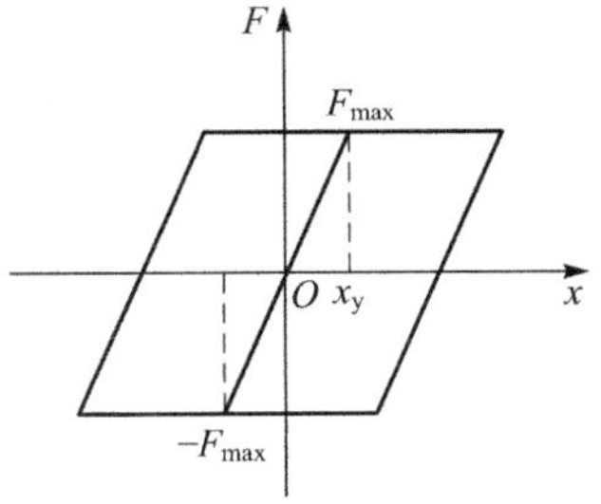

图 3.2.4　盆式橡胶支座滞回曲线

3.2.3　钢支座

1. 球形支座

球形支座是在盆式橡胶支座的基础上发展起来的一种桥梁支座，其受力均匀、转动性能好、不存在橡胶老化等使用问题，特别适合大跨度桥梁。球形支座如图 3.2.5 所示，由下支座板(凹形底盆)、球面钢衬板、上支座板、平面聚四氟乙烯滑板、球面聚四氟乙烯滑板等部件组成。球形支座分为双向活动支座(多向活动支座)、单向活动支座和固定支座三种，工作特点与盆式橡胶支座类似，此处不再赘述。

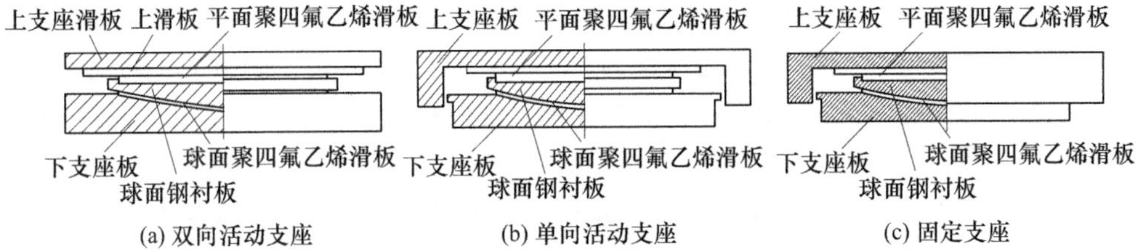

图 3.2.5　球形支座构造及分类

根据球形支座工作原理，支座的平动位移通过上支座板在球面聚四氟乙烯滑板上滑动实现，转动则通过球面聚四氟乙烯滑板与球面钢衬板共同作用完成。

对于活动球形支座，其相对位移几乎完全是由聚四氟乙烯滑板和球面钢衬板的相对滑动完成的，因此抗震分析中活动球形支座采用双线性模型，该模型同盆式橡胶支座采用的模型。

2. 摇轴支座

摇轴支座是在上支座板和下支座板之间布置圆柱铰的结构，如图 3.2.6 所示。对于图 3.2.6(a)所示的固定摇轴支座，其下接触面改为水平面，从而保证支座只能发生转动，不能水平移动。对于图 3.2.6(b)所示的活动摇轴支座，其接触面均为圆曲面，以保证自由转动，通过顶、底面的位移差来适应梁体的位移需要。

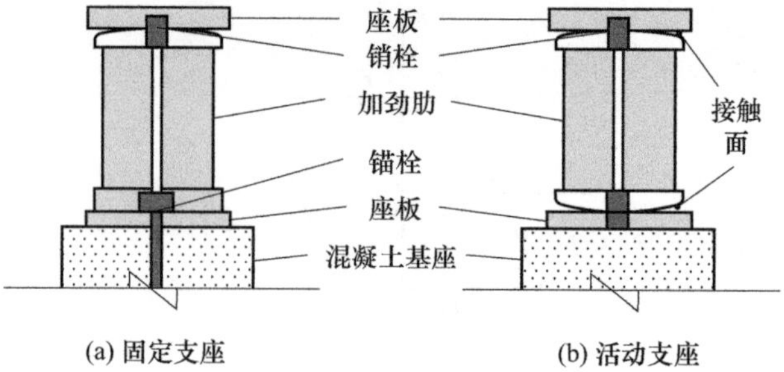

图 3.2.6　摇轴支座

3.2.4　支座模型的重要性及对桥梁抗震评价的作用

桥梁支座是连接上部结构和下部结构的重要构件。20 世纪 90 年代以前，桥梁支座设计着重考虑上部结构自重、车辆、温度及混凝土徐变等因素，对地震作用考虑相对较少。近年来历次地震表明，支座是保证桥梁整体抗震性能的一个重要环节。支座不但可延长结构的周期并可消耗部分地震能量，起到减隔震的作用，而且是下部地震力传至上部结构的主要路径。地震作用下，当支座刚度较大时，会引起下部桥墩及桩基础承受较大的地震荷载；当支座刚度较小时，会引起支座自身破坏，从而造成结构传力路径的改变，导致梁体产生较大的移位并加重主梁与其他构件间的碰撞，严重时可能导致落梁。因此，桥梁抗震分析建模时能否有效模拟支座的力学性能，是把握全桥地震破坏规律的重要前提。

另外，需要提及的是，目前发展起来的各种新型减隔震支座在减少上部主梁移位的同时，可消耗地震能量，为保证桥梁抗震安全提供了很好的手段，具体建模方法见本书减隔震章节的内容。

3.3　桥 梁 挡 块

挡块是桥梁抗震设计中的重要构件，也是薄弱环节，在中、小跨径公路和城市高架桥中广泛应用。根据设置位置不同，挡块分为内、外挡块两种类型。设置在台帽和桥墩盖梁外侧最为常见的挡块，称为外挡块；设置在台帽和桥墩盖梁内部的挡块，称为内挡块，如图 3.3.1 所示。正常状态下，内、外挡块都不承担上部结构恒载，但在地震时有以下作用：侧向限位，防止横向落梁；分担上部结构横桥向地震力，有效保护支座；改变桥梁动力特性，改善桥梁整体抗震性能。在基于性能的桥梁抗震设计里，挡块这种易修易换构件应该设计成可牺牲型单元，参与结构耗能，减小主体结构地震损伤，保护主体结构安全。

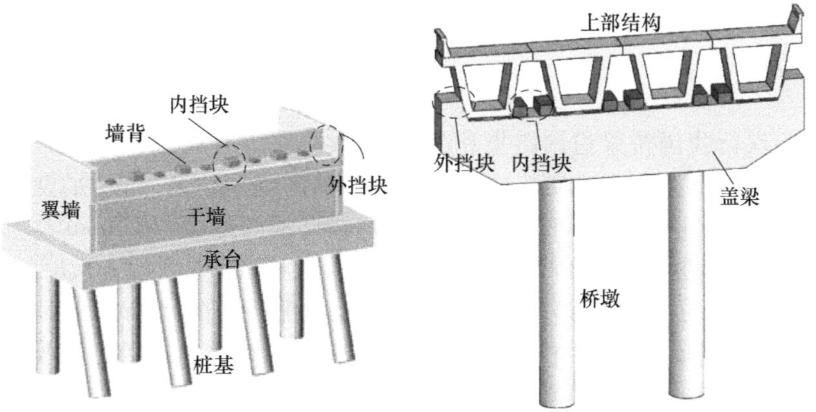

图 3.3.1 内、外挡块示意图

目前常见的挡块多为现浇整体型挡块，其构造细节如图 3.3.2(a)所示，当其设计配筋较少时，其延性小、耗能差且易发生脆性破坏，不能起到防止落梁的作用；当配筋太多时，容易引起下部桥台台帽或桥墩盖梁斜对角破坏，又容易分担上部结构过大的横向地震力，加重墩台基础的地震损伤，尤其是承台桩基这类隐形结构破坏后，不易察觉且难以修复。

为了克服现浇整体型挡块的诸多缺点，满足可牺牲型单元和基于位移的设计思路，本节提出延性好、位移能力强、受力明确的可复位型挡块[6]，其构造详图如图 3.3.2(b)所示。可复位型挡块具有可复位性和易修复性，能有效地保护桥台干墙和桥台桩基础免受损伤破坏，增强桥梁的横向抗震性能，可广泛应用于强震区或抗震要求高的桥梁。

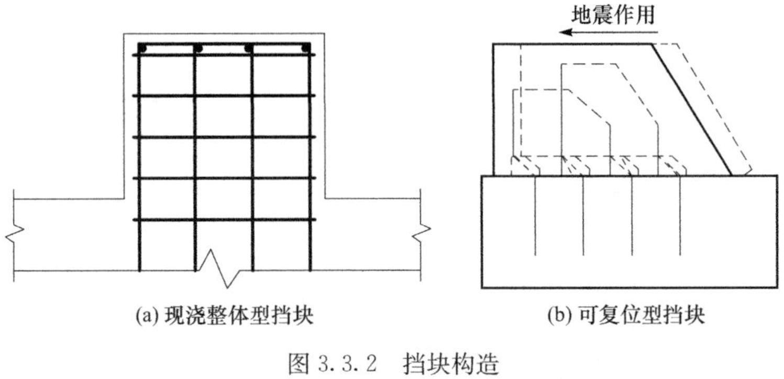

(a) 现浇整体型挡块　(b) 可复位型挡块

图 3.3.2 挡块构造

比较可复位型挡块与现浇整体型挡块可知，现浇整体型挡块承载力大，延性变形能力小；可复位型挡块虽然承载力较低，但在延性变形能力方面具有显著优势。

本节介绍现浇整体型和可复位型内、外挡块的破坏形态和受力机制，揭示其力学性能和抗震性能，并建立其分析模型，为桥梁挡块的设计提供依据。

3.3.1　试验研究

基于现行我国桥梁通用图集和《公路桥梁抗震设计细则》(JTG/T B02-01—2008)[7]，设计制作了 6 个内挡块试件、12 个外挡块试件(其中两个试件的设计考虑了隔离块尺寸的影响，本节不予讨论)。内挡块试件截面尺寸为 350mm×500mm×400mm；竖向钢筋配筋率范围为 0.26%～0.78%，试件设计参数如表 3.3.1 所示，将 6 个内挡块试件分为两组：第一组(S1、S2 和 S3)为配筋率相同、剪跨比不同的现浇整体型挡块，第二组(S4、S5 和 S6)为配筋率不同、剪跨比相同的可复位型挡块。图 3.3.3 为内挡块试件配筋图。外挡块试件截面尺寸为 300mm×500mm×600mm，其设计参数如表 3.3.2 所示，将 10 个试件分为两组，其中第一组(S1～S6)是现浇整体型挡块，第二组(S7～S10)是可复位型挡块。图 3.3.4 为外挡块试件配筋图。

表 3.3.1　内挡块试件设计参数

试件	竖向钢筋		加载位置	连接构造
	钢筋数量	配筋率 ρ_{sv}/%	剪跨比	
S1	8ϕ12	0.52	0.6	现浇整体型
S2	8ϕ12	0.52	0.4	
S3	8ϕ12	0.52	0.2	
S4	4ϕ12	0.26	0.2	可复位型
S5	8ϕ12	0.52	0.2	
S6	12ϕ12	0.78	0.2	

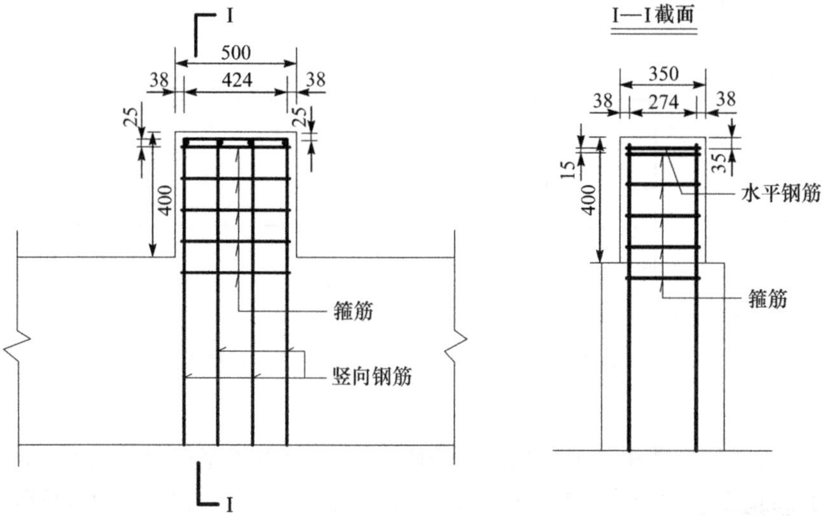

(a) S1试件配筋图

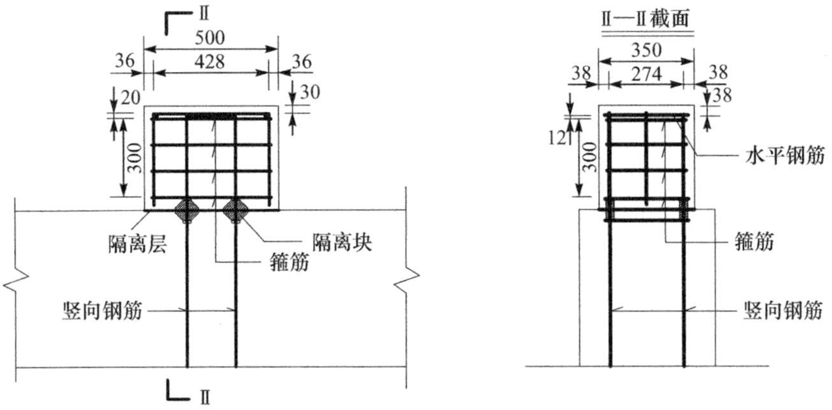

(b) S4试件配筋图

图 3.3.3　内挡块试件配筋图(单位:mm)

表 3.3.2　外挡块试件设计参数

试件	竖向钢筋			水平钢筋		A_{sh}/A_{sv}	连接构造
	钢筋数量	面积 A_{sv}/mm^2	配筋率 $\rho_{sv}/\%$	钢筋数量	面积 A_{sh}/mm^2		
S1	12ϕ12	1358	0.91	6ϕ12	679	0.5	现浇整体型
S2	8ϕ12	905	0.6	6ϕ12	679	0.75	
S3	4ϕ12	452	0.3	6ϕ12	679	1.5	
S4	12ϕ12	1358	0.91	12ϕ16	2412	1.8	
S5	8ϕ12	905	0.6	12ϕ16	2412	2.7	
S6	4ϕ12	452	0.3	12ϕ16	2412	5.3	
S7	12ϕ12	1358	0.91	12ϕ18	3054	2.2	可复位型
S8	10ϕ12	1131	0.75	12ϕ18	3054	2.7	
S9	8ϕ12	905	0.6	12ϕ18	3054	3.4	
S10	4ϕ12	452	0.3	12ϕ18	3054	6.8	

试件竖向钢筋采用直径为 12mm 的 HRB335 钢筋,实测屈服强度为 437MPa,抗拉强度为 638MPa;水平钢筋采用 HRB335 钢筋,直径分别为 12mm、16mm、18mm,实测平均屈服强度为 433MPa,平均抗拉强度为 599MPa;箍筋采用直径为 8mm 的 HPB235 光圆钢筋,实测屈服强度为 422MPa,抗拉强度为 542MPa。混凝土抗压强度为 64.9MPa。

试验加载装置由 2 个加载箱梁和 4 根连接螺栓杆组成,如图 3.3.5 所示。采用力和位移混合控制加载制度,如图 3.3.6 所示,力控制时每一级水平加载目标只循环 1 次,位移控制时每一级循环 3 次。

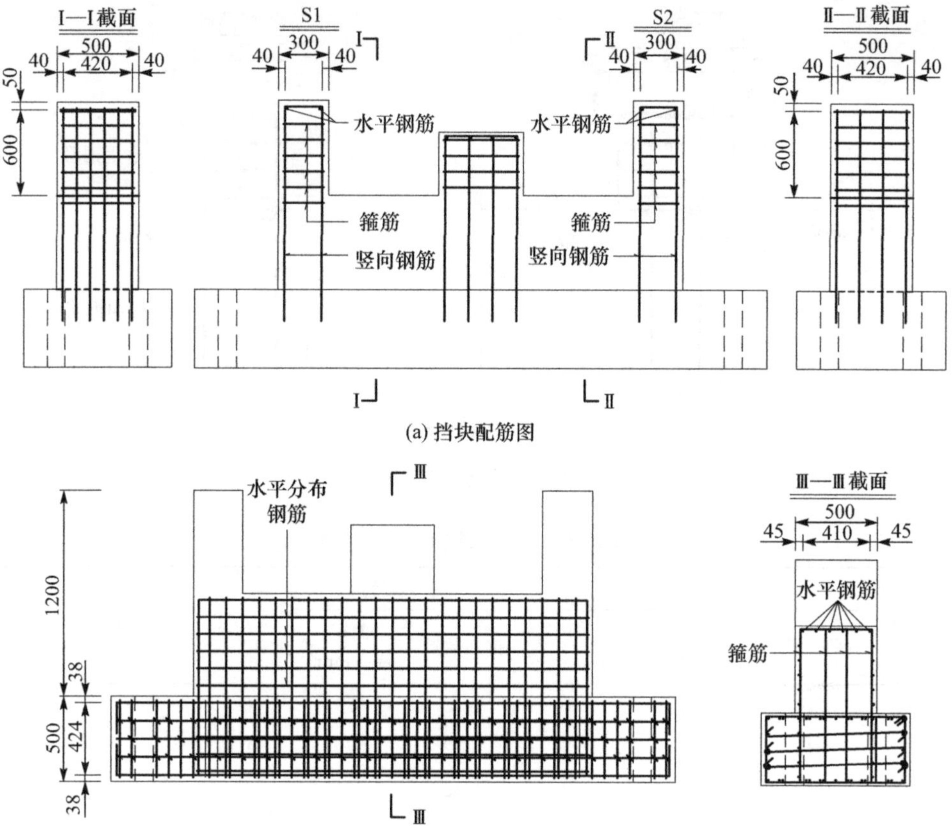

(a) 挡块配筋图

(b) 盖梁、基础配筋图

图 3.3.4　外挡块试件配筋图(单位:mm)

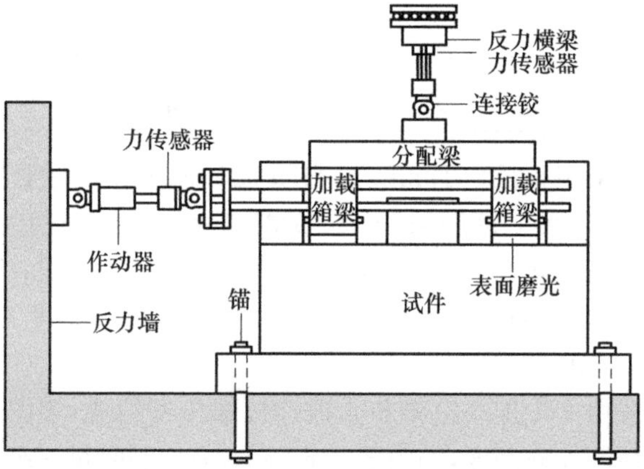

图 3.3.5　加载装置图

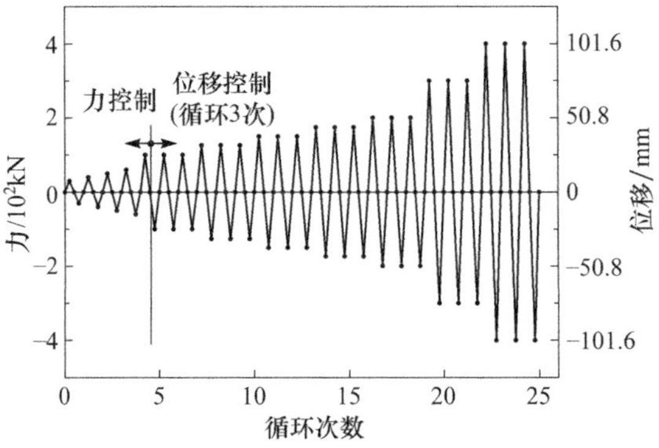

图 3.3.6　加载制度

3.3.2　桥梁内挡块性能和分析模型

1. 破坏形态[8]

根据试验现象的不同，将现浇整体型内挡块分为斜截面破坏和纯剪区破坏两种破坏形态，剪跨比较大时发生斜截面破坏，剪跨比较小时发生纯剪区破坏。可复位型内挡块破坏形态为滑移面破坏。内挡块的最终破坏形态如图 3.3.7 所示。

(a) 斜截面破坏　　(b) 纯剪区破坏　　(c) 滑移面破坏

图 3.3.7　内挡块最终破坏形态

下面具体描述各个破坏形态的破坏特征。

(1) 斜截面破坏：首先，受拉侧根部出现细微水平裂缝，随后，挡块上部受拉侧出现与水平成 30°～40°的斜裂缝，从试件受拉侧顶角一直斜向下延伸至内挡块对角根部形成主裂缝，最终主裂缝贯通整个挡块试件，两侧混凝土严重脱离导致钢筋悬空，挡块失效。

(2) 纯剪区破坏：首先，两侧加载点处瞬间出现多条与竖向成 50°的斜裂缝，并延伸至内挡块底部；随着荷载增加，盖梁和内挡块连接处出现水平裂缝并不断发展，最终水平裂缝贯通内挡块下部。

(3) 滑移面破坏：挡块底部突然出现水平贯通裂缝，开始出现滑移趋势。随着荷载增加，最初的水平裂缝变宽，最终挡块与盖梁连接处混凝土严重破坏，竖向钢筋拉断导致内挡块失效,然而整个过程中挡块本身只发生轻微损伤。

2. 受力机制

根据内挡块破坏形态的不同,将内挡块的受力机制分为三种:斜拉应力机制、滑动摩擦机制、滑移摩擦机制。

1) 斜拉应力机制

斜拉应力机制是指内挡块发生斜截面破坏时,考虑斜面处钢筋受拉作用的受力机制。在主斜裂缝方向如同斜向短柱受压,主拉应力超过内挡块抗拉强度而发生破坏,受力机制如图 3.3.8 所示。内挡块斜截面破坏极限抗剪承载力公式为

$$V_m=\frac{d}{2h_0}A_sf_m+\frac{1}{2}A_s^gf_m^g \tag{3.3.1}$$

式中,A_s 为竖向钢筋截面总面积;f_m 为竖向钢筋极限抗拉强度;A_s^g 为沿加载方向箍筋的总面积;f_m^g 为箍筋极限抗拉强度;h_0 为试件有效高度;d 为试件宽度。图 3.3.8 中,S_1 为竖向钢筋沿剪力方向的间距;S_2 为箍筋在竖直方向的间距。

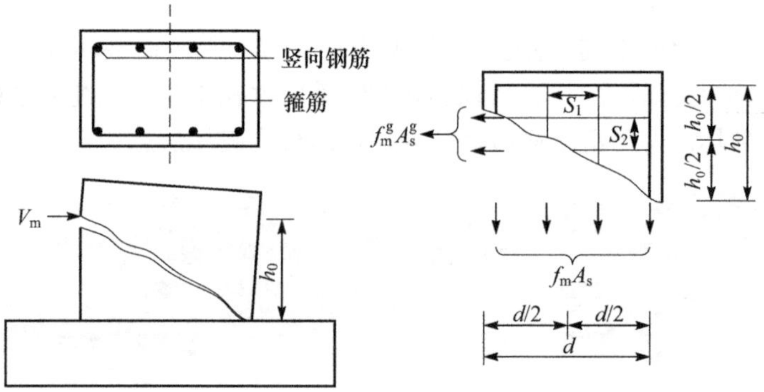

图 3.3.8 斜拉应力机制

2) 滑动摩擦机制

滑动摩擦机制是指现浇整体型内挡块发生纯剪区破坏时,采用考虑混凝土接触面摩阻和竖向钢筋受拉作用的受力机制。沿纯剪区水平方向取隔离体,进行受力平衡分析,如图 3.3.9 所示。

内挡块极限抗剪承载力由两部分组成:滑移面摩擦作用和竖向钢筋弯扭作用。由水平方向受力平衡,可得

$$V_m=A_sf_m(\mu_1\cos\theta_s+\sin\theta_s) \tag{3.3.2}$$

式中,θ_s 为竖向钢筋弯扭角,它与竖向钢筋极限强度对应的应变 ε_m 存在如下几何关系:

$$\cos\theta_s=\frac{1}{1+\varepsilon_m},\quad \sin\theta_s=\frac{\sqrt{\varepsilon_m^2+2\varepsilon_m}}{1+\varepsilon_m} \tag{3.3.3}$$

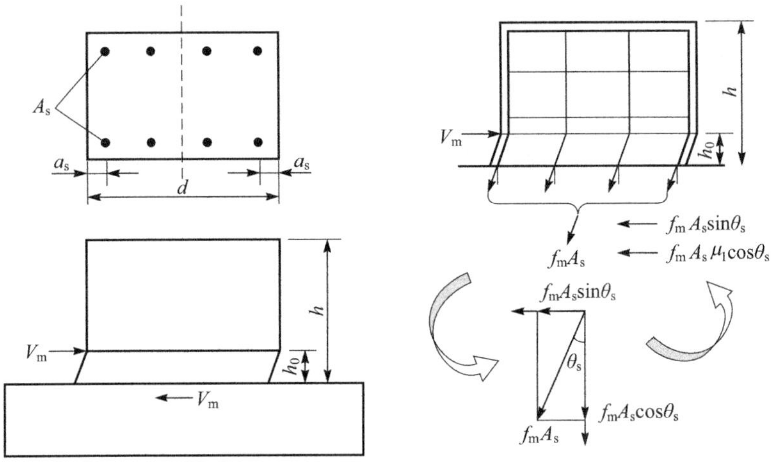

图 3.3.9　滑动摩擦机制

内挡块纯剪区破坏极限抗剪承载力公式为

$$V_m = A_s f_m \left(\frac{\sqrt{\varepsilon_m^2 + 2\varepsilon_m}}{1+\varepsilon_m} + \frac{\mu_1}{1+\varepsilon_m} \right) \tag{3.3.4}$$

式中，ε_m 为竖向钢筋极限强度时的应变；μ_1 为滑动摩擦机制对应的系数，取 1.4[9]。

3）滑移摩擦机制

滑移摩擦机制是指可复位型内挡块发生滑移面破坏时，考虑滑移面处摩擦和竖向钢筋受力作用的受力机制。沿水平滑移面截面取隔离体，进行受力平衡分析，如图 3.3.10 所示。

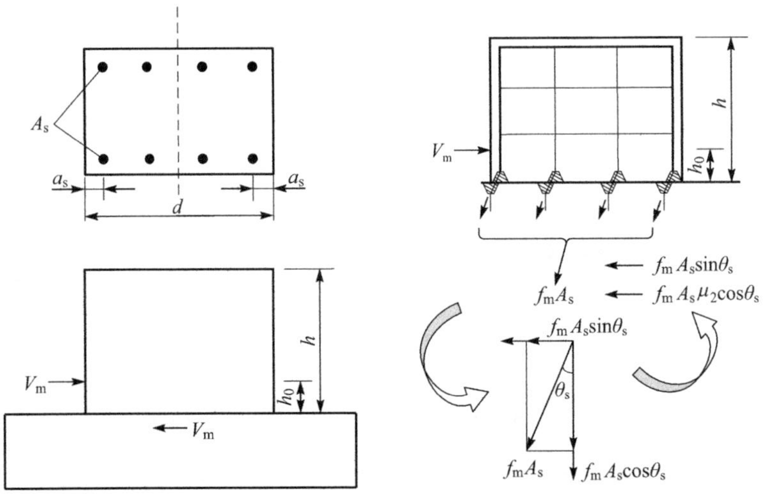

图 3.3.10　滑移摩擦机制

可复位型内挡块极限抗剪承载力由两部分组成:滑移面摩擦作用和竖向钢筋弯扭作用。由水平受力平衡,可得

$$V_m = A_s f_m(\mu_2 \cos\theta_s + \sin\theta_s) \tag{3.3.5}$$

式中,竖向钢筋弯扭角 θ_s 与钢筋极限强度时的应变 ε_m 存在几何关系,见式(3.3.3)。可复位内挡块滑移面破坏极限抗剪承载力公式为

$$V_m = \left(\frac{\sqrt{\varepsilon_m^2 + 2\varepsilon_m}}{1+\varepsilon_m} + \frac{\mu_2}{1+\varepsilon_m}\right) A_s f_m \tag{3.3.6}$$

式中,μ_2 为滑移摩擦机制对应的摩擦系数,根据试验推荐取 0.123。

3. 推荐承载力计算公式

不同构造挡块在不同破坏形态下的推荐承载力公式如表 3.3.3 所示。

表 3.3.3 内挡块推荐承载力公式

内挡块类型	破坏形态	受力机制	剪跨比	推荐承载力公式
现浇整体型	斜截面破坏	斜拉应力机制	0.6	式(3.3.1)
			0.4	
	纯剪区破坏	滑动摩擦机制	0.2	式(3.3.4)
可复位型	滑移面破坏	滑移摩擦机制	0.2	式(3.3.6)

4. 内挡块滞回曲线与骨架曲线

内挡块典型滞回曲线如图 3.3.11 所示。现浇整体型内挡块力-位移关系滞回曲线规律为:加载初期刚度很大,到达峰值力后残余变形很大且逐渐增加。从滞回环形状上看,其耗能能力较差,如图 3.3.11(a)所示。

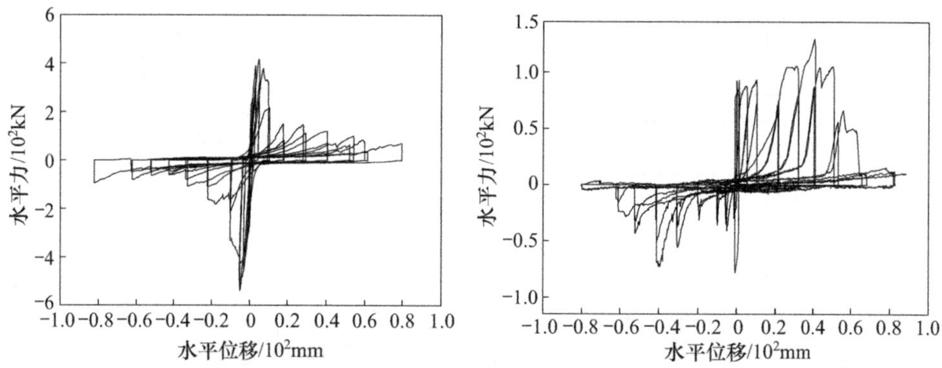

(a) 现浇整体型　　(b) 可复位型

图 3.3.11 内挡块典型滞回曲线

可复位型内挡块力-位移关系滞回曲线规律为：裂缝出现前，试件承载力随位移呈线性增加，出现一次小波峰，此时试件刚度最大。裂缝瞬间出现后，试件承载力随位移略有减小，出现一次小波谷，随着裂缝逐渐开展，试件承载力出现反弹回升，达到极限荷载，最后，伴随钢筋拉断，试件承载力逐渐下降，呈现出摩擦延性破坏，如图 3.3.11(b)所示。

1) 现浇整体型内挡块骨架曲线

现浇整体型内挡块的力-位移骨架曲线可简化为四折线，折线的 4 个特征点分别为：混凝土开裂点(Δ_1, V_y)、峰值剪力点(Δ_2, V_m)、箍筋拉断或混凝土局部压碎点(Δ_3, V_d)和完全失效点(Δ_4, 0)，如图 3.3.12 所示。

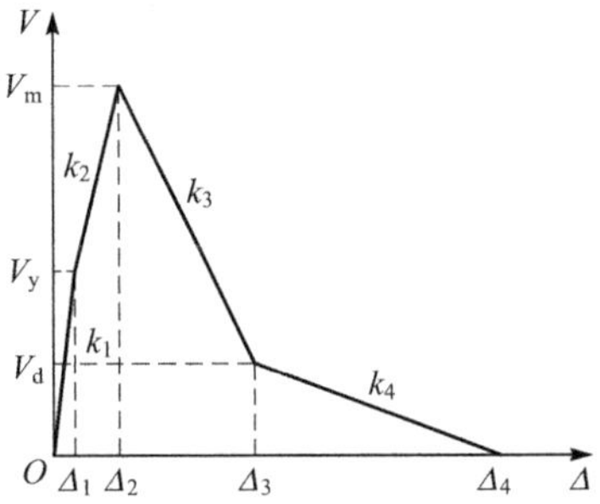

图 3.3.12　现浇整体型内挡块骨架曲线

(1) 混凝土开裂点。

斜截面破坏开裂荷载为

$$V_{y,1} = \frac{d}{2h_0} A_s f_y + \frac{1}{2} A_s^g f_y^g \tag{3.3.7}$$

纯剪区破坏开裂荷载为

$$V_{y,2} = A_s f_y \left(\frac{\sqrt{\varepsilon_m^2 + 2\varepsilon_m}}{1 + \varepsilon_m} + \frac{\mu_1}{1 + \varepsilon_m} \right) \tag{3.3.8}$$

开裂瞬间位移为

$$\Delta_1 = 0.2\Delta_2 \tag{3.3.9}$$

式中，f_y 为竖向钢筋屈服强度；f_y^g 为箍筋屈服强度；A_s 为竖向钢筋总面积；A_s^g 为箍筋总面积。

(2) 峰值剪力点。

① 加载位置以下含箍筋时，发生斜截面破坏，极限破坏荷载按式(3.3.1)计算。在计算剪切位移时，考虑到剪跨比一般小于 1 且箍筋延性一般比竖向钢筋差，所以箍筋会先于竖向钢筋拉断。箍筋和竖向钢筋形成二维网状结构，因此箍筋受拉长度取竖向钢筋间距 S_1 是合理的。破坏时剪切位移为

$$\Delta_{2,1}=S_1\varepsilon_m \tag{3.3.10}$$

② 加载位置以下不含箍筋时，发生纯剪区破坏，极限破坏荷载按式(3.3.4)计算。在计算剪切位移时，竖向钢筋受拉，出现黏结滑移，破坏时剪切位移为

$$\Delta_{2,2}=h_0\varepsilon_m\sin\theta_s \tag{3.3.11}$$

(3) 箍筋拉断或混凝土局部压碎点。

承载力由滑动摩擦机制求解，即式(3.3.6)。剪切位移根据竖向钢筋在加载位置以下发生弯扭且达到极限应变来求解，即

$$\Delta_3=\eta h_0\sqrt{\varepsilon_m^2+2\varepsilon_m} \tag{3.3.12}$$

式中，η 为与剪跨比有关的修正系数，由试验规律取 $\eta=(1-\alpha)^2$，α 为剪跨比。

(4) 完全失效点。

剪切位移由加载位置以下的竖向钢筋的断后应变来确定。

荷载为

$$V_f=0 \tag{3.3.13}$$

剪切位移为

$$\Delta_4=h_0\sqrt{\varepsilon_f^2+2\varepsilon_f} \tag{3.3.14}$$

式中，ε_f 为竖向钢筋失效时的应变。

2) 可复位型内挡块骨架曲线

可复位型内挡块骨架曲线如图 3.3.13 所示，其受力由混凝土和钢筋两部分组成。混凝土分项 V^c，是由隔离层四周预留混凝土保护层范围的混凝土黏结作用产生的水平抵抗力；钢筋分项 V^s 则是钢筋弯扭和混凝土滑移面之间的摩擦而产生的综合水平抵抗力。故受力计算公式为

$$V=V^c+V^s \tag{3.3.15}$$

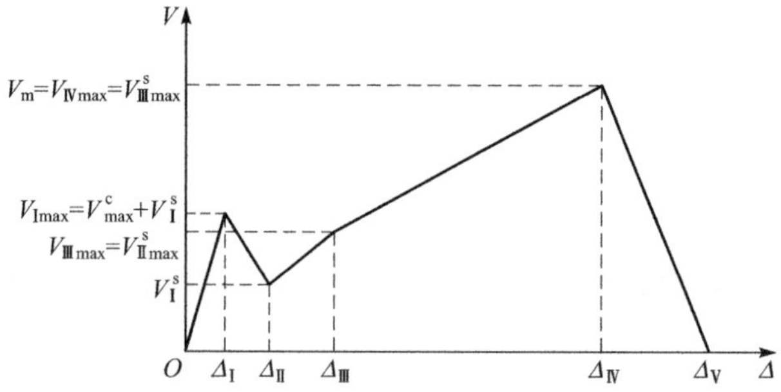

图 3.3.13 可复位型内挡块骨架曲线

(1) 钢筋贡献项分析。

根据《混凝土结构设计规范》(GB 50010—2010)[10]，图 3.3.14 给出了有明显屈服点的钢筋应力-应变本构曲线。其表达式为

$$f_s=\begin{cases}E_s\varepsilon_s, & \varepsilon_s\leqslant\varepsilon_y\\ f_y, & \varepsilon_y<\varepsilon_s\leqslant\varepsilon_{uy}\\ f_y+k(\varepsilon_s-\varepsilon_{uy}), & \varepsilon_{uy}<\varepsilon_s\leqslant\varepsilon_m\\ f_y+k(\varepsilon_m-\varepsilon_{uy})+k'(\varepsilon_s-\varepsilon_m), & \varepsilon_m<\varepsilon_s\leqslant\varepsilon_{up}\\ 0, & \varepsilon_s>\varepsilon_{up}\end{cases}\tag{3.3.16}$$

式中，ε_y、ε_{uy}、ε_m、ε_{up}分别为钢筋的屈服应变、强化阶段开始时的应变、极限应变和断裂应变。

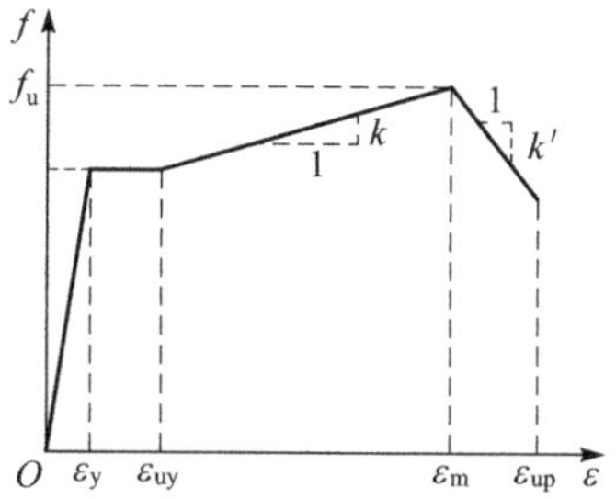

图 3.3.14　钢筋应力-应变关系

钢筋应变 ε_s 和滑移位移 Δ 的几何关系为

$$\varepsilon_s=\varepsilon_s(\Delta)=\frac{\sqrt{\Delta^2+m^2}}{m}-1\tag{3.3.17}$$

式中，Δ 为水平滑移位移；m 为竖向钢筋弯曲长度。

竖向钢筋弯扭角 θ_s 和滑移位移 Δ 的几何关系为

$$\cos\theta_s=\frac{m}{\sqrt{\Delta^2+m^2}},\quad \sin\theta_s=\frac{\Delta}{\sqrt{\Delta^2+m^2}}\tag{3.3.18}$$

钢筋对水平抵抗力的贡献包括滑移面摩擦作用和钢筋剪弯、弯扭作用，即

$$V^s=A_sf_s(\mu_2\cos\theta_s+\sin\theta_s)=\frac{A_sf_s}{\sqrt{\Delta^2+m^2}}(\Delta+\mu_2m)\tag{3.3.19}$$

① 弹性阶段：将钢筋本构曲线中弹性阶段的函数代入式(3.3.19)，可得

$$V_{\mathrm{I}}^s=A_sE_s\frac{\sqrt{\Delta^2+m^2}-m}{m\sqrt{\Delta^2+m^2}}(\Delta+\mu_2m)\tag{3.3.20}$$

② 屈服阶段：将钢筋本构曲线中塑性阶段的函数代入式(3.3.19)，可得

$$V_{\mathrm{II}}^s=\frac{A_sf_y}{\sqrt{\Delta^2+m^2}}(\Delta+\mu_2m)\tag{3.3.21}$$

③ 硬化阶段：此阶段需考虑钢筋在混凝土内产生传力长度的影响。竖向钢筋受力长度在原 m 基础上应逐渐增加一个传力长度。此处暂且用取倍数法考虑，按式(3.3.22)计算：

$$m'=\begin{cases}\zeta\dfrac{\varepsilon_s-\varepsilon_{uy}}{\varepsilon_m-\varepsilon_{uy}}m, & \varepsilon_{uy}<\varepsilon_s\leqslant\varepsilon_m\\ \zeta m, & \varepsilon_s>\varepsilon_m\end{cases} \tag{3.3.22}$$

式中，ζ 为钢筋弯扭长度调整系数，与钢筋直径和隔离块高度有关，公式为

$$\zeta=\frac{\gamma d_t+m}{m} \tag{3.3.23}$$

式中，γ 为与钢筋直径有关的传力长度系数，依据试验推荐取 5.28；d_t 为钢筋直径。

代入试验具体参数后，ζ 取 1.792。同样，将钢筋本构曲线中硬化阶段的函数代入式(3.3.19)，可得

$$V_{\mathrm{III}}^s=\frac{A_s}{\sqrt{\Delta^2+m'^2}}\left[f_y+k\left(\frac{\sqrt{\Delta^2+m'^2}}{m'}-1-\varepsilon_{uy}\right)\right](\Delta+\mu_2 m') \tag{3.3.24}$$

④ 下降阶段

$$V_{\mathrm{IV}}^s=\frac{A_s}{\sqrt{\Delta^2+m'^2}}\left[f_y+k(\varepsilon_m-\varepsilon_{uy})+k'\left(\frac{\sqrt{\Delta^2+m'^2}}{m'}-1-\varepsilon_m\right)\right](\Delta+\mu_2 m') \tag{3.3.25}$$

规范中没有下降段，因此假设下降刚度 k'，此处按倍数法考虑，公式为

$$k'=\zeta k \tag{3.3.26}$$

式中，ζ 为调整系数，根据试验取 2.0。

⑤ 钢筋拉断

$$V_{\mathrm{V}}^s=0 \tag{3.3.27}$$

(2) 混凝土贡献项分析。

混凝土贡献项的最大值计算公式为

$$V_{\max}^c=0.2\sqrt{f_c'}A_{cv} \tag{3.3.28}$$

式中，f_c' 为混凝土抗压强度；A_{cv} 为内挡块的横截面面积。

假设混凝土贡献项为理想对称双折线模型，仅在钢筋弹性阶段参与贡献，且在钢筋开始屈服时完全退出工作，其表达式为

$$V^c=\begin{cases}\dfrac{2\Delta}{m\sqrt{2\varepsilon_y+\varepsilon_y^2}}V_{\max}^c, & \Delta\leqslant\dfrac{m\sqrt{2\varepsilon_y+\varepsilon_y^2}}{2}\\ \dfrac{2(m\sqrt{2\varepsilon_y+\varepsilon_y^2}-\Delta)}{m\sqrt{2\varepsilon_y+\varepsilon_y^2}}V_{\max}^c, & \dfrac{m\sqrt{2\varepsilon_y+\varepsilon_y^2}}{2}<\Delta\leqslant m\sqrt{2\varepsilon_y+\varepsilon_y^2}\end{cases} \tag{3.3.29}$$

图 3.3.13 中，Δ_i(i=Ⅱ、Ⅲ、Ⅳ、Ⅴ)是将钢筋应变 ε_y、ε_{uy}、ε_m 和 ε_{up} 代入式(3.3.30)计算得到的：

$$\Delta_i=m\sqrt{2\varepsilon_i+\varepsilon_i^2} \tag{3.3.30}$$

式中,m 需根据具体破坏阶段进行传力长度修正。

可复位型内挡块力-位移骨架曲线模型特征点计算公式,如式(3.3.31)所示:

$$V=\begin{cases}\dfrac{2\Delta}{m\sqrt{2\varepsilon_y+\varepsilon_y^2}}V_{\max}^{c}+V_{\mathrm{I}}^{s}, & \Delta\leqslant\Delta_{\mathrm{I}}\\ \dfrac{2(m\sqrt{2\varepsilon_y+\varepsilon_y^2}-\Delta)}{m\sqrt{2\varepsilon_y+\varepsilon_y^2}}V_{\max}^{c}+V_{\mathrm{I}}^{s}, & \Delta_{\mathrm{I}}<\Delta\leqslant\Delta_{\mathrm{II}}\\ V_{\mathrm{II}}^{s}, & \Delta_{\mathrm{II}}<\Delta\leqslant\Delta_{\mathrm{III}}\\ V_{\mathrm{III}}^{s}, & \Delta_{\mathrm{III}}<\Delta\leqslant\Delta_{\mathrm{IV}}\\ V_{\mathrm{IV}}^{s}, & \Delta_{\mathrm{IV}}<\Delta\leqslant\Delta_{\mathrm{V}}\\ 0, & \Delta>\Delta_{\mathrm{V}}\end{cases}\tag{3.3.31}$$

5. 骨架曲线试验验证

将表3.3.4中的参数代入上述理论公式可得到力和位移理论骨架曲线,并与试验骨架曲线进行对比,如图3.3.15所示(仅列出代表试件)。可以看出,理论骨架曲线和试验骨架曲线吻合良好。

表 3.3.4　内挡块分析模型参数取值

试件编号	h_0/mm	E_s/GPa	S_1/mm	ε_y	ε_{uy}	ε_m	ε_{up}	m/mm
S1	300	218.5	100	0.002	0.005	0.05	0.1	80
S3	100							
S4	100	218.5	100	0.002	0.005	0.05	0.1	80

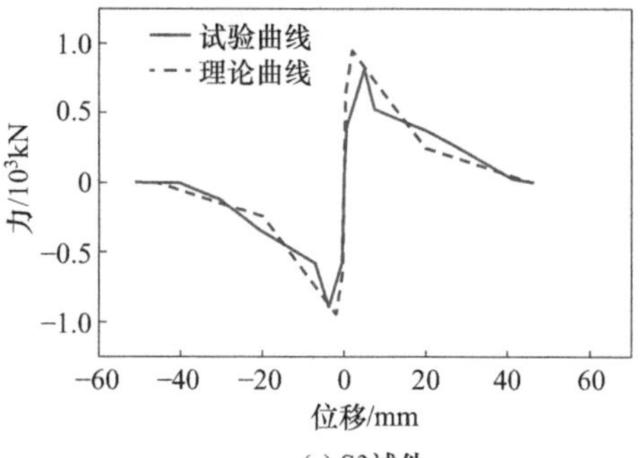

(a) S3试件

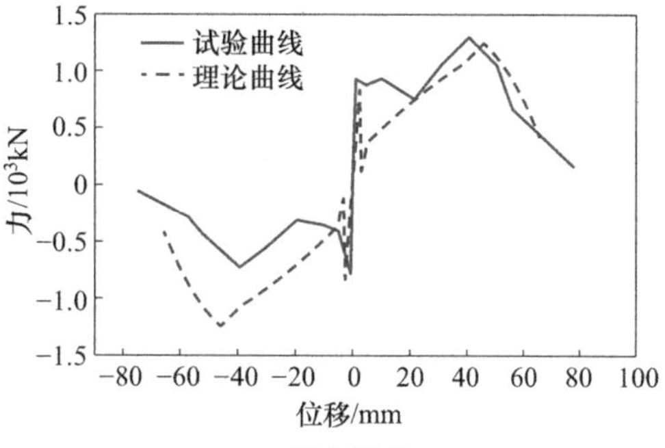

(b) S4试件

图 3.3.15　内挡块理论骨架曲线和试验骨架曲线对比

3.3.3　桥梁外挡块性能和分析模型

1. 破坏形态

根据试验现象不同,现浇整体型外挡块破坏形态分为斜截面剪切破坏、连接面剪切破坏，可复位型外挡块破坏形态为平截面滑移破坏[11]。外挡块最终破坏形态如图 3.3.16 所示。

(a) 斜截面剪切破坏　(b) 连接面剪切破坏　(c) 平截面滑移破坏

图 3.3.16　外挡块最终破坏形态

各种破坏形态的具体特征如下。

1）斜截面剪切破坏

首先，外挡块根部出现一条细微裂缝，与竖向约成 37°夹角斜向下发展，裂缝不断变宽增长，发展成主裂缝，并贯穿至盖梁外侧。最终，混凝土开裂区竖向钢筋整体弯扭，外挡块完全失效。

2）连接面剪切破坏

首先，在外挡块根部出现一条细小水平微裂缝，随着试验加载，水平微裂缝贯通并在水平微裂缝中部下侧出现斜向下斜裂缝，后发展成主裂缝延伸至盖梁外侧混凝土保护层附近贯通整个截面，混凝土不断破碎剥落，构件达到极限状态。

3）平截面滑移破坏

首先，外挡块与盖梁连接处出现细微裂缝，接着根部出现水平裂缝，后偏折斜向下延伸至盖梁外侧混凝土保护层附近，裂缝不断扩展成为主裂缝，最终，外挡块呈现明显的水平整体滑移现象。

2. 受力机制

外挡块的受力机制分为三类：拉压应力机制、转动摩擦机制、滑动摩擦机制。

1）拉压应力机制

当外挡块发生斜截面剪切破坏时，盖梁的水平钢筋明显拉断，即挡块强度只取决于盖梁水平钢筋强度贡献，为拉压应力机制，如图 3.3.17 所示。

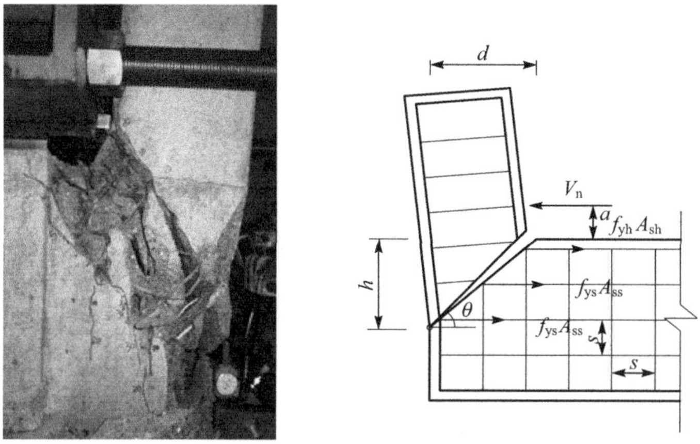

图 3.3.17　拉压应力机制

作用在挡块上的力 V_n 可表示为

$$V_n = V^c + V^s \qquad (3.3.32)$$

$$V^c = 0.2\sqrt{f'_c}A_{cv} \qquad (3.3.33)$$

$$V^s = \left(A_{sh}f_{yh}h + \frac{n_h h^2 A_{ss} f_{ys}}{2s}\right)\frac{1}{h+a} \qquad (3.3.34)$$

式中，V^c、V^s 分别为混凝土和钢筋抵抗力对挡块承载力的贡献；f'_c为混凝土抗压强度；A_{cv}为挡块的横截面面积；A_{sh}为水平钢筋的总面积；f_{yh}为水平钢筋的屈服强度；A_{ss}为穿过斜裂缝的水平分布钢筋的面积；f_{ys}为穿过斜裂缝的水平分布钢筋的屈服强度；n_h 为穿过斜裂缝的水平分布钢筋的数量；a 为加载高度；h 为斜裂缝的高度；s 为钢筋的间距。

2）转动摩擦机制

当外挡块发生连接面剪切破坏时，主要特征是挡块沿着盖梁上表面发生滑移转动，竖向钢筋发生剪弯、弯曲、扭曲，混凝土表面产生滑动摩擦，考虑采用转动摩擦机制，如图 3.3.18 所示。

转动摩擦机制的承载力使用式(3.3.32)计算，其中 V^c 由式(3.3.33)计算，V^s 由式(3.3.35)计算：

$$V^s = A_s f_y(\mu_f \cos\theta_s + \sin\theta_s) \qquad (3.3.35)$$

式中，θ_s 为竖向钢筋弯扭角，即竖向钢筋弯扭段与竖向的夹角，用式(3.3.36)计算：

$$\tan\theta_s = \frac{\theta_r(R+m)\cos\theta_r}{m-\theta_r(R+m)\sin\theta_r} \qquad (3.3.36)$$

$$V_n = V^c + V^s = 0.2\sqrt{f'_c}A_{cv} + A_s f_y(\mu_f\cos\theta_s + \sin\theta_s) \qquad (3.3.37)$$

式中，f_y 为竖向钢筋的屈服强度；A_s 为竖向钢筋总面积。

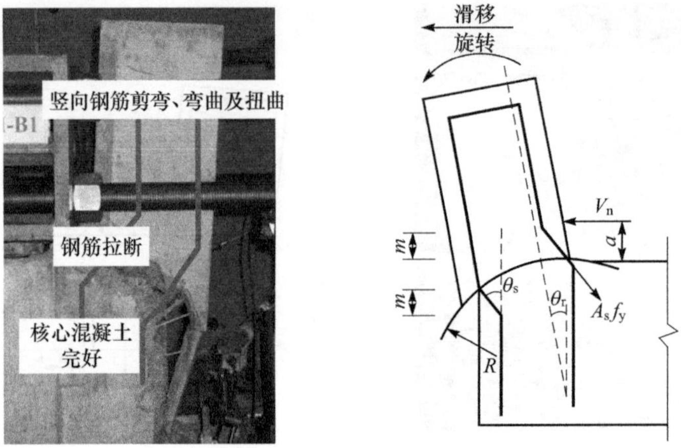

图 3.3.18　转动摩擦机制

竖向钢筋的应变 ε_s 与挡块的旋转角 θ_r 的关系为

$$\varepsilon_s=\frac{\sqrt{[\theta_r(R+m)\cos\theta_r]^2+[m-\theta_r(R+m)\sin\theta_r]^2}}{m}-1 \tag{3.3.38}$$

根据图 3.3.18 的几何关系得知，$R=357\text{mm}$；m 为竖向钢筋的弯曲长度，等于 $8.33d_t$，d_t 为竖向钢筋的直径；μ_f 为混凝土摩擦系数，取 0.35。

3）滑动摩擦机制

当外挡块发生平截面滑移破坏时，同样采用两分项法考虑钢筋和混凝土对强度的贡献。混凝土贡献发生在钢筋线弹性阶段，与挡块最终承载力无关。滑动摩擦受力机制如图 3.3.19 所示。

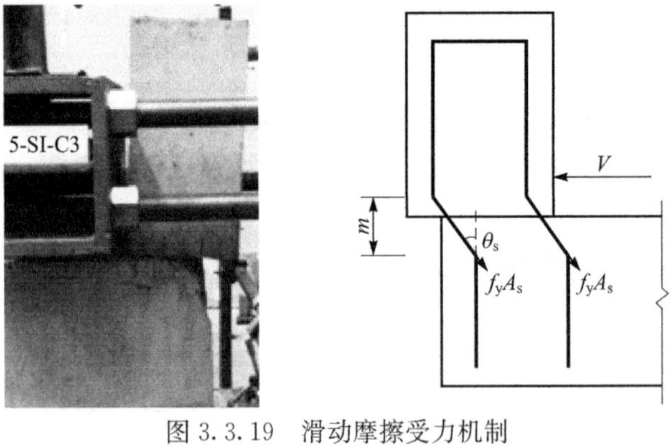

图 3.3.19　滑动摩擦受力机制

挡块强度由式(3.3.39)得到：

$$V=\frac{A_s}{\sqrt{\Delta^2+m'^2}}[f_y+k(\varepsilon-\varepsilon_{uy})](\Delta+\mu m') \tag{3.3.39}$$

$$\Delta=m'\sqrt{2\varepsilon_m+\varepsilon_m^2} \tag{3.3.40}$$

$$m'=\begin{cases}\zeta\dfrac{\varepsilon_s-\varepsilon_{uy}}{\varepsilon_m-\varepsilon_{uy}}m, & \varepsilon_{uy}<\varepsilon_s\leqslant\varepsilon_m\\ \zeta m, & \varepsilon_s>\varepsilon_m\end{cases}$$

$$\zeta=\frac{2\gamma d_t+m}{m} \tag{3.3.41}$$

式中，γ 为与钢筋直径有关的传力长度系数；μ 取 0.123。

3. 推荐承载力计算公式

现浇整体型外挡块根据水平钢筋与竖向钢筋的配筋比率 $A_{sh}f_{yh}/(A_sf_y)$ 以及竖向钢筋配筋率 ρ_{sv} 选取对应的承载力计算式(见表 3.3.5)：

当 $\dfrac{A_{sh}f_{yh}}{A_sf_y}\leqslant0.5$，$\rho_{sv}\geqslant0.91$ 时，采用式(3.3.32)计算极限承载力。

当 $0.5<\dfrac{A_{sh}f_{yh}}{A_sf_y}\leqslant0.75$，$0.6\leqslant\rho_{sv}<0.91$ 时，采用式(3.3.42)计算极限承载力：

$$V_n=\min(A_sf_y,0.424f'_cA_{cv}) \tag{3.3.42}$$

当 $\dfrac{1.5<A_{sh}f_{yh}}{A_sf_y}\leqslant5.3$，$\rho_{sv}\leqslant0.3$ 时，采用式(3.3.37)或式(3.3.43)计算极限承载力：

$$V_n=\psi_o(\overline{\mu_f}\cos\bar{\theta}+\sin\bar{\theta})A_{vf}\,\bar{f}_{uv} \tag{3.3.43}$$

式中，“—”表示对参数的统计平均值；f_{uv} 为竖向钢筋极限强度；ψ_o 为使计算剪切强度满足具有指定失效保证率(如 95%)的调整系数；μ_f 为混凝土摩擦参数；θ 为竖向钢筋弯扭角；A_{vf} 为穿过剪切面的竖向钢筋的截面积。

当 $1.5<\dfrac{A_{sh}f_{yh}}{A_sf_y}\leqslant5.3$，$0.3\leqslant\rho_{sv}<0.91$ 时，采用式(3.3.37)计算极限承载力。

可复位型外挡块承载力根据式(3.3.39)计算。

表 3.3.5 外挡块的推荐承载力公式

外挡块类型	分类依据 1	分类依据 2	推荐承载力公式
现浇整体型	$\dfrac{A_{sh}f_{yh}}{A_sf_y}\leqslant0.5$	$0.91\leqslant\rho_{sv}$	式(3.3.32)
	$0.5<\dfrac{A_{sh}f_{yh}}{A_sf_y}\leqslant0.75$	$0.6\leqslant\rho_{sv}<0.91$	式(3.3.42)
	$1.5<\dfrac{A_{sh}f_{yh}}{A_sf_y}\leqslant5.3$	$\rho_{sv}\leqslant0.3$	式(3.3.37)或式(3.3.43)
		$0.3<\rho_{sv}<0.91$	式(3.3.37)
可复位型	—	—	式(3.3.39)

4. 外挡块力-位移骨架曲线

斜截面剪切破坏的力-位移骨架曲线特征如下：在裂缝开展后钢筋达到屈服强

度，随着混凝土主裂缝加宽，承载力达到峰值，随之主裂缝贯通整个截面，承载力下降，直至混凝土完全退出工作，此后依靠钢筋良好的塑性继续承载，使承载力维持一个相对稳定的阶段，直至挡块完全失效，如图 3.3.20(a)所示，图中水平力是经过扣除摩擦力处理得到的修正值。

连接面剪切破坏的力-位移骨架曲线的特征如下：随着裂缝开展，钢筋达到屈服强度，接着承载力达到峰值，随着主裂缝贯通整个截面，承载力迅速下降。竖向钢筋布置两排，导致骨架曲线出现第二个小波峰。当混凝土退出工作后，依靠钢筋良好的塑性继续承载，使承载力维持一个相对稳定的阶段，最终挡块完全失效，如图 3.3.20(b)所示。

平截面滑移破坏的力-位移骨架曲线的特征如下：在克服混凝土微弱黏结力后，混凝土对水平承载力的贡献即表现为滑动面之间的摩擦作用，混凝土一旦开裂出现滑动趋势，剪切钢筋便达到屈服，随后承载力达到峰值强度，接着剪切钢筋陆续拉断，承载力屡次下降，直至挡块完全失效，如图 3.3.20(c)所示。

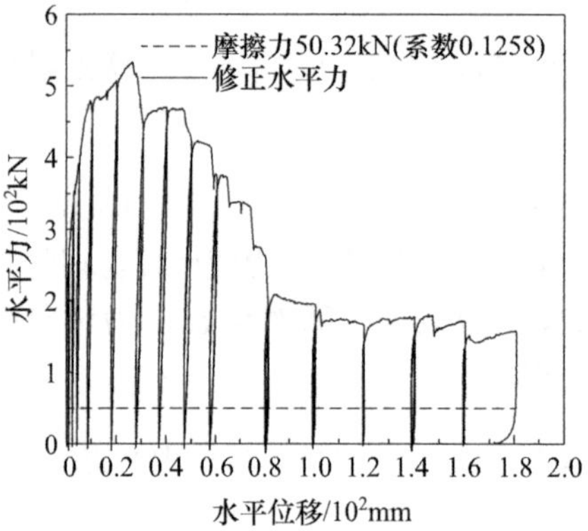

(a) 斜截面剪切破坏

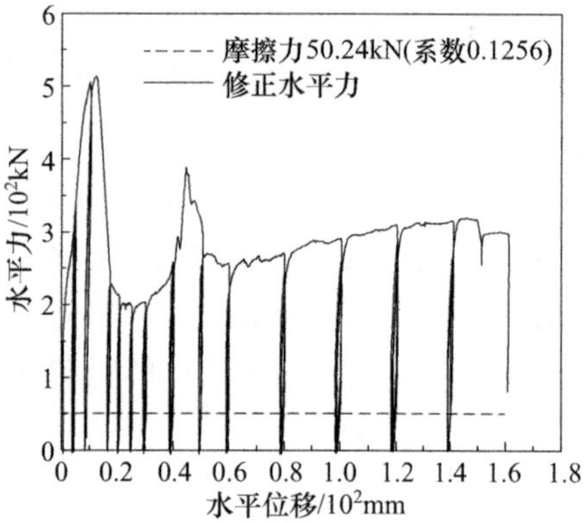

(b) 连接面剪切破坏

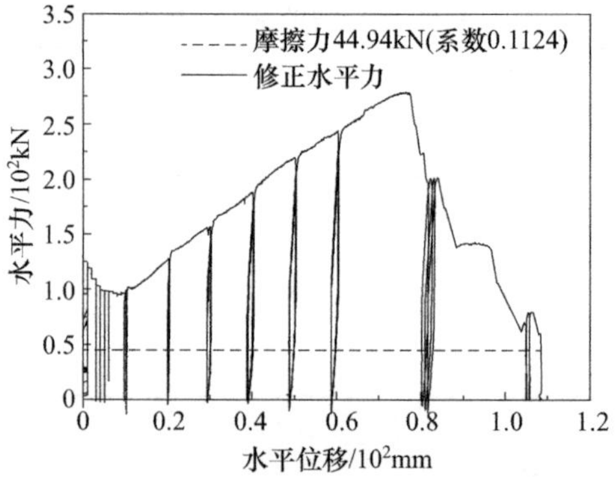

(c) 平截面滑移破坏

图 3.3.20　外挡块力-位移骨架曲线

1) 外挡块力-位移骨架曲线的简化模型

(1) 斜截面剪切破坏。

外挡块骨架曲线可用理想的力-位移关系折线表示，如图 3.3.21 所示，分解成混凝土的贡献和钢筋对强度的贡献。

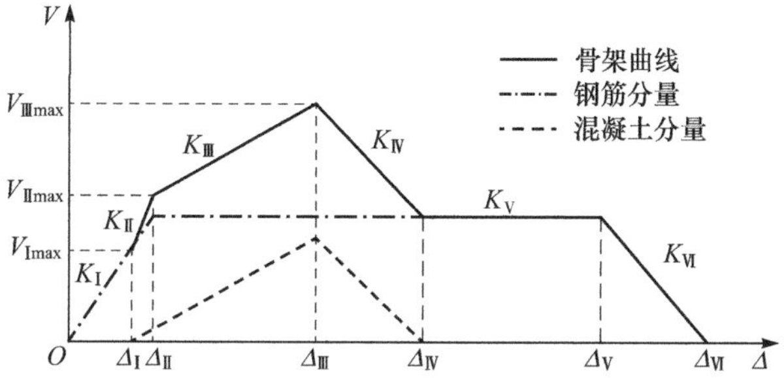

图 3.3.21　斜截面剪切破坏力-位移骨架曲线简化分析模型

简化折线模型是分段函数，如式(3.3.44)所示：

$$V=\begin{cases}V_{\text{Ⅰ}}=K_{\text{Ⅰ}}\Delta, & \Delta\leqslant\Delta_{\text{Ⅰ}}\\ V_{\text{Ⅱ}}=V_{\text{Ⅰ}\max}+K_{\text{Ⅱ}}(\Delta-\Delta_{\text{Ⅰ}}), & \Delta_{\text{Ⅰ}}<\Delta\leqslant\Delta_{\text{Ⅱ}}\\ V_{\text{Ⅲ}}=V_{\text{Ⅱ}\max}+K_{\text{Ⅲ}}(\Delta-\Delta_{\text{Ⅱ}}), & \Delta_{\text{Ⅱ}}<\Delta\leqslant\Delta_{\text{Ⅲ}}\\ V_{\text{Ⅳ}}=V_{\text{Ⅲ}\max}-K_{\text{Ⅳ}}(\Delta-\Delta_{\text{Ⅲ}}), & \Delta_{\text{Ⅲ}}<\Delta\leqslant\Delta_{\text{Ⅳ}}\\ V_{\text{Ⅴ}}=V_{\text{Ⅳ}\min}, & \Delta_{\text{Ⅳ}}<\Delta\leqslant\Delta_{\text{Ⅴ}}\\ V_{\text{Ⅵ}}=V_{\text{Ⅴ}}-K_{\text{Ⅵ}}(\Delta-\Delta_{\text{Ⅴ}}), & \Delta_{\text{Ⅴ}}<\Delta\leqslant\Delta_{\text{Ⅵ}}\end{cases}\tag{3.3.44}$$

式中，max 为相应阶段最终值，非最大值；其他各参数根据以下斜截面剪切破坏阶段分析过程，取相应公式计算。

① 出现裂缝阶段：外挡块开裂荷载 $V_{\text{Ⅰ}}$ 由式(3.3.45)计算：

$$V_{\text{Ⅰ}}=\frac{\alpha\sqrt{f'_c}\,bd}{3k+\sqrt{9k^2+4}}\tag{3.3.45}$$

$$\Delta_{\text{Ⅰ}}=0.2\Delta_{\text{Ⅱ}}\tag{3.3.46}$$

式中，b 为外挡块顺桥向长度；d 为外挡块底部横桥向厚度；α 为试验数据统计计算得到的值，推荐取 0.817MPa$^{1/2}$；系数 $k=\alpha/d$。

② 竖向钢筋屈服阶段：

$$V_{\text{Ⅱ}}=V^s+V^c\frac{\Delta_{\text{Ⅱ}}}{\Delta_{\text{Ⅲ}}}\tag{3.3.47}$$

$$\Delta_{\text{Ⅱ}}=\sqrt{2}\varepsilon_y(L_d+L_a)\frac{h+h'}{\sqrt{h^2+d^2}}\tag{3.3.48}$$

$$L_d=\frac{d_tf_y}{\beta\sqrt{f'_c}}\tag{3.3.49}$$

式中，V^c、V^s 分别由式(3.3.33)和式(3.3.34)计算得到；h 为斜裂缝垂直高度；h' 为位移测点到挡块底面的垂直距离；ε_y 为钢筋屈服强度对应的应变，取 0.002；$\varepsilon_y(L_d+L_a)$ 表示裂缝总宽度；L_d 为水平拉筋受力传递长度；d_t 为竖向钢筋直径；β 取 2.08MPa$^{1/2}$；L_a 为开裂区域，可根据试验现象近似取盖梁宽度 b。

③ 强度达到峰值阶段：假设混凝土因开裂开始退出，所有穿过斜裂缝的钢筋全部屈服，剪力采用式(3.3.32)计算，对应的位移采用式(3.3.50)计算：

$$\Delta_{\mathrm{III}}=\sqrt{2}\varepsilon_y(L_d+L_a)\frac{h+d}{s} \tag{3.3.50}$$

④ 剪切强度峰值之后出现稳定强度阶段：以混凝土完全退出工作为阶段起点，钢筋最先出现强度退化为阶段终点，根据钢筋屈服并单独提供抗剪强度，推导了公式如下：

$$V_{\mathrm{IV}}=V^s \tag{3.3.51}$$

$$\Delta_{\mathrm{IV}}=\sqrt{2}\varepsilon_{\mathrm{IV}}(L_d+L_a)\frac{h+d}{s} \tag{3.3.52}$$

式中，$\varepsilon_{\mathrm{IV}}$ 根据试验取 0.01，也可按照经验公式计算，其余符号同前。

⑤ 竖向钢筋开始出现剪断的阶段：

$$\Delta_{\mathrm{V}}=\sqrt{2}\varepsilon_{\mathrm{V}}(L_d+L_a)\frac{h+d}{s} \tag{3.3.53}$$

式中，ε_{V} 指钢筋应变，根据经验取 0.02。

(2) 连接面剪切破坏。

外挡块发生连接面剪切破坏的抵抗力考虑了钢筋与混凝土的贡献。有明显屈服点的钢筋应力-应变本构曲线按图 3.3.14 确定。

竖向钢筋的应变 ε_s 与挡块的旋转角 θ_r 的关系可以用式(3.3.38)表示。钢筋弯扭角即竖向钢筋弯扭段与竖向的夹角 θ_s 可以用式(3.3.36)表示。

对于连接面剪切破坏，钢筋贡献项采用式(3.3.54)计算：

$$V^s=A_s f_s(\mu_f\cos\theta_s+\sin\theta_s) \tag{3.3.54}$$

因此，钢筋的贡献项可以将钢筋的本构关系代入式(3.3.54)得到。最终，连接面剪切破坏的力-位移骨架曲线简化模型采用式(3.3.55)计算，模型如图 3.3.22 所示。

$$V=\begin{cases}V_{\mathrm{I}}^c+V_{\mathrm{I}}^s, & \varepsilon_s\leqslant\varepsilon_y\\ V_{\mathrm{II}}^c+V_{\mathrm{II}}^s, & \varepsilon_y<\varepsilon_s\leqslant\varepsilon_{uy}\\ V_{\mathrm{III}}^s, & \varepsilon_{uy}<\varepsilon_s\leqslant\varepsilon_m\\ V_{\mathrm{IV}}^s, & \varepsilon_m<\varepsilon_s\leqslant\varepsilon_{up}\end{cases} \tag{3.3.55}$$

$$\Delta=\theta_r(R+h) \tag{3.3.56}$$

$$V_{\mathrm{I}}^c=\frac{\varepsilon_s}{\varepsilon_y}V_{\max}^c \tag{3.3.57}$$

$$V_{\mathrm{II}}^c=\frac{\varepsilon_{uy}-\varepsilon_s}{\varepsilon_{uy}-\varepsilon_y}V_{\max}^c \tag{3.3.58}$$

$$V_{\mathrm{I}}^{\mathrm{s}}=A_{\mathrm{s}}E\varepsilon_{\mathrm{s}}(\mu_{\mathrm{f}}\cos\theta_{\mathrm{s}}+\sin\theta_{\mathrm{s}}) \tag{3.3.59}$$

单排布置钢筋时，

$$V_{\mathrm{II}}^{\mathrm{s}}=A_{\mathrm{s}}f_{\mathrm{y}}(\mu_{\mathrm{f}}\cos\theta_{\mathrm{s}}+\sin\theta_{\mathrm{s}}) \tag{3.3.60}$$

$$V_{\mathrm{III}}^{\mathrm{s}}=A_{\mathrm{s}}[f_{\mathrm{y}}+k(\varepsilon_{\mathrm{s}}-\varepsilon_{\mathrm{uy}})](\mu_{\mathrm{f}}\cos\theta_{\mathrm{s}}+\sin\theta_{\mathrm{s}}) \tag{3.3.61}$$

$$V_{\mathrm{IV}}^{\mathrm{s}}=A_{\mathrm{s}}[f_{\mathrm{y}}+k(\varepsilon_{\mathrm{m}}-\varepsilon_{\mathrm{uy}})+k'(\varepsilon_{\mathrm{s}}-\varepsilon_{\mathrm{m}})](\mu_{\mathrm{f}}\cos\theta_{\mathrm{s}}+\sin\theta_{\mathrm{s}}) \tag{3.3.62}$$

双排布置钢筋时，

$$V_{\mathrm{II}}^{\mathrm{s}}=A_{\mathrm{s}}f_{\mathrm{y}}\left(1-\psi_1\frac{\varepsilon_{\mathrm{s}}-\varepsilon_{\mathrm{y}}}{\varepsilon_{\mathrm{uy}}-\varepsilon_{\mathrm{y}}}\right)(\mu_{\mathrm{f}}\cos\theta_{\mathrm{s}}+\sin\theta_{\mathrm{s}}) \tag{3.3.63}$$

$$V_{\mathrm{III}}^{\mathrm{s}}=A_{\mathrm{s}}\left(1-\psi_1-\psi_2\frac{\varepsilon_{\mathrm{s}}-\varepsilon_{\mathrm{uy}}}{\varepsilon_{\mathrm{m}}-\varepsilon_{\mathrm{uy}}}\right)[f_{\mathrm{y}}+k(\varepsilon_{\mathrm{s}}-\varepsilon_{\mathrm{uy}})](\mu_{\mathrm{f}}\cos\theta_{\mathrm{s}}+\sin\theta_{\mathrm{s}}) \tag{3.3.64}$$

$$V_{\mathrm{IV}}^{\mathrm{s}}=A_{\mathrm{s}}\left(1-\psi_2\frac{\varepsilon_{\mathrm{s}}-\varepsilon_{\mathrm{uy}}}{\varepsilon_{\mathrm{m}}-\varepsilon_{\mathrm{uy}}}\right)[f_{\mathrm{y}}+k(\varepsilon_{\mathrm{m}}-\varepsilon_{\mathrm{uy}})+k'(\varepsilon_{\mathrm{s}}-\varepsilon_{\mathrm{m}})](\mu_{\mathrm{f}}\cos\theta_{\mathrm{s}}+\sin\theta_{\mathrm{s}}) \tag{3.3.65}$$

式中，h 为位移传感器(距挡块顶部 100mm)距挡块底部的距离；Δ 为距挡块顶部 100mm 处的位移；ψ_2 为竖向钢筋贡献调整系数，取 0.15；ψ_1 取 0.35。

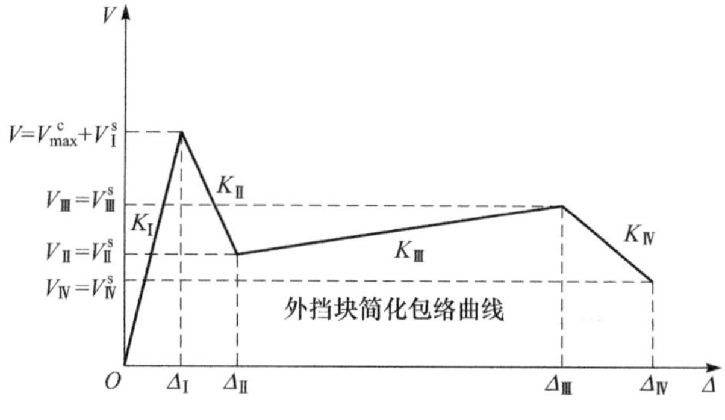

图 3.3.22　连接面剪切破坏的力-位移骨架曲线简化模型

(3) 平截面滑移破坏。

平截面滑移破坏时，外挡块的抵抗力需考虑钢筋与混凝土的贡献，钢筋贡献项采用式(3.3.66)计算：

$$V^{\mathrm{s}}=A_{\mathrm{s}}f_{\mathrm{s}}(\mu_{\mathrm{s}}\cos\theta_{\mathrm{s}}+\sin\theta_{\mathrm{s}})=\frac{A_{\mathrm{s}}f_{\mathrm{s}}}{\sqrt{\Delta^2+m^2}}(\Delta+\mu_{\mathrm{s}}m) \tag{3.3.66}$$

式中，μ_{s} 为混凝土表面摩擦系数，根据试验取 0.123。

将钢筋的本构关系代入式(3.3.66)可以得到钢筋的贡献项。最终，平截面滑移破坏的力-位移骨架曲线简化模型(见图 3.3.23)采用式(3.3.67)计算：

$$V=\begin{cases}V_{\mathrm{I}}^{\mathrm{c}}+V_{\mathrm{I}}^{\mathrm{s}}, & \Delta\leqslant\dfrac{m\sqrt{2\varepsilon_{\mathrm{y}}+\varepsilon_{\mathrm{y}}^{2}}}{2}\\ V_{\mathrm{II}}^{\mathrm{c}}+V_{\mathrm{I}}^{\mathrm{s}}, & \dfrac{m\sqrt{2\varepsilon_{\mathrm{y}}+\varepsilon_{\mathrm{y}}^{2}}}{2}<\Delta\leqslant m\sqrt{2\varepsilon_{\mathrm{y}}+\varepsilon_{\mathrm{y}}^{2}}\\ V_{\mathrm{II}}^{\mathrm{s}}, & m\sqrt{2\varepsilon_{\mathrm{y}}+\varepsilon_{\mathrm{y}}^{2}}<\Delta\leqslant m\sqrt{2\varepsilon_{\mathrm{uy}}+\varepsilon_{\mathrm{uy}}^{2}}\\ V_{\mathrm{III}}^{\mathrm{s}}, & m\sqrt{2\varepsilon_{\mathrm{uy}}+\varepsilon_{\mathrm{uy}}^{2}}<\Delta\leqslant m'\sqrt{2\varepsilon_{\mathrm{m}}+\varepsilon_{\mathrm{m}}^{2}}\\ V_{\mathrm{IV}}^{\mathrm{s}}, & m'\sqrt{2\varepsilon_{\mathrm{m}}+\varepsilon_{\mathrm{m}}^{2}}<\Delta\leqslant m'\sqrt{2\varepsilon_{\mathrm{up}}+\varepsilon_{\mathrm{up}}^{2}}\end{cases}\tag{3.3.67}$$

m'计算公式见式(3.3.22)，$V_{\mathrm{I}}^{\mathrm{c}}$、$V_{\mathrm{II}}^{\mathrm{c}}$计算公式见式(3.3.29)。

$$V_{\mathrm{I}}^{\mathrm{s}}=A_{\mathrm{s}}E\frac{\sqrt{\Delta^{2}+m^{2}}-m}{m\sqrt{\Delta^{2}+m^{2}}}(\Delta+\mu_{\mathrm{s}}m)\tag{3.3.68}$$

$$V_{\mathrm{II}}^{\mathrm{s}}=\frac{A_{\mathrm{s}}f_{\mathrm{y}}}{\sqrt{\Delta^{2}+m^{2}}}(\Delta+\mu_{\mathrm{s}}m)\tag{3.3.69}$$

$$V_{\mathrm{III}}^{\mathrm{s}}=\frac{A_{\mathrm{s}}}{\sqrt{\Delta^{2}+m'^{2}}}[f_{\mathrm{y}}+k(\varepsilon-\varepsilon_{\mathrm{uy}})](\Delta+\mu_{\mathrm{s}}m')\tag{3.3.70}$$

$$V_{\mathrm{IV}}^{\mathrm{s}}=\frac{A_{\mathrm{s}}}{\sqrt{\Delta^{2}+m'^{2}}}[f_{\mathrm{y}}+k(\varepsilon_{\mathrm{m}}-\varepsilon_{\mathrm{uy}})+k'(\varepsilon_{\mathrm{s}}-\varepsilon_{\mathrm{m}})](\Delta+\mu_{\mathrm{s}}m')\tag{3.3.71}$$

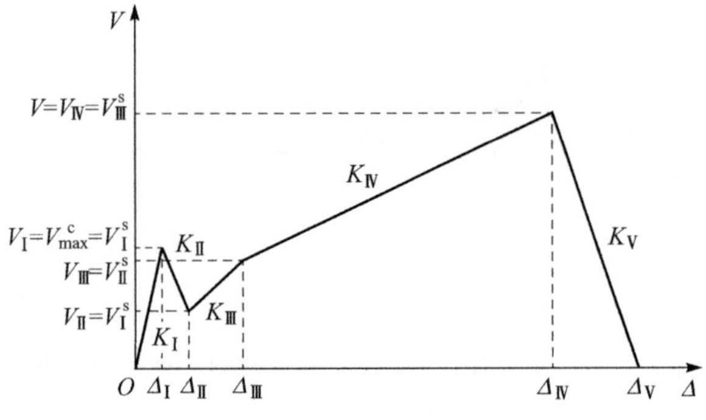

图 3.3.23　平截面滑移破坏的力-位移骨架曲线简化模型

5. 骨架曲线验证

将表 3.3.6 中的分析模型参数代入骨架曲线模型得到的理论骨架曲线与试验骨架曲线进行对比，如图 3.3.24 所示（只列出部分试件）。可见，理论骨架曲线与试验骨架曲线拟合良好，理论骨架曲线能够很好地预测外挡块的强度及变形能力。

表 3.3.6　外挡块分析模型参数取值

参数	A_{cv}/mm^2	E/GPa	k	ξ	m/mm	ε_y	ε_{uy}	ε_m	ε_{up}
连接面剪切破坏	150000	218.5	4467	1	100	0.002	0.005	0.05	0.10
平截面剪切破坏	44400	218.5	4785	3	80	0.002	0.005	0.05	0.10

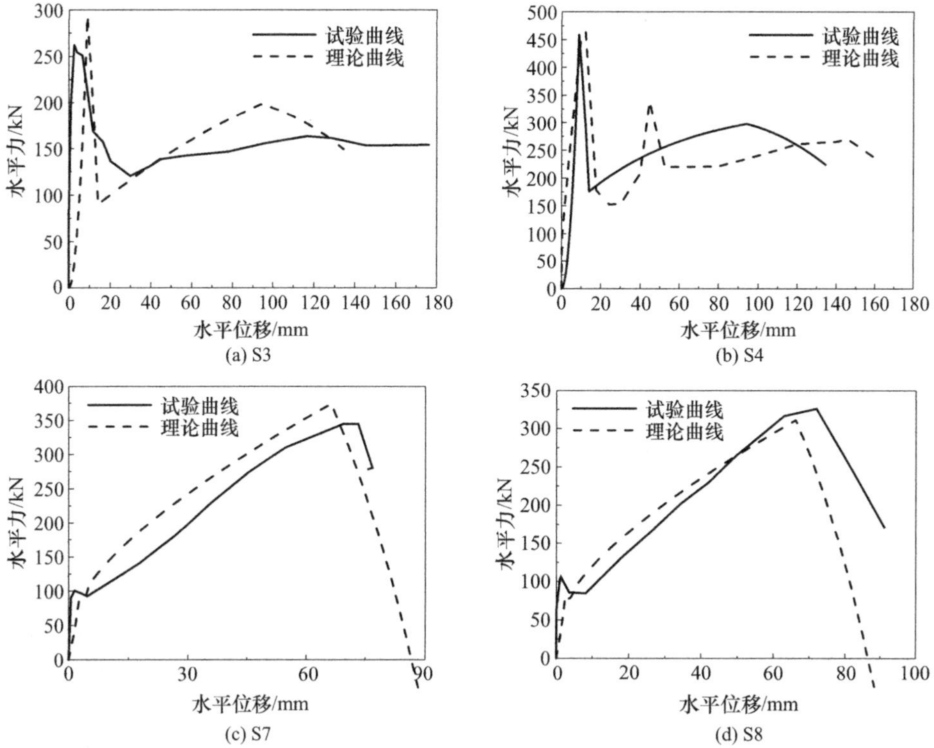

图 3.3.24　外挡块理论骨架曲线与试验骨架曲线对比

3.3.4　挡块模型的重要性及对桥梁抗震评价的作用

目前，桥梁抗震无外乎从两方面入手，即“以刚克刚”和“以柔克刚”。挡块属于防撞结构范畴，其应该具有桥梁抗震所需的强度、刚度以及必要的变形能力和耗能能力。设计时要与桥墩盖梁、桥台台帽、下部承台桩基等能力保护构件形成强度差，确保这些构件免受重大损伤。传统挡块设计没有统一的规定，作为限位构造措施，往往被误认为越强越安全，强震发生时，易导致下部盖梁或桥台台帽等严重拉裂，或者强大的地震力下传给墩台基础造成破坏，难以修复，但挡块做得太弱又起不到应有的作用。另外，减隔震设计的桥梁会使结构变柔，变形增大，对挡块延性变形能力有很高的要求。传统挡块一般发生受剪破坏，属于脆性破坏，且变形能力差,不能满足上部结构和墩台之间的相对位移需求。

通过上述对内外挡块的介绍可以看出,相比传统型挡块存在的问题,可复位型挡块具有很多优点:位移延性能力突出,最大强度对应的位移是传统挡块的5倍甚至10倍以上;强度计算更准确,根据内外挡块的不同受力机制,提出了强度计算公式,为评估挡块的抗震能力提供依据;力-位移关系简化模型更合理,可设计性强,可以根据需要设计出不同的模型,满足基于位移的抗震设计;盖梁或桥台台帽损伤小;可修复性好,易于更换。

基于以上优点,建立基于力和位移的可复位型挡块设计原则,包括以下两个。

(1) 性能目标:避免脆性破坏,使其发生滑移延性破坏;根据下部结构对挡块的抗震需求,统筹支座设计,综合确定挡块的强度和位移能力;设计的挡块使桥梁结构的动力性能和抗震性能最优。

(2) 设计方法:采用基于力和位移综合的设计方法,分别与桥梁的力和位移需求对接。根据推荐的承载力公式,确定挡块承载力设计需要;根据不同类型挡块在不同破坏形态下的力-位移骨架曲线模型,以桥梁位移需求为目标进行挡块设计。

3.4　桥梁碰撞模型

1989年美国Loma Prieta地震、1994年美国Northridge地震、1995年日本Kobe地震、1999年我国台湾集集地震和2008年我国汶川地震的震害中,大量桥梁因碰撞反应引起了严重震害。地震中,沿桥梁纵向不同桥跨之间、主梁与桥台之间、横桥向主梁与挡块之间,甚至多层立交桥高度不同的相邻结构之间,均可能发生碰撞反应。碰撞会导致主梁、桥台、挡块的混凝土破坏,引起伸缩缝挤压、支座失效等破坏现象,严重时引发主梁落梁[12]。

鉴于碰撞引起的严重桥梁震害,国内外学者针对桥梁碰撞问题也开展了较多的试验研究和理论分析工作。在理论模型方面,目前碰撞行为模拟方法主要有刚体力学法和接触单元法。

3.4.1　刚体力学法

刚体力学法[13,14]建立在物理学基础上,假设碰撞两物体完全刚性,基于动量守恒定律和能量守恒定律,忽略碰撞阶段的运动状态,可直接计算出碰撞前后结构的运动状态。通过恢复系数r来考虑碰撞过程中的能量耗散,并以r修正碰撞后的速度,较接近实际情况。碰撞后两物体的运动速度分别为

$$\dot{u}'_1=\dot{u}_1-(1+r)\frac{m_2(\dot{u}_1-\dot{u}_2)}{m_1+m_2}\tag{3.4.1}$$

$$\dot{u}'_2=\dot{u}_1+(1+r)\frac{m_1(\dot{u}_1-\dot{u}_2)}{m_1+m_2}\tag{3.4.2}$$

式中，m_1、m_2 分别为两物体的质量；$\dot{u}_1$、$\dot{u}_2$ 分别为碰撞前两物体的速度；$\dot{u}'_1$、$\dot{u}'_2$分别为碰撞后两物体的速度；r 为恢复系数，表达式为

$$r=\frac{\dot{u}'_2-\dot{u}'_1}{\dot{u}_1-\dot{u}_2} \tag{3.4.3}$$

当 $r=0$ 时，表示相邻桥跨之间发生完全塑性碰撞，能量损失最大；当 $r=1$ 时，表示相邻桥跨之间发生完全弹性碰撞，无能量损失。通过对恢复系数的测量与分析可知，恢复系数仅与材料属性和接触面的形状有关。

刚体力学法物理意义明确，计算量小，但是模型假设碰撞在一瞬间发生，没有考虑时间效应，因此无法进行时步法模拟，不能得到碰撞反应的时程曲线，碰撞阶段的运动状态无法得到，只能得到碰撞前后的状态，不能准确表示碰撞的材料、几何发生的变化，并且这种方法不是基于力与时步分析的，很难进行有限元模拟。

3.4.2　接触单元法

接触单元法将相邻梁体视为质点，通过建立碰撞单元来模拟桥梁的碰撞行为，如图 3.4.1 所示，其运动方程表示为

$$\begin{bmatrix} m_1 & \\ & m_2 \end{bmatrix}\begin{bmatrix} \ddot{u}_1 \\ \ddot{u}_2 \end{bmatrix}+\begin{bmatrix} c_1 & \\ & c_2 \end{bmatrix}\begin{bmatrix} \dot{u}_1 \\ \dot{u}_2 \end{bmatrix}+\begin{bmatrix} k_1 & \\ & k_2 \end{bmatrix}\begin{bmatrix} u_1 \\ u_2 \end{bmatrix}+\begin{bmatrix} F_c \\ -F_c \end{bmatrix}=\begin{bmatrix} m_1 & \\ & m_2 \end{bmatrix}\ddot{u}_g \tag{3.4.4}$$

式中，m_1 和 m_2 分别为相邻跨桥梁的质量；c_1、c_2、k_1、k_2、u_1、u_2 分别为两者的阻尼、刚度和位移；$\ddot{u}_g$ 为地震地面运动的加速度；F_c 为桥梁碰撞产生的碰撞力。

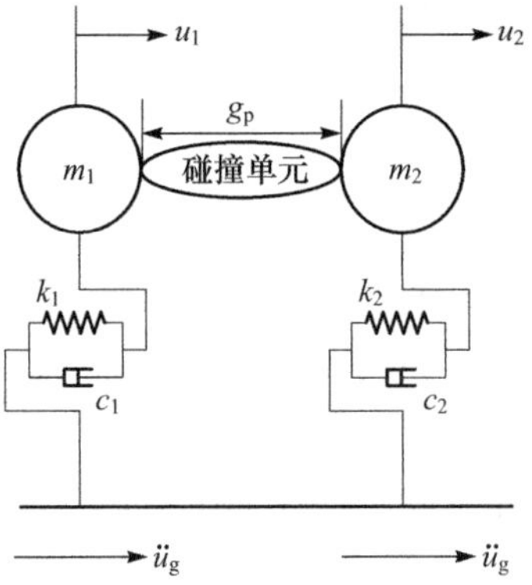

图 3.4.1　接触碰撞模型

桥梁的碰撞过程分为碰撞前阶段、碰撞阶段和碰撞后阶段，其中碰撞阶段可视为静力学中的接触过程。要将这段接触过程描述出来，主要是模拟出碰撞阶段产生的碰撞力大小以及碰撞力随时间的变化。国外许多学者先后提出了不同的接触

单元模型[15]，现详述如下。

1. 线弹性模型

线弹性模型是最简单的接触单元模型，仅由一个连接弹簧组成，如图 3.4.2 所示。

当碰撞发生时，碰撞力表示为

$$F_c=\begin{cases}k_1(u_1-u_2-g_p), & u_1-u_2-g_p\geqslant 0\\ 0, & u_1-u_2-g_p<0\end{cases} \tag{3.4.5}$$

式中，k_1 为连接弹簧的线性刚度；g_p 为两相邻梁体之间的初始间距。

在线弹性模型中，接触过程被简单地描述为一个碰撞刚度不变的线性弹簧产生的碰撞力，没有考虑随着碰撞接触面积的增大，碰撞刚度有所增大的问题，也没有考虑碰撞过程中的能量损失。

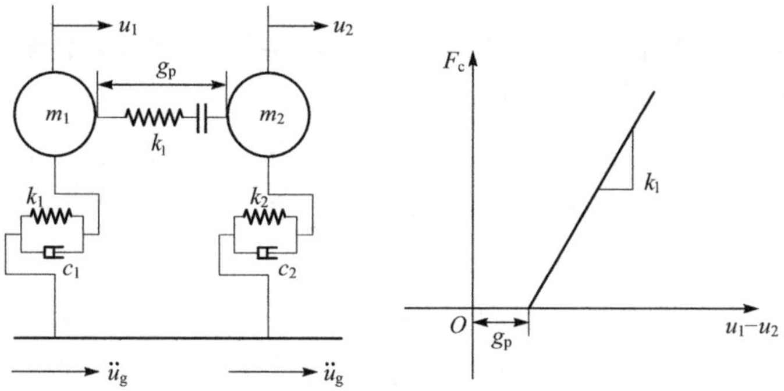

图 3.4.2　线弹性模型

2. Kelvin 模型

Kelvin 模型是一种线性黏弹性单元，由一个线性连接弹簧和一个阻尼器并联来模拟相邻刚体之间的碰撞，考虑了碰撞中能量的损失，如图 3.4.3 所示。

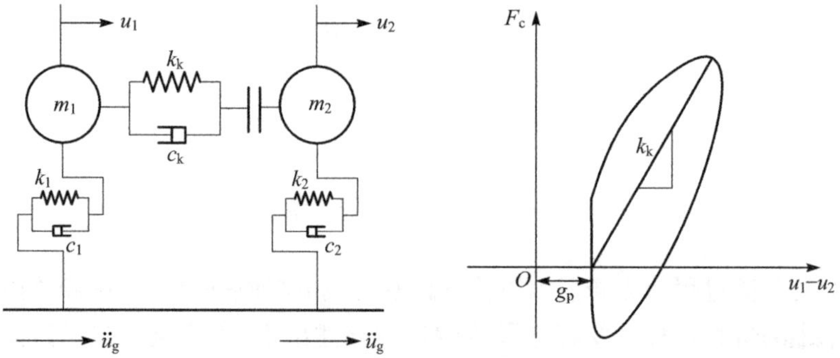

图 3.4.3　Kelvin 模型

当碰撞发生时，碰撞力表示为

$$F_c=\begin{cases}k_k(u_1-u_2-g_p)+c_k(\dot{u}_1-\dot{u}_2), & u_1-u_2-g_p\geqslant 0\\0, & u_1-u_2-g_p<0\end{cases} \tag{3.4.6}$$

式中，k_k 为连接弹簧刚度；c_k 为阻尼系数，其计算公式为

$$c_k=2\zeta\sqrt{k_k\frac{m_1m_2}{m_1+m_2}} \tag{3.4.7}$$

$$\zeta=-\frac{\ln r}{\sqrt{(\ln r)^2+\pi^2}} \tag{3.4.8}$$

式中，r 为恢复系数。

3. Hertz 模型

Hertz 模型与线性弹簧模型相似，只是连接弹簧是非线性的，如图 3.4.4 所示，此模型没有考虑碰撞过程中发生的能量损失。

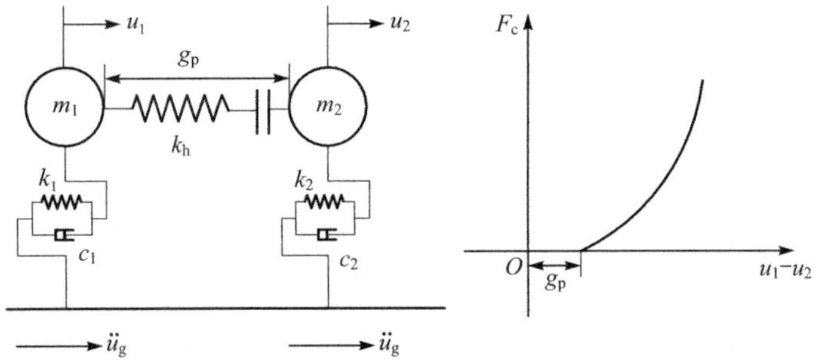

图 3.4.4 Hertz 模型

碰撞发生时的碰撞力为

$$F_c=\begin{cases}k_h(u_1-u_2-g_p)^{3/2}, & u_1-u_2-g_p\geqslant 0\\0, & u_1-u_2-g_p<0\end{cases} \tag{3.4.9}$$

式中，k_h 为连接弹簧的非线性刚度。

4. Hertzdamp 模型

Hertzdamp 模型是对 Hertz 模型的改进，在 Hertz 模型上并联一个非线性阻尼器来考虑碰撞过程中的能量损失，如图 3.4.5 所示。

碰撞发生时的碰撞力为

$$F_c=\begin{cases}k_h(u_1-u_2-g_p)^{3/2}+c_h(\dot{u}_1-\dot{u}_2), & u_1-u_2-g_p\geqslant 0\\0, & u_1-u_2-g_p<0\end{cases} \tag{3.4.10}$$

式中，c_h 为非线性阻尼系数，其表达式为

$$c_h = \zeta (u_1 - u_2 - g_p)^{3/2} \tag{3.4.11}$$

$$\zeta = \frac{3k_h(1-r^2)}{4(\dot{u}_1 - \dot{u}_2)}$$

式中，r 为恢复系数。

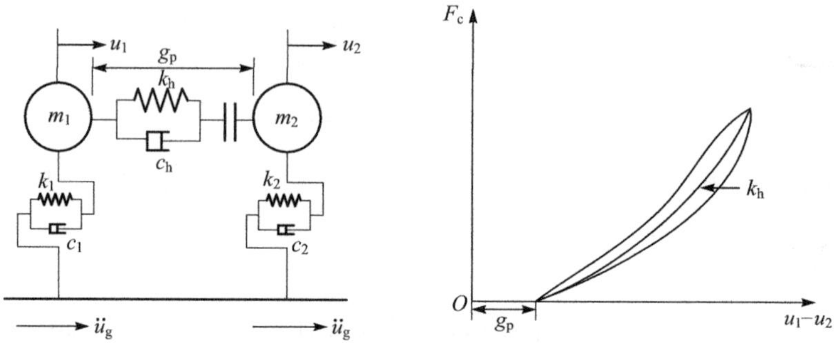

图 3.4.5　Hertzdamp 模型

5. 三维碰撞模型

Zhu 等[16]发展了基于点面接触理论的三维接触摩擦碰撞模型，该模型可以模拟任意方向碰撞，结合了刚体力学法与接触单元法的优点，采用阻尼器来模拟能量耗散，用弹簧模拟接触刚度，阻尼系数通过恢复系数确定。通过模型梁与桥台以及两模型梁之间的碰撞试验验证了这种模型的合理性，试验表明这种碰撞模型能用于模拟多方向碰撞。

该模型在考虑边界渗透的基础上，利用点面接触理论，如图 3.4.6 所示，将结构碰撞时一端梁段上的碰撞接触面称为 $abcd$，接触点设为 p，将另一端侵入该端的最终点设为点 k，p 点和 k 点之间的距离为 Δ_k，但是线 pk 的方向并不一定与 $abcd$ 的法向 $\boldsymbol{n}$ 平行。在接触面 $abcd$ 与接触点 p 之间设置接触单元，定义弹簧刚度为 k_{cnt}，先求出 p 与 k 之间的接触力，然后再求整个接触面的接触力。

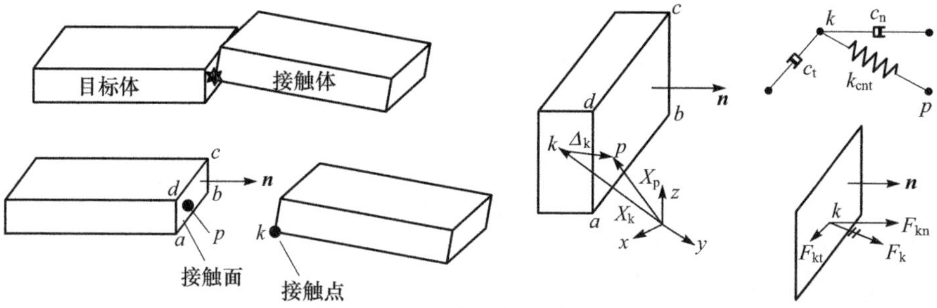

图 3.4.6　三维接触摩擦模型

k 点的接触力可以表示为

$$F_k = k_{cnt}\Delta_k \tag{3.4.12}$$

当然 k 点的接触力还可以分解为接触面的法向分量 F_{kn} 和切向分量 F_{kt}。碰撞过程中的能量损失用法向和切向两个非线性阻尼器来模拟，其阻尼系数分别为 c_n 和 c_t，阻尼力分别为 F_{cn} 和 F_{ct}。

在碰撞过程中，可以分为啮合和滑动两种情况，在滑动状态开始时，切向非线性阻尼器失效，但有滑动摩擦力 F_{ft} 作用。整个碰撞过程中碰撞力为

啮合：

$$F_c = F_{kn} + F_{cn} + F_{ct} \tag{3.4.13}$$

滑动：

$$F_c = F_{kn} + F_{cn} + F_{ft} \tag{3.4.14}$$

该模型适用于三维空间接触碰撞问题、相邻结构的任意碰撞等的模拟，精度较高。但该模型计算量大，算法复杂，限制了其应用。

3.5　桥台-回填土体系

桥台是桥梁结构与公路工程的接合部位，桥台-回填土相互作用对桥梁地震反应有重要影响。地震作用下，台后土压力以及桥台自身的惯性力使桥台产生向河心侧移动的趋势，该趋势同时被上部主梁与桥台间的纵向约束作用所限制，使桥台承受弯矩作用并造成桥台及下部桩基础的破坏。抗震设计中，为避免桩基础的破坏，一般将桥台背墙设计成牺牲构件并保证桩基础处于弹性状态。因此，桥台纵桥向的承载力主要取决于台后回填土特性和背墙位移。为获得桥台-回填土体系在纵桥向主梁约束(撞击)作用下的破坏机理及变形能力，一些研究人员把背墙位移作为被动土压力的函数，应用有限元法或有限差分法分析模型来获得桥台在纵桥向荷载作用下的力-位移关系，此类模型计算过程复杂，且需要引入适当的边界条件以及回填土和背墙之间强接触单元的非线性本构关系，不便于工程应用。实际桥梁的抗震分析中，较为常见的计算分析方法是利用一组沿着桥台背墙布置的回填土弹簧来模拟桥台力-位移行为，回填土弹簧的力-位移滞回关系可基于试验结果的简化计算公式获得。

3.5.1　失效机理

当 Dubrova[17]认识到在经典土压力公式推导中，没有考虑挡土墙的移动对土压力的影响，他假设回填土的强度按某一比例随着挡土墙位移的变化而变化，且强度沿挡土墙高度变化。1971 年，James 和 Bransby[18]研究发现，挡土墙的位移函数可由回填土剪切变形和剪切强度表示。Stewart 等[19]进行了典型桥台的足尺荷载试验，得到回填土破坏面轨迹线及其由上至下逐步发展的破坏规律，认为回填土被动土压力达到极限值为桥台破坏的标志。

当在桥台背墙表面施加一个单调水平力时，回填土对桥台背墙产生的被动抵抗力 F 是一个关于背墙与回填土之间相对位移 y 的函数。该抵抗力也可由回填土剪切变形和剪切强度表示，其发展过程如图 3.5.1 所示，图中，h_i 为楔形体发展中高度；h_n 为楔形体最终发展高度；y_i 为发展中位移；y_n 为最大位移；F_n 为极限承载力；c_n 为失效状态下黏聚力；ϕ_i 为发展过程中摩擦角；ϕ_n 为失效状态下摩擦角；σ 为土体正应力；τ 为土体剪应力。位移在发展过程中（$y_i<y_n$），回填土的剪切强度不能完全发挥作用，最终的被动楔形体还未形成，假设每一个相对位移 y_i 对应一个被动楔形体，则可得到相应发展阶段的回填土被动抵抗力。当位移变得足够大时（$y_i=y_n$），回填土的剪切强度将会完全发挥作用，抵抗力达到回填土的极限承载力 F_n。

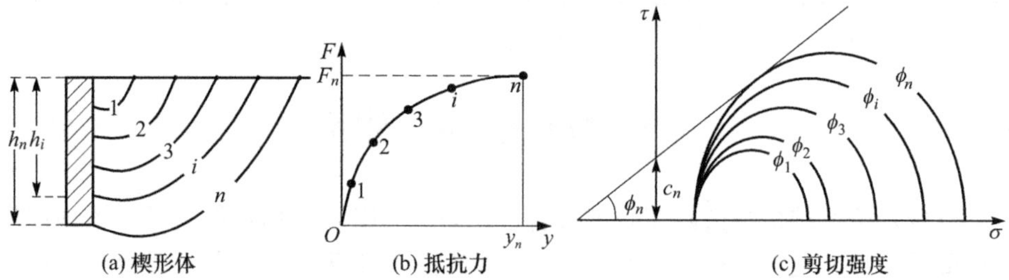

图 3.5.1　被动抵抗力的发展过程

3.5.2　非线性力-位移能力

1. 预测模型

Shamsabadi 等[20]基于对数螺旋破坏面理论推导出挡土墙后回填土抵抗力 F_{ih} 的计算公式为

$$F_{ih}=\frac{\sum\limits_{j=1}^{n}\Delta E_{ij}}{1-\tan\delta_{iw}\tan(\alpha_{iw}+\phi_i)} \tag{3.5.1}$$

其中

$$\Delta E_{ij}=\frac{W_{ij}\tan(\alpha_{ij}+\phi_{ij})+c_{ij}L_{ij}[\sin\alpha_{ij}\tan(\alpha_{ij}+\phi_{ij})+\cos\alpha_{ij}]}{1-\tan\delta_{ij}\tan(\alpha_{ij}+\phi_{ij})} \tag{3.5.2}$$

式中，α_{iw} 为破坏面与水平面间的初始倾角；W_{ij} 为破坏面 i 中土条 j 的重力；L_{ij} 为破坏面 i 中土条 j 的破坏面长度；α_{ij} 为破坏面 i 中土条 j 的水平倾角；ϕ_{ij} 为破坏面 i 中土条 j 的内摩擦角；c_{ij} 为破坏面 i 中土条 j 黏聚力的合力；ΔE_{ij} 为破坏面 i 中土条 j 的土条间反力；δ_{ij} 为破坏面 i 中土条 j 的界面摩擦角；δ_{iw} 为挡土墙与土的界面摩擦角。

根据莫尔应力圆理论，破坏面 i 中土条 j 的水平位移为

$$\Delta y_{ij}=\Delta z_{ij}\frac{\gamma_{ij}}{2}=\frac{1}{2}\varepsilon_{ij}(1+\nu)\Delta z_{ij}\sin(2\alpha_{ij}) \tag{3.5.3}$$

式中，Δz_{ij} 为破坏面 i 中土条 j 的竖向位移；ε_{ij} 为破坏面 i 中土条 j 的正应变；γ_{ij} 为破坏面 i 中土条 j 的剪切应变；ν 为泊松比。

将所有土条水平位移求和可得到破坏面对应的桥台回填土位移，即

$$y_i=\sum_{j=1}^{n}\Delta y_{ij} \tag{3.5.4}$$

因此，对于每个破坏面 i，根据回填土双曲线本构模型和三轴极限平衡理论可计算出对应的剪切强度参数（c_i 和 ϕ_i），再根据式(3.5.1)～式(3.5.4)即可得到桥台背墙后回填土的力-位移曲线。

2. 简化计算公式

上述预测模型可根据土体应力-应变特性计算出桥台背墙后回填土的力-位移曲线。但在实际桥梁抗震设计中，通常采用桥台回填土平均刚度 K、最大承载力 F_n 以及其对应的最大位移 y_n 来计算桥台背墙后回填土的承载力。

采用双曲线对野外足尺桥台试验 1[19] 和试验 2[21] 的试验数据进行拟合，结果如图 3.5.2 所示。根据拟合结果可知，桥台回填土力-位移关系的骨架曲线可近似由如图 3.5.3 所示的双曲线表示。

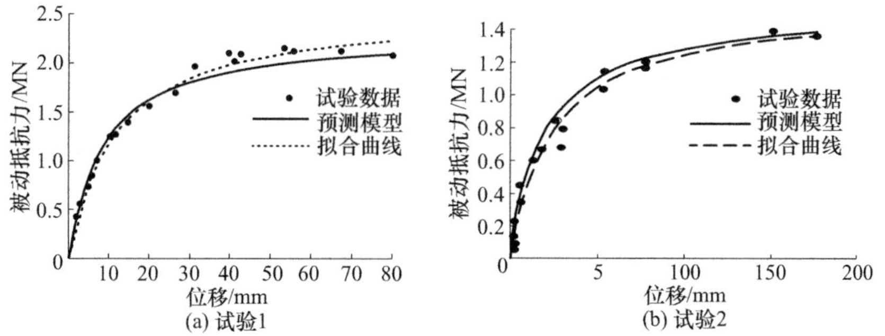

图 3.5.2　试验与预测模型的结果对比

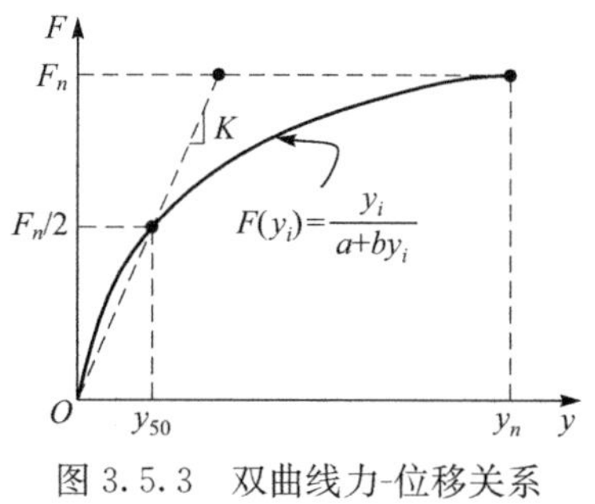

图 3.5.3　双曲线力-位移关系

图 3.5.3 中，y_{50} 为 50%F_n 所对应的位移；a 和 b 为常数，其双曲线表达式的一般形式为

$$F(y_i)=\frac{y_i}{a+by_i} \tag{3.5.5}$$

为便于工程应用，需将桥台回填土平均刚度 K、最大承载力 F_n 以及其对应的最大位移 y_n 引入式(3.5.5)中。

平均刚度定义为

$$K=\frac{F_n}{2y_{50}} \tag{3.5.6}$$

由图 3.5.3 可知，常数 a 和 b 可以由如下边界条件得到：

$$F=\begin{cases} 0, & y_i=0 \\ \frac{1}{2}F_n, & y_i=y_{50} \\ F_n, & y_i=y_n \end{cases} \tag{3.5.7}$$

可得到常数 a 和 b 为

$$a=\frac{y_n}{2Ky_n-F_n},\quad b=\frac{2(Ky_n-F_n)}{F_n(2Ky_n-F_n)} \tag{3.5.8}$$

则桥台回填土力-位移关系式为

$$F(y_i)=\frac{y_i}{\dfrac{y_n}{2Ky_n-F_n}+\dfrac{2(Ky_n-F_n)}{F_n(2Ky_n-F_n)}y_i} \tag{3.5.9}$$

在加州抗震设计标准[22]中，对于符合标准的桥台回填土，其每延米宽的平均刚度 K 取 115kN/cm；而极限承载力 F_n 是由足尺桥台试验确定的，但是在实际中，可以使用任何适用的结构设计方法计算 F_n。

表 3.5.1 列出了野外足尺桥台试验研究中试验 1 和试验 2 的实测极限承载力 F_n、最大位移 y_n 和平均刚度 K。由图 3.5.4 可知，简化公式计算出的力-位移曲线与试验 1 和试验 2 的试验结果吻合较好，与预测模型计算结果几乎一致，且与加州抗震设计标准计算的初始刚度和承载能力较为接近。

表 3.5.1 简化模型的计算参数

试验	F_n/kN	y_n/mm	K/(kN/cm/m)
试验 1	2023	83.8	311
试验 2	1389	167.6	144

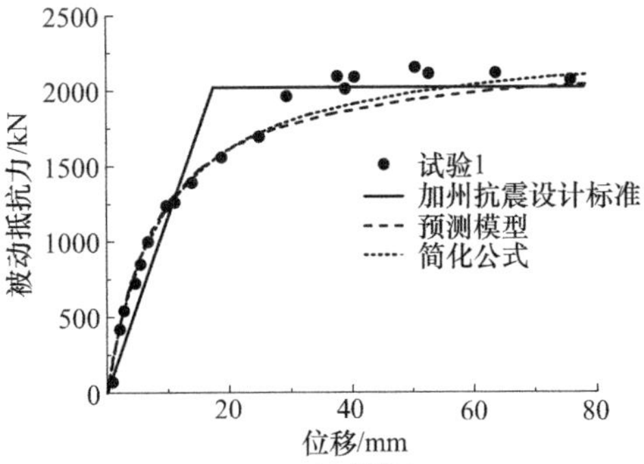

(a) 试验1

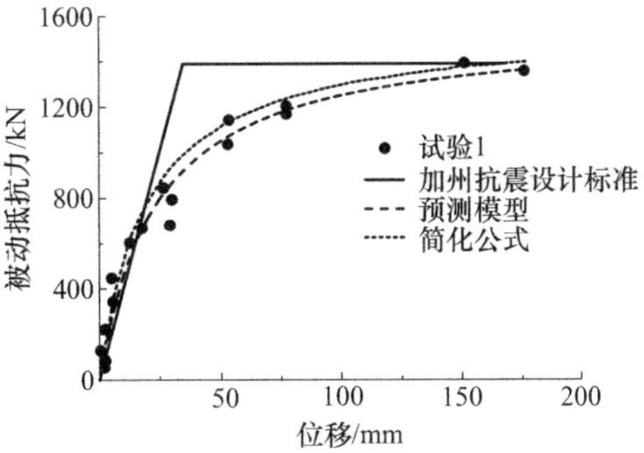

(b) 试验2

图 3.5.4　简化公式计算结果

3.5.3　简化公式在抗震分析中的应用

以某高速公路两跨连续刚构梁桥为研究对象，采用 OpenSees 建立有限元模型，如图 3.5.5 所示。该桥梁的桥跨布置为 30m+30m，为一座两跨一联的预应力混凝土连续刚构梁桥。上部结构采用单箱三室箱梁结构，与桥台通过支座连接且与桥墩刚接；下部结构包括桥墩和桥台，其中桥墩高 10m，截面为直径 1.60m 的圆形钢筋混凝土(reinforced concrete，RC)截面，桥墩混凝土采用 C40，钢筋采用 HRB335；桥台类型为支座式桥台，其中桥台背墙高 1.92m，宽 10.36m。全桥共设置 2 道 SSFB240 型钢伸缩缝，分别位于上部结构与桥台的接合处，伸缩缝宽度为 0.04m；支座采用型号为 JPZ(Ⅱ)-1.0-DX 的盆式橡胶支座。

为准确模拟上部结构的刚度和质量分布，采用壳单元(ShellMITC4)来模拟桥梁上部结构。桥墩作为桥梁中的关键构件，采用分布塑性铰单元(beam with hinges element)并赋予其纤维截面，以精确模拟桥墩的非线性滞回行为。桥墩的混凝土采用 Scott 等[23]提出的 Concrete01 模型；钢筋选用 Chang 和 Mander[24]提出的 Reinforcing Steel 模型。支座和桥台均采用零长度单元(zero-length element)模拟，并赋予如图 3.5.5 所示的滞回特性。上部结构-桥台-回填土相互作用模型如图 3.5.6 所示，桥台力-位移特性可采用非线性弹簧来模拟，背墙与干墙假定为薄弱连接，因此根据简化公式并考虑伸缩缝宽度即可确定桥台非线性力-位移滞回关系。

表 3.5.2 列出了顺桥向输入地震动的峰值加速度、峰值速度、峰值位移和速度脉冲持时的参数值，且均具有明显高速非对称速度脉冲。将地震动输入 OpenSees 有限元模型中，分别在是否考虑桥台非线性滞回特性的情况下，完成桥梁动力时程分析。需要说明的是，不考虑桥台作用时，梁端仅有支座约束。

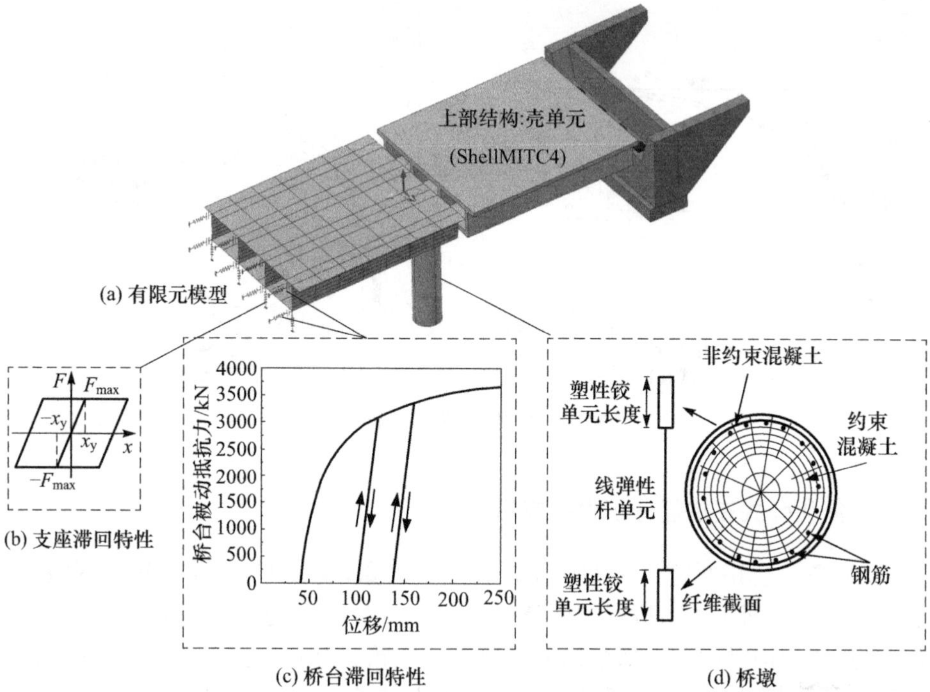

图 3.5.5　桥梁有限元模型

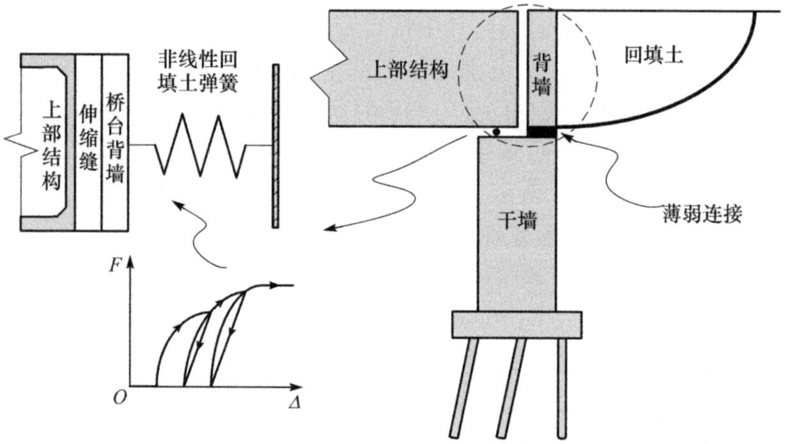

图 3.5.6　上部结构-桥台-回填土相互作用模型

表 3.5.2　输入地震动的特性

地震动	峰值加速度/g	峰值速度/(m/s)	峰值位移/m	速度脉冲持时/s
Rinaldi	0.4	0.796	0.137	4.0
Takatori	0.4	0.840	0.228	7.7
Erizincan	0.4	0.645	0.213	4.9

图 3.5.7 是由输入地震动所引起的桥梁上部结构位移的时程曲线。从图中可见，考虑桥台滞回特性影响的上部结构位移要比不考虑桥台滞回特性的位移明显减小，且在峰值处尤为显著(减小 22%～50%)，由此可知桥台-回填土体系对桥梁结构顺桥向地震反应有重要影响。

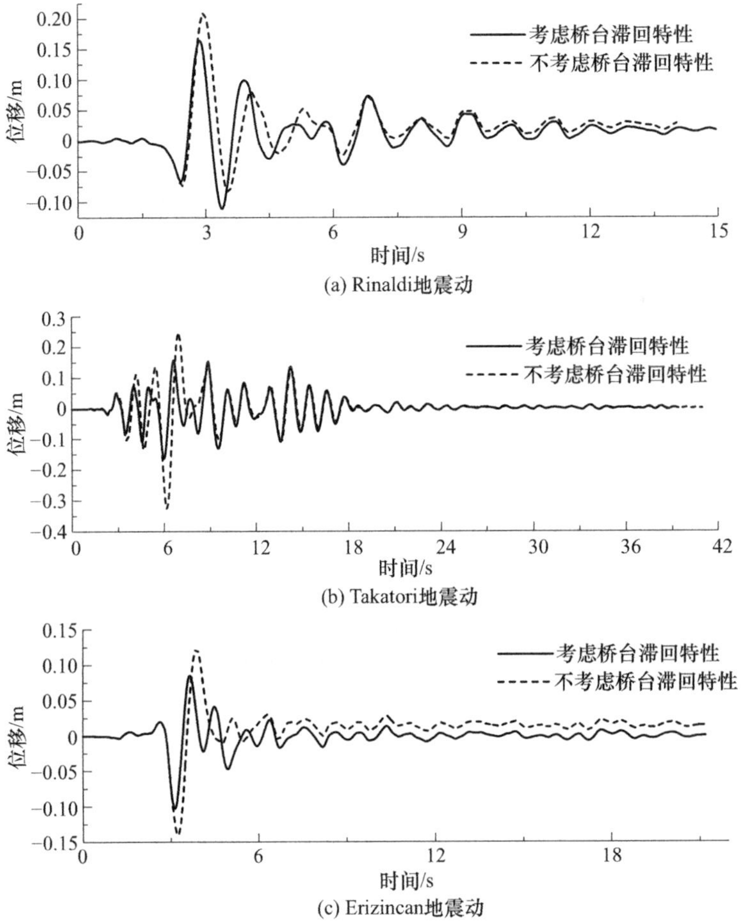

(a) Rinaldi地震动

(b) Takatori地震动

(c) Erizincan地震动

图 3.5.7　桥梁上部结构位移时程曲线

在地震作用下的桥台非线性力-位移滞回曲线如图 3.5.8 所示，体现了桥台在桥梁地震反应中抵抗主梁挤压和耗散地震能量的作用。因此，桥台自身的滞回性能在桥梁地震反应中可发挥吸收和耗散地震能量的作用，进而减小上部主梁位移和桥墩的地震反应(见图 3.5.9)。因此，在桥梁抗震设计中，可通过合理考虑桥台抗震性能来分担桥墩承受的地震力，从而减少桥墩的截面尺寸和钢筋用量。从三个地震动的结果对比可知，速度脉冲幅值和持时越大的地震动，桥梁上部结构和桥台的位移反应越大，桥台发挥的作用越明显。

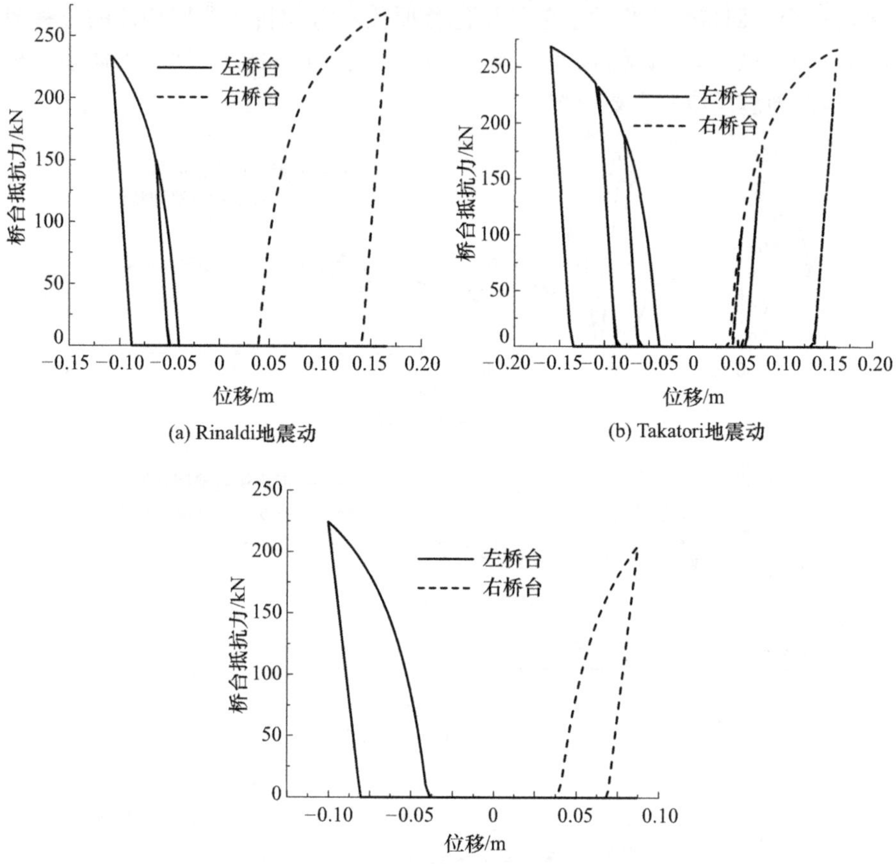

(a) Rinaldi地震动　　(b) Takatori地震动

(c) Erizincan地震动

图 3.5.8　桥台非线性力-位移滞回曲线

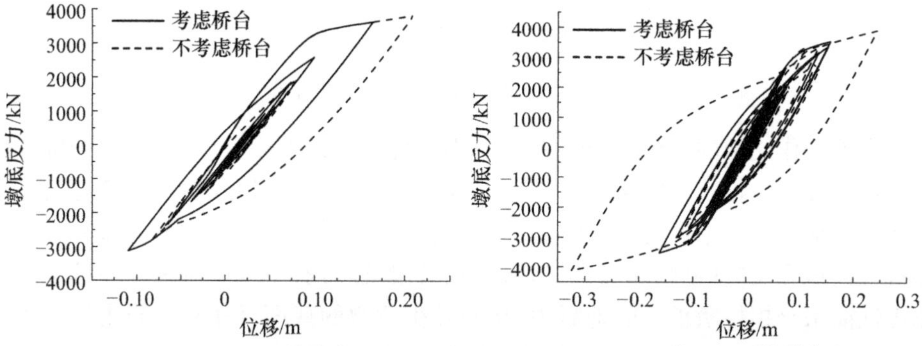

(a) Rinaldi地震动　　(b) Takatori地震动

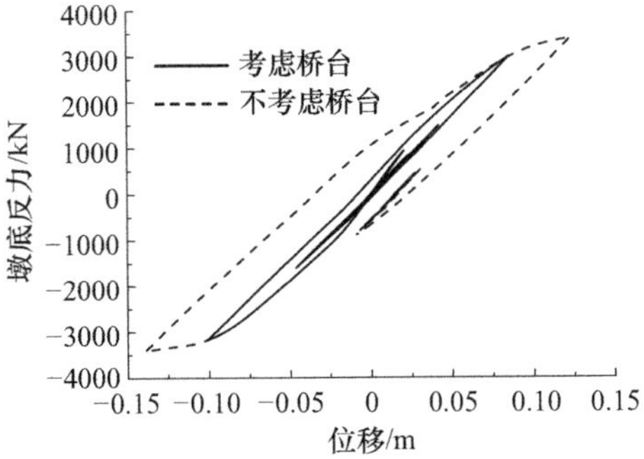

(c) Erizincan地震动

图 3.5.9　桥墩力-位移滞回曲线

参考文献

[1] 范立础,聂利英,李建中. 地震作用下板式橡胶支座滑动的动力性能分析. 中国公路学报,2003,16(4):30-35.

[2] 叶爱君,胡世德,范立础. 桥梁支座抗震性能的模拟分析. 同济大学学报(自然科学版)2001,29(1):6-9.

[3] 燕斌. 固结体系独塔斜拉桥基础隔震设计方法研究[博士学位论文]. 北京:北京工业大学,2017.

[4] Fan X,McCormick J P. Characterisation of the behaviour of steel bridge bearings under cyclic load reversal. Structure and Infrastructure Engineering,2015,11(6):744-760.

[5] Kulak G L,Fisher J W,Struik J H. Guide to Design Criteria for Bolted and Riveted Joints. 2nd ed. Chicago:American Institute of Steel Construction,2001.

[6] 韩强,杜修力,王丕光. 一种可复位桥台抗震挡块:中国,ZL201110083288. 2011.

[7] 中华人民共和国交通运输部. 公路桥梁抗震设计细则(JTG/T B02-01—2008). 北京:人民交通出版社. 2008.

[8] 刘柯. 公路桥梁内挡块抗震性能研究[博士学位论文]. 北京:北京工业大学,2016.

[9] Silva P F,Megally S,Seible F. Seismic performance sacrificial interior shear keys. ACI Materials Journal,2003,100(2):177-187.

[10] 中华人民共和国住房和城乡建设部. 混凝土结构设计规范(GB 50010—2010). 北京:中国建筑工业出版社,2010.

[11] Han Q,Zhou Y L,Zhong Z L,et al. Seismic capacity evaluation of exterior shear keys of highway bridges. Journal of Bridge Engineering,2017:22(2):1-12.

[12] 李忠献,岳福青. 城市桥梁地震碰撞反应研究与发展. 地震工程与工程振动,2005,25(4):91-98.

[13] Papadrakakis M,Mouzakis H,Plevris N,et al. A large multiplier solution method of poun-

ding of building during earthquakes. Earthquake Engineering & Structural Dynamics, 1991,20(11):981-998.

[14] Athanasiadou C J, Penelisg G. Seismic response of adjacent buildings with similar of different dynamic characteristics. Earthquake Spectra, 1994, 10(2): 293-317.

[15] Muthukumar S, DesRoches R. A hertz contact model with non-linear damping for pounding simulation. Earthquake Engineering & Structural Dynamics, 2006, 35(7): 811-828.

[16] Zhu P, Abe M, Fujino Y. Modelling three-dimensional non-linear seismic performance of elevated bridges with emphasis on pounding of girders. Earthquake Engineering & Structural Dynamics, 2002, 31(11): 1891-1913.

[17] Dubrova G A. Interaction of Soil and Structures. Moscow: Izd. Rechnoy Transport, 1963.

[18] James R G, Bransby P L. Experimental and theoretical investigations of a passive earth-pressure problem. Geotechnique, 1971, 20(1): 17-36.

[19] Stewart J, Taciroglu E, Wallace J W. Full Scale Large Deflection Testing of Foundation Support Systems for Highway Bridges[Doctoral Dissertation]. California: University of California, 2007.

[20] Shamsabadi A, Kapuskar M, Zand A. Three-dimensional nonlinear finite-element soil-abutment structure interaction model for skewed bridges. The Fifth National Seismic Conference for Bridges and Highways, San Francisco, 2006.

[21] Romstad K, Kutter B, Maroney B, et al. Experimental Measurements of Bridge Abutment Behavior. Report No. UCD-STR-95-1. California: University of California, 1995.

[22] California Department of Transportation. Caltrans Seismic Design Criteria: Version 1. 7. California: California Department of Transportation, 2013.

[23] Scott B D, Park R, Priestly M J N. Stress-strain behavior of concrete by overlapping hoops at low and high strain rates. ACI Journal, 1982, 79(1): 13-27.

[24] Chang G A, Mander J B. Seismic energy based fatigue damage analysis of bridge columns: Part 1—Evaluation of seismic capacity. NCEER Technical Report No. NCEER-94-0006, 1994.

第 4 章　RC 桥墩非线性分析模型

桥墩是桥梁结构的主要抗侧力构件。由于地震下桥墩承受复杂的轴力-弯-剪-扭耦合作用，以及早期的桥梁抗震设计理论存在较多缺陷，桥墩已成为桥梁抗震的薄弱环节。历次大地震的震害亦表明，由桥墩破坏引起的桥梁结构倒塌占较大比例。关于 RC 桥墩抗震问题的研究，也一直是桥梁抗震领域的热点课题。准确预测桥墩的动力非线性反应，已成为把握全桥地震破坏机理的重要手段和必需环节。本章重点介绍 RC 桥墩抗震能力分析的数值模型及方法，以期为桥梁抗震能力评估及加固、桥梁抗震设计等提供科学依据。

4.1　常见桥墩非线性分析模型

概括地讲，RC 桥墩抗震能力的非线性分析模型可分为构件层面的宏观模型和材料层面的微观模型两大类。宏观模型一般指各种杆系模型，以描述构件层次的非线性力-位移或弯矩-转角滞回关系为特征，注重构件的整体反应。宏观模型主要包括构件恢复力模型、等效塑性铰模型、纤维梁柱单元模型以及在此基础上发展的弯剪耦合分析模型等。微观模型主要包括各类二维或三维精细的实体有限元模型。微观模型除可获得构件整体的力-位移滞回关系外，还可清晰地获得构件局部的应力、应变及开裂、压碎等损伤状态。显然，宏观模型的计算效率高，适用于整体结构的抗震分析。微观模型建模过程复杂，计算效率低，不太适合大型结构整体抗震能力的分析。

4.1.1　构件恢复力模型

规则桥梁的 RC 桥墩主要承受轴压、弯矩作用，是压弯构件。国内外学者对 RC 压弯构件在地震作用下的力学行为进行了大量的试验研究，并提出了多种用于桥梁非线性地震响应分析的滞回模型。根据滞回模型曲线的光滑程度，可将这些滞回模型分为折线型模型和曲线型模型两类。曲线型模型首先由 Bouc[1] 于 1967 年提出，即采用微分形式的数学模型来模拟滞回非线性系统。随后，Wen[2] 和 Baber 等[3,4] 发展了这个数学模型，使其可以比较精确地表征各种非线性系统的滞回特性。曲线型模型的刚度是连续变化的，与实际较为接近，不足之处在于刚度计算方法复杂，因此应用较少。折线型模型采用分段直线直观地描述试验所得恢复力曲线的骨架曲线和加卸载规则，如双线性模型、Clough 模型[5]、Takeda 模型[6]、Ozcebe-Saatcioglu 模型[7]等。折线型模型刚度变化不连续，存在拐点或突变点，但刚度计算较简单，在实际工程中得到广泛应用。下面主要介绍折线型恢复力模型。

1. 双线性模型

1962 年，Penzien[8]根据钢材试验结果并考虑钢材包辛格效应和应变硬化，提出双线性(bi-linear)模型，该模型的特点是加载和卸载时都采用初始刚度 K_0，实用且简单。双线性模型不仅适用于钢构件等弯曲屈服型结构的滞回性能描述，还可用于以弯曲破坏为主的 RC 结构。双线性模型可以分为理想弹塑性、正双线性和负双线性三种。

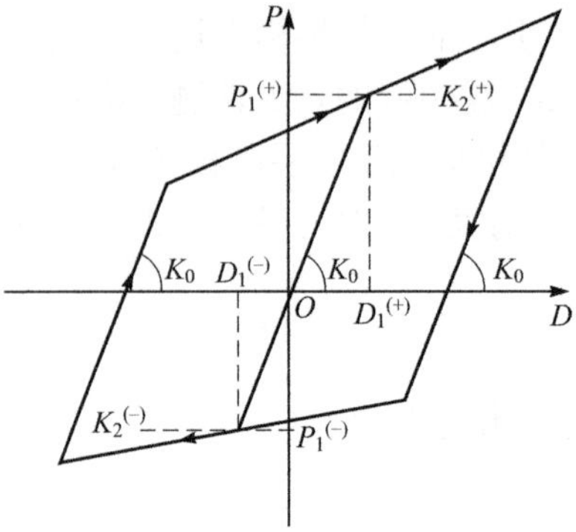

图 4.1.1　正双线性模型

图 4.1.1 为正双线性模型。图中，$P_1^{(+)}$、$P_1^{(-)}$ 分别为正向和负向的屈服强度；$D_1^{(+)}$、$D_1^{(-)}$ 分别为正向和负向的屈服位移；K_0 为初始刚度；$K_2^{(+)}$、$K_2^{(-)}$ 分别为正向和负向的屈服后刚度，$K_2^{(+)}=\alpha_1^{(+)}K_0$，$K_2^{(-)}=\alpha_1^{(-)}K_0$，$\alpha_1^{(+)}$、$\alpha_1^{(-)}$ 分别为正向和负向的屈服后刚度折减系数。

2. Clough 模型

为反映 RC 构件在反复荷载作用下的刚度退化问题，1965 年 Clough 和 Johnston[5]提出退化双线性模型。该模型屈服后的卸载刚度要低于初始刚度，反向加载时指向历史最大变形点，即考虑反向加载时刚度退化。由于 Clough 模型概念简单，且着重考虑了 RC 构件滞回关系的关键特性，该模型得到了广泛的应用。

Clough 模型如图 4.1.2 所示。图中，$P_1^{(+)}$、$P_1^{(-)}$ 分别为正向和负向的屈服强度；$D_1^{(+)}$、$D_1^{(-)}$ 分别为正向和负向的屈服位移；K_0 为初始刚度；$K_2^{(+)}$、$K_2^{(-)}$ 分别为正向和负向的屈服后刚度，$K_2^{(+)}=\alpha_1^{(+)}K_0$，$K_2^{(-)}=\alpha_1^{(-)}K_0$，$\alpha_1^{(+)}$、$\alpha_1^{(-)}$ 分别为正向和负向屈服后刚度折减系数；$K_r^{(+)}$、$K_r^{(-)}$ 分别为正向和负向卸载时的刚度。

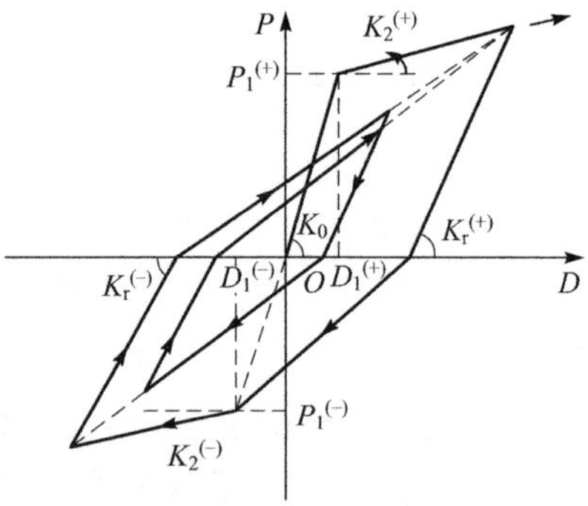

图 4.1.2　Clough 模型

3. Takeda 模型

Takeda 模型是由 Takeda 等[6]在 1970 年考虑开裂、屈服的三折线骨架曲线和一系列滞回规则对 Clough 模型进行改进而得到的。与 Clough 模型相比，Takeda 模型考虑了构件屈服前的耗能，与试验结果更为接近。

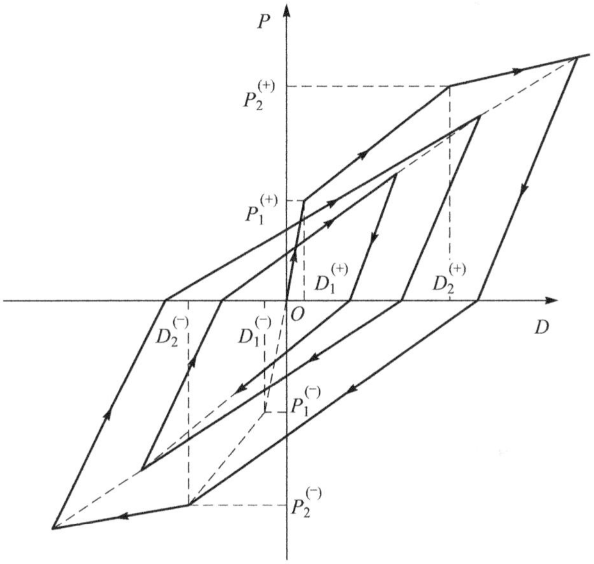

图 4.1.3　Takeda 模型

Takeda 模型如图 4.1.3 所示。图中，$P_1^{(+)}$、$P_1^{(-)}$ 分别为正向和负向的开裂强度；$P_2^{(+)}$、$P_2^{(-)}$ 分别为正向和负向的屈服强度；$D_1^{(+)}$、$D_1^{(-)}$ 分别为正向和负向的开裂位移；$D_2^{(+)}$、$D_2^{(-)}$ 分别为正向和负向的屈服位移；K_0 为初始刚度；$K_2^{(+)}$、$K_2^{(-)}$ 分别为正向和负向的第二条折线刚度，$K_2^{(+)}=\alpha_1^{(+)}K_0$，$K_2^{(-)}=\alpha_1^{(-)}K_0$；$K_3^{(+)}$、$K_3^{(-)}$ 分别为正向和负向的第三条折线刚度，$K_3^{(+)}=\alpha_2^{(+)}K_0$，$K_3^{(-)}=\alpha_2^{(-)}K_0$；$\alpha_1^{(+)}$、$\alpha_1^{(-)}$ 分别为正向和负向开裂后刚度折减系数；$\alpha_2^{(+)}$、$\alpha_2^{(-)}$ 分别为正向和负向屈服后刚度折减系数。

Takeda 模型的滞回规则如图 4.1.4 所示。

(1) 当$|D_{max}|\leqslant D_1$ 时，为线弹性状态，加载或卸载沿着斜率为 K_0 的骨架曲线移动(规则 0)。

(2) 当变形 D 初次超过 $D_1^{(\pm)}$ 时，加载沿斜率为 $K_2^{(+)}$、$K_2^{(-)}$ 的骨架曲线移动(规则 1)；此时卸载，将沿着指向反向最大变形点移动，反向没有发生屈服时，反向屈服点为最大变形点(规则 2)；在到达反向最大变形点之前，重新加载，将沿着卸载直线移动(规则 3)；当到达骨架曲线位置时，重新沿着斜率为 $K_2^{(+)}$、$K_2^{(-)}$ 的骨架

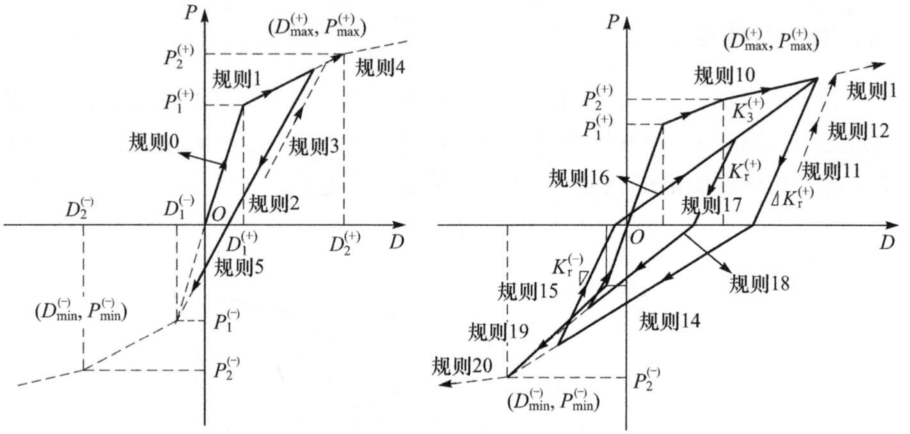

(a) 开裂后屈服前　　　　(b) 屈服后

图 4.1.4　Takeda 模型滞回规则

曲线移动(规则 4)。

(3) 当变形 D 初次超过 $D_2^{(\pm)}$ 时,沿着斜率为 $K_3^{(+)}$、$K_3^{(-)}$ 的骨架曲线移动(规则 10);此时卸载,将沿指向恢复力为 0 点的斜率为 $K_r^{(+)}$、$K_r^{(-)}$ 的直线移动(规则 11)。

$$K_r^{(\pm)} = \max\left(K_0 \left| \frac{D_{\max}^{(\pm)}}{D_1^{(\pm)}} \right|^{-\beta}, K_b\right) \tag{4.1.1}$$

$$K_b = \frac{P_{\max}^{(+)} - P_{\max}^{(-)}}{D_{\max}^{(+)} - D_{\max}^{(-)}} \tag{4.1.2}$$

式中,β 为计算卸载刚度的幂阶,$\beta=0.4$。

(4) 当卸载超过恢复力为 0 的点时,将向反向最大变形点移动(规则 14);在向反向最大变形点移动时卸载,则开始进入内环(规则 15);在内环中到恢复力为 0 的点之前,沿斜率为 $K_{un}^{(-)}$、$K_{un}^{(+)}$ 的直线卸载,超过恢复力为 0 的点后,将向反向的最大变形点移动(规则 16)。

Takeda 模型在 RC 结构弹塑性地震反应中应用广泛,适用于定轴力下以弯曲为主的 RC 构件滞回性能的模拟。但该模型没有考虑反复荷载作用下构件的强度退化,难以考虑由钢筋滑移及试件剪切破坏造成的捏拢效应,不适合轴压比较大、钢筋滑移明显及以剪切破坏为主的构件。

4. Ozcebe-Saatcioglu 滞回模型

Ozcebe-Saatcioglu 滞回模型[7] 主要用于考虑剪切变形占较大比例的 RC 构件的滞回模型模拟。该模型同样由骨架曲线、卸载和再加载滞回规则组成,其骨架曲线主要是基于修正的压力场理论(the modified compression field theory,MCFT)获得,滞回规则如图 4.1.5 所示。

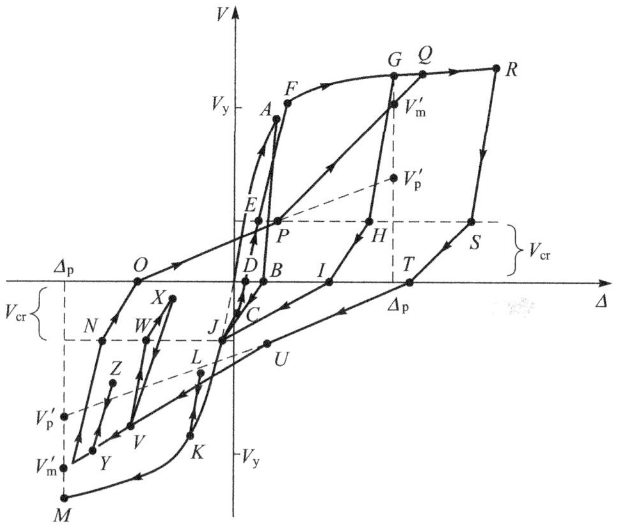

图 4.1.5　Ozcebe-Saatcioglu 剪切滞回模型

1) 卸载刚度和卸载规则

(1) 当开始卸载时的力不超过开裂荷载 V_{cr} 时,卸载曲线沿着骨架曲线。

(2) 如果一个方向的力超过了开裂荷载 V_{cr},但没有超过屈服荷载 V_y,卸载刚度 k 为

$$k = k_1 - \frac{\Delta - \Delta_{cr}}{\Delta_y - \Delta_{cr}}(k_1 - k_2) \tag{4.1.3}$$

式中,Δ_{cr} 为开裂位移;Δ_y 为屈服位移;Δ 为卸载开始时的位移;k_1 为开裂点与原点之间的斜率;k_2 为屈服点与反向开裂点之间的斜率。

(3) 如果一个方向的力超过了屈服荷载,则卸载至荷载 V_{cr} 时(如路径 GH、MN、RS、VW、YZ)的卸载刚度和荷载 V_{cr} 后(如路径 HI、NO、ST、WX)的卸载刚度分别为

$$k = k_2\left(1 - 0.05\frac{\Delta}{\Delta_y}\right) \tag{4.1.4}$$

$$k = 0.6k_2\left(1 - 0.07\frac{\Delta}{\Delta_y}\right) \tag{4.1.5}$$

2) 加载和再加载规则

(1) 初始加载时加载曲线沿着骨架曲线,荷载没超过开裂荷载时,加载和再加载曲线均沿着骨架曲线。

(2) 如果一个方向的加载荷载始终没超过开裂荷载，则再加载曲线仍然沿着骨架曲线，即使先前反向加载时的荷载已经超过了弹性变形范围(如路径 BJ、IJ)。

(3) 如果一个方向的加载荷载超过了开裂荷载 V_{cr}，则反向再加载时按通过点(Δ_p,V'_p)(如路径 DE、OP、TU)直线加载至 V_{cr}；反向再加载超过 V_{cr}后，按通过点(Δ_m,V'_m)(如路径 EF、PQ、UY)的直线加载至骨架曲线；加载至骨架曲线后，沿着骨架曲线加载至加载位移(如路径 FG、QR)。

$$V'_p=V_p e^{\alpha}\frac{\Delta_p}{\Delta_y} \tag{4.1.6}$$

$$\alpha=0.82\frac{N}{N_0}-0.14<0 \tag{4.1.7}$$

$$V'_m=e^{\beta n+\gamma(\Delta_m/\Delta_y)}V_m \tag{4.1.8}$$

$$\beta=-0.014\sqrt{\frac{\Delta_m}{\Delta_y}} \tag{4.1.9}$$

$$\gamma=-0.010\sqrt{n} \tag{4.1.10}$$

式中，Δ_p 为前一次加载峰值位移；V_p 为前一次加载峰值剪力；Δ_m 为最大位移；V_m 为最大位移时的剪力；N 为轴力；N_0 为轴心抗压承载力；参数 n 表示在一个方向按当前最大位移 Δ_m 加载时循环加载的次数，第一次从当前最大位移卸载时，n 取 1，其后每次加载至最大位移范围 $\Delta_m\pm\Delta_c$ 卸载时，n 值相应增加，当前的最大位移超过这个范围时，n 值重新取 1，当再加载的最大位移比这个范围小时，则不改变 n 值。

(4) 如果卸载时没有卸载至零荷载，则再加载路径按直线加载至先前加载时的峰值点(如路径 XV)。

Ozcebe-Saatcioglu 模型考虑了加载过程中试件刚度的退化和剪切变形引起的捏拢效应，但该模型实质上适用于弯剪破坏构件的模拟，即剪切破坏发生在试件屈服后，且该模型不能考虑轴力变化的影响。

4.1.2 等效塑性铰模型

强烈地震作用下，RC 桥墩或框架柱两端易进入塑性状态，形成塑性铰。Priestley 和 Park[9] 提出了试验等效塑性铰长度 L_p(以下均简称等效塑性铰长度)的概念，建立了墩柱塑性铰区截面曲率与墩顶侧向变形之间的关系。鉴于在截面层次的弯矩-曲率分析方法已较为成熟，因此，准确估计墩柱 L_p 成为计算其侧向变形能力的关键。

Priestley 和 Park[9] 提出的等效塑性铰长度 L_p 包含桥墩弯曲、剪切及纵筋拔出三种变形成分的影响，其简单实用，在 RC 桥墩弹塑性分析中被广泛采纳。我国

《公路桥梁抗震设计细则》(JTG/T B02-01—2008)[10]、美国 Caltrans 规范[11]、欧洲桥梁抗震规范(Eurocode8)[12]、日本 JRA 规范[13]均采用等效塑性铰模型计算桥墩的侧向变形能力。

1. 等效塑性铰模型介绍

等效塑性铰长度 L_p 的定义如图 4.1.6 所示，将图 4.1.6(a)中墩柱的实际曲率分布简化为图 4.1.6(b)所示的沿墩柱高度 L 线性分布的屈服曲率 φ_y 和等效塑性铰长度 L_p 内均匀分布的塑性曲率 φ_p，并假定墩柱塑性转动集中于等效塑性铰区内，则其总侧向变形 Δ 由屈服位移 Δ_y 和塑性位移 Δ_p 组成，可表达为

$$\Delta = \Delta_y + \Delta_p = \Delta_y + (\varphi - \varphi_y) L_p \left(L - \frac{L_p}{2}\right) \tag{4.1.11}$$

根据图 4.1.6(b)的曲率分布，不难推导出

$$\Delta_y = \frac{\varphi_y L^2}{3} \tag{4.1.12}$$

将式(4.1.11)等号两端同时除以 Δ_y，可得

$$\mu_\Delta = 1 + 3(\mu_\varphi - 1) \frac{L_p}{L}\left(1 - 0.5\frac{L_p}{L}\right) \tag{4.1.13}$$

式中，μ_Δ 为墩柱位移延性系数，且 $\mu_\Delta = \Delta/\Delta_y$；$\mu_\varphi$ 为墩柱塑性铰区截面曲率延性系数，$\mu_\varphi = \varphi/\varphi_y$，$\varphi$ 为塑性铰区截面曲率。

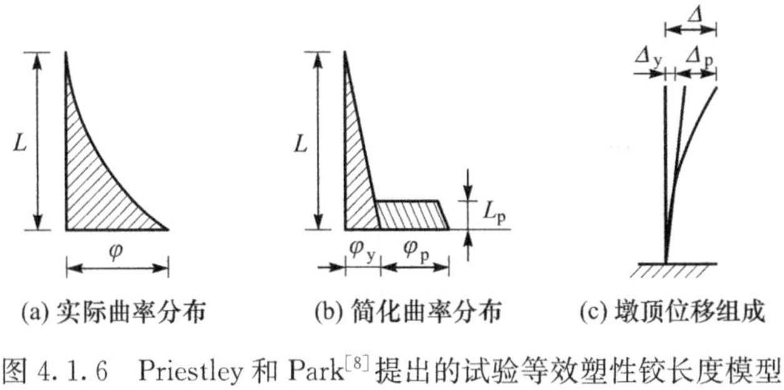

图 4.1.6　Priestley 和 Park[8]提出的试验等效塑性铰长度模型

等效塑性铰模型建立了墩柱塑性铰区截面曲率与墩顶侧向变形之间的关系，通过对墩柱截面的弯矩-曲率分析计算可得出截面的曲率值或曲率延性系数，由式(4.1.11)～式(4.1.13)可计算墩顶侧向变形 Δ 或位移延性系数 μ_Δ。

Priestley 和 Park[9]结合 20 个试件的试验结果，通过回归分析建议 L_p 的计算公式(简称 Priestley 公式)为

$$L_p = 0.08L + 6d_s \tag{4.1.14}$$

式中，d_s 为纵筋直径。等式右边第 1 项主要考虑墩柱弯曲变形；第 2 项主要考虑纵筋拔出的影响。

Paulay 和 Priestley[14]对式(4.1.14)进行了改进，考虑了不同纵筋强度对塑性铰长度的影响，改进后公式(简称 Paulay 公式)为

$$L_p = 0.08L + 0.022d_s f_y \tag{4.1.15}$$

式中，f_y 为纵筋屈服强度。

我国《公路桥梁抗震设计细则》(JTG/T B02-01—2008)[10]和美国 Caltrans 规范[11]规定的等效塑性铰长度公式均以式(4.1.15)为基础。

Zahn[15]结合试验，对 Paulay 公式在低轴压比下进行了折减，建议 L_p 的计算公式(简称 Zahn 公式)为

$$L_p = \begin{cases} (0.08L + 6d_s)\left(0.5 + 1.67\dfrac{N}{f_c' A_g}\right), & \dfrac{N}{f_c' A_g} < 0.3 \\ 0.08L + 6d_s, & \dfrac{N}{f_c' A_g} \geqslant 0.3 \end{cases} \tag{4.1.16}$$

式中，N 为轴力；f_c'为混凝土抗压强度；A_g 为墩柱截面积。

Telemachos 和 Michael[16]通过大量试验数据分析给出反复荷载作用下 RC 构件的 L_p 计算公式(简称 Telemachos 公式)：

$$L_p = 0.12L + 0.014\alpha d_s f_y \tag{4.1.17}$$

式中，α 根据是否考虑纵筋拔出分别取 1 和 0。

我国《公路桥梁抗震设计细则》(JTG/T B02-01—2008)[10]规定，L_p 取式(4.1.18)和式(4.1.19)计算结果的较小值：

$$L_p = 0.08L + 0.022d_s f_y \geqslant 0.044d_s f_y \tag{4.1.18}$$

$$L_p = \frac{2}{3}b \tag{4.1.19}$$

式中，b 为矩形截面桥墩的短边尺寸或圆形截面桥墩的直径。

欧洲桥梁抗震规范(Eurocode8)[12]规定的桥墩 L_p 为

$$L_p = 0.1L + 0.015d_s f_y \tag{4.1.20}$$

日本 JRA 规范[13]规定，桥墩 L_p 取式(4.1.21)和式(4.1.22)计算结果的较小值：

$$L_p = 0.2L - 0.1h \tag{4.1.21}$$

$$0.1h \leqslant L_p \leqslant 0.5h \tag{4.1.22}$$

式中，h 为加载方向的截面宽度；d_s 为圆形截面桥墩的直径。

2. 等效塑性铰长度计算公式的对比分析

为验证上述等效塑性铰长度计算公式的准确性并为发展新的等效塑性铰模型提供依据，孙治国等[17]整理了国内外完成的 154 根 RC 墩柱试验数据，包括 145 个

实心柱(100 个方形截面＋17 个矩形截面＋20 个圆形截面＋8 个八边形截面)和 9 个空心柱(4 个方形截面＋5 个圆形截面)。其中,纵筋直径 d_s 为 10～35mm,平均为 18.1mm;纵筋屈服强度 f_y 为 303～579MPa,平均为 447.5MPa;纵筋配筋率 ρ_t 为 0.75%～6.1%,平均为 2.37%;混凝土抗压强度 f'_c为 10.9～120MPa,平均为 59.5MPa;轴压比 η_k 为 0～0.77,平均为 0.34;剪跨比 λ 为 2.0～10.0,平均为 5.1;箍筋屈服强度 f_{yh}为 255～1000MPa,平均为 481MPa;体积配箍率 ρ_s 为 0.17%～8.7%,平均为 2.24%。数据涵盖了工程中桥墩和框架柱的实际情况,并顺应了当前钢筋和混凝土材料高强化的趋势,具有很好的代表性。

将其中 108 个墩柱等效塑性铰长度试验数据与各国规范公式及学者建议公式进行对比分析,图 4.1.7 为 RC 墩柱等效塑性铰长度试验值 $L_{p,exp}$与各公式计算值的比值随轴压比 η_k 的变化情况,图中给出了各比值的最大值(max)、最小值(min)、平均值(mean)、标准差(SD)和变异系数(CV)。强调一点,美国 Caltrans 规范、欧洲 Eurocode8 规范、日本 JRA 规范和我国《公路桥梁抗震设计细则》(JTG/T B02-01—2008)主要用等效塑性铰长度计算墩顶变形,因此 L_p 试验结果大于计算结果的程度反映了公式的保守性程度。

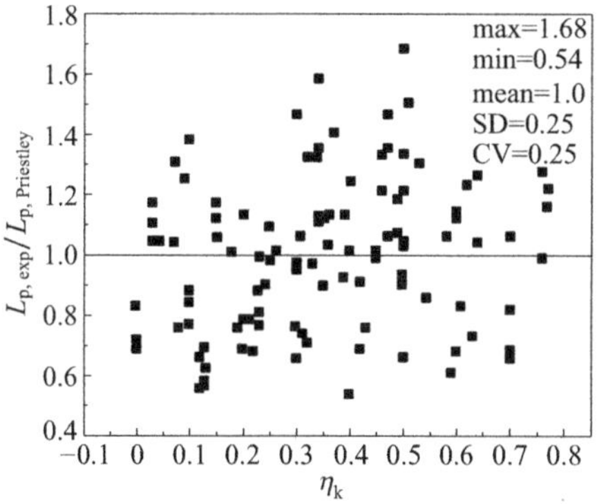

(a) Priestley公式

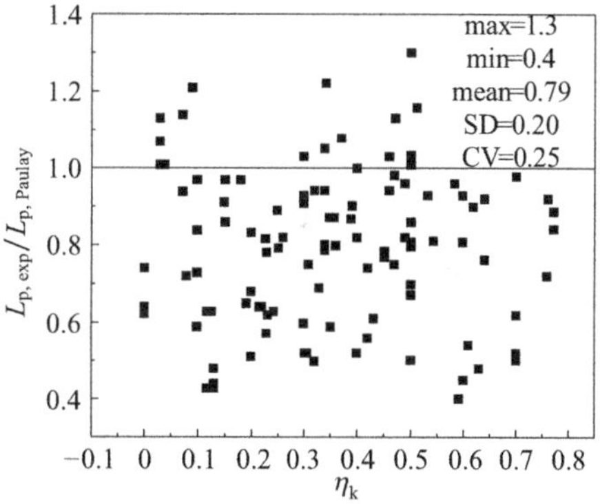

(b) Paulay公式

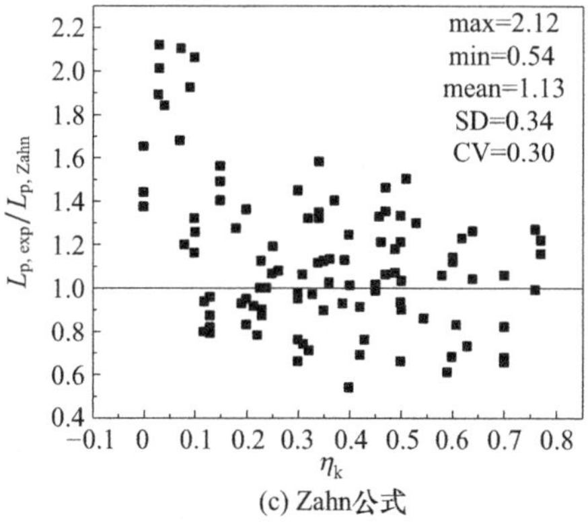

(c) Zahn公式

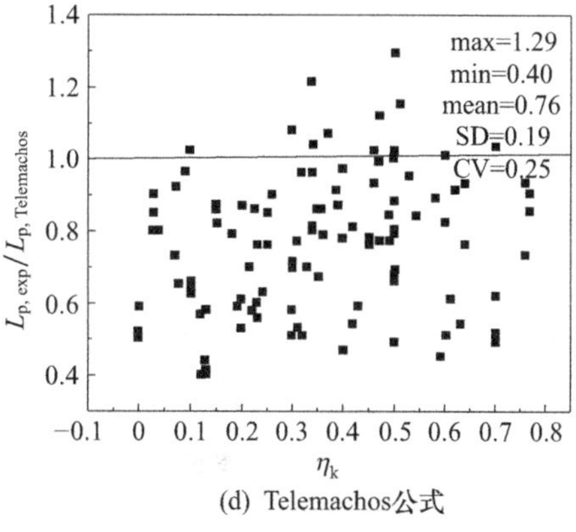

(d) Telemachos公式

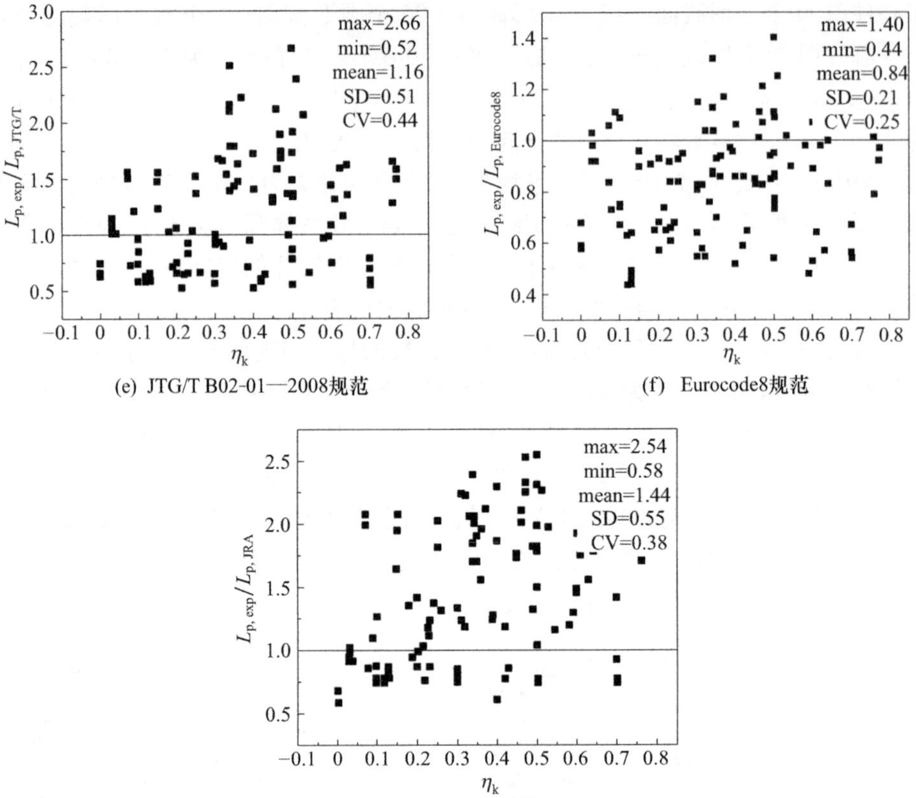

(e) JTG/T B02-01—2008规范　　(f) Eurocode8规范

(g) JRA规范

图 4.1.7　RC 墩柱等效塑性铰长度试验结果与计算结果的对比

图 4.1.7 表明，统计的 108 个试验数据中，试验等效塑性铰长度 $L_{p,exp}$ 与墩柱截面宽度 h 的比值最小为 0.29，最大为 1.27，平均值为 0.70，可以发现试验结果具有较大的波动范围，且试验结果与各公式相比也有较大的离散性。Priestley 公式计算结果与试验结果相比，在平均意义上相等（mean＝1.0）且具有较小的标准差和变异系数，略优于其他公式。Zahn 公式在 Priestley 公式的基础上发展而来，它在低轴压比下对塑性铰长度进行了折减，比 Priestley 公式偏于保守。试验结果与 Paulay 公式、Telemachos 公式和欧洲 Eurocode8 规范公式计算结果比较可知，总体上试验结果偏小。我国《公路桥梁抗震设计细则》（JTG/TB02-01—2008）规定的 L_p 值是在 Paulay 公式的基础上发展而来的，并通过桥墩截面尺寸对其进行了进一步的缩小，因此得到了较为保守的计算结果。相比之下，日本 JRA 规范最为保守，试验塑性铰长度平均为计算结果的 1.44 倍。

孙治国等[17]根据 108 根 RC 墩柱的试验结果对其等效塑性铰长度进行回归分析，并对46个墩柱试验结果进行验证，最终建议的等效塑性铰长度计算公式为

$$L_p = 0.1L - 0.165h + 7.32d_s \tag{4.1.23}$$

$$0.2h \leqslant L_p \leqslant 0.7h \tag{4.1.24}$$

图 4.1.8 为孙治国等[17]建议的等效塑性铰长度计算公式计算结果与试验结果对比。在计算精度上，孙治国公式与 Priestley 建议公式相当，在平均意义上与试验结果基本一致，且具有较小的标准差和变异系数，略优于其他公式。另外，孙治国等[17]建议公式适用于任意轴压比的墩柱构件，并适应当前钢筋和混凝土材料高强化的发展趋势。

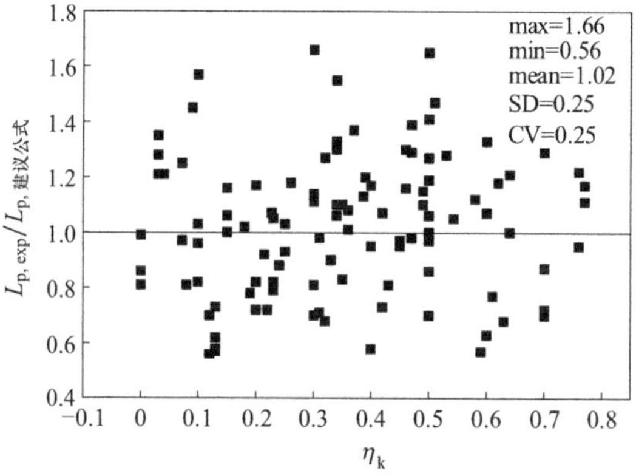

图 4.1.8　孙治国等[17]建议的等效塑性铰长度计算结果与试验结果对比

4.1.3　纤维梁柱单元模型

基于杆系结构的数值分析方法是目前应用最为广泛的 RC 结构非线性分析方法，包括单分量集中塑性模型[18]，可考虑杆件弹性、塑性、黏结滑移和剪切等变形成分的多分量集中塑性模型[19]，分段变刚度分布塑性模型，曲线分布柔度模型，以及基于有限单元法的杆系模型等[20]。

在杆系结构众多的分析模型中，基于有限单元法的梁柱单元被认为是适应求解问题类型最广、分析精度和分析效率综合性能较好的分析模型之一。有限单元模型可以与通常的截面恢复力模型(弯矩-曲率关系)结合，而将杆系有限单元模型与纤维模型结合，则构成了目前广泛应用的纤维梁柱单元模型。其中包括以假定的单元位移插值函数为出发点的刚度法模型和以单元截面力插值函数为出发点的柔度法模型[21]。

纤维梁柱单元模型以纤维模型获得截面上的力与变形关系，其主要思路是将分析截面离散化为若干根纤维，假定每根纤维处于单轴应力状态，同时整个截面采用平截面假定，并根据相应纤维材料的单轴应力-应变关系来计算整个截面的力与变形的非线性关系，如图 4.1.9 所示。

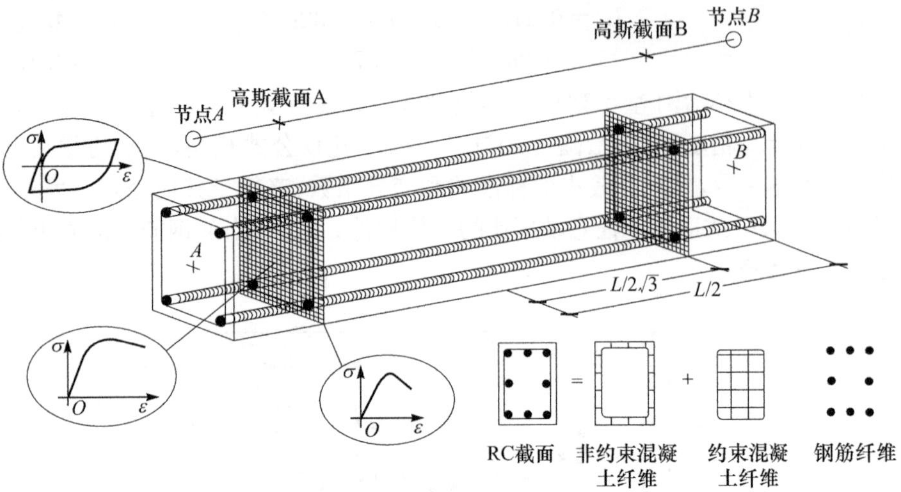

图 4.1.9　截面的纤维划分

纤维梁柱单元模型可有效考虑双向弯矩及与轴力的耦合。由于纤维材料应力-应变关系输入的便利性，该模型可考虑箍筋对核心混凝土的约束效应、混凝土的非线性强化及软化行为、纵筋在反复荷载下的包辛格效应及屈曲破坏等，可对弯曲破坏控制的 RC 结构滞回反应进行较为准确的模拟分析。

该模型计算效率高，具有很好的模拟精度，且方便利用 OpenSees、Perform3D、ZeusNL 等软件建模。用户仅需输入构件的几何尺寸及配筋情况、混凝土及钢筋材料的单轴应力-应变关系等简单信息。纤维梁柱单元模型已成为桥梁及建筑结构抗震分析的重要模型。

4.1.4　精细有限元模型

精细有限元模型的基本思路是将钢筋和混凝土分别建模，混凝土可采用二维平面单元模型或三维实体有限元模型，钢筋一般采用杆单元模拟，钢筋与混凝土之间可建立弹簧单元考虑两者间的黏结滑移。精细有限元模型可借助大型通用有限元软件 ANSYS、ABAQUS、DIANA 等完成，建模及后处理方便，可清晰地模拟混凝土局部的开裂及压碎等损伤破坏状态。当关注结构的局部损伤时，该模型具有明显的优势。

表 4.1.1 列出了部分研究者[22-36]给出的桥墩抗震分析精细有限元模型。其中，Delgado 等[22]基于 CAST3M 软件建立了剪切破坏的矩形截面空心墩三维精细有限元模型，其混凝土采用连续损伤模型，纵筋采用 Giuffrè-Menegotto-Pinto 模型。模拟的桥墩滞回曲线及与试验结果的对比如图 4.1.10 所示。由图可以看出，该模型模拟结果与试验结果吻合很好。Faria 等[23]针对矩形截面空心墩抗震分析建立的二维精细有限元模型也是基于 CAST3M 软件，该软件无论是对空心墩滞回曲线的模拟还是对其破坏形态的模拟，均取得了很好的效果。

表 4.1.1　桥墩抗震分析精细有限元模型

作者	模拟对象	模型类型	混凝土本构	纵筋本构	黏结滑移关系	软件
Delgado 等[22]	弯剪破坏的空心桥墩	三维	连续损伤力学模型，考虑受压和受拉损伤	Girffrè-Menegotto-Pinto 模型	不考虑黏结滑移	CAST3M
Sun 等[24]	弯剪破坏桥墩	三维	受压为 Mander 约束混凝土本构，不考虑受压软化；受拉为弥散式裂缝模型	考虑包辛格效应	理想弹塑性黏结滑移	ANSYS
Kwan 和 Billington[25]	弯曲或剪切破坏的桥墩，配有竖向预应力筋的桥墩等	二维	受压为 Mander 约束混凝土本构，受拉为弥散式转角裂缝模型	考虑包辛格效应	不考虑黏结滑移	DIANA
Lampropoulos 和 Dritsos[26]	混凝土增大截面法加固的墩柱	三维	考虑受压和受拉软化	双线性强化模型	弹性黏结滑移	ATENA
Faria 等[23]	弯曲或剪切破坏控制的矩形空心桥墩	二维	连续损伤力学模型，考虑混凝土的约束效应	Girffrè-Menegotto-Pinto 模型	不考虑黏结滑移	CAST3M
Ou 等[27]	预制拼装 RC 空心桥墩	三维	塑性损伤模型，Mander 非约束混凝土应力-应变关系	普通钢筋及耗能钢筋均考虑了硬化	不考虑普通纵筋与混凝土间黏结滑移	ABAQUS
Wang 等[28]	预制拼装 RC 空心桥墩	二维	塑性损伤模型，Mander 非约束混凝土应力-应变关系	双线性模型	不考虑普通纵筋与混凝土间黏结滑移	ABAQUS
El-Bahey 和 Bruneau[29]	BRB 加固的双柱墩	三维	塑性损伤模型	非线性等向强化模型	不考虑普通纵筋与混凝土间黏结滑移	ABAQUS
王丕光等[30]	弯扭耦合作用下的桥墩	三维	塑性损伤模型	理想弹塑性模型	不考虑钢筋与混凝土间的黏结滑移	ABAQUS
董振华等[31]	双向压弯下的空心墩	三维	塑性损伤模型	各向同性线性强化模型	不考虑钢筋与混凝土间的黏结滑移	ABAQUS

基于弯剪失效模式的 RC 桥墩拟静力试验结果[23]，考虑纵筋与混凝土间的黏结滑移，采用 ANSYS 中的 Solid65 单元和 Link8 单元模拟钢筋和混凝土，数值分析了不同参数对 RC 桥墩滞回性能的影响规律。研究结果表明：混凝土开裂后剪

力传递系数取值越大,RC 桥墩抗剪承载力越高,但影响不明显;混凝土本构模型中下降段对计算收敛性有重要影响;钢筋包辛格效应及其与混凝土的黏结滑移是造成滞回曲线中“捏拢”现象的主要原因,而且黏结滑移降低了桥墩侧向承载力。模拟结果和试验值如图 4.1.11 所示。

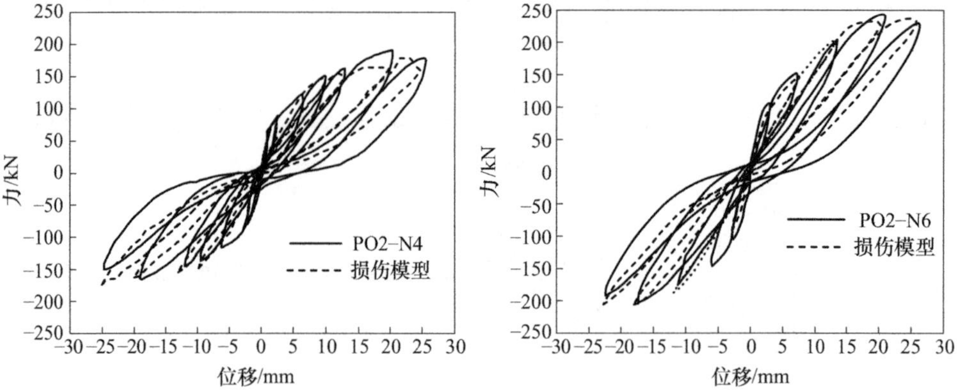

图 4.1.10　CAST3M 软件模拟的矩形空心桥墩滞回曲线

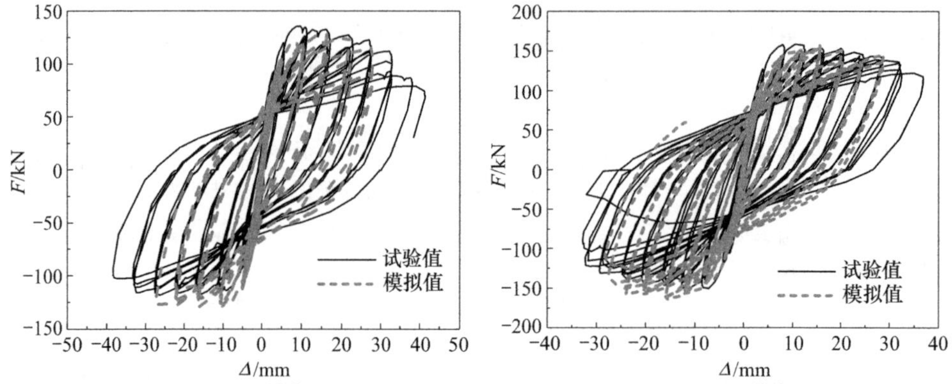

(a) A1试件　　(b) A2试件

图 4.1.11　ANSYS 模拟的桥墩滞回曲线

4.2　复杂受力下桥墩分析模型

4.2.1　弯剪耦合分析模型

前已论及,纤维梁柱单元模型在模拟弯曲破坏控制的 RC 构件时取得了很好的精度,但对剪切及弯剪破坏控制的结构则无能为力。为解决上述问题,近年来国内外学者在纤维梁柱单元模型的基础上,发展了多种考虑构件剪切行为的模拟方法。本节重点阐述 Lee 与 Elnashai 基于 ZeusNL 软件建立的弯剪耦合模型(Lee-Elnashai 模型)[32]、Xu 与 Zhang 基于 ABAQUS 软件建立的弯剪耦合模型(Xu-Zhang 模型)[33,34],LeBorgne 与 Ghannoum 基于 OpenSees 平台建立的弯剪耦合模型(LeBorgne-Ghannoum 模型)[35,36],以及 Elwood 提出的弯剪耦合模型(Elwood 模型)[37]。

各模型的主要思路均是以剪切弹簧单元模拟非线性剪切变形,并与基于纤维梁柱单元模拟的弯曲变形串联,以此考虑结构的弯剪耦合反应。在剪切弹簧的剪力-剪切位移关系计算及剪切滞回规则的确定中,剪切破坏前后弯曲与剪切变形间的耦合方法是其中的关键。对剪力-剪切位移关系骨架曲线的计算,MCFT 可在截面层次同时考虑构件的弯-剪-轴力耦合效应以及钢筋和混凝土的非线性应力-应变关系,MCFT 模型准确度高[38]。

需要说明的是,RC 构件的弯剪耦合模拟是一个极为复杂的问题。仅以墩顶承受固定轴力和侧向荷载的悬臂式结构而言,尽管桥墩各截面上的剪力和轴力固定,但由于弯矩分布的不同,不同截面上的弯矩-转角关系及剪力-剪切应变关系均不同。考虑到墩底是破坏的主要区域,非线性剪切破坏主要在此区域发生,因此大多数弯剪耦合模型中都是将剪切弹簧单元置于墩底,采用此方法可较好地模拟墩柱的侧向变形沿墩高的分布。

1. Lee-Elnashai 模型

Lee-Elnashai 模型是 Lee 与 Elnashai[32]基于 ZeusNL 软件建立的考虑桥墩弯曲与剪切反应的弯剪耦合模型。该模型如图 4.2.1 所示,以纤维梁柱单元模拟墩柱的弯曲变形,以剪切弹簧单元模拟非线性剪切变形,两单元串联,共同考虑墩柱的弯剪耦合效应。剪切弹簧单元的骨架曲线以 MCFT 计算[38],并采用 Ozcebe 和 Saatcioglu[7]建议的剪切滞回规则。

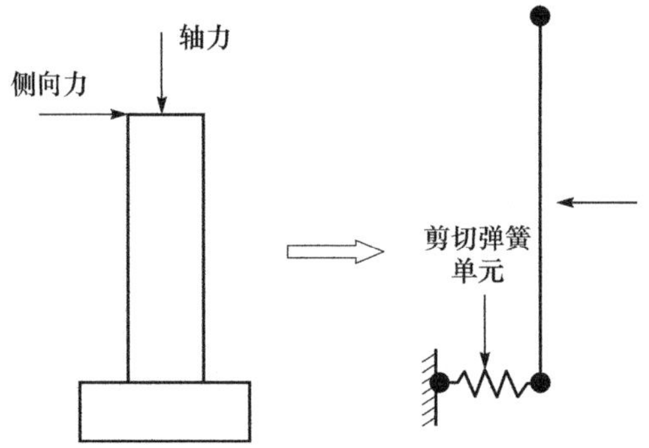

图 4.2.1　Lee 与 Elnashai[32]提出的桥墩弯剪耦合模型

孙治国等[39]注意到,该模型的一个不足在于,模型采用纤维梁柱单元与剪切弹簧单元极限荷载的较小值作为整个试件的极限荷载,而且桥墩非线性变形主要发生在构件屈服及严重破坏阶段。因此,该模型要求对构件的破坏模式及抗弯与抗剪承载力做出准确的判断,这是弯曲与剪切变形有效耦合的前提和基础。孙治国等[39]基于试件剪切与弯曲变形的比值关系进一步提出了 RC 桥墩弯剪破坏模式的判别准则,并在此基础上针对桥墩不同的破坏模式提出了相应的弯剪变形耦合建模策略,以合理考虑试件的弯曲与剪切变形及相互间的耦合问题。

图 4.2.2 为不同破坏模式下 RC 桥墩在极限承载力 V_{ms} 下的剪切变形 Δ_{ms} 与弯曲变形 Δ_{mf} 的比值 λ 的分布情况,可以看出,除个别试件外,不同破坏模式下剪切变形与弯曲变形的比值分布范围明显不同。弯曲破坏桥墩试件的 λ 基本在 0.01～0.2,弯剪破坏桥墩试件的 λ 基本在 0.2～1.5,当 $\lambda>1.5$ 时,试件基本发生剪切破坏。因此,可分别以 $\lambda=0.2$ 和 1.5 作为 RC 桥墩弯曲破坏与弯剪破坏、弯剪破坏与剪切破坏的判别标准。

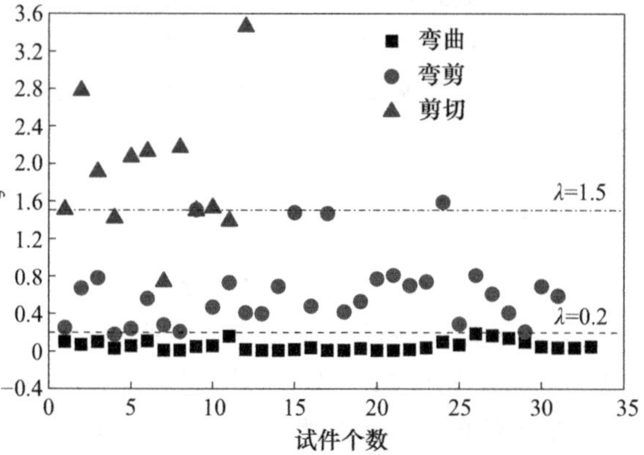

图 4.2.2　不同破坏模式下 RC 桥墩在极限承载力下的剪切变形与弯曲变形的比值的分布

在建立 RC 桥墩弯剪破坏模式判别准则的基础上,孙治国等[39]提出了桥墩弯剪数值分析的改进模型,其建模过程详细叙述如下:

(1) 基于 MCFT 完成 RC 桥墩受力全过程的分析,并计算桥墩至极限荷载阶段的剪力-剪切位移关系,得到试件的极限承载力 V_{ms} 和对应的剪切变形 Δ_{ms}。

(2) 建立 RC 桥墩受力分析的纤维梁柱单元模型,施加侧向荷载 V_{ms},计算荷载 V_{ms} 下的弯曲变形 Δ_{mf};完成试件受力全过程的分析,并得到桥墩的极限抗弯承载力 V_{mf}。

(3) 计算 Δ_{ms} 与 Δ_{mf} 的比值 λ。

根据 ξ 的大小判断桥墩试件可能的破坏模式及剪力-剪切位移骨架曲线的采用方式,各破坏模式下剪力-剪切位移骨架曲线自零点至(Δ_{ms},V_{ms})仍依据 MCFT

计算，并最终取为四折线形式，且达到极限荷载后做水平处理。不同破坏模式下骨架曲线的极限荷载取值方法不同，图 4.2.3 给出了不同破坏模式下桥墩剪力-剪切位移骨架曲线的选取方法，同时给出了基于纤维梁柱单元模型计算的剪力-弯曲变形曲线。关于图 4.2.3 详细说明如下。

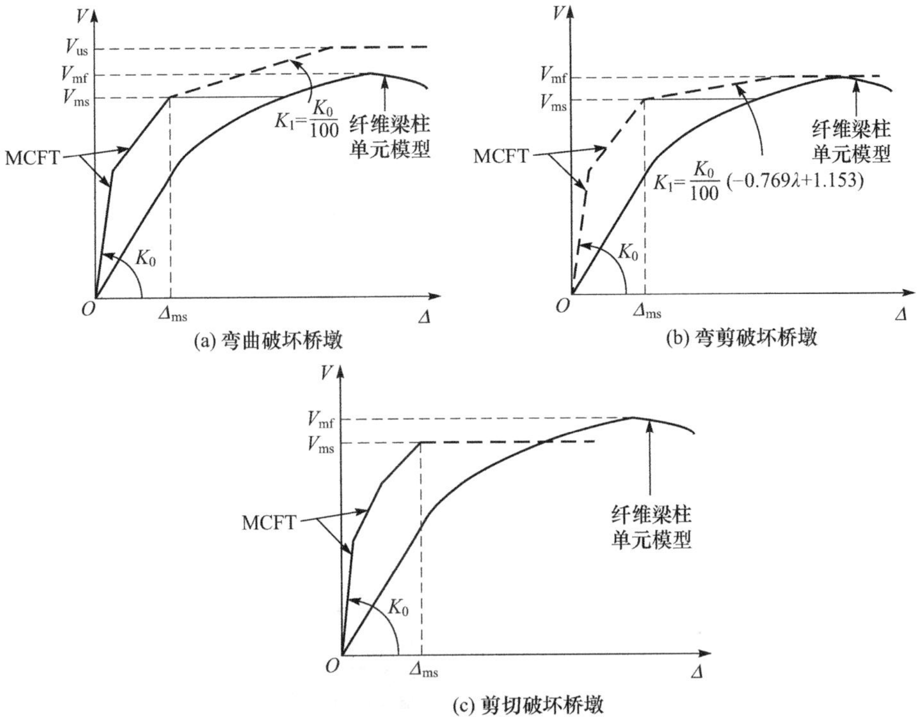

图 4.2.3　不同破坏模式下桥墩的剪力-剪切位移骨架曲线及剪力-弯曲变形曲线

(1) 当 $\xi<0.2$ 时，试件为弯曲破坏，将 MCFT 计算的剪力-剪切位移关系简化为双线性模式，极限荷载 V_{ms} 后的刚度取初始刚度 K_0 的 1/100，且保证剪力-剪切位移骨架曲线的极限荷载 V_{us} 大于纤维梁柱单元模型计算的极限抗弯承载力 V_{mf}。按此建模策略，桥墩模型可达到的最大侧向承载力为 V_{mf}，即试件反应由纤维梁柱单元控制，剪切弹簧单元无法达到极限荷载 V_{us}。桥墩以弯曲变形为主，剪切变形所占比例很小，具体建模策略如图 4.2.3(a)所示。

(2) 当 $0.2\leqslant\xi<1.5$ 时，试件为弯剪破坏，MCFT 计算的剪力-剪切位移关系简化为双线性模式，剪力-剪切位移骨架曲线的极限荷载由纤维梁柱单元模型计算的极限抗弯承载力 V_{mf} 确定，MCFT 计算的极限荷载 V_{ms} 后的刚度 K_1 与初始刚度的关系取为

$$K_1=\frac{K_0}{100}(-0.769\lambda+1.153) \tag{4.2.1}$$

式(4.2.1)的物理意义在于,根据剪切变形与弯曲变形比值λ的不同确定荷载V_{ms}后的刚度,以合理考虑弯曲变形与剪切变形成分间的耦合。当$\lambda=0.2$时,$K_1=0.01K_0$,与弯曲破坏试件相同;当$\lambda=1.5$时,$K_1=0$,与剪切破坏试件相同,其间按线性差值考虑。按此建模策略,纤维梁柱单元与剪切弹簧单元都可以达到极限荷载V_{mf},此时构件变形成分中弯曲与剪切所占比例取决于λ,即λ值越大,K_1越小,最终模型中剪切变形所占比例越大,具体建模策略如图4.2.3(b)所示。

(3) 当$\lambda\geqslant1.5$时,试件为剪切破坏模式,此时剪力-剪切位移骨架曲线直接按照MCFT确定,极限荷载为MCFT计算的极限荷载V_{ms}。按此建模策略,由于$V_{ms}<V_{mf}$,纤维梁柱单元模型将达不到极限抗弯承载力,桥墩反应由剪切弹簧单元控制。此时构件变形将以剪切变形为主,弯曲变形所占比例较小,具体建模策略如图4.2.3(c)所示。

为验证建议模型的准确性,以Ghee等[40]完成的发生剪切破坏的22号桥墩试件为依据,对试件滞回曲线进行模拟并与试验结果进行对比,同时增加基于纤维梁柱单元模型的分析结果作为对比,如图4.2.4所示。可以看出,改进模型较好地模拟了试件滞回曲线,试件极限荷载、加卸载刚度等均与试验结果有较好的吻合,验证了建议模型的准确性,但需注意,该模型未考虑桥墩纵筋在底座中变形拔出的影响。

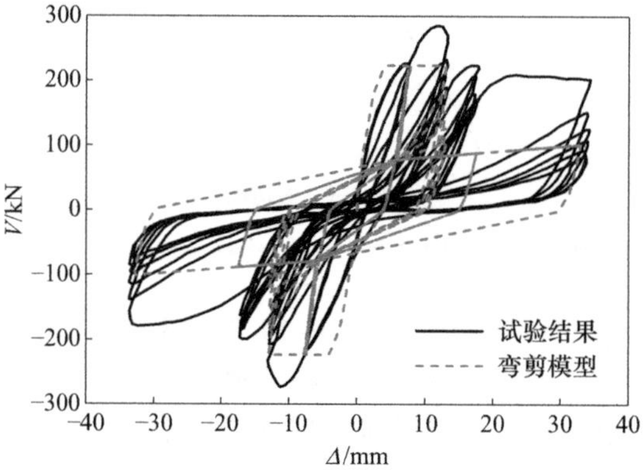

图4.2.4　模拟滞回曲线及与试验结果的对比($\lambda=2.17$)

2. Xu-Zhang模型

Xu-Zhang模型是Xu和Zhang[33,34]基于ABAQUS软件开发的RC墩柱的弯剪耦合模型,其思路与Lee-Elnashai模型有较大的相似之处,都是通过MCFT计算剪力-剪切位移关系,通过与模拟弯曲变形的单元耦合考虑桥墩的弯剪反应,其剪力-剪切位移滞回规则仍借鉴Ozcebe-Saatcioglu模型。所不同的是,Xu-Zhang

模型对弯曲变形的考虑未采用纤维梁柱单元，而是通过 MCFT 计算得到的各截面弯矩-曲率关系转化为弯矩-转角关系来定义构件弯曲变形的骨架曲线，且弯曲变形滞回规则仍借鉴 Ozcebe-Saatcioglu 模型。由于弯曲变形的模拟是基于弯矩-转角骨架曲线，可通过墩底的弹簧单元模拟，墩身部分以刚性柱模拟，该模型总体上属于集中塑性模型，没有考虑纵筋拔出变形成分。

3. LeBorgne-Ghannoum 模型

LeBorgne-Ghannoum 模型是 LeBorgne 与 Ghannoum 基于 OpenSees 平台建立的 RC 墩柱的弯剪数值分析模型[35,36]。在该模型中，RC 桥墩总侧向位移可分解为受弯反应和受剪反应之和。受弯反应代表桥墩弯曲变形和锚固纵筋在底座中的拔出变形，在数值模型中用纤维梁柱单元和零长度转动弹簧单元模拟；受剪反应代表柱的剪切变形，在模型中采用零长度剪切弹簧单元模拟。数值模型中受弯与受剪反应保持串联关系，承受共同的侧向荷载，如图 4.2.5 所示。

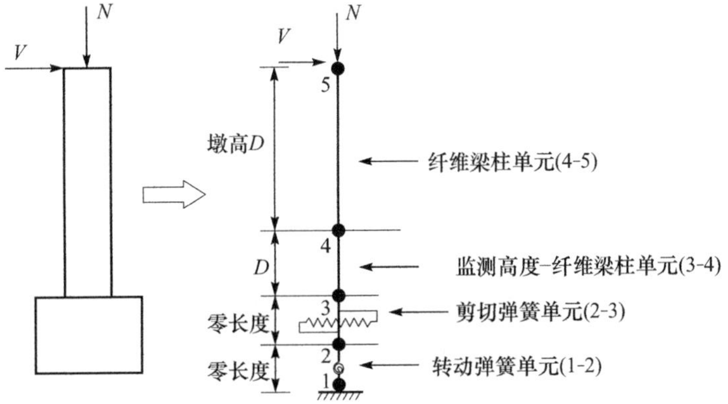

图 4.2.5 LeBorgne 与 Ghannoum 提出的桥墩弯剪数值分析模型[35,36]

图 4.2.6 给出了桥墩在地震作用下的两种变形成分及耦合机理。两种反应中，由弱者主导桥墩的总反应。对于弯曲破坏桥墩，弯曲反应对应的极限荷载小于试件抗剪强度(对应抗剪曲线 1)，试件总变形始终以弯曲为主，可获得如图 4.2.6(c)

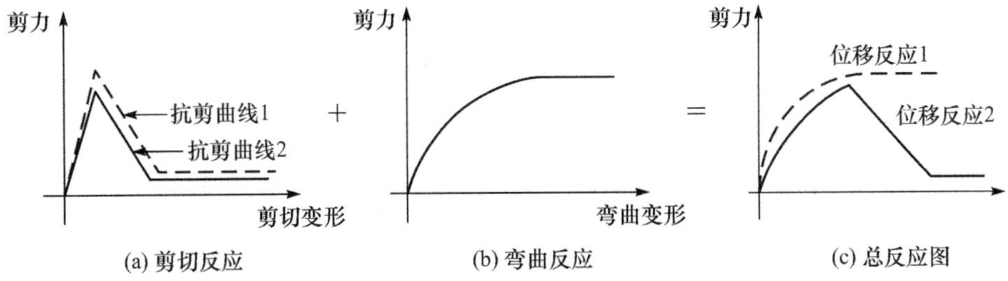

图 4.2.6 桥墩在地震作用下的变形成分及耦合机理

中位移反应 1 所示的荷载-变形曲线。对于剪切破坏的桥墩试件，抗剪曲线 2 对应的极限荷载小于抗弯反应对应的极限荷载。在剪切破坏前，受弯反应主导着柱的受力性能，受剪反应保持与受弯反应相同的剪力且处于弹性状态。剪切破坏后，试件总变形以剪切为主，可获得如图 4.2.6(c)中位移反应 2 所示的荷载-变形曲线。

桥墩在剪切破坏之前，弯曲反应主导墩柱的受力状态。当桥墩的抗剪能力低于抗弯能力时，受力状态转为剪切控制。分析模型中需要定义一个破坏面以界定剪切破坏发生的时刻，桥墩变形达到剪切破坏面前，纤维梁柱单元主导试件变形；达到剪切破坏面后，零长度剪切弹簧单元主导试件变形。LeBorgne 与 Ghannoum 等的研究均表明，以桥墩塑性铰区转角来定义试件剪切破坏时刻具有非常高的精度[35,36]，因此，如果能够对桥墩剪切破坏时刻的塑性铰区转角进行准确的估计，便可以通过数值分析手段对此类构件的抗震性能进行准确的模拟。

Ghannoum 和 Moehle[36]基于 56 个弯剪破坏矩形截面墩柱进行回归分析，建议了如下矩形截面墩柱剪切破坏时刻的 θ_f 计算公式：

$$\theta_f = 0.044 - 0.017\frac{s}{d} - 0.021\eta - 0.024\frac{V_1}{\sqrt{f_c'}} \geqslant 0.009 \tag{4.2.2}$$

式中，s 为箍筋间距；d 为自截面受压边缘至最外侧受拉纵筋中心之间的距离；η 为轴压比；f_c'为混凝土抗压强度；V_1 为截面剪应力，

$$V_1 = \frac{V_2}{bd} \tag{4.2.3}$$

V_2 为墩柱承受剪力；b 为垂直加载方向的截面宽度。

LeBorgne 和 Ghannoum[35]建议对矩形截面墩柱采用如下回归公式：

$$\theta_f = 0.027 - 0.01\frac{s}{d} - 0.033\eta \geqslant 0.006 \tag{4.2.4}$$

孙治国等[41]基于收集到的 36 根弯剪及剪切破坏 RC 墩柱试验结果，提出了如下剪切破坏时刻塑性铰区转角的计算公式：

$$\theta_f = 0.011 - 0.02\eta - 0.04\frac{s}{D_c} + 0.01\lambda + 0.022\frac{\rho_s f_{yt}}{f_c'} \tag{4.2.5}$$

式中，D_c 为截面核心尺寸；λ 为剪跨比；f_{yt}为抗剪箍筋屈服强度；ρ_s 为配箍率。

赋予图 4.2.5 中剪切弹簧单元荷载-位移骨架曲线及滞回规则，图 4.2.7 为剪切弹簧单元的骨架曲线，假定剪切破坏前剪切弹簧单元刚度始终为弹性。当数值模型中监测到塑性铰区转角达到定义的极限转角 θ_f 时，剪切弹簧单元便达到剪切破坏点(Δ_{sf},V_{sf})，其中 Δ_{sf}、V_{sf}为纤维模型塑性铰区转角达到 θ_f 时对应的剪切变形和承载力。到达剪切破坏点后，桥墩的受力性能开始由弯曲控制转为剪切控制，剪切弹簧单元的强度开始按照退化斜率 K_{deg}退化至残余抗剪强度 V_r。

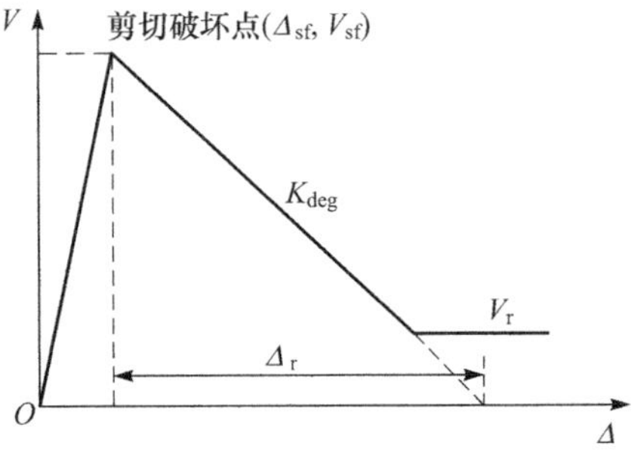

图 4.2.7 剪切弹簧单元骨架曲线

图 4.2.8 为孙治国等[41]采用 LeBorgne-Ghannoum 模型模拟得到的剪切破坏试件滞回曲线及与试验结果的对比。可以看出，模拟得到的滞回曲线和试验结果吻合良好，特别值得注意的是，模型很好地模拟了位移循环引起的强度和刚度退化情况。

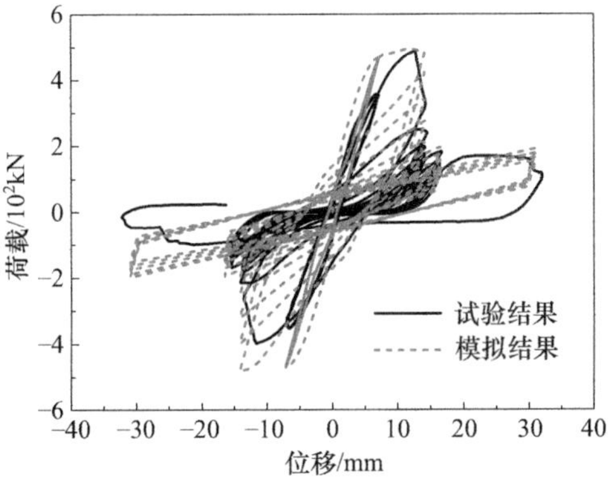

图 4.2.8 孙治国等[41]采用 LeBorgne-Ghannoum 模型模拟的结果与试验结果对比

4. Elwood 模型

同 LeBorgne-Ghannoum 模型类似，Elwood 模型[37]也是采用破坏面的概念定义数值模型中墩柱破坏的发生时刻。所不同的是，Elwood 模型的破坏面是以墩顶位移角定义的。他们基于试验结果的统计分析建立了 RC 柱弯剪及后继发生轴压破坏时的变形能力经验公式。

剪切破坏对应的变形为

$$\frac{\Delta_s}{L}=\frac{3}{100}+4\rho_s-\frac{1}{40}\frac{V_n}{\sqrt{f'_c}}-\frac{1}{40}\frac{N}{A_g f'_c}\geqslant\frac{1}{100} \tag{4.2.6}$$

式中，Δ_s/L 为墩柱剪切破坏时对应的位移角；ρ_s 为配箍率；V_n 为名义剪切应力；f'_c为混凝土抗压强度；N 为轴力；A_g 为截面积。

轴压破坏对应的变形为

$$\left(\frac{\Delta}{L}\right)_{\text{axial}}=\frac{4}{100}\frac{1+\tan^2\theta_{\text{d}}}{\tan\theta_{\text{d}}+P[s/(A_{\text{st}}f_{\text{yt}}d_{\text{c}}\tan\theta_{\text{d}})]} \tag{4.2.7}$$

式中，d_c 为截面核心厚度；s 为箍筋间距；A_{st}、f_{yt} 分别代表箍筋截面面积和屈服强度；θ_d 为剪切破坏面的倾角。

以柱剪切及轴压破坏时对应的变形为基础，Elwood 定义了数值模型中剪切及轴压破坏的失效面，基于 OpenSees 数值分析平台，利用纤维梁柱单元和剪切弹簧单元耦合，建立了专门针对弯剪及轴压失效破坏 RC 框架柱滞回分析模型。需要说明的是，由于所用弹簧单元引入了柱剪切及轴压破坏的失效准则，相对于已有的弯剪数值分析模型，采用 Elwood 模型模拟弯剪破坏 RC 柱在倒塌阶段的反应具有很好的精度。

4.2.2 桥墩压弯扭模型

目前对 RC 桥墩在弯剪扭复合作用下抗震性能的研究很少，Tirasit 等[42,43]、Otsuka 等[44]、Belarbi 等[45,46]对矩形和圆形截面 RC 桥墩的抗震性能进行了试验研究，分析了箍筋间距等参数对其抗震性能的影响，揭示了 RC 桥墩的破坏模式和变形特性，并给出了其非线性扭转滞回性能预测模型。本节针对圆形 RC 桥墩在压弯扭复合作用下的性能进行试验研究，并根据试验结果建立其恢复力模型。

1. 试验研究[47]

1）试验方案

试验基于我国常见的 RC 圆形桥墩及其截面横向钢筋构造进行，模型和实际桥墩截面尺寸比为 1/3，原型桥墩、试验桥墩的截面尺寸分别为 1.2m 和 0.40m，桥墩的计算高度分别为 4.8m 和 1.60m。弯扭耦合试件特性如表 4.2.1 所示。图 4.2.9 为试验桥墩尺寸及配筋情况，所有试件均采用螺旋箍筋。

表 4.2.1 弯扭耦合试件特性

试件编号	扭弯比	轴压比	配筋率/%	箍筋间距/mm
S1	0	0.1	0.015	50
S2	∞	0.1	0.015	50
S3	0.5	0.1	0.015	50
S4	2	0.1	0.015	50
S5	4	0.1	0.015	50
S6	1	0.2	0.015	50
S7	1	0.2	0.022	50

续表

试件编号	扭弯比	轴压比	配筋率/%	箍筋间距/mm
S8	1	0.2	0.011	50
S9	1	0.2	0.015	40
S10	1	0.2	0.015	60
S11	4	0.1	0.015	50
S12	4	0.1	0.015	50

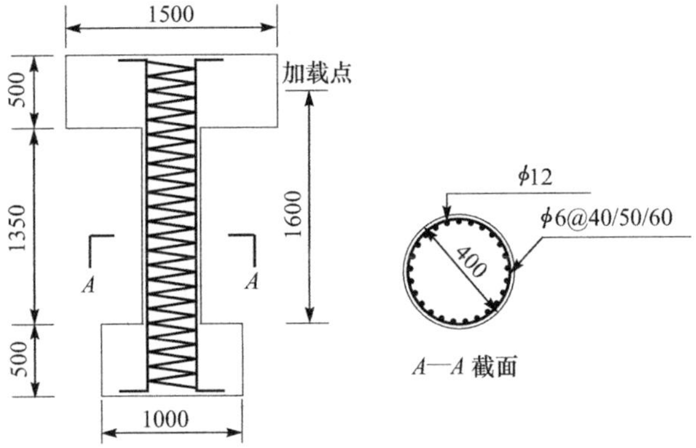

图 4.2.9　试件尺寸及配筋(单位:mm)

试件加载装置如图 4.2.10 所示,同一个方向采用两个规格相同的作动器(出力±500kN,行程±200mm),并在每个水平作动器对应的中心位置布置滑动式位移传感器。竖向轴压荷载由倒挂的 100t 液压千斤顶通过球面铰传递给墩顶,加载过程中根据轴压比施加恒定的轴力 230kN 或 460kN。试件基座通过螺栓固定在地梁上,限制墩底端的移动,以模拟墩底的刚性连接。

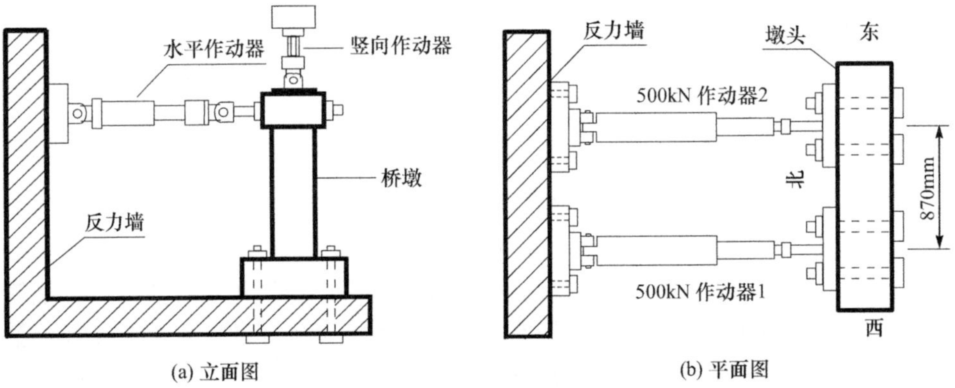

图 4.2.10　试件加载装置

试验过程中采用位移控制，弯曲荷载和扭转荷载分别通过侧向位移和扭转角施加，加载制度如图 4.2.11 所示。弯曲作用和弯扭复合作用通过图 4.2.10 所示的两个水平作动器产生，纯弯曲作用通过两个水平作动器施加相同的侧向位移产生，纯扭转作用通过两个作动器施加大小相同但方向相反的位移产生，而弯扭复合作用通过两个作动器施加不同大小的位移产生。

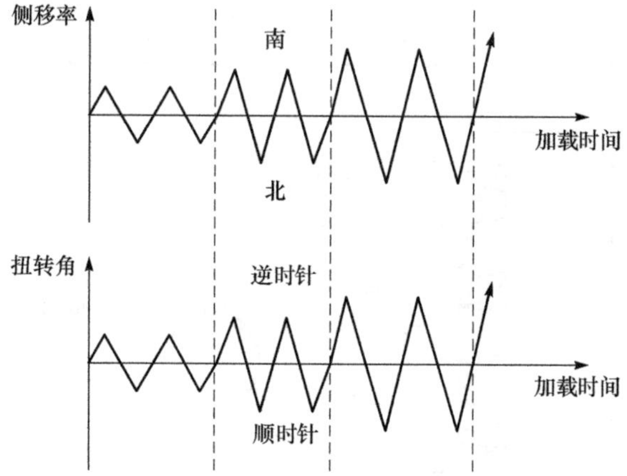

图 4.2.11　加载制度

为了控制弯扭复合作用的水平，采用 Tirasit 和 Kawashima[43] 定义的无量纲参数转角-侧移率(rotation-drift ratio)r，称为扭弯比。

$$r=\frac{\theta_T}{\Delta} \tag{4.2.8}$$

式中，θ_T 为桥墩扭转角，rad；Δ 为桥墩水平方向的侧移率。

2）试验结果

随扭弯比的增大，试件逐渐由弯曲破坏变为以扭转破坏为主，$r=0.5$ 和 1 时以弯曲破坏为主，$r=2$ 和 4 时以扭转破坏为主；试件破坏区域的长度随扭弯比的增大而增大，S1 试件破坏区域的长度为 200mm，S3 为 250mm，S4 为 300mm，S5 为 400mm，S2 为 500mm，即桥墩的变形特征和失效模式发生了改变，损伤破坏区域要高于弯曲塑性铰长度区域。图 4.2.12 为不同扭弯比作用下桥墩的破坏区域。

RC 桥墩潜在塑性铰区域配置足够的横向箍筋，可以约束核心混凝土以提高其抗压强度和延性，提高墩柱抗剪强度并防止纵向钢筋大应变时的屈曲破坏。各国现行规范都对延性桥墩塑性铰区箍筋加密区高度做了明确规定，但是这些箍筋加密区高度的规定主要考虑弯曲作用的影响，并没有考虑扭转作用对塑性铰区箍筋加密区高度的影响。一般来说，桥墩在地震作用下实际破坏区域长度要在规定箍筋加密区长度范围内，按照《公路桥梁抗震设计细则》(JTG/T B02-01—2008)[10]计算得到试验桥墩模型在弯曲作用下箍筋加密区长度应为截面宽度(400mm)，试验

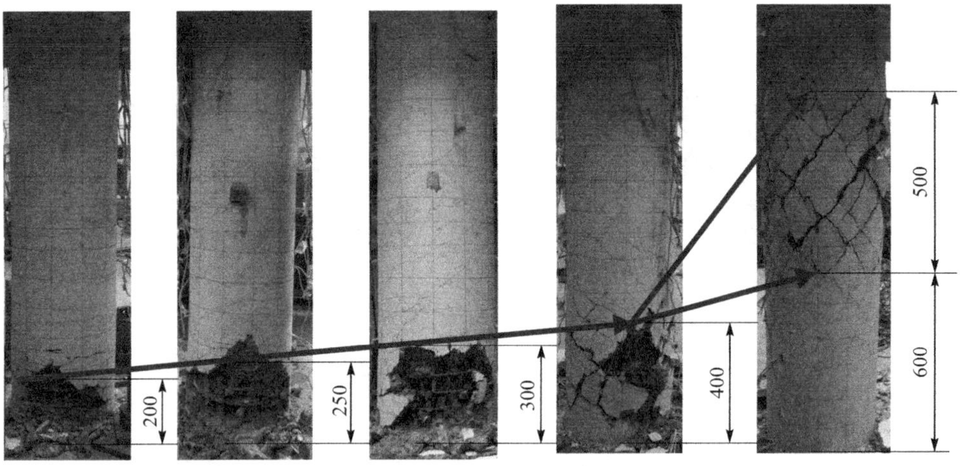

图 4.2.12　不同扭弯比作用下桥墩的破坏区域(单位:mm)

过程中桥墩在单向弯曲加载下破坏区域长度为 200mm,远小于规范规定值。当 $r=4$ 时,试验桥墩的破坏区域长度为 400mm,比在弯曲加载时破坏区域的长度高了一倍。因此,建议对于在地震作用下可能受到弯扭复合作用的桥墩,其塑性铰区的长度可适当提高 0.5～1 倍。

试件 S1、S2 和 S3 的滞回曲线分别如图 4.2.13～图 4.2.15 所示;试件 S1～S5 的骨架曲线如图 4.2.16 所示。可以看出,仅有弯曲作用时,桥墩的峰值荷载最大,并且正反两个方向荷载及位移规律较为对称;随着扭弯比的增大,正反两个方向的峰值荷载都随之减小,并且反向荷载降低的程度要比正向大,这主要是由于此时螺旋箍筋反向旋转,试件抗扭强度减弱,扭转破坏加剧,影响了抗弯强度,且此时螺旋箍筋反向旋转也减弱了对核心混凝土的约束作用。同样,随着扭弯比的减小,桥墩的抗扭承载力降低;由于螺旋箍筋的"解锁"作用,在相同转角的情况下,正向的抗扭承载能力比反向的要大。

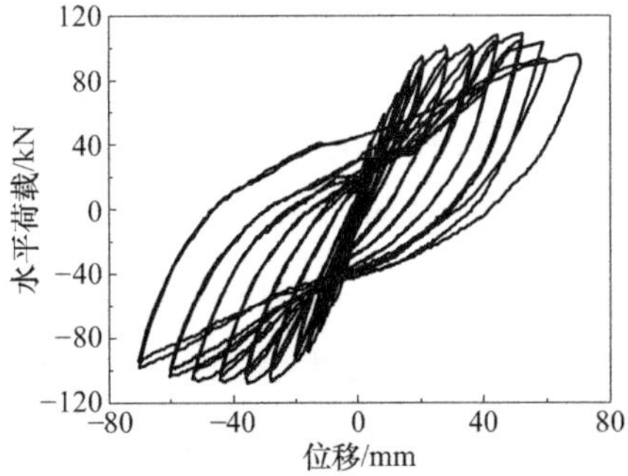

图 4.2.13　S1 弯曲滞回曲线

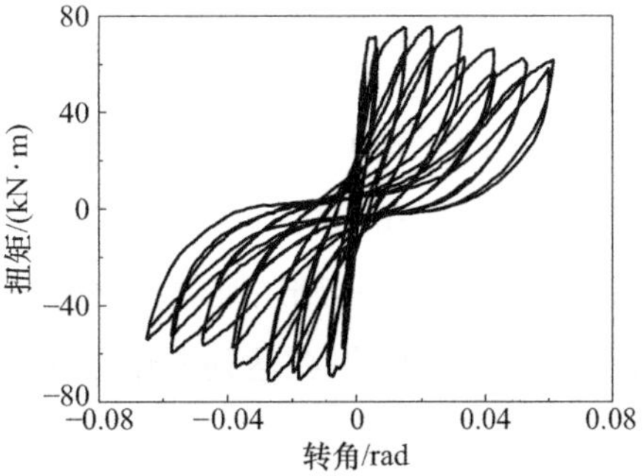

图 4.2.14　S2 扭转滞回曲线

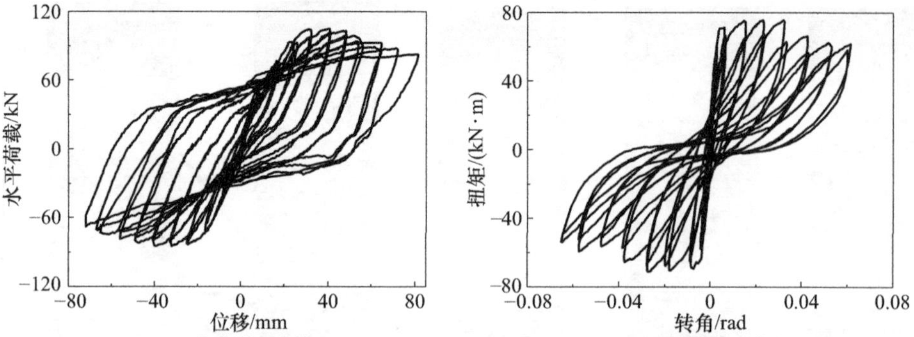

(a) 弯曲滞回曲线　　(b) 扭转滞回曲线

图 4.2.15　S3 滞回曲线

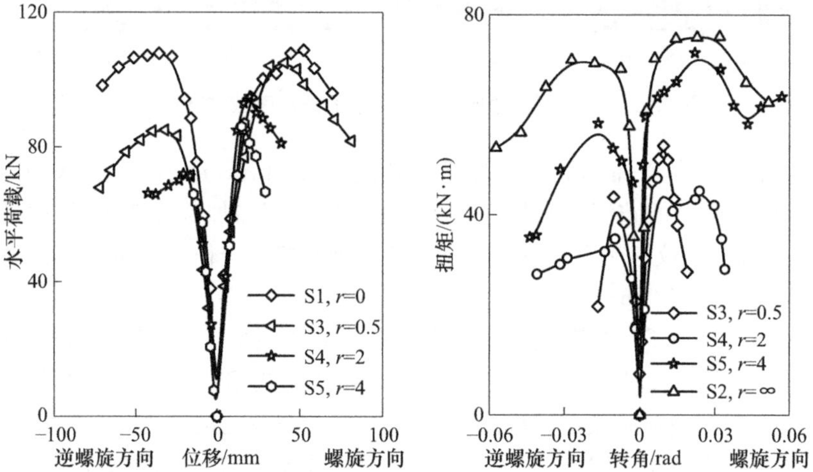

(a) 弯曲骨架曲线　　(b) 扭转骨架曲线

图 4.2.16　试件 S1～S5 的骨架曲线

2. 恢复力模型的建立

1) 弯曲恢复力模型

(1) 骨架曲线。

根据图 4.2.16(a)所示的骨架曲线及相关的试验数据可以把桥墩的骨架曲线理想化为如图 4.2.17 所示的四折线模型：弹性阶段、开裂至屈服阶段、屈服阶段、软化阶段。模型在加载到开裂荷载 $\widetilde{F}_c$ 前处于弹性状态，相应的开裂位移是 $\widetilde{\Delta}_c$，初始抗弯刚度为 $\widetilde{k}_{F1}$；达到屈服位移 $\widetilde{\Delta}_y$ 时相应的屈服力为 $\widetilde{F}_y$，并且达到退化位移 $\widetilde{\Delta}_d$ 之前这个力是不变的；在达到退化位移 $\widetilde{\Delta}_d$ 时，桥墩的侧向力开始以刚度 $\widetilde{k}_{F3}$ 退化至破坏力 $\widetilde{F}_u$，$\widetilde{F}_u$ 为屈服力 $\widetilde{F}_y$ 的 80%，相应的极限位移为 $\widetilde{\Delta}_u$。各阶段刚度的定义如下：

$$\widetilde{k}_{F1}=\frac{\widetilde{F}_c}{\widetilde{\Delta}_c} \tag{4.2.9}$$

$$\widetilde{k}_{F2}=\frac{\widetilde{F}_y-\widetilde{F}_c}{\widetilde{\Delta}_y-\widetilde{\Delta}_c} \tag{4.2.10}$$

$$\widetilde{k}_{F3}=\frac{\widetilde{F}_u-\widetilde{F}_y}{\widetilde{\Delta}_u-\widetilde{\Delta}_d} \tag{4.2.11}$$

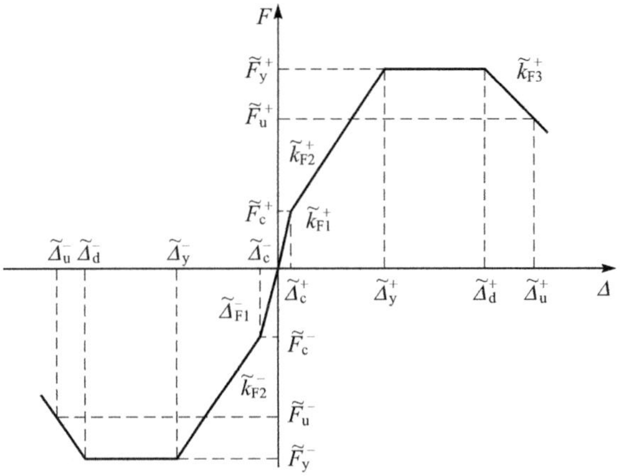

图 4.2.17　弯曲骨架曲线

需要注意，由于扭转的影响，骨架曲线在加载的两个方向不对称[47]，骨架曲线各关键点计算公式为

$$\widetilde{F}_c^+=e^{-0.178r}F_c \tag{4.2.12}$$

$$\widetilde{F}_c^-=e^{-0.493\sqrt{r}}F_c \tag{4.2.13}$$

$$\widetilde{F}_y^+=e^{-0.0634r}F_y \tag{4.2.14}$$

$$\widetilde{F}_y^-=e^{-0.283\sqrt{r}}F_y \tag{4.2.15}$$

$$\widetilde{\Delta}_c^+=\widetilde{\Delta}_c^-=e^{-0.565r}\Delta_c \tag{4.2.16}$$

$$\widetilde{\Delta}_y^+=(1-0.087r)\Delta_y \tag{4.2.17}$$

$$\widetilde{\Delta}_y^-=e^{-0.026r}\Delta_y \tag{4.2.18}$$

$$\widetilde{\Delta}_d^+=(2.37e^{-0.246r})\Delta_y \tag{4.2.19}$$

$$\widetilde{\Delta}_d^-=(2.37e^{-0.34r})\Delta_y \tag{4.2.20}$$

$$\widetilde{\Delta}_u^+=(3.78e^{-0.246r})\Delta_y \tag{4.2.21}$$

$$\widetilde{\Delta}_u^-=e^{-0.34r}\Delta_y \tag{4.2.22}$$

式中，F_c、F_y 分别为仅有弯曲作用时的桥墩开裂荷载和屈服荷载；Δ_c、Δ_y 分别为仅有弯曲作用时的桥墩开裂位移和屈服位移。

(2) 卸载刚度和卸载规则。

卸载时的刚度取决于卸载时的变形和力的水平。如图 4.2.18(a)所示，$\tilde{k}_1$ 为开裂点与初始加载点之间的斜率，$\tilde{k}_2$ 为屈服点与反向开裂点之间的斜率。由试验结果可以看出，加载至开裂点和屈服点之间开始卸载时，卸载刚度近似沿直线卸载至零，直线的斜率介于 $\tilde{k}_1$ 和 $\tilde{k}_2$；因此，假定该段卸载刚度与位移延性关系是线性变化的。当加载超过屈服荷载时，卸载曲线在卸载至一定荷载时有明显的变化，即卸载刚度变小。综上，卸载规则如下：

① 开始卸载时的力不超过开裂荷载 $\tilde{F}_c$ 时，并且正反两个方向均没超过 $\tilde{F}_c$，则卸载曲线沿着骨架曲线。

② 如果一个方向的力超过了开裂荷载 $\tilde{F}_c$，但没有超过 $\tilde{F}_y$ 时，卸载刚度为

$$\tilde{k} = \tilde{k}_1 - \frac{\tilde{k}_1 - \tilde{k}_2}{\tilde{\Delta}_y - \tilde{\Delta}_c}(\tilde{\Delta} - \tilde{\Delta}_c) \tag{4.2.23}$$

③ 如果一个方向的加载超过了屈服荷载，那么卸载至荷载 $\tilde{F}_{cu}$ 时的刚度见式(4.2.24)，卸载至荷载 $\tilde{F}_{cu}$ 后的刚度见式(4.2.25)，$\tilde{F}_{cu}$ 的定义见式(4.2.26)和式(4.2.27)。

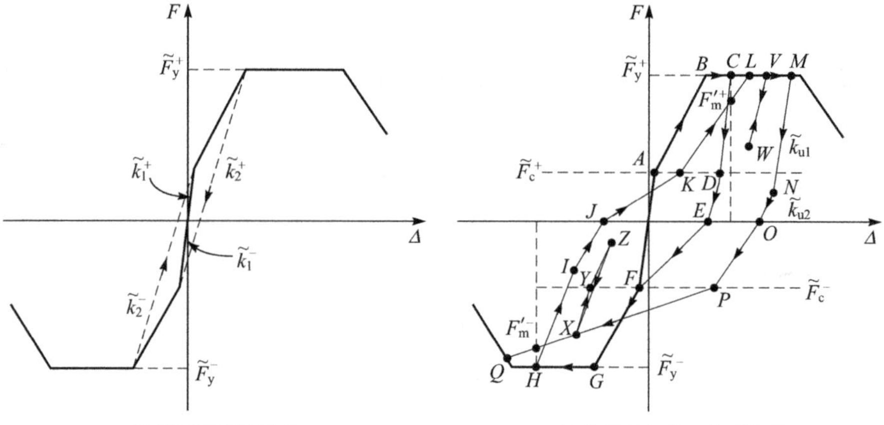

图 4.2.18 弯曲恢复力模型加载、卸载规则

$$\tilde{k}_{u1} = 1.4\tilde{k}_2 e^{-0.125\left(\frac{\tilde{\Delta}}{\tilde{\Delta}_y}\right)^{0.25}} \left(1 - 0.016\frac{\tilde{\Delta}}{\tilde{\Delta}_y}\right)^{3.5} \tag{4.2.24}$$

$$\tilde{k}_{u2} = 0.6\tilde{k}_2 \times 1.3 e^{-0.125\left(\frac{\tilde{\Delta}}{\tilde{\Delta}_y}\right)^{0.35}} \left(1 - 0.020\frac{\tilde{\Delta}}{\tilde{\Delta}_y}\right)^{4.5} \tag{4.2.25}$$

$$\frac{\tilde{F}_{cu}}{\tilde{F}_c} = -(0.22 + 0.2r)\left(\frac{\tilde{\Delta}_m}{\tilde{\Delta}_y} - 1\right) + 1 \geqslant 0, \quad r > 0 \tag{4.2.26}$$

$$\widetilde{F}_{cu}=\widetilde{F}_c,\quad r=0 \tag{4.2.27}$$

(3) 加载和再加载规则。

根据 Ozcebe-Saatcioglu 恢复力模型[7]和本节不同扭弯比桥墩滞回特征的分析，加载和再加载规则如下：

① 在荷载到达开裂荷载前，初始加载和再加载曲线均沿着骨架曲线。

② 若一个方向的加载荷载始终没超过开裂荷载，则再加载曲线仍然沿着骨架曲线，即使先前反向加载时的荷载已经超过了弹性变形范围。

③ 若一个方向的加载荷载超过了开裂荷载，则再加载时先从零按直线加载至点($\widetilde{F}_c$,$\widetilde{\Delta}_r$)；加载至点($\widetilde{F}_c$,$\widetilde{\Delta}_r$)后，按通过点($\widetilde{F}_m$,$\widetilde{\Delta}_m$)的直线加载至骨架曲线或加载至加载位移；加载至骨架曲线后，沿着骨架曲线加载至加载位移。$\widetilde{\Delta}_r$ 的定义如式(4.2.28)所示，$\widetilde{F}'_m$的定义如式(4.2.29)～式(4.2.31)所示。

$$\widetilde{\Delta}_r/\widetilde{\Delta}_c=(0.2+0.057\sqrt{r})\frac{\widetilde{\Delta}_m}{\widetilde{\Delta}_y}+0.6-0.1r \tag{4.2.28}$$

$$\widetilde{F}'_m=\widetilde{F}_m e^{\beta n+\gamma\frac{\widetilde{\Delta}_m}{\widetilde{\Delta}_y}} \tag{4.2.29}$$

$$\beta=-0.014\sqrt{\frac{\widetilde{\Delta}_m}{\widetilde{\Delta}_y}} \tag{4.2.30}$$

$$\gamma=-0.01\sqrt{n} \tag{4.2.31}$$

式中，$\widetilde{\Delta}_m$ 为加载方向上的最大位移；$\widetilde{F}'_m$为骨架曲线上对应于最大位移 $\widetilde{\Delta}_m$ 的力；参数 n 表示在一个方向按当前最大位移 $\widetilde{\Delta}_m$ 加载时循环加载的圈数，第一次从当前最大位移卸载时，n 取 1，其后每次加载至最大位移范围 $\widetilde{\Delta}_m\pm\widetilde{\Delta}_c$ 卸载时，n 值相应增加，当前的最大位移超过这个范围时，n 值重新取为 1，当再加载的最大位移比这个范围小时，则不改变 n 值。

④ 若卸载时没有卸至零荷载，则再加载路径按直线加载至先前加载时的峰值点(如路径 ZX、WV)。

2) 扭转恢复力模型

(1) 骨架曲线。

弯扭复合作用下，理想扭转恢复力模型的骨架曲线如图 4.2.19 所示。假定桥墩达到屈服转角 $\widetilde{\theta}_y$ 时是弹性的，相应的屈服扭矩为 $\widetilde{T}_y$ 并且达到退化转角 $\widetilde{\theta}_d$ 之前这个扭矩是不变的，桥墩的初始抗扭刚度为 $\widetilde{k}_{T1}$；在达到退化转角 $\widetilde{\theta}_d$ 时，桥墩的抗扭力矩开始以刚度 $\widetilde{k}_{T2}$退化至破坏扭矩 $\widetilde{T}_u$，$\widetilde{T}_u$ 为屈服扭矩 $\widetilde{T}_y$ 的 80%，相应的极限转角为 $\widetilde{\theta}_u$。扭转的初始抗扭刚度和退化刚度定义如下：

$$\tilde{k}_{T1}=\frac{\tilde{T}_y}{\tilde{\theta}_y} \tag{4.2.32}$$

$$\tilde{k}_{T2}=\frac{\tilde{T}_u-\tilde{T}_y}{\tilde{\theta}_u-\tilde{\theta}_y} \tag{4.2.33}$$

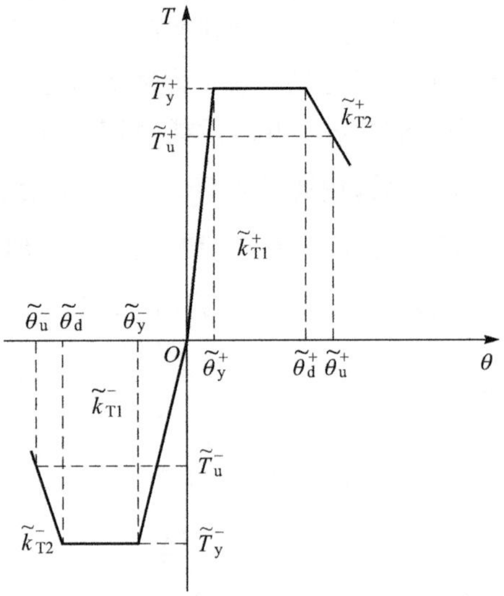

图 4.2.19　扭转恢复力模型骨架曲线

由试验结果可知，桥墩的反应和 r 有很大关系。根据回归分析，桥墩基于 r 的转角和扭矩变化是相关的。在弯曲和扭转循环加载作用下，屈服扭矩 $\tilde{T}_y^+$ 随着 r 的增加而增加，在扭转荷载作用下，扭矩 $\tilde{T}_u$ 也随着 r 的增加而增加，这种关系近似为

$$\tilde{T}_y^+=e^{-\frac{0.169}{r}}T_y^+ \tag{4.2.34}$$

$$\tilde{T}_y^-=e^{-\frac{0.277}{r}}T_y^- \tag{4.2.35}$$

$$\tilde{T}_u=0.8\tilde{T}_y \tag{4.2.36}$$

骨架曲线各关键转角的计算公式为[47]

$$\tilde{\theta}_y^+=e^{-\frac{0.42}{r}}\theta_y^+ \tag{4.2.37}$$

$$\tilde{\theta}_y^-=e^{-\frac{0.49}{r}}\theta_y^- \tag{4.2.38}$$

$$\tilde{\theta}_d^+=8(1-e^{-\frac{r}{1.67}})\theta_y^+ \tag{4.2.39}$$

$$\tilde{\theta}_d^-=8(1-e^{-\frac{r}{2.2}})\theta_y^- \tag{4.2.40}$$

$$\tilde{\theta}_u^+=(12e^{-\frac{0.84}{r}})\theta_y^+ \tag{4.2.41}$$

$$\tilde{\theta}_{u}^{-}=(12e^{-\frac{0.9}{r}})\theta_{y}^{-} \tag{4.2.42}$$

其中，纯扭状态下的屈服扭矩可通过空间桁架理论或修正的空间桁架理论计算；纯扭状态下的屈服转角可通过初始抗扭刚度和式(4.2.32)计算。

(2) 卸载刚度和卸载规则。

图 4.2.20 为扭转恢复力模型，$\tilde{k}_{T1}$ 为初始加载点和屈服点之间的斜率。卸载时的刚度取决于卸载时的变形和力的水平，初始加载时模型是线弹性的。如果加载扭转角超过了 $\tilde{\theta}_{y}$，则桥墩的滞回曲线遵循如下卸载规则：当从卸载点($\tilde{\theta}_{m}$，$\tilde{T}_{m}$)开始卸载时，先以卸载刚度 $\tilde{k}_{Tu1}$ 卸载，卸载至荷载 $\tilde{T}_{u1}$ 时以卸载刚度 $\tilde{k}_{Tu2}$ 卸载至($\tilde{\theta}_{u}$，0)。$\tilde{k}_{Tu1}$、$\tilde{T}_{u1}$ 和 $\tilde{\theta}_{u}$ 分别由式(4.2.43)～式(4.2.45)计算。

$$\tilde{k}_{Tu1}=\tilde{k}_{T1}\left(1-0.045\frac{\tilde{\theta}_{m}}{\tilde{\theta}_{y}}\right) \tag{4.2.43}$$

$$\frac{\tilde{T}_{u1}}{\tilde{T}_{m}}=-0.025\left(\frac{\tilde{\theta}_{m}}{\tilde{\theta}_{y}}-1\right)+0.672,\quad \frac{\tilde{\theta}_{m}}{\tilde{\theta}_{y}}>1 \tag{4.2.44}$$

$$\frac{\tilde{\theta}_{u}}{\tilde{\theta}_{m}}=\left(0.02+\frac{0.015}{r}\right)\left(\frac{\tilde{\theta}_{m}}{\tilde{\theta}_{y}}-1\right)+0.2 \tag{4.2.45}$$

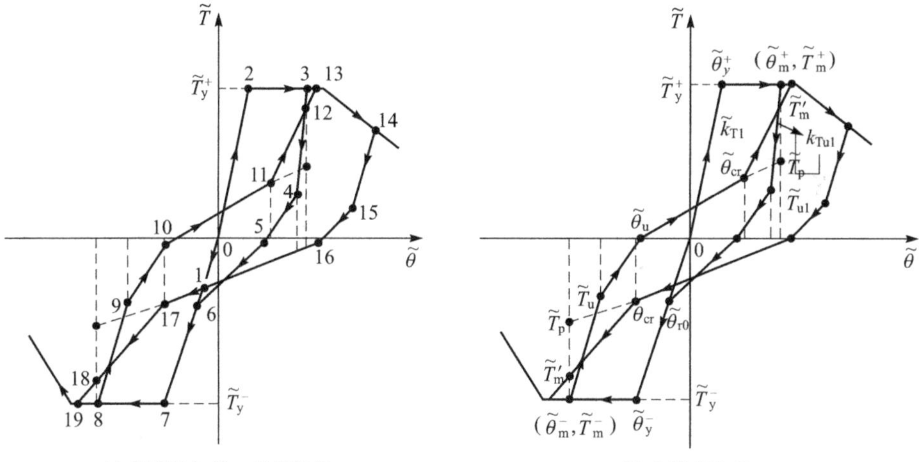

图 4.2.20　扭转恢复力模型

式(4.2.43)中，当位移延性超过 22.2 时会出现负刚度，因此为了提高可计算的延性水平，可以用式(4.2.46)代替式(4.2.43)，修改后的公式可以计算至位移延性至 50 的情形。

$$\tilde{k}_{Tu1}=1.4\tilde{k}_{T1}e^{-0.35\left(\frac{\tilde{\theta}_{m}}{\tilde{\theta}_{y}}\right)^{0.01}}\left(1-0.02\frac{\tilde{\theta}_{m}}{\tilde{\theta}_{y}}\right)^{3.5} \tag{4.2.46}$$

(3) 加载和再加载规则。

① 当加载扭转角超过 $\tilde{\theta}_{\mathrm{y}}$ 时，再加载时的路径指向上次循环加载时的点($\tilde{\theta}_{\mathrm{m}}$，$\tilde{T}_{\mathrm{p,n}}$)，相应的加载刚度为 $\tilde{k}_{\mathrm{Tr1}}$。再加载时，按加载刚度 $\tilde{k}_{\mathrm{Tr1}}$ 加载至扭转角 $\tilde{\theta}_{\mathrm{cr}}$。$\tilde{T}_{\mathrm{p,n}}$ 的定义见式(4.2.47)和式(4.2.48)，$\tilde{\theta}_{\mathrm{cr}}$ 的值见式(4.2.49)。

$$\tilde{T}_{\mathrm{p,n}}=(1.77-0.3n)\mathrm{e}^{-0.1\frac{\tilde{\theta}_{\mathrm{m}}}{\tilde{\theta}_{\mathrm{y}}}} \tag{4.2.47}$$

$$\tilde{T}_{\mathrm{p,n}}\leqslant\tilde{T}_{\mathrm{m}} \tag{4.2.48}$$

$$\tilde{\theta}_{\mathrm{cr}}=0.014\frac{\tilde{\theta}_{\mathrm{m}}}{\tilde{\theta}_{\mathrm{y}}}+0.19 \tag{4.2.49}$$

参数 n 是一个计数器，用来计量按当前最大转角 $\tilde{\theta}_{\mathrm{m}}$ 连续循环加载的圈数。第一次加载到 $\tilde{\theta}_{\mathrm{m}}$ 卸载时，n 值取 1。之后，按当前最大转角范围$(1\pm0.05)\tilde{\theta}_{\mathrm{m}}$ 再循环加载一次时，n 值也相应增加 1。当再加载至骨架曲线时，n 值重新取为 1；当再加载的转角不大于 $\tilde{\theta}_{\mathrm{m-1}}$ 时，不改变 n 值。$\tilde{T}_{\mathrm{m}}$ 是转角为 $\tilde{\theta}_{\mathrm{m}}$ 时对应的峰值扭矩。

② 加载至裂缝闭合位置 $\tilde{\theta}_{\mathrm{cr}}$ 后，加载曲线按线性加载，指向强度退化点($\tilde{\theta}_{\mathrm{m}}$，$\tilde{T}'_{\mathrm{m}}$)，相应的加载刚度为 $\tilde{k}_{\mathrm{Tr2}}$。$\tilde{T}'_{\mathrm{m}}$ 的定义为

$$\tilde{T}'_{\mathrm{m}}=\mathrm{e}^{-0.015n\sqrt{\frac{\tilde{\theta}_{\mathrm{m}}}{\tilde{\theta}_{\mathrm{y}}}}+0.003n\frac{\tilde{\theta}_{\mathrm{m}}}{\tilde{\theta}_{\mathrm{y}}}} \tag{4.2.50}$$

③ 按加载刚度 $\tilde{k}_{\mathrm{Tr2}}$ 加载至骨架曲线后，加载路径则沿着骨架曲线加载至目标加载位移。

4.2.3 双轴压弯下 RC 空心墩分析模型

RC 空心桥墩具有较高的强质比(强度/质量)、刚质比(刚度/质量)，既发挥了结构的最大效益，又减小了墩柱质量对桥梁地震反应的影响，因而空心截面桥墩在我国西部和山区高墩桥梁中广泛应用，特别是在我国西部高烈度区的高墩桥梁中。我国早期的 RC 矩形截面空心桥墩的横向钢筋多采用图 4.2.21(a)所示的构造形式，其抗震设计是按照《公路工程抗震设计规范》(JTJ 004—89)[48]来设计的，在 2008 年汶川地震中部分空心桥墩的损伤破坏严重[49]。我国新的《公路桥梁抗震设计细则》(JTG/T B02-01—2008)[10]中给出了 RC 空心桥墩截面及横向钢筋构型的新建议，这种构型是 Priestley 等[50]提出的，如图 4.2.21(b)所示。

在真实地震作用下，桥墩除受竖向地震作用外，还受到水平双向地震作用，由于双向耦合作用，RC 桥墩单向压弯表现出的性能与双向压弯情况下有所不同。震后调查和试验研究表明，双向地震作用下桥墩的破坏比单向地震作用更为严重，一向的破坏弱化了另一向的抗震性能，双向耦合作用严重削弱了桥墩的抗震能力。而且，非规则桥梁的桥墩即使在单向地震作用下也会表现出双向压

弯的特征，鉴于此，本节针对 RC 空心桥墩在双向压弯作用下的抗震性能进行研究。

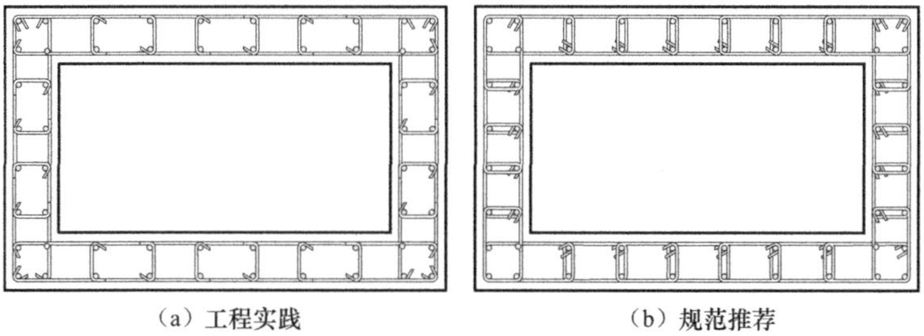

图 4.2.21　横向钢筋构造

1. 双轴压弯下截面受力表达式

RC 矩形截面空心桥墩在恒轴压(N)和双轴弯曲(M_x、M_y)作用下，截面应力分布如图 4.2.22 所示。假设截面受力和变形符合以下基本假定：①平截面假定；②不考虑受拉区混凝土受力；③钢筋和混凝土间不发生黏结滑移；④等效矩形应力图形与单向弯曲简化模型相同；⑤不考虑剪切和扭转变形。假设空心墩外截面的尺寸为$b\times h$，壁厚为 d，保护层厚度为 c，受压区高度为 R，中和轴与 x 轴的夹角为 ϕ。受压区混凝土承受的压力由外保护层混凝土 A_1、核心混凝土 A_2 和内保护层混凝土 A_3 三部分组成。以 l_1、l_2、l_3、l_4 为斜边的三角形面积分别记为 S_1、S_2、S_3 和 S_4。

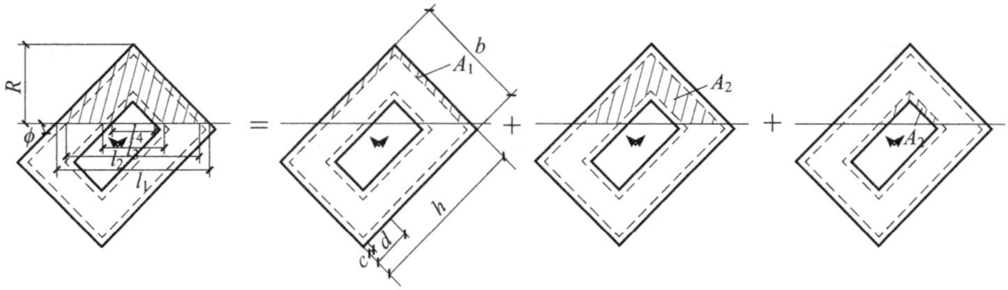

图 4.2.22　双轴压弯下的矩形截面空心桥墩

$$l_1=\frac{R}{\tan\phi}+R\tan\phi \tag{4.2.51}$$

$$l_2=\frac{R}{\tan\phi}+R\tan\phi-\frac{c}{\sin\phi}-\frac{c}{\cos\phi} \tag{4.2.52}$$

$$l_3=\frac{R}{\tan\phi}+R\tan\phi-\frac{c+d}{\sin\phi}-\frac{c+d}{\cos\phi} \tag{4.2.53}$$

$$l_4=\frac{R}{\tan\phi}+R\tan\phi-\frac{2c+d}{\sin\phi}-\frac{2c+d}{\cos\phi} \tag{4.2.54}$$

$$S_1=\frac{R^2}{\sin(2\phi)},\quad S_2=\left(\frac{l_2}{l_1}\right)^2 S_1,\quad S_3=\left(\frac{l_3}{l_1}\right)^2 S_1,\quad S_4=\left(\frac{l_4}{l_1}\right)^2 S_1 \tag{4.2.55}$$

$$A_1=S_1-S_2,\quad A_2=S_2-S_3,\quad A_3=S_3-S_4 \tag{4.2.56}$$

截面承载力的平衡关系为

$$N=f'_{\mathrm{c}}A_1+f'_{\mathrm{cc}}A_2+\sum_{i=1}^{n}A_{\mathrm{sc}i}f_{\mathrm{s}i}+\sum_{i=1}^{n}A_{\mathrm{st}i}f_{\mathrm{s}i} \tag{4.2.57}$$

$$\begin{aligned}M_x=&f'_{\mathrm{c}}A_1\left(\frac{h}{2}-\frac{1}{3}\frac{R}{\cos\phi}\right)-f'_{\mathrm{c}}A_2\left(\frac{h}{2}-c-\frac{1}{3}l_2\sin\phi\right)+f'_{\mathrm{cc}}A_2\left(\frac{h}{2}-c-\frac{1}{3}l_2\sin\phi\right)\\&-f'_{\mathrm{cc}}A_3\left(\frac{h}{2}-c-d-\frac{1}{3}l_3\sin\phi\right)+f'_{\mathrm{c}}A_3\left(\frac{h}{2}-c-d-\frac{1}{3}l_3\sin\phi\right)\\&-f'_{\mathrm{c}}A_4\left(\frac{h}{2}-2c-d-\frac{1}{3}l_4\sin\phi\right)+\sum_{i=1}^{n}A_{\mathrm{sc}i}f_{\mathrm{s}i}y_i-\sum_{i=1}^{n}A_{\mathrm{st}i}f_{\mathrm{s}i}y_i\end{aligned} \tag{4.2.58}$$

$$\begin{aligned}M_y=&f'_{\mathrm{c}}A_1\left(\frac{b}{2}-\frac{1}{3}\frac{R}{\sin\phi}\right)-f'_{\mathrm{c}}A_2\left(\frac{b}{2}-c-\frac{1}{3}l_2\cos\phi\right)+f'_{\mathrm{cc}}A_2\left(\frac{b}{2}-c-\frac{1}{3}l_2\cos\phi\right)\\&-f'_{\mathrm{cc}}A_3\left(\frac{b}{2}-c-d-\frac{1}{3}l_3\cos\phi\right)+f'_{\mathrm{c}}A_3\left(\frac{b}{2}-c-d-\frac{1}{3}l_3\cos\phi\right)\\&-f'_{\mathrm{c}}A_4\left(\frac{b}{2}-2c-d-\frac{1}{3}l_4\cos\phi\right)+\sum_{i=1}^{n}A_{\mathrm{sc}i}f_{\mathrm{s}i}y_i-\sum_{i=1}^{n}A_{\mathrm{st}i}f_{\mathrm{s}i}y_i\end{aligned} \tag{4.2.59}$$

式中，f'_{c}为保护层混凝土的强度；f'_{cc}为核心混凝土强度；A_{st}为所有受拉纵筋的总面积；$f_{\mathrm{s}i}$为第 i 纵筋的应力；A_{sc}为所有受压纵筋的总面积。

上述表达式说明承载力与 R、ϕ 两个参数有关，用函数的形式可表示为

$$N=f_1(R,\phi),\quad M_x=f_2(R,\phi),\quad M_y=f_3(R,\phi) \tag{4.2.60}$$

对于矩形截面空心桥墩上给定的每一个轴压力 P 和弯矩 M，都存在一个对应的截面曲率，使截面上的应力分布与施加轴压力和弯矩平衡，通过变化弯矩值可以得到一系列与之对应的曲率值，即弯矩-曲率曲线。在进行弯矩-曲率分析时，要考虑表面非约束混凝土及核心约束混凝土抗压强度和极限应变的不同。双轴压弯下矩形截面空心桥墩弯矩-曲率分析示意如图 4.2.23 所示。

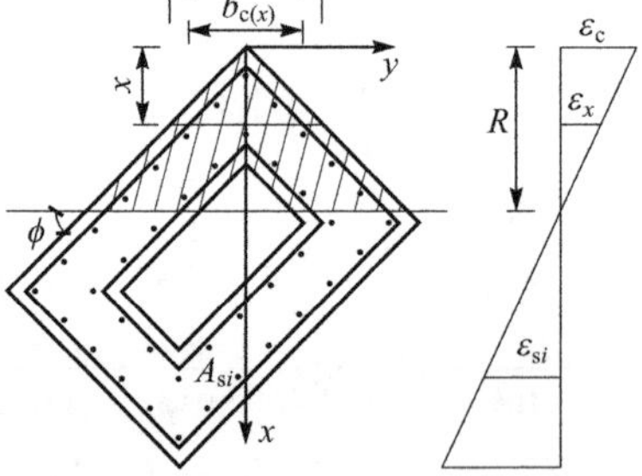

图 4.2.23　双轴压弯下矩形截面空心桥墩弯矩-曲率分析示意图

由轴力平衡条件知

$$N=\int_0^R [b_{c(x)} f_c(\varepsilon_x)+(b_{(x)}-b_{c(x)}) f_{cu}(\varepsilon_x)]\mathrm{d}x+\sum_{i=1}^n A_{si} f_s(\varepsilon_{xi}) \quad (4.2.61)$$

式中，$\varepsilon_x=\varepsilon_c\left(1-\frac{x}{R}\right)$。

由弯矩平衡条件知

$$M=\int_0^R [b_{c(x)} f_c(\varepsilon_x)+(b_{(x)}-b_{c(x)}) f_{cu}(\varepsilon_x)]x\mathrm{d}x+\sum_{i=1}^n A_{si} f_s(\varepsilon_{xi})x_i \quad (4.2.62)$$

曲率可表示为

$$\varphi=\frac{\varepsilon_c}{R} \quad (4.2.63)$$

式中，$f_c(\varepsilon_x)$、$f_{cu}(\varepsilon_x)$、$f_s(\varepsilon_{xi})$分别为约束混凝土、非约束混凝土和钢筋的应力-应变关系。

由已知轴向力 N 和规定的极限纤维压应变，可根据式(4.2.57)～式(4.2.63)计算弯矩和曲率。

2. 试验和计算分析

基于我国现役桥梁工程中的 RC 矩形截面空心桥墩及其横截面横向钢筋构型，制作了 3 个 1/4 缩尺比例的试件 S1、S2、S3，在恒定的轴压力下进行双向压弯拟静力试验。图 4.2.24 为双向压弯状态下桥墩循环试验的装置和加载制度。

同时对这三个试件按式(4.2.57)～式(4.2.63)和理想双线性模型进行分析，在分析中保护层混凝土与核心混凝土分别采用无约束和约束 Mander 模型，钢筋采用双线性应变硬化模型。定义保护层混凝土达极限压应变 0.004 或钢筋进入应变硬化阶段(对应拉应变 0.01)时截面受力屈服。

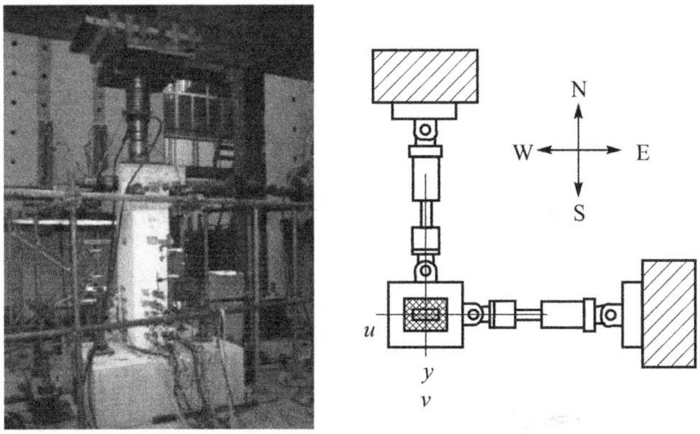

(a) 试验装置　　(b) 双向加载图

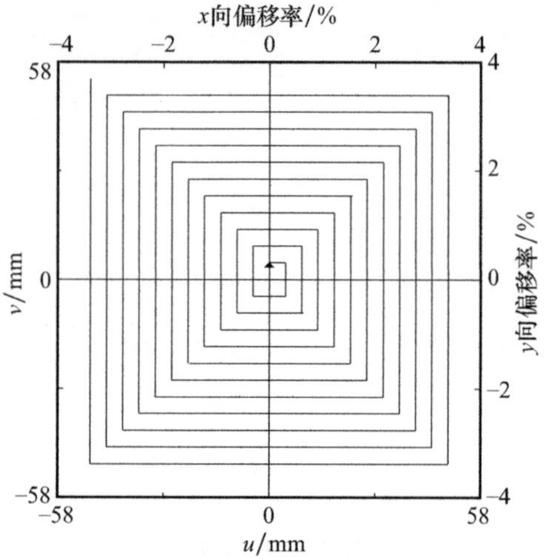

(c) 加载制度

图 4.2.24　双向压弯状态下桥墩循环加载试验

试件 S1、S2 和 S3 在恒定轴压和双轴弯曲作用下的弯矩-曲率如图 4.2.25 所示。由图 4.2.25 可发现，按上述计算方法得到的桥墩弯矩-曲率模型、理想双线性模型和试验结果吻合较好，因而该方法和理想双线性模型都能较好地模拟 RC 矩形截面空心桥墩的弯矩-曲率关系，可以为工程上计算矩形截面空心桥墩的弯矩-曲率延性提供一种简单而不失精确性的方法。详细计算可参考文献[51]。

3. 滞回分析模型

董振华等[31]基于 RC 矩形截面空心桥墩"回"形水平双向加载下的实测和模拟结果，提出了简化的水平双向力-位移滞回曲线模型，如图 4.2.26 所示。由图可知，该模型可通过每级加载位移(Δ_i)下峰值点(F_i)、双向荷载耦合效应下峰值点(A、B)、有效刚度 k_{eff}的变化规律确定。

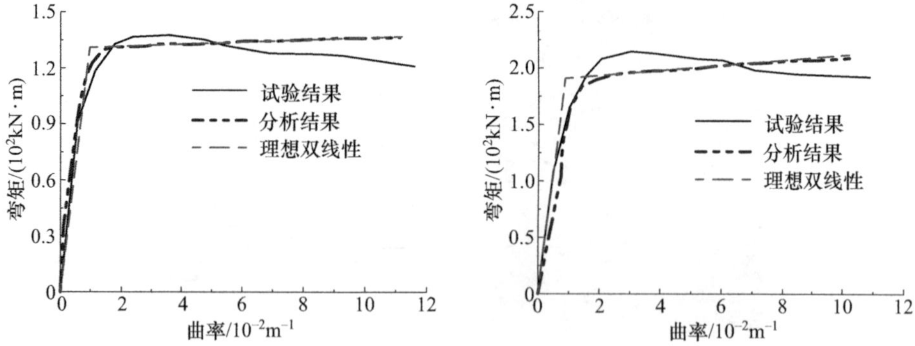

(a) S1试件x方向　　(b) S2试件x方向

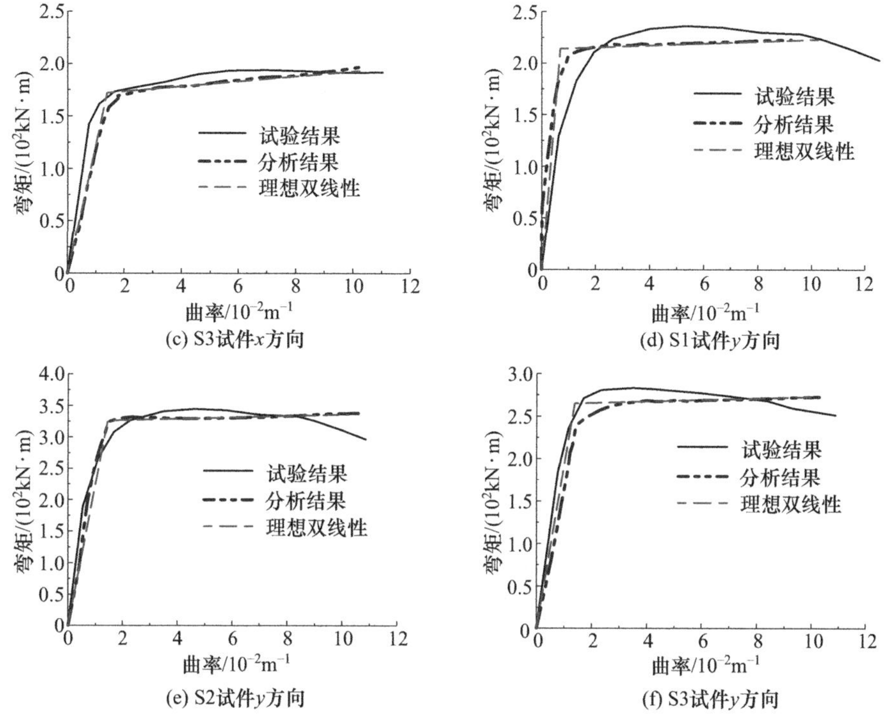

图 4.2.25　试件弯矩-曲率

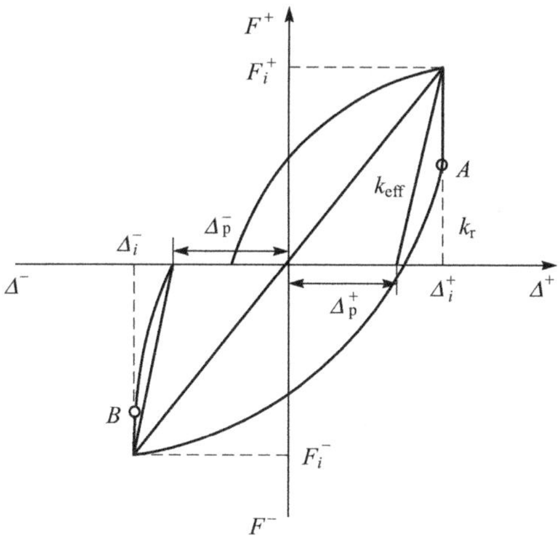

图 4.2.26　简化的水平双向力-位移滞回曲线模型

水平双向荷载作用下，桥墩开裂之后，快速进入屈服阶段。因此，为便于计算，骨架曲线简化为三折线的对称模型(见图 4.2.27)，分别由屈服或开裂点(Δ_c，F_c)、峰值点(Δ_{max}，F_{max})和极限点(Δ_u，F_u)确定。

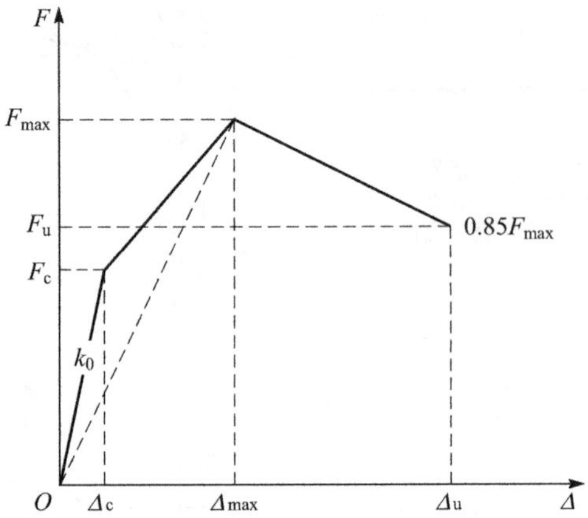

图 4.2.27　水平力-位移骨架曲线模型

(1) 水平力-位移骨架曲线的计算步骤如下：

① 根据实测数据，计算水平双向加载下截面的弯矩比例。

② 初步假定中和轴与水平轴的夹角为 ϕ，$\tan\phi=\dfrac{M_x}{M_y}$。

③ 选取不同 ϕ 试算，计算与实测值相近的 M_x、M_y。

④ 根据弯矩、曲率计算公式和曲率分布模型得到不同受力状态下的水平力、水平位移。

(2) 水平力-位移滞回规则。

① 空心桥墩达到开裂荷载之前，构件处于弹性阶段，无残余变形，加载与卸载路径不考虑等效刚度退化和捏缩效应。由于该阶段试件变形、损伤较小，水平双向荷载耦合作用对不同加载方向的卸载刚度 k_r 影响较小，故

$$k_r=k_0=k_{eff} \tag{4.2.64}$$

式中，k_{eff} 为不考虑双向耦合作用的首次出现峰值点对应的有效抗侧刚度；k_0 为初始抗侧刚度，由开裂刚度确定。

② 当墩柱水平力超过开裂荷载时，构件残余变形增加，加载和卸载刚度明显退化，反向加载指向下一级加载的峰值点。由试验和模拟结果得到 x 方向的有效刚度表达式为

$$\frac{k_{eff}}{k_0}=1.525+\frac{-1.64}{\mu_\Delta^{-0.455n-0.717}}+\mu_\Delta \tag{4.2.65}$$

$$k_r=\frac{F_{Bi}}{\Delta_i-\Delta_{pi}} \tag{4.2.66}$$

式中，μ_Δ 为位移延性系数；F_{Bi} 为第 i 次加载下水平双向耦合作用下的水平力；Δ_i 为第 i 次加载的峰值位移；Δ_{pi} 为第 i 次加载下的残余位移。

y 方向的有效刚度退化规律拟合为

$$\frac{k_{\mathrm{eff}}}{k_0}=1.744-0.248\mu_{\Delta}^{0.29}-3.26n \tag{4.2.67}$$

不同加载方向模型桥墩的滞回曲线计算值与试验值对比如图 4.2.28 所示。结果表明，计算滞回曲线与实测结果的变化趋势基本吻合。

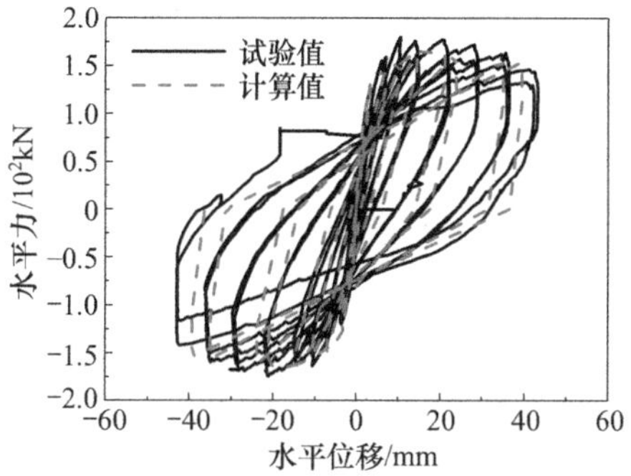

(a) x 方向

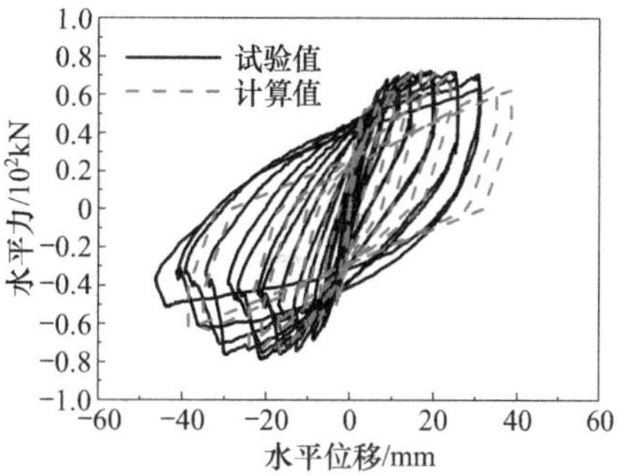

(b) y 方向

图 4.2.28　不同加载方向模型桥墩的滞回曲线计算值与试验值对比

4.2.4　FRP 约束 RC 桥墩

近年来，纤维复合材料（fiber reinforced polymer，FRP）由于具有高强、轻质、耐久性好、便于施工、后期维护费用低等优点，在桥梁结构抗震加固领域得到了广泛的应用。外包 FRP 加固方法具有施工简单和快速高效的特点，同时加固后几乎不对结构产生附加荷载，不影响结构外观及使用空间。外包 FRP 加固方法是一种经济高效的加固方式。在 FRP 加固 RC 桥墩中，FRP 的作用主要有以下三个方面[52]：提高约束混凝土强度，增加桥墩延性；提高桥墩抗剪能力；防止或者减缓纵筋的屈曲。本节结合在 FRP 约束 RC 桥墩方面完成的大量的试验研究和理论分析工作，主要介绍基于 OpenSees 的 FRP 约束 RC 实心和空心桥墩的数值分析方法。

1. FRP 约束 RC 实心桥墩

1）FRP 约束混凝土受压本构模型

在 FRP 约束混凝土中，FRP 提供的环向约束应力使得混凝土处于三轴受压状态，限制了混凝土的侧向膨胀和裂缝发展，增强了混凝土的强度和极限应变。早期，工程师将 Mander 模型[53]直接应用于 FRP 约束混凝土的计算，结果并不理想。这主要是因为 FRP 在抵抗混凝土横向膨胀的过程中近似保持线弹性，弹性模量不会显著衰减，FRP 提供的横向约束应力随着核心混凝土的横向膨胀不断增大，这与 Mander 模型中横向约束应力为常数相矛盾。

在认识到 FRP 与钢材约束性能差异的基础上，FRP 约束混凝土的新本构模型不断出现和发展，代表性的模型有：Karbhari 和 Gao 提出的双线性模型[54]；Xiao 和 Wu 建立的分段模型[55]；Lam 和 Teng 建立的本构模型[56]。其中，以 Lam 和 Teng 模型应用最为广泛，该模型的优点在于：试验数据样本量大；适用范围明确。2009 年，Lam 和 Teng 将该模型发展到往复荷载受力的模拟，为 FRP 约束 RC 柱的滞回性能模拟奠定了基础。

Lam 和 Teng 模型骨架曲线如图 4.2.29 所示[56]，特点是由起始的抛物线部分和后续的直线部分共同组成，表达式为

$$\sigma_c=\begin{cases}E_c\varepsilon_c-\dfrac{(E_c-E_2)^2}{4f'_{\infty}}\varepsilon_c^2, & 0\leqslant\varepsilon_c\leqslant\varepsilon_t\\ f'_{co}+E_2\varepsilon_c, & \varepsilon_t<\varepsilon_c\leqslant\varepsilon_{cu}\end{cases}\tag{4.2.68}$$

式中，σ_c、ε_c 分别为 FRP 约束混凝土的轴向应力和应变；f'_{co}为素混凝土强度；E_c 为混凝土弹性模量，E_2 为直线段的斜率；ε_t 为抛物线部分到直线部分转折点的应变值；ε_{cu}为 FRP 约束混凝土的极限应变。

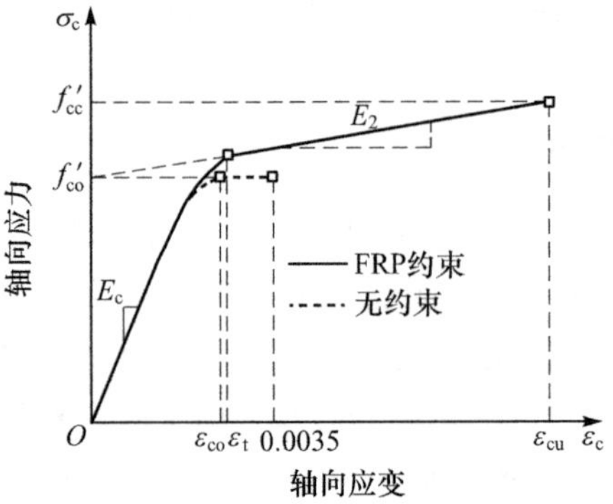

图 4.2.29　FRP 约束混凝土的受压骨架曲线[56]

极限状态 FRP 约束混凝土的应力 f'_{cc}和应变 ε_{cu}分别表示为

$$\frac{f'_{cc}}{f'_{co}}=1+3.5\frac{f_1}{f'_{co}}-0.035\frac{\varepsilon_{h,rup}}{\varepsilon_{co}}\tag{4.2.69}$$

$$\frac{\varepsilon_{cu}}{\varepsilon_{co}}=1.75+6.5\left(\frac{f_t}{f'_{co}}\right)^{0.8}\left(\frac{\varepsilon_{h,rup}}{\varepsilon_{co}}\right)^{0.65}\tag{4.2.70}$$

式中，ε_{co}为非约束混凝土在峰值应力对应的应变(通常取 0.002)；$\varepsilon_{h,rup}$为 FRP 的断裂应变；f_1 为 FRP 提供的约束应力，通常由式(4.2.71)给出：

$$f_1=\frac{E_{frp}t\varepsilon_{h,rup}}{R}\tag{4.2.71}$$

式中，E_{frp}、t 分别为 FRP 的弹性模量和厚度；R 为约束混凝土半径。

Lam 和 Teng[56]发展了完善的 FRP 约束混凝土加载/卸载准则，如图 4.2.30

所示，卸载段可以用式(4.2.72)表示：

$$\sigma_c = a\varepsilon_c^{\eta} + b\varepsilon_c + c \tag{4.2.72}$$

式中，系数 η 的大小取决于开始卸载时的应变(也叫卸载应变 ε_{un})；系数 a、b、c 均为常数，通常由试验确定。

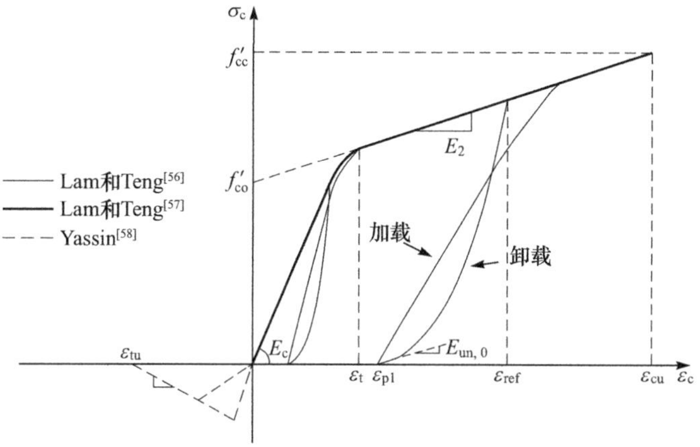

图 4.2.30　FRP 约束混凝土的滞回关系

卸载到应力为零时的弹性模量 $E_{un,0}$ 由式(4.2.73)决定：

$$E_{un,0} = \min\left\{\frac{0.5f'_{co}}{\varepsilon_{un}}, \frac{\sigma_{un}}{\varepsilon_{un} - \varepsilon_{pl}}\right\} \tag{4.2.73}$$

式中，σ_{un} 为应变为 ε_{un} 对应的应力；ε_{pl} 为卸载到应力为零时的残余应变(塑性应变)。

FRP 约束混凝土的加载段通常包含两段：第一阶段，从加载开始点线性加载到一个应变参考点；第二阶段，从应变参考点以二次抛物线的形式回到骨架曲线。线性加载段可以表达为

$$\sigma_c = \sigma_{re} + E_{re}(\varepsilon_c - \varepsilon_{re}), \quad \varepsilon_{re} \leqslant \varepsilon_c \leqslant \varepsilon_{ref} \tag{4.2.74}$$

式中，σ_{re}、ε_{re} 分别为加载起始点的应力和应变；E_{re} 为加载段的斜率；ε_{ref} 为应变参考点的应变值。

第二阶段抛物线可以表示为

$$\sigma_c = A\varepsilon_c^2 + B\varepsilon_c + C, \quad \varepsilon_{ref} \leqslant \varepsilon_c \leqslant \varepsilon_{ret,env} \tag{4.2.75}$$

式中，A、B、C 均为系数；$\varepsilon_{ret,env}$ 为第二阶段抛物线与骨架曲线交点的应变值。

Lam 和 Teng 同时提出了考虑往复受压状态下 FRP 约束混凝土的强度退化准则，具体可参考文献[56]。

2) FRP 约束混凝土受拉本构模型

Yassin[58] 提出了一个混凝土受拉本构模型，该模型被添加到 OpenSees 的混凝土材料库中(Concrete02)。该模型中，混凝土的受拉骨架曲线包含两段：线性上

升段和线性下降段。线性上升段的斜率等于混凝土的弹性模量。混凝土的受拉强度可以表示为 $f_t=0.632\sqrt{f'_{co}}$，受拉极限应变可以表示为 $\varepsilon_{tu}=f_t(1/E_{ts}+1/E_c)$，其中 E_{ts}为混凝土受拉软化段的斜率，通常取值为 $0.05E_c$。该模型的缺陷在于忽略了混凝土受压退化对其拉伸模量的影响。

Teng 等[59]对该模型进行了修正。他们认为，只有混凝土从应变为零进入拉伸状态时，混凝土的受拉弹性模量才等于混凝土的受压弹性模量。当混凝土从受压状态卸载至受拉时($\sigma_c=0$ 且 $\varepsilon_c>0$)，混凝土的受拉弹性模量等于受压混凝土卸载到应力为零状态的弹性模量 $E_{un,0}$，这种修正确保了混凝土拉压状态交界处弹性模量的一致性，如图 4.2.31 所示。

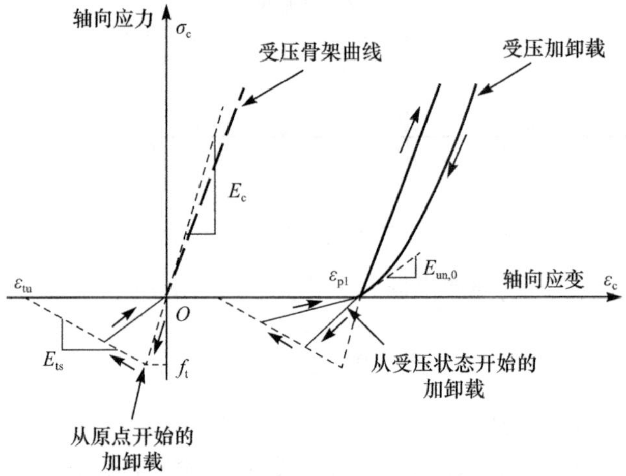

图 4.2.31　FRP 约束混凝土的受拉本构关系

综合上述 FRP 约束混凝土的拉压应力-应变关系，Teng 等[59]把上述 FRP 约束混凝土的受压和受拉本构关系通过二次开发写入 OpenSees 计算平台上，并命名为纤维约束混凝土(FrpConfinedConcrete)。

3）钢筋本构模型

OpenSees 提供了三种钢筋本构模型：Steel01、Steel02 和 Reinforcing Steel。其中，Reinforcing Steel 基于 Chang 和 Mander[60]模型考虑了钢筋的强化和疲劳损伤。Kunnath 等[61]建议在使用纤维单元进行 RC 构件分析时使用该模型。

Reinforcing Steel 钢筋本构模型的骨架曲线包括线性起始段、屈服平台段、应力强化段三部分。应力强化段的应力-应变关系可以表示为

$$\sigma_s=f_{su}+(f_y-f_{su})\left(\frac{\varepsilon_{su}-\varepsilon_s}{\varepsilon_{su}-\varepsilon_{sh}}\right)^p,\quad \varepsilon_{sh}\leqslant\varepsilon_s\leqslant\varepsilon_{su}\tag{4.2.76}$$

其中

$$p = E_{sh}\frac{\varepsilon_{su}-\varepsilon_s}{f_{su}-f_y} \tag{4.2.77}$$

式中，σ_s、ε_s 分别为钢筋的应力和应变；f_y 为钢筋屈服应力；ε_{sh}、E_{sh}分别为钢筋开始强化状态的应变和弹性模量；f_{su}、ε_{su}分别为钢筋的极限应力和极限应变。

多数情况下，E_{sh}是比较难以直接确定的，一般可通过式(4.2.78)来确定指数 p[62]，进而反推 E_{sh}。

$$p = \frac{\lg\dfrac{f_{su}-\sigma_{sh1}}{f_{su}-f_y}}{\lg\dfrac{\varepsilon_{su}-\varepsilon_{sh1}}{\varepsilon_{su}-\varepsilon_y}} \tag{4.2.78}$$

式中，ε_y 为钢筋屈服应变；σ_{sh1}、ε_{sh1}分别为钢筋强化段内任一点的应力和应变。

钢筋的加载/卸载准则采用 Menegotto 和 Pinto[63] 提出的模型，Kunnath 等[61] 对其进行了微小的修正并添加到 Reinforcing Steel 材料模型中，如图 4.2.32 所示。

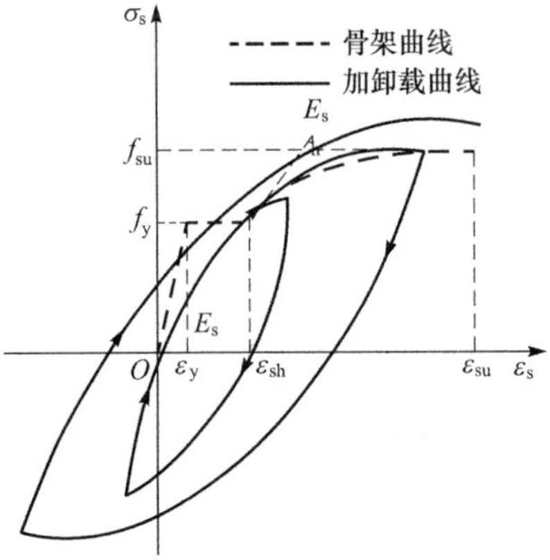

图 4.2.32　Reinforcing Steel 钢筋本构模型

4) 基于 OpenSees 的 FRP 约束 RC 桥墩数值分析

选取 Bai[64] 于 2014 年完成的一批采用 PEN FRP 约束 RC 圆形截面桥墩在轴力和水平荷载作用下的拟静力试验结果来验证数值模拟的可靠性。PEN FRP 是近年出现的一种新型 FRP，具有高延性、绿色可再生的优点[65,66]。详细的试验数据可参考文献[64]，表 4.2.2 给出了试验参数，试验装置及测试过程如图 4.2.33 所示。

表 4.2.2　FRP 约束圆形试件体参数

构件编号	直径/10^2mm	柱高/10^3mm	FRP 种类	厚度/mm
C-CFRP-3	2.38	1.25	CFRP	0.501
C-PEN-1	2.38	1.25	PEN FRP	1.272
C-PEN-2	2.38	1.25	PEN FRP	2.544
C-PEN-3	2.38	1.25	PEN FRP	3.816

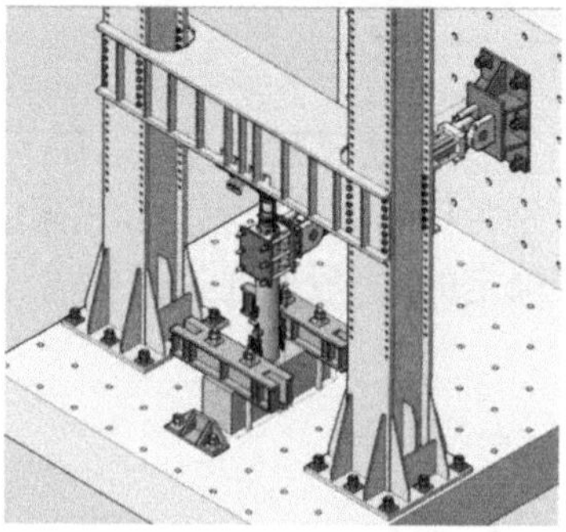

图 4.2.33　FRP 约束圆形桥墩试验装置及测试过程

本节采用非线性梁柱单元来模拟 FRP 约束 RC 桥墩，构件长度方向采用三个单元，每个单元采用 5 个积分点，单元划分和截面划分详见图 4.2.34。FRP 约束混凝土模型采用本节介绍的 FRP Confined Concrete 模型，钢筋模型采用 OpenSees 自带的 Reinforcing Steel 模型。由于本节试验中塑性铰区采用比较稀疏的箍筋间距，在本节的模拟中，不考虑箍筋对混凝土的约束作用。采用平板拉伸试验实测 FRP 断裂应变来确定 FRP 约束混凝土的极限状态。图 4.2.35 为试验和 OpenSees 模拟得出的滞回曲线。总体上来说，数值模拟能够取得较准确的结果，证明了提出的 FRP 约束 RC 实心桥墩滞回分析模型的正确性。

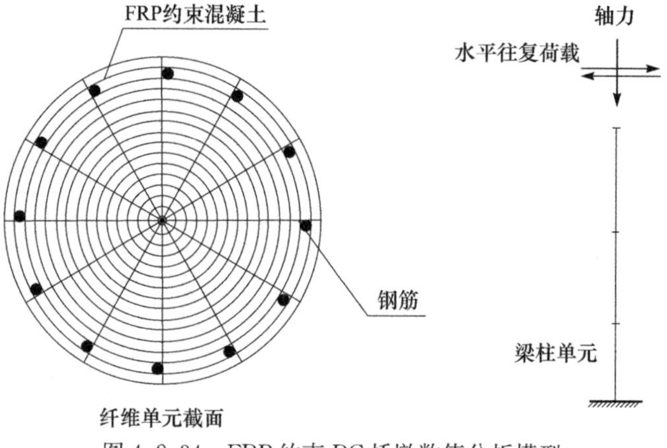

图 4.2.34　FRP 约束 RC 桥墩数值分析模型

2. CFRP 约束 RC 空心桥墩

1) CFRP 侧向约束力简化计算方法

试验结果已经证实，在矩形截面空心桥墩外贴 CFRP 可对混凝土提供横向约束作用，提高核心混凝土的强度和延性，改善空心桥墩的延性变形能力和耗能能

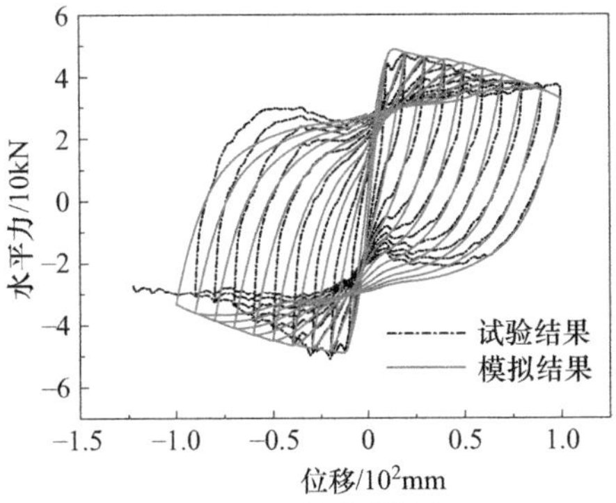

(a) C-PEN-1

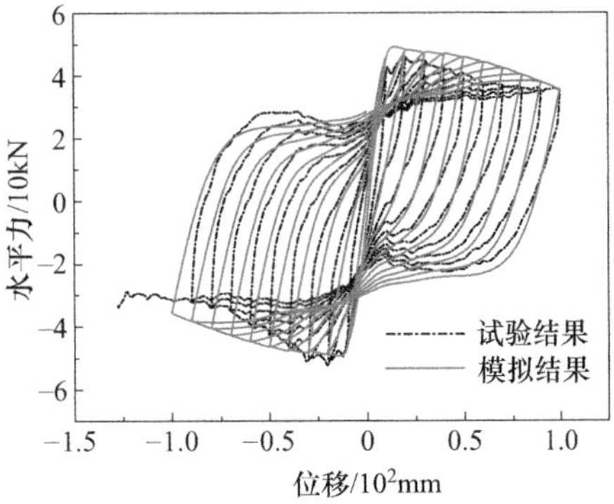

(b) C-PEN-2

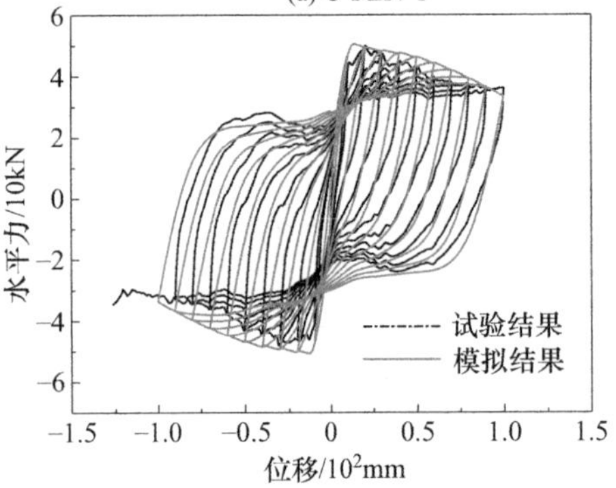

(c) C-PEN-3

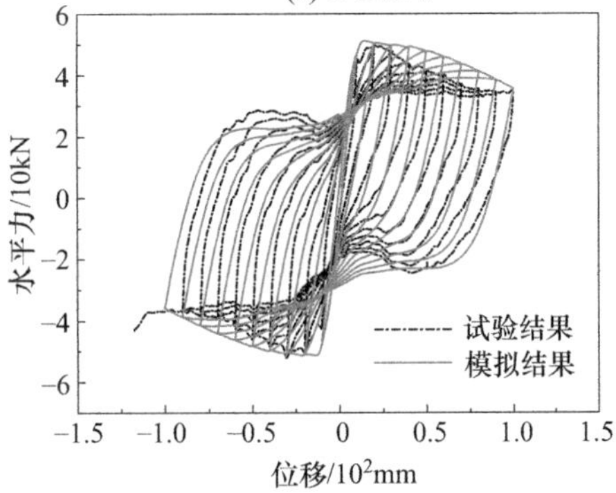

(d) C-CFRP-3

图 4.2.35　FRP 约束圆形桥墩滞回曲线

力[67~70]。在 FRP 约束混凝土墩柱滞回性能的数值分析模型中，一般不对 FRP 进行建模，可通过改变混凝土的极限抗压强度和极限压应变来考虑 FRP 的约束效应。本节提出了一种考虑有效强度系数和面积配箍率的 CFRP 有效侧向约束力的简化计算方法，计算精度高，且方便应用到约束混凝土的本构关系中。

考虑到 CFRP 约束区截面及纵向约束拱效应(见图 4.2.36)和面积配箍率对 CFRP 有效极限受拉强度的影响，提出的 CFRP 侧向约束力 f_{lfrp} 的简化计算公式为

$$f_{\mathrm{lfrp}(x\text{或}y)}=k'_{\mathrm{e}}\rho_{\mathrm{frp}(x\text{或}y)}\,\overline{\varepsilon_{\mathrm{t}}}E_{\mathrm{frp}} \tag{4.2.79}$$

式中，k'_{e}为有效强度系数；$\rho_{\mathrm{frp}(x\text{或}y)}$为截面上 x 方向或 y 方向 CFRP 约束面积配箍率；$\overline{\varepsilon_{\mathrm{t}}}$为环包 CFRP 有效极限拉应变，本节取 58.6%；E_{frp}为 CFRP 的弹性模量。

截面上 x 方向和 y 方向的 CFRP 配箍率分别为

$$\rho_{\mathrm{frpx}}=\frac{2t_{\mathrm{j}}}{b} \tag{4.2.80}$$

$$\rho_{\mathrm{frpy}}=\frac{2t_{\mathrm{j}}}{h} \tag{4.2.81}$$

式中，t_{j} 为粘贴 CFRP 厚度；b 为截面宽度；h 为截面高度。

考虑截面倒角、拱效应对 CFRP 有效约束核心混凝土面积的影响，k'_e表达式为

$$k'_{e}=\frac{A_{e}}{A_{c}}\left(1-\frac{s'}{2b}\right)\left(1-\frac{s'}{2h}\right) \tag{4.2.82}$$

$$A_{c}=bh-(4-\pi)r^{2}-(b-2t)(h-2t) \tag{4.2.83}$$

$$A_{e}=A_{c}-\sum_{i=1}^{n}\frac{\omega_{i}^{2}}{6} \tag{4.2.84}$$

式中，A_e 为考虑横截面拱效应的有效约束混凝土面积；A_c 为截面混凝土净面积；r 为倒角半径；t 为截面壁厚；ω_i 为截面第 i 个起拱的水平长度；s'为 FRP 纵向间距或有效约束间距。

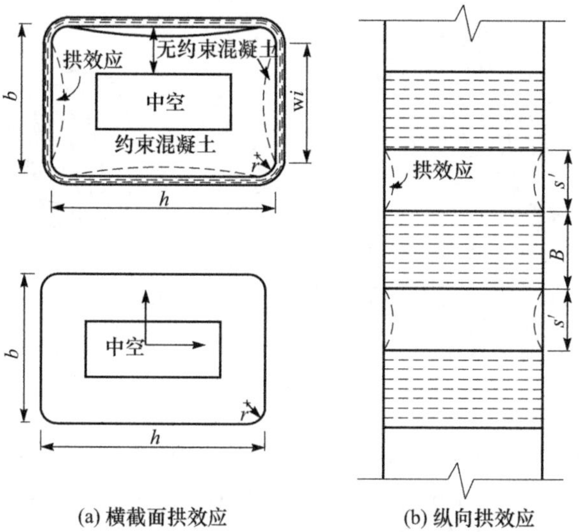

图 4.2.36　CFRP 约束桥墩截面拱效应

2）CFRP 约束混凝土本构模型

以 Mander 约束混凝土模型为基础，加固后的桥墩核心混凝土采用 CFRP 与箍筋共同约束的混凝土模型，保护层混凝土采用 Mander 约束混凝土模型。在 Open Sees 程序中，混凝土以 Concrete07 模型模拟。考虑有效强度系数和面积配箍率的 CFRP 约束混凝土本构模型计算方法如下：

$$f_{c}=\frac{f'_{cc}xr}{r-1+x^{r}} \tag{4.2.85}$$

$$x=\frac{\varepsilon_{c}}{\varepsilon_{cc}},\quad r=\frac{E_{c}}{E_{c}-E_{sec}},\quad E_{c}=5000\sqrt{f'_{c}},\quad E_{sec}=\frac{f'_{cc}}{\varepsilon_{cc}} \tag{4.2.86}$$

式中，f'_{cc}为核心混凝土峰值强度；ε_{cc}为核心混凝土峰值应变；f'_c为素混凝土峰值强度；E_c 为混凝土初始弹性模量；E_{sec}为核心混凝土峰值割线模量。

核心混凝土峰值强度和峰值应变表达式分别为

$$f'_{cc}=f'_c\left(-1.254+2.254\sqrt{1+\frac{7.94f_l}{f'_c}}-2\frac{f_l}{f'_c}\right) \tag{4.2.87}$$

$$\varepsilon_{cc}=\varepsilon_{co}\left[1+5\left(\frac{f'_{cc}}{f'_c}-1\right)\right] \tag{4.2.88}$$

式中，f_l 为核心混凝土的有效侧向约束力。

对于 CFRP 环包的 RC 柱，Mander 约束混凝土模型中的 f_l 由箍筋 f_{lsteel} 和 CFRP 提供的侧向约束力 f_{lfrp} 组成，其中 f_{lfrp} 可由式(4.2.89)计算：

$$f_l=f_{lsteel}+f_{lfrp} \tag{4.2.89}$$

$$f_{lsteel}=k_{se}\rho_s f_{yh} \tag{4.2.90}$$

式中，k_{se} 为箍筋有效侧向约束系数；ρ_s 为箍筋配箍率；f_{yh} 为箍筋屈服强度。

$$k_{se}=A_{se}/A_c,\quad A_{se}=A_c-2c(b+h) \tag{4.2.91}$$

式中，A_{se} 为箍筋有效约束面积；A_c 为净截面面积，可由式(4.2.83)得到；c 为混凝土保护层厚度。

钢筋采用 Giuffré-Menegotto -Pinto 模型，骨架曲线采用双线性应力-应变关系。

3) 计算结果和参数分析

基于 OpenSees 程序中的集中塑性铰模型模拟桥墩滞回性能，塑性铰长度 L_p 由式(4.2.92)确定：

$$L_p=0.08L+0.022f_y d_s\geqslant 0.044f_y d_s \tag{4.2.92}$$

式中，L 为墩柱的高度；f_y 为纵筋的屈服强度；d_s 为纵筋的直径。

对北京工业大学完成的 CFRP 约束空心桥墩试验结果[67~70]采用数值模拟方法进行验证，试验照片如图 4.2.37 所示，分析模型如图 4.2.38 所示。试件主要试验参数如表 4.2.3 所示。

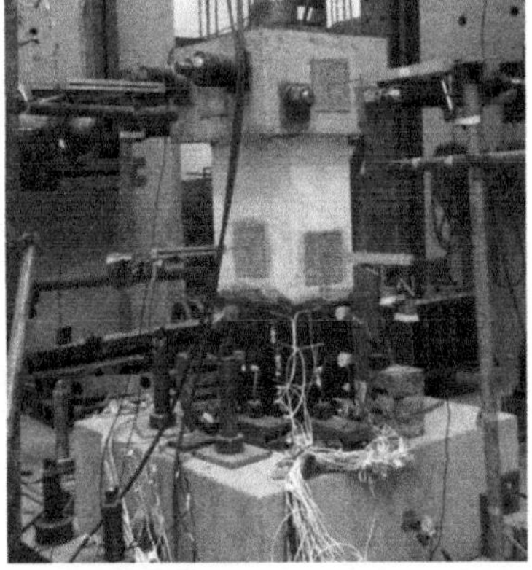

图 4.2.37　CFRP 约束矩形截面空心桥墩试验照片

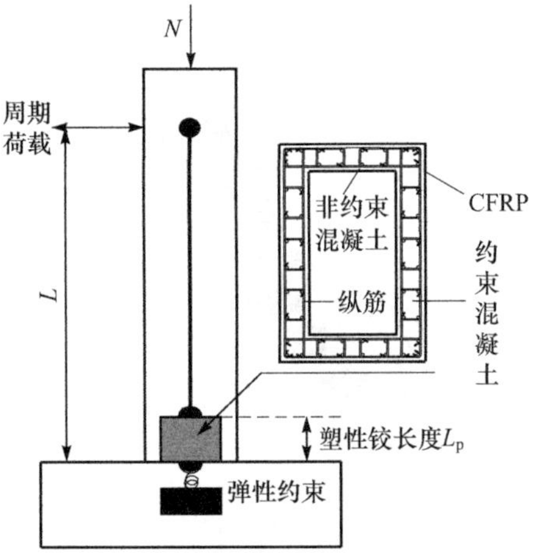

图 4.2.38　CFRP 约束矩形截面空心桥墩滞回分析模型

表 4.2.3 试件设计

试件编号	墩高/10^3mm	纵筋		箍筋		约束高度/mm	CFRP（面积配布率）	轴压比
		直径、间距	配筋率/%	直径、间距	体积配箍率/%			
SU-1	1.4	20ϕ10	1.05	ϕ6@100	0.49	0	—	0.2
SHC-3	1.4	20ϕ10	1.05	ϕ6@100	0.49	500	0.40	0.2
LU-1	2.8	20ϕ10	1.05	ϕ6@100	0.49	500	—	0.2
LHC-2	2.8	20ϕ10	1.05	ϕ6@100	0.49	500	0.27	0.2

数值模拟得到的力-位移关系滞回曲线与试验结果对比如图 4.2.39 所示。可以看出，数值模拟结果与试验结果吻合较好，卸载路径与再加载路径具有良好一致性，理论分析结果的滞回环与试验实测曲线相差约 5%。本节采用的分析方法能较好地模拟 CFRP 约束 RC 矩形截面空心桥墩的滞回性能，且计算效率很高。

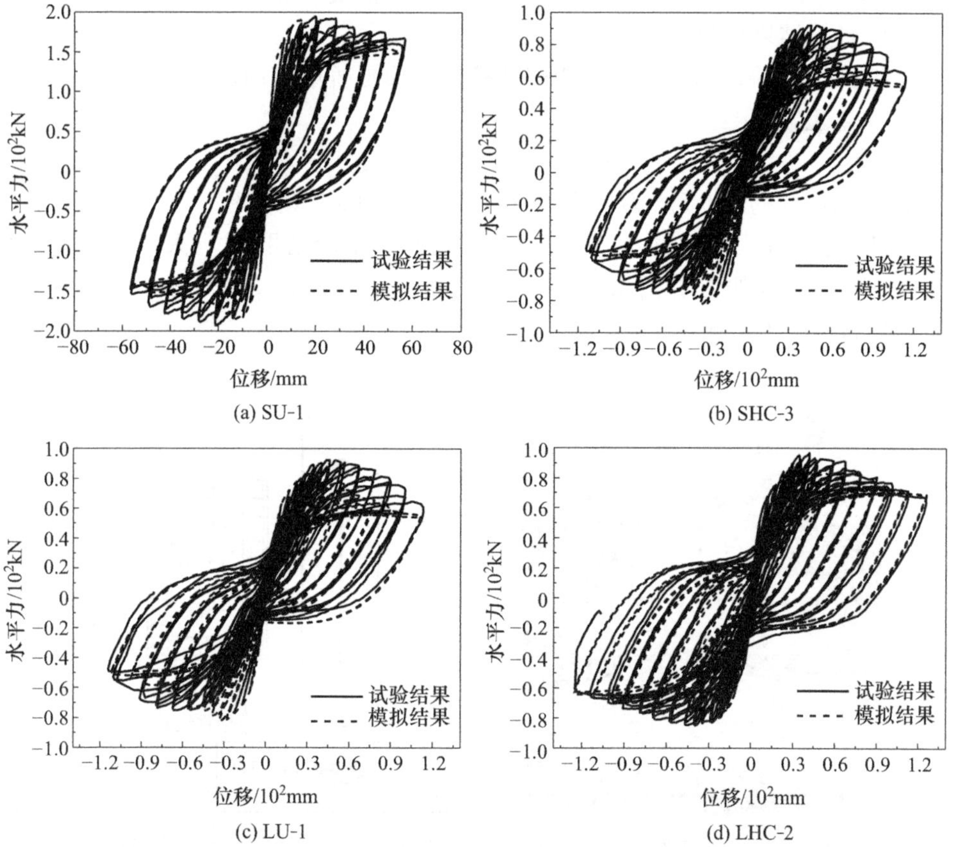

图 4.2.39 滞回曲线数值模拟结果与试验结果对比

4.2.5　节段拼装桥墩

随着建筑产业化的发展，采用预制拼装结构的桥梁建造技术受到广泛重视。节段拼装桥墩是将墩身分成若干节段，在预制现场浇筑并完成养护后，运至施工现场组装。节段拼装桥墩主要适用于桥梁长度较长、墩数较多、墩高相对较高，或者现场施工条件复杂、周边交通繁忙、施工空间有限的墩柱施工。与传统的整体现浇桥墩相比，预制拼装桥墩可大大加快施工进度，减少施工过程对城市交通和环境的影响。节段拼装桥墩普遍采用竖向预应力筋，可大大减少桥墩的震后残余位移，保证桥梁的震后可恢复功能。

作为新型的结构形式，目前对节段拼装桥墩墩身中接缝部位及桥墩与承台、盖梁节点处等关键部位的传力机理研究尚不明确，且对其抗震问题开展的研究较少，因此限制了其在强震区的应用和推广。本节主要介绍采用解析法计算节段拼装桥墩力-位移关系的单塑性铰模型和双塑性铰模型，以及基于实体有限元模型开展的研究工作。

1. 节段拼装桥墩单塑性铰模型

节段拼装桥墩在地震作用下受力状态与传统的RC柱相比有较大差别。传统的RC桥墩采用延性抗震设计理念，以墩柱两端的塑性铰消耗地震能量，并通过塑性铰的转动实现墩顶侧向变形。对节段拼装桥墩来讲，墩顶侧向变形主要是由接缝间的开口引起的。

图4.2.40给出了节段拼装桥墩在横向地震作用下的三个关键状态[71]。图中，F为水平向地震力，N为垂直荷载，F_{si}为预应力筋初始预应力，ΔF_{si}为预应力增量。根据三个关键状态将桥墩受力过程分成三个阶段，没有地震力作用时底部均匀受压，随着地震力的产生和增加，底部一侧纤维应变逐渐减小直到降为零，达到第一阶段极限状态(见图4.2.40(a))，此时底端偏心受压，中性轴宽度等于截面宽度。随着地震力继续增大，底部开口从墩柱底端一侧开始向底端中部发展，此时桥墩开始进入非线性变形，第二阶段极限状态如图4.2.40(b)所示，中性轴宽度等于截面宽度的一半。地震力继续增大，中性轴宽度继续降低、预应力筋拉伸，此时预应力将增加ΔF_{si}，进入第三阶段，如图4.2.40(c)所示。在前两个阶段的反应中，预应力钢筋应力F_{si}没有明显的变化，在分析中可按照定量来考虑。第三阶段由于预应力筋被拉长，其预应力值变为$\Delta F_{si}+F_{si}$。假定预应力钢筋位于构件截面中心处，后续的理论分析都是建立在上述三个阶段划分的基础上。

1）截面弯矩-曲率关系

在三阶段划分的基础上，根据假设条件：平截面假定、预应力筋不屈服、不考虑预应力筋与孔道摩擦及预应力锚具回缩等，推导节段拼装桥墩底部截面弯矩-曲率关系。

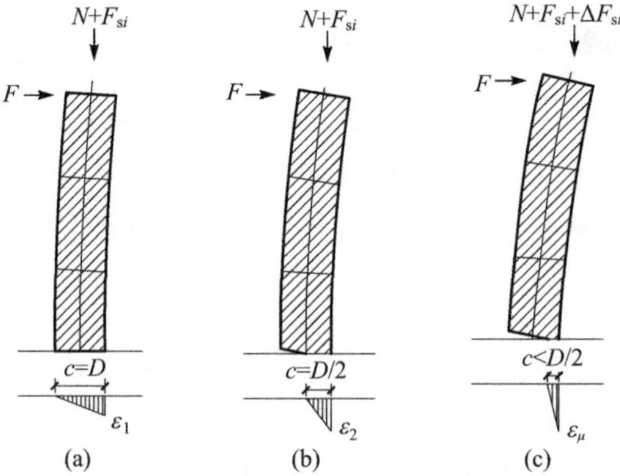

图 4.2.40　节段拼装桥墩在横向地震作用下的关键状态

墩柱反应的前两个阶段，预应力钢筋力 F_{si} 基本保持不变。底部截面弯矩-曲率关系利用混凝土最外侧压应变 ε_c，选择合适的中性轴宽度 c，使其满足底面的作用力平衡。

$$P = N + F_{si} \tag{4.2.93}$$

式中，P 为墩底混凝土截面竖向合力；N 为垂直荷载；F_{si} 为预应力筋初始应力。

墩底混凝土截面竖向合力与中性轴宽度及混凝土应力的关系为

$$P = \int_{D/2-c}^{D/2} f_c \mathrm{d}A \tag{4.2.94}$$

式中，f_c 为混凝土压应力(变量)；D 为墩柱直径。

该方法与普通钢筋混凝土理论一致，可用于第二阶段之前的状态(见图 4.2.40(b)，含该状态)。对于反应的第三阶段，桥墩底端压缩变形导致节段拼装桥墩顶部产生较大的非线性变形。已有的试验表明，节段拼装桥墩底部受压形成的塑性铰产生在柱底和基础的交界处，即节段底面与承台之间的开口。图 4.2.41 描绘了第三阶段节段拼装桥墩的变形形状及柱底和基础交界处详图。

墩柱和竖直方向夹角与柱底截面和基础交界处的角度相等，该塑性旋转角度为 θ_p，此时

$$\theta_p = \varphi_p L_p \tag{4.2.95}$$

式中，φ_p 为塑性曲率；L_p 为塑性铰长度。

对于节段拼装桥墩，有

$$L_p = \frac{D}{2} \tag{4.2.96}$$

$$\varphi_p = \varphi_t - \varphi_e \tag{4.2.97}$$

式中，φ_t 为截面总曲率；φ_e 为弹性曲率。

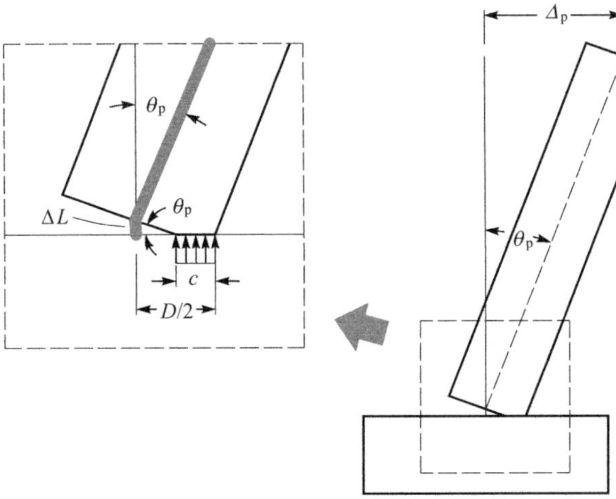

图 4.2.41　节段拼装桥墩底部变形详图

总曲率通过截面最大压应变和中性轴宽度比值得到，即

$$\varphi_t = \frac{\varepsilon_c}{c} \tag{4.2.98}$$

式中，ε_c 为混凝土最外侧压应变；c 为中性轴宽度。

弹性曲率 φ_e 可用第二阶段曲率 φ_2 来代替，即

$$\varphi_e = \varphi_2 \tag{4.2.99}$$

再次参考图 4.2.41，一旦底部接缝处开裂宽度超过截面宽度的一半，预应力钢筋被拉伸，从而增加了预应力筋应变 $\Delta\varepsilon_s$：

$$\Delta\varepsilon_s = \frac{\Delta L}{L_t} = \frac{\theta_p(D/2 - c)}{L_t} \tag{4.2.100}$$

式中，D 为桥墩直径；ΔL 为预应力筋伸长量；L_t 为预应力筋长度。

预应力筋应力增量的计算公式为

$$\Delta f_s = \Delta\varepsilon_s E_s \tag{4.2.101}$$

式中，Δf_s 为预应力增量；E_s 为预应力钢筋的弹性模量。

底部节段与承台接缝开口导致预应力筋的总拉力增加值 ΔF_s 的计算式为

$$\Delta F_s = \Delta f_s A_s \tag{4.2.102}$$

式中，A_s 为预应力筋面积。

通过式(4.2.93)～式(4.2.102)，可得到节段拼装桥墩受力全过程的弯矩-曲率曲线。

2) 水平力-位移关系

第一阶段的反应位移基于弯矩-曲率分析，并考虑悬臂柱固定在底座上，墩顶

的水平力-位移关系按式(4.2.103)计算:

$$\Delta_1 = \frac{1}{3}\varphi_1 H^2 \tag{4.2.103}$$

式中,H 为墩高;Δ_1 为第一阶段墩顶位移;φ_1 为第一阶段墩底截面曲率。此阶段的水平力 F_1 为

$$F_1 = \frac{M_1}{H} \tag{4.2.104}$$

式中,M_1 为第一阶段墩底截面弯矩。

第二阶段的位移,可根据第一阶段的反应来确定弹性部分的位移,并加上一个墩底转动产生的位移。第二阶段反应的位移与侧向力计算公式为

$$\Delta_2 = \Delta_{2e} + \Delta_{2p} \tag{4.2.105}$$

$$\Delta_{2e} = \frac{F_2}{F_1}\Delta_1 \tag{4.2.106}$$

$$\Delta_{2p} = \left(\varphi_2 - \frac{F_2}{F_1}\varphi_1\right) L_p H \tag{4.2.107}$$

$$F_2 = \frac{M_2}{H} \tag{4.2.108}$$

式中,Δ_2 为第二阶段墩顶位移;Δ_{2e}为第二阶段弹性位移;Δ_{2p}为第二阶段塑性位移;M_2 为第二阶段墩底截面弯矩;F_2 为第二阶段墩顶受到的水平力;φ_2 为第二阶段墩底截面曲率。

第二阶段结束,即墩底开口至截面一半宽度时(下面称为屈服点),开始了新的力-位移关系,如图 4.2.42 所示。当然,此处"屈服"一词不是指预应力钢筋的屈服,而是表示整个桥墩的力-位移关系开始出现显著的非线性。

第三阶段的反应过程中,墩顶位移主要是节段拼装桥墩底部塑性铰转动引起的位移。墩柱第三阶段的位移及侧向力计算方法为

$$\Delta_3 = \Delta_{3e} + \Delta_{3p} \tag{4.2.109}$$

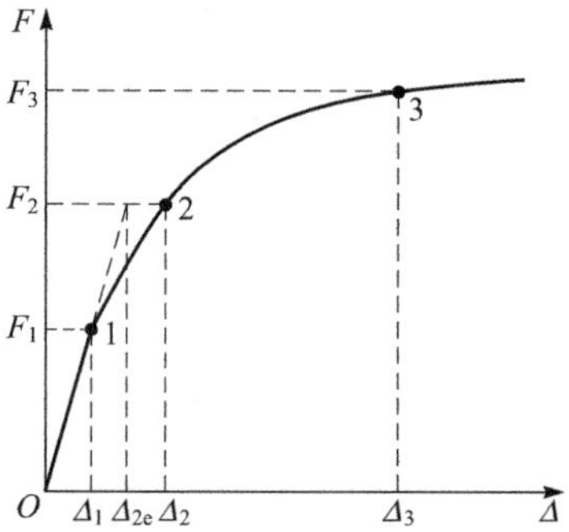

图 4.2.42 水平力与墩顶水平位移关系

$$\Delta_{3e} = \frac{F_3}{F_2}\Delta_2 \tag{4.2.110}$$

$$\Delta_{3p} = \left(\varphi_3 - \frac{F_3}{F_2}\varphi_2\right) L_p H \tag{4.2.111}$$

$$F_3 = \frac{M_3}{H} \tag{4.2.112}$$

式中，Δ_3 为第三阶段墩顶位移；Δ_{3e}为第三阶段弹性位移；Δ_{3p}为第三阶段塑性位移；M_3 为第三阶段墩底截面弯矩；F_3 为第三阶段墩顶受到的水平力；φ_3 为第三阶段墩底截面曲率。

用上述解析方法分析 Hewes 和 Priestley[71]完成的节段预制拼装桥墩 JH1 模型，并与试验结果进行对比，如图 4.2.43 所示。

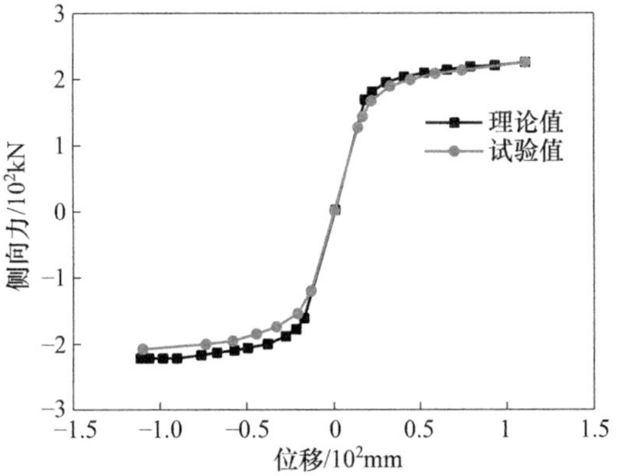

图 4.2.43　节段拼装桥墩解析力-位移关系

2. 节段拼装桥墩双塑性铰模型

对于多节段的拼装桥墩，侧向荷载下可能出现多个接缝部位的开口，如图 4.2.44 所示。由于上部的开口仍会引起较大的墩顶侧向变形，此时单塑性铰模型已不再适用，为此 Chou 等[72]提出双塑性铰模型，除考虑底部节段与承台之间的开口之外，还考虑底部节段与上部节段之间的开口。图 4.2.44 为双塑性模型的曲率分布与变形的示意图，图 4.2.45 为底部和第 2 个接缝处的变形详图。

采用双塑性铰模型时，节段拼装桥墩的受力过程仍可以分为三个阶段：第一阶段对应两个接缝处截面均处于受压应力状态；第二阶段时，底部接缝处张开且受压区高度缩小至预应力筋位置，预应力筋应力增加，上部接缝处虽张开但未达到预应力筋位置，此阶段桥墩侧向力-位移关系开始出现明显的非线性；第三阶段时，上部接缝张开至预应力筋位置，底部和上部的接缝张开导致预应力筋应力迅速增加，桥墩侧向力-位移关系呈现明显的非线性。第三阶段时，双塑性铰模型弯矩-曲率关系计算方法与单塑性铰模型类似，这里不再详细叙述。双塑性铰模型与单塑性铰模

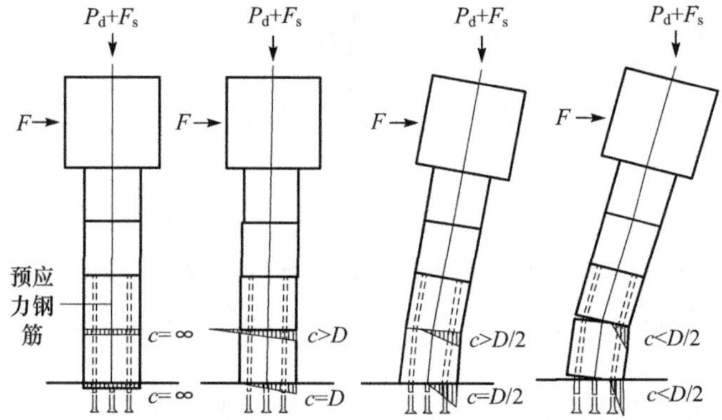

图 4.2.44　节段拼装桥墩双塑性模型的曲率分布与变形示意图

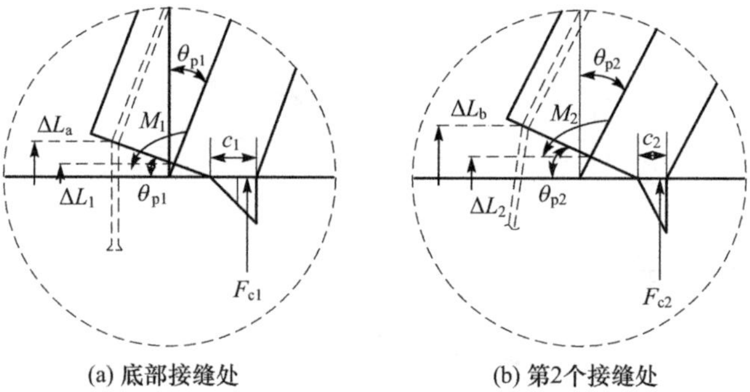

图 4.2.45　底部和第 2 个接缝处的变形详图

型的不同点在于,底部两个接缝张开引起的墩顶变形的计算。

由接缝张开引起的预应力筋应变为

$$\varepsilon_{st}=\varepsilon_{in}+\frac{1}{L}\left[\theta_{p1}\left(\frac{D}{2}-c_1\right)+\theta_{p2}\left(\frac{D}{2}-c_2\right)\right] \tag{4.2.113}$$

式中,θ_{p1}、θ_{p2}分别为底部和第 2 个接缝处的转动角度;c_1、c_2 分别为底部和第 2 个接缝处的受压区高度;ε_{in}为预应力筋初始应变;L 为无黏结预应力筋长度。

耗能钢筋的应变 ε_{ED}同样与接缝的张开有关,计算公式为

$$\varepsilon_{ED}=\frac{\Delta L_a+\Delta L_b}{L_{ED}+2L_{ua}}=\frac{\theta_{p1}d_1+\theta_{p2}d_2}{L_{ED}+2L_{ua}} \tag{4.2.114}$$

式中,ΔL_a、ΔL_b 分别为底部和第 2 个接缝处由接缝张开引起的耗能钢筋伸长量;L_{ED}为耗能钢筋无黏结段长度;d_1、d_2 分别为底部和第 2 个接缝处耗能钢筋与受压区中性轴的距离。

采用双塑性铰模型时,墩顶侧向变形 Δ 可表示为

$$\Delta=\Delta_e+\Delta_{p1}+\Delta_{p2} \tag{4.2.115}$$

式中,Δ_e 为弹性变形;Δ_{p1}、Δ_{p2}分别为墩柱绕底部接缝和第 2 个接缝转动引起的塑

性变形，可分别表示为

$$\Delta_{p1}=\left(\varphi_b-\varphi'_{y1}\frac{M_1}{M'_{y1}}\right)L_{p1}H_1=\theta_{p1}H_1 \tag{4.2.116}$$

$$\Delta_{p2}=\left(\varphi_2-\varphi'_{y2}\frac{M_2}{M'_{y2}}\right)L_{p2}H_2=\theta_{p2}H_2 \tag{4.2.117}$$

式中，L_{p1}、L_{p2}分别为底部和第 2 个接缝处的塑性铰长度；φ_b、φ_2 分别为底部和第 2 个接缝处的曲率；φ'_{y1}、φ'_{y2}分别为底部和第 2 个接缝处受压区高度为截面宽度一半时对应的曲率；M'_{y1}、M'_{y2}分别为底部和第 2 个接缝处受压区高度为截面宽度一半时的截面弯矩；M_1、M_2 分别为底部和第 2 个接缝处的弯矩值；H_1、H_2 分别为底部和第 2 个接缝处至墩顶侧向加载点的距离。

基于上述双塑性铰模型的基本假定，并结合受力和变形的平衡条件，经迭代后可获得节段拼装桥墩的力-位移关系，详细过程可参考文献[72]。

3. 节段拼装桥墩精细有限元模型

1）试验模型

设计制作两个 1/2 缩尺比例的节段拼装桥墩模型，如图 4.2.46 所示。试验模

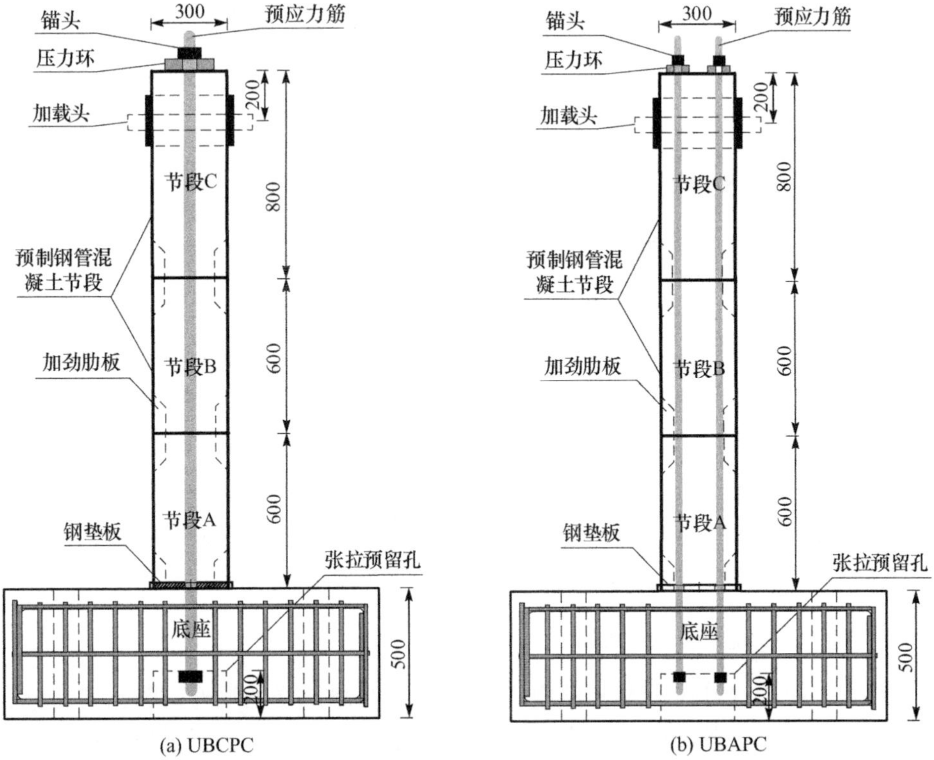

图 4.2.46　预制拼装桥墩试验模型(单位：mm)

型 UBCPC 为无黏结轴心预应力桥墩，预应力钢绞线穿过钢管混凝土节段轴心，接缝间无任何连接，可以自由开口。试验模型 UBAPC 为无黏结四周预应力桥墩，预应力钢绞线在四周位置穿过钢管混凝土节段。表 4.2.4 给出了两个试件的详细设计参数。

表 4.2.4　预制拼装桥墩试件设计参数

样本名称	高度/10^3mm	钢管尺寸	预应力钢绞线	预应力/10^2kN	轴压比
UBCPC	1.8	D300×12	4×7ϕ5	4	0.097
UBAPC	1.8	D300×12	4×7ϕ5	4	0.097

2）数值模型

采用 ABAQUS 软件建立节段拼装桥墩精细有限元模型。钢管采用弹塑性硬化模型，混凝土采用塑性损伤模型。混凝土和钢管均采用三维实体线性缩减积分单元(C3D8R)，能够避免在计算过程中网格扭曲变形对分析结果精度产生较大的影响，也能有效解决线性完全积分单元的“剪力自锁”问题。钢管与混凝土通过连接绑定在一起，钢管混凝土节段之间由法向接触单元和径向接触单元组成，法向接触采用硬接触，径向接触采用罚函数，摩擦系数为 0.17。预应力筋采用双线性模型，以桁架单元模拟。预应力钢绞线的两端通过 MPC 梁与钢管混凝土的上截面和底座进行绑定，预应力钢绞线和混凝土之间相互摩擦耗能通过施加一阻尼器来实现，具体模型如图 4.2.47 所示。

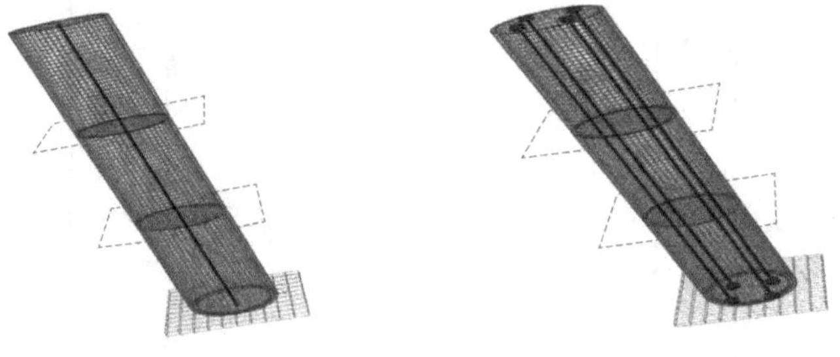

(a) UBCPC　　(b) UBAPC

图 4.2.47　节段预制拼装桥墩有限元模型

3）数值模拟和试验对比

以 UBCPC 试件为例，将模拟得到的墩顶滞回曲线、预应力筋拉力等与试验结果进行对比，如图 4.2.48 所示。可以发现，模拟结果与试验结果吻合较好，即所建立的精细有限元模型可较好地模拟节段拼装桥墩的静力滞回反应。

4.2.6　RC 桥墩统一滞回模型

韩强等[73]基于 Bouc-Wen 模型，考虑了 RC 桥墩承受的压弯、扭转、弯剪耦合作用等复杂受力状态，提出了一种考虑刚度退化、强度退化和捏拢效应的改进非线性滞回模型，确定了影响该滞回模型的控制参数，并在 MATLAB/Simulink 里实

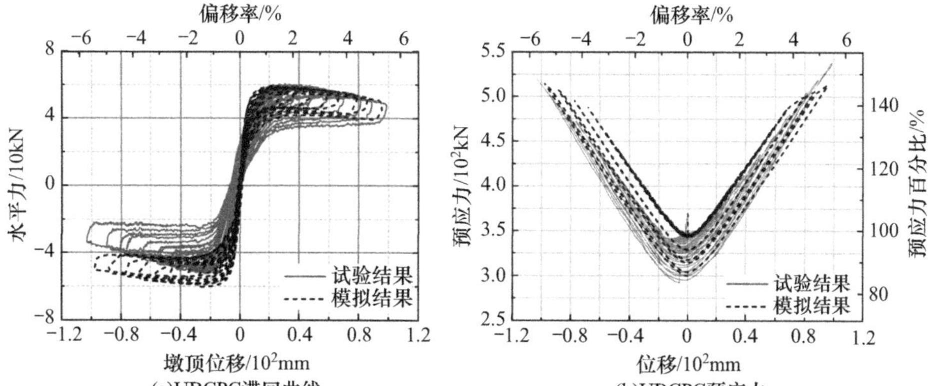

(a)UBCPC滞回曲线　(b)UBCPC预应力

图 4.2.48 节段拼装桥墩 ABAQUS 模拟结果与试验结果对比

现了对多种破坏模式的 RC 桥墩非线性滞回性能预测。该模型属光滑型滞回模型，由于其具有较强的适用性，本节称为统一滞回模型。

1. 改进的 Bouc-Wen 模型

Wen[2]修改了 Bouc[1]提出的由微分方程控制的光滑滞回模型，并使其系统化。单自由度滞回系统可以用图 4.2.49 表示。

该模型的控制方程为

$$m\ddot{u}+c\dot{u}+\alpha_1 k_e u+(1-\alpha_1)k_e z=P \tag{4.2.118}$$

式中，m 为系统的质量；k_e 为系统的初始弹性刚度；c 为结构固有的线性黏滞阻尼；α_1 为屈服后刚度与初始刚度之比（当 $\alpha_1=0$ 时，恢复力完全滞后，当 $\alpha_1=1$ 时，恢复力完全弹性）；u、$\dot{u}$、$\ddot{u}$ 分别为系统的位移、速度和加速度；z 为滞回位移，z 的特性取决于材料特性、响应幅值和结构特性。

为了研究滞回模型，提高模型参数辨别的精度，预先对数据进行规范化得到无量纲的滞回曲线，如图 4.2.50 所示，其中 α_2 为延性位移与屈服位移的比值。恢复力 F 表示为

$$F=\alpha_2 ku+(1-\alpha_2)kz \tag{4.2.119}$$

其中，滞回位移 z 的导数表示为

$$\dot{z}=A\dot{u}-\beta|\dot{u}z|z^{n-1}-\gamma\dot{u}z^n \tag{4.2.120}$$

式中，A 为模型参数，后来 A 被证明是赘余的；β 为控制滞回环形状的参数；γ 为控制滞回环大小的参数；n 为控制滞回环光滑度的参数。一般情况下，A、β、n 取正数，γ 取正负均可。

考虑刚度退化和强度退化的 $\dot{z}$ 表示为

$$\dot{z}=\frac{1}{\eta(\varepsilon)}[\dot{u}-\nu(\varepsilon)(\beta|\dot{u}||z|^{n-1}z+\gamma\dot{u}|\dot{z}|^n)] \tag{4.2.121}$$

式中，$\eta(\varepsilon)$、$\nu(\varepsilon)$分别为刚度退化函数和强度退化函数。

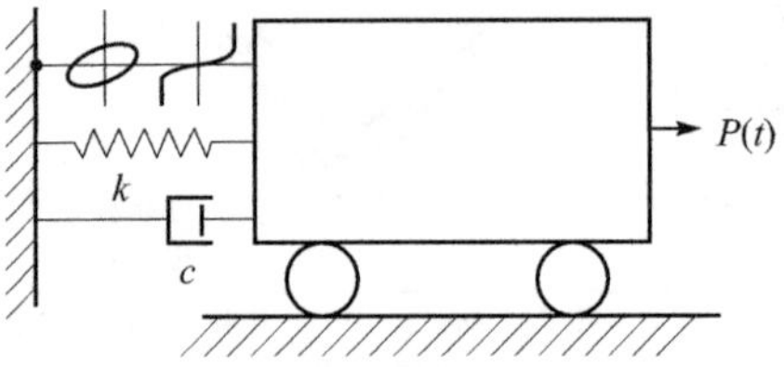

图 4.2.49　单自由度滞回系统

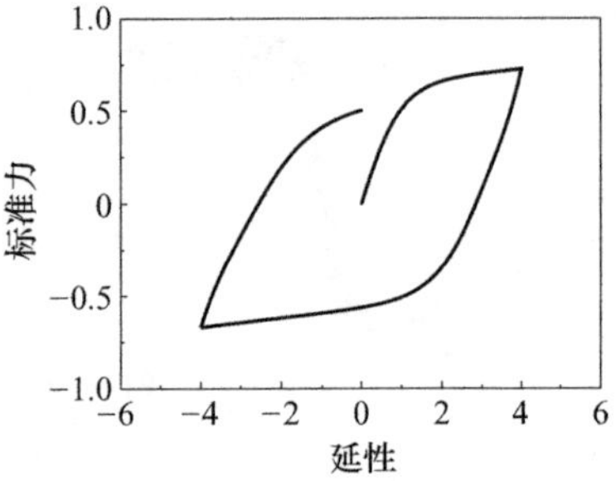

图 4.2.50　Bouc-Wen 滞回曲线

卸载和反向再加载的刚度退化与强度退化效应都与构件的耗能累计损伤有关，可把它们定义成滞回吸收能量的线性函数

$$\nu(\varepsilon)=1+\delta_{\nu}\varepsilon(t) \tag{4.2.122}$$

$$\eta(\varepsilon)=1+\delta_{\eta}\varepsilon(t) \tag{4.2.123}$$

式中，δ_{ν} 为强度退化参数；δ_{η} 为刚度退化参数。

除了考虑结构的刚度退化和强度退化外，通过在 Bouc-Wen 模型上增加滑移-锁定单元来考虑捏拢滑移效应。如图 4.2.51 所示，捏拢滞回系统的位移分解为两部分，一部分是光滑退化模型的变形，另一部分是滑移-锁定单元的变形，微分形式为

$$\dot{u}_2=\dot{u}-\dot{u}_1 \tag{4.2.124}$$

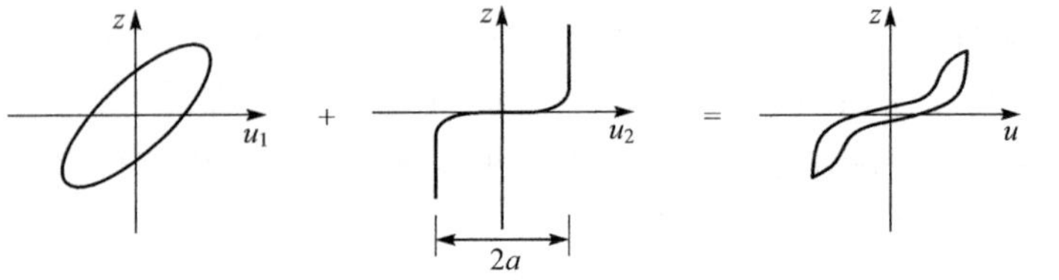

(a) Bouc-Wen光滑模型　(b) 滑移-锁定单元　(c) 包含捏拢效应的光滑模型

图 4.2.51　滑移-锁定单元对滞回形状的影响

考虑捏缩效应 $\dot{z}$ 的微分模型表示为

$$\dot{z}=\frac{1}{\eta(\varepsilon)}\left[\dot{u}_1-\nu(\varepsilon)\left(\beta|\dot{u}_1||z|^{(n-1)}z+\gamma\dot{u}_1|\dot{z}|^{(n)}\right)\right] \tag{4.2.125}$$

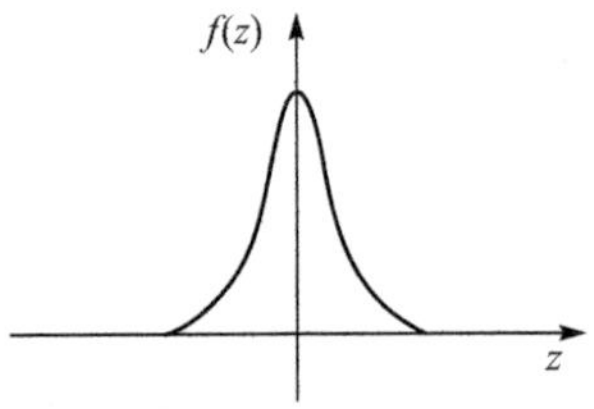

图 4.2.52　滑锁函数

滞回环的捏拢效应是通过增加一个以时间为依据的滑移单元来实现的，u_2 的速率形式可表示为

$$u_2=f(z)\dot{z} \tag{4.2.126}$$

从图 4.2.52 中可以看出，滑移单元类似于硬化的非线性弹簧，在滑移的区域，刚度几乎为零，在锁定区域，刚度达到无限大。图 4.2.52 反映的关于 z 的函数

$f(z)$的特性如下：

(1) $f(z)$是一个分段函数，不随着 z 和 u_2 符号的改变而改变。

(2) $f(z)$的值除了在 $z=0$ 时的一小段区域内达到最大值，其余值几乎为零。

根据 $f(z)$的这些特性，在这里选用高斯密度数表示 z 与 $f(z)$的关系，即

$$\dot{u}_2=\sqrt{\frac{2}{\pi}}\ \frac{\alpha}{\sigma}\exp\left(-\frac{z^2}{2\sigma^2}\right)\dot{z} \tag{4.2.127}$$

设定 $\text{sgn}(\dot{u}_1)=\text{sgn}(\dot{u})$，得到

$$\dot{u}_1=\frac{\eta\dot{u}}{\left\{1+\sqrt{\frac{2}{\pi}}\ \frac{\alpha}{\sigma}\exp\left(-\frac{z^2}{2\sigma^2}\right)\left[A-\nu(\beta\text{sgn}(\dot{u})|z|^{n-1}z+\gamma|z|^n)\right]\right\}} \tag{4.2.128}$$

一旦用这种方法求出 u_1 的值，再通过式(4.2.127)和式(4.2.128)便能求出 u_2 和 $\dot{z}$。当改变 z 的符号时将会产生长度为 2α 的滑移。对于软化系统，当式(4.2.126)等于零时，z 达到最大值 z_u，对于正数 $\dot{u}$ 和 z，z_u 表示为

$$z_u=\left(\frac{A}{\beta+\gamma}\right)^{1/n} \tag{4.2.129}$$

因此，屈服位移 f_y 表示为

$$f_y=(1-\alpha)kz_u \tag{4.2.130}$$

对式(4.2.127)进行了扩展修改，最后形成的模型可以表示为

$$\dot{z}=\frac{h(z,\varepsilon)}{1+\delta_\eta\varepsilon}\{[\dot{u}-(1+\nu(\varepsilon))][\beta|\dot{u}||z|^{n-1}z+\gamma(\dot{u}|z|^n)]\} \tag{4.2.131}$$

其中，函数 $h(z,\varepsilon)$表示为

$$h(z,\varepsilon)=1-\zeta_s(1-e^{-p\varepsilon})\exp\left\{-\left\{\frac{z\text{sgn}(\dot{u})-q[(1+\delta_\nu\varepsilon)(\beta+\gamma)]^{-1/n}}{u[\lambda+\zeta_s(1-e^{-p\varepsilon})](\psi+\delta_\psi\varepsilon)}\right\}^2\right\} \tag{4.2.132}$$

式中，ζ_s 为总滑移的尺寸；q 为捏拢初始量；p 为捏拢斜率；ψ 为捏拢量级参数；δ_ψ 为捏拢率；λ 为捏拢比率。

按上述模型所描述的滞回曲线如图 4.2.53 所示，可发现滞回曲线既包括了强度退化和刚度退化，又考虑了捏拢效应，该模型的滞回恢复力与相对变形量关系更加符合 RC 桥墩在地震作用下的滞回性能。

综上，改进的 Bouc-Wen 模型中共有 11 个描述模型滞回特性的参数，包括控制滞回环光滑度的参数 n、控制滞回环形状的参数 β、控制滞回环大小的参数 γ、强度退化参数 δ_ν、刚度退化参数 δ_η，以及 6 个控制捏拢效应的参数：滑移距离参数 ζ_s、捏缩量级参数 ψ、捏拢比率 λ、捏拢率 δ_ψ、捏拢斜率参数 p 和捏拢初始参数 q 等。各参数对滞回曲线的具体影响规律可参考文献[73]。

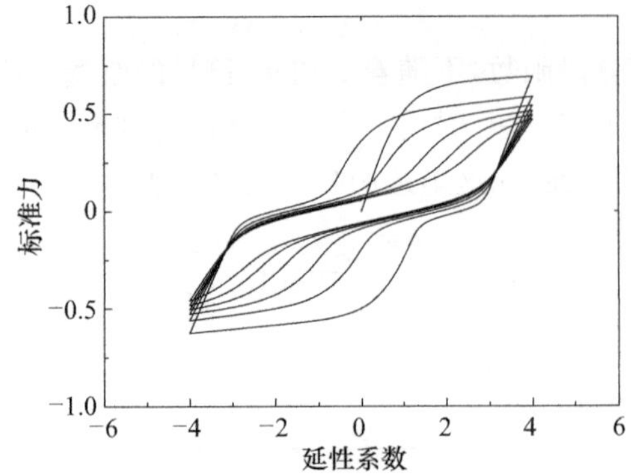

图 4.2.53　刚度和强度退化及捏拢效应共同作用的滞回曲线

由于 Bouc-Wen 模型微分方程的非线性和复杂性，若在 MATLAB 软件中通过程序设计的方法对模型的所有微分方程进行数值求解，会使得解析过程相当烦琐且工作量非常大。在此采用 MATLAB 软件中的 Simulink 模块来完成该微分方程的求解。Simulink 采用图框的方式来描述各种各样的数学表达式，清晰易懂，从而避免了烦琐复杂的数学描述，其如同黑匣子一样只需知道输入和输出之间的关系就能够建立模型，进而求出解析解。

2. 模型的验证

1）对弯曲破坏试件的模拟

对弯曲破坏的圆形截面桥墩用改进的 Bouc-Wen 模型进行数值模拟，图 4.2.54(a)给出了试验和数值分析得到的滞回曲线，可以看出，数值仿真得到的滞回曲线在峰值、刚度退化和强度退化上与试验结果能够较好地吻合，其每一滞回环峰值的误差不超过 10%。该模型与试验耗能对比如图 4.2.54(b)所示，可以看出，数值模型耗散能量很接近试验结果。

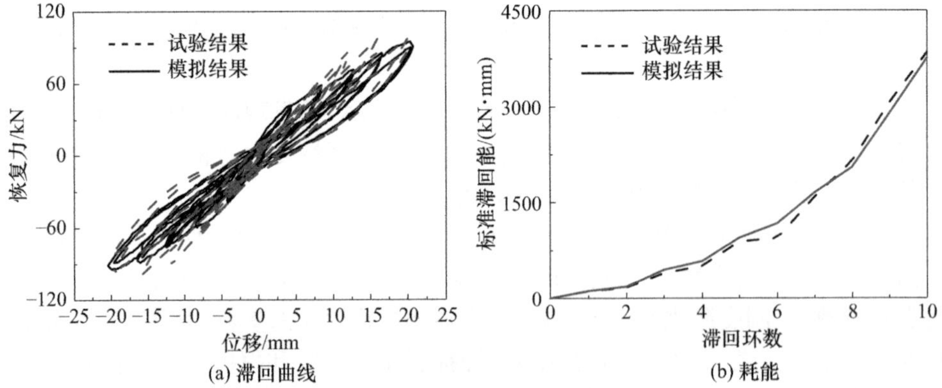

图 4.2.54　弯曲破坏试件的数据结果对比图

2）对扭转试件的模拟

对扭转破坏的圆形桥墩用改进的 Bouc-Wen 模型进行数值模拟，通过辨别确定控制捏拢滑移的相关参数，模拟的滞回曲线如图 4.2.55(a)中的虚线，试验滞回曲线与仿真得到的曲线吻合较好，特别是捏拢效应。数值模拟与试验研究获得的耗能对比如图 4.2.55(b)所示，两者的误差不超过 20%。

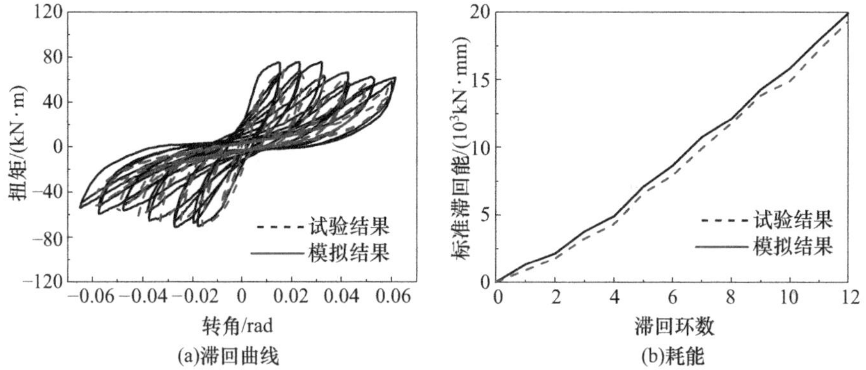

图 4.2.55　扭转试件的数据结果对比图

3）对弯剪破坏试件的模拟

对弯剪破坏的矩形桥墩用改进的 Bouc-Wen 模型进行数值模拟，图 4.2.56(a)给出了试验和数值仿真得到的滞回曲线，可以看出，数值仿真得到的滞回曲线和试验结果吻合较好，特别是屈服后刚度和强度逐渐退化的特征吻合的基本一致。试验与数值仿真的耗能结果对比如图 4.2.56(b)所示，能量耗散模拟误差在 15%内。

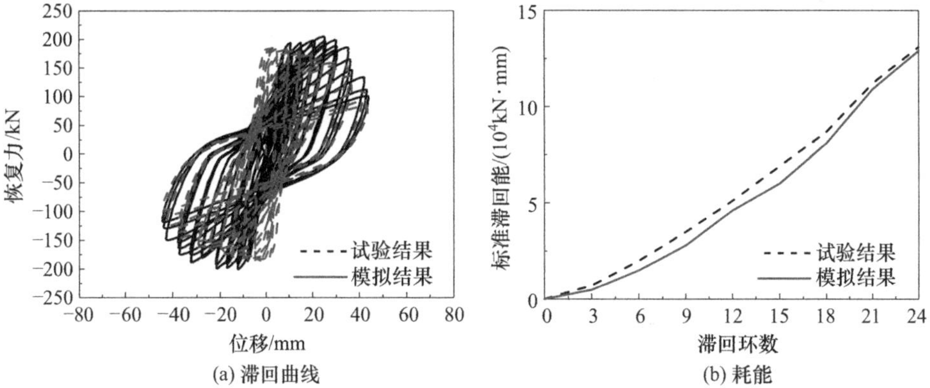

图 4.2.56　弯剪破坏试件的数据结果对比图

三种破坏模式下数值模拟时所采用参数的具体值如表 4.2.5 所示。上述各试验结果和数值模拟结果验证了改进的 Bouc-Wen 模型能较好地模拟 RC 桥墩拟静力试验结果。

表 4.2.5　模拟时所采用的参数值

参数	α	β	γ	n	δ_ν	δ_η	ζ_s	q	p	ψ	δ_ψ	λ
弯曲	0.05	0.4	−0.6	2	0.10	0.05	0.2	0.15	2.5	0.30	0.001	0.25
扭转	0.05	0.5	−0.5	2	0.15	0.10	0.9	0.20	2.5	0.01	0.005	0.25
弯剪	0.05	0.05	0.95	2	0.40	0.20	0.1	0.80	2.5	0.20	0.001	0.50

为进一步验证该模型对桥墩在实际地震作用下非线性滞回性能的模拟精度，对 2008 年汶川地震中发生严重破坏的绵竹市回澜立交桥的匝道 RC 桥墩进行动力时程分析。模拟得到的桥墩力和位移反应滞回曲线如图 4.2.57 所示，可发现数值模拟得到的滞回曲线随着外激励的持续，滞回环的形状趋于饱满，结构的非线性损伤程度不断增大，进一步验证了改进的 Bouc-Wen 模型的适用性和通用性。因此，该模型可以较好地模拟结构在地震作用下的非线性损伤时域演化特征。

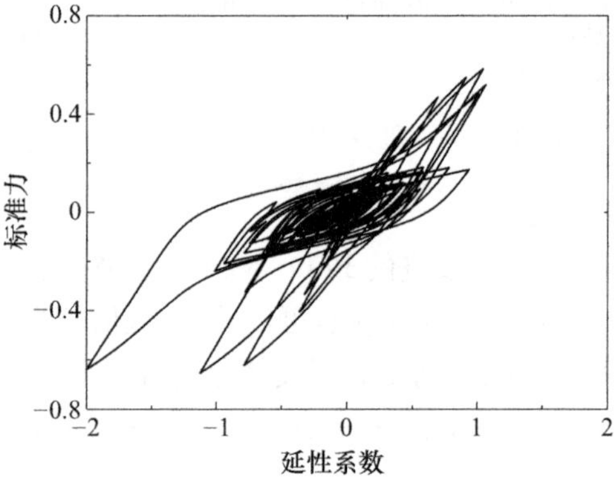

图 4.2.57　RC 桥墩在汶川地震作用下的滞回性能

综上可以看出，该模型理论上可以实现任何形式滞回曲线的模拟，但该模型的参数较多，且某些参数没有明确的物理意义。

参 考 文 献

[1] Bouc R. Force vibration of mechanical system with hysteresis. Proceedings of the Fourth Conference on Nonlinear Oscillation, Prague, 1967.

[2] Wen Y K. Method for random vibration of hysteretic system. Journal of the Engineering Mechanics Division, 1976, 102(2): 249-263.

[3] Baber T T, Wen Y K. Random vibrations of hysteretic degrading system. Journal of the Engineering Mechanics Division, 1981, 107(6): 1069-1089.

[4] Baber T T, Noori M N. Random vibration of degrading pinching systems. Journal of the En-

gineering Mechanics Division,1985,111(8):1010-1026.

[5] Clough R W. Inelastic earthquake response of tall buildings. Proceedings of the 3rd World Conference on Earthquake Engineering,Auckland and Wellington,1965:68-69.

[6] Takeda T, Sozen M A, Nielsen N N. Reinforced concrete response to simulated earthquakes. Journal of the Structural Division,1970,96(12):2557-2573.

[7] Ozcebe G,Saatcioglu M. Hysteretic shear model for reinforced concrete members. Journal of Structural Engineering,1989,115(1):132-148.

[8] Penzien J. Dynamic response of elasto-plastic frames. Transactions of the American Society of Civil Engineers,1962,127(2):1-3.

[9] Priestley M J N,Park R. Strength and ductility of concrete bridge columns under seismic loading. ACI Structural Journal,1987,84(1):61-76.

[10] 中华人民共和国交通运输部. 公路桥梁抗震设计细则(JTG/T B02-01—2008). 北京:人民交通出版社,2008.

[11] California Department of Transportation. Caltrans Seismic Design Criteria. Version 1. 2. California:California Department of Transportation,2001.

[12] European Committee for Standardization. BS EN 1998-2:2005,Eurocode8-Design of structures for earthquake resistance-Part 2:Bridges. Brussels:European Committee for Standardization,2005.

[13] Ruangrassamee A, Kawashima K. Control of nonlinear bridge response with pounding effect by variable dampers. Engineering Structures,2003,25(5):593-606.

[14] Paulay T,Priestley M J N. Seismic Design of Reinforced Concrete and Masonry Buildings. New York:John Wiley & Sons,1992.

[15] Zahn F A. Design of Reinforced Concrete Bridge Columns for Strength and Ductility[Doctoral Dissertation]. Christchurch:University of Canterbury,1985.

[16] Telemachos B P, Michael N F. Deformations of reinforced concrete members at yielding and ultimate. ACI Structural Journal,2001,98(2):135-148.

[17] 孙治国,王东升,郭迅,等. 钢筋混凝土墩柱等效塑性铰长度研究. 中国公路学报,2011,24(5):56-64.

[18] Giberson M F. Two nonlinear beams with definitions of ductility. Journal of the Structural Division,1969,95(2):137-157.

[19] Filippou F C,D'Ambrisi A,Issa A. Effects of reinforcement slip on hysteretic behavior of reinforced concrete frame members. ACI Structural Journal,1999,96(3):327-335.

[20] 陈滔,黄宗明. 钢筋混凝土框架非弹性地震反应分析模型研究进展. 世界地震工程,2002,18(1):91-97.

[21] 黄宗明,陈滔. 基于有限单元柔度法和刚度法的非线性梁柱单元比较研究. 工程力学,2003,20(5):24-31.

[22] Delgado R,Delgado P,Pouca N V,et al. Shear effects on hollow section piers under seismic actions:Experimental and numerical analysis. Bulletin of Earthquake Engineering,2009,

7(2):377-389.

[23] Faria R,Pouca N V,Delgado R. Simulation of the cyclic behaviour of R/C rectangular hollow section bridge piers via a detailed numerical model. Journal of Earthquake Engineering,2004,8(5):725-748.

[24] Sun Z G,Si B J,Wang D S,et al. Experimental research and finite element analysis of bridge piers failed in flexure-shear modes. Earthquake Engineering and Engineering Vibration,2008,7(4):403-414.

[25] Kwan W P,Billington S L. Simulation of structural concrete under cyclic load. Journal of Structural Engineering,2001,127(12):1391-1401.

[26] Lampropoulos A P,Dritsos S T. Modeling of RC columns strengthened with RC jackets. Earthquake Engineering & Structural Dynamics,2011,40(15):1689-1705.

[27] Ou Y C,Chiewanichakorn M,Aref A J,et al. Seismic performance of segmental precast unbonded posttensioned concrete bridge columns. Journal of Structural Engineering,2007,133(11):1636-1647.

[28] Wang J C,Ou Y C,Chang K C,et al. Large-scale seismic tests of tall concrete bridge columns with precast segmental construction. Earthquake Engineering & Structural Dynamics,2008,37(2):1449-1465.

[29] El-Bahey S,Bruneau M. Buckling restrained braces as structural fuses for the seismic retrofit of reinforced concrete bridge bents. Engineering Structures,2011,33(3):1052-1061.

[30] 王丕光,韩强,杜修力,等. 弯扭复合作用下 RC 圆形桥墩抗震性能. 中国公路学报,2014,27(10):75-83.

[31] 董振华,杜修力,韩强. 水平双向反复荷载作用下 RC 矩形空心桥墩的滞回模型研究. 工程力学,2016,33(4):24-33.

[32] Lee D H,Elnashai A S. Seismic analysis of RC bridge columns with flexure-shear interaction. Journal of Structural Engineering,2001,127(5):546-553.

[33] Xu S Y,Zhang J. Hysteretic shear-flexure interaction model of reinforced concrete columns for seismic response assessment of bridges. Earthquake Engineering & Structural Dynamics,2011,40(3):315-337.

[34] Xu S Y,Zhang J. Axial-shear-flexure interaction hysteretic model for RC columns under combined actions. Engineering Structures,2012,34:548-563.

[35] LeBorgne M R,Ghannoum W M. Analytical element for simulating lateral-strength degradation in reinforced concrete columns and other frame members. Journal of Structural Engineering,2014,140(7):01014038.

[36] Ghannoum W M,Moehle J P. Rotation-based shear failure model for lightly confined RC columns. Journal of Structural Engineering,2012,138(10):1267-1278.

[37] Elwood K J. Modeling failures in existing reinforced concrete columns. Canadian Journal of Civil Engineering,2004,31(5):846-859.

[38] Bentz E C,Vecchio F J,Collins M P. Simplified modified compression field theory for cal-

culating shear strength of reinforced concrete elements. ACI Structural Journal, 2006, 103 (4): 614-623.

[39] 孙治国,李宏男,王东升,等. RC 桥墩弯剪破坏判别准则与抗震分析的改进模型. 中国公路学报,2015,28(6):42-50.

[40] Ghee A B, Priestley M J N, Paulay T. Seismic shear strength of circular reinforced concrete columns. ACI Structural Journal, 1989, 86(1): 45-59.

[41] 孙治国,陈灿,司炳君,等. 考虑非线性剪切效应的 RC 桥墩抗震分析模型. 工程力学, 2015,32(5):28-36,50.

[42] Tirasit P, Kawashima K, Watanabe G. An experimental study on the performance of RC columns subjected to cyclic flexural and torsional loading. Proceedings of the Second International Conference on Urban Earthquake Engineering, Tokyo, 2005.

[43] Tirasit P, Kawashima K. Seismic performance of square reinforced concrete columns under combined cyclic flexural and torsional loadings. Journal of Earthquake Engineering, 2007, 11(3): 425-452.

[44] Otsuka H, Tajeshita E, Yabuki W, et al. Study on the seismic performance of reinforced concrete columns subjected to torsional moment, bending moment and axial force. Proceedings of the 13th World Conference on Earthquake Engineering, Vancouver B C, 2004.

[45] Belarbi A, Ayoub A, Greene G, et al. Seismic Performance of Reinforced Concrete Bridge Columns Subjected to Combined Loading Including Torsion. Reston: American Society of Civil Engineers, 2007.

[46] Prakash S, Belarbi A, You Y. Seismic performance of circular RC columns subjected to axial force, bending, and torsion with low and moderate shear. Engineering Structures, 2010, 32(1): 46-59.

[47] 韩强,王丕光,杜修力. 弯扭复合作用下 RC 圆形桥墩滞后性能及模型研究. 土木工程学报,2014,47(6):97-108.

[48] 中华人民共和国交通运输部. 公路工程抗震设计规范(JT J004—89). 北京:人民交通出版社,1990.

[49] Han Q, Du X L, Liu J B, et al. The seismic damage of highway bridges during 2008 Wenchuan earthquake. Earthquake Engineering and Engineering Vibration, 2009, 8(2): 263-273.

[50] Priestley M J N, Seible F, Calvi G M. Seismic Design and Retrofit of Bridges. New York: John Wiley & Sons, 1996.

[51] 许紫刚,贾俊峰,韩强,等. 双轴压弯作用下 RC 桥墩矩形空心截面性能评价. 工程力学, 2015,32(1):17-25.

[52] Teng J G, Chen J F, Smith S T, et al. FRP-strengthened RC Structures. New York: John Wiley & Sons, 2003.

[53] Mander J B, Priestley M J N, Park R. Theoretical stress-strain model for confined concrete. Journal of Structural Engineering, 1988, 114(8): 1804-1826.

[54] Karbhari V M, Gao Y. Composite jacketed concrete under uniaxial compression—Verification of simple design equations. Journal of Materials in Civil Engineering, 1997, 9(4): 185-193.

[55] Xiao Y, Wu H. Compressive behavior of concrete confined by carbon fiber composite jackets. Journal of Materials in Civil Engineering, 2000, 12(2): 139-146.

[56] Lam L, Teng J G. Stress-strain model for FRP-confined concrete under cyclic axial compression. Engineering Structures, 2009, 31(2), 308-321.

[57] Lam L, Teng T G. Design-oriented stress-strain model for FRP-confined concrete. Construction & Building Materials. 2003, 17(6-7): 471-489.

[58] Yassin M H M. Nonlinear Analysis of Prestressed Concrete Structures under Monotonic and Cyclic Loads[Doctoral Dissertation]. Berkeley: University of California, 1994.

[59] Teng J G, Lam L, Lin G, et al. Numerical simulation of FRP-jacketed RC columns subjected to cyclic and Seismic loading. Journal of Composites for Construction, 2016, 20(1): 04015021.

[60] Chang G A, Mander J B. Seismic Energy Based Fatigue Damage Analysis of Bridge Columns: Part I-Evaluation of Seismic Capacity. Technical Report NCEER-94-0006. Buffalo: State University of New York at Buffalo, 1994.

[61] Kunnath S K, Heo Y, Mohle J F. Nonlinear uniaxial material model for reinforcing steel bars. Journal of Structural Engineering, 2009, 135(4): 335-343.

[62] Dhakal R P, Maekawa K. Modeling for post yield buckling of reinforcement. Journal of Structural Engineering, 2002, 128(9): 1139-1147.

[63] Menegotto M, Pinto P E. Method of analysis for cyclically loaded reinforced concrete plane frames including changes in geometry and non-elastic behavior of elements under combined normal force and bending. Proceedings of the Conference on Resistance and Ultimate Deformability of Structures Acted on by Well Defined Repeated Loads, Lisbon, 1973.

[64] Bai Y L. Behavior and Modeling of RC Columns Confined with Large-rupture Strain FRP Composites [Doctoral Dissertation]. Hong Kong: The Hong Kong Polytechnic University, 2014.

[65] Bai Y L, Dai J G, Teng J G. Cyclic compressive behavior of concrete confined with large rupture strain FRP composites. Journal of Composites for Construction, 2014, 18(1): 0000386.

[66] Dai J G, Bai Y L, Teng J G. Behavior and modeling of concrete confined with FRP composites of large deformability. Journal of Composites for Construction, 2011, 15(6): 963-973.

[67] 董振华，韩强，杜修力，等. 水平双向荷载作用下 FRP 约束 RC 矩形空心桥墩抗震性能试验. 中国公路学报，2014，27(9)：57-65.

[68] 董振华，杜修力，韩强. FRP 约束钢筋混凝土矩形空心桥墩的滞回模型. 中国公路学报，2015，28(1)：30-37.

[69] 董振华，韩强，杜修力. FRP 约束 RC 矩形空心截面桥墩分析模型及试验验证. 工程力学，

2013,30(12):57-64.

[70] 韩强,温佳年,杜修力,等. CFRP布加固RC空心桥墩的抗震性能. 土木工程学报,2015,48(1):90-100.

[71] Hewes J T,Priestley M J N. Seismic Design and Performance of Precast Concrete Segmental Bridge Columns[Doctoral Dissertation]. California:University of California,2002.

[72] Chou C C,Chang H J,Hewes J T. Two-plastic-hinge and two dimensional finite element models for post-tensioned precast concrete segmental bridge columns. Engineering Structures,2013,46:205-217.

[73] 韩强,董慧慧,郭婕. 考虑强度和刚度退化及捏拢效应的钢筋混凝土桥墩滞回模型及其参数识别. 振动工程学报,2015,28(3):381-393.

第 5 章　土-基础-桥梁结构相互作用

地震作用下，土-基础-桥梁结构相互作用是桥梁抗震分析与设计中的一个重要问题。考虑土-结构动力相互作用的桥梁结构非线性动力反应分析方法，可归结为三大类：整体法、子结构法和宏单元法。整体法可以完整准确地考虑土体、结构介质中的非均匀、非线性因素以及土体-结构界面间的非线性动力相互作用，但其所需的计算成本和复杂性通常难以被工程界接受。子结构法则将结构与地基作为不同的子结构分别进行离散和分析，然后根据交界面处的边界条件加以综合，土体的作用一般用集中参数模型，这使问题大大简化，因此，子结构法受到了工程界的广泛重视[1]。宏单元法将基础结构、基础周围一定范围内的土体以及基础和地基间的界面耦合为一个统一单元，并建立起基础顶面所受外荷载与基础顶面位移之间的关系。桩基、桩基周围一定范围内的土体以及桩-土界面，这一复杂的并具有高度非线性力学行为的体系被凝聚为一个桩-土宏单元，使得桥梁上部结构-基础-地基的复杂相互作用体系转化为简洁的计算模型，大大提高了计算效率[2,3]。

本章介绍土-基础-桥梁结构相互作用输入问题的自由场反应分析及土-结构相互作用分析方法，并着重介绍 Winkler 地基梁法，提出一种可应用于时域子结构法的地基阻抗力简化计算方法，最后对考虑土-基础-结构相互作用的两类典型桥梁进行地震反应分析。

5.1　自由场地反应分析

自由场是指在土-基础-桥梁结构分析中，力学行为不因结构存在而改变的那一部分土体。严格地说，自由场是不存在的，但是当土体与结构物的距离大到一定程度时，可以忽略结构振动对土体的影响。值得注意的是，自由场土体的滤波作用使得结构(主要是桩基础)所受到的激励不同于基岩的地震动，结构反应也随之变化。局部场地条件对自由场地面运动的影响一般可通过地面反应分析进行研究，地面反应分析采用基岩运动作为输入进行波动分析从而获得自由地表的反应，可以分为一维、二维和三维地面反应分析。根据场地条件和几何尺寸，可确定需要采用的分析维度。在许多情况下，一维地面反应分析对自由场地表运动具有较好的估计，计算也比较简单，因此应用最为广泛。

5.1.1　一维波动和地面反应分析

土层计算模型如图 5.1.1 所示，$N-1$ 个土层覆盖在基岩均匀半无限空间之上，各土层的厚度、质量密度及剪切模量分别为 h、ρ 和 G。

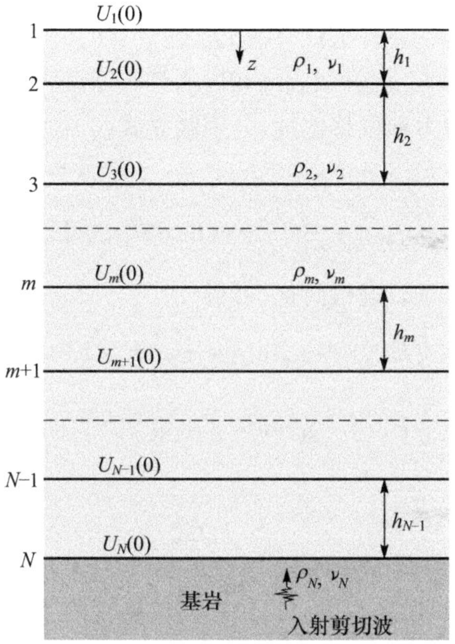

图 5.1.1　土层地震反应分析的一维力学模型

对于半无限空间问题，可以简化为一维波动问题求解[1]：

$$\rho \frac{\partial^2 u}{\partial t^2} = G \frac{\partial^2 u}{\partial x^2} + C \frac{\partial^3 u}{\partial x^2 t} \tag{5.1.1}$$

土层中频率为 ω 的谐波的位移为

$$u(x,t) = U(x) e^{i\omega t} \tag{5.1.2}$$

将式(5.1.2)代入式(5.1.1)，可得

$$(G + i\omega C) \frac{\partial^2 U}{\partial x^2} = \rho \omega^2 U \tag{5.1.3}$$

其通解形式为

$$U(x) = E e^{ikx} + F e^{-ikx} \tag{5.1.4}$$

式中

$$k^2 = \frac{\rho \omega^2}{G + i\omega C} = \frac{\rho \omega^2}{G^*} \tag{5.1.5}$$

将式(5.1.4)代入式(5.1.2)，可得

$$u(x,t)=E\mathrm{e}^{\mathrm{i}(kx+\omega t)}+F\mathrm{e}^{-\mathrm{i}(kx-\omega t)} \tag{5.1.6}$$

对于第 m 层，其顶部与底部位移分别为

$$u(x=0,t)=(E_m+F_m)\mathrm{e}^{\mathrm{i}\omega t} \tag{5.1.7}$$

$$u(x=h_m,t)=(E_m\mathrm{e}^{\mathrm{i}k_mh_m}+F_m\mathrm{e}^{-\mathrm{i}k_mh_m})\mathrm{e}^{\mathrm{i}\omega t} \tag{5.1.8}$$

类似地，对于剪应力分别有

$$\tau(x=0,t)=\mathrm{i}k_mG_m^*(E_m-F_m)\mathrm{e}^{\mathrm{i}\omega t} \tag{5.1.9}$$

$$\tau(x=h_m,t)=\mathrm{i}k_mG_m^*(E_m\mathrm{e}^{\mathrm{i}k_mh_m}-F_m\mathrm{e}^{-\mathrm{i}k_mh_m})\mathrm{e}^{\mathrm{i}\omega t} \tag{5.1.10}$$

土层分界面上的剪力和位移连续，分别联立式(5.1.7)～式(5.1.10)，可得

$$E_{m+1}+F_{m+1}=E_m\mathrm{e}^{\mathrm{i}k_mh_m}+F_m\mathrm{e}^{-\mathrm{i}k_mh_m} \tag{5.1.11}$$

$$E_{m+1}-F_{m+1}=\frac{k_mG_m^*}{k_{m+1}G_{m+1}^*}(E_m\mathrm{e}^{\mathrm{i}k_mh_m}-F_m\mathrm{e}^{-\mathrm{i}k_mh_m}) \tag{5.1.12}$$

对式(5.1.11)和式(5.1.12)进行简化，可得

$$E_{m+1}=\frac{1}{2}E_m(1+\alpha_m)\mathrm{e}^{\mathrm{i}k_mh_m}+\frac{1}{2}F_m(1-\alpha_m)\mathrm{e}^{-\mathrm{i}k_mh_m} \tag{5.1.13}$$

$$F_{m+1}=\frac{1}{2}E_m(1-\alpha_m)\mathrm{e}^{\mathrm{i}k_mh_m}+\frac{1}{2}F_m(1+\alpha_m)\mathrm{e}^{-\mathrm{i}k_mh_m} \tag{5.1.14}$$

式中

$$\alpha_m=\frac{k_mG_m^*}{k_{m+1}G_{m+1}^*} \tag{5.1.15}$$

根据式(5.1.13)和式(5.1.14)，可以得到层间转换矩阵为

$$\boldsymbol{T}_m=\begin{bmatrix}\dfrac{1+\alpha_m}{2}\mathrm{e}^{\mathrm{i}k_mh_m} & \dfrac{1-\alpha_m}{2}\mathrm{e}^{-\mathrm{i}k_mh_m}\\ \dfrac{1-\alpha_m}{2}\mathrm{e}^{\mathrm{i}k_mh_m} & \dfrac{1+\alpha_m}{2}\mathrm{e}^{-\mathrm{i}k_mh_m}\end{bmatrix} \tag{5.1.16}$$

$$\boldsymbol{H}_m=\bar{\boldsymbol{T}}_m\boldsymbol{H}_1 \tag{5.1.17}$$

式中，传递矩阵为

$$\bar{\boldsymbol{T}}_m=\boldsymbol{T}_{m-1}\cdots\boldsymbol{T}_2\boldsymbol{T}_1=\begin{bmatrix}t_{11} & t_{12}\\ t_{21} & t_{22}\end{bmatrix} \tag{5.1.18}$$

传递矩阵取决于第1层到第 m 层土介质的力学性能以及相应层厚，与输入无关。

1. 地面反应分析的频域方法

当传递函数已知时，输入 SH 波或 SV 波引起自由场地面反应，可用傅里叶分析法求解，步骤如下：

(1) 使用快速傅里叶变换(fast Fourier transformation，FFT)方法对基岩运动进行合成，得到在离散的频率点 $\Delta\omega$ 上的一系列复数；

(2) 求得各频率点上的传递函数的值；

(3) 将基岩运动与传递函数相乘，将结果序列作傅里叶逆变换，得到地面反应的时程。

2. 地面反应分析的时域方法

地面反应分析也可以在时域中进行，土介质被离散化为若干剪切梁单元，如图 5.1.2 所示。土体质量集中在节点上，假定合理的土体阻尼比，对运动方程进行数值求解，可以得到顶部节点的动力反应时程为

$$\boldsymbol{M}\ddot{u} + \boldsymbol{C}\dot{u} + \boldsymbol{K}u = -\boldsymbol{M}\boldsymbol{I}\ddot{u}_{\mathrm{g}} \tag{5.1.19}$$

式中，$\boldsymbol{M}$、$\boldsymbol{C}$、$\boldsymbol{K}$ 分别为等效剪切梁的质量矩阵、阻尼矩阵和刚度矩阵；$\ddot{u}_{\mathrm{g}}$ 为基岩处的加速度时程；u 为水平地面运动位移。

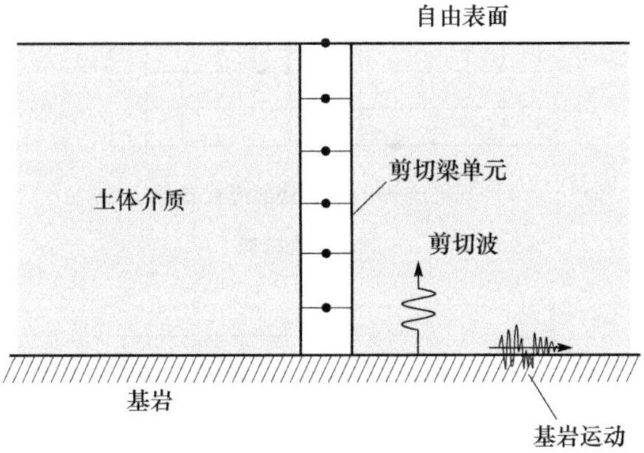

图 5.1.2　一维波动分析的剪切梁单元

对于强地面运动，在地面反应分析中需要考虑土体的非线性特征。其运动方程可表示为

$$\boldsymbol{M}\ddot{u} + \boldsymbol{C}\dot{u} + \boldsymbol{R}(u) = -\boldsymbol{M}\boldsymbol{I}\ddot{u}_{\mathrm{g}} \tag{5.1.20}$$

式中，$\boldsymbol{R}(u)$表示土体在循环荷载作用下的非线性力-位移关系。

采用数值方法求解上述非线性运动方程，可以获得自由场动力反应。通过非线性分析得到的自由场动力反应的加速度峰值通常小于线性分析方法得到的场地动力反应加速度峰值，主要是因为在循环荷载下非线性土体的塑性行为耗散了部分地震能量。

5.1.2　时域二维或三维动力反应分析

通过有限元方法，很容易把一维波动分析方法扩展到二维或三维情况。采用二维或三维单元代替一维剪切梁单元，则可以获得在两个或三个方向上的动力反应。对于二维分析，采用平面应变单元，地面运动从基岩输入；对于三维分析，采用

六面体单元，如图 5.1.3 所示。根据实际地形定义合适的边界，二维或三维动力反应分析通常是针对具有不规则地形和接近盆地端部区域。需要注意的是，由于泊松效应，通过二维或三维波动分析得到的竖向传播的地面运动的某一分量与一维波动分析得到的结果略有不同。

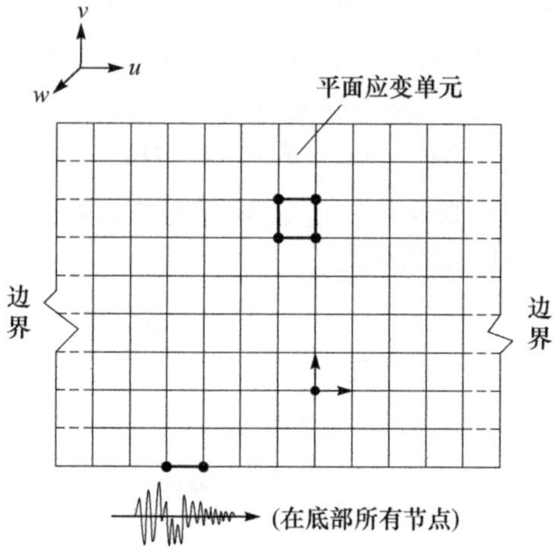

(a) 二维模型

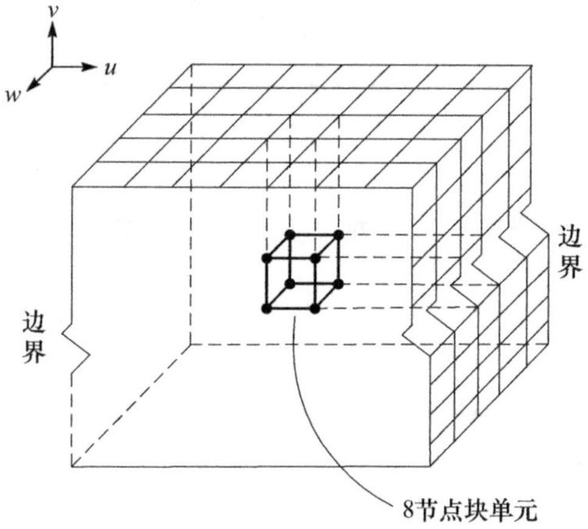

(b) 三维模型

图 5.1.3　土介质中波动的有限元模型

5.2　土-结构动力相互作用

土-结构动力相互作用的影响取决于结构的刚度和质量特性、土的刚度、结构和土的阻尼特性。动力相互作用包含运动相互作用和惯性相互作用，运动相互作用与结构刚度相关，而惯性相互作用与结构质量相关。这两种相互作用效应会改变结构的反应和基础下方的地基运动,所以被称为土-结构相互作用效应[4,5]。

运动相互作用如图 5.2.1 所示。在图 5.2.1(a)中,由于抗弯刚度抑制地面的垂直运动,无质量的筏板基础的运动不同于自由场地面运动。此外,这种作用导致基础附近和基础下方土层的运动性质发生改变。这种基础与地面运动的相互作用称为运动相互作用。类似的运动相互作用如图 5.2.1(b)和(c)所示。在图 5.2.1(b)中,垂直传播的剪切波被埋置基础所限制;在图 5.2.1(c)中,板的轴向刚度限制了垂直传播的剪切波在基础下面产生的非相干地面运动。运动相互作用还可以引起基础的摇摆运动,如图 5.2.1(d)所示。

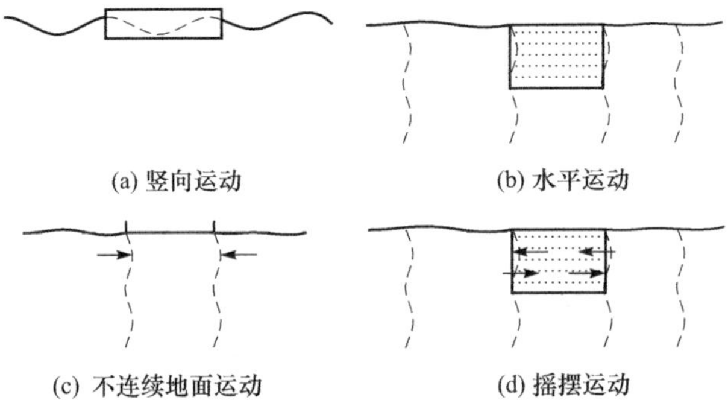

图 5.2.1　运动相互作用

惯性相互作用是由在振动过程中结构质量运动所产生的惯性力引起的,如图 5.2.2 所示。如果地基土体较软,惯性力传递到基础将产生动位移,如果土体非常坚硬,则产生的动位移就很小,可以忽略。显然,土体-基础界面处的动位移是自由场地面运动产生的位移、运动相互作用产生的位移和惯性相互作用产生的位移之和。基础附近土体的振动(土体质量运动)会耗散一部分传递到结构的地震能量中。土体中的能量以辐射波的形式进行传播,并随着距离的增大而衰减,这种能量损失通常称为土体的辐射阻尼,是惯性效应的重要组成部分。理论上,辐射阻尼和土体对基础运动的抵抗力可通过土体的阻抗函数来实现。

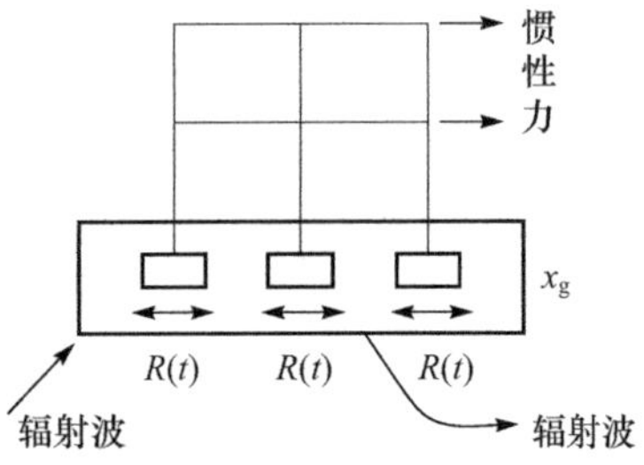

图 5.2.2　惯性相互作用

5.2.1　边界问题和实际问题简化方法

土-结构动力相互作用问题可以采取不同的方式处理。只有在某些特定条件下才能获得准确或严格的解析解。对于只有一层土体的土-结构相互作用问题,可直接使用有限元方法来模拟整个体系,如图 5.2.3 所示。如果该模型按图示边界进行约束,则运动方程可写为

$$\boldsymbol{M}\ddot{\boldsymbol{V}}+\boldsymbol{C}\dot{\boldsymbol{V}}+\boldsymbol{K}\boldsymbol{V}=-\boldsymbol{M}\boldsymbol{I}\ddot{u}_{g} \tag{5.2.1}$$

式中,$\boldsymbol{M}$、$\boldsymbol{C}$、$\boldsymbol{K}$ 分别为对应于土-结构相互作用体系的动力自由度的质量矩阵、阻尼矩阵和刚度矩阵;$\boldsymbol{V}$ 为相对于基底的相对位移矢量;$\ddot{u}_{g}$ 为在底部施加的地面运动加速度;$\boldsymbol{I}$ 为单位影响系数向量。

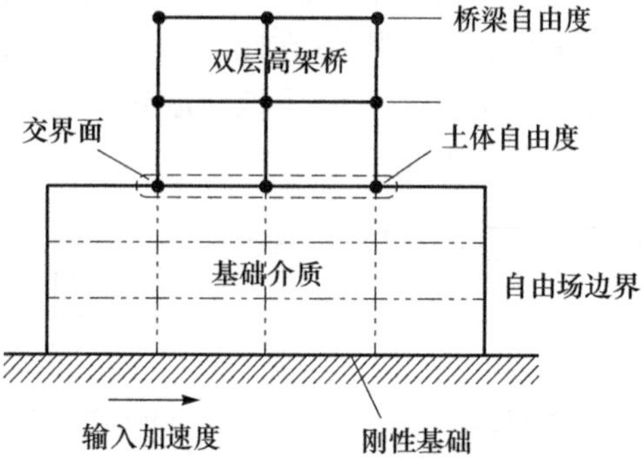

图 5.2.3　土-结构相互作用有界问题的有限元模型

对于给定基岩的地面运动时程,可以通过在时域或频域求解运动方程来获得相对位移矢量 $\boldsymbol{V}$,绝对位移或加速度矢量由地基运动与相对运动相加得到。这是求解土-结构动力相互作用问题的直接方法,将在 5.2.2 节详细介绍。

与直接方法对应的是多步方法,该方法将求解问题分两个阶段,如图 5.2.4 所示。在第一阶段中,主要求解运动相互作用问题,忽略上部结构的质量。运动方程为

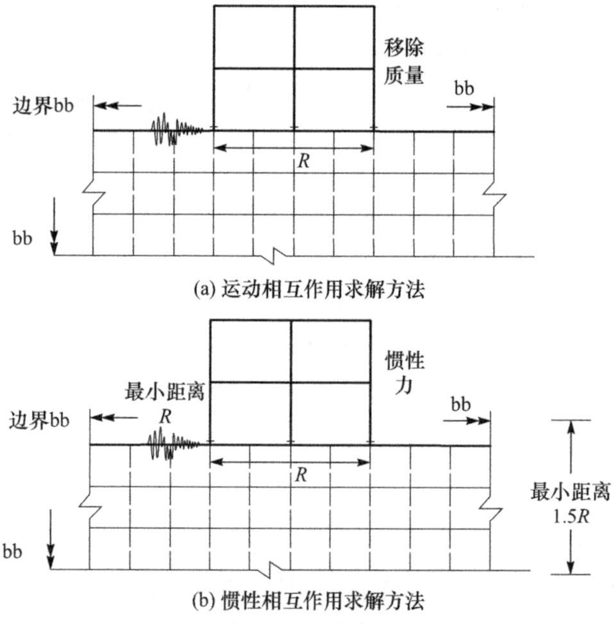

图 5.2.4　多步法

$$\bar{\boldsymbol{M}}\ddot{V}_{\mathrm{I}}+\boldsymbol{C}\dot{V}_{\mathrm{I}}+\boldsymbol{K}V_{\mathrm{I}}=-\bar{\boldsymbol{M}}\boldsymbol{I}\ddot{u}_{\mathrm{g}} \tag{5.2.2}$$

式中，$\bar{\boldsymbol{M}}$ 为质量矩阵(结构和基础的质量设置为零，只保留土体质量)；V_{I} 为体系的相对位移。

如果 V_{I} 中所有自由度的位移都近似相等，且等于结构基础的位移，此时运动相互作用可以忽略，自由场的运动(指结构基底的运动)全部传递给结构。

在第二阶段，主要解决惯性相互作用问题，整个质量矩阵在运动方程的左端加以考虑，有效地震力仅作用于结构。因此，运动方程为

$$\boldsymbol{M}\ddot{V}_{\mathrm{II}}+\boldsymbol{C}\dot{V}_{\mathrm{II}}+\boldsymbol{K}V_{\mathrm{II}}=-\boldsymbol{M}_{\mathrm{s}}(\ddot{V}_{\mathrm{I}}+\boldsymbol{I}\ddot{u}_{\mathrm{g}}) \tag{5.2.3}$$

式中，$\boldsymbol{M}_{\mathrm{s}}$ 为仅结构自由度具有非零元素的质量矩阵。

求解方程(5.2.3)可以得到由惯性相互作用产生的位移反应 V_{II}，系统的最终位移反应由 V_{I} 和 V_{II} 叠加得到，总体或绝对位移反应由 u_{g} 与 V_{I} 和 V_{II} 叠加得到。可以看出，由式(5.2.2)和式(5.2.3)叠加得到原始运动方程(5.2.1)。

直接方法易于处理地震动在边界处指定的边界问题，多步方法适用于处理自由场地震动在边界处指定的边界问题。土-结构相互作用的边界可采用自由场地面运动作为输入来表征。由于无限土体在模型中无法实现，在模型中需要建立合理的土体尺寸以及人工阶段边界条件以便辐射波的有效耗散(见图5.2.2)。下面将介绍四种典型的处理土-结构相互作用问题的方法，这些方法仅解决惯性效应问题。

5.2.2　直接方法

直接方法中，土-基础-结构体系采用有限元方法统一建模，如图5.2.4所示。直接方法需假定运动相互作用不明显，且自由场地面运动和基础运动一致。作用在结构上的惯性力使结构、基础和土体(土体与基础的交界面及以下)产生振动，其运动方程为

$$\boldsymbol{M}\ddot{\boldsymbol{u}}+\boldsymbol{C}\dot{\boldsymbol{u}}+\boldsymbol{K}\boldsymbol{u}=-\boldsymbol{M}_{\mathrm{s}}\boldsymbol{I}\ddot{u}_{\mathrm{g}} \tag{5.2.4}$$

式中，$\boldsymbol{M}$ 为结构-基础和土体的质量矩阵；$\boldsymbol{C}$ 为结构和土体的阻尼矩阵(材料阻尼)；$\boldsymbol{K}$ 为整个系统的刚度矩阵；$\boldsymbol{M}_{\mathrm{s}}$ 为具有非零质量结构自由度的质量矩阵；$\boldsymbol{I}$ 为影响系数向量；$\ddot{u}_{\mathrm{g}}$ 为自由场加速度；$\boldsymbol{u}$ 为相对于基础的相对位移向量。

图5.2.3中，土体被离散为矩形平面应变单元的集合，每个节点有两个平动自由度；而框架结构被离散为梁单元组合，每个节点有两个平动自由度和一个转动自由度。由于土体的单元节点没有转动自由度，土-结构界面单元需要进行特殊考虑(主从自由度方法或接触面连接单元)。整个体系的刚度矩阵可以通过标准装配程序生成。为了生成结构和土体的阻尼矩阵，可根据其模态阻尼比分别构造并假定它们服从瑞利阻尼，然后将它们组合起来建立整体的阻尼矩阵，假定土和结构的耦

合项阻尼为零。对应于交界面上节点自由度的阻尼由结构阻尼和土体阻尼组成。交界面处土体的振动变形以辐射波的形式在土体中向各个方向传播,从而引起辐射阻尼的产生。该阻尼是影响结构-基础动力反应的主要因素,辐射波不会消失,除非传递足够远的距离。因此,如果边界离结构不足够远的话,辐射波会在边界上反射回来,从而导致动力反应的计算错误。而采用远置边界可能使计算模型变得非常大。针对该问题已经开展了很多数值分析,固定边界的良好近似,如图 5.2.4。为了减小计算模型的规模,已经在有限元法中提出了吸收边界的概念。吸收边界的目的是通过将边界设置在结构附近来有效地耗散辐射能量,从而减小计算模型的规模。

直接方法在常规有限元程序中已可以处理土-结构动力相互作用问题。然而在直接方法中使用吸收边界将造成求解问题的复杂化,特别是当地上结构为三维建模时,求解和界面单元建模都将变得非常复杂。

5.2.3 子结构分析方法

对于土-结构动力相互作用问题,子结构分析方法可以避免直接法的大部分缺点。该方法分别将结构和地基介质作为两个独立的体系,并通过作用在土-结构交界面的力将两个体系联系起来。动态平衡方程最终以界面自由度的方式写出,并在时域或频域中求解,将地基介质看成一个阻抗函数已知的弹性半空间。基于弹性半空间的无质量圆形板的阻抗函数,矩形基础阻抗函数的近似表达式可根据面积等效的原则由圆形基础表达式推导得到[4]。对于刚性的无质量圆形基础,通过在基础上施加一个复数单位谐振力,可以得到弹性半空间阻抗函数的解析解,如图 5.2.5 所示。在阻抗矩阵中,耦合项仅存在于转动和平动之间,阻抗矩阵某一元素的实部和虚部分别对应土体的刚度和阻尼,这些阻抗函数是子结构分析方法的关键参数。

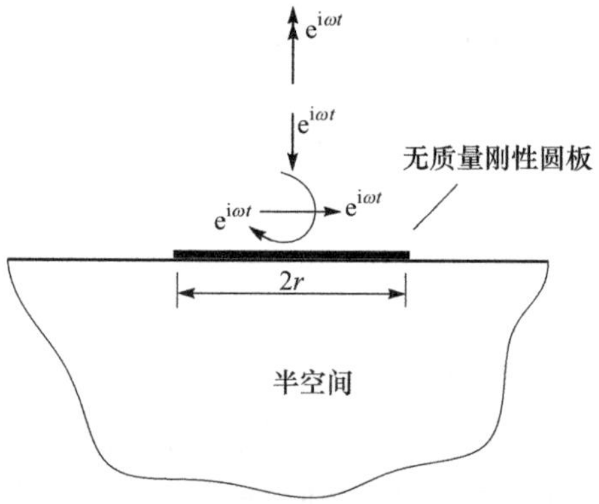

图 5.2.5 动力阻抗函数求解的弹性半空间模型

子结构分析方法的建模如图 5.2.6 所示，上部结构采用有限元方法建模。对于有些结构，一部分埋置在土体中，见图 5.2.6(b)。这种结构需要处理两个界面：一个在自由地表处；另一个在上部结构和地基介质之间的交界面处。

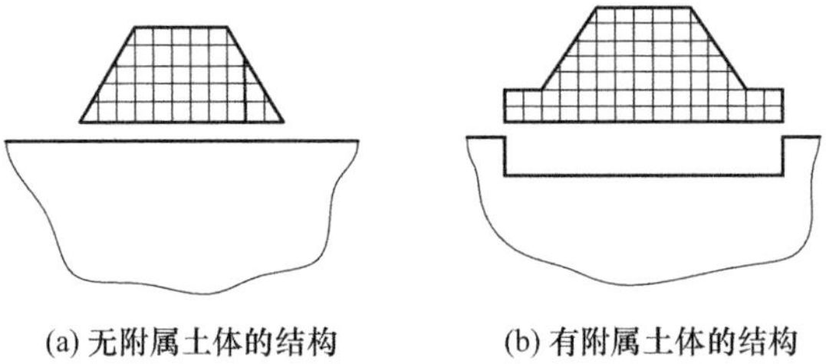

图 5.2.6　子结构分析方法的建模

对于如图 5.2.7 所示的具有多点激励的多自由度体系，不同自由度的总(绝对)反应中存在准静态分量。总位移为三个位移分量之和，即

$$\boldsymbol{v}^{\mathrm{t}}=\boldsymbol{v}_{\mathrm{g}}+\boldsymbol{v}_{\mathrm{r}}+\boldsymbol{v}_{\mathrm{d}} \tag{5.2.5}$$

式中，$\boldsymbol{v}_{\mathrm{g}}$ 为支撑点处地面位移在非支撑点自由度处产生的位移矢量；$\boldsymbol{v}_{\mathrm{r}}$ 为支撑点处位移产生用于维持基础和土体间弹性协调的位移矢量；$\boldsymbol{v}_{\mathrm{d}}$ 为惯性作用在所有非支撑点自由度处产生的相对动位移矢量。

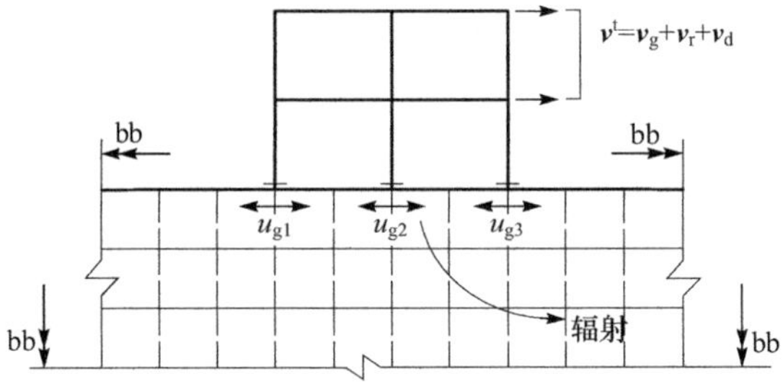

图 5.2.7　多点激励输入时多自由度系统的子结构分析方法

图 5.2.7 所示的上部结构的运动方程可以写成

$$\begin{bmatrix}\boldsymbol{M}_{\mathrm{ss}} & \boldsymbol{M}_{\mathrm{sf}}\\ \boldsymbol{M}_{\mathrm{fs}} & \boldsymbol{M}_{\mathrm{ff}}\end{bmatrix}\begin{bmatrix}\ddot{v}_{\mathrm{s}}^{\mathrm{t}}\\ \ddot{v}_{\mathrm{f}}^{\mathrm{t}}\end{bmatrix}+\begin{bmatrix}\boldsymbol{C}_{\mathrm{ss}} & \boldsymbol{C}_{\mathrm{sf}}\\ \boldsymbol{C}_{\mathrm{fs}} & \boldsymbol{C}_{\mathrm{ff}}\end{bmatrix}\begin{bmatrix}\dot{v}_{\mathrm{s}}^{\mathrm{t}}\\ \dot{v}_{\mathrm{f}}^{\mathrm{t}}\end{bmatrix}+\begin{bmatrix}\boldsymbol{K}_{\mathrm{ss}} & \boldsymbol{K}_{\mathrm{sf}}\\ \boldsymbol{K}_{\mathrm{fs}} & \boldsymbol{K}_{\mathrm{ff}}\end{bmatrix}\begin{bmatrix}v_{\mathrm{s}}^{\mathrm{t}}\\ v_{\mathrm{f}}^{\mathrm{t}}\end{bmatrix}=\begin{bmatrix}0\\ \boldsymbol{P}_{\mathrm{f}}^{\mathrm{t}}\end{bmatrix} \tag{5.2.6}$$

式中，下标 s、f 分别代表结构和地基；$\boldsymbol{P}_{\mathrm{f}}^{\mathrm{t}}$ 为地基处总的节点力，这些力的反力作用于土体子结构。

为了得到动力响应的准静态分量 v_{g} 和 v_{r}，运动方程仅考虑刚度项。支撑点处地面运动产生非支撑点自由度处的准静态响应为 $v_{\mathrm{g}}^{\mathrm{f}}$，支撑点处地面运动记为 $v_{\mathrm{g}}^{\mathrm{f}}=u_{\mathrm{g}}$。土体与基础交界面处相容位移在非支撑点自由度处产生的准静态位移记为

v_r^s，支撑点处的相容位移记为 v_r^f，则频域中的结构与地基交界面的力平衡方程为

$$\boldsymbol{K}_{fs}(v_g^s + v_r^s) + \boldsymbol{K}_{ff}(v_g^f + v_r^f) + \boldsymbol{G}_{ff} v_r^f = 0 \tag{5.2.7}$$

式中，$\boldsymbol{G}_{ff}$ 为土体对应于交界面自由度的阻抗矩阵。

值得注意的是，上述方程是针对准静态运动的，不包含阻抗矩阵的虚部。对式(5.2.7)简化，可得

$$\boldsymbol{K}_{fs} v_r^s + (\boldsymbol{K}_{ff} + \boldsymbol{G}_{ff}) v_r^f = -\boldsymbol{K}_{fs} v_g^s - \boldsymbol{K}_{ff} v_g^f = -\boldsymbol{P}_f \tag{5.2.8}$$

如果仅考虑支撑点自由场地面运动引起的非支撑点自由度的位移，有

$$\boldsymbol{K}_{ss} v_g^s + \boldsymbol{K}_{sf} v_g^f = 0 \tag{5.2.9}$$

或

$$v_g^s = -\boldsymbol{K}_{ss}^{-1} \boldsymbol{K}_{sf} v_g^f = -\boldsymbol{K}_{ss}^{-1} \boldsymbol{K}_{sf} u_g = \frac{1}{\omega^2} \boldsymbol{K}_{ss}^{-1} \boldsymbol{K}_{sf} \ddot{u}_g \tag{5.2.10}$$

将式(5.2.10)代入式(5.2.8)，可得

$$\boldsymbol{P}_f = -\frac{1}{\omega^2}(\boldsymbol{K}_{ff} - \boldsymbol{K}_{fs}\boldsymbol{K}_{ss}^{-1}\boldsymbol{K}_{sf})\ddot{u}_g \tag{5.2.11}$$

因此，$\boldsymbol{v}_r$ 可以通过求解下面方程获得

$$\begin{bmatrix} \boldsymbol{K}_{ss} & \boldsymbol{K}_{sf} \\ \boldsymbol{K}_{fs} & \boldsymbol{K}_{ff} + \boldsymbol{G}_{ff} \end{bmatrix} \begin{bmatrix} v_r^s \\ v_r^f \end{bmatrix} = \begin{bmatrix} 0 \\ -P_f \end{bmatrix} \tag{5.2.12}$$

为得到 $\boldsymbol{v}_d$，将式(5.2.5)得到的 $\boldsymbol{v}^t$ 代入式(5.2.6)，可得

$$\begin{bmatrix} \boldsymbol{M}_{ss} & \boldsymbol{M}_{sf} \\ \boldsymbol{M}_{fs} & \boldsymbol{M}_{ff} \end{bmatrix} \begin{bmatrix} \ddot{v}_d^s \\ \ddot{v}_d^f \end{bmatrix} + \begin{bmatrix} \boldsymbol{C}_{ss} & \boldsymbol{C}_{sf} \\ \boldsymbol{C}_{fs} & \boldsymbol{C}_{ff} \end{bmatrix} \begin{bmatrix} \dot{v}_d^s \\ \dot{v}_d^f \end{bmatrix} + \begin{bmatrix} \boldsymbol{K}_{ss} & \boldsymbol{K}_{sf} \\ \boldsymbol{K}_{fs} & \boldsymbol{K}_{ff} \end{bmatrix} \begin{bmatrix} v_d^s \\ v_d^f \end{bmatrix}$$

$$= -\begin{bmatrix} \boldsymbol{M}_{ss} & \boldsymbol{M}_{sf} \\ \boldsymbol{M}_{fs} & \boldsymbol{M}_{ff} \end{bmatrix} \begin{bmatrix} \ddot{v}_a^s \\ \ddot{v}_a^f \end{bmatrix} - \begin{bmatrix} \boldsymbol{C}_{ss} & \boldsymbol{C}_{sf} \\ \boldsymbol{C}_{fs} & \boldsymbol{C}_{ff} \end{bmatrix} \begin{bmatrix} \dot{v}_a^s \\ \dot{v}_a^f \end{bmatrix} - \begin{bmatrix} \boldsymbol{K}_{ss} & \boldsymbol{K}_{sf} \\ \boldsymbol{K}_{fs} & \boldsymbol{K}_{ff} \end{bmatrix} \begin{bmatrix} v_a^s \\ v_a^f \end{bmatrix} + \begin{bmatrix} 0 \\ \boldsymbol{P}_f^t \end{bmatrix} \tag{5.2.13}$$

式中，$v_a^s = v_g^s + v_r^s$；$v_a^f = v_g^f + v_r^f$。

对具有较低阻尼的结构，方程(5.2.13)右侧的阻尼项对其有效荷载贡献很小，因此利用式(5.2.7)，式(5.2.13)在频域中可以写成

$$\left(-\omega^2 \begin{bmatrix} \boldsymbol{M}_{ss} & \boldsymbol{M}_{sf} \\ \boldsymbol{M}_{fs} & \boldsymbol{M}_{ff} \end{bmatrix} + \mathrm{i}\omega \begin{bmatrix} \boldsymbol{C}_{ss} & \boldsymbol{C}_{sf} \\ \boldsymbol{C}_{fs} & \boldsymbol{C}_{ff} \end{bmatrix} + \begin{bmatrix} \boldsymbol{K}_{ss} & \boldsymbol{K}_{sf} \\ \boldsymbol{K}_{fs} & \boldsymbol{K}_{ff} \end{bmatrix}\right) \begin{bmatrix} v_d^s \\ v_d^f \end{bmatrix}$$

$$= +\omega^2 \begin{bmatrix} \boldsymbol{M}_{ss} & \boldsymbol{M}_{sf} \\ \boldsymbol{M}_{fs} & \boldsymbol{M}_{ff} \end{bmatrix} \begin{bmatrix} v_a^s \\ v_a^f \end{bmatrix} + \begin{bmatrix} 0 \\ \boldsymbol{P}_f^t - \boldsymbol{P}_{rf} \end{bmatrix} \tag{5.2.14}$$

式中，$\boldsymbol{P}_{rf} = -\boldsymbol{G}_{ff} v_r^f$；$\boldsymbol{P}_f^t - \boldsymbol{P}_{rf}$ 可以看成为满足交界面处位移动力相容性而产生的作用在基础上的动力荷载分量，可以由如下公式获得：

$$\boldsymbol{P}_f^t - \boldsymbol{P}_{rf} = \boldsymbol{P}_f^d = -\boldsymbol{G}_{ff} v_d^f \tag{5.2.15}$$

式(5.2.14)在频域中可以写成

$$\left(-\omega^2\begin{bmatrix}\boldsymbol{M}_{ss} & \boldsymbol{M}_{sf}\\ \boldsymbol{M}_{fs} & \boldsymbol{M}_{ff}\end{bmatrix}+\mathrm{i}\omega\begin{bmatrix}\boldsymbol{C}_{ss} & \boldsymbol{C}_{sf}\\ \boldsymbol{C}_{fs} & \boldsymbol{C}_{ff}\end{bmatrix}+\begin{bmatrix}\boldsymbol{K}_{ss} & \boldsymbol{K}_{sf}\\ \boldsymbol{K}_{fs} & \boldsymbol{K}_{ff}+\boldsymbol{G}_{ff}\end{bmatrix}\right)\begin{bmatrix}v_d^s\\ v_d^f\end{bmatrix}$$

$$=+\omega^2\begin{bmatrix}\boldsymbol{M}_{ss} & \boldsymbol{M}_{sf}\\ \boldsymbol{M}_{fs} & \boldsymbol{M}_{ff}\end{bmatrix}\begin{bmatrix}v_a^s\\ v_a^f\end{bmatrix} \tag{5.2.16}$$

由于 v_a^s 和 v_a^f 已经求得，v_d^s 和 v_d^f 可以通过求解方程(5.2.16)得到。对于每一个频率 ω，方程(5.2.16)需要进行复数矩阵的求逆。一旦得到不同频率对应的 v_d^s 和 v_d^f，就可以得到矢量 $v^t(\omega)$，对 $v^t(\omega)$ 进行傅里叶逆变换，得到需要求解的动力响应向量 $v^t(t)$。

求解桩-土相互作用的子结构方法中，桩顶或桩帽的阻抗函数通过桩-土系统的单独分析得到。为了得到桩顶的阻抗函数，建立如图5.2.8所示包含土体与单桩或群桩的有限元模型。然后在桩顶沿着自由度方向施加单位复数谐波力，以便获得复数柔度矩阵，对柔度矩阵求逆可得到对应于桩顶自由度的阻抗函数矩阵。该矩阵平动和旋转自由度之间具有耦合项。对于每个频率值，导出阻抗函数矩阵，可以在频域中求解基础顶面输入给定地震动的桩-土相互作用问题，给出上部结构的动力反应，包括桩顶或承台的位移。根据桩顶或承台的阻抗函数，可以得到桩-土相互作用的等效弹簧刚度和等效阻尼系数，弹簧和阻尼器可用于代替承台处的桩-土系统，如图5.2.9所示。

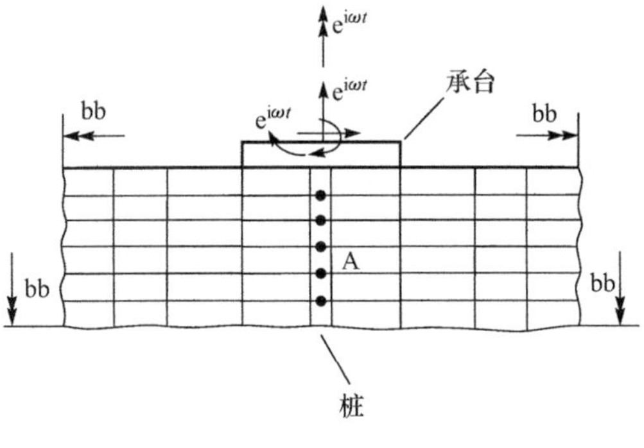

图5.2.8　桩-土阻抗函数计算模型

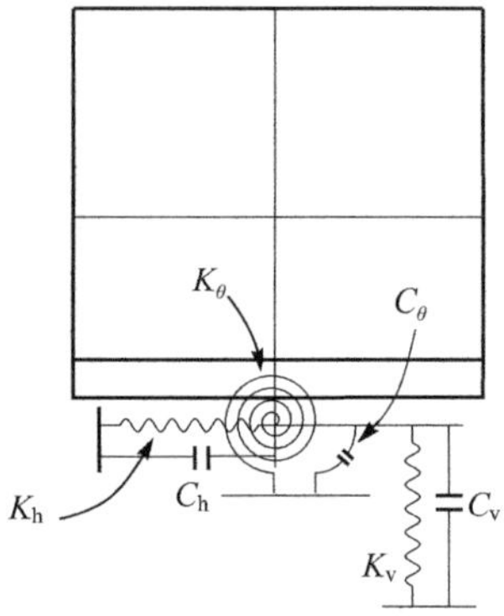

图5.2.9　桩-土相互作用等效弹簧-阻尼器模型

5.2.4　等效弹簧-阻尼分析方法

在子结构分析方法中，对应于地基自由度的刚度与阻尼由结构和土体组成。与土体相关的分量可由频率相关的土体阻抗函数得到。频率不相关的阻抗函数的函数值非常接近零频率的函数值，广泛应用于土-结构相互作用问题，土体被弹簧和阻尼器组成的系统替换，使土-结构相互作用问题可以在时域中进行研究[4]。弹

簧的刚度和阻尼器的阻尼系数，可以分别由接近零值的阻抗函数的实部和虚部得到。圆形刚性板基础的参数计算式为

$$K_v=\frac{4Gr}{1-\nu},\quad K_h=\frac{8Gr}{2-\nu},\quad K_f=5.3Gr^3,\quad K_\theta=\frac{8Gr^3}{3(1-\nu)},\quad K_{\theta H}=\frac{0.56Gr^2}{2-\nu}$$

$$C_v=\frac{3}{1-\nu}\rho V_s r^2,\quad C_h=\frac{4.6}{2-\nu}\rho V_s r^2,\quad C_f=0.8\rho V_s r^4$$

$$C_\theta=\frac{0.4}{1-\nu}\rho V_s r^4,\quad C_{\theta h}=\frac{0.4}{2-\nu}\rho V_s r^3 \tag{5.2.17}$$

式中，下标 v、h 分别代表竖向与水平向的摇摆；下标 θ 代表扭转；V_s 为剪切波速；G 为剪切模量；ρ 为质量密度。一般情况下，$\nu=1/3$。

在等效弹簧-阻尼器分析中，地基土体可由图 5.2.10 所示的弹簧和阻尼器构成的系统代替。弹簧的刚度和阻尼器的阻尼系数包含在整个体系的刚度和阻尼矩阵中。体系动力反应可以由直接积分法得到，也可以通过忽略变换阻尼矩阵 $\boldsymbol{\phi}^{\mathrm{T}}\boldsymbol{C}\boldsymbol{\phi}$ 的非对角线项来进行近似的模态分析。值得注意的是，体系无阻尼模态和频率是通过考虑底部弹簧而获得的结构刚度和质量矩阵来确定的，这些振型、频率和近似的模态阻尼可以进行土-结构体系的反应谱分析。

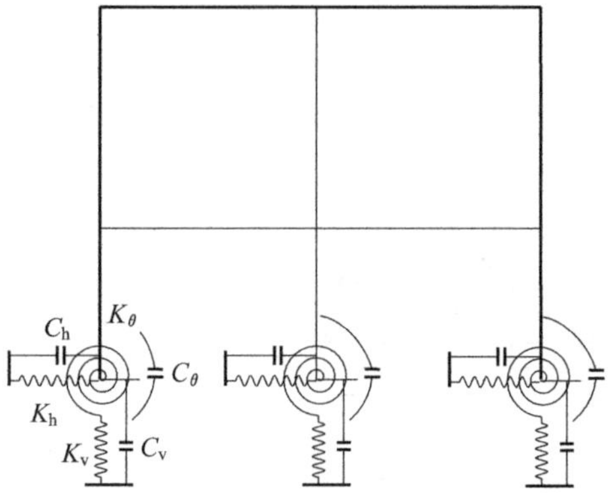

图 5.2.10 等效弹簧-阻尼器分析模型

在考虑桩-土相互作用分析时，土体用弹簧和阻尼器代替，如图 5.2.10 所示。两弹簧间桩段可以采用梁单元来模拟，整个体系的刚度矩阵可用标准程序确定。假定体系的阻尼为瑞利阻尼，其阻尼矩阵可由质量矩阵和刚度矩阵计算，将阻尼系数加到阻尼矩阵的对角元素中，将地面运动施加在基础上，对整个体系(包含上部结构与带有弹簧和阻尼器的桩)的分析可采用时域直接积分方法。该分析方法过程简洁，且与直接法相比，自由度数目较少，因此实用性较强，应用广泛[5-7]。5.3 节将着重介绍等效弹簧-阻尼分析方法中应用最为广泛的 Winkler 地基梁法。

5.3　Winkler 地基梁法

在土-桩-结构相互作用分析中，如何正确地描述桩侧土体的力学状态和合理地考虑桩侧土体对结构力学行为的影响是基本而重要的问题。目前，桩-土相互作用的简化计算模型大多基于 Winkler 地基梁假设，因此也称为 Winkler 地基梁模型。Winkler 地基梁法是指以 Winkler 地基梁假设为前提，将桩看成置于土介质中的梁，用连续分布且相互独立的弹簧和阻尼器模拟桩周围土体对桩的动力阻抗的分析方法[6,7]。应用 Winkler 地基梁法可以考虑土层沿深度的非均匀变化以及土的非线性性质。Winkler 地基梁法具有物理概念明确，计算量小，可以模拟土-桩-桥梁结构体系的动力特性(包括土体的非线性、桩-土界面的滑移和脱离、远场土体的辐射阻尼等)等特点，在工程实践中得到了广泛应用。

5.3.1　Matlock 模型

1. Matlock 基本模型

Matlock 基本模型是由一组与频率无关的非线性弹簧和线性阻尼器组成的(见图 5.3.1)，其中非线性弹簧的荷载-位移关系由单位荷载传递曲线确定，阻尼器用于考虑辐射阻尼效应。在简谐荷载作用下，这一简化力学系统的动力反应即荷载-位移关系中的实部与虚部是一条比较复杂的曲线。图 5.3.2 给出了两种不同激振频率($\omega_1<\omega_2$)条件下的力-位移关系曲线。图中，a 为非线性弹簧对地基反力实部的最大贡献，b 为其对地基反力虚部的最大贡献；$c\omega u$ 表示线性阻尼器对地基反力虚部的贡献。可以看出，非线性弹簧对与频率无关的地基反力的实部和虚部均有贡献，而阻尼器只对随频率线性变化的反力虚部起作用。Matlock 基本模型总的反力是弹簧力和阻尼力的总和，其实部与频率无关，弹性阶段时反力的虚部全部为阻尼力，当位移水平超过弹性阶段后，由于弹簧的滞后效应，反力的虚部会明显增加[8]。

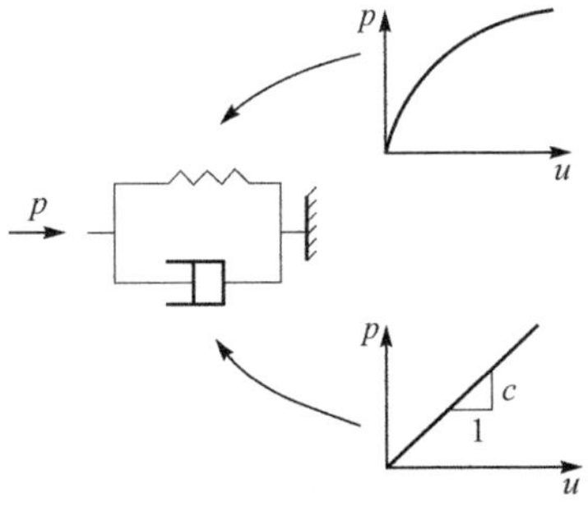

图 5.3.1　Matlock 基本模型图

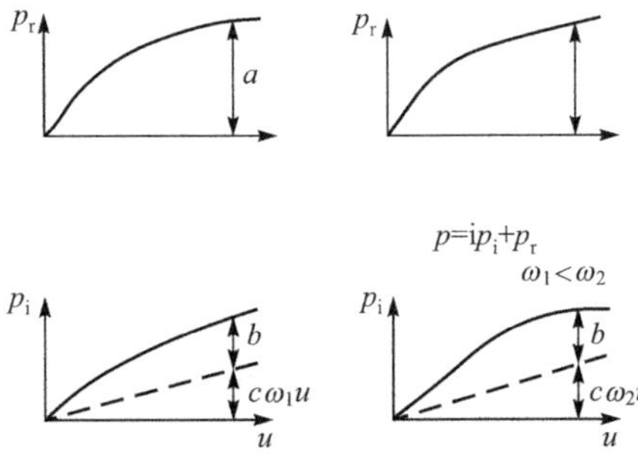

图 5.3.2　Matlock 基本模型的力-位移关系

Matlock 基本模型是最简单的动力 Winkler 地基梁模型之一，虽然比较粗糙，但可以较好地反映系统的刚度和阻尼特性，是后续模型发展的基础，该模型主要用于线性桩-土相互作用分析中。

2. Matlock 非线性模型

当桩身变形较小时，桩侧土反力与位移的关系可以按线性状态考虑；而在桩身变形较大的条件下，由于土体的非线性变形特性，桩的变形也呈现出非线性行为，桩-土之间的界面可能出现相对滑移、分离和摩擦等复杂的非线性物理过程。为了综合考虑这些非线性特性，Matlock 提出了一种较为复杂的动力 Winkler 计算模型，如图 5.3.3 所示。这种模型考虑了上部结构的影响，将自由场土体分析得到的地震动作为输入激励，每一节点中桩-土的耦联是通过多元摩擦块、弹簧和阻尼器的组合来模拟的。为了合理地模拟桩-土相互作用，在上部土层容许形成间隙。土反力-挠度关系曲线根据试验结果得出，用具有某些线性阻尼的非线性模型表示桩-土的耦联关系。

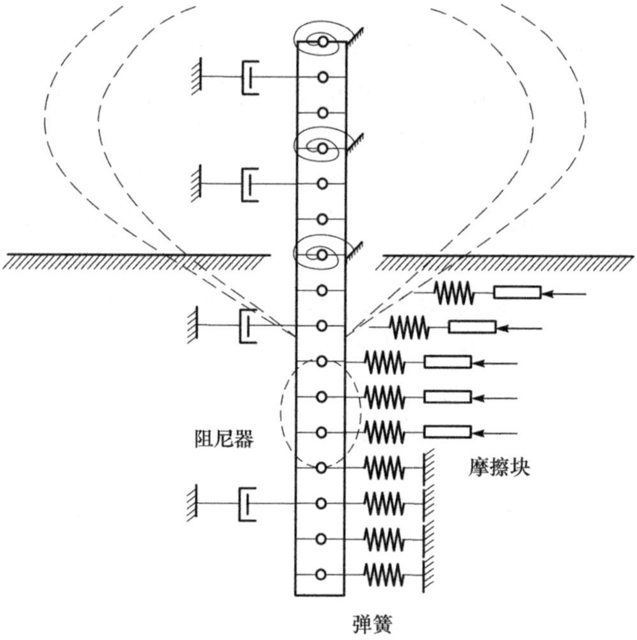

图 5.3.3　Matlock 非线性 Winkler 地基梁模型

Matlock 非线性动力 Winkler 地基梁模型是各种力学单元的组合，能够模拟各种非线性荷载-位移关系，并反映桩-土界面分离和滑移等非连续变形效应，但其局限性在于很难建立力学模型集中参数与常规土工参数之间的相关性。

5.3.2 Penzien 模型

为分析地震荷载下土-结构相互作用对复杂桥梁结构动力反应的影响，Penzien 等[9]对土-桩-桥梁结构系统提出了一套非线性分析方法。Penzien 模型把土-桩-桥梁系统离散成一个理想化的集中质量参数系统。用三元件模型模拟黏土介质的动力性状，连接毗邻两个质量的每一装置，由一个双线性滞后型弹簧和一个非线性阻尼器组成，两者相互并联，然后与非线性阻尼器串联，如图 5.3.4 所示。连接装置的这三个组成部分分别表示黏土介质的弹塑性特性、阻尼特性和蠕变特性。用弹性半空间的 Mindlin 理论计算地基土的弹性系数；用 Winkler 假设确定地基基床系数；从黏土介质底面输入给定的水平加速度，用数值方法求解自由场的地震反应和控制土-桩-桥梁系统地震反应的耦联非线性微分方程组。研究结果表明，当桩较长且土质较硬时，桩-土相互作用对桥梁的动力特性影响不大；只有当桩较短且土质较软时，桩-土相互作用对桥梁的影响才有显著影响。

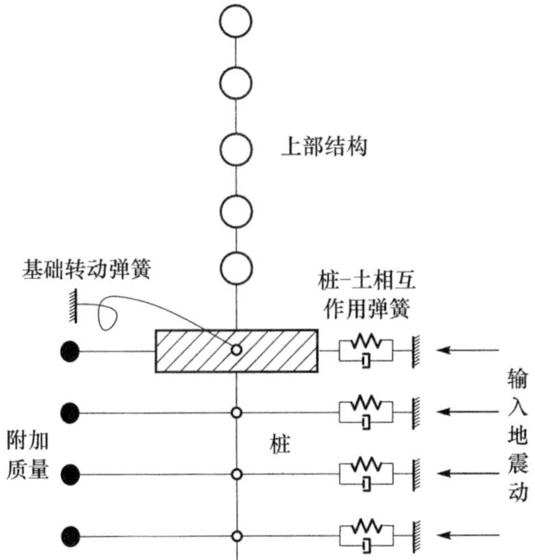

图 5.3.4　Penzien 模型及其改进模型

Penzien 模型能反映桩-土相互作用中最为本质的质量、刚度和阻尼特性，该模型至今仍被广泛应用。但 Penzien 模型也存在一些不足，例如，在结构计算之前，需要对自由场土体进行分析，以得到各节点的地震动输入；计算群桩时需要应用群桩相互作用因子当成单桩考虑，不能分别考虑各排桩的受力；不能考虑地表附近区域、桩-土之间的滑移和脱离；同时，该模型中的参数确定比较复杂，特别是附加质量的确定。

5.3.3　动力 p-y(q-z 和 t-z)曲线法

动力 p-y 曲线分析方法是 Boulanger 等[10]提出的，其核心思想仍然是 p-y 曲线。当外部的荷载不是地震激励，而是静力荷载时，动力 p-y 曲线分析方法便退化为传统的 p-y 曲线方法。动力 q-z 和 t-z 曲线方法与该方法类似，只是方向不同，所以本节以 p-y 曲线分析为例进行阐述。

传统的 p-y 曲线分析方法已经广泛被大家认可，因为该方法能够准确地描述桩基受到荷载作用时的主要力学特性。在承受水平的静力荷载时，考虑土体为非线性材料，其平衡方程为

$$E_{\mathrm{p}}I_{\mathrm{p}}\frac{\mathrm{d}^4y}{\mathrm{d}z^4}+P\frac{\mathrm{d}^2y}{\mathrm{d}z^2}+ky=0 \tag{5.3.1}$$

式中，y 为桩身位移；$E_{\mathrm{p}}I_{\mathrm{p}}$ 为挠曲位移；k 为土体的反力系数。

$$P=-ky \tag{5.3.2}$$

上述两个方程即为传统 p-y 曲线的核心。桩基受到侧向力时，基础与土体相互作用，当土体受较大的应力时，桩周土体将会屈服，变形逐渐增加而应力逐渐趋于极限值，并且土体的模量会随着深度的增加而发生改变，静力作用下桩基的受力如图 5.3.5 所示。

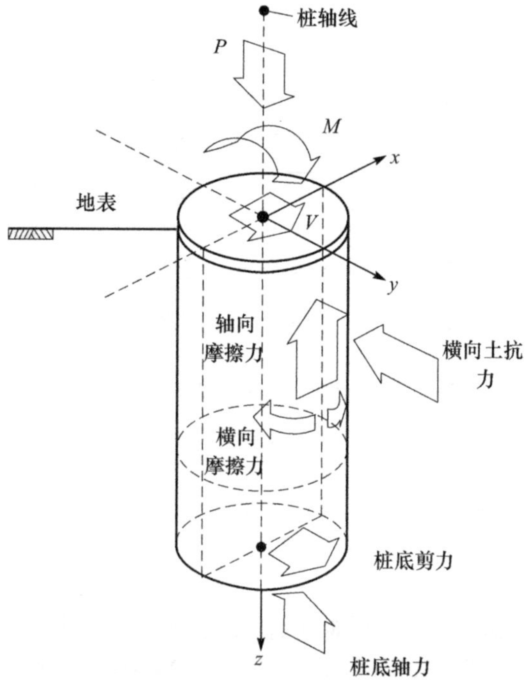

图 5.3.5　静力 p-y 曲线方法中桩基受力示意图

动力 p-y 曲线的分析模型如图 5.3.6 所示。该模型主要包含三个部分[10]：自由场土体、结构及桩单元。动力 p-y 曲线中的桩用梁单元模拟，非线性土体用三种不同的动力单元模拟：动力 p-y 单元模拟土体的水平抵抗作用，动力 t-z 单元模拟土体的竖向摩阻力，动力 q-z 单元模拟土体的竖向支撑作用，这些与静力 p-y 曲线类似。不同的是，自由场是桩-土相互作用的一部分，采用的弹簧并不是一个，而是多个弹簧的串并联。

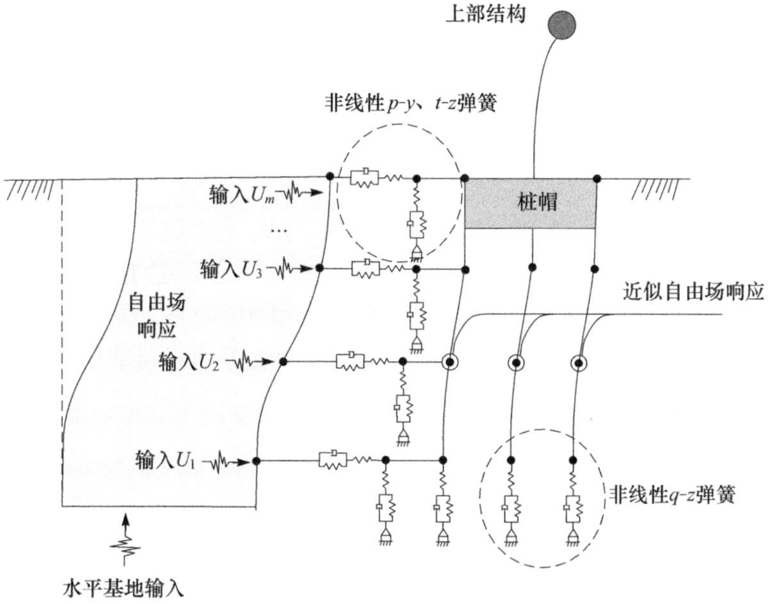

图 5.3.6　动力 p-y 曲线桩基分析模型

1. 动力 p-y 单元

非线性 p-y 弹簧由弹性部分(p-y^e)、塑性部分(p-y^p)和间隙部分(p-y^g)三部分组成，辐射阻尼通过弹性部分并联来考虑。间隙部分包括一个非线性闭合弹簧(p^c-y^g)和一个非线性拖曳弹簧(p^d-y^g)，如图 5.3.7 所示。其中，$y=y^e+y^p+y^g$，$p=p^d+p^c$。

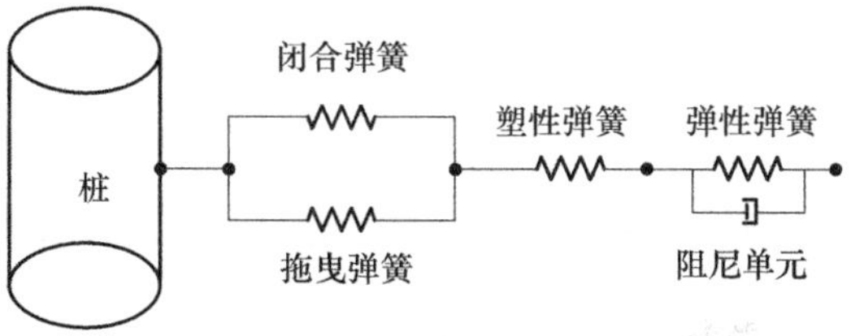

图 5.3.7　动力 p-y 单元

塑性弹簧有一个初始刚性部分：$-C_r p_{ult} < p < C_r p_{ult}$，其中初始加载阶段塑性屈服时 $C_r = p/p_{ult}$，即抗力与极限抗力的比值。刚性部分的范围 $p = 2C_r p_{ult}$，随着塑性变形的发生保持常数（随动强化）。超过刚性部分后，塑性部分（p-y^p）可以用式(5.3.3)来描述：

$$p = p_{ult} - (p_{ult} - p_0)\left(\frac{cy_{50}}{cy_{50} + |y^p - y_0^p|}\right)^n \tag{5.3.3}$$

式中，p_{ult} 为 p-y 单元在加载方向上的极限抗力；初始塑性加载循环 $p_0 = p$，$y_0^p = y^p$；c 为控制初始屈服阶段的切线模量；n 为控制 p-y^p 曲线形状的指数。

闭合弹簧（p^c-y^g）可以用式(5.3.4)来描述：

$$p^c = 1.8 p_{ult}\left[\frac{y_{50}}{y_{50} + 50(y_0^+ - y^g)} - \frac{y_{50}}{y_{50} - 50(y_0^- - y^g)}\right] \tag{5.3.4}$$

在原位试验中，容易观察到往复荷载作用下，桩-土界面处出现裂缝间隙。裂缝开启时，阻力来自桩侧的横向摩擦阻力。这里 y_0^+ 是正方向间隙的记忆项，y_0^- 是负方向间隙的记忆项，其初始值分别设置为 $y_{50}/100$ 和 $-y_{50}/100$。式中系数 1.8 随着初始荷载增加到 y_0^+（y_0^-）将 p^c 提高到 p_{ult}，闭合弹簧将荷载位移特性随着间隙的开合光滑过渡。

非线性拖曳弹簧（p^d-y^g）可以用式(5.3.5)来描述：

$$p^d = C_d p_{ult} - (C_d p_{ult} - p_0^d)\frac{y_{50}}{y_{50} + 2|y^g - y_0^g|} \tag{5.3.5}$$

式中，C_d 为最大拖曳力与 p-y 单元极限抗力的比值；在初始加载循环，$p_0^d = p^d$，$y_0^g = y^g$。

弹性部分包括一个具有刚度 k_e 的弹性材料，同时，并联一个阻尼器来代表辐射阻尼项。辐射阻尼使应力波在传播过程中引起能量的耗散，可采用 Gazetas 和 Dobry[11] 的建议值 $c = B\rho v_s \Delta z$ 来确定，式中，B 为桩的直径；ρ 为土体密度；Δz 为土体的上覆土层厚度；v_s 为土体的剪切波速。弹性部分的弹性力为 $p = k_e y_e$，这里 y_e 是位移的弹性部分。弹性部分与塑性部分相串联，这两部分中的 p 取相同的值。

Matlock[8] 建议软黏土的骨架曲线中取 $c=10$，$n=5$，$C_r=0.35$，p-y 特性必须要定义 p_{ult}、y_{50} 和 C_d 的值。API 建议砂土的骨架曲线中取 $c=0.5$，$n=2$，$C_r=0.2$。值得注意的是，k_x 是在初始阶段 p-y 弹簧的刚度，由此可以得到 y_{50} 的值。

在弹性阶段，只有弹性弹簧发生作用，当土体初次发生变形时，弹性弹簧与塑性弹簧共同作用，塑性弹簧处于刚度段，仅有弹性弹簧工作，随着荷载增加，塑性弹簧与弹性弹簧共同作用，此时与静力 p-y 曲线类似。开始卸载时，桩-土之间产生间隙，闭合弹簧和拖曳弹簧启动。动力 p-y 单元弹簧特性如图 5.3.8 所示。

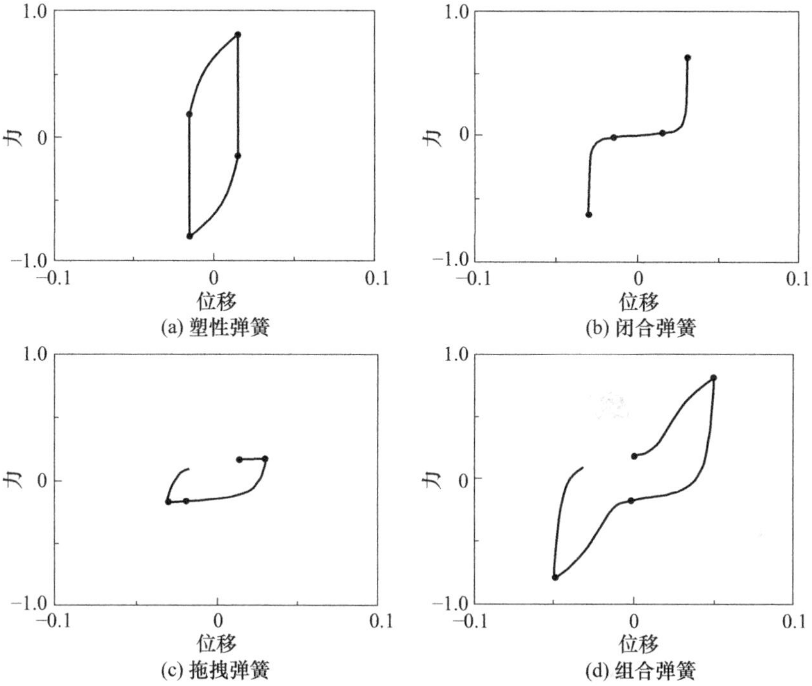

图 5.3.8　动力 p-y 单元弹簧特性

2. 动力 t-z 单元

动力 t-z 单元与动力 p-y 单元类似，如图 5.3.9 所示。该单元由两部分串联组成：弹性部分(t-z^{e})和塑性部分(t-z^{p})，辐射阻尼同样由弹性弹簧和阻尼器模拟，塑性部分可以用式(5.3.6)描述：

$$t^{p}=t_{ult}-(t_{ult}-t_{0}^{p})\left(\frac{cz_{50}}{cz_{50}+\left|z_{p}-z_{0}^{p}\right|}\right)^{n} \tag{5.3.6}$$

式中，t_{ult} 为 t-z 单元在加载方向的极限承载能力；在初始塑性加载循环，$t_{0}^{p}=t^{p}$，$z_{0}^{p}=z^{p}$；c 为常数；n 为指数，c 和 n 二者确定了曲线 t-z^{p} 的形状。

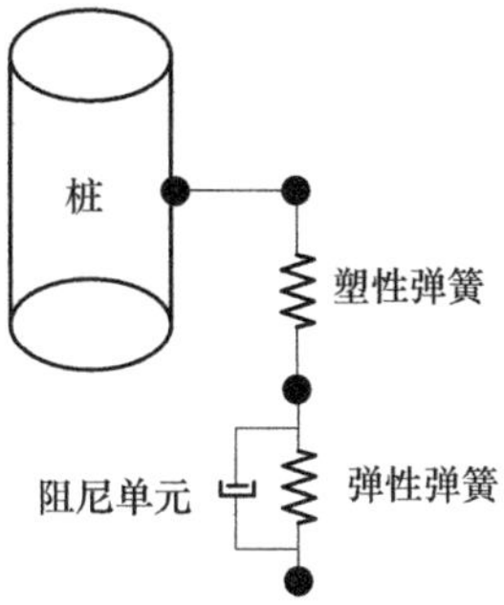

图 5.3.9　动力 t-z 单元

弹性部分可以用式(5.3.7)描述：

$$t^{e}=C_{e}\frac{t_{ult}}{z_{50}}z^{e} \tag{5.3.7}$$

式中，C_{e} 为定义弹性刚度的常数。C_{e} 并非是一个独立的参数，它取决于常数 c 和 n。

上述公式能灵活用于不同的 t-z 骨架曲线，其中，Reese 和 O'Neill[12]通过试验得到 $c=0.5$，$n=1.5$，$C_{e}=0.71$，而 Mosher[13]通过轴向荷载试验得到 $c=0.6$，$n=$

0.85，$C_e=2.05$。

3. 动力 q-z 单元

同样，动力 q-z 单元与动力 p-y 单元类似，如图 5.3.10 所示。非线性 q-z 单元包括弹性部分（q-z^e）、塑性部分（q-z^p）和间隙部分（q-z^g）三部分，辐射阻尼同样由弹性弹簧和阻尼器模拟。

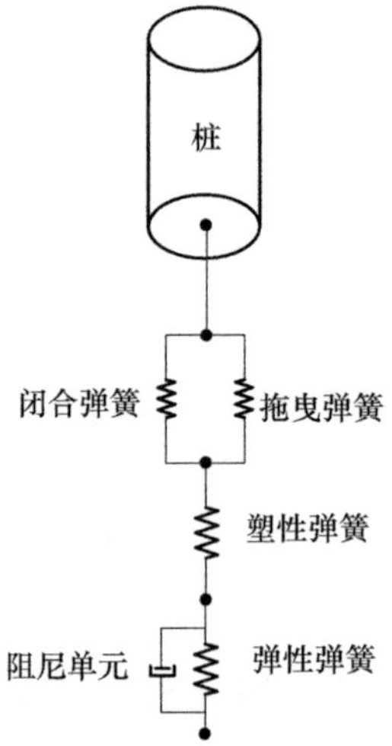

图 5.3.10　动力 q-z 单元

塑性弹簧有一个初始刚性部分：$-C_r p_{ult}<p<C_r p_{ult}$，其中初始加载阶段塑性屈服时 $C_r=q/q_{ult}$，刚性部分的范围 $q=2C_r q_{ult}$，其最大值为 $0.7q_{ult}$。随着塑性变形的发生，屈服面形状保持不变（随动强化），超过刚性部分后，塑性部分（q-z^p）用式（5.3.8）来描述：

$$q=q_{ult}-(q_{ult}-q_0)\left(\frac{cz_{50}}{cz_{50}+|z^p-z_0^p|}\right)^n \tag{5.3.8}$$

式中，q_{ult} 为 q-z 单元在加载方向上的极限抗力；在初始塑性加载循环，$q_0=q$，$z_0^p=z^p$；c 为控制初始屈服阶段的切线模量；n 为控制 p-y^p 曲线形状的指数。

闭合弹簧（q^c-z^g）部分是简单的双线性弹性弹簧，受压时是相对刚性的，而不考虑其受压刚度。非线性拖曳弹簧（q^d-z^g）描述桩尖端的一部分吸力，如式（5.3.9）所示：

$$q^d=C_d q_{ult}-(C_d q_{ult}-q_0^d)\frac{z_{50}}{z_{50}+2|z^g-z_0^g|} \tag{5.3.9}$$

式中，C_d 为最大拖曳力与 q-z 单元极限抗力的比值；初始加载循环时，$q_0^d=q^d$，$z_0^g=z^g$。

上述公式能够灵活用于不同的 q-z 骨架曲线，其中，Brown 和 Reese[14]通过试验得到 $c=0.35$，$n=1.2$，$C_r=0.2$。

5.4　规范方法

各国规范对土-桩-上部结构相互作用（seismic soil-pile-superstructure interaction，SSPSI）均有不同程度的考虑，目前应用比较广泛的方法有我国《公路桥涵地基与基础设计规范》（JTG D63—2007）[15]中采用的 m 法，以及基于美国 API 规范[16]中采用的 p-y 曲线法；我国的《港口工程桩基规范》（JTS 167-4—2012）[17]中也建议使用这两种方法。下面分别对两种方法进行介绍。

5.4.1　*m* 法

我国《公路桥涵地基与基础设计规范》规定了桩身应力的计算方法为 m 法，该方法也是基于 Winkler 地基梁假设，将桩当成梁处理，地基水平抗力系数 k_s 随深度成正比增加，即 $k_s=mz$，其中 m 为地基土的比例系数，z 为深度。

m 法是一种线弹性地基反力法，当水平荷载不大时，m 法可以较好地反映桩-土相互作用。但是当水平荷载较大、桩在土体面处发生较大位移、桩侧土体进入塑性工作状态时，用 m 法计算将会出现较大误差，并且随着水平荷载的增大，误差也随之增大。桩周围土体随着水平荷载的增大会发生软化，因而地基系数 m 值亦随着水平荷载的增大而减小，并非是一个确定值。另外，当 m 取值一定时，桩身最大弯矩位置不随水平荷载的增大而产生变化，显然与实际情况有较大出入。

5.4.2　*p-y* 曲线法

p-y 曲线法是指在水平力作用下，泥面以下某个深度 x 处土反力 p 与该点桩的挠度 y 之间的关系曲线，它综合反映了桩周围土的非线性、桩的刚度和外荷载作用的性质等特点，是一种弹塑性分析方法[18]。在 p-y 曲线的选取方面，目前应用较为广泛的是 Matlock[8]建议的黏性土 p-y 曲线和 Reese 等[19]建议的砂性土 p-y 曲线。

p-y 曲线能较为真实地把地基的非弹性性质及由地表开始的进行性破坏现象反映到桩的计算中。它不仅能考虑静力荷载，而且能考虑循环荷载，还能考虑到土的软化、土抗力的退化和折减。它克服了单一参数法（如 m 法）计算水平承载桩所得挠度、转角和桩身最大弯矩不能同时与桩的实测数据和边界条件很好地吻合的缺点，解决了桩发生大变位时，土压力和位移呈线性关系的求解方法与实际土的非线性反应不相适应的问题，能全面地反映桩的工作性状。

5.5 地基阻抗力的时域计算方法

在计算基础与结构界面间的相互作用力问题上，时域子结构法因其所需计算成本较低而受到了工程界的广泛重视。时域子结构法的难点在于时域地基阻抗力的计算。当阻抗函数的频率相关特性较弱时，容易将阻抗函数较为准确地转换为时域的 Voigt 模型来表达时域地基阻抗力。然而，在实际问题中由于土层的不均匀性以及基础的形式和埋深等因素的影响，基础阻抗函数随频率变化通常很复杂，表现出强烈的频率相关性。这就使得通过基础阻抗函数卷积分表述的时域地基阻抗力计算变得十分复杂和耗时。这时依据基础阻抗函数的一般特性，研究时域地基阻抗力的实用化计算方法就显得十分重要。解决这一问题的有效途径是对地基阻抗函数进行简化处理，使其既能反映基础动力阻抗函数的频率相关性的主要特征，又避免了复杂的卷积分计算以便于在时域中实现。

本节将集总参数模型与时域差分递归的滤波器模型相结合，给出一种可完整考虑基础阻抗函数中奇异性特征和正则性特征的简便、实用且精度可控的时域地基阻抗力计算方法。该方法将当前时刻的时域地基阻抗力分解为两项有明确物理意义的阻抗力的代数和，一是由弹簧阻尼器集总参数模型代表的瞬态影响阻抗力部分；二是由前几个时步的虚拟力和位移值表示的反映延续影响的虚拟力部分。该方法在考虑土-结构动力相互作用的结构反应分析应用中有两个关键问题：一是选择合适方法获得拟合参数；二是在动力时程分析程序中的实现。本节针对这两个问题进行讨论，给出为了获得稳定的差分系统所需要的稳定条件，然后采用最优化方法讨论参数的有效拟合方法。最后，在有限元软件中通过引入虚拟力的方法，实现考虑阻抗函数频率相关性的地基阻抗力时域计算[20-22]。

5.5.1 稳定条件

在频域中，基础-结构交界面上的相互作用力-位移关系可写为

$$F(\omega)=S(\omega)u(\omega) \tag{5.5.1}$$

式中，$S(\omega)$为基础的动力阻抗函数；$F(\omega)$、$u(\omega)$分别为相互作用力和位移幅值。

通常基础动力阻抗函数 $S(\omega)$可分解为奇异部分和正则部分之和，表示为

$$S(\omega)=S_s(\omega)+S_r(\omega) \tag{5.5.2}$$

式中，奇异部分不具有平方可积性，可写为 $S_s(\omega)=K+i\omega C$；正则部分是平方可积的。

根据傅里叶变换的线性性质，基础-结构交界面上的相互作用力-位移关系在时域内可写为

$$F(t)=Ku(t)+C\dot{u}(t)+\int_0^t S_r(t-\tau)u(\tau)\mathrm{d}\tau \tag{5.5.3}$$

式中，右端前两项相应于瞬时反应，第三项卷积相应于延续反应。

由延续反应引起的地基阻抗力可表示为

$$F_d(t)=\int_0^t S_r(t-\tau)u(\tau)\mathrm{d}\tau=F(t)-[Ku(t)+C\dot{u}(t)] \tag{5.5.4}$$

从式(5.5.4)可以看出，如果把位移当成输入，延续反应引起的相互作用力 $F_d(t)$ 当成输出，根据数字信号处理的知识，对应于阻抗函数的位移与延续反应引起的相互作用力 $F_d(t)$ 构成了线性时不变(linear time invariant，LTI)系统(用于改变频谱形状的线性时不变系统也称为频率成形滤波器，简称滤波器)，而频域阻抗函数就是该 LTI 滤波器系统的系统函数。

简单的离散时间滤波器可按下面的差分方程定义：

$$y(t)=\sum_{i=0}^{N} b_i x(t-i\Delta t)-\sum_{i=1}^{N} a_i y(t-i\Delta t) \tag{5.5.5}$$

式中，$x(t)$、$y(t)$ 分别为原始(输入)信号和滤出(输出)信号；a_i 和 b_i 表示过滤因子；M 和 N 为滤波器的阶数。

由于仅考虑延续反应部分，式(5.5.5)中需令 $b_0=0$。利用离散信号 z 变换的性质，可以得到滤波器的系统函数

$$H(z)=\frac{Y(z)}{X(z)}=\frac{\sum_{i=1}^{M} b_i z^{-i}}{1+\sum_{i=1}^{N} a_i z^{-i}} \tag{5.5.6}$$

式中，$z=\mathrm{e}^{\mathrm{i}\omega\Delta t}$。

线性时不变系统稳定的充要条件是系统函数的收敛域包含单位圆 $|z|=1$。具有有理系统函数的因果线性时不变系统，只有 $H(z)$ 的全部极点位于单位圆内时(即全部极点的模小于 1 时)，其收敛域包含单位圆，系统就是稳定的。滤波器系统的极点为系统函数分母多项式方程 $1+\sum_{i=1}^{N} a_i z^{-i}=0$ 的根(通常以复数对的形式出现)，滤波器系统的稳定条件转化为系统函数分母多项式方程的根需满足

$$|z_k|<1,\quad k=1,2,\cdots,N \tag{5.5.7}$$

在参数计算时通过在误差函数中引入惩罚项来保证系统的极点都位于复平面单位圆内。

至此，配合初始松弛条件，则由上述差分方程确定的系统就是线性时不变系统和因果线性时不变系统。对于一个给定的输入，即可唯一确定其输出。对于特定的基础阻抗函数，选择一组合适的拟合参数 K、C、a_i 和 b_i，使之在整个频域的误差函数最小化。

$$V=\sum_{\omega}W(\omega)[K+\mathrm{i}\omega C+H(\omega)-S(\omega)]^2+\sum_{k}P(|z_k|\geqslant 1) \tag{5.5.8}$$

式中，$W(\omega)$为权重函数。上式第二项为保证系统稳定性的附加惩罚项，P 为惩罚因子，z_k 为滤波器系统的极点，即方程 $1+\sum_{i=1}^{N}a_iz^{-i}=0$ 的根。与之对应的地基阻抗力可以在时域内表达为

$$F(t)=Ku(t)+C\dot{u}(t)+F_{\mathrm{d}}(t) \tag{5.5.9}$$

式中，$F_{\mathrm{d}}(t)$为对应延续反应的阻抗力部分

$$F_{\mathrm{d}}(t)=\sum_{i=1}^{M}b_iu(t-i\Delta t)-\sum_{i=1}^{N}a_iF_{\mathrm{d}}(t-i\Delta t) \tag{5.5.10}$$

可以通过虚拟力方式施加。

1)权重函数

进行最优化参数拟合的目标函数定义为式(5.5.8)，其中 $W(\omega)$为权重函数。权重函数的应用使得拟合函数 $K+\mathrm{i}\omega C+H(\omega)$和阻抗函数 $S(\omega)$在选定频率范围的拟合精度可以进行调整。权重函数的选择需要综合考虑输入荷载的频谱特征以及结构的自振频率，原则上使基础位移的主频段具有更高的权重。

2)参数敏感性

对于任何给定的有理系统函数，有各种各样的等效差分方程及网络结构存在，若在这些众多不同的结构中进行选择，重点考虑的是计算的简便性。由式(5.5.5)和式(5.5.6)所示的线性时不变系统容易画出与之对应的直接Ⅰ型信号流图，如图 5.5.1 所示。图 5.5.1 中的单位延迟系统是由系统函数 z^{-1}表示的，延迟 N 个样本的实现采用级联 N 个单位延迟。在软件实现中，N 个级联的单位延迟可按 N 个顺序存储寄存器予以实现。

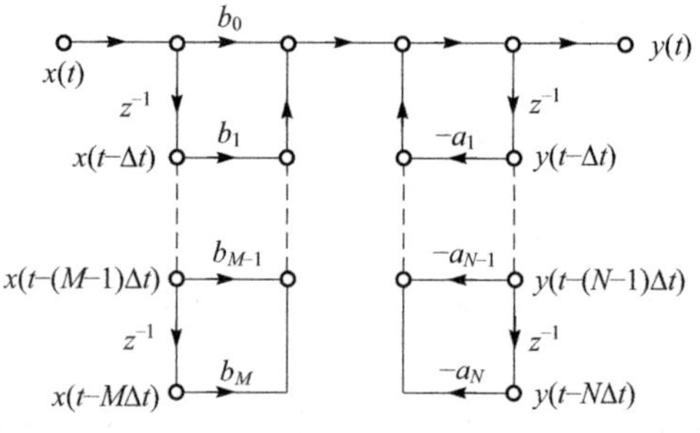

图 5.5.1　直接Ⅰ型结构的信号流图

直接Ⅰ型结构虽简单直观，但存在一些缺点。首先是系数 a_i、b_i 对滤波器性能的控制关系不直接，因此调整不方便。改变任一个系数 a_i 将影响所有的极点，改变任一个系数 b_i 将影响所有的零点。其次，对有限字长效应太敏感容易出现不稳定现象，当阶数 N 较高时其极点位置灵敏度太大。对于三阶以上的滤波器，几乎

不采用直接型结构，而是采用其他形式的结构。

将系统函数 $H(z)$ 分母多项式作因式分解，考虑系统函数的极点常以复数对的形式出现，再把实极点成对组合起来，可以将系统函数 $H(z)$ 表示成并联形式

$$H(z)=\sum_{i=1}^{N_s}\frac{e_{0i}+e_{1i}z^{-1}}{1-a_{1i}z^{-1}-a_{2i}z^{-2}} \tag{5.5.11}$$

图 5.5.2 给出了一个 6 阶并联型结构的系统信号流图。并联型结构运算速度快、各基本阶的误差互不影响，而且可以单独调整极点的位置，容易考虑前面所讨论的稳定性约束条件。

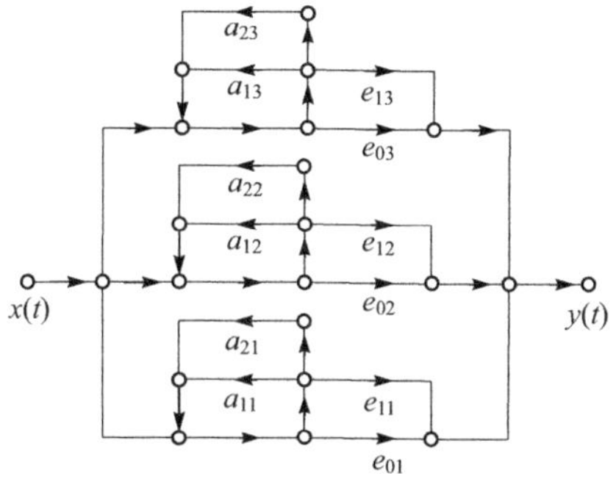

图 5.5.2　6 阶并联型结构的系统信号流图

考虑到滤波器系统直接型结构对极点的敏感性，对基础阻抗函数的参数拟合计算难以获得较为合适的结果，可以先用滤波器的并联型拟合参数，然后转换为直接型。当然也可以采用并联型结构系统来计算虚拟力，相对于直接型结构，计算虚拟力时采用并联型结构需要稍多的寄存单元和计算步。

5.5.2　虚拟力问题

基础阻抗函数的拟合参数获得后，基础阻抗力 $F(t)$ 的计算是完全时域的。在结构动力时程分析中应用的关键在于每一时间步需要保存前 N 步的虚拟力 $F_d(t)$ 和位移 $u(t)$，这需要对标准时程分析程序进行简单修改。时域子结构法中考虑土-结构动力相互作用的结构动力平衡方程为

$$\begin{bmatrix}\boldsymbol{M}_s & 0\\ 0 & \boldsymbol{M}_b\end{bmatrix}\begin{bmatrix}\ddot{u}_s(t)\\ \ddot{u}_b(t)\end{bmatrix}+\begin{bmatrix}\boldsymbol{C}_{ss} & \boldsymbol{C}_{sb}\\ \boldsymbol{C}_{bs} & \boldsymbol{C}_{bb}+\boldsymbol{c}_0\end{bmatrix}\begin{bmatrix}\dot{u}_s(t)\\ \dot{u}_b(t)\end{bmatrix}$$
$$+\begin{bmatrix}\boldsymbol{K}_{ss} & \boldsymbol{K}_{sb}\\ \boldsymbol{K}_{bs} & \boldsymbol{K}_{bb}+\boldsymbol{k}_0\end{bmatrix}\begin{bmatrix}u_s(t)\\ u_b(t)\end{bmatrix}=-\ddot{x}(t)\begin{bmatrix}\boldsymbol{M}_s\\ \boldsymbol{M}_b\end{bmatrix}-\begin{bmatrix}0\\ F_d(t)\end{bmatrix} \tag{5.5.12}$$

式中，下标 s 代表结构；下标 b 代表刚性基础；$\ddot{x}(t)$ 为地震加速度。式中的参数分别在参数拟合结果中取：$F_d(t)=\sum_{i=1}^{M}b_i u(t-i\Delta t)-\sum_{i=1}^{N}a_i F_d(t-i\Delta t)$，$\boldsymbol{c}_0=\boldsymbol{C}$，$\boldsymbol{k}_0=\boldsymbol{K}$。

上述动力平衡方程仅比常用的结构动力时程分析多一个虚拟力项，可采用差分法或者积分法进行求解。

5.5.3　实例分析

应用上述考虑基础阻抗函数频率相关性的地基阻抗力时域差分计算方法，对某群桩基础结构分别在三维地震荷载和单向简谐荷载作用下的动力反应进行计算和分析，并将计算结果与采用集总参数的弹簧-阻尼模型来模拟阻抗函数的结果进行对比分析。为计算方便，对计算模型进行了一些简化处理：①假定结构质量由集中质量块表示；②土层为均匀半空间；③忽略群桩基础转动的影响。

结构模型如图 5.5.3(a)所示，该算例采用带刚性承台的 3×3 群桩基础的水平阻抗函数，群桩基础模型如图 5.5.3(b)所示，所采用的计算模型如图 5.5.3(c)所示。计算参数为：土层阻尼比 $\beta_s=0.05$，土层泊松比 $\nu=0.4$，桩间距与桩长比 $S/d=5$，桩-土弹性模量比 $E_p/E_s=1000$，桩-土密度比 $\rho_p/\rho_s=1.42$，桩长细比 $L/d=15$。

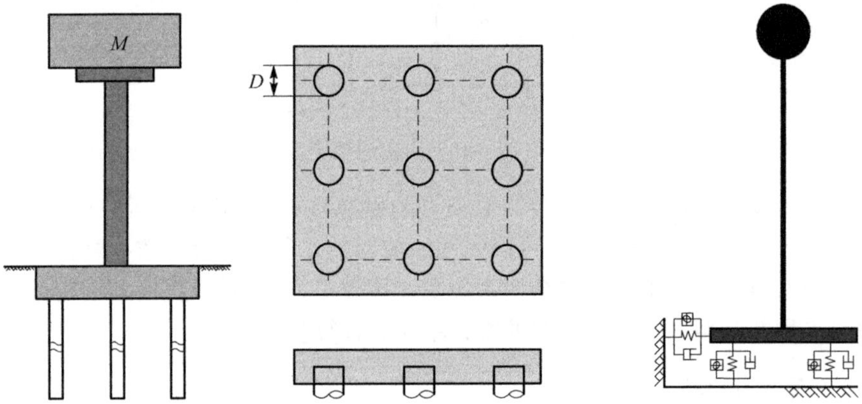

(a) 结构模型　　(b) 群桩模型　　(c) 计算模型

图 5.5.3　算例结构及计算模型

以单桩静刚度为标准进行无量纲化，该基础的水平和竖向阻抗函数可表示为

$$K_H(a_0)=9K_{SH}^{[1]}(k_H(a_0)+ic_H(a_0))$$
$$K_V(a_0)=9K_{SV}^{[1]}(k_V(a_0)+ic_V(a_0)) \tag{5.5.13}$$

式中，$a_0=\omega d/v_s$ 为无量纲频率，v_s 为土体的剪切波速，d 为桩直径；$K_{SH}^{[1]}$、$K_{SV}^{[1]}$ 分别为单桩水平静刚度和竖向静刚度。

群桩阻抗函数的实部 $k_i(a_0)$ 和虚部 $c_i(a_0)$ 随无量纲频率的变化如图 5.5.4 中实线所示。采用集总参数模型耦合虚拟力法，利用所编写的计算软件获得了一组 6 阶参数，其对应的拟合结果如图 5.5.4 中虚线所示。可以看出，6 阶参数在较宽频段上对频率相关阻抗函数的拟合都非常理想，事实上，更低的阶数即可获得较为理想的拟合结果。

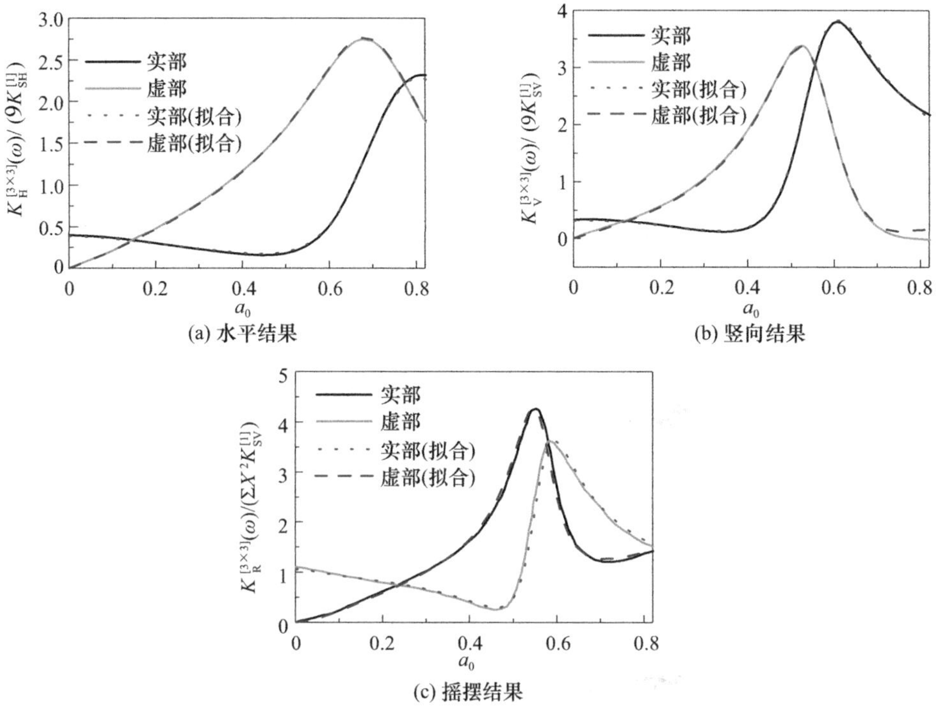

图 5.5.4　无量纲化的群桩阻抗函数及拟合结果

仅以质量块上施加竖向频率为 12.5Hz 的简谐荷载为例，分别采用本节方法、低频平滑段拟合的集总弹簧-阻尼模型(集总参数模型 1)、对应的群桩阻抗函数为 12.5Hz 处的弹簧-阻尼模型(集总参数模型 2)计算桩帽和质量块的位移时程，并与以频域计算并通过傅里叶逆变换获得的位移时程的精确解进行对比，如图 5.5.5 所示。

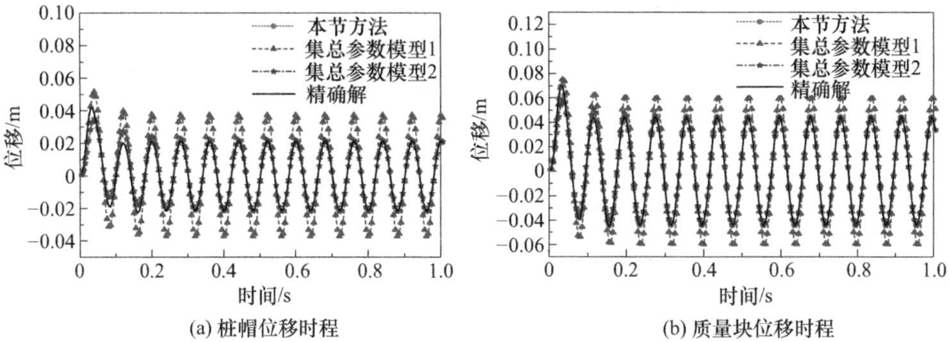

图 5.5.5　简谐荷载作用下的位移时程

由图 5.5.5 可以看出，无论低频段拟合的集总弹簧-阻尼模型还是对应群桩阻抗函数 12.5Hz 处的弹簧-阻尼模型，都不能很好地模拟该工况，但使用本节提出的方法所获得的结果与精确解能够很好吻合。采用低频段拟合获得集总弹簧-阻尼模型无论瞬态反应还是稳态反应均与精确解存在较大误差，尤其是稳态反应更为严重。而采用群桩阻抗函数 12.5Hz 处的弹簧-阻尼模型所获得的稳态反应与精确解较接近，但是初始施加荷载时的瞬态反应存在较大误差，提出方法的瞬态反应和稳态反应都能与精确解很好地吻合，表明该方法能在全频域内很好地拟合阻抗函数。

5.6　考虑 SSI 的桥梁非线性地震反应分析算例

5.6.1　采用静力 *p-y* 法的斜交桥地震反应

1. 斜交桥梁非线性有限元模型

以高速公路某单跨和两跨斜交桥梁为研究对象，其中单跨斜交桥桥跨长 30m，两跨单柱斜交桥的桥跨布置为 30m＋30m 两跨一联的预应力钢筋混凝土连续梁桥，桥墩高 7m，采用直径为 1.5m 的钢筋混凝土圆形桥墩截面，上部结构采用钢筋混凝土单箱三室箱梁结构。

图 5.6.1 描述了斜交桥梁构件非线性三维有限元模型及其构件分析模型。为体现斜交桥梁上部结构地震作用下绕竖直轴的平面转动，采用三维壳单元来模

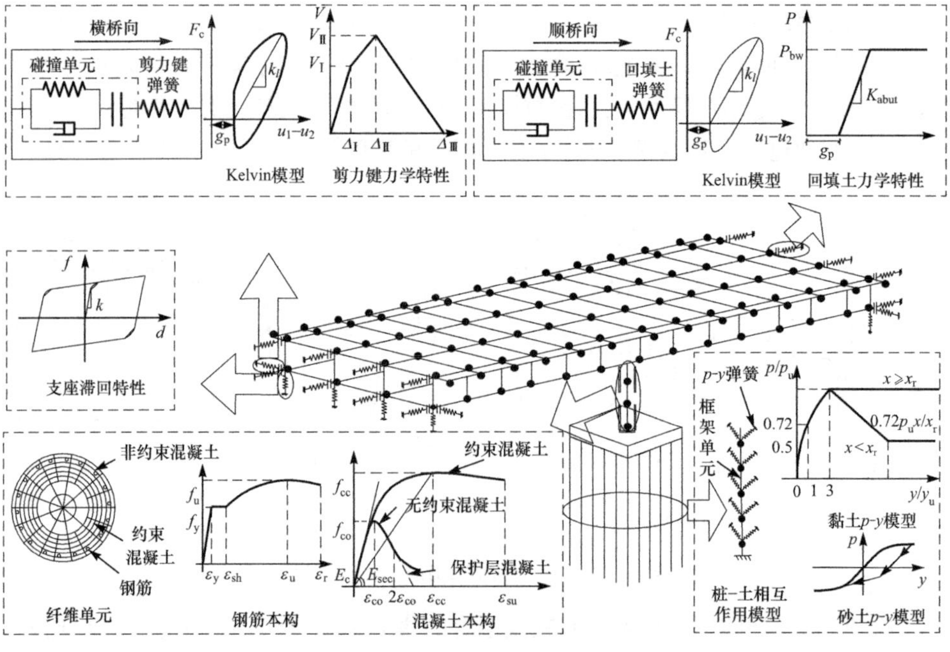

图 5.6.1　桥梁分析模型

拟桥梁上部结构的刚度特性和质量分布。桥墩由弹性梁单元和位于桥墩两端的长为 L_p 的塑性铰纤维单元模拟。在桥台伸缩缝和初始间隙处设置 Kelvin 模型来模拟碰撞作用[23]。盆式橡胶支座的非线性特性用 Wen 塑性单元模拟。外剪力键力-位移骨架曲线采用斜截面剪切破坏的简化滞回模型[24]，赋予非线性弹簧组，并设置在箱梁的横桥向两侧。桥台-回填土体系的非线性力学行为采用具有间隙的理想双线性力-位移特性的弹簧组进行模拟[25]，并设置在箱梁的腹板顶和腹板底。采用基于 Winkler 地基梁的静力 p-y 曲线法分析模型，将土体对桩的作用简化为一系列沿桩长连续分布且相互独立的非线性弹簧。

2. 非线性时程分析

基于桥梁所处场地条件选取 7 条水平双向近断层速度脉冲型强震记录，选取的水平地震动加速度峰值调整为 0.4g。图 5.6.2 给出了 Imperial Valley 地震作用下单跨斜桥(30°)非线性构件的地震反应，在地震作用过程中回填土单元进入塑性阶段，剪力键单元失效，桥墩未完全发挥其延性能力(侧移率为 2%)，支座在两方向偏离原位置滞回，砂土及黏土弹簧力-变形曲线显示其在地震动过程中提供一定抗力。可见，斜交桥梁重要非线性构件在地震作用中均进入塑性阶段，发挥了抵抗地震力和耗散地震能量的作用。

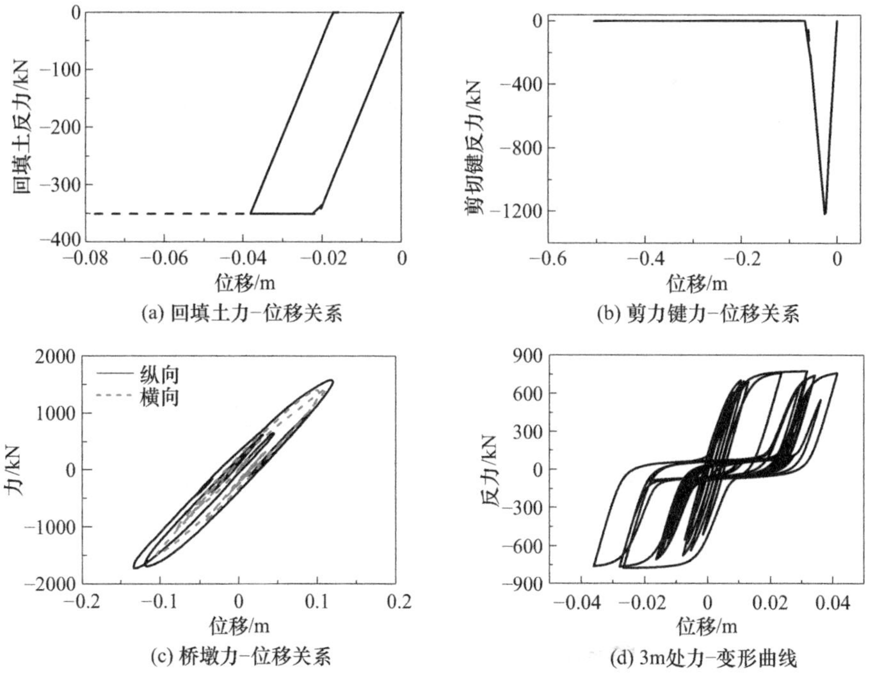

(a) 回填土力-位移关系
(b) 剪力键力-位移关系
(c) 桥墩力-位移关系
(d) 3m处力-变形曲线

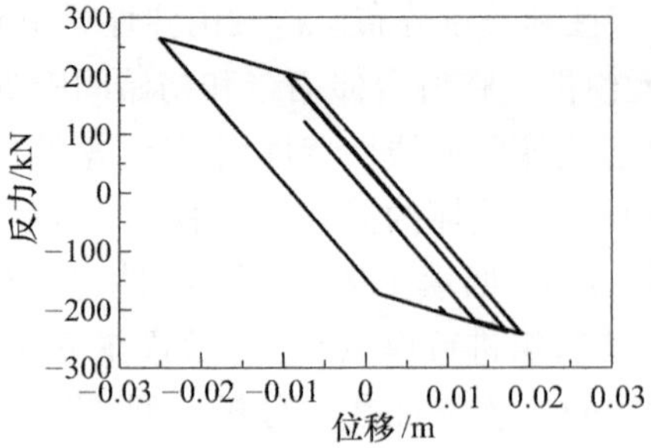

(e) 9m处力-变形曲线

图 5.6.2　Imperial Valley 地震作用下单跨斜桥地震反应

在 Imperial Valley 地震动激励下单跨、两跨的直桥(0°)和斜桥(30°)地震反应时程曲线如图 5.6.3 所示，包括上部结构纵向位移、横向位移及平面转角。由图 5.6.3(a)可见，单跨直桥的纵向峰值位移(0.116m)略大于两跨直桥(0.105m)，而斜桥的纵向峰值位移均大于直桥，且单跨斜桥的纵向位移峰值(0.257m)明显大于两跨斜桥(0.189m)，桥梁横向位移、桥面转角也符合类似规律。因此，斜交桥梁剪力键、桥墩等构件的非线性性能对桥梁地震反应有重要影响，斜交桥梁地震反应随斜交角的增加呈增大趋势，且对顺桥向和横桥向的影响是不同的，在斜交桥梁非线性地震反应分析时应予以充分考虑[26-28]。

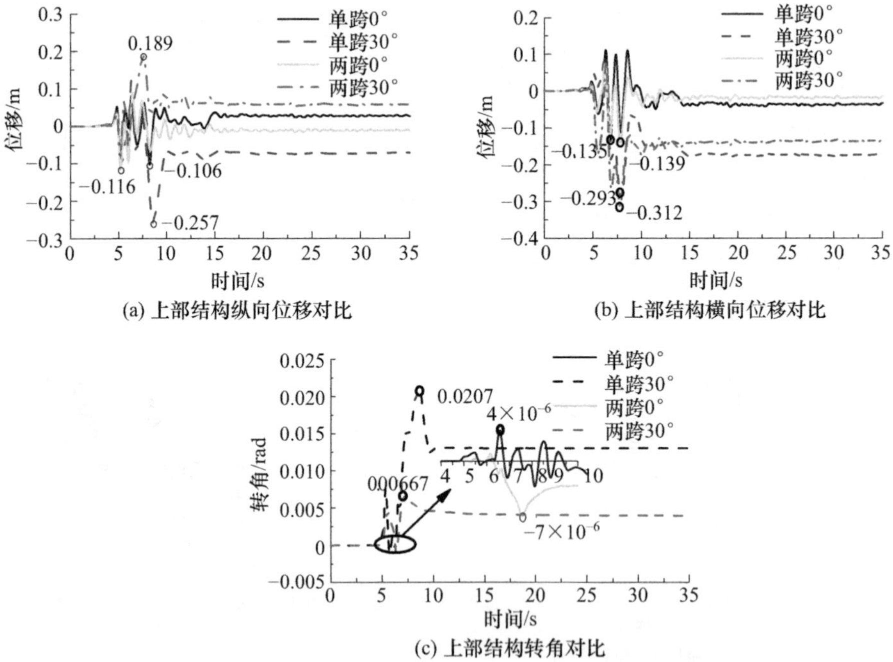

图 5.6.3　Imperial Valley 地震作用下桥梁上部结构地震反应

5.6.2　采用动力 *p-y* 法的斜拉桥地震反应

1. 桥梁有限元模型

以某固结体系独塔斜拉桥为工程背景，跨径组合为 114m＋120m。桥梁标准宽度为 32m；主墩墩身采用箱形薄壁结构，墩宽纵向为 7.4m，横向为 19.9m，墩高为 9.97m；主塔高度为 82.27m；主墩桩基采用 1.5m 直径钻孔灌注桩，如图 5.6.4 所示。

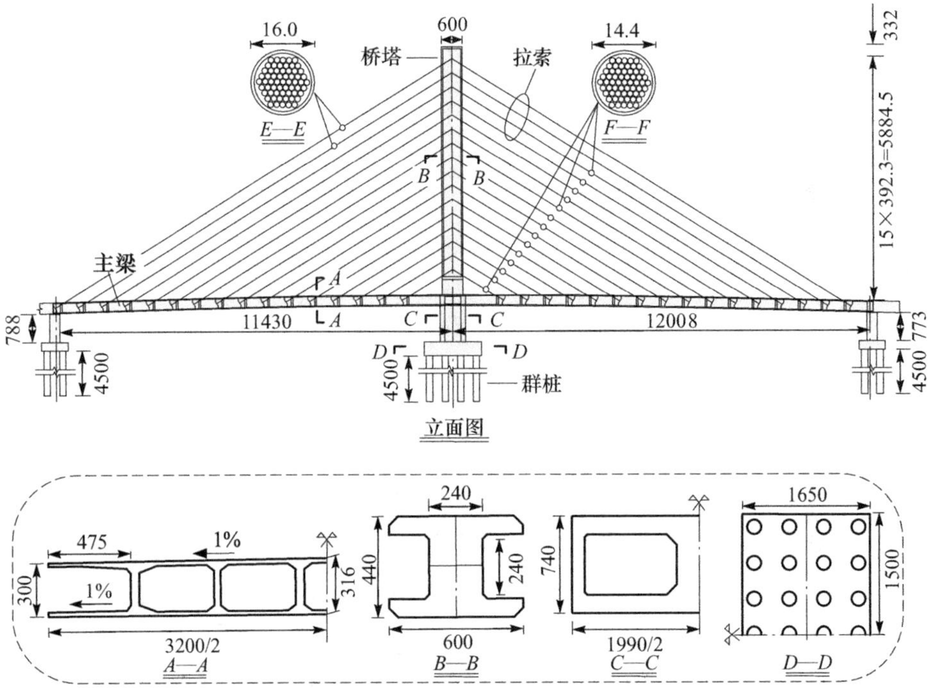

图 5.6.4　独塔斜拉桥基本构造(单位：cm)

主梁采用脊梁模型，即弹性梁柱单元，把桥面系的刚度(竖向、横向挠曲刚度和扭转刚度)和质量都集中在中间节点上，斜拉索与该节点相连。拉索具有一定的垂度，呈曲线状，在这里用桁架单元来模拟。当在有限元中将其视为一根杆件时，需要对其弹性模量进行换算，近似地使非线性问题线性化，考虑影响的一个简便方法是 Ernst 等效弹性模量方法。主塔下部至拉索处采用弹塑性纤维模型，包含 658 个混凝土纤维和 340 个钢筋纤维。约束与非约束混凝土采用 Kent-Park 非线性本构模型，纵向钢筋采用 Giuffré-Menegotto-Pinto 各向同性应变强化本构模型。主墩为箱形薄壁结构，显然该墩在地震作用下的剪切效应不可忽略，而纤维模型处理弯剪耦合作用时存在弊端，对于弯剪或剪切破坏控制的桥墩无法进行准确的模拟。相比之下，采用分层壳单元模型(见图 5.6.5)来模拟箱形薄壁墩的弹塑性行为更准确。桩-土相互作用采用动力 p-y 曲线分析方法模拟，砂土的 p-y 曲线采用 Reese 的砂土曲线确定方法。利用楔形失效理论式以及流动失效理论式分别确定土体的极限承载能力，取二者中的较小值为最终的极限承载能力。砂土与黏土 t-z 单元参数确定方法与 API 规范相同，q-z 单元与 Kulhawy 方法相同。

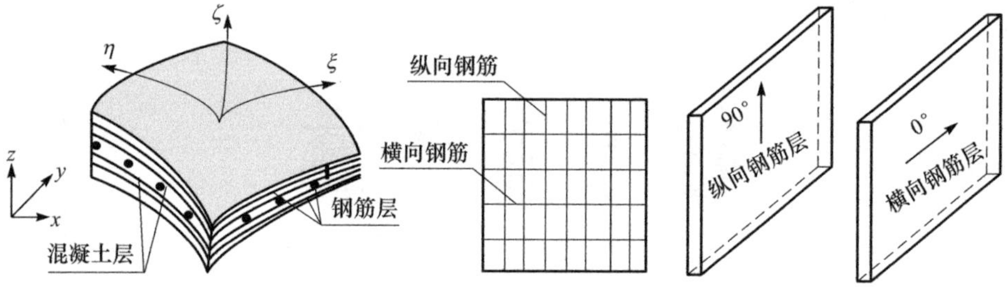

图 5.6.5　分层壳单元模型

斜拉桥有限元整体模型如图 5.6.6 所示。模型中共有杆系单元 1321 个，其中包括主梁、拉索、上部主塔和桩基础，主墩和承台使用壳单元共计 2200 个。

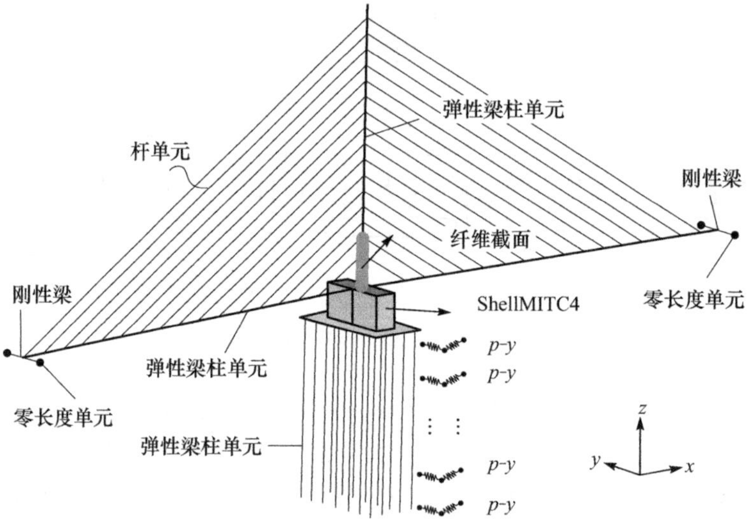

图 5.6.6　斜拉桥有限元整体模型

桥梁无桩土和有桩土的斜拉桥前 10 阶模态分析结果如表 5.6.1 所示。可以看出，桩-土相互作用对桥梁的动力特性有一定的影响，各阶频率比未考虑桩-土相互作用时均有一定的降低。前 6 阶振型中，斜拉桥自身(桩基以外)对整体桥梁的振动特性起主导作用，桩基础影响较小，因此是否考虑桩-土相互作用时对特征周期及振型影响不大。而从第 6 阶之后，桩基础对整桥的动力特性的影响增加，二者特征周期及振型会有所差别。

表 5.6.1　有桩土与无桩土的斜拉桥模态分析结果对比

阶数	考虑桩-土相互作用	不考虑桩-土相互作用
第 1 阶	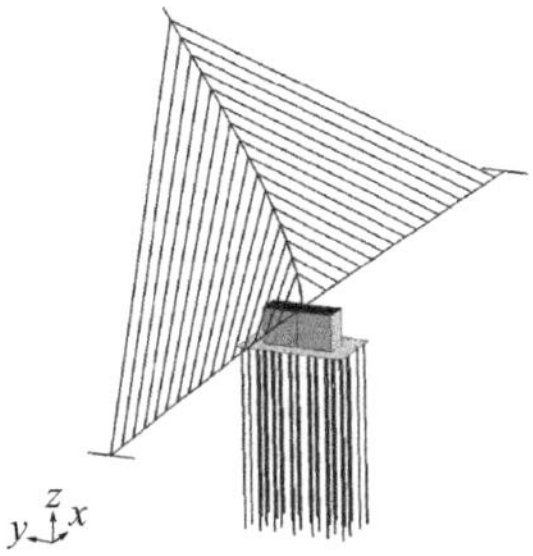 1.810s	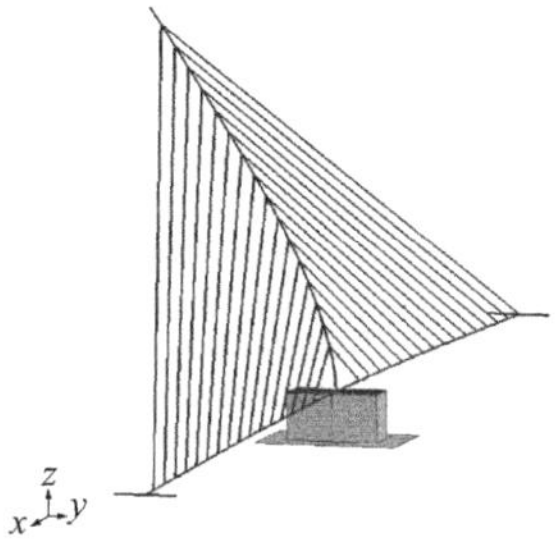 1.805s
第 2 阶	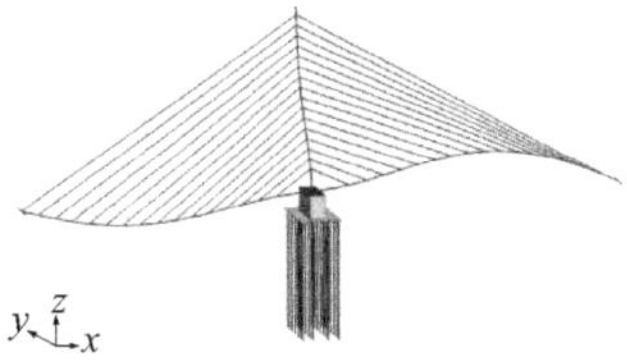 1.160s	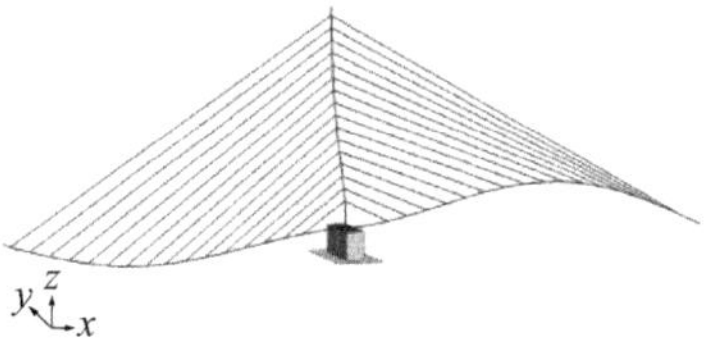 1.158s
第 3 阶	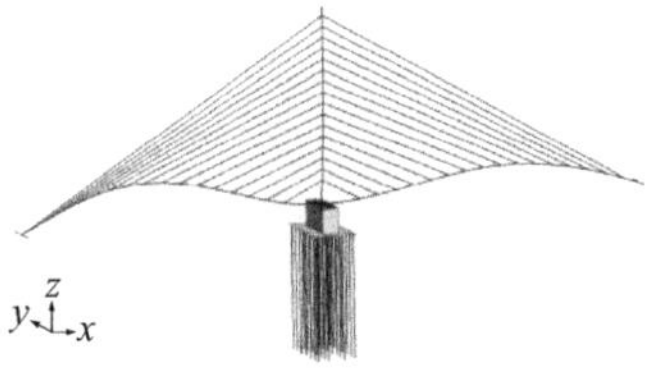 0.939s	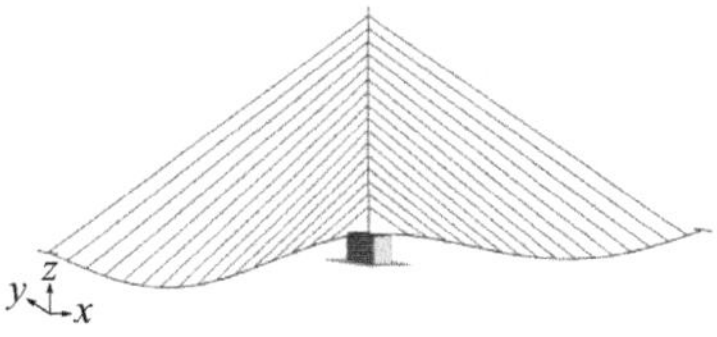 0.938s
第 4 阶	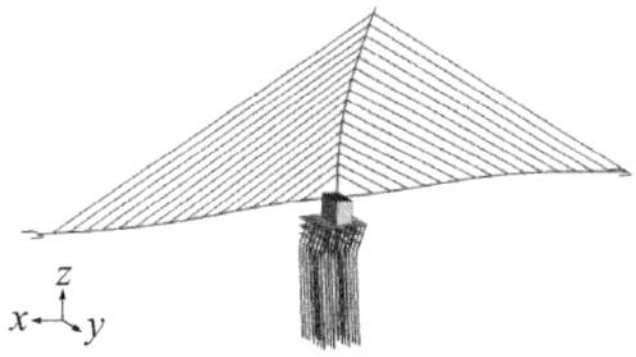 0.539s	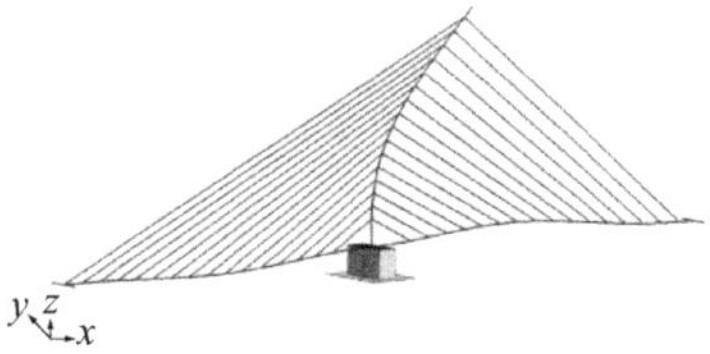 0.461s
第 5 阶	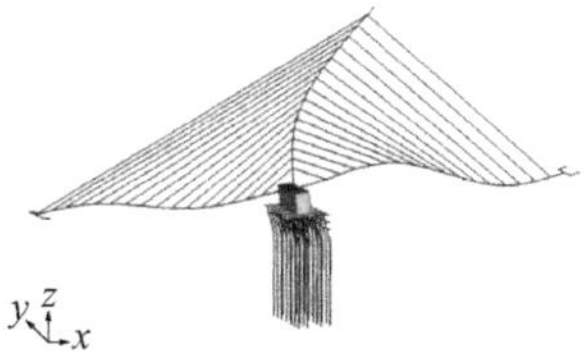 0.419s	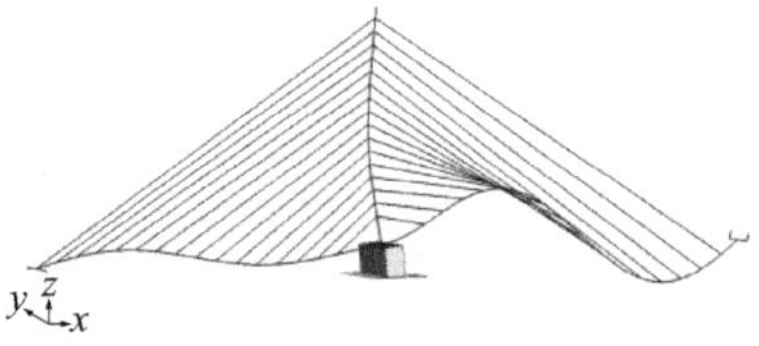 0.388s

续表

阶数	考虑桩-土相互作用	不考虑桩-土相互作用
第 6 阶	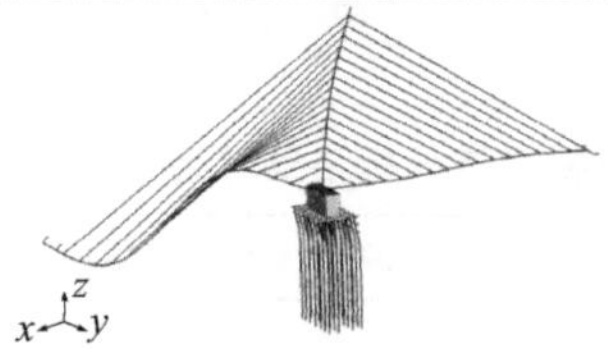 0.378s	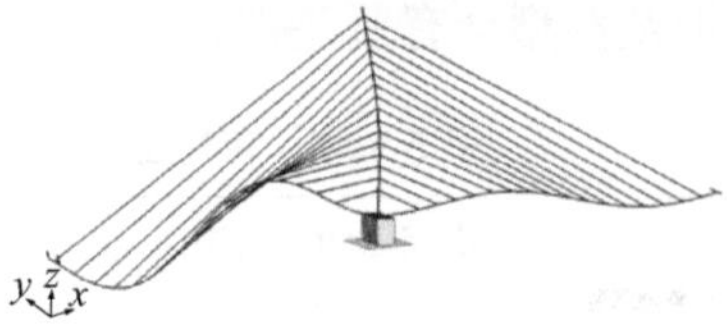 0.352s
第 7 阶	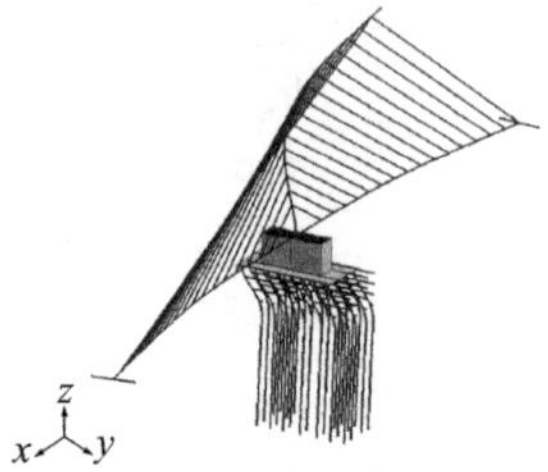 0.364s	 0.287s
第 8 阶	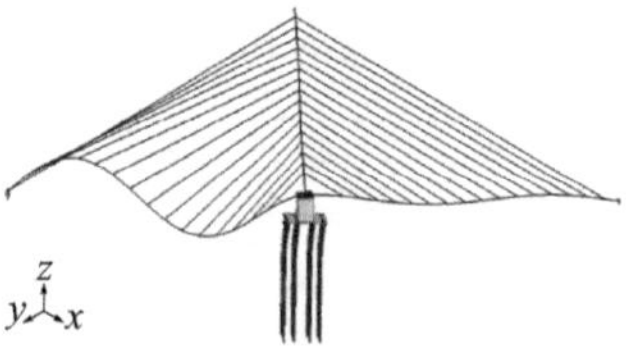 0.349s	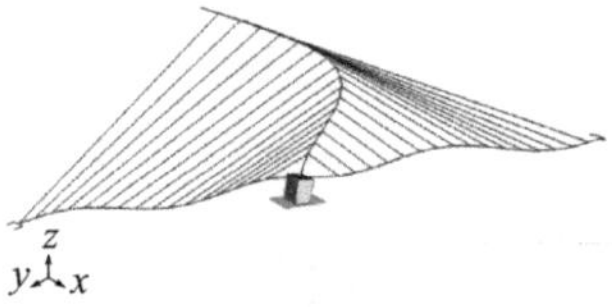 0.235s
第 9 阶	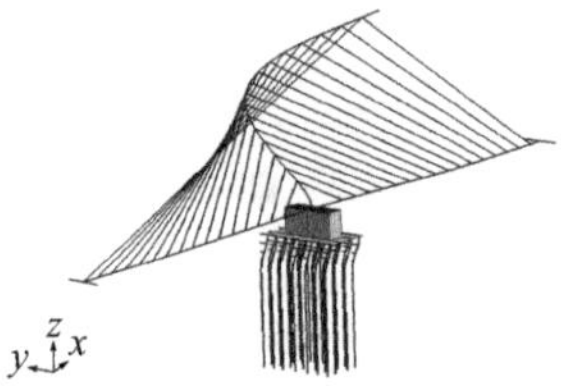 0.273s	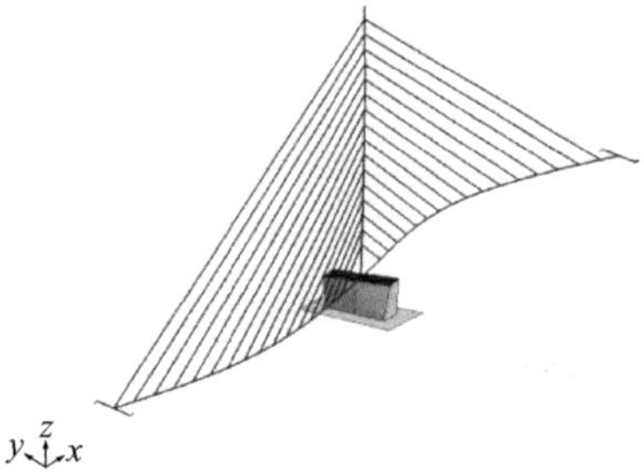 0.230s
第 10 阶	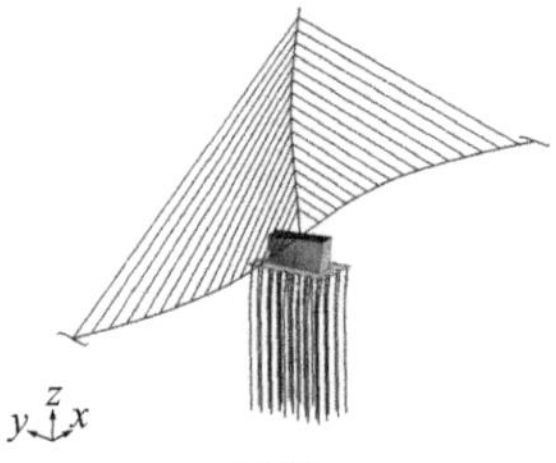 0.241s	 0.196s

2. 非线性时程分析

考虑到斜拉桥模型的复杂性，选取三组由美国 PEER 提供的地震动记录（见

表 5.6.2)。由于双向地震动(NS 方向和 EW 方向)与实际记录的方向可能不同，每组地震动改变方向施加两次。因此，这里将结果分为两组，纵桥向采用 NS 方向地震动记录，横桥向采用 EW 方向地震动记录，并将其命名为 Case1；反之，纵桥向采用 EW 方向地震动记录，横桥向采用 NS 方向地震动记录，并将其命名为 Case2。根据该桥梁设计资料可知，该桥梁抗震设防烈度为 7 度，最终确定设计加速度幅值为 0.156g，地震动参数如表 5.6.2 所示。

表 5.6.2　地震动参数

地震	记录台站	PGA 原始记录/g		震级	断层距离/km	缩放比例
		NS	EW			
Imperial Valley	El-Centro	0.348	0.214	6.5	11.6	0.43
Loma Prieta	LGPC	0.570	0.608	6.93	5.4	0.25
Northridge	Rinaldi	0.472	0.874	6.7	7.5	0.18

应用上述 p-y 单元，分别考虑黏土与砂土特性，计算斜拉桥桩基础在不同地震作用下的力学反应。图 5.6.7 给出了地表处纵、横桥向最大位移反应的土体滞回曲线，以及不同激励下的地表变形峰值。可以看到，纵桥向地表土体最大变形为 26.47mm，横桥向土体最大变形为 19.78mm，两侧土体均进入塑性。采用平均的群桩折减系数来得到桥梁系统的纵、横桥向动力反应，得到峰值力之后，再对群桩进行推覆(Pushover)，分析，在这里选取各激励下反应的最大值。图 5.6.8 分别给出了纵、横桥向各排桩推覆分析的弯矩反应随深度的变化曲线。可以看出，对于第一排桩，正、负弯矩值均为最大，而荷载的影响范围最小；而第三排桩及其之后的各排桩，弯矩值相等并且最小，这是因为前排桩应力重叠现象比后排桩小，侧向刚度较大，从而导致其弯矩值较大，而第二排桩介于二者之间[29]。

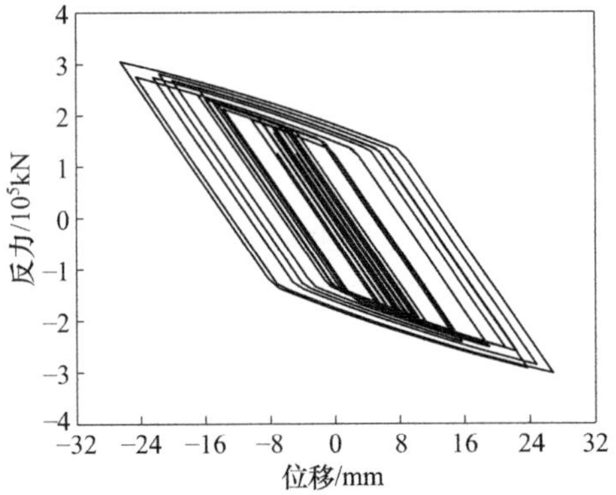

(a) 纵桥向(Loma Prieta-Case2)

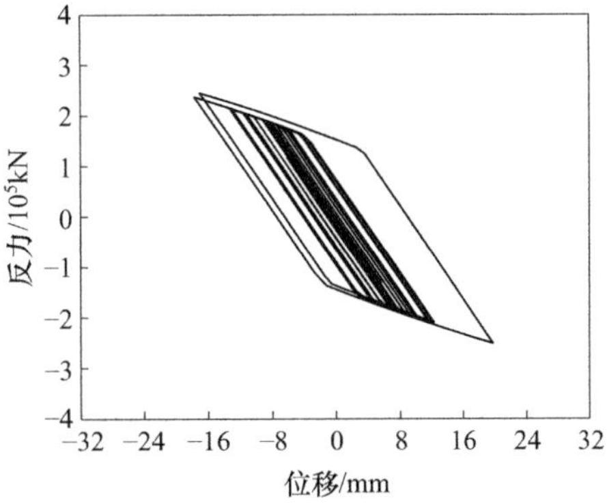

(b) 横桥向(Imperial Valley-Case2)

图 5.6.7　纵、横桥向地表土体滞回曲线

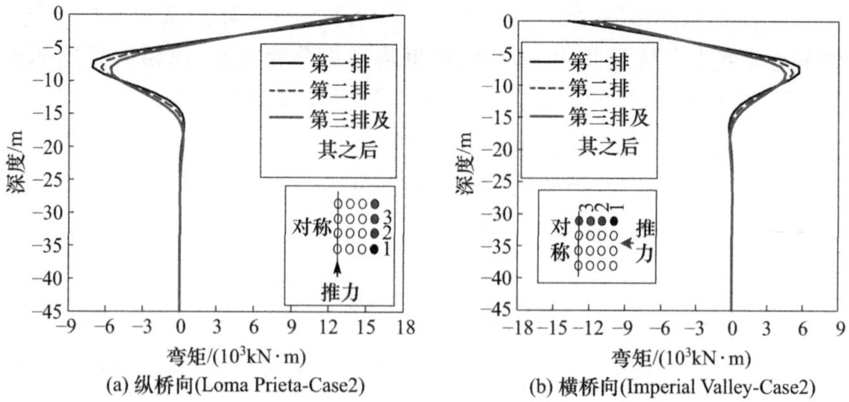

图 5.6.8　纵、横桥向弯矩随深度的变化曲线

参考文献

[1] 杜修力. 工程波动理论与方法. 北京:科学出版社,2009.

[2] Li Z,Kotronis P,Escoffier S. Numerical study of the 3D failure envelope of a single pile in sand. Computers and Geotechnics,2014,62:11-26.

[3] Li Z,Kotronis P,Escoffier S,et al. A hypoplastic macroelement for single vertical piles in sand subject to three-dimensional loading conditions. Acta Geotechnica,2016,11(2):373-390.

[4] Datta T K. Seismic Analysis of Structures. New York:John Wiley & Sons,2010.

[5] Chen W K,Duan L. Bridge Engineering:Seismic Design. Boca Raton:CRC Press,2003.

[6] Wolf J P. Spring-dashpot-mass models for foundation vibrations. Earthquake Engineering & Structural Dynamics,1997,26(9):31-49.

[7] 韩强,杜修力,刘晶波. 考虑土-结构相互作用的 LRB 隔震梁桥体系地震反应分析方法. 北京工业大学学报,2009,35(2):179-184.

[8] Matlock H. Correlations for design of laterally loaded piles in soft clay. Offshore Technology in Civil Engineering,1970,1:77-94.

[9] Penzien J,Scheffey C F,Parmelee R A. Seismic analysis of bridges on long pile. Journal of the Engineering Mechanics Division,1964,90(3):223-254.

[10] Boulanger R W,Curras C J,Kutter B L,et al. Seismic soil-pile-structure interaction experiments and analyses. Journal of Geotechnical and Geoenvironmental Engineering,1999,125(9):750-759.

[11] Gazetas G,Dobry R. Horizontal response of piles in layered soils. Journal of Geotechnical Engineering,1984,110(1):20-40.

[12] Reese L C,O'Neill M W. Drilled shafts:Construction procedures and design methods. Tunnelling and Underground Space Technology,1990,5(1-2):156-157.

[13] Mosher R L. Load-transfer criteria for numerical analysis of axially loaded piles in sand.

Part 1. Load transfer criteria. Vicksburg: Army Engineer Waterways Experiment Station, 1984.

[14] Brown D A, Reese L C. Behavior of A Large-scale Pile Group Subjected to Cyclic Lateral Loading. Austin: Texas University at Austin, 1988.

[15] 中华人民共和国交通运输部. 公路桥涵地基与基础设计规范(JTG D63—2007). 北京:人民交通出版社, 2007.

[16] American Petroleum Institute. Recommended Practice for Planning, Design and Constructing Fixed Offshore Platforms API RP 2A-WSD. 20th ed. Washington DC: American Petroleum Institute, 1993.

[17] 中华人民共和国交通运输部. 港口工程桩基规范(JTS 167-4—2012). 北京:人民交通出版社, 2005.

[18] Boulanger R W, Kutter B L, Wilson D W. Dynamic experiments and analyses of a pile group supported structure. Journal of Geotechnical and Geoenvironmental Engineering, 2001, 127: 585-596.

[19] Reese L C, Cox W R, Koop F D. Analysis of laterally loaded piles in sand. Proceedings of the Annual Offshore Technology Conference, Houston, 1974.

[20] 杜修力, 赵建锋, 韩强. 精度可控基础阻抗力的一种时域差分计算方法. 力学学报, 2008, 40(1): 59-65.

[21] 赵建锋, 杜修力. 基础阻抗力时域递归参数的计算方法及程序实现. 岩土工程学报, 2008, 30(1): 34-38.

[22] 赵建锋. 考虑土-结动力相互作用和多点输入的桥梁非线性地震响应分析[博士学位论文]. 北京:北京工业大学, 2007.

[23] Han Q, Dong H, Du X L, et al. Pounding analysis of RC bridge considering spatial variability of ground motion. Earthquake and Structures, 2015, 9(5): 1029-1044.

[24] Han Q, Zhou Y L, Zhong Z L, et al. Seismic capacity evaluation of exterior shear keys of highway bridges. Journal of Bridge Engineering, 2017, 22(2): 04016119.

[25] 周雨龙, 韩强, 陈敬一. 地震作用下桥台非线性力-位移能力预测及其应用. 中国公路学报, 2016, 29(7): 96-102.

[26] 陈敬一. 水平双向地震作用下斜交桥梁非线性地震反应分析[硕士学位论文]. 北京:北京工业大学, 2015.

[27] Han Q, Chen J, Du X, et al. Nonlinear seismic response of skewed highway bridges subjected to bidirectional near-fault ground motions. Journal of Bridge Engineering, 2017, 22(7): 04017032.

[28] Chen J, Han Q, Du X, et al. Effect of pounding on nonlinear seismic response of skewed highway bridges. Soil Dynamics and Earthquake Engineering, 2017, 103: 151-165.

[29] 温佳年. 独塔斜拉桥非线性地震反应及其基础隔震研究[硕士学位论文]. 北京:北京工业大学, 2016.

第6章　桥梁地震反应非线性分析方法

大震下桥梁结构可能会进入弹塑性工作阶段，为了满足其性能要求，有必要计算结构弹塑性变形能力。结构弹塑性分析是抗震设计的一个重要组成部分。本章主要介绍桥梁结构弹塑性分析常用的两种方法：弹塑性静力分析（推覆分析）和弹塑性动力分析（非线性时程分析）。

通过弹塑性静力分析可以了解结构中每个构件内力和承载力的关系以及各构件间的相互关系，发现结构和构件的薄弱部位，还可以得到不同受力阶段的侧移变形，以及剪力-侧移关系曲线。只要结构一定（尺寸、配筋、材料），其结果不受地震动的影响，而与初始水平荷载的分布有关。这种方法可以从构件内力和变形，也可以从结构承载力和变形等不同层面了解结构弹塑性性能[1]。

弹塑性动力分析是一种直接基于结构动力方程的数值方法。通过该方法可以得到结构在地震作用下各时刻各个质点的位移、速度、加速度和构件的内力，以及结构开裂和屈服的顺序，发现应力和变形集中的部位，获得结构的弹塑性变形和延性要求，进而判明结构的屈服机制、薄弱环节及可能的破坏类型，反映地面运动的方向、特性及持续作用的影响，也可以考虑地基和基础的相互作用、结构的各种复杂非线性因素以及分块阻尼等问题[2]。

6.1　弹塑性静力分析方法

6.1.1　基本原理

20世纪60年代末，弹塑性静力分析方法由国外学者提出，也称为推覆分析。该方法提供了一种评估结构地震反应尤其是非线性反应的简单而有效的手段，能够追踪结构从弹性到屈服直至极限状态的整个受力过程[3]。

该方法基于结构在预先假定的侧向荷载作用下，考虑结构中的各种非线性因素，逐步增加结构的受力，直至使结构形成机构，并在这个分析过程中得到结构力与变形的曲线。尽管侧向分布力是一种静力荷载，但整个分析过程可以近似反映结构在地震作用下某一瞬间的动力响应[4]。通过这种方法可以了解结构的承载力、变形特征、塑性铰出现顺序及位置、结构薄弱层和结构破坏机制[1,5,6]。

推覆分析主要包含两部分内容：①对结构进行推覆分析，求得结构的能力曲线，即建立侧向荷载作用下结构的荷载-位移曲线；②根据结构推覆分析结果进行结构的抗震能力评估。前者的关键问题是如何确定静力非线性分析中采用的分析模型和加载方式，后者的关键问题则是如何确定结构在预定水平荷载作用下的反应[1]。

推覆分析实际上是一种纯粹的非线性静力分析，与一般的非线性静力分析的主要差别在于：①推覆分析需要预先假定一个侧向荷载分布模式，而对于一般的非线性静力分析，其外荷载是确定的；②推覆分析需要预先确定与结构性能目标相对应的位移限值，如屈服位移、倒塌破坏极限位移等，而一般的非线性静力分析无此要求；③推覆分析最终得到一条表示特征荷载与特征位移之间相互关系的曲线，称为能力曲线，对于桥梁结构，通常为墩底剪力与上部结构质量中心处位移之间的关系曲线，其分析过程通常还计算总的结构能量耗散及等效弹性刚度，并利用单振型反应谱法计算力效应和位移效应，即需求分析，而一般的非线性静力分析无此过程；④推覆分析进行需求/能力比计算，以评估结构的抗震性能，而一般的非线性静力分析无此过程[3]。

6.1.2　建立能力曲线

结构能力曲线确定的一般步骤如下[1,5-10]：

(1) 建立计算模型，考虑构件截面屈服后性能。

(2) 求得结构在竖向荷载作用下的内力，以便和水平荷载作用下的内力进行组合。

(3) 施加沿高度呈一定分布的水平荷载；水平荷载值的选取应使结构在该水平荷载增量和竖向荷载共同作用下的内力与前面所有的 n 步结构的累计内力相叠加以后，刚好使一个或者一批构件进入屈服状态。

(4) 修改模型中已屈服构件的刚度，以反映其屈服后的特性；对修改后的模型增加侧向荷载，这时可采用与之前相同的侧向分布，或根据振型改变对侧向分布荷载进行更新。

(5) 重复前面的过程一直到结构的侧向位移达到预定的目标位移，或使结构变成机构，累计每一步施加的荷载和位移值。

(6) 整理计算结果，给出结构的承载能力曲线，即基底剪力-顶点位移曲线，同时获得不同荷载水平下结构的塑性铰分布。

图 6.1.1 给出了理想结构的基底剪力-顶点位移曲线。如图所示，在侧向荷载作用下，结构变形经历了弹性变形阶段 OA、稳定非线性阶段 ABC、失稳直至倒塌阶段 CDE。从结构能力曲线上可得到结构初始刚度、屈服点、极限承载力等。

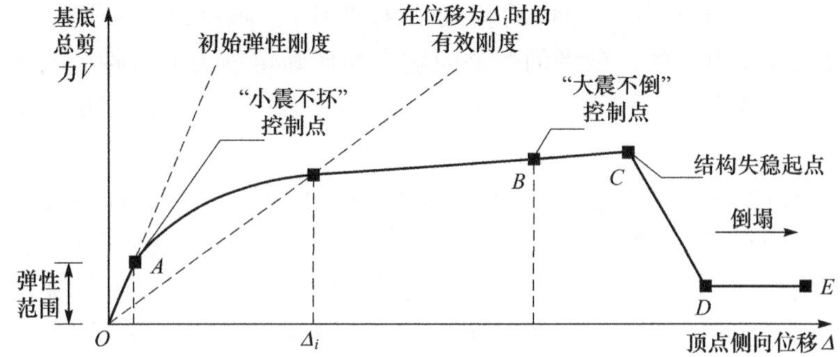

图 6.1.1　理想结构的基底剪力-顶点位移曲线

推覆分析的结果在很大程度上与所选取的侧向荷载分布模式有关，分布形式既应合理地反映出地震作用下结构惯性力的分布特征，又应使所求得的位移大体上反映地震作用下结构的位移状况。惯性力的分布随着地震动的强度不同而不同，而且随地震的不同时刻、结构进入非线性程度的不同而不同。侧向力分布一般包括固定侧向力分布和非固定侧向力分布、单向分布与多向分布等形式。

1）固定侧向力分布

固定侧向力分布形式在计算中保持不变，常见的形式有顶点集中力分布、均匀分布、倒三角分布、抛物线分布、基本振型比例、多振型分布等。图 6.1.2 给出了几种常见的固定侧向力分布形式示意图。

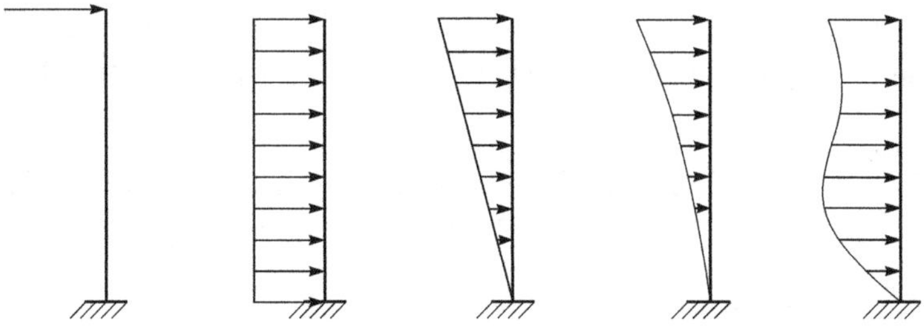

（a）顶点集中力分布　（b）均匀分布　（c）倒三角分布　（d）抛物线分布　（e）多振型分布

图 6.1.2　几种常见的固定侧向力分布形式示意图

实际应用中，对于高阶振型影响较大的结构，一般建议至少采用两种以上的固定侧向力分布形式进行分析。顶点集中力分布形式是在结构的顶部施加一个集中力，这种形式是最简单的一种荷载分布方式，适用于质量主要集中在顶部的结构。均匀分布形式是结构每一层的侧向力都相同，这种分布方式通常使结构破坏集中在结构的底部，当对结构底部抗剪承载力要求严格时，宜使用这种侧向荷载分布方式。倒三角分布形式使用比较多，当结构层数较少、刚度和质量分布均匀时，结构的振动主要由第一振型控制，惯性力接近倒三角形分布。振型荷载分布方式在结构每一层施加的侧向力等于结构该层的等效质量和基本振型的乘积，当结构的质量和承载力分布比较均匀但刚度分布不均匀时，宜采用这种横向力分布方式。

2）非固定侧向力分布

非固定侧向力分布是指，随着结构进入弹塑性，结构刚度不断改变，各层惯性力也随之改变，使侧向力的分布尽可能地接近破坏时结构的惯性力分布[11,12]。常见的非固定侧向力分布主要有以下几种：

（1）在结构处于弹性状态时，结构侧向力采用与基本振型和该层质量乘积成比例的分布模式；当结构进入弹塑性时，侧向力分布取变形后的形状，即变形大的层在后续加载过程中会受到更大的水平力作用。

（2）以变形后割线刚度计算结构的振型，根据分步加载当前振型确定侧向力的分布形式。

（3）与变形后各层抗剪承载力成比例施加横向力，这种侧向力分布形式使加载后的结构破坏很严重，而且破坏比较均匀。

王克海和李茜[13]提出基于模态分析的推覆方法，并将其应用到桥梁抗震分析中。该方法通过分析桥梁的动力特性，选取振型贡献率比较高的振型，依据“侧向荷载分布模式与地震时结构惯性力的分布情况应尽量保持一致”的原则，得到对应各振型的侧向荷载并对其进行组合，以此作为推覆分析的侧向荷载。其计算步骤如下：①振型贡献率是振型质量与总质量的比率，是决定该振型参与动力反应大小程度的重要参数，用子空间迭代法求结构的前 m 阶周期及相应的振型与各个方向的振型贡献率；②取出顺桥向或横桥向振型贡献率不小于某值的 q 个振型，分别计算桥墩各个质点的侧向荷载；③将选出的 q 个振型按照适当的组合方式，计算桥墩质点 i 顺桥向或横桥向的侧向荷载，进行桥梁结构或其主要受力构件的推覆分析。

3）多向推覆分析

对于平面不对称或存在大量非正交构件的结构，需要建立三维空间模型进行分析，可在两个正交方向同时进行推覆[5]。Araújo 等[14]基于欧洲桥梁抗震设计规范，给出了曲线桥多向推覆分析的步骤，其中涉及荷载类型与施加方向的选择、位移监控点的选择与坐标系的转换、推覆曲线的转换。其中坐标系转换主要依据式(6.1.1)：

$$E_{y'}=E_y\cos\alpha-E_x\sin\alpha,\quad E_{x'}=E_y\sin\alpha-E_x\cos\alpha \tag{6.1.1}$$

整体坐标系以 xy 表示，局部坐标系以 $x'y'$ 表示，E_x、E_y 为整体坐标系下的结构响应，$E_{x'}$、$E_{y'}$ 为特定局部坐标系下的结构响应，α 为整体坐标系到局部坐标系的旋转角度。曲线转换时，简单起见，不考虑各个方向的耦合作用，坐标系之间的转

换因子为

$$\Gamma_{y'} = \frac{\sum m_n \Phi_{ny'}}{\sum m_n \Phi_{ny'}^2}, \quad \Gamma_{x'} = \frac{\sum m_n \Phi_{nx'}}{\sum m_n \Phi_{nx'}^2} \tag{6.1.2}$$

式中，m_n 代表第 n 个节点的质量；Φ_n 代表振型。

Camara 和 Astiz[15]在考虑多方向的耦合作用基础上，进一步发展了多向倾覆分析方法。

6.1.3　能力谱方法

通过推覆分析得到结构的荷载-位移曲线后，还不能确定图上某点的位移是否能代表结构抗震性能的目标位移。目标位移是结构在一定水平地震作用下可能达到的最大位移，可以用结构顶点位移代表结构动力反应大小的总体评价[1]。

能力谱方法本质是将多自由度体系转化成单自由度体系，通过单自由度体系的非线性反应反求多自由度体系的非线性反应。首先将推覆分析得到的能力曲线经过变换得到谱加速度和谱位移表示的能力谱曲线，然后将加速度反应谱曲线转换为需求谱曲线，两条曲线放在同一坐标系内得到交叉点，该点对应的位移值与容许值比较以判定是否符合抗震要求。能力谱方法的分析流程如图 6.1.3 所示[4,5]。

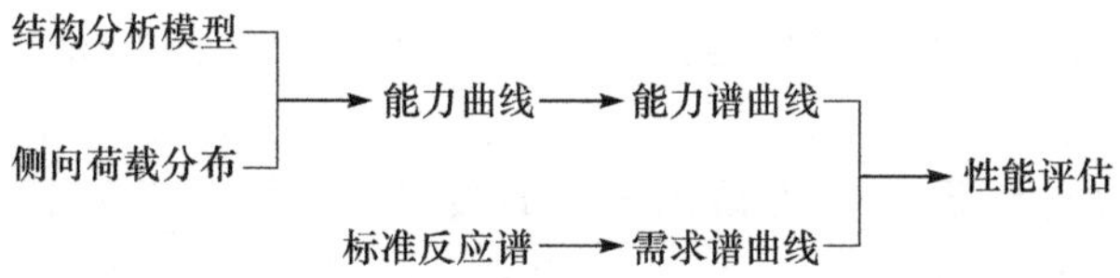

图 6.1.3　能力谱方法的分析流程

能力谱方法的基本分析步骤如下[1,4,5,9]：

(1) 按照 6.1.2 节步骤得到结构能力曲线，该曲线反映了结构抗侧移能力，它在某种意义上等同于结构恢复力骨架曲线，见图 6.1.4(a)。

(2) 分别计算结构基本振型参与系数与有效振型质量，将结构顶点位移与底部剪力分别除以上述两个数值，得到用谱加速度-谱位移表示的结构能力谱曲线。这一步的实质是将结构由多自由度体系的地震反应转化成一个等价单自由度体系的地震反应，见图 6.1.4(b)。

(3) 对等价单自由度弹性结构，在给定的阻尼(一般为 0.05)下，输入给定的地震动记录，得到该结构的最大反应，以此绘出结构的拟加速度谱；也可以采用抗震规范给出的设计反应谱，再将结构的自振周期 T 变换成位移反应，得到用谱加速度-谱位移表示的结构需求谱曲线，见图 6.1.4(c)。

(4) 将上面得到的需求谱曲线根据对结构的延性要求进行折减后，与能力谱曲线在同一坐标系中绘出，如果两者不相交，说明结构在给定的地震作用下抗震能力不足；如果相交，那么交点所在的位移就是结构在该地震下达到的最大位移反应，称为目标位移，见图 6.1.4(d)。

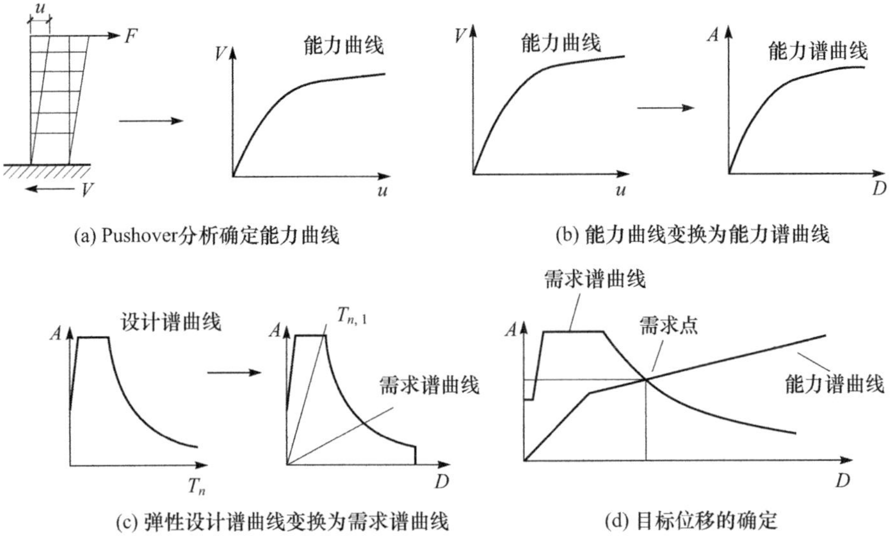

图 6.1.4　能力谱分析示意图

(5) 最后将第(4)步得到的单自由度结构的目标位移变换为实际多自由度结构的顶点位移，根据结构的能力曲线，得到此时结构的底部剪力，根据推覆分析各步的计算结果，进一步得出各塑性铰转角值。

1) 能力谱转化

将能力曲线从力-位移坐标系转到谱加速度-谱位移坐标系的能力谱形式，每个点都需要转换。从能力曲线转换到能力谱曲线，可采用以下公式：

$$S_a = \frac{V}{M_1^*}, \quad S_d = \frac{u}{\gamma_1 A_{N1}} \tag{6.1.3}$$

式中，V 为基底剪力；u 为结构顶点位移；M_1^* 为相对于基本振型的有效质量；γ_1 为基本振型参与系数；A_{N1} 为基本振型在结构顶点的振幅值。

$$M_1^* = \frac{\left(\sum_{i=1}^{N} m_i A_{i1}\right)^2}{\sum_{i=1}^{N} m_i A_{i1}^2}, \quad \gamma_1 = \frac{\sum_{i=1}^{N} m_i A_{i1}}{\sum_{i=1}^{N} m_i A_{i1}^2} \tag{6.1.4}$$

式中，m_i 为分层的质量；A_{i1} 为基本振型在 i 层的振幅值；N 为分层数。

2）弹性需求谱的建立

由标准的加速度反应谱(S_a-T 谱)转化为 S_a-S_d 谱便是需求谱。弹性需求谱是将弹性加速度反应谱曲线由加速度-周期坐标系换算为谱加速度-谱位移坐标系。对于反应谱曲线上的每一点，谱加速度 S_a、谱速度 S_v、谱位移 S_d 和周期 T 有确定的关系，必须确定曲线上每一点相应于 S_a、T 和 S_d 的值。根据单自由度体系在地震作用下的运动方程，可知其关系为

$$S_d = \frac{T^2}{4\pi^2} S_a g \tag{6.1.5}$$

标准的需求反应谱包含一组常量的谱加速度 S_a 和另一组常量的谱速度 S_v；在周期 T 处的谱加速度和谱位移有如下的关系(第 2 段为常速度)：

$$S_a g = \frac{2\pi}{T} S_v, \quad S_d = \frac{T}{2\pi} S_v \tag{6.1.6}$$

3）弹塑性需求谱的建立

对于弹塑性结构，必须考虑结构非线性耗能性质对地震需求的折减[16]。目前可用两种方法建立弹塑性需求谱曲线：①由地震危险性分析确定结构所在场地的地震地面运动，统计大量非线性地震反应计算结果，得到弹塑性需求谱；②用折减系数对已有的弹性需求谱曲线进行折减。前一种方法能够得到比较符合结构所在场地地震特性的谱曲线，但是计算工作量庞大。因此，一般采用后一种方法，在典型弹性需求谱的基础上，通过考虑等效阻尼比或延性比两种方法得到折减的弹性需求谱或弹塑性需求谱。ATC-40 采用的是考虑等效阻尼比的方法。

当地震作用下，结构达到非线性状态时，结构的等效阻尼包括黏滞阻尼和滞回阻尼两部分，混凝土结构黏滞阻尼通常假定为常数 0.05。等效黏滞阻尼比可以表示为

$$\xi_{eq} = \xi_0 + 0.05 \tag{6.1.7}$$

式中，ξ_0 为滞回阻尼比。

$$\xi_0 = \frac{E_D}{4\pi E_S} \tag{6.1.8}$$

$$E_D = 4(a_y d_{pi} - d_y a_{pi}), \quad E_S = \frac{a_{pi} d_{pi}}{2} \tag{6.1.9}$$

式中，E_D 为结构单周运动滞回阻尼耗能，等于滞回环包围的面积，即平行四边形的面积；E_S 为最大应变能，等于图中阴影部分的三角形面积。如图 6.1.5 所示，d_{pi} 为等效单自由度体系的最大位移。为确定 ξ_0，需要先假定 a_{pi} 和 d_{pi}，通过对弹性需求谱进行折减，即可得到弹塑性需求谱。这一点是决定等效阻尼比大小和地震需求曲线位置的一个坐标点，是结构抗震性能的试设点。

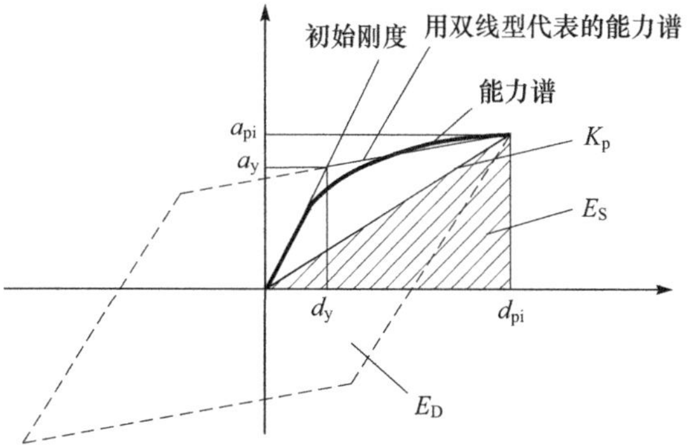

图 6.1.5　反应谱折减用的滞回阻尼转化

图 6.1.5 所示为韧性结构的滞回环(结构耗能能力良好),但是对于耗能能力差的结构,滞回曲线会有捏拢现象,因此在滞回阻尼比 ξ_0 中引入阻尼修正系数 κ 来体现这个问题,将 ξ_{eq} 换为等效阻尼比 ξ_e。

$$\xi_e = \kappa\xi_0 + 0.05 = \frac{63.7\kappa(a_y d_{pi} - d_y a_{pi})}{a_{pi} d_{pi}} + 0.05 \tag{6.1.10}$$

规范反应谱的阻尼比为 0.05,当结构的系统阻尼比大于 0.05 时,对 0.05 阻尼比的弹性反应谱折减得到需求谱。具体公式如下:

$$SR_a = \frac{3.21 - 0.68\ln\xi_e}{2.12} \tag{6.1.11}$$

$$SR_v = \frac{2.31 - 0.41\ln\xi_e}{1.65} \tag{6.1.12}$$

式中,SR_a、SR_v 分别代表弹性反应谱常数加速度区和常数速度区的折减系数。SR_a 和 SR_v 的最小容许值以及阻尼修正系数 κ 的取值可参考相关规范或文献资料。

将能力谱与需求谱放在同一图上,两曲线有一个交汇点,如果这个交点与(a_{pi},d_{pi})点相接近,此点可视为"性能点",或称"目标位移点",如果此点远离(a_{pi},d_{pi}),则计算过程必须重复进行,直至达到满意。

研究表明,对于地震反应主要由第一振型控制、基本周期在 2s 以内的结构,能力谱方法能够基本反映结构在弹塑性阶段的变形情况,体现出结构屈服机制,反映结构的薄弱层,找出弹性阶段设计中存在的隐患,比较真实地反映结构的抗震能力。

能力谱法是美国规范 ATC40、日本建筑基准法 BSL2000 采用的方法,应用较为广泛。除此之外,美国 FEMA356 推荐了目标位移法,目标位移法与能力谱法本质上相同,但在给定地震水准作用下求解弹塑性变形需求的方法不同,其基本思想是建立控制点的"目标位移"。美国 FEMA440 基于更多的研究和实践提出了等效线性化和位移修正的改进方法。等效线性化方法仍然基于 ATC40 规定的流程，但改进了等效周期和等效阻尼比的计算公式，并且引入了新的技术来求取性能点。位移修正方法主要是针对目标位移求解公式中的部分系数提出了改进建议[1,2,5]。

6.1.4 N2 方法

欧洲 Eurocode8 规范采用了 N2 方法。N 代表非线性分析（nonlinear analysis），2 代表对应两种不同分析模型的分析方法，该方法是多自由度体系静力非线性分析和等效单自由度体系非线性动力分析的综合。多自由度体系静力非线性分析用于定义结构特性，这也被用于定义在动力分析中需要的等效单自由度体系。N2 方法假定结构的响应由一种主要模式控制，并且在施加不同强度地震荷载时该模式不显著改变。N2 方法的分析步骤简述如下[17]：

（1）定义桥梁结构多自由度体系模型。模型中应定义各个构件非线性力-变形关系，最简单的是两端带有塑性铰的梁柱单元。桥梁非线性响应通常限于墩柱，假定非线性变形仅发生于基础连接处，则在此处设置塑性铰；上部结构被假定为弹性，可用标准的弹性梁柱单元模拟。

（2）进行推覆分析，定义结构地震力与位移的相互关系。对模型施加水平横向荷载，得到底部剪力与上部结构最大位移之间的关系曲线，该曲线取决于横向荷载的分布。典型的假定是作用力与上部结构归一化的位移形状成正比。

$$F_i = pm_i\Phi_i \tag{6.1.13}$$

式中，F_i 为位置 i 处的力；m_i 为位置 i 处的质量；Φ_i 为位置 i 处假定的归一化位移；p 为控制荷载大小的因子。真实的位移形状 Φ 不可能提前预知，应当被假定。

（3）定义等效单自由度体系模型。N2 方法中地震需求由反应谱决定，其中考虑了结构的塑性行为，结构需要简化为单自由度体系。

$$\Gamma = \frac{m^*}{\sum m_i\Phi_i^2} \tag{6.1.14}$$

$$m^* = \sum m_i\Phi_i \tag{6.1.15}$$

式中，Γ 为相关因子；m^* 为等效单自由度体系的质量。

$$k^* = \frac{F_y^*}{D_y^*} \tag{6.1.16}$$

式中，k^* 为等效单自由度体系刚度；F_y^*、D_y^* 分别为屈服力和位移，由第二步得到的推覆曲线确定，如图 6.1.6 所示为理想化的推覆曲线。

$$T^* = 2\pi\sqrt{\frac{m^*}{k^*}} \tag{6.1.17}$$

式中，T^* 为等效单自由度体系的周期。

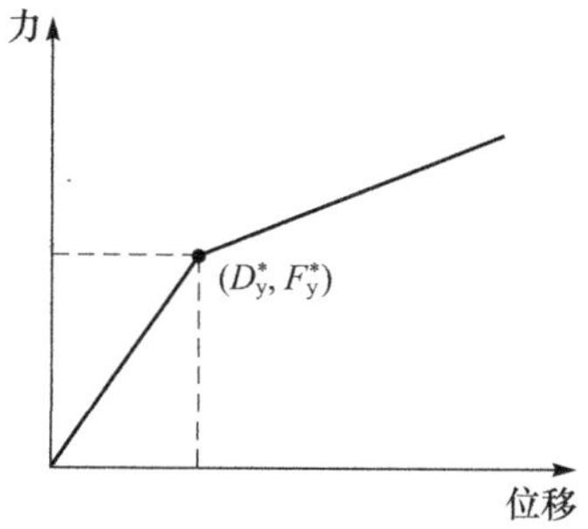

图 6.1.6 理想化的推覆曲线示意图

(4) 单自由度模型非线性动力分析。由弹性加速度反应谱得到非线性反应谱,基于非线性反应谱计算出等效单自由度体系位移需求 S_d。

$$S_d = \frac{2.5 a_g S T_C T^*}{4\pi^2}, \quad T_C \leqslant T^* < T_D \tag{6.1.18}$$

$$S_d = \frac{2.5 a_g S T_C T_D}{4\pi^2}, \quad T_D \leqslant T^* \tag{6.1.19}$$

式中,a_g 为地面加速度;S 为土体因子;T_C 为恒定谱加速度区周期代表值的上限值;T_D 为恒定位移响应区周期代表值的开始值。

(5) 进行多自由度体系分析,确定桥梁部件的抗震需求。多自由度体系最大预期位移 D 为

$$D = S_d \Gamma \tag{6.1.20}$$

按照上述步骤重复进行推覆分析,以 D 为最大位移点,每个部件的最大位移与抗震需求可以详细进行分析。

采用 N2 分析法进行桥梁分析时应当注意,在某些桥梁当中,最大位移点的位置会随着荷载强度的变化而显著改变,一般建议选择上部结构的质心。横向荷载分布影响位移线的形状和最大位移值,简支型桥梁适合与一阶模态成正比的荷载,最大位移点在桥梁中央部分;均匀分布荷载的最大位移点靠近桥墩。抛物线形式荷载产生的位移通常位于上述两者之间。关于力-位移曲线的理想化,滚轴支座桥墩适用于理想化弹塑性能力曲线,双线性简化更适合简支型桥梁。

基于推覆方法发展的一些新的分析方法,读者可以参考文献[18]~[20]。

6.1.5 多跨曲线桥推覆分析算例

选取一座四跨曲线高架连续梁桥,跨长 200m,中间采用 3 个相同的矩形空心截面桥墩,桥墩高度从 7m 到 21m 不等,桥台与主梁的连接关系简化为理想铰支座

与滚轴支座[14]。曲线桥梁结构模型如图 6.1.7 所示。

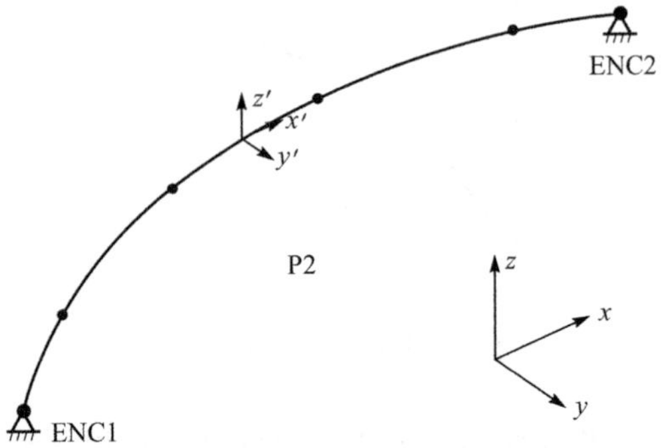

图 6.1.7　曲线桥梁结构模型示意图

桥墩底部引入集中塑性铰以考虑结构屈服后特性，塑性铰的长度根据规范确定，图 6.1.8 为塑性铰特性曲线。考虑到曲线桥梁桥墩双向动力反应的重要性，建模时采用纤维模型。桥墩纵向钢筋采用考虑动力滞回性能的双线性本构模型，约束和非约束混凝土均采用 Mander 模型，结构其他部分按照线弹性处理。质量被集中在桥墩顶部与跨中位置，数值分析时考虑 P-Δ 效应，结构统一采用 0.05 的瑞利黏滞阻尼比进行计算。

考虑到曲线桥梁性能受曲率半径的影响较大，本算例假定了 6 个不同的数值，分别为无限大、1000m、700m、420m、240m、130m。在桥墩顶部施加的荷载分为三种：与结构第一振型成比例的荷载，简称 PAm；沿桥梁均匀分布的荷载，简称 PAc；与各方向轴对应的均匀分布荷载，简称 PAvoc。图 6.1.9～图 6.1.11 分别为 P2 桥墩、ENC1 桥台、ENC2 桥台处在局部坐标系下 y'方向的推覆曲线。

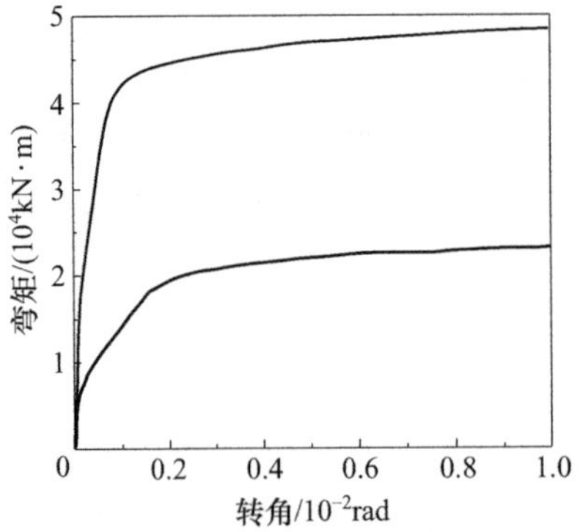

图 6.1.8　塑性铰特性曲线

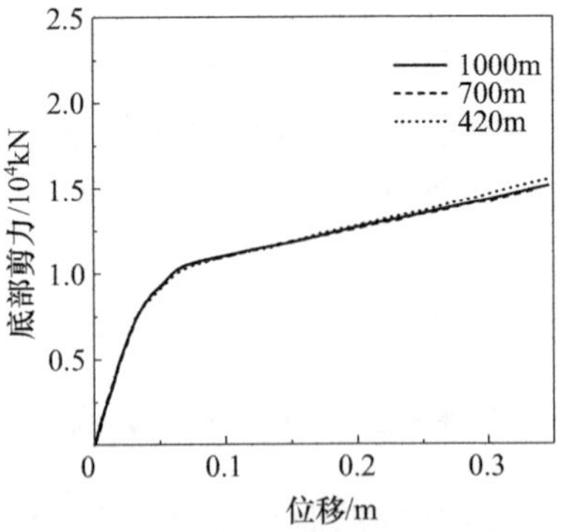

图 6.1.9　P2 桥墩推覆曲线(PAm)

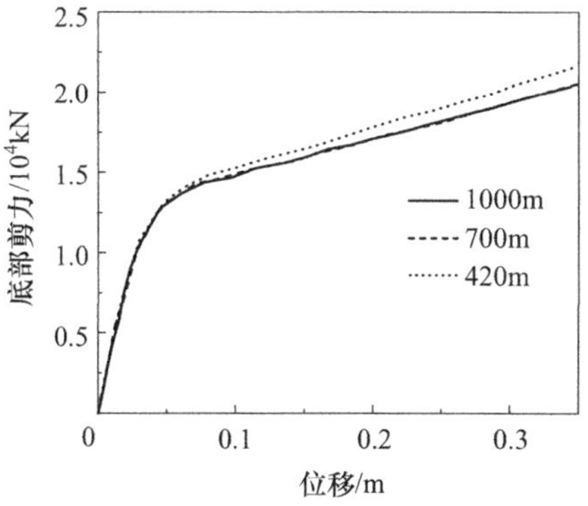

图 6.1.10　ENC1 桥台推覆曲线(PAc)

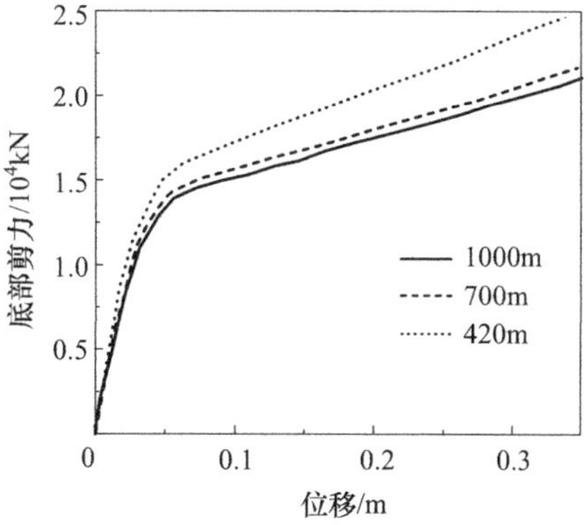

图 6.1.11　ENC2 桥台推覆曲线(PAvoc)

6.2　非线性时程分析法

6.2.1　基本原理

非线性时程分析法以输入合适的地震动记录为出发点，考虑材料和结构的非线性、土和基础的相互作用、地震动的空间差动效应等因素，采用多节点多自由度的结构有限元动力计算模型建立结构地震运动方程，然后采用逐步积分法对方程进行求解，计算地震过程中每一瞬时结构的位移、速度和加速度反应，从而分析出结构在地震作用下弹性和非弹性阶段的内力变化以及构件逐步开裂、损坏直至倒塌的全过程。该方法对运动方程直接求解，又称直接动力分析法，包括确定性分析与非确定性分析两大类[3,4]。

1. 模型建立

建立合理准确的分析模型是非线性地震反应分析的关键之一。震害经验表明，桥墩、支座是非线性反应较为集中的部位，也是数值模型建立的难点和关键点。模拟钢筋混凝土梁、柱构件的非线性性能的力学模型主要由两部分组成：一是构件单元分析模型，如集中塑性铰模型、分布塑性铰模型、多弹簧模型等；二是力与变形的恢复力关系模型，如弯矩-曲率恢复力关系、剪力-侧向变形恢复力关系等，包括轴力和剪切变形的影响。对支座多采用弹簧单元模拟，并根据具体采用的支座类型确定其力-位移滞回关系。上部主梁在地震作用下多保持弹性，一般采用弹性杆系单元、板壳单元或梁格单元模拟。对土-桩-基础相互作用，可采用 Winkler 地基梁模型。上述各部分的具体建模方法可参考第 3～5 章。

2. 地震动的选取

地震动具有强烈的随机性，研究表明，结构的地震反应在不同地震作用下差异很大，相差高达几倍甚至十几倍。为保证时程分析结果的正确性，必须合理选择输入地震动。选波时应当考虑以下几方面因素：地震动的峰值、频谱特性、地震动持时以及地震动数量[2,6,7]。

1）地震动峰值加速度的调整

地震动峰值加速度一定程度上反映了地震动的强度，因此要求输入结构的地震动峰值加速度应与设防烈度要求的多遇地震或罕遇地震的峰值加速度相当，否则应按式(6.2.1)对该地震动的峰值进行调整：

$$A'(t)=\frac{A'_{\max}}{A_{\max}}A(t) \tag{6.2.1}$$

式中，$A(t)$、$A_{\max}$分别表示原地震动时程曲线任意时刻 t 的加速度、峰值加速度；$A'(t)$、$A'_{\max}$分别表示调整后地震动时程曲线任意时刻 t 的加速度、峰值加速度。

2）地震动的频谱特性

频谱即地面运动的频率成分及各频率的影响程度。它与地震传播距离、传播区域、传播介质及结构所在地的场地土性质有密切关系，不同性质的土层对地震动中各种频率成分的吸收和过滤的效果是不同的。一般来说，同一地震，震中距近，则振幅大，高频成分丰富；震中距远，则振幅小，低频成分丰富。因此，在震中附近或岩石等坚硬场地土中，地震动中的短周期成分较多；在震中距很远或当冲积土层很厚而土质又较软时，地震动中的短周期成分被吸收，导致长周期成分较多。合理的地震动选择应符合以下原则：

(1) 所输入地震动的卓越周期应尽可能与拟建场地的特征周期一致。

(2) 所输入地震动的震中距应尽可能与拟建场地的震中距一致。

3）地震动持时

地震动持时也是结构破坏、倒塌的重要因素之一。结构在开始受到地震动的作用时，只引起微小的裂缝，在后续的地震作用下，破坏加大，变形积累，导致更大的破坏甚至倒塌。有的结构在经受主震时破坏但没有倒塌，但在余震时倒塌，就是因为地震动时间长，破坏过程在多次地震反复作用下完成，即所谓低周疲劳破坏。总之，地震动的持续时间不同，地震能量不同，结构的地震反应也不同。工程实践中确定地震动持续时间的原则如下：

(1) 地震动记录最强烈部分应包含在所选持续时间内。

(2) 若仅对结构进行弹性最大地震反应分析，持续时间可取短些；若对结构进行弹塑性最大地震反应分析或耗能过程分析，持续时间可取长些。

(3) 一般可考虑取持续时间为结构基本周期的 5～10 倍。

4) 地震动的数量

输入地震动数量太少,不足以保证时程分析结果的合理性;输入地震动数量太多,则工作量较大。在充分考虑地震动幅值、频谱特性和持时的情况下,采用 3～7 条地震动可基本保证时程分析结果的合理性。

5) 人工合成地震动

当天然地震动数量不足或难以符合要求时,可以采用人工合成的方法。人工地震动是根据拟建场地的具体情况,按概率方法人工产生的一种符合某些指定条件(如地面运动峰值加速度、频谱特性、地震动持时、地震能量等)的随机地震动。工程中常用的人工地震动合成方式有两种:一种是模拟规范反应谱的人工波;另一种是模拟震源、震中距,即场地参数的人工波。

3. 地震动强度指标的选取

选定了地震动之后,必须确定地震动强度指标以综合反映该地震动对结构的影响,目前结构抗震分析中采用的地震动强度指标主要有[2,6]:

(1) 单一参数的地震动强度指标,如地面运动峰值加速度(PGA)、峰值速度(PGV)、峰值位移(PGD)、谱加速度峰值(PSA)、谱速度峰值(PSV)、谱位移峰值(PSD)等。单一的地震动强度指标无法综合反映各因素对结构地震反应的影响。研究表明,与 PGA 相关的指标在短周期结构范围内比较适用,与 PGV 相关的指标在中周期结构范围内比较适用,与 PGD 相关的指标在长周期结构范围内比较适用。将加速度作为地震动强度指标,可大大降低结构地震反应分析的离散性,但只适用于中、短周期的结构,对高阶振型影响较大的长周期结构适用性较差。

(2) 复合型地震动强度指标,包括能够较好地描述地震动强度与结构损伤指标并考虑强震持时的 Park-Ang 指标、Fajfar 指标和 Riddell 指标等。

6.2.2　双柱式桥墩连续梁桥时程分析算例

本算例选取某三跨连续梁桥为研究对象,该桥总跨度 105m,双柱式钢筋混凝土桥墩高 6m,墩柱截面直径为 0.8m,墩柱间距为 8m,墩柱与地面基础固结。桥梁示意图与模型计算简图如图 6.2.1 所示。

对比计算桥梁模型分别为传统钢筋混凝土横系梁结构、带斜撑结构、带防屈曲斜撑结构、带自复位耗能斜撑结构。采用有限元软件 OpenSees 进行建模计算,上部结构采用弹性梁单元,桥墩采用三维非线性纤维单元,墩底假定为固结,不考虑土-结构相互作用,考虑上部结构的碰撞问题。混凝土采用 Concrete02 本构模型,钢筋采用 Steel02 本构模型。对结构进行模态分析,得到其振型与周期,如表 6.2.1 所示。

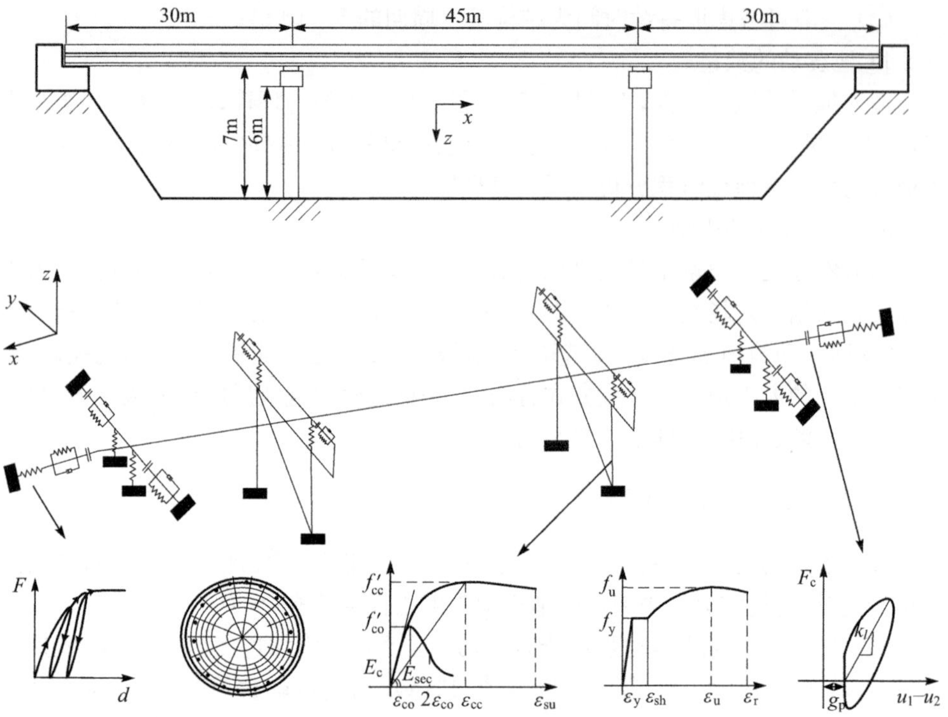

图 6.2.1　桥梁示意图与模型计算简图

表 6.2.1　结构前两阶振型和周期　　　　(单位:s)

振型	传统横系梁桥	普通斜撑桥	防屈曲支撑桥	自复位耗能支撑桥
1 阶	1.42	1.42	1.42	1.42
2 阶	0.83	0.69	0.47	0.47

结果表明,支撑形式变化对第 1 阶振型与周期几乎没有影响,这对结构抗震是有利的。地震动时程分析分别选取 Northridge 波、人工波与集集波,如图 6.2.2 所示。

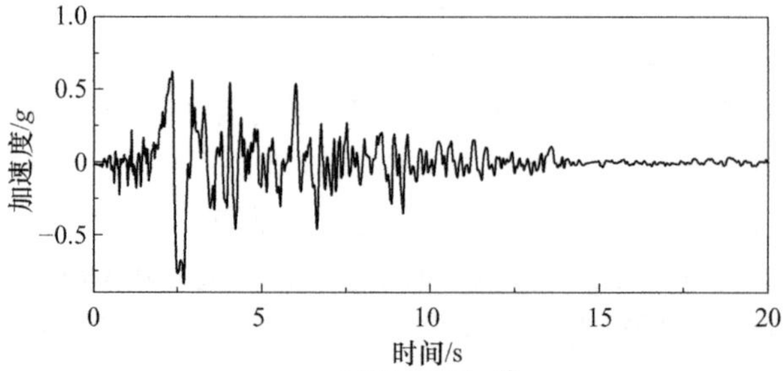

(a) Northridge波

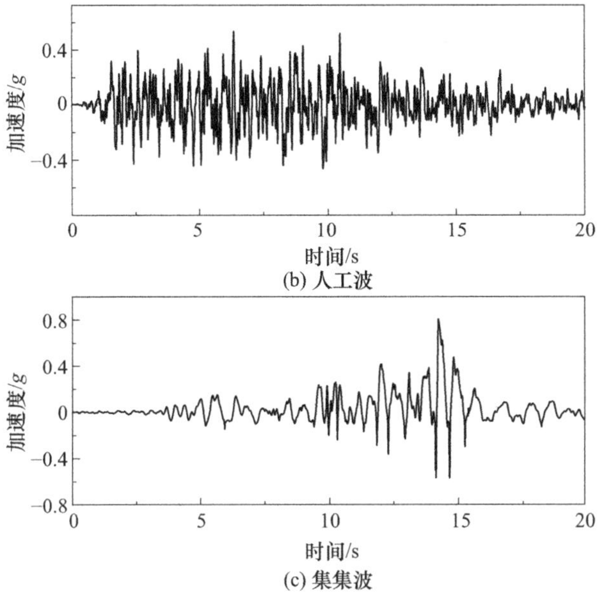

图 6.2.2　地震动加速度时程曲线

计算时将地震动记录均按规范进行调幅，考虑结构的 $P\text{-}\Delta$ 效应，阻尼比为 0.05。桥梁上部中点处的位移时程曲线与桥墩底部的弯矩-曲率曲线分别如图 6.2.3 和图 6.2.4 所示。

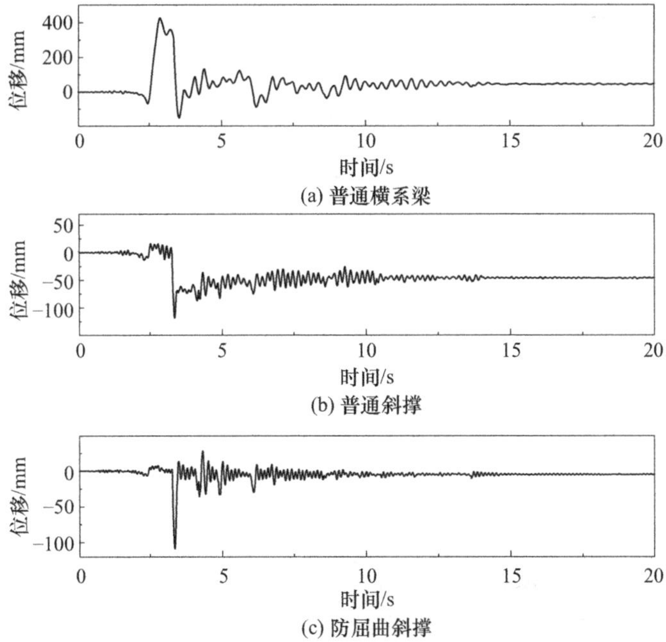

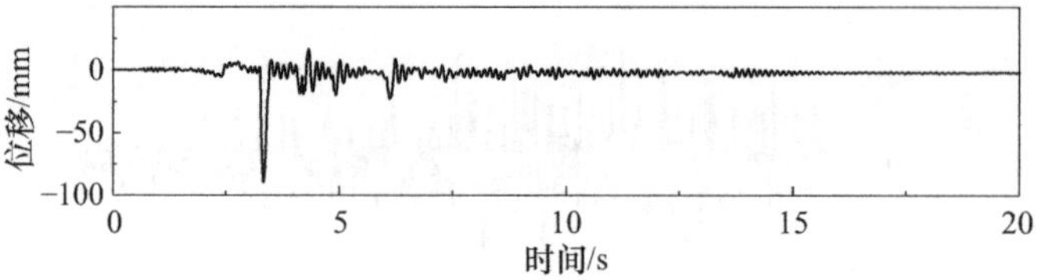

(d) 自复位耗能斜撑

图 6.2.3　桥梁上部中点位移时程曲线

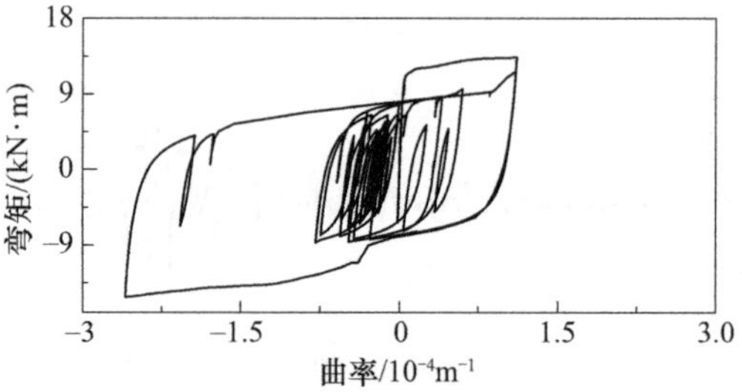

(a) 普通横系梁

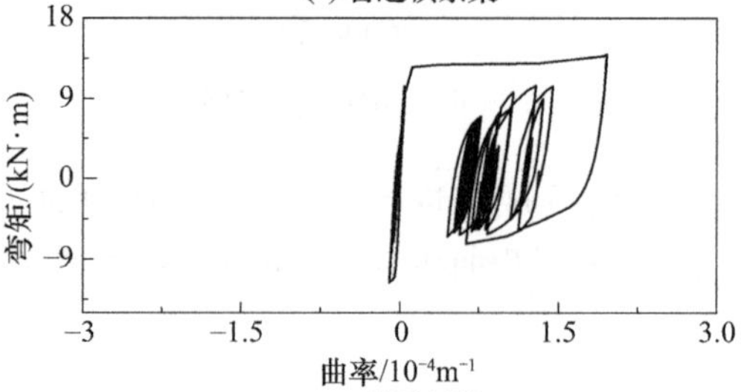

(b) 普通斜撑

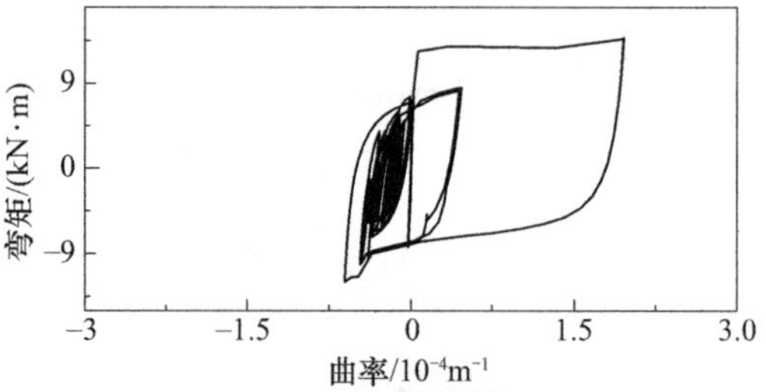

(c) 防屈曲斜撑

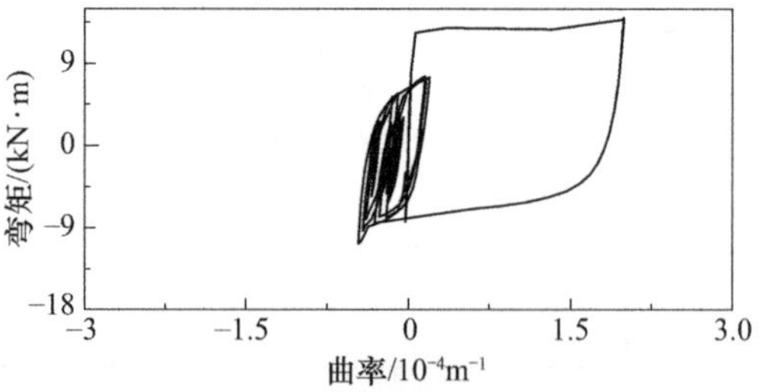

(d) 自复位耗能斜撑

图 6.2.4　桥墩底部弯矩-曲率曲线

根据表 6.2.2 可知，地震作用下带有自复位耗能支撑的桥墩残余位移与峰值位移均远远小于普通横系梁式桥墩，说明复位耗能支撑具有良好的耗能与自复位能力。

表 6.2.2　桥梁峰值位移与残余位移

桥梁	峰值位移/mm			残余位移/mm		
	Northridge 波	集集波	人工波	Northridge 波	集集波	人工波
传统横系梁桥	431	177	392	62	49	69
普通斜撑桥	123	84	297	48	21	42
防屈曲支撑桥	108	50	185	6.1	3.7	19
自复位耗能支撑桥	88	39	129	3.4	1.0	8.2

6.2.3　增量动力分析法

对一条特定的地震动输入，通过设定一系列单调递增的地震动强度指标，对每个地震动强度指标下的地震输入进行结构弹塑性时程分析，可得到一系列结构的弹塑性地震响应，这种方法称为增量动力分析（incremental dynamic analysis, IDA）法，也称动力推覆分析（dynamic Pushover, DY）[2,6,21-23]。

作为一种定量描述地震动强度和地震响应一一对应关系的分析方法，IDA 方法首先需要建立可靠的结构分析数值模型，然后对数值模型输入地震动记录，地震动强度由小至大逐渐增加，通过弹塑性时程分析得到不同地震强度的结构损伤参数（damage measure, DM），考察结构在不同强度地震动作用下，从弹性到弹塑性直至结构发生地震破坏倒塌的全过程。IDA 的分析结果以 IDA 曲线表达，其横坐标为结构损伤参数，纵坐标为地震动强度指标，其中 IDA 曲线也称动力推覆曲线。图中每一条曲线表示结构在一条地震动记录（不同强度）作用下的结构响应，曲线上的每个数据点由一次弹塑性时程分析获得。

IDA 分析结果对选用的地震动记录敏感，因此应合理选择多条地震动记录作为输入。IDA 分析的一般步骤为：

（1）建立结构的弹塑性分析模型。

（2）选定一组地震动记录，记总地震动数量为 N，选择合适的地震动强度指标（可采用峰值加速度、峰值速度、峰值位移等），对该组地震动记录归一化。

（3）在某一强度地震动影响下，对结构进行弹塑性时程分析，在该强度下导致结构失效的地震动数量记为 n，则失效概率为

$$P = n/N$$

（4）改变地震动强度，重复第（3）步，得到结构在不同强度地震作用下的倒塌

概率，以地震动强度为横坐标，以结构失效概率为纵坐标，用公式拟合得到一条连续的失效概率曲线，即结构失效易损性曲线。

（5）根据易损性曲线，判别结构在不同强度地震作用下的失效风险。

6.2.4　增量动力分析算例

以一座四跨连续梁桥，上部结构采用单箱单室箱梁，桥宽 12m，桥墩均采用双柱式桥墩，如图 6.2.5 所示。桥墩直径均为 1.5m，混凝土强度等级为 C30，纵筋配筋为 36 根直径 25mm 的 HRB335 钢筋，箍筋配筋为直径 10mm 的螺旋箍，间距为 10cm[24]。

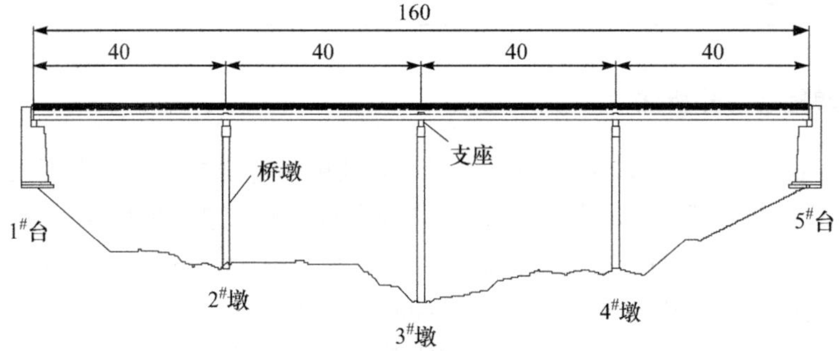

图 6.2.5　选取连续梁桥示意图（单位：m）

有限元建模时，上部结构采用弹性梁单元进行模拟。桥墩采用纤维模型进行模拟，其中混凝土分为未约束混凝土（即混凝土保护层）和约束混凝土（即核心混凝土），均采用 Kent-Park 模型模拟，钢筋采用 Menegotto-Pinto 模型进行模拟。

桥梁结构的三个主要性能指标为桥墩塑性铰转角、支座剪力及梁-台相对位移。支座非滑移方向的抗剪能力按支座竖向承载力的 1/10 选取，则 1# 和 5# 桥台支座横向非活动方向的承载力取值为 350kN，2# 和 4# 桥墩支座横向非活动方向的承载力取值为 800kN，3# 桥墩固定支座纵向和横向的承载力均取值为 800kN。由于在纵向地震作用下可能发生落梁震害，梁-台、梁-墩相对位移主要分为两个阶段，其中第一阶段是支座发生失效，第二阶段是梁-台、梁-墩相对位移发生落梁破坏。桥墩变形主要用墩底塑性铰转角衡量。由于高架桥的桥墩一般较柔（$H/D \geqslant 2.5$），一般控制桥墩不发生剪切破坏，对桥墩的剪切破坏不进行性能评价，只对墩底塑性铰进行性能评价。

表 6.2.3 给出了桥墩弯矩-曲率关系曲线上的几个关键参数，其中极限曲率为混凝土应变达到极限压应变 ε_{cu} 时的值。图 6.2.6 给出了 2# 桥墩（4# 桥墩与 2# 桥墩一致）和 3# 桥墩的弯矩-曲率关系曲线。

表 6.2.3　桥墩弯矩-曲率曲线上的关键参数

桥墩编号	参数	状态				
		开裂	屈服(初始)	屈服	屈服(理想)	极限
3#	弯矩/(kN·m)	3877	6181	7581	7773	6993
	曲率/m^{-1}	0.0004	0.0018	0.0048	0.0022	0.0488
2#和4#	弯矩/(kN·m)	4420	5953	7366	7531	6841
	曲率/m^{-1}	0.00083	0.0017	0.005	0.0022	0.0502

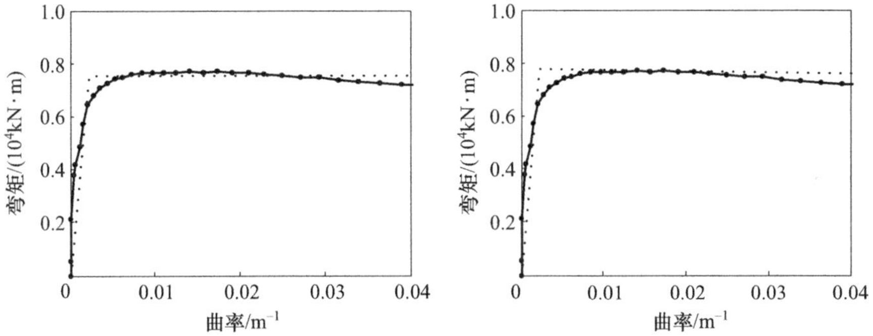

(a) 2#和4#桥墩　(b) 3#桥墩

图 6.2.6　桥墩的弯矩-曲率曲线

表 6.2.4 给出了推荐的根据桥梁桥墩塑性转角划分的破坏状态等级。

表 6.2.4　推荐的破坏状态分级

破坏状态	描述	转角限值/rad
无损伤	第一阶段屈服	0.005
轻微破坏	开裂	0.007
中度破坏	核心混凝土失效	0.015
极限破坏	倒塌极限	0.025
完全倒塌	完全倒塌	0.050

选取 El-Centro 波、Northridge 波进行 IDA 分析，阻尼比 ξ 取 0.05，地震动的特性如表 6.2.5 所示，时程曲线如图 6.2.7 和图 6.2.8 所示。

表 6.2.5　选取的地震动

地震动	持时/s	加速度峰值/g	滤波范围/Hz	$S_a(T_{l1},5\%)/g$	$S_a(T_{t1},5\%)/g$
El-Centro 波	30	0.3285	0.05～50	0.032	0.336
Northridge 波	35	1.8536	0.05～50	0.0719	0.635

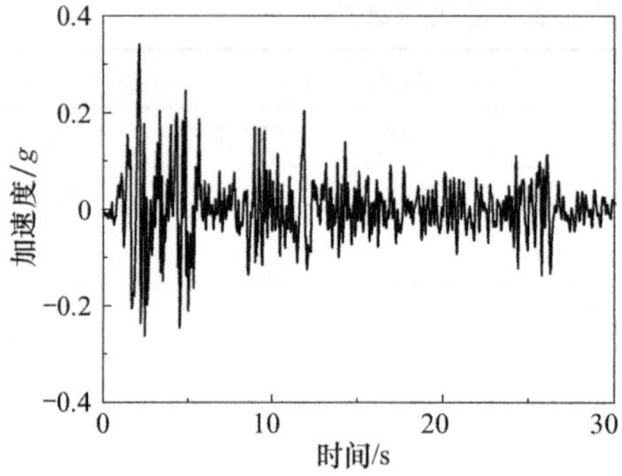

图 6.2.7　El-Centro 波时程曲线

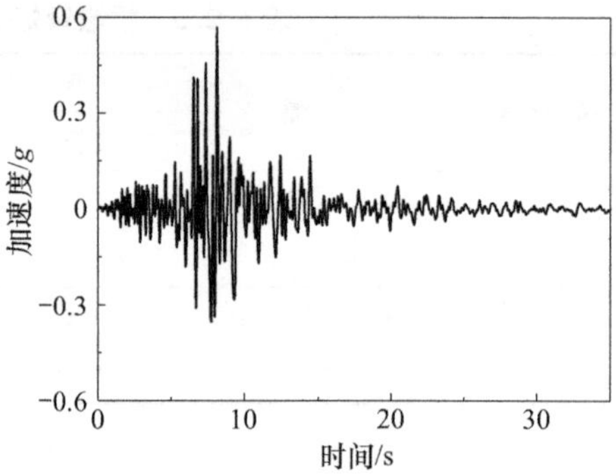

图 6.2.8　Northridge 波时程曲线

调整选取地震动的峰值为 0～2.0g，然后对有限元模型进行动力非线性时程分析，图 6.2.9 给出了沿纵桥向和横桥向不同地震动激励下的墩底塑性铰转角 IDA 曲线。由图可看出，纵桥向地震下各桥墩均不存在倒塌风险，最多仅在 2# 墩发生中度损伤；横桥向地震下 3# 墩损伤发展较快且存在倒塌风险。

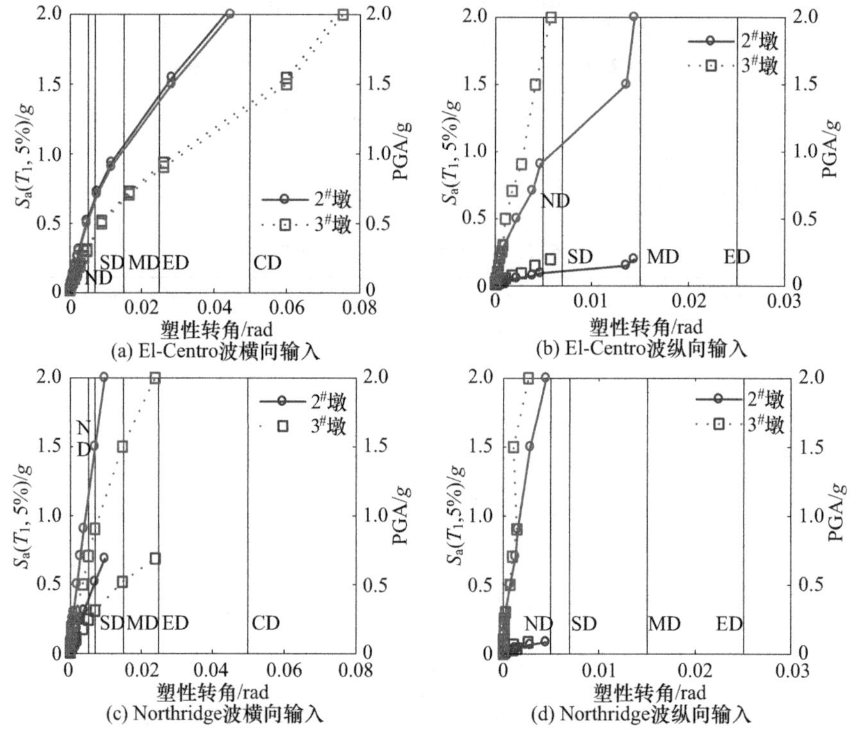

图 6.2.9　墩底塑性铰转角 IDA 曲线

ND 代表无损伤；SD 代表轻微损伤；MD 代表中度损伤；ED 代表极限损伤；CD 代表完全倒塌

图 6.2.10 给出了纵向地震激励下 1# 台和 2# 墩处滑动支座位移 IDA 曲线。可发现 2# 墩处支座先于桥台处达到设计位移，且 El-Centro 波下 2# 墩顶支座变形可能达到完全失效状态，存在落梁风险。

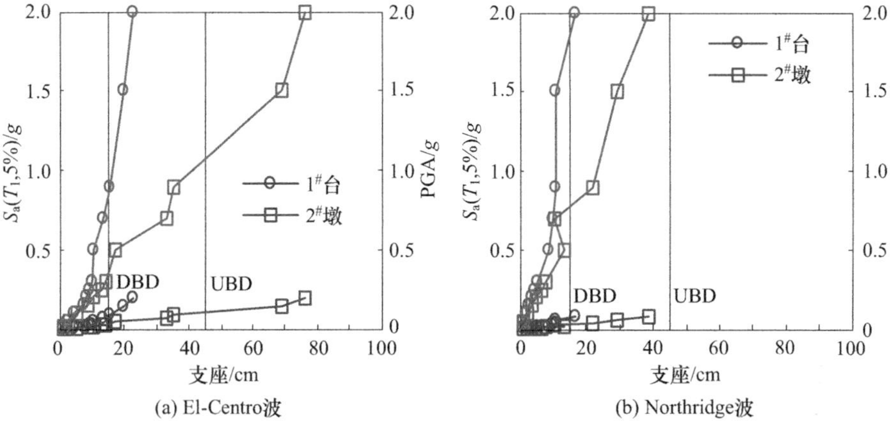

图 6.2.10　支座位移 IDA 曲线

DBD 代表滑动支座设计位移；UBD 代表滑动支座完全失效状态

图 6.2.11 给出了纵向不同地震动激励下固定支座剪切力 IDA 曲线。由图可发现固定支座在纵桥向易发生破坏。

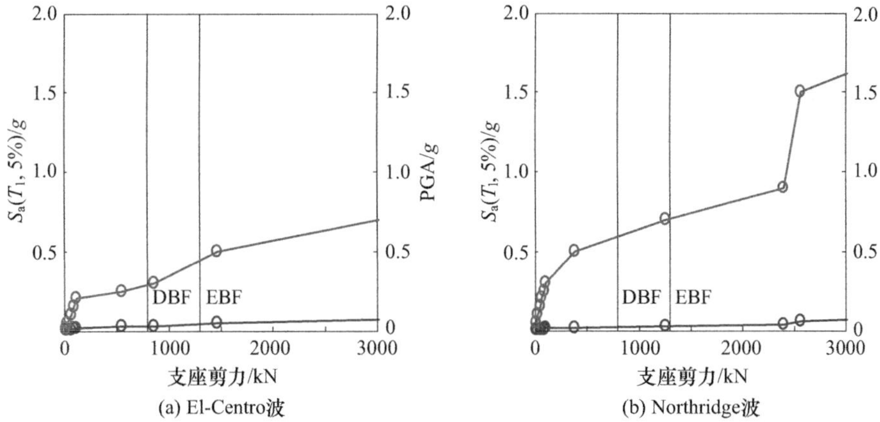

图 6.2.11　固定支座剪切力 IDA 曲线

DBF 代表达到固定支座设计剪切力，EBF 代表达到固定支座极限剪切力状态

图 6.2.12 给出了横向不同地震动激励下 1# 台和 2# 墩滑动支座横向剪力及 3# 桥墩固定支座横向剪力的 IDA 曲线。由图可发现桥台处支座首先失效，然后是 3# 桥墩处支座失效，2# 桥墩处支座最后失效。

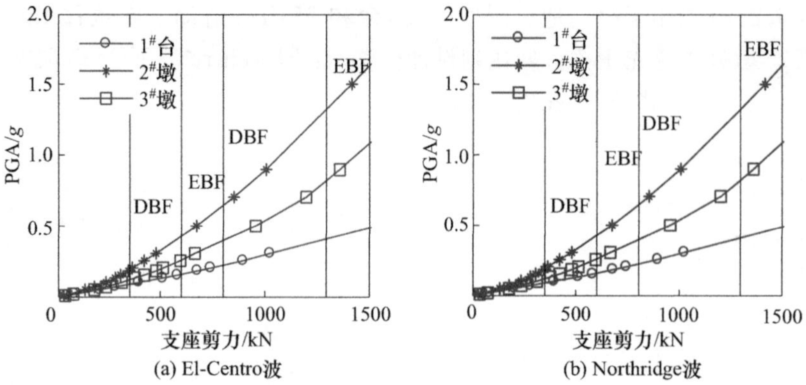

图 6.2.12　横向剪力 IDA 曲线

参考文献

[1] 李宏男,陈国兴. 地震工程学. 北京:机械工业出版社,2013.
[2] 陆新征,蒋庆,缪志伟,等. 建筑抗震弹塑性分析. 2 版. 北京:中国建筑工业出版社,2015.
[3] 谷岩. 桥梁抗震与抗风. 天津:天津大学出版社,2014.
[4] 王克海. 桥梁抗震研究. 2 版. 北京:中国铁道出版社,2014.
[5] 北京金土木软件技术有限公司. Pushover 分析在建筑工程抗震设计中的应用. 北京:中国建筑工业出版社,2010.
[6] 梁兴文,叶艳霞. 混凝土结构非线性分析. 2 版. 北京:中国建筑工业出版社,2015.
[7] 张新培. 钢筋混凝土抗震结构非线性分析. 北京:科学出版社,2003.
[8] 朱健. 结构动力学原理与地震易损性分析. 北京:科学出版社,2013.
[9] 柳春光. 桥梁结构地震响应与抗震性能分析. 北京:中国建筑工业出版社,2009.
[10] 北京金土木软件技术有限公司,中国建筑标准设计研究院. SAP2000 中文版使用指南. 2 版. 北京:人民交通出版社,2012.
[11] Gupta B,Kunnath S K. Adaptive spectra-based Pushover procedure for seismic evaluation of structures. Earthquake Spectra,2000,16(2):367-391.
[12] Antoniou S,Pinho R. Advantages and limitations of adaptive and non-adaptive force-based Pushover procedures. Journal of Earthquake Engineering,2004,8(4):497-522.
[13] 王克海,李茜. 基于模态分析的 Pushover 方法在桥梁抗震分析中的应用. 铁道学报,2006,28(2):79-84.
[14] Araújo M,Marques M,Delgado R. Multidirectional Pushover analysis for seismic assessment of irregular-in-plan bridges. Engineering Structures,2014,79:375-389.
[15] Camara A,Astiz M A. Pushover analysis for the seismic response prediction of cable-stayed bridges under multi-directional excitation. Engineering Structures,2012,41(3):444-455.

[16] Shinozuka M, Feng M Q, Kim H K, et al. Nonlinear static procedure for fragility curve development. Journal of Engineering Mechanics, 2000, 126(12): 1287-1295.

[17] Kappos A J, Saiidi M S, Aydinoğlu M N, et al. Seismic Design and Assessment of Bridges. Netherlands: Springer, 2012.

[18] Pinho R, Casarotti C, Antoniou S. A comparison of single-run Pushover analysis techniques for seismic assessment of bridges. Earthquake Engineering & Structural Dynamics, 2007, 36(10): 1347-1362.

[19] Erduran E, Kunnath S K. Enhanced displacement coefficient method for degrading multi-degree-of-freedom systems. Earthquake Spectra, 2010, 26(2): 311-326.

[20] Chopra A K, Goel R K. A modal Pushover analysis procedure for estimating seismic demands for buildings. Earthquake Engineering & Structural Dynamics, 2002, 31(3): 561-582.

[21] Vamvatsikos D, Cornell C A. Incremental dynamic analysis. Earthquake Engineering & Structural Dynamics, 2002, 31(3): 491-514.

[22] Vamvatsikos D, Cornell C A. Applied incremental dynamic analysis. Earthquake Spectra, 2004, 20(2): 523-553.

[23] Billah A H M, Alam M S. Seismic performance evaluation of multi-column bridge bents retrofitted with different alternatives using incremental dynamic analysis. Engineering Structures, 2014, 62-63: 105-117.

[24] 李勇. 非一致地震激励下高架连续梁桥动力响应与控制研究[博士学位论文]. 北京：北京工业大学，2012.

第 7 章　直接基于位移的桥梁抗震设计方法

20 世纪后期的桥梁震害(如 1989 年美国 Loma Prieta 地震、1994 年美国 Northridge 地震、1995 年日本 Kobe 地震和 1999 年我国台湾集集地震)表明,传统的基于力的设计方法所设计的桥梁结构破坏严重。鉴于对上述震害的反思,学者们提出了基于性能的抗震设计思想,针对不同的结构特点和性能要求,综合考虑和利用不同设计参数、结构体系、构造措施和减隔震装置等来保障桥梁在各级地震水平作用下的抗震性能。

强震下结构进入非线性阶段后,在不大的荷载增量下可能导致结构产生较大的变形增量,并引起结构经历不同的破坏状态。因此,结构的损伤与位移的关系更为密切,结构的性能水准由位移描述更为恰当,并由此推动了桥梁基于位移抗震设计理论的发展。可以认为,基于位移的抗震设计方法是基于性能的抗震设计思想实现的重要途径,是桥梁抗震设计理论发展的新方向[1-4]。

本章主要介绍桥梁直接基于位移的抗震设计理论和方法、设计流程,在此基础上分别以连续梁桥、拱桥和隔震桥梁为例,对直接基于位移的抗震设计方法进行具体说明,以期进一步推动该方法在我国的应用和发展,并有效保证桥梁结构的抗震安全。

7.1　基于力的抗震设计方法存在的问题

传统的桥梁抗震设计方法都是基于力而设计的,也就是说,通过利用设计加速度反应谱及桥梁结构的弹性刚度估计值来计算弹性力。计算得到的弹性力除以表征位移延性能力的强度折减系数,然后将折减后的力作用于桥梁结构进行设计,并且确保大震下结构的变形不超过规范的限制值。该设计过程中存在的问题主要如下:

(1) 基于力的抗震设计中以结构弹性刚度确定其承受的地震力,而弹性刚度在设计开始时是未知的,因此在基于力的设计中通常使用估计值。由于桥梁自振周期及地震响应都取决于结构的弹性刚度,可以预见设计值与实际受力状态存在显著差异。

(2) 桥墩之间基础剪力的分布按照弹性刚度来分配,并且假设具有不同刚度的桥墩会在相同位移处屈服,这显然不合逻辑。

(3) 土-结构相互作用在基于力的设计中通常被忽略,并且难以融入设计过程中，将造成设计结果的偏差，而土-结构相互作用不但影响结构周期，对位移延性需求也有影响。

(4) 在设计地震水平下，桥梁结构一部分构件保持弹性，而另外一部分可能进入塑性，基于力的抗震设计未考虑不同构件延性需求的不同，这种情况不适用于基于力的设计框架。

(5) 基于力的抗震设计以等位移原理为基础，通过对弹性力的折减获得延性结构的抗力需求。但分析表明，即使对于长周期结构，由于结构形式和所用材料不同，按等位移原理估计的结构位移仍与非线性时程分析结果有较大差异。

7.2　直接基于位移的设计基本理论和方法

7.2.1　直接基于位移设计方法的基本理论

直接基于位移的抗震设计(direct displacement-based design，DDBD)是直接以位移为设计参数，针对不同地震设防水准，指定相应的目标位移，并通过设计，使得结构在给定水准地震作用下达到预先指定的目标位移，从而实现对结构地震行为的控制[5]。

图 7.2.1 给出了直接基于位移抗震设计方法的理论基础。若 RC 桥墩地震反应可视为一单自由度体系(SDOF)[6]，如图 7.2.1(a)所示。单自由度体系的侧向力-位移关系以双线性模型表示，其初始刚度为 K_i，屈服后刚度为 rK_i，r 为刚度折减系数。在直接基于位移的抗震设计方法中，为便于计算，首先将单自由度体系双线性的力-位移关系以等效系统位移 Δ_d 处的割线刚度 K_{eff} 和等效黏滞阻尼比 ξ_{eq} 表征，如图 7.2.1(b)所示。以割线刚度 K_{eff} 和等效黏滞阻尼比 ξ_{eq} 表征的弹性结构构成了直接基于位移抗震设计的“等代结构”。

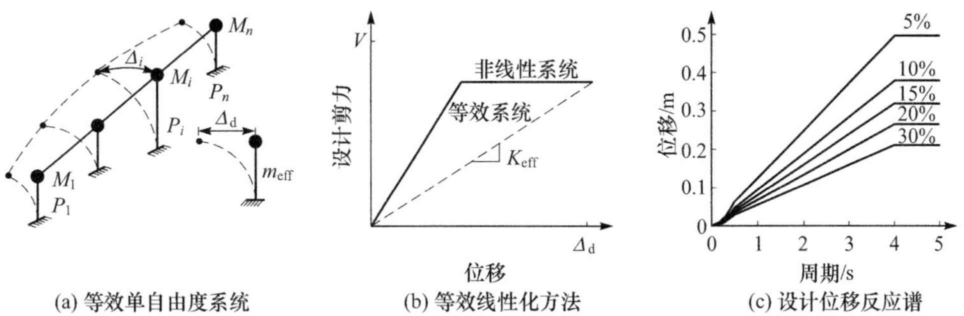

图 7.2.1　直接基于位移抗震设计方法的理论基础

对于多自由度系统，等效单自由度体系的目标位移 Δ_d 和等效质量 m_{eff} 为

$$\Delta_{\mathrm{d}}=\frac{\sum_{i=1}^{n} m_i \Delta_i^2}{\sum_{i=1}^{n} m_i \Delta_i} \tag{7.2.1}$$

$$m_{\mathrm{eff}}=\frac{\sum_{i=1}^{n} m_i \Delta_i}{\Delta_{\mathrm{d}}} \tag{7.2.2}$$

式中，Δ_i 为根据位移分布确定的桥墩或桥台处的位移；m_i 为桥墩或桥台处的等效集中质量。

等效黏滞阻尼比 ξ_{eq}通常认为与位移延性系数 μ 有关，支撑在刚性基础上 RC 桥墩的等效黏滞阻尼比 ξ_{eq}可表示为

$$\xi_{\mathrm{eq}}=0.05+0.444\frac{\mu-1}{\mu\pi} \tag{7.2.3}$$

对于软土中的桩基础，等效阻尼通过滞回阻尼($\xi_{\mathrm{eq,h}}$)和切线刚度比例阻尼(ξ_{v})的组合来计算，滞回阻尼部分是桩延性系数的函数，等效黏滞阻尼比 ξ_{eq}为

$$\xi_{\mathrm{eq}}=\xi_{\mathrm{v}}\mu^{-0.378}+\xi_{\mathrm{eq,h}} \tag{7.2.4}$$

$$\xi_{\mathrm{eq,h}}=p+q\frac{\mu-1}{\mu} \tag{7.2.5}$$

式中，p 和 q 分别为土体性质的参数；ξ_{v} 一般取 0.05。

根据不同的抗震设防标准以及桥梁等代结构的等效阻尼，可以唯一确定设计位移反应谱曲线，通过预先确定的等效系统位移 Δ_{d}，可以容易得到结构的等效周期 T_{eff}，如图 7.2.1(c)所示。一旦知道结构的等效周期 T_{eff}，等代结构的等效刚度 K_{eff}及设计基底剪力 V_{Base}可以计算得到。

等代结构的等效刚度 K_{eff}及设计侧向力 F(即设计基底剪力)为

$$K_{\mathrm{eff}}=4\pi^2\frac{m_{\mathrm{eff}}}{T_{\mathrm{eff}}^2} \tag{7.2.6}$$

$$F=V_{\mathrm{Base}}=K_{\mathrm{eff}}\Delta_{\mathrm{d}} \tag{7.2.7}$$

将设计侧向力等效于整体桥梁结构，可以按照容许设计法则和构造进行设计。

7.2.2 设计性能目标

在 DDBD 设计中，设计目标或性能目标定义为指定地震水准下需要满足的设计极限状态。设计极限状态可以是材料的应变极限、构件的延性、侧移率或其他损伤参数。

图 7.2.2 所示的抗震性能目标将结构性能水平(性能极限状态)和地震需求(即地震动强度)耦合考虑。图中，SP 表示结构构件的性能水平；NP 表示非结构构件的性能水平；“基本目标(base objective)”线将普通结构物与地震动强度相关联；

“重要目标(essential/hazardous objective)”线将重要结构与地震动强度相关联，“安全临界目标(safety critical objective)”线代表对更重要结构物的性能要求，即使在很高的地震动强度下，结构仍处于正常运行或运行水准。

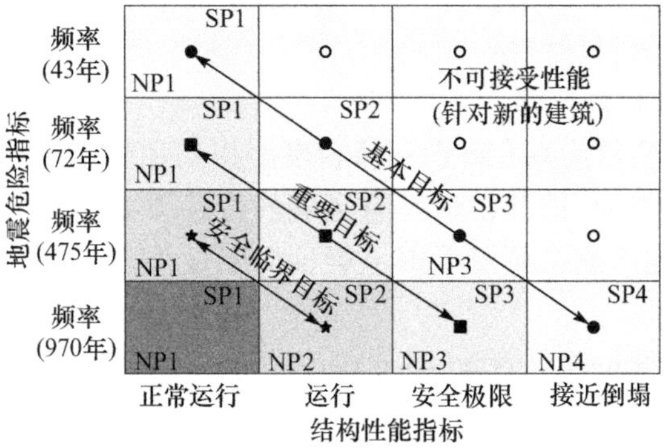

图 7.2.2　不同地震水平下的性能指标

规范定义了五个性能级别(SP1～SP5)：在“正常运行(fully operational)”水准下，结构无损伤；在“运行(operational)”水准下，结构主要构件能继续工作，一些非结构构件需要修复，整体结构只是轻微损伤；在“安全极限(life safety)”水准下，结构有中等程度的损伤，但是能够保持稳定状态，一些重要结构能够得到有效保护；在“接近倒塌(near collapse)”水准下，结构严重损伤，但是能够避免结构倒塌，非结构构件可能发生严重损伤；在“倒塌”水准下，主要结构构件倒塌。为便于实现基于位移的抗震设计，规范建议的结构性能极限状态与极限位移关系如图 7.2.3 所示，其中 SP1 为有效屈服状态，SP2 为结构达到其塑性极限位移(Δ_p)的 30%，SP3 为结构达到其塑性极限位移的 60%；SP4 为接近倒塌状态(结构位移达到其塑性极限位移的 80%)，SP5 为倒塌状态。

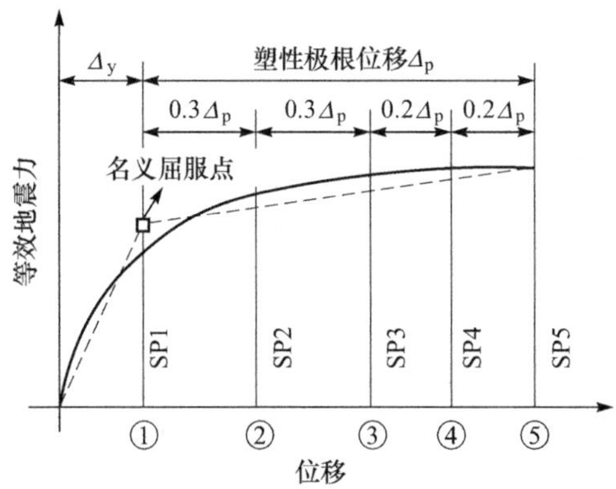

图 7.2.3　结构性能水准

7.2.3　目标位移及位移模式

DDBD设计最重要的步骤是确定横纵桥向的目标位移模式。该过程可以分为两步：①计算所有抗震构件的目标位移；②确定横纵桥向的目标位移模式，使得一个或多个构件达到其目标位移。

1）上部主梁的目标位移

桥梁设计中通常认为只有桥墩和桥台发生损伤和能量耗散，上部主梁因受到保护而保持弹性。然而，即使桥墩具有足够的位移能力，但上部主梁位移能力不足，可能导致结构的损伤。桥梁上部主梁轴向刚度很大，此处仅讨论横桥向目标位移。

上部主梁的目标位移由主梁纵向钢筋的屈服来控制，目标曲率即屈服曲率：

$$\varphi_{ys}=\frac{2\varepsilon_y}{w_s} \tag{7.2.8}$$

式中，w_s 为混凝土桥面的宽度；ε_y 为钢筋的屈服应变。

假设上部主梁在横桥向为简支梁，地震作用简化为均布载荷（见图 7.2.4），$\Delta_{ys}(x)$为上部结构横桥向位移，则上部结构纵桥向 x 处的曲率 $\varphi_{s(x)}$ 和目标位移函数 Δ_{Ts}为

$$\varphi_{s(x)}=\frac{4\varphi_{ys}x}{L_s}-\frac{4\varphi_{ys}x^2}{L_s^2} \tag{7.2.9}$$

$$\Delta_{Ts}=\varphi_{Ts}\,\frac{2x^2-4L_sx^3+2L_s^2x}{6L_s^2} \tag{7.2.10}$$

式中，L_s 为上部主梁的长度。如果考虑桥台位移，则目标位移函数为

$$\Delta_{Ts}=\varphi_{Ts}\,\frac{2x^2-4L_sx^3+2L_s^2x}{6L_s^2}+\Delta_1+\frac{\Delta_n-\Delta_1}{L_s}x \tag{7.2.11}$$

式中，Δ_1 和 Δ_n 分别为两侧桥台位移。

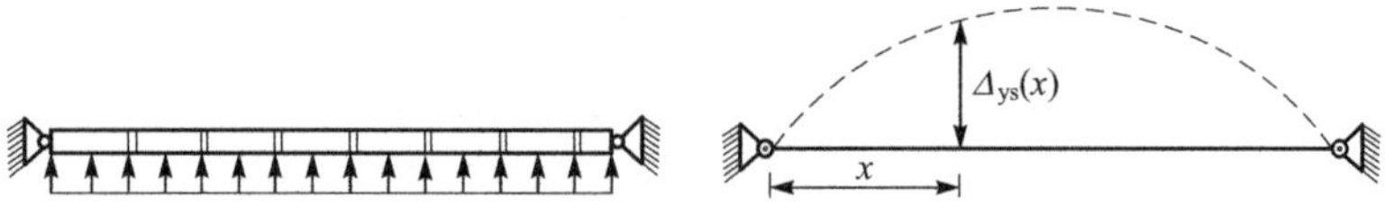

图 7.2.4　上部结构横桥向位移

2）桥墩的目标位移

桥墩的目标位移可以通过等效塑性铰理论计算得到。具体的计算方法详见4.1.2节。方便起见，这里将式(4.1.11)略作修改，即

$$\Delta_m=\Delta_y+\Delta_p=\frac{\varphi_yL^2}{3}+(\varphi_m-\varphi_y)L_pL \tag{7.2.12}$$

式中，φ_y 为屈服曲率，可以按照式(7.2.13)和式(7.2.14)计算：

$$\varphi_y = 2.25\frac{\varepsilon_y}{D} \tag{7.2.13}$$

$$\varphi_y = 2.10\frac{\varepsilon_y}{h_c} \tag{7.2.14}$$

式中，D 为圆形截面的直径；h_c 为矩形截面的边长；ε_y 为钢筋屈服应变。

桥墩极限状态由式(7.2.15)和式(7.2.16)确定，取其曲率较小者作为极限曲率 φ_m。

$$\varphi_{mc} = \frac{\varepsilon_{mc}}{c} \tag{7.2.15}$$

$$\varphi_{ms} = \frac{\varepsilon_{ms}}{D-c} \tag{7.2.16}$$

式中，ε_{mc} 为混凝土极限压应变；ε_{ms} 为钢筋极限拉应变；c 为中性轴至截面受压外边缘间的受压区高度。

3) 位移模式

对于直桥，纵桥向的位移模式可以不考虑，因为上部结构轴向刚度很大，各节点位移相同，除非某些轴向变形非常显著的长大桥梁。对于横桥向，变形模式取决于上部结构和桥墩的相对刚度以及桥台的刚度。

横桥向的位移模式通常可以分为三类：刚体平动、刚体平动伴随转动、柔性变形[7]。图 7.2.5 给出了连续梁桥横桥向可能的变形模式。

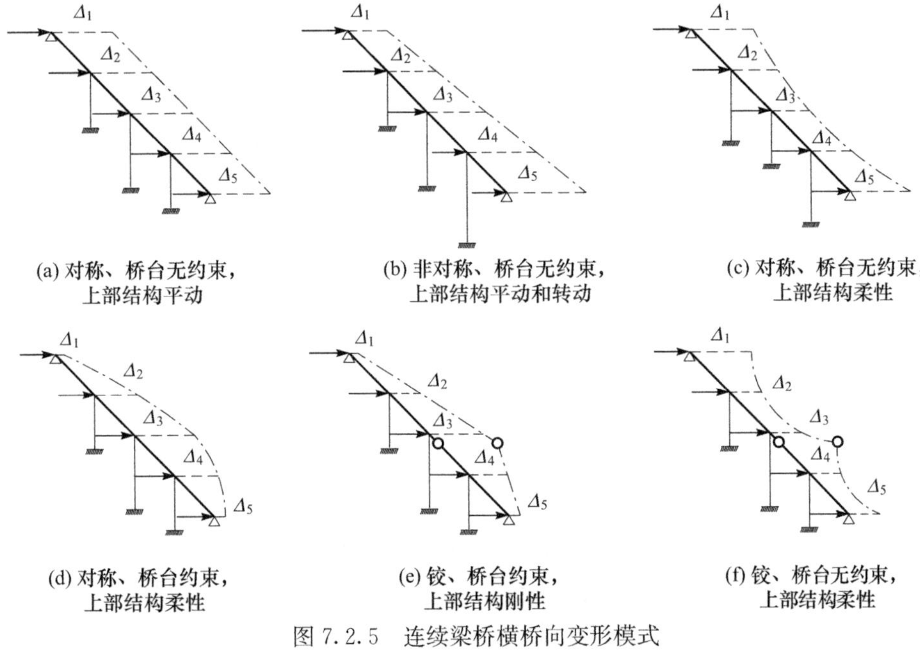

图 7.2.5　连续梁桥横桥向变形模式

对于刚体运动的位移模式，所有桥墩的横向位移相同或呈线性关系。因此，位移模式的幅值由桥墩或桥台的最小位移确定。对于具有整体式桥台或者桥台刚度很大的桥梁，其横桥向为柔性变形，并且其形状主要取决于上部结构、桥台和桥墩三者之间的刚度。考虑到桥墩和桥台的刚度在设计之前未知，这类桥梁的设计位移模式必须事先指定，再进行迭代修正。

7.2.4　*P*-Δ 效应

墩顶侧向变形为 Δ 时，集中力 *P* 会导致墩底承受附加的弯矩作用，使得桥墩可承受的侧向惯性力、初始刚度均降低，并可能导致结构屈服后出现负刚度，称这种现象为结构的 *P*-Δ 效应，如图 7.2.6 所示。

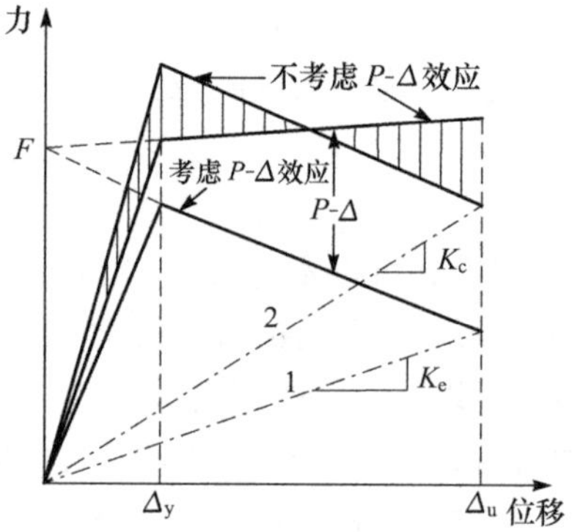

图 7.2.6　考虑 *P*-Δ 效应的力-位移响应图

在基于力的设计方法中很难考虑 *P*-Δ 效应，因为根据不同规范计算得到的结构最大位移的偏差非常大。另外，大部分基于力的设计方法严重低估了弹性和塑性位移，即低估了 *P*-Δ 效应。与基于力的设计方法不同，DDBD 方法可以直接考虑 *P*-Δ 效应。因为 DDBD 方法在设计之初就确定了设计位移，也就是说，在强度需求确定之前 *P*-Δ 弯矩就是已知值。当 *P*-Δ 效应很显著时，等效刚度是指需要考虑强度退化的刚度，如图 7.2.6 中的 K_e，并且该刚度必须要满足设计需求。考虑 *P*-Δ 效应时，位移为零时的设计基底剪力为

$$F = K_e \Delta_d + C \frac{P\Delta_d}{H} \tag{7.2.17}$$

基底的弯矩需求为

$$M_B = K_e \Delta_d H + CP\Delta_d \tag{7.2.18}$$

式中，*H* 为墩高。

在式(7.2.17)中，为了与 DDBD 的设计思想保持一致，*C* 应取 1。但存在下列问题：①考虑 *P*-Δ 效应时结构的耗能能力与不考虑时相比变大；②当稳定系数(轴力引起的墩底弯矩与墩底抗弯承载力之比，即 $P\Delta_{max}/M$)很小时，若忽略 *P*-Δ 效

应，时程分析得到的结构位移增加很小；③钢结构比混凝土结构更容易受到 $P\text{-}\Delta$ 效应的影响。考虑上述问题，可以按照结构不同的类型考虑 $P\text{-}\Delta$ 效应。

（1）钢结构：当稳定系数超过 0.05 时，设计基底剪力应该按照 $P\text{-}\Delta$ 效应放大，C 应该取 1，如图 7.2.7 中的线 1 所示。

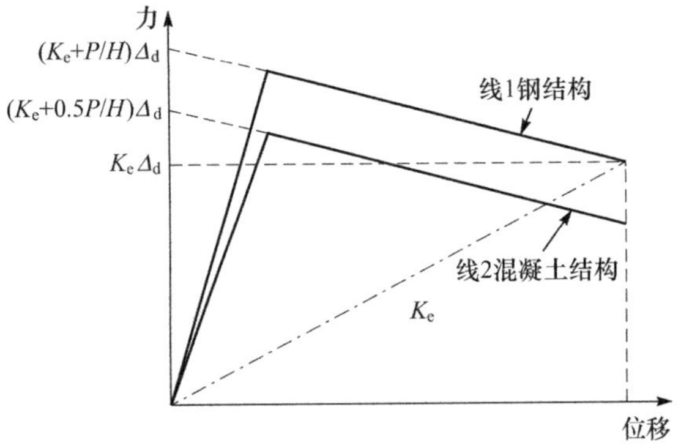

图 7.2.7　考虑 $P\text{-}\Delta$ 效应强度增加

（2）混凝土结构：当稳定系数超过 0.10 时，设计基底剪力应该按照 $P\text{-}\Delta$ 效应放大，C 应该取 0.5，如图 7.2.7 中的线 2 所示。

无论钢结构还是混凝土结构，建议稳定系数都不要超过 0.33。

7.2.5　直接基于位移方法的基本流程

DDBD 方法总体流程如图 7.2.8(a)所示。桥梁在抗震设计之前都是基于静力

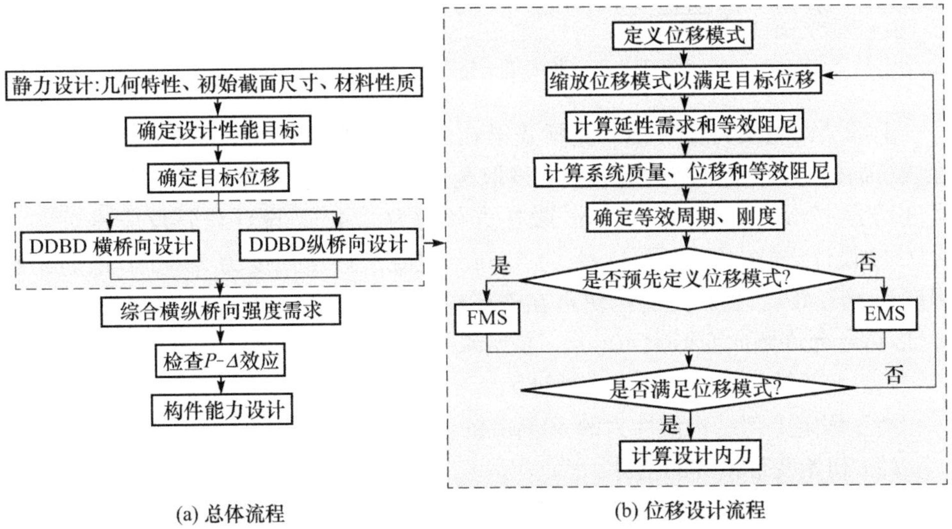

图 7.2.8　DDBD 方法流程图

设计的，其构造、上部结构和基础均已知。首先，通过定义预期性能和地震风险提出设计目标；然后，确定桥梁的目标位移分布，在纵桥向和横桥向进行DDBD设计；最后；结合设计结果，检查 $P\text{-}\Delta$ 效应，基于容许设计法确定配筋和构造。

图7.2.8(b)为横纵桥向DDBD位移设计流程，是图7.2.8(a)流程的一部分。图7.2.8(b)中存在三种不同情况：①如果位移模式已知并且预先设定，则可以直接应用DDBD方法；②如果位移模式未知但由第一振型控制，如整体式桥台或者桥台刚度很大，则采用第一振型(FMS)进行迭代；③如果位移模式未知但由模态组合控制，则采用有效模态形状(EMS)进行迭代。研究表明，预定的位移模式可以有效减少迭代次数。

7.3 直接基于位移方法的桥梁设计算例

7.3.1 四跨连续梁桥

图7.3.1所示的四跨连续梁桥是直接基于位移设计的桥梁，以该桥为例，说明连续梁桥横桥向直接基于位移的抗震设计步骤。

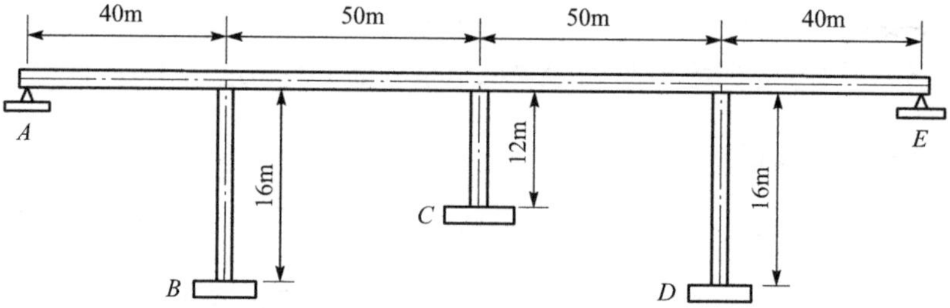

图7.3.1　直接基于位移设计的连续梁桥

上部结构主梁高度为2m，包括盖梁在内的平均重量为190kN/m。考虑主梁在横桥向的弯曲，上部结构的有效高度取至主梁中心处。因此，B 墩和 D 墩的有效高度均为17m，C 墩高度为13m，墩柱直径均为2.4m。设计位移反应谱对应于ATC32设计谱的中硬岩层，PGA为0.6g。混凝土抗压强度为39MPa，钢筋屈服强度为462MPa。桥台处的挡块可在横桥向对主梁提供约束，桥台在大震下保持弹性，桥台允许侧向变形为40mm。桥墩水平箍筋为D20，间距100mm。

(1) 上部结构承受的侧向力估计。

初步假定上部结构惯性力的50%由桥台承担，即 $x=0.5$。

(2) 初始变形模式的估计。

初始横向变形模式假定为抛物线型，B 墩和 D 墩顶处的侧向位移约为 C 墩处的70%。前已说明，桥台 A 和 E 处的允许位移为40mm，桥墩 B、C、D 处的允许位

移采用基于应变的损伤准则确定。截面的屈服曲率为

$$\varphi_y = 2.25\frac{\varepsilon_y}{D} = 2.25 \times \frac{462/200000}{2.0} = 0.0026(\mathrm{m}^{-1})$$

极限状态的曲率由混凝土的压应变控制

$$\varphi_{ls,c} = \frac{\varepsilon_{c,ls}}{c} = \frac{0.0136}{0.48} = 0.0283$$

塑性应变渗透长度为

$$L_{SP} = 0.022 f_{ye} d_{bl} = 0.022 \times 462 \times 40 = 407(\mathrm{mm})$$

B 墩和 D 墩的屈服位移为

$$\Delta_y = \frac{\varphi_y(H + L_{SP})^2}{3} = \frac{0.0026 \times 17.407^2}{3} = 0.263(\mathrm{m})$$

同理，C 墩屈服位移是 0.156m。桥墩 B、D 塑性铰的长度为

$$L_P = kL_C + L_{SP} \geqslant 2L_{SP} = 0.07 \times 17 + 0.407 = 1.597(\mathrm{m})$$

C 墩塑性铰的长度为 1.317m。对于 B、D 墩，极限位移为

$$\Delta_D = \Delta_y + (\varphi_{ls} - \varphi_y)L_P H = 0.263 + (0.0283 - 0.0026) \times 1.597 \times 17 = 0.961(\mathrm{m})$$

对于 C 墩，极限位移为 0.596m。对于本算例，很显然 C 墩控制位移幅值，B 墩和 D 墩的位移是 C 墩位移的 70%，即 0.417m，初始位移形状由以下位移来表示：

$$\Delta_A = \Delta_E = 0.04,\quad \Delta_B = \Delta_D = 0.417,\quad \Delta_C = 0.596$$

(3) 等效单自由度体系的位移。

为了确定等效单自由度体系的位移，需要首先确定每个桥台和桥墩的惯性质量。其中，惯性质量包括上部结构的质量和每个墩 1/3 的质量。

对于桥台 A 和 E：

$$m_A = m_E = 20 \times 190 = 3800(\mathrm{kN})$$

对于桥墩 B 和 D：

$$m_B = m_D = 45 \times 190 + 16/3 \times 73.8 = 8944(\mathrm{kN})$$

对于桥墩 C：

$$m_C = 50 \times 190 + 12/3 \times 73.8 = 9795(\mathrm{kN})$$

则单自由度体系的目标位移为

$$\Delta_d = \frac{2 \times 3800 \times 0.04^2 + 2 \times 8944 \times 0.417^2 + 9795 \times 0.596^2}{2 \times 3800 \times 0.04 + 2 \times 8944 \times 0.417 + 9795 \times 0.596} = 0.485(\mathrm{m})$$

(4) 确定等效单自由度体系的质量。

$$m_e = \frac{2 \times 3800 \times 0.04 + 2 \times 8944 \times 0.417 + 9795 \times 0.596}{0.485 \times 9.81} = 2856(\mathrm{t})$$

(5) 确定桥墩的位移延性系数和等效阻尼比。

桥墩屈服位移和目标位移如步骤(2)中所示，三个桥墩的位移延性系数分别为

$$\mu_{\Delta}=\frac{0.417}{0.263}=1.59 \quad (B\text{ 墩和 }D\text{ 墩})$$

$$\mu_{\Delta}=\frac{0.596}{0.156}=3.82 \quad (C\text{ 墩})$$

桥墩等效黏滞阻尼比可以按照如下计算：

$$\xi=0.05+0.444\times\frac{1.59-1}{1.59\pi}=0.102 \quad (B\text{ 墩和 }D\text{ 墩})$$

$$\xi=0.05+0.444\times\frac{3.82-1}{3.82\pi}=0.154 \quad (C\text{ 墩})$$

(6) 确定桥墩承受的侧向力。

侧向力的分配比率可按照下面的公式计算：

$$V=(1-0.5)\times\frac{\frac{1}{17}}{2\times\frac{1}{17}+\frac{1}{13}}\times\sum_{i=1}^{5}F_i=0.151\times\sum_{i=1}^{5}F_i \quad (B\text{ 墩和 }D\text{ 墩})$$

$$V=0.198\times\sum_{i=1}^{5}F_i \quad (C\text{ 墩})$$

(7) 确定系统的阻尼比。

因上部结构和桥台阻尼不分开考虑，对本算例中考虑桥台横向约束的四跨连续梁桥，系统阻尼比可以按照下面公式计算：

$$\xi_e=\frac{0.5\times0.486\times0.05+0.5\left(\frac{2\times0.417\times0.102}{17}+\frac{0.596\times0.154}{13}\right)\Big/\left(\frac{2}{17}+\frac{1}{13}\right)}{0.5\times0.486+0.5\left(\frac{2\times0.417}{17}+\frac{0.596}{13}\right)\Big/\left(\frac{2}{17}+\frac{1}{13}\right)}=0.089$$

(8) 确定等效周期、刚度以及设计基底剪力。

在位移反应谱中按照阻尼比 0.089 进行插值，并输入系统目标位移 0.485m，可以估计等效周期为 2.31s，则等效刚度为

$$K_{\mathrm{eff}}=\frac{4\pi^2\times2856}{2.31^2}=21183(\mathrm{kN/m})$$

设计基底剪力为

$$V_{\mathrm{Base}}=21183\times0.485=10282(\mathrm{kN})$$

(9) 确定基底剪力分配。

对桥台 A 和 E，施加的侧向力为

$$F=10282\times\frac{3800\times0.04}{2\times3800\times0.04+2\times8944\times0.417+9795\times0.596}=115(\mathrm{kN})$$

同样，施加于桥墩 B 和 D 墩顶的力为 2820kN，桥墩 C 墩顶的力为 4413kN。

(10) 估计桥台和桥墩的等效刚度。

在第(9)步中，初步确定了施加于每个墩(台)质点处的侧向力。在第(11)步

中，将会把这些力施加于结构分析模型以确定结构变形。本步主要确定第(11)步中结构分析模型的刚度。

$$V_A + V_E = 0.5 \times 10282 = 5142(\text{kN})$$

因此，每个桥台处的剪力为 5142/2=2571kN。桥墩 B 和 D 处的剪力为

$$V = (1-0.5) \times 10282 \times \frac{\frac{1}{17}}{2 \times \frac{1}{17} + \frac{1}{13}} = 1554(\text{kN})$$

同样，对于桥墩 C，剪力的大小为 2033kN。那么，每个构件的刚度可以通过剪力与位移的比值获得。对于桥台 A 和 E，分析模型的等效刚度为 2571/0.04 = 64300kN/m，对于桥墩 B 和 D，等效刚度为 1554/0.417=3730kN/m，而对于桥墩 C，等效刚度为 2033/0.596=3410kN/m。

(11) 侧向力作用下的结构分析。

在已知桥墩(台)刚度的基础上，将步骤(9)中的侧向力向量施加于分析模型之上，可以得到：桥台 A、E 处的位移为 0.0426m，B 和 D 处的位移为 0.3826m，C 处的位移为 0.5724m。可发现各墩台处位移与步骤(2)中初始确定的位移存在差异，因此需要继续迭代。

(12) 迭代修正剪力分配系数 x。

步骤(1)中假设桥台承担 50%的惯性力。将步骤(11)中的位移和步骤(2)中的位移进行比较发现，x=0.5 偏小，可以 x=0.54 作为选择值，按经验，为了加速收敛，x 按照下式计算得到：

$$x_{\text{new}} = 0.5 + \frac{2 \times (596 - 572)}{572} \times 0.5 = 0.54$$

接着返回步骤(10)来确定修改的桥台和桥墩刚度值。桥台剪力值为 2776kN，B 墩和 D 墩的剪力值为 1430kN，C 墩的剪力值为 1870kN。对于桥台 A 和 E，分析模型的等效刚度修正为 2776/0.04=69400kN/m。对于桥墩 B 和 D，其等效刚度为 1430/0.417=3430kN/m，桥墩 C 等效刚度为 1870/0.596=3140kN/m。接着对结构重新用步骤(9)的侧向力向量进行分析，可以得到：A、E 处的位移为 0.041m，B 和 D 处的位移为 0.396m，C 处的位移为 0.593m，可以看到 x=0.54 时中墩的位移更接近目标位移 0.596m。

(13) 进行额外的迭代修正。

第(12)步中，中墩的目标位移值取 0.596m，桥台位移为 0.040m。按步骤(12)的变形模式等比例修正各点位移：A、E 处的位移为 0.04m，B 和 D 处的位移为 0.398m，C 处的位移为 0.596m。x=0.54 也用于第二次的迭代，接着进行第(3)～(12)步的重复计算直到收敛。

7.3.2　RC 拱桥

Khan 等[8]将直接基于位移的抗震设计方法应用于上承式钢筋混凝土拱桥设计。上承式混凝土拱桥直接基于位移的设计步骤如图 7.3.2 所示。

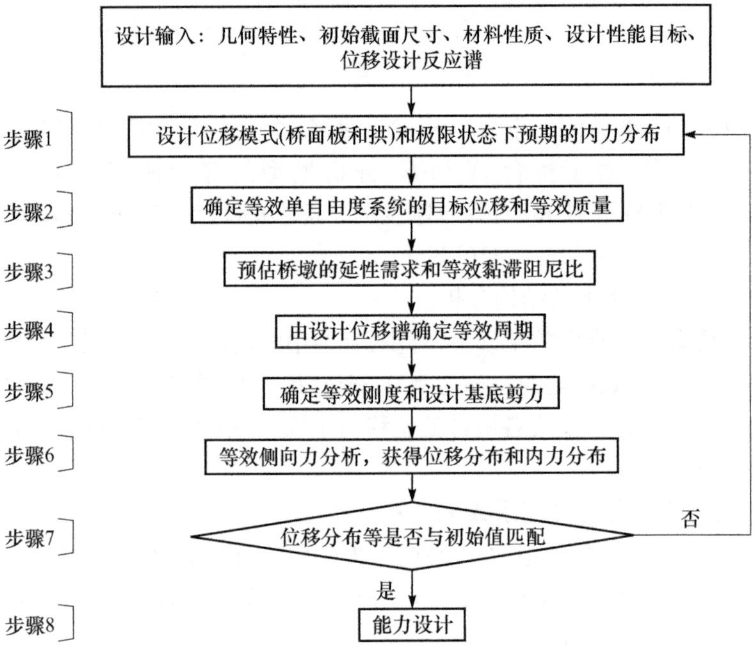

图 7.3.2　上承式混凝土拱桥直接基于位移的设计步骤

1. 横桥向设计

(1) 选择弹塑性位移分布和内力分布。

将多自由度桥梁结构体系转化为等效单自由度体系，首先需要确定桥梁位移分布。在横桥向地震作用下，拱桥变形模式主要为桥面板和拱的平动与转动(见图 7.3.3)。

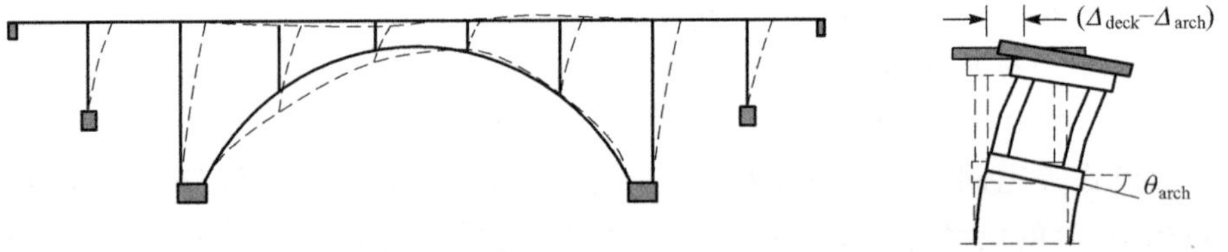

(a) 桥梁纵向位移形状　　(b) 横向位移形状的截面图

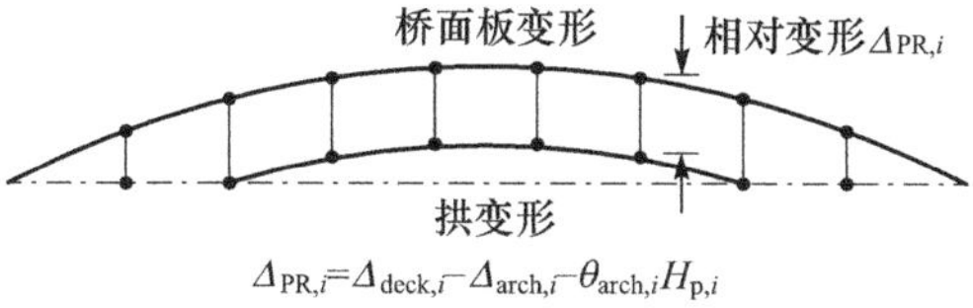

(c) 横向位移形状平面图

图 7.3.3　上承式拱桥在横向和纵向激励下的典型位移形状

为定义目标位移，危险构件的确定是关键。由于塑性变形集中于立柱，危险构件应为最短的立柱。考虑桥台对拱桥横桥向的约束作用，以横桥向的基本振型来确定拱和上部桥面板的变形形状以及立柱位置处拱的转动。实际设计过程中，需要迭代来估计桥面板和拱的相对变形，决定各构件承担基底剪力的比例。危险立柱的变形能力取决于立柱的设计和受力状态，可按 3%的转角作为立柱的极限破坏状态。

除了位移分布，还需确定构件的内力以确定系统阻尼比。在设计的初始阶段，内力分配是未知的。在单位基底剪力 $V_{b,unit}$ 下，可按式(7.3.1)分别计算拱圈和桥面板的地震力：

$$F_{arch,j}=\frac{m_{arch,j}\Delta_{arch,j}}{\sum_{i=1}^{n}m_i\Delta_i}V_{b,unit}$$
$$F_{deck,k}=\frac{m_{deck,k}\Delta_{deck,j}}{\sum_{i=1}^{n}m_i\Delta_i}V_{b,unit} \tag{7.3.1}$$

式中，$F_{arch,j}$ 为单位基底剪力下，拱圈 j 节点等效侧向力；$m_{arch,j}$ 为拱圈 j 节点质量；$\Delta_{arch,j}$ 为拱圈 j 节点位移；$F_{deck,k}$ 为单位基底剪力下，桥面板 k 节点的等效侧向力；$m_{deck,k}$ 为桥面板 k 节点的质量；$\Delta_{deck,k}$ 为桥面板 k 节点位移；m_i、Δ_i 分别指桥梁第 i 个节点的质量和位移($n=j+k$)。

为估计基底剪力的分配比例，引入桥台承担桥面板总剪力的比值参数 x，其余剪力由立柱承担。拱圈承担的剪力为拱圈自身惯性力和由拱上立柱传递的剪力之和。在单位基底剪力下，桥台、立柱和拱圈承担的剪力由式(7.3.2)～式(7.3.4)计算：

$$V_{Abt,R}=x\sum_{k=1}^{r}F_{deck,k} \tag{7.3.2}$$

$$V_{PR,i}=\frac{\alpha_P\mu_{P,i}/H_{P,i}}{\sum_{i=1}^{n}Q_{P,i}/\Delta_{PR,i}}(1-x)\sum_{k=1}^{r}F_{deck,k} \tag{7.3.3}$$

$$V_{\mathrm{arch},R}=\sum_{j=1}^{q}F_{\mathrm{arch},j}+\sum_{\text{Piers on arch}}V_{\mathrm{PR},i} \tag{7.3.4}$$

式中，α_{P} 为立柱弯曲强度比，可按静力设计阶段的配筋计算；$\mu_{\mathrm{P},i}$ 为弹性响应下 i 立柱的延性需求，小于 1.0，式(7.3.3)适用于弹性立柱，当立柱为弹塑性时，$\mu_{\mathrm{P},i}$ 取 1.0；$\Delta_{\mathrm{PR},i}$ 为立柱相对于下部拱圈的位移。

从前面可以看出，如何初步确定合理内力分配较为关键，特别是由桥台承担的横向力取决于桥台约束的程度以及立柱、上部结构和拱的相对刚度。对于本节中的拱桥，假定 50% 的基底剪力由桥台承担(即 $x=0.5$)，通过迭代(步骤 7)可获得满意的收敛值。

(2) 确定等效单自由度系统位移和有效质量。

等效单自由度系统位移根据等代结构方法进行估计[3]：

$$\Delta_{\mathrm{d}}=\frac{\sum_{i=1}^{n}m_i\Delta_i^2}{\sum_{i=1}^{n}m_i\Delta_i}=\frac{\sum_{j=1}^{q}m_{\mathrm{arch},j}\Delta_{\mathrm{arch},j}^2+\sum_{k=1}^{r}m_{\mathrm{deck},k}\Delta_{\mathrm{deck},k}^2}{\sum_{j=1}^{q}m_{\mathrm{arch},j}\Delta_{\mathrm{arch},j}+\sum_{k=1}^{r}m_{\mathrm{deck},k}\Delta_{\mathrm{deck},k}} \tag{7.3.5}$$

式中，m_i、Δ_i 分别为 i 节点的质量和位移，横桥向共有 n 个节点；j 和 k 分别为拱圈和桥面板的节点；q 和 r 分别为拱圈和桥面板集中质量的数量。为了有助于评估系统的等效黏滞阻尼比(步骤 3)，桥面板和拱的位移也可以根据式(7.3.6)获得

$$\Delta_{\mathrm{arch}}=\frac{\sum_{j=1}^{q}m_{\mathrm{arch},j}\Delta_{\mathrm{arch},j}^2}{\sum_{j=1}^{q}m_{\mathrm{arch},j}\Delta_{\mathrm{arch},j}},\quad \Delta_{\mathrm{deck}}=\frac{\sum_{k=1}^{r}m_{\mathrm{deck},k}\Delta_{\mathrm{deck},k}^2}{\sum_{k=1}^{r}m_{\mathrm{deck},k}\Delta_{\mathrm{deck},k}} \tag{7.3.6}$$

等代结构的有效质量 m_{sys} 为

$$m_{\mathrm{sys}}=\frac{\left(\sum_{i=1}^{n}m_i\Delta_i\right)^2}{\sum_{i=1}^{n}m_i\Delta_i^2}=\frac{\left(\sum_{j=1}^{q}m_{\mathrm{arch},j}\Delta_{\mathrm{arch},j}+\sum_{k=1}^{r}m_{\mathrm{deck},k}\Delta_{\mathrm{deck},k}\right)^2}{\sum_{j=1}^{q}m_{\mathrm{arch},j}\Delta_{\mathrm{arch},j}^2+\sum_{k=1}^{r}m_{\mathrm{deck},k}\Delta_{\mathrm{deck},k}^2} \tag{7.3.7}$$

(3) 立柱延性需求和系统等效黏滞阻尼比的估计。

本节的设计目标是使桥面板和拱圈在地震下保持弹性，因此只需要对立柱的延性需求进行估计，以建立桥梁系统的等效黏滞阻尼比。每个立柱的延性需求可以通过立柱的设计位移除以屈服位移得到。悬臂墩的屈服位移可以由式(7.3.8)得到，其中名义屈服曲率 φ_{y} 可以由式(7.3.9)得到[9]。

$$\Delta_{\mathrm{y}}=\frac{\varphi_{\mathrm{y}}H_{\mathrm{P}}^2}{3}\quad(\text{单弯曲}) \tag{7.3.8}$$

$$\varphi_{\mathrm{y}}=\frac{2.1\varepsilon_{\mathrm{y}}}{D}\quad(\text{矩形钢筋混凝土构件}) \tag{7.3.9}$$

式中，H_P 为立柱高度；ε_y 为纵筋屈服应变；D 为受弯方向的截面宽度。

若上部桥面板的扭转刚度较大，此时墩顶即使采用支座与桥面板连接，墩顶仍可能承受部分弯矩，此时立柱有效高度不能直接取墩高，立柱屈服位移计算应考虑此种约束效应。

考虑墩底拱的转动时，由拱支撑的立柱的延性需求可以近似为

$$\mu_i = \frac{\Delta_{PR,i}}{\Delta_i} \tag{7.3.10}$$

其中立柱的相对位移需求 $\Delta_{PR,i}$ 由式(7.3.11)给出：

$$\Delta_{PR,i} = \Delta_{deck,i} - (\Delta_{arch,i} + \theta_{arch,i} H_{P,i}) \tag{7.3.11}$$

式中，$\Delta_{deck,i}$ 为桥面板设计位移；$\Delta_{arch,i}$ 为拱的设计位移；$H_{P,i}$ 为 i 点处立柱的高度；$\theta_{arch,i}$ 为拱的转角。

单个立柱的等效黏滞阻尼比(ξ_p)可以按经验式(7.2.3)计算。根据各个立柱的阻尼值，以及桥面板和拱位移(式(7.3.6))和剪力(式(7.3.2)～式(7.3.4))，系统阻尼比为

$$\xi_{sys} = \frac{V_{abts}\Delta_{deck}\xi_{ss} + V_{arch,R}\Delta_{arch}\xi_{arch} + \sum_{Peris} V_{PR,i}\xi_{p,i}}{V_{abts}\Delta_{deck} + V_{arch,R}\Delta_{arch} + \sum_{Peris} V_{PR,i}\Delta_{PR,i}} \tag{7.3.12}$$

其中立柱阻尼分量由式(7.2.3)得到，桥台和上部结构阻尼比 ξ_{ss} 和拱的阻尼比 ξ_{arch} 通常可以取为 0.05。

(4) 通过设计位移谱计算有效周期。

根据系统设计位移 Δ_d 和系统等效黏滞阻尼比 ξ_{sys}，可通过设计位移谱获得结构的有效周期(T_{eff})。

(5) 确定所需的设计基底剪力。

根据式(7.2.6)和式(7.2.7)计算等效刚度(K_{eff})和设计基底剪力(V_{base})，方便起见，在这里重新写出

$$K_{eff} = \left(\frac{2\pi}{T_{eff}}\right)^2 m_{sys} \tag{7.3.13}$$

$$V_{base} = K_{eff}\Delta_d \tag{7.3.14}$$

(6) 设计力下的结构分析。

在设计基底剪力已知的情况下，可根据式(7.3.15)分配后的等效侧向力进行结构的线性静力分析。结构建模时，应使用各单元的有效刚度。因此，模型可以使用杆单元建模，上部结构和拱截面属性定义为弹性(如果预期开裂，则具有开裂截面属性)。立柱可采用具有折减刚度的梁单元建模，折减刚度通过式(7.3.3)得到的基底剪力除以式(7.3.11)得到的墩顶位移获得。

$$F_i = \frac{m_i\Delta_i}{\sum_{i=1}^{n} m_i\Delta_i} V_{base} \tag{7.3.15}$$

然后进行结构分析以确定桥面板和拱的位移分布及内力分布。

(7) 设计过程的迭代和收敛。

在第(6)步分析得出的桥面板和拱的位移分布及内力分配结果的基础上开始设计过程的迭代，由于设计初始阶段对拱桥的位移和内力有一个预先的假设，此时应将步骤(6)计算结果与假定的位移和内力进行对比，直至步骤(6)分析获得的位移模式和内力分配与设计假设匹配，DDBD 程序结束。

(8) 能力设计。

本例 DDBD 的设计过程以基本振型假定为前提，未考虑高阶振型的影响。实际上，当高阶振型影响较大时，可能对计算得到的内力分配产生显著影响，因此，作为能力设计过程的一部分，高阶振型影响应当与可能的构件超强因素一起考虑，可通过非线性时程分析或模态叠加分析进行能力设计。

2. 纵桥向设计

拱桥纵桥向的设计仍采用图 7.3.2 中的流程，假设桥面板在纵桥向桥台位置可以自由滑动，此时侧向抗力主要由立柱和拱提供。在传统的钢筋混凝土桥梁中，纵桥向所有墩顶位移可认为相等。对上承式拱桥而言，拱的纵向和竖向变形使立柱产生不同的纵向位移，如图 7.3.3(a)所示。此时仍应采用横桥向分析时采用的非弹性位移计算方法来计算纵桥向位移模式。因此，纵桥向设计时，将多自由度系统转化为等效单自由度系统的过程与横桥向设计相同。为了反映纵桥向桥台处的自由滑动，在横桥向设计时使用的系统阻尼比和内力分布公式需进行修正。

上承式拱桥纵桥向阻尼比仍借鉴式(7.3.12)的形式，按式(7.3.16)计算：

$$\xi_{\text{sys}}=\frac{V_{\text{arch},R}\Delta_{\text{arch}}\xi_{\text{arch}}+\sum_{\text{Peris}}V_{\text{PR},i}\xi_{\text{p},i}}{V_{\text{arch},R}\Delta_{\text{arch}}+\sum_{\text{Peris}}V_{\text{PR},i}\Delta_{\text{PR},i}} \tag{7.3.16}$$

初次估计等效黏滞阻尼比时，单个构件承受的剪切力 V_i 均可以由式(7.3.3)和式(7.3.4)给出，只是其中桥台承受的剪力为零($x=0$)。

利用已知的剪力分配，系统阻尼比可以通过式(7.3.16)计算，并且可以确定所需的等效单自由度体系的周期和设计基底剪力。采用假定的有效刚度进行结构分析，可以得出桥面板和拱的位移分布，并将分析结果与初步设计时的假设进行比较。如有必要，应按照横桥向所述的过程进行迭代。

3. 基于位移设计方法的验证

将前述直接基于位移的设计方法应用于某钢筋混凝土拱桥的设计。该桥是一座七跨上承式拱桥，每跨长 28m，总长 196m。拱圈固定在基础上，采用单箱双室的箱形截面，跨度为 72m。桥梁模型如图 7.3.4 所示。拱上立柱采用实心的和中空的矩形截面，所有的拱上立柱均固定于基础上或与拱圈刚性连接。

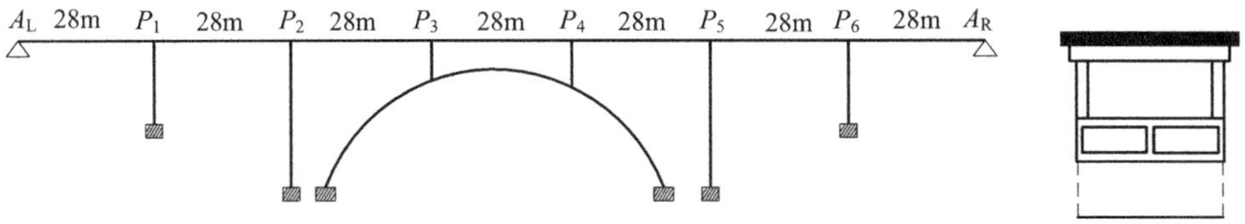

图 7.3.4　RC 拱桥的几何参数

在设计过程中，上部桥面板和拱圈保持弹性状态，并考虑了截面开裂的影响。立柱按弹塑性状态计算，并考虑了反复迭代后确定的开裂截面的属性。上部结构恒荷载为 180kN/m，且假定立柱上部质量的 1/3 集中于上部结构。上部结构每个跨度划分为 4 个单元，两个拱上立柱之间的拱长度划分为 6～8 个单元，将质量分配给拱和上部结构的节点。假定桥址处的加速度和位移反应谱对应于欧洲桥梁抗震规范(Eurocode8)中的 A 类土，1 型谱，地面加速度峰值为 0.5g。该桥设计性能目标为：上部桥面板和拱圈保持弹性，仅立柱进入塑性状态，且立柱的极限转角为 3rad。

按照上述直接基于位移的抗震设计方法对拱桥进行设计，以横桥向为例，其抗震的关键构件为跨中最矮的立柱，其变形能力决定了整个桥梁的横桥向目标位移。确定的等代结构的系统阻尼比 ξ_{sys} 为 0.097，目标位移 Δ_d 为 0.165m，有效质量 m_{sys} 为 3344t，有效周期 T_{eff} 为 1.72s，等效刚度 K_{eff} 为 44840kN/m，基底剪力 V_{base} 为 7398kN，且拱圈和桥台分别承担了总剪力的 44%和 33%。

为验证设计方法的准确性，对按上述直接基于位移设计方法设计的拱桥进行非线性时程分析，并与设计目标进行对比。时程分析时，选择 7 条加速度时程曲线，对原始波形进行修正，使修正后的地震记录的反应谱与设计谱相匹配。数值模型中，拱圈和桥面板均以弹性梁单元模拟，且输入开裂截面的刚度，立柱以修正的 Takeda 退化刚度模型考虑其非线性反应。

表 7.3.1 中，对非线性时程分析(NTHA)的平均值与横桥向的 DDBD 结果进行了对比。结果表明，直接基于位移的设计方法能够较为准确地估计横桥向的位移，并且位于中心处拱上立柱(P_3 和 P_4)的转动和位移延性需求最大。这两个立柱是桥梁横桥向抗震设计的关键构件，且已在 DDBD 的设计阶段被确定为抗震设计的关键构件。

表 7.3.1　横桥向分析结果对比

分析方法	拱立柱转角/rad						中心拱立柱的位移延性	
	1	2	3	4	5	6		
DDBD	0.86	0.75	3.00	3.00	0.75	0.86	3.82	3.82
NTHA	0.78	0.67	3.03	3.03	0.67	0.78	3.83	3.83

图 7.3.5 给出了由 DDBD 方法获得的桥面板和拱的目标位移分布与非线性时程分析结果比较。桥面板的目标位移与非线性时程分析中获得的平均位移非常接近，但拱的位移被低估，其原因是高阶振动模态对拱响应的影响。

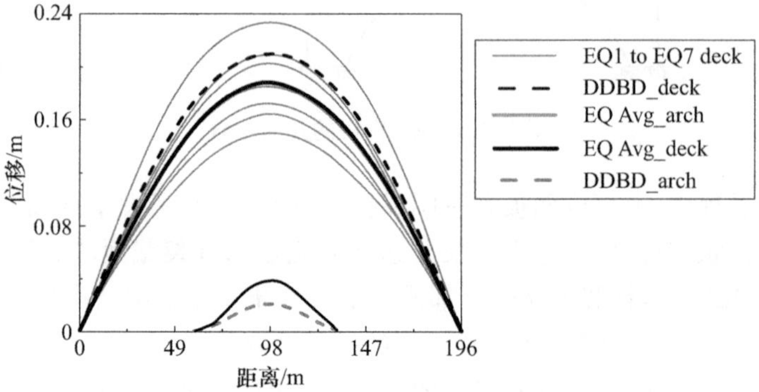

图 7.3.5　横桥向时程分析结果与目标位移的对比

7.3.3　基础隔震斜拉桥

基础隔震独塔斜拉桥是在主塔底部与边跨布置隔震支座，可以有效改善独塔斜拉桥强度不足、延性有限等抗震问题，但会引起位移增大，横桥向尤为明显，且较容易发生侧倾失稳，因此对该桥型的横桥向位移进行控制有重要的意义。本节介绍该类桥梁横桥向直接基于位移的抗震设计方法。

首先假设主塔为刚体不发生弯曲变形，则第一阶横向振型是主塔侧移，第二阶为主梁绕强轴弯曲。采用简化广义坐标下的两自由度模型，用两个形函数（插值函数）描述。第一个形函数为上部结构横桥向的弯曲（Ψ_{2a}），第二个形函数为横桥向主塔的整体移动（Ψ_{2b}），形函数为对称的三次多项式，如图 7.3.6 所示。

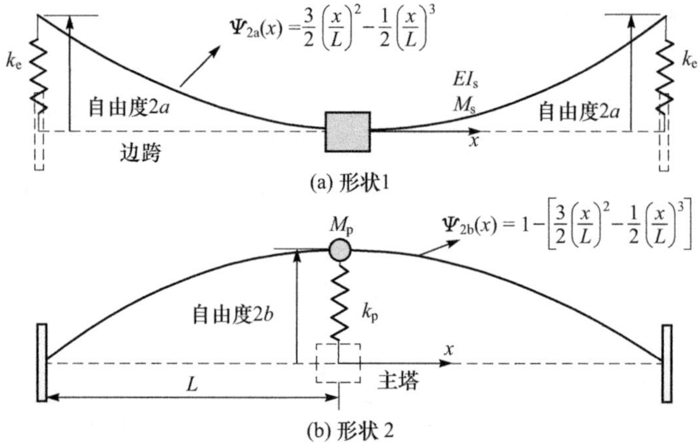

图 7.3.6　上部结构广义函数形状及位移插值函数

上部结构分为两个广义自由度，通过广义刚度($\boldsymbol{K}$)、广义质量($\boldsymbol{M}$)、模态振动频率(ω_{n})以及模态振型($\boldsymbol{\phi}$)得到特征方程为

$$\begin{bmatrix} k_{11} & k_{12} \\ k_{21} & k_{22} \end{bmatrix} \begin{bmatrix} \phi_1 \\ \phi_2 \end{bmatrix} = \omega_{\mathrm{n}}^2 \begin{bmatrix} m_{11} & m_{12} \\ m_{21} & m_{22} \end{bmatrix} \begin{bmatrix} \phi_1 \\ \phi_2 \end{bmatrix} \tag{7.3.17}$$

刚度矩阵中刚度的元素及质量的元素可以按式(7.3.18)和式(7.3.19)计算：

$$k_{ij}^{\mathrm{e}} = \int_0^l EI(x) \Psi_j''(x) \Psi_j''(x) \mathrm{d}x \tag{7.3.18}$$

$$m_{ij}^{\mathrm{e}} = \int_0^l m(x) \Psi_i(x) \Psi_j(x) \mathrm{d}x \tag{7.3.19}$$

将式(7.3.18)和式(7.3.19)代入特征方程(7.3.17)，可以得到两个支座刚度的比值为

$$\frac{k_{\mathrm{p}}}{k_{\mathrm{e}}} = \frac{10}{3} + \frac{10}{3} \frac{M_{\mathrm{p}}}{M_{\mathrm{s}}} \tag{7.3.20}$$

式中，M_{s} 为上部结构的总质量；M_{p} 为主塔总质量。

通过以上分析可知，只要满足式(7.3.20)，主梁强轴弯矩就会趋近于零，不会发生弯曲变形。为了考虑主塔的弯曲特性，建立简化的两自由度模型如图 7.3.7 所示，自由度 1 是主塔的广义振型，自由度 2 是上部结构整体的广义振型。

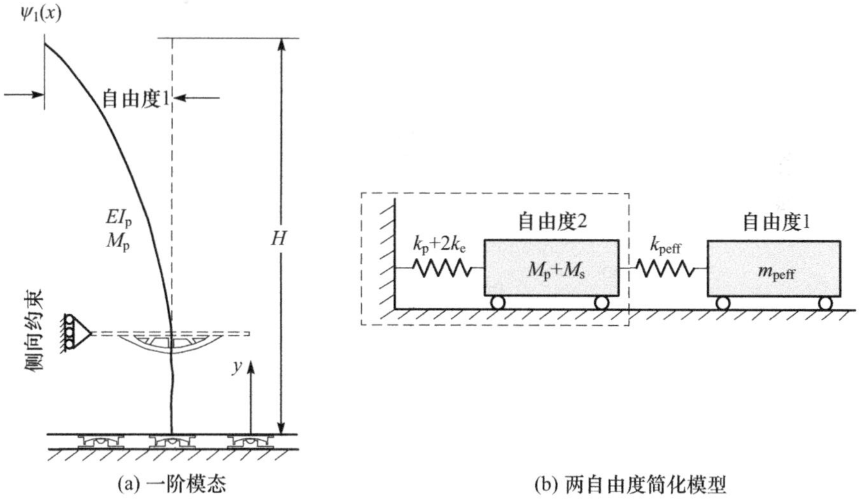

图 7.3.7　主塔广义形函数及两自由度简化模型

主塔第一阶横向振型中的等效质量为

$$m_{\mathrm{eff}} = \frac{1}{U_{\mathrm{m}}^2} \sum_j P_j U_j^2 \tag{7.3.21}$$

式中，P_j 为 j 节点的离散质量；U_j 为 j 节点的位移；U_{m} 为主塔最大的横桥向位移。

通过计算发现，两自由度体系中的等效质量 m_{peff}，即侧向弯曲的分量，在整体

结构中仅占很小的比例(之后算例发现小于3%)，那么可以简化为图7.3.7(b)中虚线框内的单自由度体系进行求解。

之前步骤确定了桥梁结构横桥向的变形模式，即可得到等效质量和目标位移等参数，直接基于位移的计算方法如图7.3.8所示。首先，确定斜拉桥的基本特征，包括主梁、主塔、拉索等构件的基本尺寸和材料，以及斜拉桥的横桥向目标位移。其次，初步布置隔震支座，保证边跨支座和塔底支座的等效刚度在等式(7.3.20)中始终成立。由之前分析可知，目标位移由隔震层的最大位移确定。单自由度模型的等效刚度和阻尼由之前隔震支座的布置确定。由等效阻尼即可确定位移反应谱，通过目标位移来得到等效周期，再由等效周期及等效质量反推等效刚度，将反推得到的等效刚度与支座布置的等效刚度进行比较。如果误差小于ε则说明支座布置合理，如果大于ε，则返回步骤2重新进行布置，循环迭代至最终满足目标。

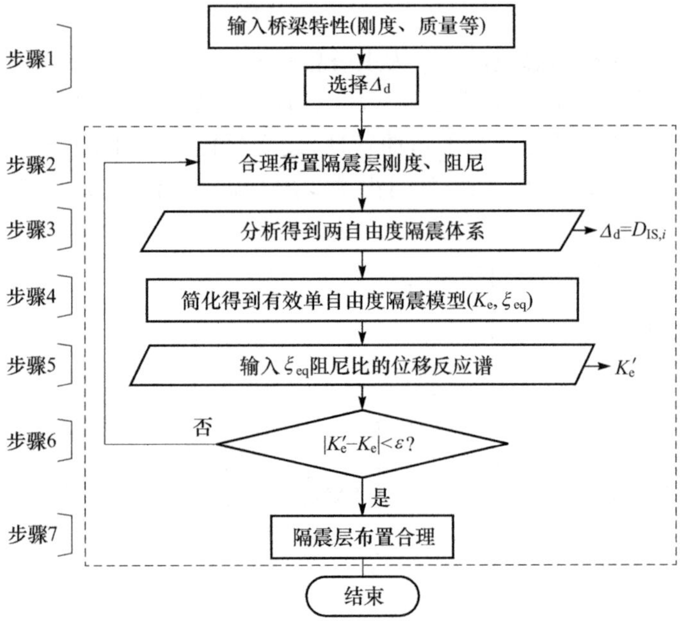

图7.3.8　直接基于位移的计算方法流程图

为了验证上述方法的正确性，现设计独塔斜拉桥的标准模型，其基本几何特征和动力特性如表7.3.2所示。由式(7.3.21)计算得到m_{peff}为6.26×10^5kg，远小于主梁质量与主塔质量之和。

表7.3.2　独塔斜拉桥几何特征及动力特性

跨径L/m	塔高H/m	主梁质量M_s/kg	主塔质量M_p/kg	主塔惯性矩I_s/m^4		主梁惯性矩I_s/m^4		横向周期T_1/s
				强轴	弱轴	强轴	弱轴	
120+115	58	1.66×10^7	3.60×10^6	47.95	17.79	4.78×10^2	8.71	2.242

采用非线性时程分析验证隔震支座的最大位移是否与DDBD方法计算得到的最大位移一致，采用7条由设计位移反应谱拟合的人工波来验证。

对摩擦摆支座基础隔震斜拉桥进行非线性时程分析，结果如图7.3.9所示。在这里目标位移取80～200mm一系列值，阻尼比的范围为0.06～0.25，与之前分析所得到的阻尼比的范围相同。控制迭代得到的刚度误差在1%以内。可以看到，目标位移和实际位移的误差没有超过5%，证明了之前简化方法的正确性。同时在图7.3.9中也可以看到，在不同的目标位移下，非线性时程分析得到的位移是一系列离散的值，这与地震动的特性密切相关。但是，由于设计位移谱与平均位移谱相差很小，平均幅值与目标值误差较小。

同样，对高阻尼橡胶支座基础隔震斜拉桥进行非线性时程分析，结果如图7.3.10所示，目标位移分别取130mm、100mm和70mm进行验证。可以看到，目标位移和实际位移的误差没有超过5%，证明了该方法也同样适用于高阻尼橡胶支座。

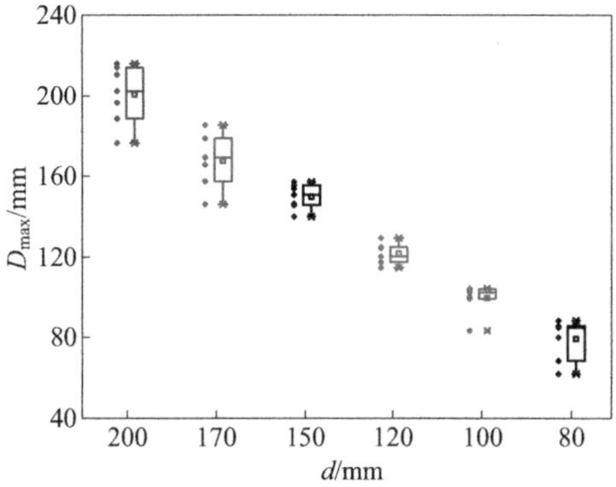

图7.3.9 摩擦摆支座基础隔震斜拉桥非线性时程分析结果

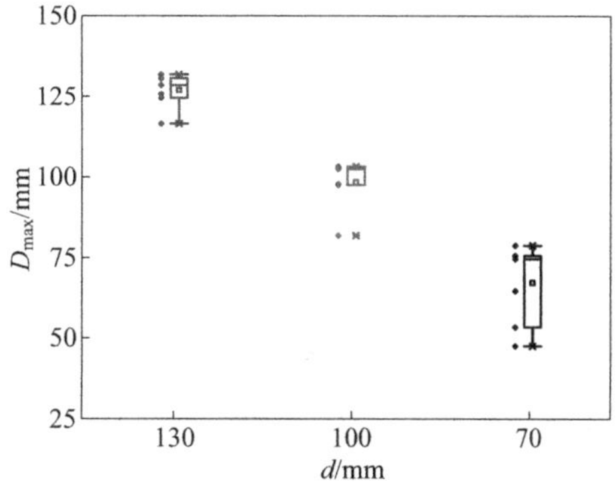

图7.3.10 高阻尼橡胶支座基础隔震斜拉桥非线性时程分析结果

参考文献

[1] Priestley M J N, Calvi G M, Kowalsky M J. Displacement-Based Seismic Design of Structures. Pavia: IUSS Press, 2007.

[2] Kowalsky M J, Priestley M J N, MacRae G A. Displacement-based design of RC bridge columns in seismic regions. Earthquake Engineering & Structural Dynamics, 1995, 24(12): 1623-1643.

[3] Kowalsky M J. A displacement-based approach for the seismic design of continuous concrete bridges. Earthquake Engineering & Structural Dynamics, 2002, 31(3): 719-747.

[4] 黄建文，朱晞．以位移为基础的钢筋混凝土连续梁桥抗震设计方法．中国公路学报，2005，18(2)：28-33.
[5] 郭磊，李建中，范立础．直接基于位移的结构抗震设计理论研究进展．世界地震工程，2005，21(4)：157-164.
[6] Dwairi H M. Equivalent Damping in Support of Direct Displacement-Based Design with Applications to Multi-span Bridges [Doctoral Dissertation]. Raleigh：North Carolina State University，2004.
[7] Khan E. Direct Displacement Based Seismic Design of Continuous Curved Bridges [Doctoral Dissertation]. Raleigh：North Carolina State University，2015.
[8] Khan E，Sullivan T J，Kowalsky M J. Direct displacement-based seismic design of reinforced concrete arch bridges. Journal of Bridge Engineering，2014，19(1)：44-58.
[9] Priestley M J N，Park R. Strength and ductility of concrete bridge columns under seismic loading. ACI Structural Journal，1987，84(1)：61-76.

第 8 章　空间地震动作用下桥梁随机反应

桥梁结构的抗震分析方法可分为两种：一种为确定性方法，即反应谱分析和时程分析；另一种为不确定性方法，即随机振动分析。地震作用本质是随机的，对于桥梁这种长跨结构的地震反应可采用随机振动分析方法来进行研究。随机振动分析方法基于随机振动理论，可充分考虑地震作用的概率统计特性。欧洲桥梁抗震规范(Eurocode8)[1]和《公路桥梁抗震设计细则》(JTG/T B02-01—2008)[2]中均引入了随机振动分析方法。在实际工程应用时，随机振动分析法都是基于功率谱在频域内进行的，故又称为功率谱法。然而，对于复杂的大跨度结构，如果要考虑多维多点激励的影响，传统的随机振动分析方法(即功率谱法)计算效率较低，计算步骤复杂，在实际工程中进行推广应用有一定困难。

虚拟激励法是一个能有效提高随机振动计算效率的方法，其最大的特点是将平稳随机振动分析转化为简谐振动分析，从而使计算步骤大大简化，但仍可保持较好的精度。虚拟激励法具有概念明确、矩阵表达式易于编程实现、计算效率高等优点，本章基于 ANSYS 通用有限元程序进行基于虚拟激励法的复杂桥梁结构随机地震响应分析。

8.1　三维平稳激励下结构地震反应的虚拟激励法

假设线性体系受到单点平稳随机激励 $x(t)$ 的作用，其自功率谱密度为 $S_{xx}(\omega)$，则该线性体系反应 $y(t)$ 的自功率谱密度可以表示成[3,4]

$$S_{yy}(\omega)=|H(\omega)|^2 S_{xx} \tag{8.1.1}$$

式中，$H(\omega)$ 为频率响应函数。

当随机激励 $x(t)$ 为简谐荷载 $e^{i\omega t}$ 时，线性体系的反应为

$$y(t)=H(\omega)e^{i\omega t} \tag{8.1.2}$$

显然，如果将激励扩展为 $x(t)=\sqrt{S_{xx}(\omega)}\,e^{i\omega t}$，则依据式(8.1.1)和式(8.1.2)，线性体系的反应可以表示为

$$y(t)=H(\omega)\sqrt{S_{xx}(\omega)}\,e^{i\omega t} \tag{8.1.3}$$

依据式(8.1.1)和式(8.1.3)，在自功率谱密度为 $S_{xx}(\omega)$ 的单点平稳激励 $x(t)$ 作用下，线性体系反应 $y(t)$ 的自功率谱密度 $S_{yy}(\omega)$ 可以表示为

$$S_{yy}(\omega)=y^* y \tag{8.1.4}$$

式中，上标“ * ”表示复共轭。

通过上面的变换，巧妙地将平稳随机振动分析转化为简谐振动分析[3]。这里将荷载 $x(t)=\sqrt{S_{xx}(\omega)}\,\mathrm{e}^{\mathrm{i}\omega t}$ 称为虚拟激励，表示成 $\tilde{x}$。相应的反应 $y(t)=H(\omega)\sqrt{S_{xx}(\omega)}\,\mathrm{e}^{\mathrm{i}\omega t}$ 称为虚拟响应，表示成 $\tilde{y}$。只要得到结构的虚拟响应，就能依据式(8.1.5)～式(8.1.7)计算结构反应的自功率谱密度函数和互功率谱密度函数。

$$\tilde{y}_1^*\tilde{y}_1=|\tilde{y}_1|^2=|H_1(\omega)|^2S_{xx}=S_{y_1y_1} \tag{8.1.5}$$

$$\tilde{y}_1^*\tilde{y}_2=H_1^*(\omega)\sqrt{S_{xx}}\,\mathrm{e}^{-\mathrm{i}\omega}H_2(\omega)\sqrt{S_{xx}}\,\mathrm{e}^{\mathrm{i}\omega}=H_1^*(\omega)H_2(\omega)S_{xx}=S_{y_1y_2} \tag{8.1.6}$$

$$\tilde{y}_2^*\tilde{y}_1=H_2^*(\omega)\sqrt{S_{xx}}\,\mathrm{e}^{-\mathrm{i}\omega}H_1(\omega)\sqrt{S_{xx}}\,\mathrm{e}^{\mathrm{i}\omega}=H_2^*(\omega)H_1(\omega)S_{xx}=S_{y_2y_1} \tag{8.1.7}$$

依据式(8.1.5)～式(8.1.7)，将上面单自由度体系扩展到多自由度体系，则功率谱密度矩阵的计算公式可以表示为

$$\boldsymbol{S}_{y_1y_1}=\tilde{\boldsymbol{y}}_1^*\tilde{\boldsymbol{y}}_1^{\mathrm{T}} \tag{8.1.8}$$

$$\boldsymbol{S}_{y_1y_2}=\tilde{\boldsymbol{y}}_1^*\tilde{\boldsymbol{y}}_2^{\mathrm{T}} \tag{8.1.9}$$

$$\boldsymbol{S}_{y_2y_1}=\tilde{\boldsymbol{y}}_2^*\tilde{\boldsymbol{y}}_1^{\mathrm{T}} \tag{8.1.10}$$

对于虚拟荷载作用下的结构，也可得到内力 f、应力 σ、应变 ε 对应的虚拟响应，之后依据式(8.1.8)～式(8.1.10)就可以得到结构响应的自功率谱密度函数或者互功率谱密度函数。

由上述推导过程可知，只要激励与响应满足线性关系，虚拟激励法就能应用。虚拟激励荷载因子 $\mathrm{e}^{\mathrm{i}\omega t}$ 与其复共轭 $\mathrm{e}^{-\mathrm{i}\omega t}$ 在自功率谱密度和互功率谱密度求解过程中总是成对出现，且在最终相乘抵消，有力地反映了平稳问题的自谱互谱非时变性。

8.2　虚拟激励法在通用有限元程序中的实现

一般情况下，虚拟激励法的计算需要自编程来完成，本节将对虚拟激励法在通用有限元程序中的实现方法进行介绍。

8.2.1　大质量法求解结构动力方程

对于有 m 个地面支撑、n 个自由度的离散结构体系，其多维多点地震激励下的运动方程可以表示为[5]

$$\begin{bmatrix}\boldsymbol{M}_{\mathrm{ss}} & \boldsymbol{M}_{\mathrm{sb}}\\ \boldsymbol{M}_{\mathrm{bs}} & \boldsymbol{M}_{\mathrm{bb}}\end{bmatrix}\begin{bmatrix}\ddot{\boldsymbol{X}}_{\mathrm{s}}\\ \ddot{\boldsymbol{X}}_{\mathrm{b}}\end{bmatrix}+\begin{bmatrix}\boldsymbol{C}_{\mathrm{ss}} & \boldsymbol{C}_{\mathrm{sb}}\\ \boldsymbol{C}_{\mathrm{bs}} & \boldsymbol{C}_{\mathrm{bb}}\end{bmatrix}\begin{bmatrix}\dot{\boldsymbol{X}}_{\mathrm{s}}\\ \dot{\boldsymbol{X}}_{\mathrm{b}}\end{bmatrix}+\begin{bmatrix}\boldsymbol{K}_{\mathrm{ss}} & \boldsymbol{K}_{\mathrm{sb}}\\ \boldsymbol{K}_{\mathrm{bs}} & \boldsymbol{K}_{\mathrm{bb}}\end{bmatrix}\begin{bmatrix}\boldsymbol{X}_{\mathrm{s}}\\ \boldsymbol{X}_{\mathrm{b}}\end{bmatrix}=\begin{bmatrix}0\\ \boldsymbol{P}_{\mathrm{b}}\end{bmatrix} \tag{8.2.1}$$

式中，$\boldsymbol{X}_{\mathrm{b}}$ 为 m 个支承处地面的绝对位移；$\boldsymbol{X}_{\mathrm{s}}$ 为结构所有非支承节点处的绝对位移；$\boldsymbol{P}_{\mathrm{b}}$ 为外荷载向量；$\boldsymbol{M}$、$\boldsymbol{C}$ 和 $\boldsymbol{K}$ 分别为质量矩阵、阻尼矩阵和刚度矩阵；下标 s 代表非支承的结构节点；下标 b 代表支承节点。

将式(8.2.1)的第二行展开，可得

$$\boldsymbol{M}_{\mathrm{bs}}\ddot{\boldsymbol{X}}_{\mathrm{s}}+\boldsymbol{M}_{\mathrm{bb}}\ddot{\boldsymbol{X}}_{\mathrm{b}}+\boldsymbol{C}_{\mathrm{bs}}\dot{\boldsymbol{X}}_{\mathrm{s}}+\boldsymbol{C}_{\mathrm{bb}}\dot{\boldsymbol{X}}_{\mathrm{b}}+\boldsymbol{K}_{\mathrm{bs}}\boldsymbol{X}_{\mathrm{s}}+\boldsymbol{K}_{\mathrm{bb}}\boldsymbol{X}_{\mathrm{b}}=\boldsymbol{P}_{\mathrm{b}} \tag{8.2.2}$$

式中，支承处所受外力的大小等于支承质量 $\boldsymbol{M}_{\mathrm{bb}}$ 与地面加速度 $\ddot{\boldsymbol{u}}_{\mathrm{b}}$ 的乘积，即 $\boldsymbol{P}_{\mathrm{b}}=\boldsymbol{M}_{\mathrm{bb}}\ddot{\boldsymbol{u}}_{\mathrm{b}}$，代入式(8.2.2)可得

$$\boldsymbol{M}_{\mathrm{bb}}^{-1}(\boldsymbol{M}_{\mathrm{bs}}\ddot{\boldsymbol{X}}_{\mathrm{s}}+\boldsymbol{M}_{\mathrm{bb}}\ddot{\boldsymbol{X}}_{\mathrm{b}}+\boldsymbol{C}_{\mathrm{bs}}\dot{\boldsymbol{X}}_{\mathrm{s}}+\boldsymbol{C}_{\mathrm{bb}}\dot{\boldsymbol{X}}_{\mathrm{b}}+\boldsymbol{K}_{\mathrm{bs}}\boldsymbol{X}_{\mathrm{s}}+\boldsymbol{K}_{\mathrm{bb}}\boldsymbol{X}_{\mathrm{b}})=\ddot{\boldsymbol{u}}_{\mathrm{b}} \tag{8.2.3}$$

假设支点处的质量矩阵无穷大，即 $\boldsymbol{M}_{\mathrm{bb}}^{-1}\to 0$，依据式(8.2.1)，则有

$$\ddot{\boldsymbol{X}}_{\mathrm{b}}=\ddot{\boldsymbol{u}}_{\mathrm{b}} \tag{8.2.4}$$

由式(8.2.3)和式(8.2.4)的推导过程可知，只要支承处的质量矩阵 $\boldsymbol{M}_{\mathrm{bb}}$ 足够大，就能使支承处的地震反应加速度近似等于地面加速度，此为多点激励下大跨结构抗震分析中所使用的大质量法的基本原理，其中 $\boldsymbol{M}_{\mathrm{bb}}$ 的取值一般是结构总重的 $10^5\sim10^8$ 倍。

将式(8.2.4)代入式(8.2.1)的第一行，展开整理后可得

$$\boldsymbol{M}_{\mathrm{ss}}\ddot{\boldsymbol{X}}_{\mathrm{s}}+\boldsymbol{C}_{\mathrm{ss}}\dot{\boldsymbol{X}}_{\mathrm{s}}+\boldsymbol{K}_{\mathrm{ss}}\boldsymbol{X}_{\mathrm{s}}=-(\boldsymbol{M}_{\mathrm{sb}}\ddot{\boldsymbol{u}}_{\mathrm{b}}+\boldsymbol{C}_{\mathrm{sb}}\dot{\boldsymbol{u}}_{\mathrm{b}}+\boldsymbol{K}_{\mathrm{sb}}\boldsymbol{u}_{\mathrm{b}}) \tag{8.2.5}$$

在虚拟激励法中，结构支承处的虚拟激励荷载可以表示为[6]

$$\ddot{\tilde{\boldsymbol{u}}}_{\mathrm{b}}=\boldsymbol{P}\mathrm{e}^{\mathrm{i}\omega t},\quad \dot{\tilde{\boldsymbol{u}}}_{\mathrm{b}}=\frac{\boldsymbol{P}\mathrm{e}^{\mathrm{i}\omega t}}{\mathrm{i}\omega},\quad \tilde{\boldsymbol{u}}_{\mathrm{b}}=-\frac{\boldsymbol{P}\mathrm{e}^{\mathrm{i}\omega t}}{\omega^2} \tag{8.2.6}$$

式中，$\boldsymbol{P}$ 由输入地面运动的功率谱密度矩阵$[\boldsymbol{S}_0(\omega)]_{3m\times3m}$分解得到，即

$$\boldsymbol{S}_0(\omega)=\boldsymbol{P}^*\boldsymbol{P}^{\mathrm{T}} \tag{8.2.7}$$

将式(8.2.6)代入式(8.2.5)，经整理可得

$$\boldsymbol{M}_{\mathrm{ss}}\ddot{\tilde{\boldsymbol{X}}}_{\mathrm{s}}+\boldsymbol{C}_{\mathrm{ss}}\dot{\tilde{\boldsymbol{X}}}_{\mathrm{s}}+\boldsymbol{K}_{\mathrm{ss}}\tilde{\boldsymbol{X}}_{\mathrm{s}}=-\left(\boldsymbol{M}_{\mathrm{sb}}+\frac{\boldsymbol{C}_{\mathrm{sb}}}{\mathrm{i}\omega}-\frac{\boldsymbol{K}_{\mathrm{sb}}}{\omega^2}\right)\boldsymbol{P}\mathrm{e}^{\mathrm{i}\omega t} \tag{8.2.8}$$

式(8.2.8)可以看成是在每一个频率点 ω 处的简谐运动方程。求解式(8.2.8)就可以得到虚拟绝对位移 $\tilde{\boldsymbol{X}}_{\mathrm{s}}$。按照 8.1 节中虚拟激励法的原理，绝对位移响应 $\tilde{\boldsymbol{X}}_{\mathrm{s}}$ 的自功率谱密度为

$$\boldsymbol{S}_{X_{\mathrm{s}}X_{\mathrm{s}}}(\omega)=\tilde{\boldsymbol{X}}_{\mathrm{s}}^*\tilde{\boldsymbol{X}}_{\mathrm{s}}^{\mathrm{T}} \tag{8.2.9}$$

结构其他响应的功率谱密度也可以通过式(8.2.9)的形式获得。依据响应的功率谱密度就可以获得响应的各阶谱矩、均方值等概率特征[7]，同时也可以按照 8.2.2 节中的方法估计结构地震响应的峰值。

8.2.2　响应峰值的计算

假设 $f(t)$为零均值且单边功率谱密度为 $G_f(\omega)$的随机过程，则这个随机过程在持时 T 的范围内的最大绝对值可以表示为

$$f_{\max,\mathrm{T}}(t)=\max|f(t)|,\quad 0<t<T \tag{8.2.10}$$

则 $f_{\max,\mathrm{T}}(t)$的均值和标准差可以通过 Kiureghian[8] 所给的方法求得，即

$$\mu_{\max,f}=\left[\sqrt{2\ln(v_{\mathrm{e}}T)}+\frac{0.5722}{\sqrt{2\ln(v_{\mathrm{e}}T)}}\right]\sigma_f \tag{8.2.11}$$

$$\sigma_{\max,f}=\begin{cases}\left[\dfrac{1.2}{\sqrt{2\ln(v_e T)}}-\dfrac{5.4}{13+(2\ln(v_e T))^{3.2}}\right]\sigma_f, & v_e T>2.1\\ 0.65\sigma_f, & v_e T\leqslant 2.1\end{cases}\tag{8.2.12}$$

式中，σ_f 为随机过程 $f(t)$ 的标准差；v_e 由式(8.2.13)求得：

$$v_e=\begin{cases}(1.63q^{0.45}-0.38)v, & q<0.69\\ v, & q\geqslant 0.69\end{cases}\tag{8.2.13}$$

式中

$$q=\sqrt{1-\frac{\lambda_1^2}{\lambda_0\lambda_2}},\quad v=\frac{1}{\pi}\sqrt{\frac{\lambda_2}{\lambda_0}},\quad \lambda_m=\int_0^{\infty}\omega^m G_f(\omega)\mathrm{d}\omega,\quad m=0,1,2\tag{8.2.14}$$

式中，λ_m 为功率谱密度 $G_f(\omega)$ 的第 m 阶矩。

8.2.3 虚拟激励的构造

基岩处 m 个点在一维情况下的功率谱密度矩阵可以表示成[9]

$$\boldsymbol{S}_{\text{bedrock}}^{1}(\mathrm{i}\omega)=\begin{bmatrix}\boldsymbol{S}_{11}(\mathrm{i}\omega) & \boldsymbol{S}_{12}(\mathrm{i}\omega) & \cdots & \boldsymbol{S}_{1m}(\mathrm{i}\omega)\\ \boldsymbol{S}_{21}(\mathrm{i}\omega) & \boldsymbol{S}_{22}(\mathrm{i}\omega) & \cdots & \boldsymbol{S}_{2m}(\mathrm{i}\omega)\\ \vdots & \vdots & & \vdots\\ \boldsymbol{S}_{m1}(\mathrm{i}\omega) & \boldsymbol{S}_{m2}(\mathrm{i}\omega) & \cdots & \boldsymbol{S}_{mm}(\mathrm{i}\omega)\end{bmatrix}_{m\times m}\tag{8.2.15}$$

式中，$\boldsymbol{S}_{ii}(\mathrm{i}\omega)$ 为基岩处第 i 个点的自功率谱密度；$\boldsymbol{S}_{ij}(\mathrm{i}\omega)$ 为基岩处第 i 个点和第 j 个点的互功率谱密度。可以写成

$$\boldsymbol{S}_{ij}(\mathrm{i}\omega)=\gamma_{ij}(\mathrm{i}\omega)\sqrt{\boldsymbol{S}_{ii}(\omega)\boldsymbol{S}_{jj}(\omega)}=|\gamma_{ij}(\mathrm{i}\omega)|\exp\left(-\mathrm{i}\frac{\omega d_{ij}}{v_{\text{app}}(\omega)}\right)\sqrt{\boldsymbol{S}_{ii}(\omega)\boldsymbol{S}_{jj}(\omega)}\tag{8.2.16}$$

式中，$\gamma_{ij}(\mathrm{i}\omega)$ 为基岩处的相干函数，它由部分相干效应 $|\gamma_{ij}(\mathrm{i}\omega)|$ 和行波效应组成；d_{ij} 为点 i 到点 j 沿波传播方向的距离；$v_{\text{app}}(\omega)$ 为视波速[10,11]。

对于基岩处 m 个点在三维情况下的功率谱密度矩阵，可以依据式(8.2.15)扩展成

$$\boldsymbol{S}_{\text{bedrock}}^{3}(\mathrm{i}\omega)=[\boldsymbol{S}_{ij}(\mathrm{i}\omega)]_{3m\times 3m}\tag{8.2.17}$$

式中，每个子矩阵单元 $\boldsymbol{S}_{ij}(\mathrm{i}\omega)$ 为一个 3×3 的矩阵，分别对应三维地震动的两个水平方向(x、y)和竖向(z)，其矩阵形式为

$$\boldsymbol{S}_{ij}(\mathrm{i}\omega)=\begin{bmatrix}\boldsymbol{S}_{ij,xx}(\mathrm{i}\omega) & \boldsymbol{S}_{ij,xy}(\mathrm{i}\omega) & \boldsymbol{S}_{ij,xz}(\mathrm{i}\omega)\\ \boldsymbol{S}_{ij,yx}(\mathrm{i}\omega) & \boldsymbol{S}_{ij,yy}(\mathrm{i}\omega) & \boldsymbol{S}_{ij,yz}(\mathrm{i}\omega)\\ \boldsymbol{S}_{ij,zx}(\mathrm{i}\omega) & \boldsymbol{S}_{ij,zy}(\mathrm{i}\omega) & \boldsymbol{S}_{ij,zz}(\mathrm{i}\omega)\end{bmatrix}\tag{8.2.18}$$

假设水平两个方向的功率谱密度值相等，但竖向分量是水平分量的 0.6 倍[12]，则各分量的功率谱密度可以表示成

$$\boldsymbol{S}_{ij,xx}(\mathrm{i}\omega)=\boldsymbol{S}_{ij,yy}(\mathrm{i}\omega)=\boldsymbol{S}_{ij,xy}(\mathrm{i}\omega)=\boldsymbol{S}_{ij,yx}(\mathrm{i}\omega)$$

$$\boldsymbol{S}_{ij,xz}(\mathrm{i}\omega)=\boldsymbol{S}_{ij,yz}(\mathrm{i}\omega)=0.6\sqrt{\boldsymbol{S}_{ij,xx}(\mathrm{i}\omega)\boldsymbol{S}_{ij,zz}(\mathrm{i}\omega)}=0.6\sqrt{\boldsymbol{S}_{ij,yy}(\mathrm{i}\omega)\boldsymbol{S}_{ij,zz}(\mathrm{i}\omega)} \tag{8.2.19}$$

基岩与地表对应点的功率谱密度函数的相互关系为[13]

$$\begin{aligned}
\boldsymbol{S}_{i'j',xx}(\mathrm{i}\omega)&=\boldsymbol{H}_{\mathrm{U},i}(\mathrm{i}\omega)\boldsymbol{H}_{\mathrm{U},j}^{*}(\mathrm{i}\omega)\boldsymbol{S}_{ij,xx}(\mathrm{i}\omega)\\
\boldsymbol{S}_{i'j',yy}(\mathrm{i}\omega)&=\boldsymbol{H}_{\mathrm{V},i}(\mathrm{i}\omega)\boldsymbol{H}_{\mathrm{V},j}^{*}(\mathrm{i}\omega)\boldsymbol{S}_{ij,yy}(\mathrm{i}\omega)\\
\boldsymbol{S}_{i'j',zz}(\mathrm{i}\omega)&=\boldsymbol{H}_{\mathrm{W},i}(\mathrm{i}\omega)\boldsymbol{H}_{\mathrm{W},j}^{*}(\mathrm{i}\omega)\boldsymbol{S}_{ij,zz}(\mathrm{i}\omega)
\end{aligned} \tag{8.2.20}$$

式中，$\boldsymbol{H}_{\mathrm{U},i}(\mathrm{i}\omega)$、$\boldsymbol{H}_{\mathrm{W},i}(\mathrm{i}\omega)$和$\boldsymbol{H}_{\mathrm{V},i}(\mathrm{i}\omega)$分别为地表与基岩各点之间P波、SV波和SH波的场地传递函数，可以通过1.6.2节所给的方法求出。

地表各点的功率谱密度函数矩阵可以写成

$$\boldsymbol{S}_{\mathrm{surface}}^{3}(\mathrm{i}\omega)=\begin{bmatrix}\boldsymbol{S}_{1'1'}(\mathrm{i}\omega) & \boldsymbol{S}_{1'2'}(\mathrm{i}\omega) & \cdots & \boldsymbol{S}_{1'm'}(\mathrm{i}\omega)\\ \boldsymbol{S}_{2'1'}(\mathrm{i}\omega) & \boldsymbol{S}_{2'2'}(\mathrm{i}\omega) & \cdots & \boldsymbol{S}_{2'm'}(\mathrm{i}\omega)\\ \vdots & \vdots & & \vdots\\ \boldsymbol{S}_{m'1'}(\mathrm{i}\omega) & \boldsymbol{S}_{m'2'}(\mathrm{i}\omega) & \cdots & \boldsymbol{S}_{m'm'}(\mathrm{i}\omega)\end{bmatrix}_{3m\times 3m} \tag{8.2.21}$$

式中，子矩阵$\boldsymbol{S}_{i'j'}(\mathrm{i}\omega)$可以写成

$$\boldsymbol{S}_{i'j'}(\mathrm{i}\omega)=\begin{bmatrix}\boldsymbol{S}_{i'j',xx}(\mathrm{i}\omega) & \boldsymbol{S}_{i'j',xy}(\mathrm{i}\omega) & \boldsymbol{S}_{i'j',xz}(\mathrm{i}\omega)\\ \boldsymbol{S}_{i'j',yx}(\mathrm{i}\omega) & \boldsymbol{S}_{i'j',yy}(\mathrm{i}\omega) & \boldsymbol{S}_{i'j',yz}(\mathrm{i}\omega)\\ \boldsymbol{S}_{i'j',zx}(\mathrm{i}\omega) & \boldsymbol{S}_{i'j',zy}(\mathrm{i}\omega) & \boldsymbol{S}_{i'j',zz}(\mathrm{i}\omega)\end{bmatrix} \tag{8.2.22}$$

为了获得式(8.2.6)中的虚拟激励荷载，地表处的功率谱密度矩阵可分解为

$$\boldsymbol{S}_{\mathrm{surface}}^{3}(\mathrm{i}\omega)=\boldsymbol{P}^{*}\boldsymbol{P}^{\mathrm{T}}=[\mathrm{e}^{-\mathrm{i}\omega T_{\theta}}]^{*}\boldsymbol{S}_{\ddot{X}}\boldsymbol{R}\boldsymbol{S}_{\ddot{X}}[\mathrm{e}^{-\mathrm{i}\omega T_{\theta}}] \tag{8.2.23}$$

式中，$\boldsymbol{P}$为$3m\times r$的矩阵，其中r为功率谱密度矩阵$\boldsymbol{S}_{\mathrm{surface}}^{3}(\mathrm{i}\omega)$的秩；$[\mathrm{e}^{-\mathrm{i}\omega T_{\theta}}]$为由行波效应和场地效应引起的相位差，可以写成如下形式：

$$\begin{aligned}
[\mathrm{e}^{-\mathrm{i}\omega T_{\theta}}]=\mathrm{diag}[&\mathrm{e}^{-\mathrm{i}(\omega T_{1,x}+\theta_{1,x})},\mathrm{e}^{-\mathrm{i}(\omega T_{1,y}+\theta_{1,y})},\mathrm{e}^{-\mathrm{i}(\omega T_{1,z}+\theta_{1,z})},\mathrm{e}^{-\mathrm{i}(\omega T_{2,x}+\theta_{2,x})},\mathrm{e}^{-\mathrm{i}(\omega T_{2,y}+\theta_{2,y})},\\
&\mathrm{e}^{-\mathrm{i}(\omega T_{2,z}+\theta_{2,z})},\cdots,\mathrm{e}^{-\mathrm{i}(\omega T_{m,x}+\theta_{m,x})},\mathrm{e}^{-\mathrm{i}(\omega T_{m,y}+\theta_{m,y})},\mathrm{e}^{-\mathrm{i}(\omega T_{m,z}+\theta_{m,z})}]
\end{aligned} \tag{8.2.24}$$

式中，$\theta_{i,x}$、$\theta_{i,y}$和$\theta_{i,z}$分别为在点i处由局部场地在x、y和z向引起的相位差。可以通过基岩与功率谱之间的场地传递函数获得，对于x向，有

$$\begin{gathered}
\boldsymbol{S}_{i'j',xx}(\mathrm{i}\omega)=\underbrace{|\boldsymbol{H}_{\mathrm{U},i}(\mathrm{i}\omega)\boldsymbol{H}_{\mathrm{U},j}^{*}(\mathrm{i}\omega)|}_{\text{幅值}}\underbrace{\exp[\mathrm{i}(\boldsymbol{\theta}_{i,x}-\boldsymbol{\theta}_{j,x})]}_{\text{相位}}\boldsymbol{S}_{ij,xx}(\mathrm{i}\omega)\\
\boldsymbol{\theta}_{ij,xx}=\boldsymbol{\theta}_{i,x}-\boldsymbol{\theta}_{j,x}=\arctan\frac{\mathrm{Im}(\boldsymbol{H}_{\mathrm{U},i}(\omega)\boldsymbol{H}_{\mathrm{U},j}(-\omega))}{\mathrm{Re}(\boldsymbol{H}_{\mathrm{U},i}(\omega)\boldsymbol{H}_{\mathrm{U},j}(-\omega))}
\end{gathered} \tag{8.2.25}$$

式中，$\boldsymbol{\theta}_{ij,xx}$为空间点$i$-$i'$与$j$-$j'$之间$x$向的相位差。

式(8.2.23)中的矩阵$\boldsymbol{S}_{\ddot{X}}$为考虑局部场地条件放大后地表处的功率谱密度函数，可以写成

$$\boldsymbol{S}_{\ddot{X}}=\mathrm{diag}\Big[|\boldsymbol{H}_{\mathrm{U},1}|\sqrt{\boldsymbol{S}_{\ddot{X}_{1,x}}},|\boldsymbol{H}_{\mathrm{V},1}|\sqrt{\boldsymbol{S}_{\ddot{X}_{1,y}}},|\boldsymbol{H}_{\mathrm{W},1}|\sqrt{\boldsymbol{S}_{\ddot{X}_{1,z}}},|\boldsymbol{H}_{\mathrm{U},2}|\sqrt{\boldsymbol{S}_{\ddot{X}_{2,x}}},$$

$$|\boldsymbol{H}_{\mathrm{V},2}|\sqrt{\boldsymbol{S}_{\ddot{X}_{2,y}}},|\boldsymbol{H}_{\mathrm{W},2}|\sqrt{\boldsymbol{S}_{\ddot{X}_{2,z}}},\cdots,|\boldsymbol{H}_{\mathrm{U},m}|\sqrt{\boldsymbol{S}_{\ddot{X}_{m,x}}},|\boldsymbol{H}_{\mathrm{V},m}|\sqrt{\boldsymbol{S}_{\ddot{X}_{m,y}}},|\boldsymbol{H}_{\mathrm{W},m}|\sqrt{\boldsymbol{S}_{\ddot{X}_{m,z}}}\Big] \tag{8.2.26}$$

同时三维地震动的相干函数矩阵 $\boldsymbol{R}$ 可以写成

$$\boldsymbol{R}=\begin{bmatrix} 1 & |\gamma_{12}| & |\gamma_{13}| & \cdots & |\gamma_{1,3m}| \\ |\gamma_{21}| & 1 & |\gamma_{23}| & \cdots & |\gamma_{2,3m}| \\ |\gamma_{31}| & |\gamma_{32}| & 1 & \cdots & |\gamma_{3,3m}| \\ \vdots & \vdots & \vdots & & \vdots \\ |\gamma_{3m,1}| & |\gamma_{3m,2}| & |\gamma_{3m,3}| & \cdots & 1 \end{bmatrix}_{3m\times 3m} \tag{8.2.27}$$

式中，$\boldsymbol{R}$ 一般为正定或者半正定实对称矩阵，可以通过 LDLT 分解成

$$\boldsymbol{R}=\boldsymbol{Q}\boldsymbol{Q}^{\mathrm{T}} \tag{8.2.28}$$

将式(8.2.28)代入式(8.2.23)，可得

$$\boldsymbol{S}^{3}_{\text{surface}}(\mathrm{i}\omega)=[\mathrm{e}^{-\mathrm{i}\omega T_{\theta}}]^{*}\boldsymbol{S}_{\ddot{X}}\boldsymbol{Q}\boldsymbol{Q}^{\mathrm{T}}\boldsymbol{S}_{\ddot{X}}[\mathrm{e}^{-\mathrm{i}\omega T_{\theta}}]=\boldsymbol{P}^{*}\boldsymbol{P}^{\mathrm{T}} \tag{8.2.29}$$

式中，虚拟激励 $\boldsymbol{P}$ 可以写成

$$\boldsymbol{P}=[\mathrm{e}^{-\mathrm{i}\omega T_{\theta}}]\boldsymbol{S}_{\ddot{X}}\boldsymbol{Q} \tag{8.2.30}$$

从式(8.2.30)可以看出，不相干效应、行波效应和局部场地效应分别通过矩阵 $\boldsymbol{Q}$、$[\mathrm{e}^{-\mathrm{i}\omega T_{\theta}}]$和 $\boldsymbol{S}_{\ddot{X}}$在虚拟激励法中得以体现。

根据上面的理论推导，在通用有限元软件中建立结构的三维有限元模型，并在相应支点处设置大质量。将由式(8.2.30)确定的虚拟激励荷载以简谐荷载的形式施加于各个支承处。通过通用有限元软件的谐分析模块就可以计算出每一个频率点处的虚拟响应，再按照式(8.2.9)就可以得到结构各响应的功率谱密度函数，最后依据 8.2.2 节所给的方法来估计结构各响应的峰值。

8.3 算例分析

8.3.1 单自由度体系

为了验证基于通用有限元软件的谐分析模块计算多维多点平稳虚拟激励的准确性和计算精度，首先以单自由度系统为例，通过与理论解对比来验证虚拟激励法计算的结果。

假设单自由度体系(见图 8.3.1)在通用有限元软件 ANSYS 中的参数分别为质量 $m=1$，阻尼比 $\xi=1$，刚度 $k=1$，各个频率点的功率谱密度 $S=1$。

该体系的虚拟激励水平荷载为

$$\tilde{\ddot{x}}=\sqrt{S}\,\mathrm{e}^{\mathrm{i}\omega t} \tag{8.3.1}$$

其动力方程为

$$\tilde{\ddot{y}}+2\xi\omega_{\mathrm{g}}\,\tilde{\dot{y}}+\omega_{\mathrm{g}}^{2}\tilde{y}=-\sqrt{S}\,\mathrm{e}^{\mathrm{i}\omega t} \tag{8.3.2}$$

式中，$\omega_g^2=k/m$，$2\xi\omega_g=c/m$。

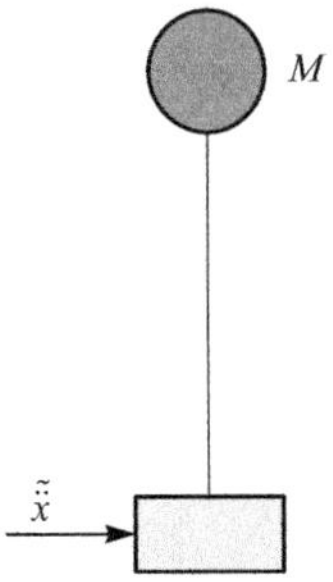

图 8.3.1　单自由度体系计算模型

从式(8.3.2)可知，在简谐荷载激励下该单自由度体系虚拟相对位移 $\tilde{y}$ 的解析解为

$$\tilde{y}=\frac{-\sqrt{S}}{\omega_g^2-\omega^2+2\mathrm{i}\xi\omega_g\omega}\mathrm{e}^{\mathrm{i}\omega t} \tag{8.3.3}$$

该体系的虚拟绝对位移为

$$\tilde{x}_g=\tilde{x}+\tilde{y} \tag{8.3.4}$$

由式(8.3.4)可得到该单自由度体系的虚拟绝对加速度为

$$\ddot{\tilde{x}}_g=\ddot{\tilde{x}}+\ddot{\tilde{y}}=\sqrt{S}\,\mathrm{e}^{\mathrm{i}\omega t}\frac{\omega_g^2+2\mathrm{i}\xi\omega_g\omega}{\omega_g^2-\omega^2+2\mathrm{i}\xi\omega_g\omega} \tag{8.3.5}$$

则响应的自功率谱密度为

$$S_{\ddot{x}_g}=\ddot{x}_g^*\ \ddot{x}_g=S\frac{\omega_g^4+4\xi^2\omega_g^2\omega^2}{(\omega_g^2-\omega^2)^2+4\xi^2\omega_g^2\omega^2} \tag{8.3.6}$$

依据式(8.3.6)，运用 MATLAB 编程得到该单自由度体系的理论解曲线，将其与用 ANSYS 计算相同单自由度体系的结构响应对比，结果如图 8.3.2 所示。可以看出，ANSYS 的计算结果与理论解几乎重合。

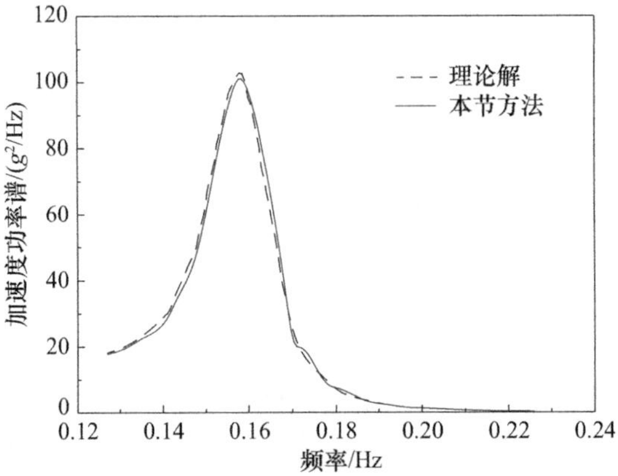

图 8.3.2　理论解与 ANSYS 求解结果对比

为了进一步对比计算精度，表 8.3.1 给出了各个频率点上理论解与 ANSYS 计算结果的对比，其中设相对误差 $e=|S_{\mathrm{ANSYS}}-S_{\mathrm{theory}}|/S_{\mathrm{theory}}\times 100\%$，从表 8.3.1 可以看出，ANSYS 计算结果与理论解的误差在 0.01%～4.69%，具有较高的准确度，能够完全满足工程应用的精度要求。

表 8.3.1 理论解与 ANSYS 求解结果对比

频率/Hz	S_{theory}	S_{ANSYS}	误差 e/%	频率/Hz	S_{theory}	S_{ANSYS}	误差 e/%
0.127	18.066	17.664	2.23	0.189	2.700	2.749	1.81
0.131	19.524	19.042	2.47	0.191	2.352	2.391	1.68
0.132	20.465	19.931	2.61	0.193	2.058	2.090	1.55
0.135	22.907	22.240	2.91	0.194	1.808	1.834	1.43
0.137	24.489	23.733	3.09	0.196	1.594	1.615	1.32
0.142	31.411	30.251	3.69	0.197	1.411	1.428	1.22
0.143	34.763	33.399	3.92	0.199	1.253	1.267	1.12
0.148	50.123	47.803	4.63	0.201	1.116	1.128	1.03
0.154	88.375	84.576	4.30	0.202	0.997	1.006	0.94
0.156	97.974	94.674	3.37	0.204	0.893	0.901	0.85
0.158	103.09	101.14	1.89	0.205	0.802	0.808	0.77
0.159	101.00	100.99	0.01	0.207	0.722	0.727	0.69
0.161	91.540	93.259	1.88	0.217	0.402	0.403	0.28
0.169	30.211	31.629	4.69	0.218	0.367	0.368	0.22
0.170	23.783	24.842	4.45	0.220	0.336	0.336	0.16
0.172	18.896	19.685	4.18	0.221	0.307	0.308	0.10
0.178	8.329	8.586	3.09	0.223	0.282	0.282	0.05
0.180	6.945	7.143	2.86	0.225	0.259	0.259	0.01
0.188	3.115	3.176	1.95	0.226	0.238	0.238	0.07

8.3.2 多自由度体系

工程实例为一座三跨飞燕式单拱肋半漂浮体系钢管混凝土拱桥[14]，其跨径组合为 51m+158m+51m。主拱肋截面为三根钢管通过拉板连接略呈三角形的截面，两侧及底部设置拉板；稳定拱肋采用单圆管截面，稳定拱平面由竖直平面向两侧旋转 21.8°而得；主拱肋和稳定拱肋之间设置箱形斜撑和管形横撑；边跨加劲梁采用预应力混凝土梁，与 V 构牛腿及主拱肋拱脚段固结，混凝土加劲梁伸过梁拱节点与主跨的钢箱梁通过牛腿连接，主跨钢箱梁以简支的形式支承在混凝土 V 构牛腿上，牛腿处设置竖向支座、横向限位支座；前斜腿作为主跨拱肋的一部分，与主梁固结，后斜腿轴线采用二次抛物线设计，与主梁固结。前、后斜腿均采用预应力混凝土箱形结构，横截面为单箱双室。全桥共设置 16 对斜吊杆和 6 根水平柔性系杆。以 ANSYS 有限元软件为平台，建立全桥动力分析的三维有限元模型，主拱肋截面采用每个节点具有六个自由度(三个平动自由度和三个转动自由度)的两节点梁单元(Beam189)进行模拟，其截面几何特性通过建立组合截面模型来计算，组合截面的弹性模量采用钢材的弹性模量。稳定拱、横撑、斜撑、混凝土箱梁、钢箱梁、前斜腿、后斜腿以及立柱均采用每个节点具有六个自由度的两节点梁单元(Beam44)来模拟。吊杆和系杆采用杆单元(Link10)来模拟，其初拉力采用初应变的形式来施加。混凝土箱梁和钢箱梁之间的连接采用弹簧单元(Combin14)来模拟，对其三个方向的水平自由度进行耦合，释放其三个转动自由度。主梁两端的支撑简化为释放纵桥向平动和横桥向转动的固定约束。承台与前斜腿、后斜腿以及立柱之间的节点采用刚臂连接。吊杆与钢主梁和主拱肋的连接以及系杆和混凝土主梁端部的连接均简化为耦合所有自由度的主从约束。承台处的支撑简化为约束所有自由度的固定约束。总之，有限元模型共有 445 个节点、484 个梁单元、34 个杆单元、6 个弹簧单元、2 个点单元以及 2650 个自由度。钢管混凝土拱桥的初始三维有限元模型如图 8.3.3 所示。

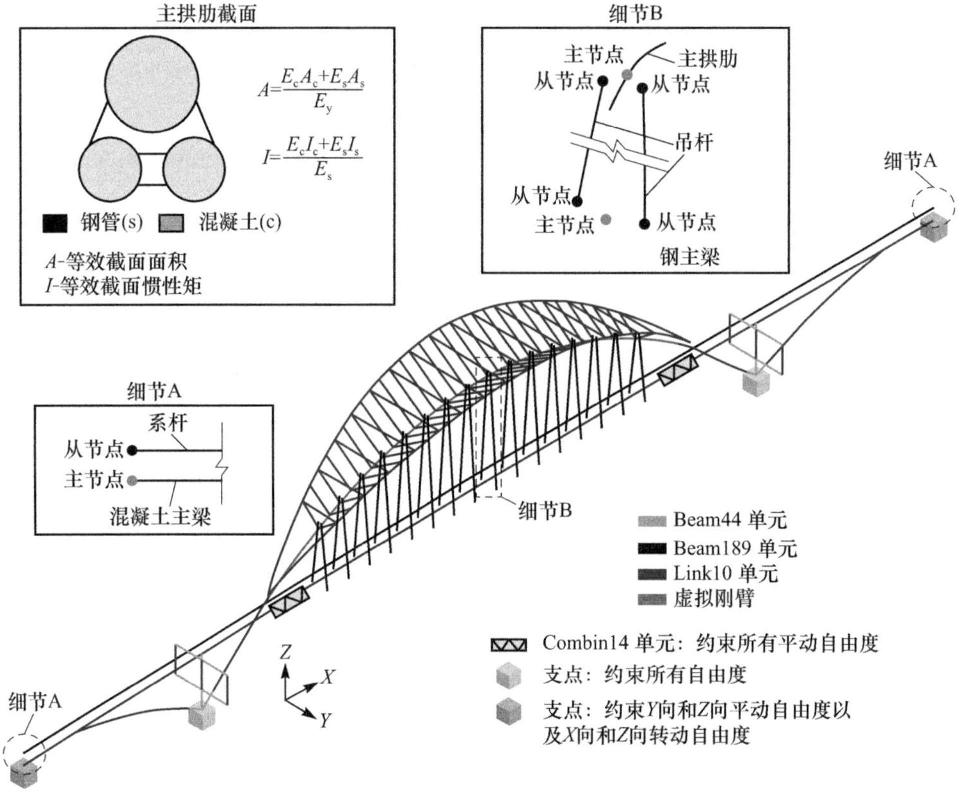

图 8.3.3　钢管混凝土拱桥三维有限元模型

地面加速度功率谱密度函数模型选用胡聿贤和周锡元提出的修正 Kanai-Tajimi 加速度随机模型：

$$S(\omega)=\frac{1+4\xi_g^2\ (\omega/\omega_g)^2}{[1-(\omega/\omega_g)^2]^2+4\xi_g^2(\omega/\omega_g)^2}\frac{\omega^6}{\omega^6+\omega_c^6}S_0 \tag{8.3.7}$$

式中，S_0 为谱强度因子，取 7.123cm²/s³；ω_g 为场地特征频率，取 13.96rad/s；ξ_g 为场地阻尼比，取 0.8；ω_c 为控制低频含量参数，取 6π。

相干函数模型选用屈铁军-王君杰-王前信（QWW）相干模型[15]：

$$|\rho_{kl}(d,\omega)|=\exp[-a(\omega)d_{kl}^{b(\omega)}] \tag{8.3.8}$$

式中，$a(\omega)=a_1\omega^2+a_2$，$b(\omega)=b_1\omega+b_2$，$a_1=0.00001678$，$a_2=0.001219$，$b_1=-0.0055$，$b_2=0.7674$。

为了验证虚拟激励法的准确性，以本节方法和 ANSYS 自带的随机振动模块对该模型在多维多点激励下结构响应的计算结果进行对比。图 8.3.4 和图 8.3.5 分别给出了拱顶和拱脚弯矩响应的功率谱密度。图 8.3.6 给出了吊杆力响应的功率谱密度。

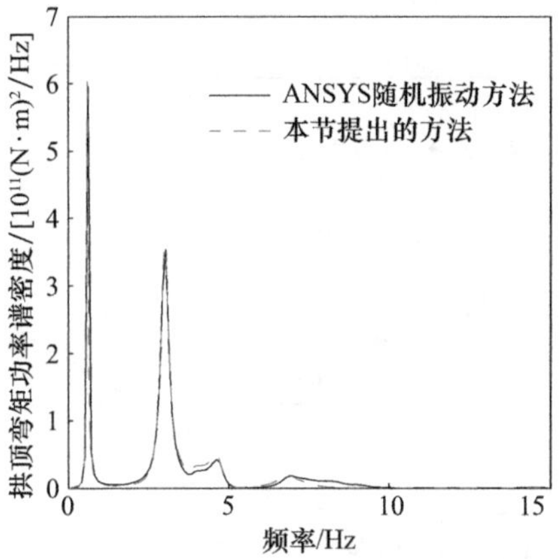

图 8.3.4　拱顶弯矩响应功率谱密度

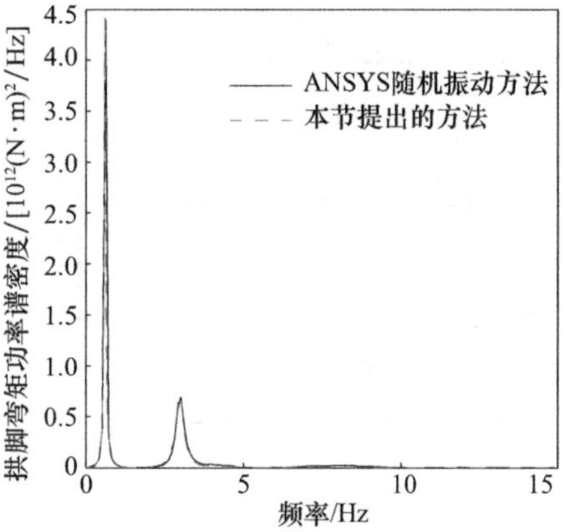

图 8.3.5　拱脚弯矩响应功率谱密度

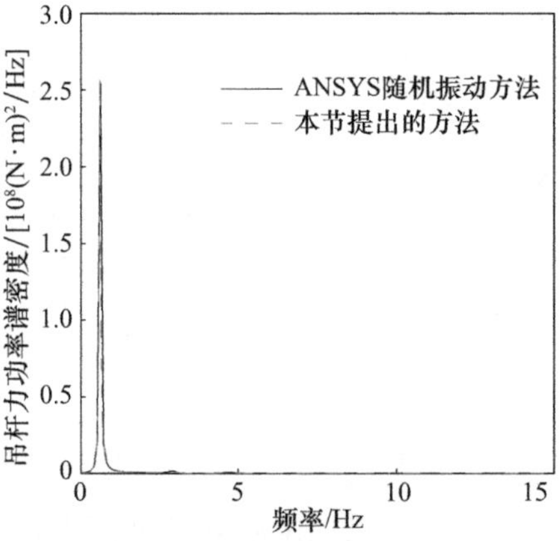

图 8.3.6　吊杆力响应功率谱密度

从图8.3.4～图8.3.6可以看出，采用虚拟激励法和ANSYS随机振动模块求解所得到的结果吻合较好。表8.3.2给出了两种计算方法在不同响应上的最大误差，由表也可以看出两种方法的误差在0.80%～3.17%。这都说明基于ANSYS平台的虚拟激励法有着较好的精度。与传统的虚拟激励法相比，本节将虚拟荷载项由3($m+n$)次降为只由支撑处加载3m次(一般情况下$m \ll n$)使计算输入得到简化。

表8.3.2 拱顶弯矩、拱脚弯矩及吊杆力功率谱密度及最大误差

采用的方法	拱顶弯矩功率谱密度/[(N·m)^2/Hz]	拱脚弯矩功率谱密度/[(N·m)^2/Hz]	吊杆力功率谱密度/[(N·m)^2/Hz]
本节方法	6.18×10^{11}	4.28×10^{12}	2.51×10^{8}
ANSYS随机振动	6.23×10^{11}	4.42×10^{12}	2.56×10^{8}
最大误差/%	0.80	3.17	1.95

参考文献

[1] The European Committee for Standardization(CEN). Eurocode8: Design Provisions of Structures for Earthquake Resistance-Part 2:Bridges. Brussels:CEN,2005.

[2] 中华人民共和国交通运输部.公路桥梁抗震设计细则(JTG/T B02-01—2008).北京:人民交通出版社,2008.

[3] 林家浩.随机地震响应功率谱快速算法.地震工程与工程振动,1990,(4):38-46.

[4] Lin J H. A fast CQC algorithm of PSD matrices for random seismic responses. Computers & Structures,1992,44(3):683-687.

[5] Chopra A K. Dynamics of Structures:Theory and Application to Earthquake Engineering. 3nd ed. Englewood:Prentice-Hall,2007.

[6] Lin J H,Zhang Y H,Li Q S,et al. Seismic spatial effects for long span bridges,using the pseudo excitation method. Engineering Structures,2004,26(9):1207-1216.

[7] 林家浩.随机振动的虚拟激励法.北京:科学出版社,2004.

[8] Kiureghian A D. Structural response to stationary excitation. Journal of the Engineering Mechanics Division,1980,106:1195-1213.

[9] 贾宏宇,郑史雄.直接求解多维多点地震动方程的虚拟激励法.工程力学,2013,(3):341-346.

[10] Zerva A. Spatial Variation of Seismic Ground Motions:Modeling and Engineering Applications. Boca Raton:CRC Press,2009.

[11] Zhang D,Liu W,Xie W,et al. Modeling of spatially correlated,site-reflected,and nonstationary ground motions compatible with response spectrum. Soil Dynamics and Earthquake Engineering,2013,55(6):21-32.

[12] Smeby W, der Kiureghian A. Modal combination rules for multicomponent earthquake excitation. Earthquake Engineering & Structural Dynamics, 1985, 13(1): 1-12.

[13] Zhang D, Li X, Yan W, et al. Stochastic seismic analysis of a concrete-filled steel tubular (CFST) arch bridge under tridirectional multiple excitations. Engineering Structures, 2013, 52(9): 355-371.

[14] Li X, Zhang D, Yan W, et al. Effects of model updating on the estimation of stochastic seismic response of a concrete-filled steel tubular arch bridge. Structure and Infrastructure Engineering, 2014, 10(12): 1620-1637.

[15] 屈铁军，王君杰，王前信. 空间变化的地震动功率谱的实用模型. 地震学报，1996，18(1)：55-62.

第9章 基于多尺度有限元建模的桥梁地震倒塌分析

各国现行的桥梁抗震设计规范都是基于抗倒塌设计的。强震作用下，由于受地形、场地以及结构形式复杂性等因素的影响，桥梁结构的损伤破坏往往较为严重，甚至发生倒塌破坏。结构倒塌是一个复杂且高度非线性的过程，涉及单元的失效、结构构件间复杂接触及结构体系转变。不同结构类型的分析方法也不尽相同，主要有无网格法、散体单元法和有限元法等。

目前工程结构非线性有限元分析大体分为两类：①基于杆系、壳单元的宏观模型；②基于实体模型的局部结构细化模型。宏观模型计算时间短，但难以反映结构的微观破坏，如结构局部损伤、节点破坏、接触问题和温度场等多场分析；而实体单元的微观分析虽然可以反映结构的微观破坏过程，但是计算量大。多尺度有限元建模可以很好地平衡计算精度和计算效率，是解决该问题的一个有效途径。

多尺度有限元建模是指在有限元模型中采用不同类型和尺度的单元来模拟结构的不同部位，需要考虑不同单元之间的连接耦合方式，使得各单元可以协同工作。基于多尺度有限元建模方法，可对桥梁结构易损伤部位采用实体建模，其他部位采用梁单元、壳单元或者纤维单元建模，这样既保证了计算精度，提高了计算效率，又可以较为精确地预测桥梁结构从构件失效到结构倒塌的全过程。一些学者[1-4]采用多尺度有限元建模方法对建筑结构的倒塌进行了分析。

本章基于多尺度有限元建模，先从研究方法入手，探讨刚性面多尺度耦合在LS-DYNA中的实现方法，进而在构件和结构层次验证该方法的可靠性和精确性，并基于此方法对2008年汶川地震中倒塌的高原大桥和某高墩大跨刚构桥梁进行倒塌分析，以便全面地把握非规则桥梁地震反应规律，采取措施来改善和提升其整体抗震性能，完善非规则桥梁抗震设计理论和方法[5]。

9.1 多尺度单元界面耦合方法与实现

目前，在工程结构中主要涉及三种单元的连接耦合方式：梁单元-实体单元的耦合、梁单元-壳单元的耦合、壳单元-实体单元的耦合。不同单元之间的连接原理基本相同，本节以梁单元-实体单元连接方式为例，说明连接原理和实现方式。

基本原理为将耦合面梁单元节点设置为主节点，实体单元节点设置为从节点，耦合面从节点生成为刚性面，见图9.1.1，刚性面的平移和转动与主节点的运动相协调。

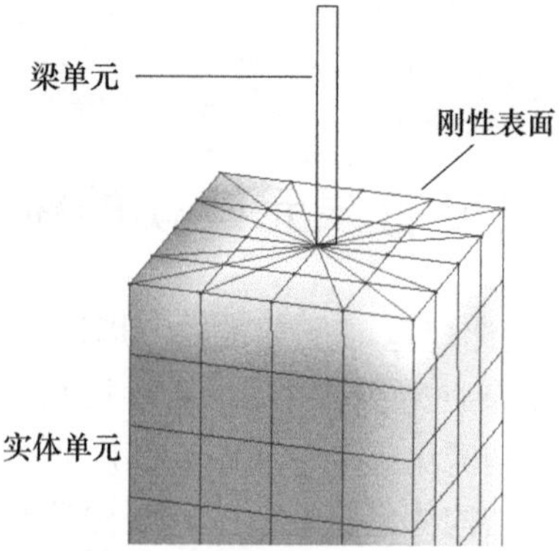

图 9.1.1　耦合面三维示意图

图 9.1.2 为在 xy 二维平面内梁单元和实体单元受到弯矩和轴力作用下节点位移协调示意图。图中 B 为梁单元节点(主节点),$S_i(i=1,2,3,\cdots,n)$为实体单元节点(从节点)。实体单元节点 S_i 的位移与梁单元节点 B 的位移之间的关系为

$$\Delta x_{S_i}=\Delta x_B+r_i\sin\alpha \tag{9.1.1}$$

$$\Delta y_{S_i}=\Delta y_B+r_i(\cos\alpha-1) \tag{9.1.2}$$

式中,Δx_B、Δy_B 分别为 B 节点 X 方向和 Y 方向的位移;Δx_{S_i}、Δy_{S_i} 分别为 S_i 节点 x 方向和 y 方向的位移;α 为梁单元节点 B 处的转角;r_i 为 S_i 节点到 B 节点的距离。

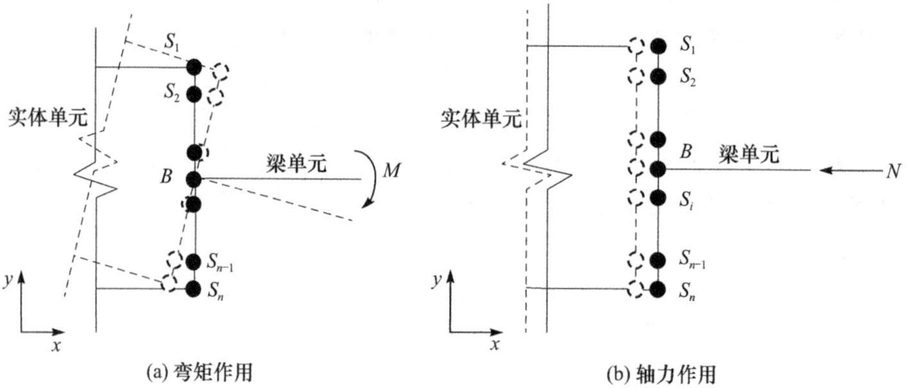

图 9.1.2　轴力和弯矩作用下耦合面节点位移协调示意图

图 9.1.3 为受到 x 向的扭矩并且耦合面绕 x 轴转动微小角度 γ 时,耦合面节点的位移协调示意图。图中,B 为梁单元节点(主节点),$S_i(i=1,2,3,\cdots,n)$为实体单元节点(从节点)。实体单元节点 S_i 的位移与梁单元节点 B 的位移之间的关系为

$$\Delta y_{S_i}=r_i(\cos\gamma-1) \tag{9.1.3}$$

$$\Delta z_{S_i}=r_i\sin\gamma \tag{9.1.4}$$

式中,Δy_{S_i}、Δz_{S_i} 分别为 S_i 节点 y 方向和 z 方向的位移;γ 为耦合面绕 x 轴转动的角度;r_i 为 S_i 节点到 B 节点的距离。

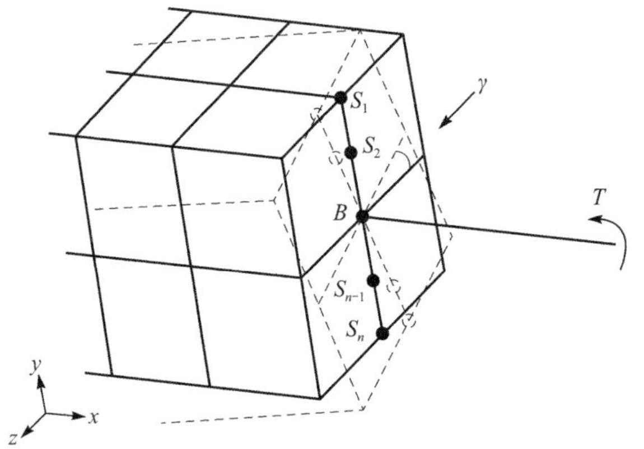

图 9.1.3　扭矩作用下耦合面节点位移协调示意图

9.2　界面连接方法单柱式桥墩验证

基于上述理论的刚性面耦合可以很好地实现梁单元和实体单元的连接，但是与实体单元节点相比，梁单元节点有三个方向的转动自由度，例如，在通用有限元程序 LS-DYNA 中，实体单元 Solid164 单元节点有三个平动自由度，Beam161 单元节点有六个自由度。因此，多尺度模型在动力特性上与实体模型会有差异，而且刚性耦合面会限制耦合面内实体节点的横向运动，因此材料的泊松比对耦合面的单元应力会有一定影响。本数值试验的目的是验证构件层次上采用刚性面耦合进行模拟的精确性。针对上述问题，选用高 2m、截面尺寸 0.2m×0.2m 的单柱式桥墩，对五个模型进行四组数值分析试验：拟静力分析、泊松比分析、模态分析、正弦时程分析。其中模型 1 采用 Solid164 单元，模型 2～4 采用多尺度模型，模型 5 采用 Beam161 单元，如图 9.2.1 所示。

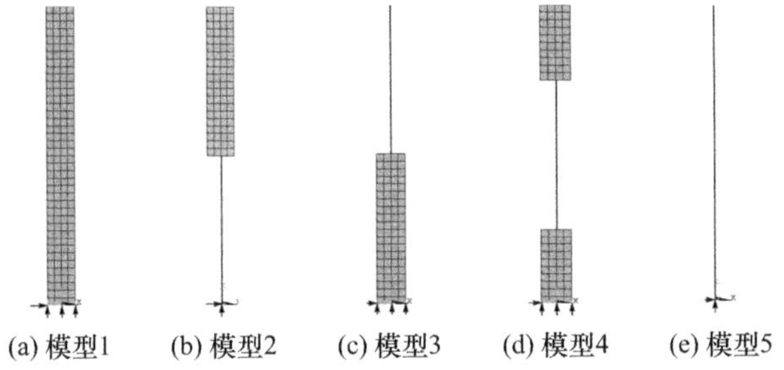

图 9.2.1　数值试验的五个模型

9.2.1　拟静力分析

拟静力分析分为两部分：顶部节点施加位移荷载和顶部节点施加扭矩。试验描述为：模型 1～4 底部为固定约束，顶部节点施加位移（在 10s 内施加 8mm 线性位移），比较多尺度模型耦合面处单元与实体模型相同位置处单元的 Mises 应力大小（见图 9.2.2 和图 9.2.3）；顶部节点施加扭矩试验选用模型 1 和模型 3，比较两个模型的节点转动角度，并以实体单元应力为基准来计算误差（见图 9.2.4）。

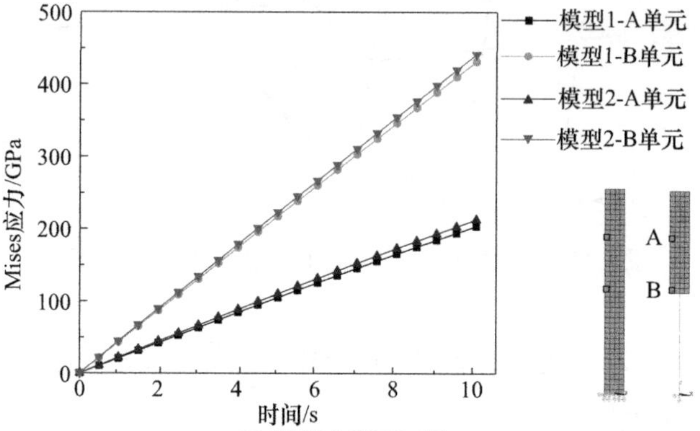

(a) 模型1与模型2对比

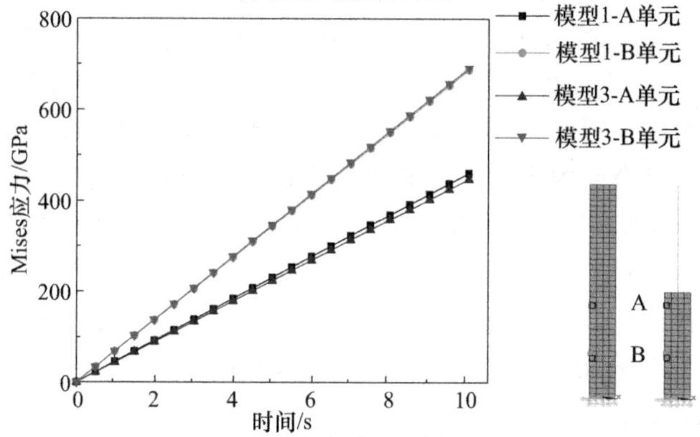

(b) 模型1与模型3对比

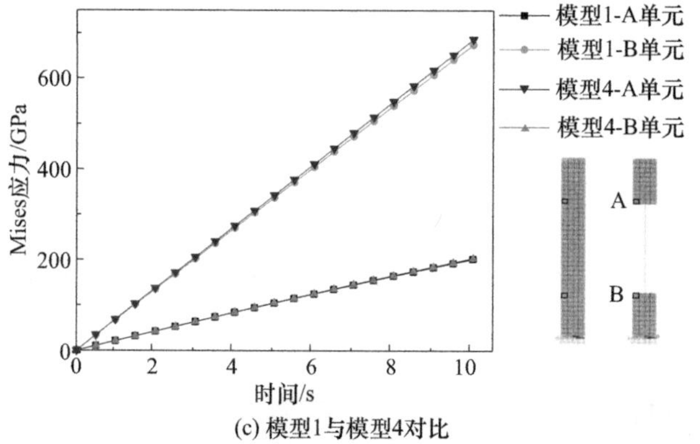

(c) 模型1与模型4对比

图 9.2.2　模型 1 与模型 2、模型 3、模型 4 的 Mises 应力对比

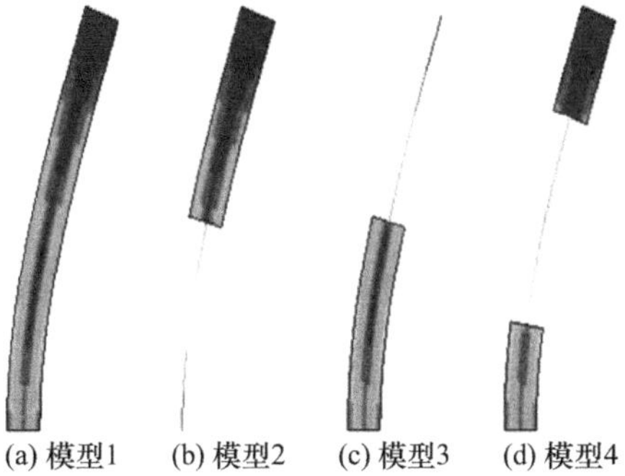

图 9.2.3　某时刻四个模型的应力云图

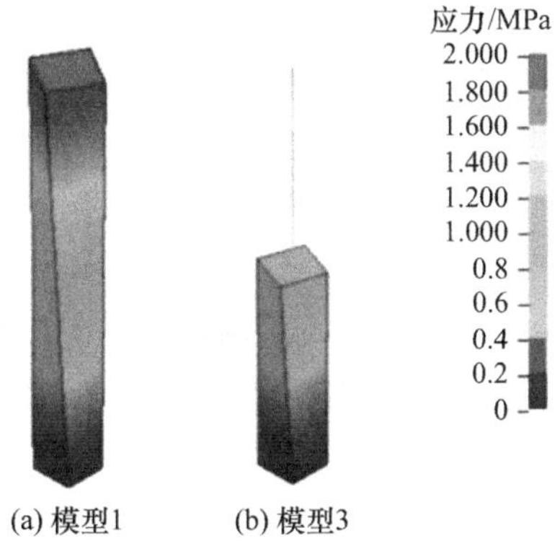

图 9.2.4　节点绕 Z 轴转动角度的应力云图

由图 9.2.2～图 9.2.4 可知，耦合面处单元应力和其他部位单元应力随时间呈线性增长；A、B 两单元在不同尺度模型的 Mises 应力误差为 0.79%～4.68%。该数值试验验证了受到轴力、弯矩和扭矩时的耦合面节点位移协调方程的正确性，多尺度有限元模型在保证精度和效率的同时，具有很好的计算稳定性。

9.2.2　泊松比分析

刚性面耦合限制了耦合面节点的横向运动，而泊松比是材料本构中的重要参数。试验以模型 1 和模型 2 为例，在柱上部节点施加位移，对比不同泊松比取值情况下的耦合面处单元 Mises 应力的误差。试验结果如图 9.2.5 所示，泊松比在 0～0.5 内，随着泊松比的增加，误差呈现逐渐变小再增加的趋势，但都在 5%以内，而建筑材料的泊松比一般不超过 0.4，因此泊松比对计算结果的影响可以忽略。

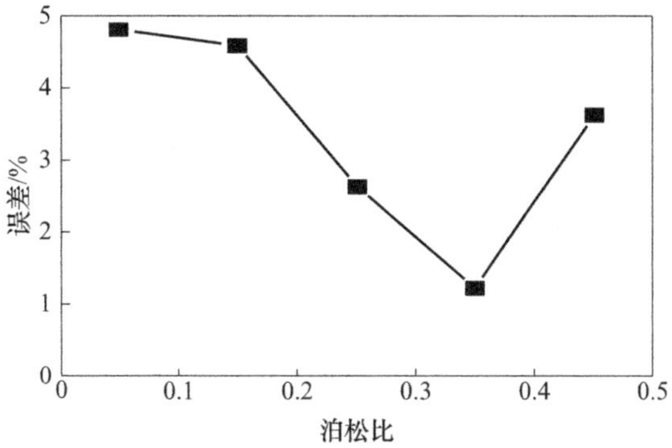

图 9.2.5　模型 1 与模型 2 的 Mises 应力误差

9.2.3　模态分析

结构模态是结构固有的动力特性，直接影响结构在地震作用下的反应，Beam161 单元节点有三个平动自由度和三个转动自由度，而 Solid164 单元节点仅有三个平动自由度，采用多尺度建模会对结构的模态产生一定的影响。

表 9.2.1 为五个模型的前五阶自振频率，多尺度模型的各阶自振频率均高于实体模型，但最大误差在 5%以内，因此，多尺度有限元模型的动力特性与实体模型相差较小。

表 9.2.1　五个模型的前五阶自振频率　　(单位：Hz)

阶数	模型 1	模型 2	模型 3	模型 4	模型 5
1	3.92×10^{1}	4.03×10^{1}	3.95×10^{1}	3.97×10^{1}	4.06×10^{1}
2	1.68×10^{2}	1.71×10^{2}	1.72×10^{2}	1.71×10^{2}	1.74×10^{2}
3	2.37×10^{2}	2.42×10^{2}	2.43×10^{2}	2.43×10^{2}	2.48×10^{2}
4	5.18×10^{2}	5.30×10^{2}	5.31×10^{2}	5.31×10^{2}	5.44×10^{2}
5	6.28×10^{2}	6.31×10^{2}	6.32×10^{2}	6.32×10^{2}	6.31×10^{2}

9.2.4　正弦时程分析

正弦时程分析的目的是综合验证多尺度模型在拟静力分析、泊松比分析和模态分析中的可靠性。图 9.2.6 为在柱子底部加载的正弦加速度时程曲线，图 9.2.7 和图 9.2.8 对比了不同模型的 Mises 应力曲线。从图中可以看出，多尺度模型的单元应力与实体模型的结果吻合较好，并且曲线平滑，表明多尺度模型计算相对稳定，多尺度模型在构件层次上不仅可以提高计算效率，保证计算的精确性，而且具有良好的计算稳定性。

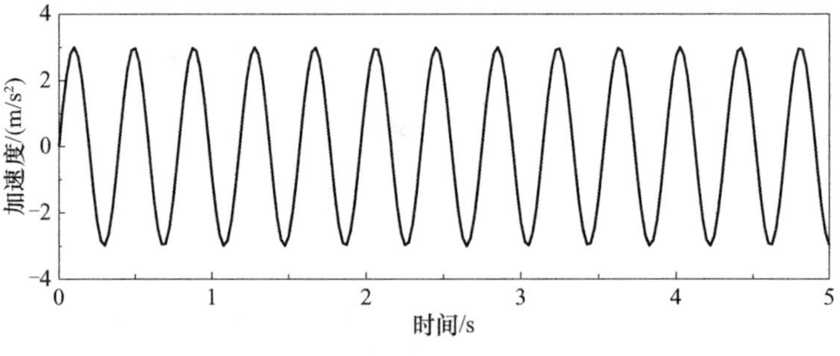

图 9.2.6　柱子底部加载的正弦加速度时程曲线

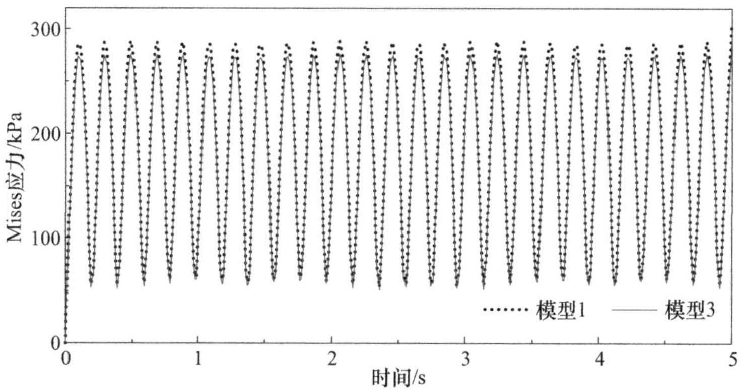

图 9.2.7　模型 1 和模型 3 的 Mises 应力对比(单元 A)

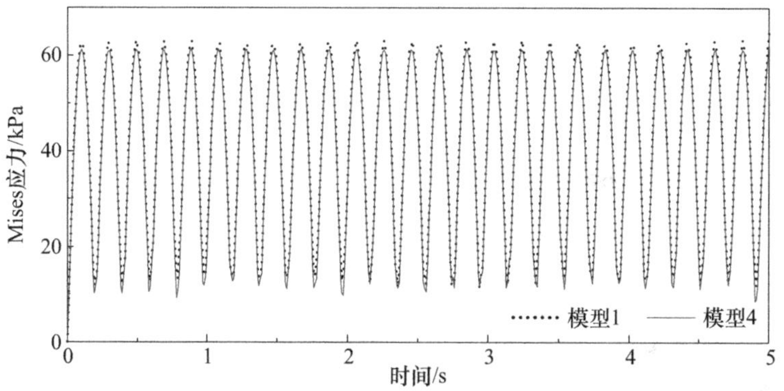

图 9.2.8　模型 1 和模型 4 的 Mises 应力对比(单元 A)

9.3　两跨简支梁桥地震反应数值试验验证

以某一跨河谷的两跨简支梁桥为例，分别采用实体模型和多尺度模型进行地震动时程分析，验证多尺度有限元方法用于简单桥梁结构分析的精确性。简支梁桥参数为：主梁为 2×30m 的单箱单室箱梁，桥台和主梁之间、主梁之间的伸缩缝宽均为 60mm，双柱式桥墩截面尺寸为 1.2m×1.2m，支座采用盆式橡胶滑动支座，桥梁实体模型和多尺度有限元模型如图 9.3.1 所示。对于实体模型，主梁和桥墩均采用实体单元 Solid164 来模拟，采用 Combin165 弹簧单元模拟盆式滑动橡胶支座。多尺度模型将桥墩局部简化为梁单元 Beam161，采用 HJC 模型[6]来模拟混凝土材料本构。

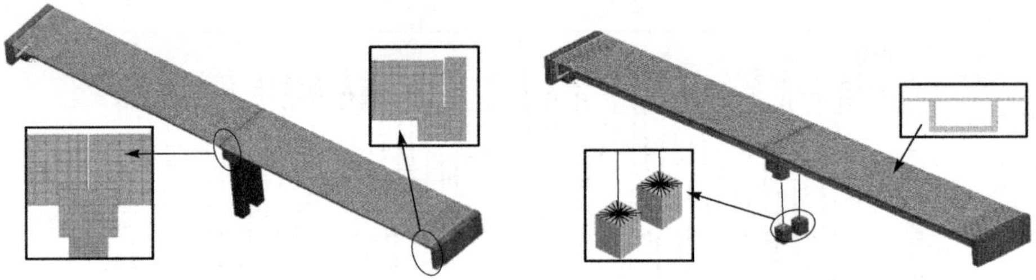

(a) 实体模型　　(b) 多尺度模型

图 9.3.1　桥梁实体模型和多尺度有限元模型

9.3.1　沙漏能

单点积分可以提高计算效率，但是会引起沙漏变形，计算之前必须控制沙漏能。沙漏能是非物理沙漏力所做的功，要从系统的物理能量中去除掉。当采用单点高斯积分时，一般认为将沙漏能控制在内能最大值的10%以内或者总能量的5%以内的计算结果是可以接受的。由图 9.3.2 可以看出，沙漏能控制在允许范围内，计算结果可以接受。

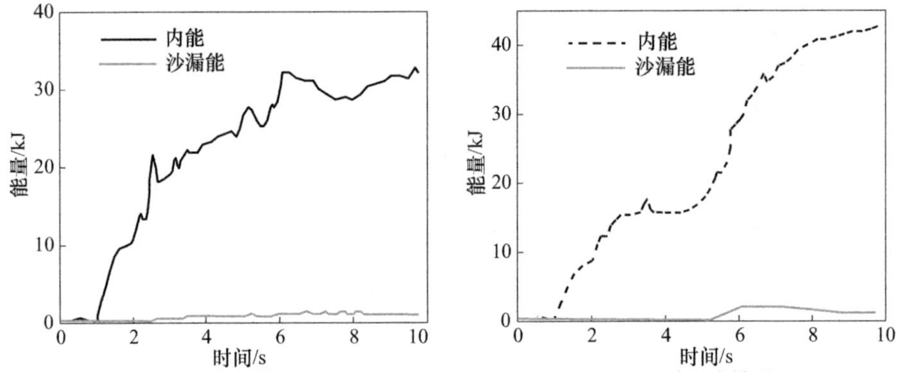

(a) 实体模型　　(b) 多尺度模型

图 9.3.2　能量输出

9.3.2　模态分析

桥梁前八阶自振频率如表 9.3.1 所示，相比 Solid164 单元，Beam161 单元节点具有三个方向的转动自由度，因此多尺度模型的自振频率与实体模型有差异，但是从计算结果看，由于梁单元数目所占比例较小，两种模型的自振频率相差不大，多尺度模型基本没有改变桥梁结构自身的动力特性。

表 9.3.1　桥梁前八阶自振频率　　(单位：Hz)

模型类型	1 阶	2 阶	3 阶	4 阶	5 阶	6 阶	7 阶	8 阶
实体模型	6.139	7.140	7.690	8.136	8.398	8.430	8.506	8.666
多尺度模型	6.140	7.147	7.707	8.162	8.426	8.475	8.551	8.712

9.3.3　支座反力对比

桥梁支座及碰撞面布置如图9.3.3所示，盆式橡胶滑动支座采用弹簧单元进行模拟，支座单元如图9.3.4所示，其中，加载刚度和卸载刚度 $k=5\text{kN/mm}$，屈服位移 $x_y=8\text{mm}$，屈服力 $F_{cr}=40\text{kN}$，失效位移 $x_f=60\text{mm}$。即当支座位移达到60mm时，弹簧单元失效，支座不能承受任何侧向力。为了节省分析时间，选用峰值较多、频域较广的El-Centro波的前10s记录为地震动输入。在 $t=2.12\text{s}$ 时，达到最大加速度 $a=3.417\text{m/s}^2$。图9.3.5和图9.3.6分别为支座1和支座2的纵向摩阻力时程曲线，可发现实体模型和多尺度模型的支座摩阻力时程曲线趋势基本一致，只是支座1的失效时间有略微差异，支座2摩阻力在1.8s附近的峰值有所不同。整体来看，在支座失效前，多尺度模型的计算结果与实体模型基本一致。

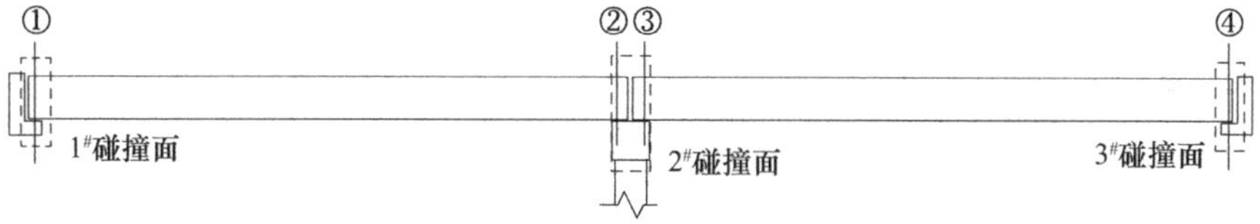

图9.3.3　桥梁支座及碰撞面示意图

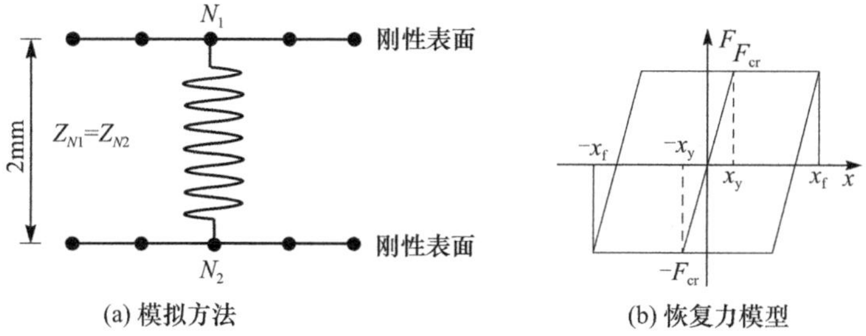

图9.3.4　支座单元

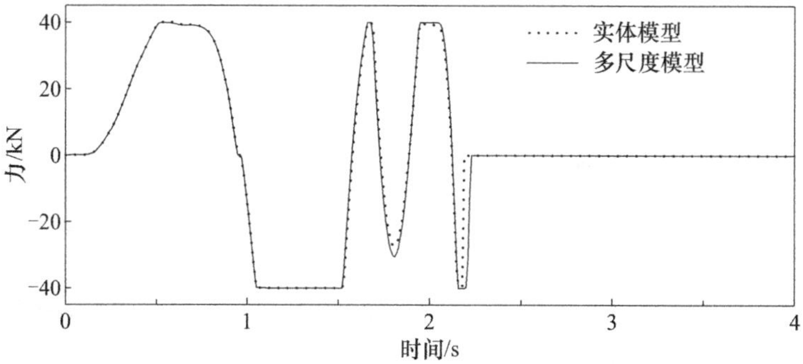

图9.3.5　支座1纵向摩阻力时程曲线

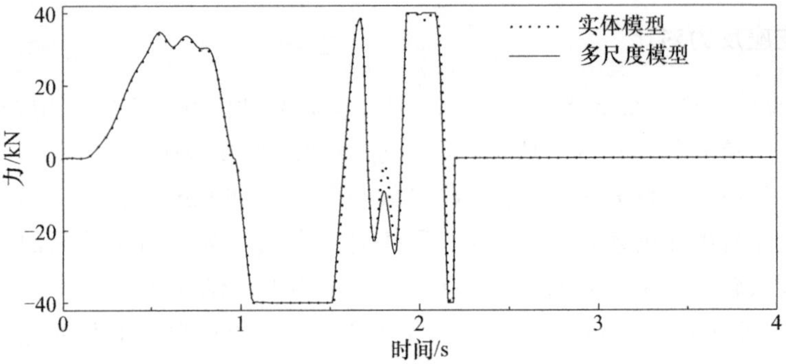

图 9.3.6　支座 2 纵向摩阻力时程曲线

9.3.4　碰撞力对比

地震过程中，主梁之间的碰撞会在瞬时产生很大的碰撞力，碰撞是导致桥梁倒塌的重要因素。图 9.3.7 为模拟得到的 1# 碰撞面的碰撞力时程曲线，可发现实体模型共发生 10 次碰撞，多尺度模型发生 9 次碰撞，并且两个模型的碰撞时刻大体相同。多尺度模型的最大碰撞力比实体模型大 11%，第三碰撞力比实体模型小 8%，第二碰撞力与实体模型相近。图 9.3.8 为 1# 碰撞面碰撞力峰值时刻应力云图，两个模型差异不大。

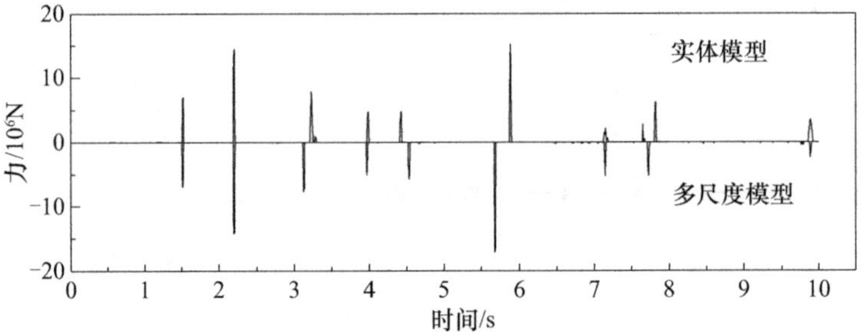

图 9.3.7　1# 碰撞面的碰撞力时程曲线

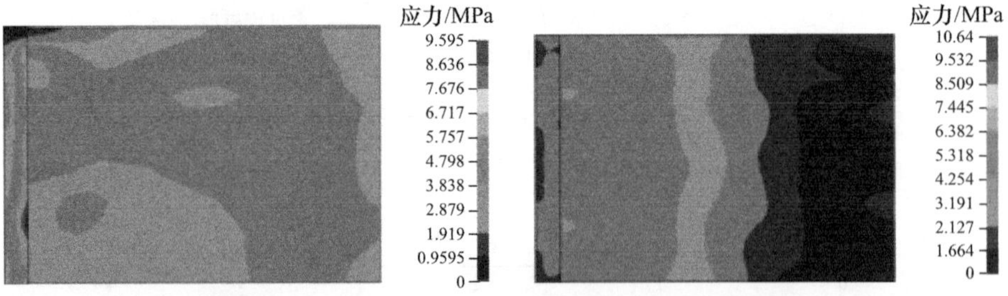

(a) 实体模型　　(b) 多尺度模型

图 9.3.8　1# 碰撞面碰撞力峰值时刻应力云图

在 2# 碰撞面，实体模型共发生 12 次碰撞，多尺度模型发生 10 次碰撞，并且前 6s 碰撞时刻大体一致。多尺度模型的碰撞力相对于实体模型的偏于保守，但最大碰撞力的发生时刻是吻合的，如图 9.3.9 和图 9.3.10 所示。

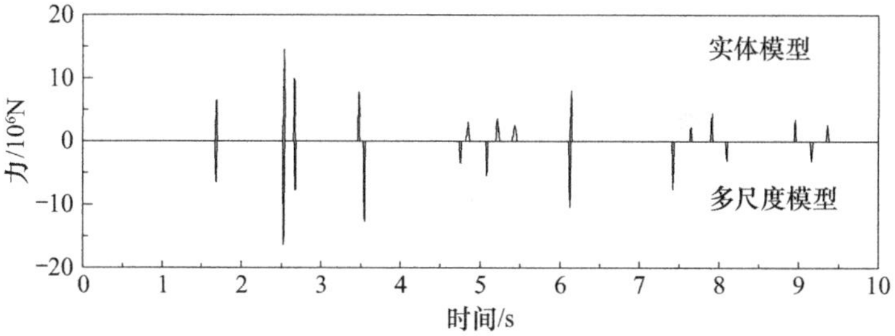

图 9.3.9　2# 碰撞面的碰撞力时程曲线

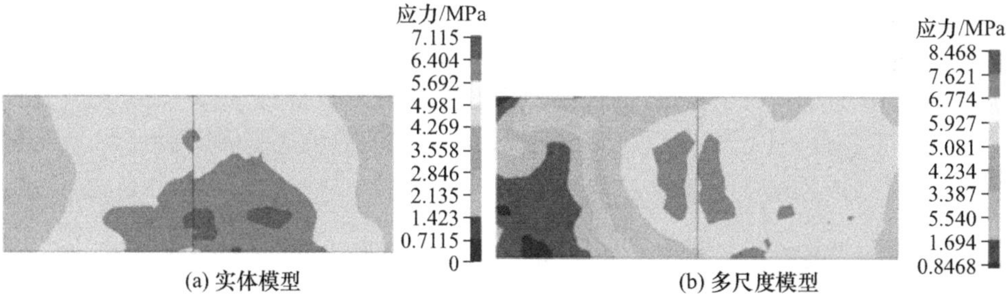

图 9.3.10　2# 碰撞面碰撞力峰值时刻应力云图

3# 碰撞面是在三个接触面中最后发生碰撞的，实体模型的碰撞次数为 8 次(除去三个很小的碰撞力)，多尺度模型的碰撞次数也为 8 次，并且前三次碰撞的时刻大致相同。最大碰撞力和第二碰撞力的大小和发生时刻基本相同，第三碰撞力的大小和发生时刻相差较大，如图 9.3.11 和图 9.3.12 所示。

总之，对三个碰撞面的碰撞反应，在前 5s，两种模型的碰撞反应基本相同，包括碰撞力的大小、碰撞时刻和碰撞次数。在后 5s，虽然碰撞的时刻有所差异，但是碰撞力的大小差别不大。

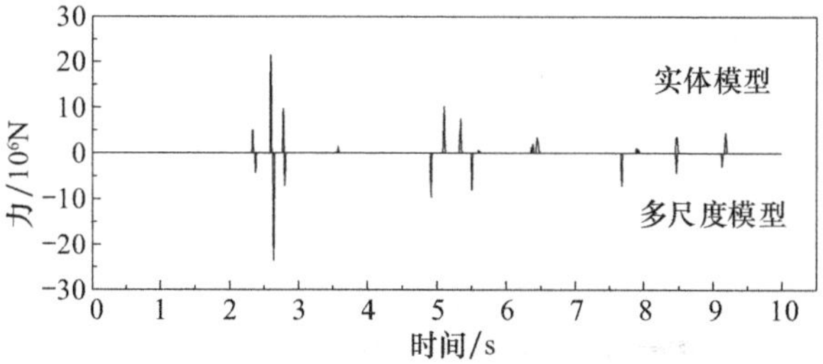

图 9.3.11　3# 碰撞面碰撞力时程曲线

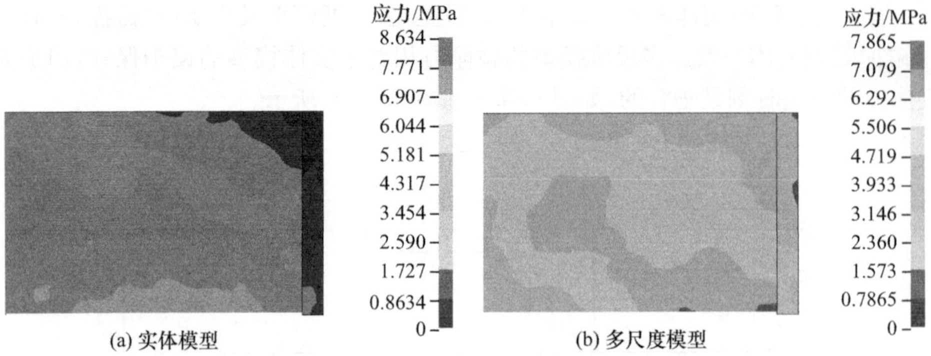

图 9.3.12　3[#] 碰撞面碰撞力峰值时刻应力云图

9.3.5　墩底反力对比

墩底反力直接关系到桥墩在地震过程中的变形和损伤情况。弯矩峰值时刻两个模型的应力云图如图 9.3.13 所示,墩底的剪力和弯矩时程曲线分别如图 9.3.14 和图 9.3.15 所示。可以看出,两种模型墩底内力的时程曲线大体一致,尤其是前 6s 阶段基本吻合,但是多尺度模型计算比较保守,峰值剪力比实体模型大 12.6%,峰

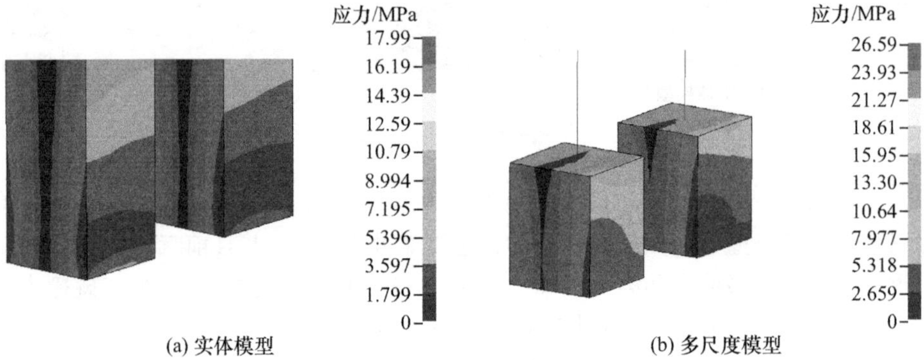

图 9.3.13　弯矩峰值时刻的墩底应力云图

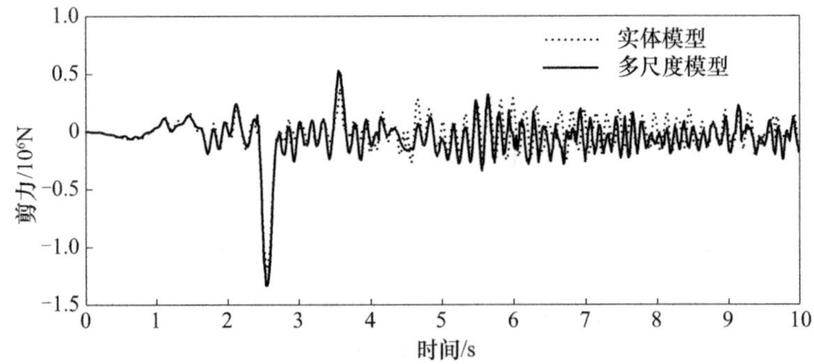

图 9.3.14　墩底剪力时程曲线

值弯矩比实体模型大 8.7%，造成该结果的原因可能是简化的梁单元采用的是弹性本构，而实体模型采用的是混凝土损伤本构，因而多尺度模型的桥墩刚度大，导致墩底内力比实体模型大。

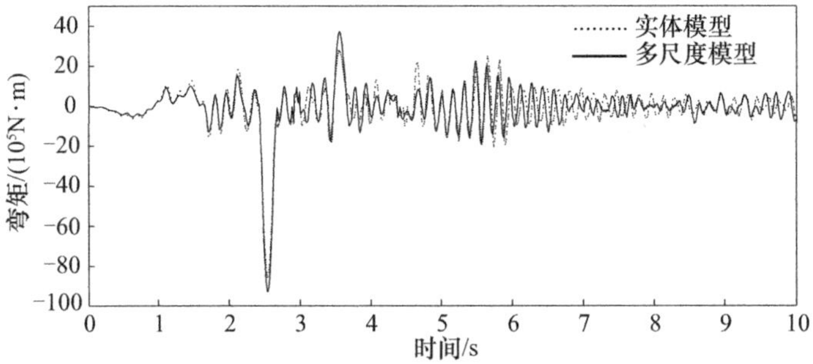

图 9.3.15　墩底弯矩时程曲线

9.4　简支梁桥倒塌分析

9.4.1　桥梁与震害概况

高原大桥为四跨(4×25m)简支梁桥，含引桥全长 115m，桥面净宽 8m，桥下净空 15m，设计荷载为公路-Ⅱ级，桥面上部结构为预应力空心板梁，主梁之间的伸缩缝宽度为 40mm，主梁和桥台之间的伸缩缝宽度为 80mm，支座为板式橡胶支座，桥墩为双柱式桥墩，基础为桩基础，桥台为重力式桥台[7]，图 9.4.1 为桥梁的立面图。高原大桥位于汶川地震烈度为 10 度的区域，距离宏观震中大概 22km，距离龙门山中央主破坏带不足 700m，其主要破坏如图 9.4.2 所示[8]。

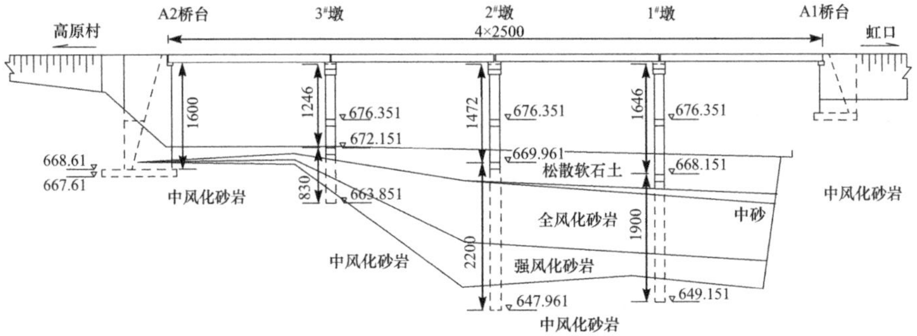

图 9.4.1　高原大桥立面图(单位:cm)

采用多尺度建模方法建立的高原大桥桥墩有限元模型如图 9.4.3 所示。在底部系梁处截断，并在墩底、系梁以及盖梁处采用实体建模，其余墩身采用梁单元；主梁端部采用实体模型以更好地模拟梁端的碰撞，中部采用梁单元；板式橡胶支座采用弹簧单元模拟。

图 9.4.2　高原大桥破坏

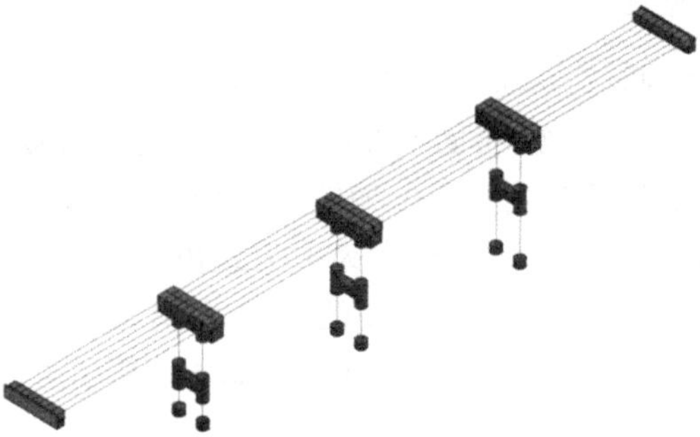
图 9.4.3　桥梁有限元模型

9.4.2　地震动选取

高原大桥的走向大体为南北走向，震害主要表现为纵桥向的碰撞破坏，本次仿真分析中采用的地震波为什邡地震台(31.000N,103.400E;DEPTH 14km)采集到的 NS 方向的地震动记录持时约为 300s[9]。在对原波滤波之后，截取范围为36～53s，共 17s，其中包含了地震波的峰值(t=12.16s，a_{max}=0.52g)。

由于高原大桥采用桩柱式桥墩，有近一半的墩身埋置于土体中，考虑到不同桩基础处因土体厚度和类型造成的局部场地效应，对地震波进行滤波处理，并在墩底输入。假设墩底基岩的地震动是相同的，将场地视为一个线性系统，场地的传递函数反映了该线性系统的特性。地震由震源经过介质传播到地表的加速度时程 $a(t)$是一个无规律的震动过程，可以通过快速傅里叶变换(FFT)将 $a(t)$由时域转换到频域[5]。

9.4.3 计算结果分析

图 9.4.4 给出了数值计算的沙漏能和内能，沙漏能总体上控制在内能最大值的 10%以内，计算结果可以接受。

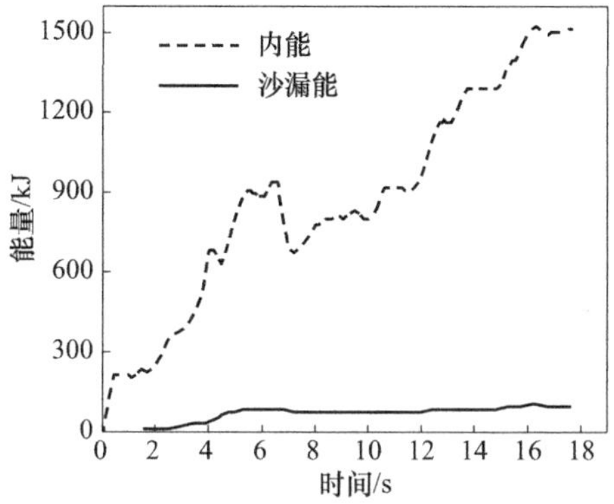

图 9.4.4 沙漏能和内能

1. 高原大桥倒塌全过程

高原大桥的倒塌全过程如图 9.4.5 所示，分析结果表明：高原大桥倒塌的主要原因是 A2 桥台胸墙的失效，失去对第四跨主梁的纵向约束，主梁间的碰撞导致第三跨和第四跨落梁，和实际震害基本一致。因此，对于简支梁桥，有必要加强桥梁跨间的连梁装置，增强桥梁整体性能，以避免落梁等严重桥梁震害发生。

图 9.4.6 为 4-E(第四跨，Y 方向第 5 根主梁)主梁梁端碰撞力时程。碰撞力时程在一定程度上反映了高原大桥的倒塌过程：在 4s 左右，发生了 5 次碰撞，这个时间段对应 A2 胸墙从开裂到破碎失效的过程；8s 和 12s 附近的碰撞则对应第四跨主梁相继掉落的过程；13.72s 时该主梁梁端的碰撞力为 2330kN，单根主梁的质量约为 40t。从图 9.4.7 可以看出，在 13.72s 主梁 4-E 的速度突变，巨大的碰撞力也是导致落梁的重要原因之一。

2. 高原大桥倒塌失效细节

在高原大桥震后重建勘测中，谢和平等[7]用全站仪测得 1[#]、2[#]、3[#] 桥墩分别向高原村倾斜了 0.62°、0.66°和 2.88°。在数值分析中，3[#] 桥墩向高原村一侧倾斜了 3°，与震害实测值基本相同(见图 9.4.8)。现场震害调查及模拟得到的墩底塑性损伤如图 9.4.9 所示，发现三个桥墩墩底均出现不同程度的塑性损伤，其中 3[#] 桥墩的损伤最大，1[#] 桥墩的最小，三个桥墩主要表现为受弯损伤。

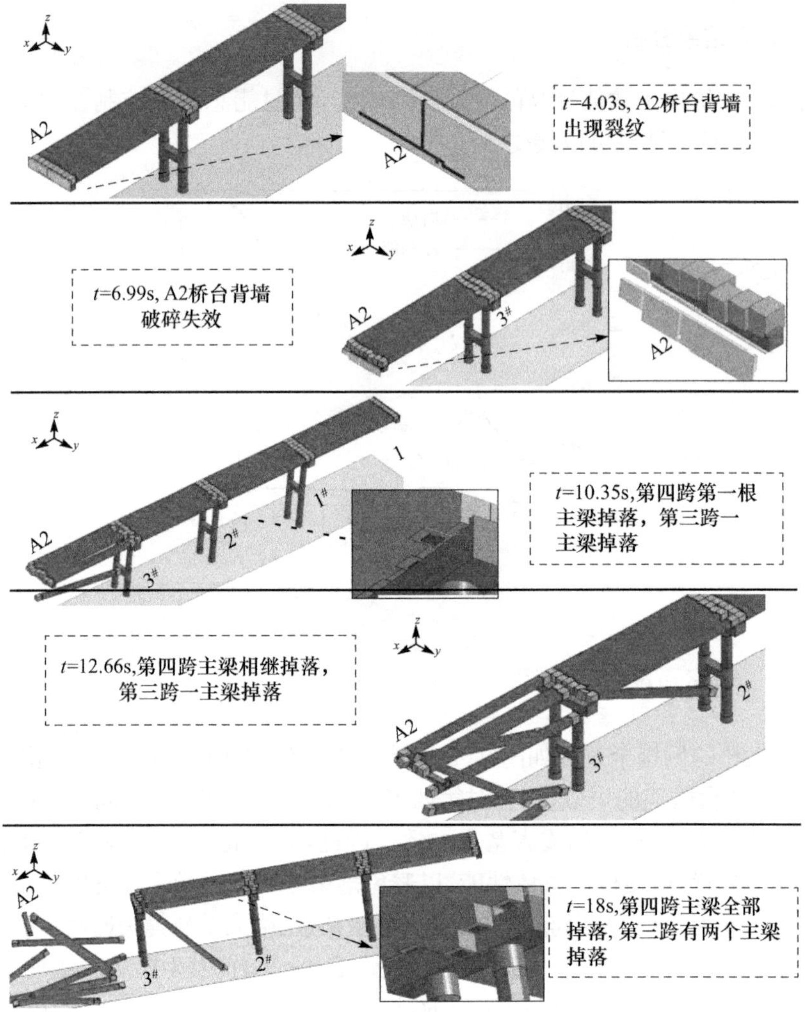

图 9.4.5　高原大桥的倒塌过程

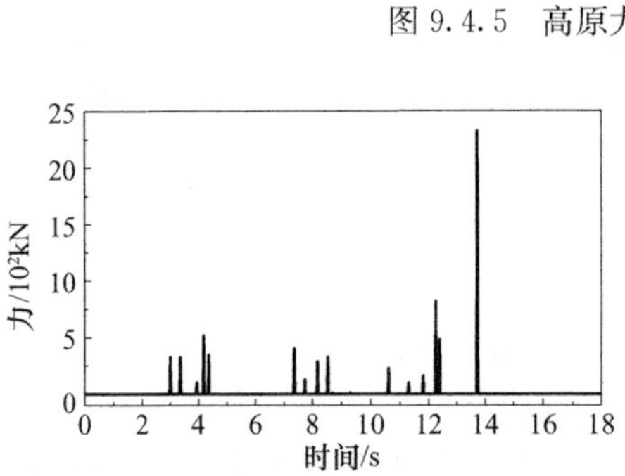

图 9.4.6　第四跨 4-E 主梁梁端碰撞力时程曲线

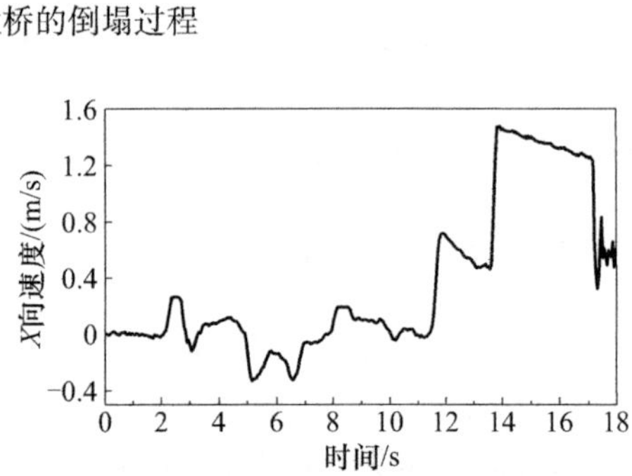

图 9.4.7　第四跨 4-E 主梁速度时程曲线

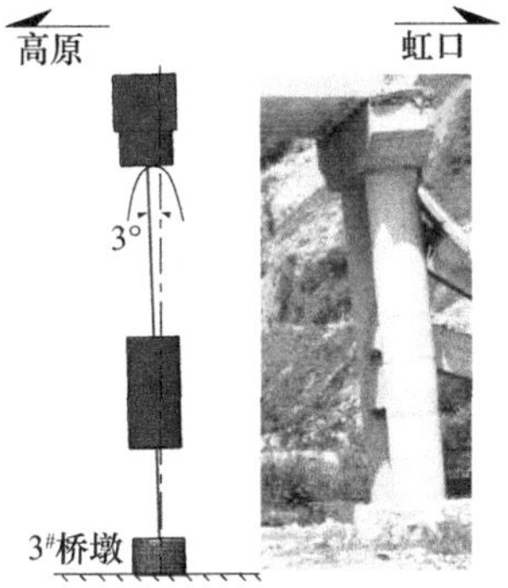

图 9.4.8　3# 桥墩倾斜

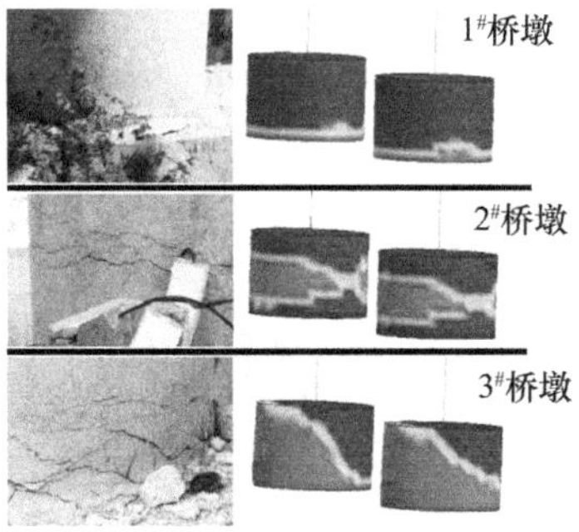

图 9.4.9　墩底塑性损伤

3. 桥墩截面弯矩-曲率曲线

单柱桥墩截面弯矩-曲率曲线如图 9.4.10 所示，单柱截面的首次屈服弯矩为 5961kN·m，等效屈服弯矩为 7176kN·m，换算为双柱截面后，首次屈服弯矩为 11922kN·m，等效屈服弯矩为 14352kN·m。2# 和 3# 桥墩墩底的弯矩时程曲线如图 9.4.11 和图 9.4.12 所示，桥墩的基底抗弯需求超过了首次屈服弯矩

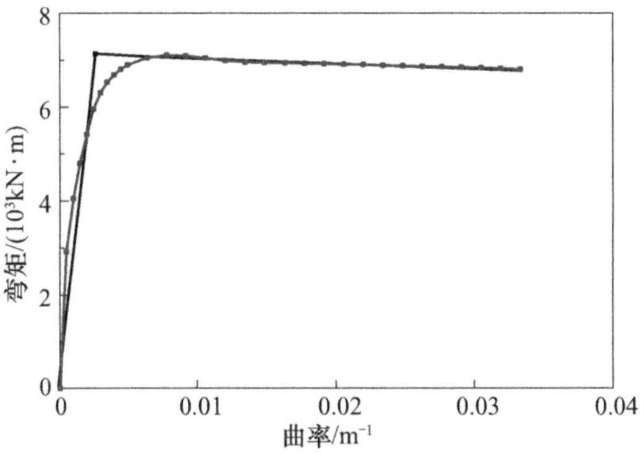

图 9.4.10　桥墩截面弯矩-曲率曲线

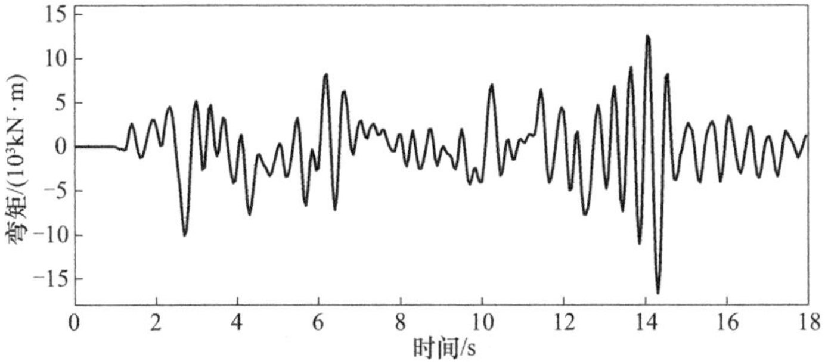

图 9.4.11　2# 桥墩墩底弯矩时程曲线

(11922kN · m)和等效屈服弯矩(14352kN · m),因而造成图 9.4.9 所示的损伤现象。

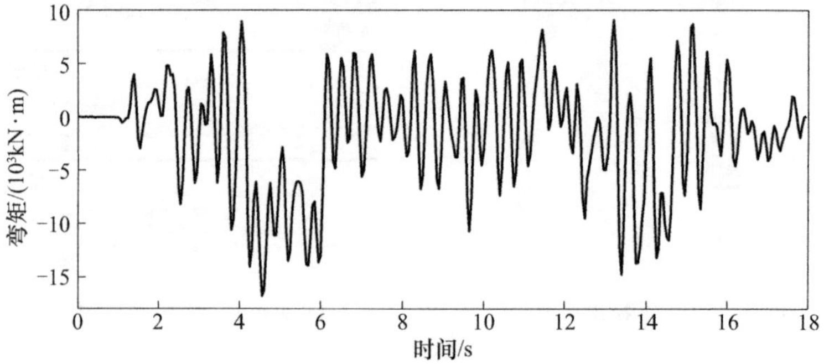

图 9.4.12　3# 桥墩墩底弯矩时程曲线

4. 墩底剪力时程分析

墩底抗剪强度的理论计算采用美国应用技术委员会提出的 ATC-32 公式:

$$V_n=V_c+V_s \tag{9.4.1}$$

式中,V_n 为抗剪强度,MN,由两部分组成:混凝土的抗剪强度 V_c 和箍筋的抗剪强度 V_s。

在塑性铰区内时,

$$V_c=0.17\left(0.5+\frac{P_c}{13.8A_g}\right)\sqrt{f_c'}A_e \tag{9.4.2}$$

式中,P_c 为桥墩承受的轴向压力,MN;A_g 为桥墩的全截面面积,m^2;$A_e=0.8A_g$,为有效剪切面积;f_c'为混凝土名义抗压强度,MPa。

当墩柱截面为圆形时,

$$V_s=\frac{\pi}{2}\frac{A_h f_{yh} D'}{s} \tag{9.4.3}$$

式中,A_h 为单肢箍筋的面积,m^2;f_{yh}为箍筋的屈服强度,MPa;D'为圆环箍筋的环内直径;s 为箍筋间距。

依据式(9.4.1)计算的双柱墩的抗剪强度为 3301kN。以此值为参考,2# 和 3# 桥墩墩底的剪力时程曲线如图 9.4.13 和图 9.4.14 所示。3# 桥墩墩底的峰值剪力需求比抗剪强度计算值(3301kN)大 26%,2# 桥墩墩底的峰值剪力需求比抗剪强度计算值大 15%,即墩柱塑性铰区抗剪强度小于抗剪需求,墩柱存在塑性铰区剪切破坏的风险。

2# 和 3# 桥墩距离墩底 1m 处截面塑性损伤发展云图如图 9.4.15 所示,可以看出,3# 桥墩墩底截面的剪切损伤比较严重,2# 桥墩墩底主要表现为截面两端受弯损伤，并且 3# 桥墩墩底出现塑性损伤的时间较早，塑性面发展较快。

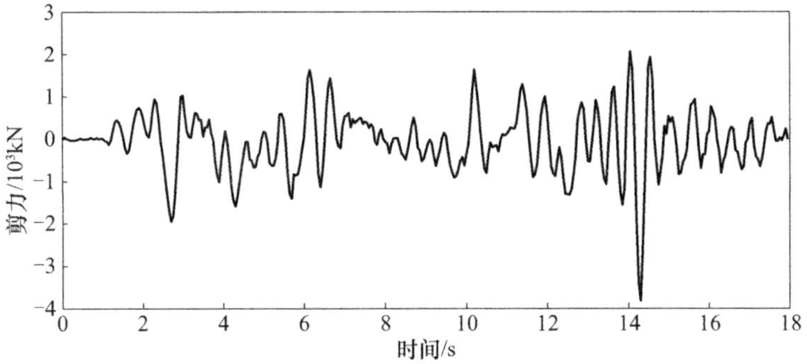

图 9.4.13　2# 桥墩墩底剪力时程曲线

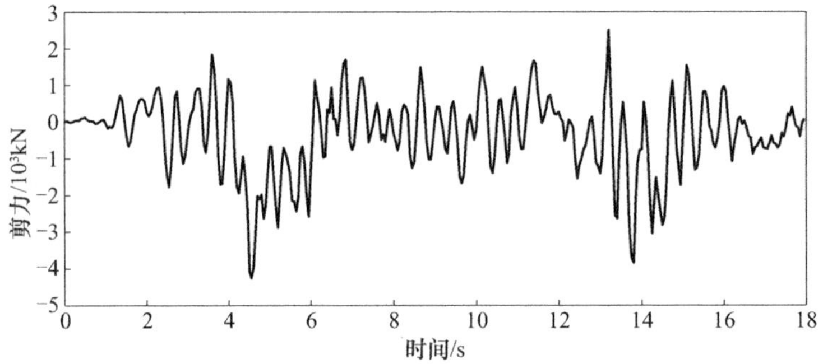

图 9.4.14　3# 桥墩墩底剪力时程曲线

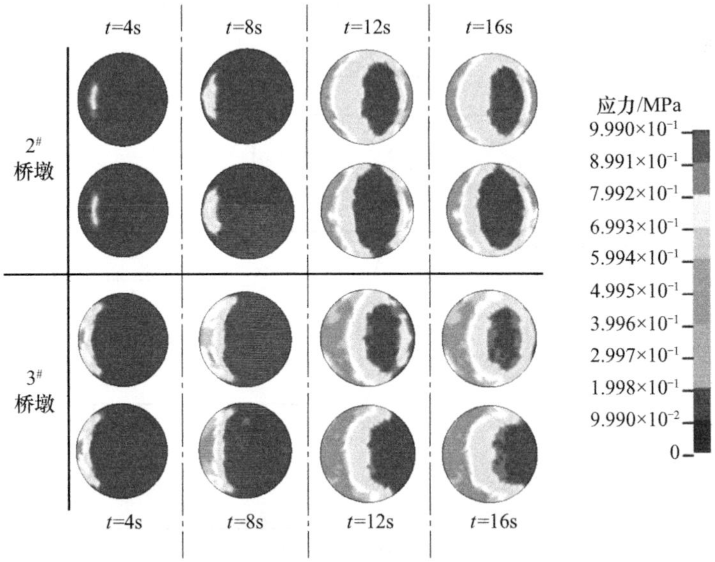

图 9.4.15　2# 和 3# 桥墩墩底截面塑性损伤发展云图

9.5　高墩大跨连续刚构梁桥倒塌分析

9.5.1　桥梁概况及有限元模型

某四跨预应力混凝土连续刚构箱梁桥，其跨径布置为 75m＋2×150m＋75m，全长 450m，主梁与桥台之间的伸缩缝宽度为 360mm。主梁采用单箱单室截面，墩顶处高度为 7.0m，跨中处高度为 2.5m。桥梁墩顶和墩底潜在塑性铰区采用实体单元建模，其余部分采用梁单元，实体部分采用钢筋混凝土分离式建模的方法；主梁端部节段采用实体单元，其余部位简化为变截面梁单元；桥台采用实体模型。桥梁分析模型如图 9.5.1 所示。

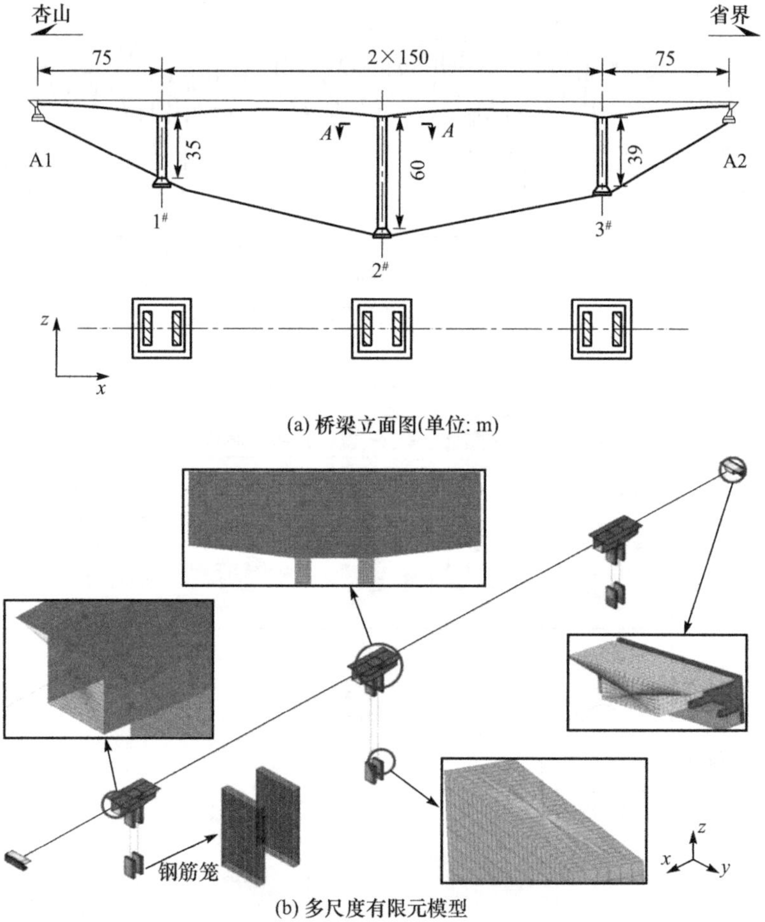

(a) 桥梁立面图(单位: m)

(b) 多尺度有限元模型

图 9.5.1　桥梁分析模型

9.5.2　桥梁地震倒塌分析

桥梁倒塌持续了12.5s，图9.5.2为在初始时刻和t=2s时桥梁的状态。在t=2s时，1#桥墩和3#桥墩顶角部的混凝土保护层出现了损伤，Mises应力云图反映出在墩顶和主梁交界处的角部出现了明显的应力集中，这体现了在双向地震作用下桥墩受力复杂的特点。2#桥墩刚度比较小，并没有出现损伤。

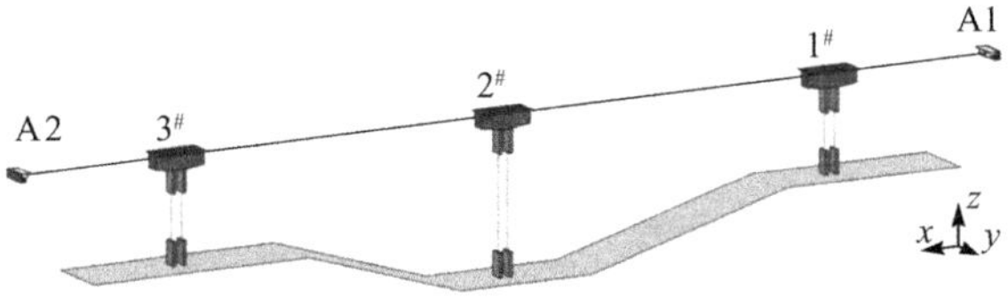

(a) t=0s

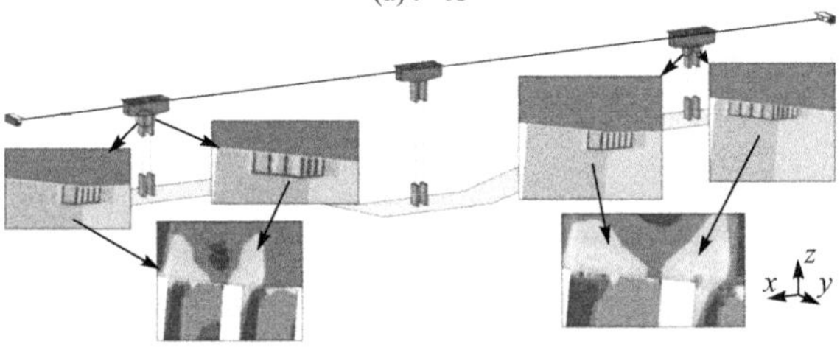

(b) t=2s

图9.5.2　桥梁倒塌全过程(t=0s和t=2s)

图9.5.3为在t=4s和t=6s时桥梁的状态。在t=4s时，2#桥墩的墩顶角部和墩底侧部混凝土保护层破碎；1#桥墩和3#桥墩墩顶和墩底混凝土保护层大部分失效，核心混凝土逐渐进入塑性。

在t=6s时，3#桥墩顶部和底部出现塑性铰，桥墩承载力降低，墩身向A1桥台侧倾斜了1.8°，同时导致第四跨主梁脱离桥台，但是由于2#桥墩较柔，此时墩顶和墩底并未出现塑性铰，仍具有良好的承载能力，限制了1#桥墩的侧向倾覆。

图9.5.4为在t=8s和t=10s时桥梁的状态。在t=8s时，第四跨已经变为悬臂梁，由于3#桥墩墩顶和墩底已经形成柱铰破坏机制，墩顶处主梁承受的负弯矩最大，主梁顶板和底板处出现损伤，3#桥墩A2桥台侧墩柱向内侧倾斜，第四跨已经失稳。第一跨主梁此刻并未脱离桥台，1#桥墩和2#桥墩没有倾斜失稳。

在t=10s时，第四跨主梁在3#桥墩墩顶处折断，3#桥墩丧失承载能力，在重力作用下倾斜倒塌，第三跨逐渐向悬臂梁形式发展。在地震惯性力和第四跨倒塌的双重影响下，1#桥墩发生柱铰破坏，桥墩向A2桥台侧倾斜了5°，偏移率达到8.7%，第一跨主梁脱离桥台，第一跨失稳；2#桥墩在距离墩底1.7m处产生塑性铰，墩身向A2桥台侧倾斜了2.2°，偏移率达到了3.8%，此时全桥已经变成不稳定结构。

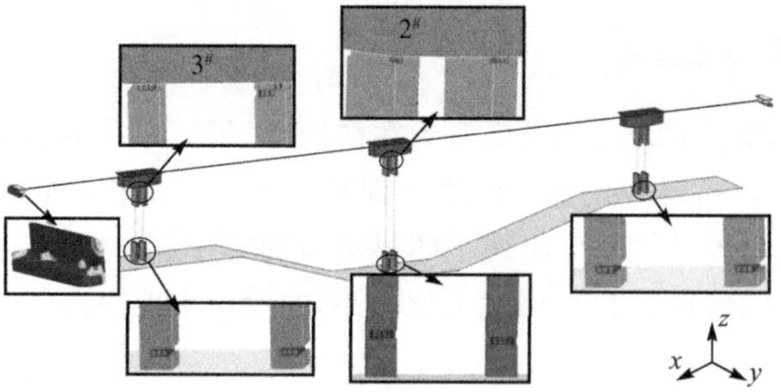

(a) t=4s

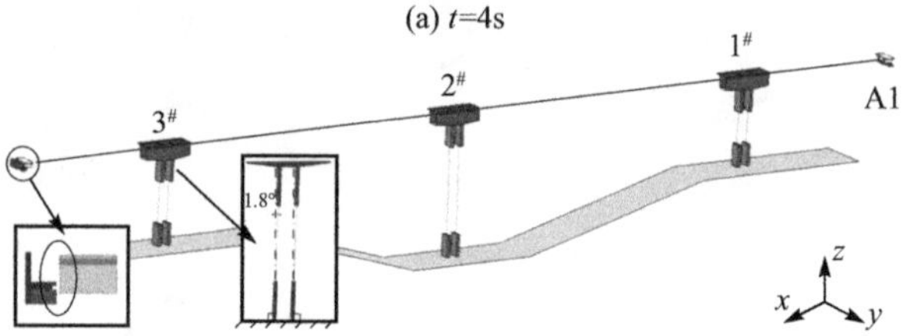

(b) t=6s

图 9.5.3　桥梁倒塌全过程(t=4s 和 t=6s)

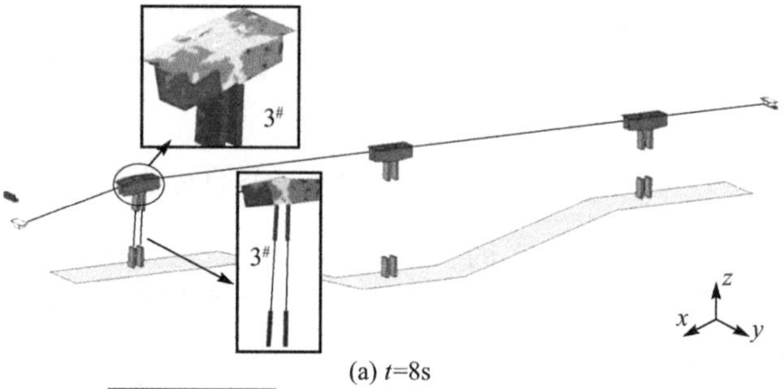

(a) t=8s

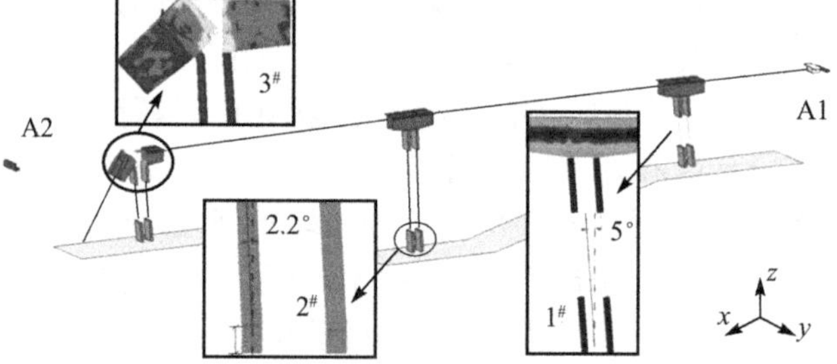

(b) t=10s

图 9.5.4　桥梁倒塌全过程(t=8s 和 t=10s)

图 9.5.5 为在 t=11s 和 t=12.5s 时桥梁的状态。在 t=11s 时,三个桥墩墩底处混凝土压溃,钢筋屈曲,完全失去承载能力;t=12.5s 为全桥的最终失效倒塌形态。

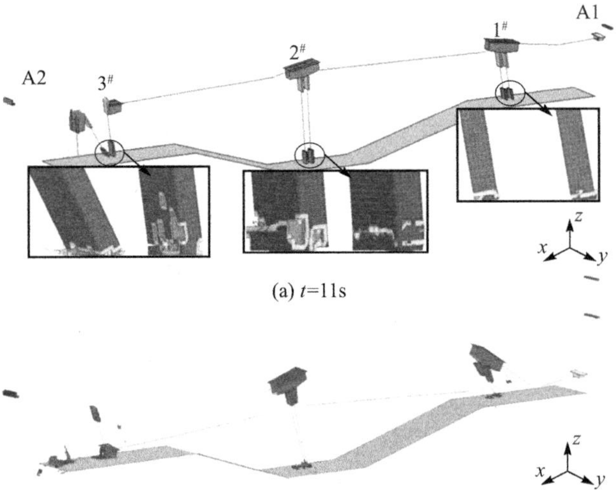

图 9.5.5　桥梁倒塌全过程(t=11s 和 t=12.5s)

参考文献

[1] 李兆霞,孙正华,郭力,等. 结构损伤一致多尺度模拟和分析方法. 东南大学学报(自然科学版),2007,37(2):251-260.

[2] 孙正华,李兆霞,陈鸿天. 结构行为一致多尺度有限元模型修正及验证. 东南大学学报(自然科学版),2009,39(1):85-90.

[3] 陆新征,林旭川,叶列平. 多尺度有限元建模方法及其应用. 华中科技大学学报(城市科学版),2008,25(4):76-80.

[4] 石永久,王萌,王元清. 基于多尺度模型的钢框架抗震性能分析. 工程力学,2011,28(12):20-26.

[5] 王浩. 基于多尺度有限元建模 RC 桥梁地震失效模式与倒塌分析[硕士学位论文]. 北京:北京工业大学,2016.

[6] Holqmuist T J, Johnson G R. A computational constitutive model for concrete subjected to large strains, high strain rate, and high pressures. The 14th International Symposium on Ballistics, Quebec, 1993.

[7] 谢和平,台佳佳,邓建辉,等. 虹口高原大桥的破坏机制分析. 四川大学学报(工程科学版),2009,(3):51-55.

[8] Han Q, Du X L, Liu J B, et al. Seismic damage of highway bridges during the 2008 Wenchuan earthquake. Earthquake Engineering and Engineering Vibration, 2009, 8(2):263-273.

[9] Li X, Zhou Z, Yu H, et al. Strong motion observations and recordings from the great Wenchuan earthquake. Earthquake Engineering and Engineering Vibration, 2008, 7(3):235-246.

第 10 章　桥梁地震保护装置

当前的桥梁抗震设计主要依靠桥梁结构自身(如桥墩塑性铰)、减震装置(如阻尼器)等耗散部分地震能量,或采用隔震支座(如铅芯橡胶隔震支座)延长桥梁结构体系的自振周期,使其错开地震能量相对集中的频段,从而减小桥梁结构地震响应。对于桥梁减隔震,一般采用减隔震支座代替普通支座或加装阻尼器的方法来实现。这些减震技术不但能够满足桥梁正常使用状态(如风荷载、制动力等)下的需求,且在地震作用下,还可以耗散部分地震能量并延长结构周期,降低上部结构的惯性力,保护结构主体不出现或只出现轻微的损伤。震后只需更换减隔震元件并对桥梁结构进行适当修复,就可以达到加固结构的目的。因此,对桥梁结构采用减隔震设计是一种经济、有效的抗震设计方法。

近年来,我国的桥梁建设逐渐向西南深沟峡谷、西北黄土深壑以及东南近海延伸。这些地区大部分处于高烈度区,采用减隔震技术是高烈度区桥梁抗震设计的一种较好方案,有望解决高烈度区复杂环境下桥梁结构大位移、大吨位和耐久性需求。因此,深入研究现有桥梁地震保护装置在恶劣环境下的力学性能和本构模型,并开发出性能稳定、减隔震效果良好、耐久性能好的新型桥梁地震保护装置,有助于保障桥梁结构的抗震安全。

10.1　铅芯橡胶隔震支座

铅芯橡胶隔震支座是在天然橡胶隔震支座中心或非中心部增加铅芯制作而成的隔震支座。生产工艺通常是在制造完成天然橡胶隔震支座后,将计算好体积的铅芯压入天然橡胶隔震支座的预留孔内制作而成,剖面图如图 10.1.1 所示。在较

图 10.1.1　铅芯橡胶隔震支座剖面图

低水平力作用下，具有较高的初始刚度，变形很小。在地震作用下，一方面，由于铅芯的屈服，可以消耗地震能量；另一方面，由于刚度的降低，可以达到延长结构周期的目的。铅芯橡胶隔震支座具有弹性变形、弹性恢复、承担竖向荷载和耗能的特性，并具有施工简便的特点，因此在桥梁工程中应用广泛[1]。

10.1.1　铅芯橡胶隔震支座的力学性能

铅芯橡胶隔震支座（LRB）的力学性能是天然橡胶隔震支座和铅芯阻尼器的叠加，评价铅芯橡胶隔震支座力学性能的指标主要有压缩性能、拉伸性能、剪切性能和回转性能等[2]。

1. 铅芯橡胶隔震支座压缩性能

一层橡胶压缩状态分析模型如图 10.1.2 所示，橡胶层在竖向压力的作用下，产生两个方向的变形，即竖向压缩变形 δ_{v1} 及水平方向的横向变形 δ_{h1}。根据橡胶材料不可压缩假定，n 层橡胶纯压缩状态下的竖向刚度 K_v 为

$$K_v = \frac{E_{cb}A}{nt_r} \tag{10.1.1}$$

式中，E_{cb}为修正后的橡胶纵弹性模量；A 为橡胶层面积；t_r 为单层橡胶层厚度；n 为橡胶层数。

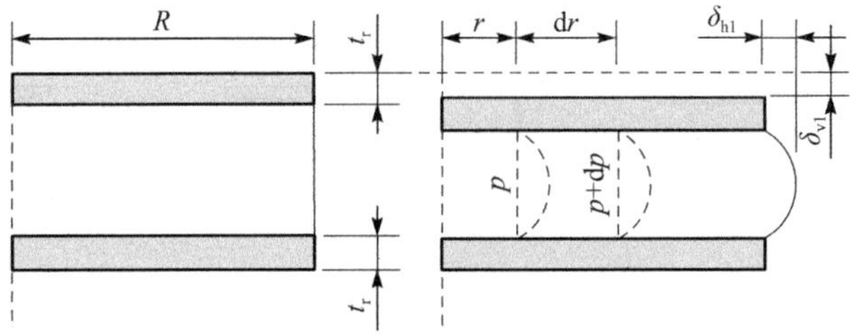

图 10.1.2　一层橡胶压缩状态分析模型

在式(10.1.1)的基础上，得到采用压缩刚度因子的竖向刚度计算式为

$$K_v = \varphi_c S_1 K_{h0} \tag{10.1.2}$$

式中，φ_c 定义为压缩刚度因子；S_1 为第一形状系数；K_{h0} 为零压力时橡胶支座水平刚度，可以按照式(10.1.3)计算：

$$K_{h0} = \frac{GA}{nt_r} \tag{10.1.3}$$

式中，G 为橡胶剪切弹性模量。

在不同剪切应变状态下，隔震支座的竖向刚度定义为偏压竖向刚度。橡胶支座在压缩及剪切应力状态下，产生水平位移 δ_h，支座相交有效面积减少，竖向刚度产生变化。剪切变形状态下偏压竖向刚度计算式为

$$K_{v,s}=\sqrt{\frac{A_e}{A}}\frac{E_{cb}A}{nt_r}=\sqrt{\frac{A_e}{A}}\varphi_c S_1 K_{h0} \tag{10.1.4}$$

式中，A_e 为隔震支座上下表面相交面积。

在纯竖向压力 P 作用下，橡胶支座的竖向变形为各橡胶层压缩变形量的总和，橡胶支座的竖向压缩变形 δ_v 计算式为

$$\delta_v=\frac{P}{K_v}=\frac{Pnt_r}{E_{cb}A} \tag{10.1.5}$$

在竖向压力 P 和水平剪力 F 作用下，计算模型如图 10.1.3 所示。橡胶支座的竖向变形一部分为橡胶受到压缩产生的变形，另一部分为剪切及弯曲引起的竖向变形。剪切及弯曲引起的竖向变形可以见图 10.1.4 所示的计算模型。建立一半高度处的弯矩平衡方程，可以得到最大回转角 θ_u 为

$$\theta_u=\frac{M}{K_{rm}}=\frac{1}{2}\frac{FhT_r}{E_{rb}I} \tag{10.1.6}$$

式中，M 为支座受到的弯矩；K_{rm}为回转刚度，后面有详述；F 为水平剪力；h 为支座高度；I 为支座截面惯性矩；T_r 为橡胶总厚度；E_{rb}按式(10.1.7)计算：

$$E_{rb}=\frac{3G(1+2\kappa S_1^2/3)E_b}{3G(1+2\kappa S_1^2/3)+E_b} \tag{10.1.7}$$

式中，κ 为橡胶硬度修正系数；E_b 为橡胶压缩体积弹性模量。

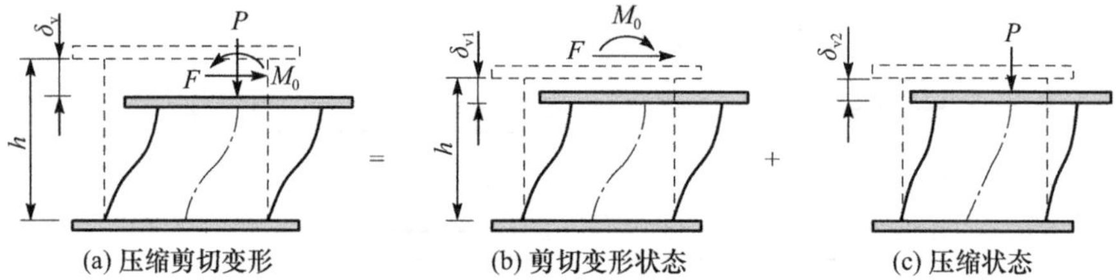

图 10.1.3　压缩剪切状态竖向变形计算模型

因橡胶座的回转刚度较大，回转角 θ_u 较小，剪切变形状态下的竖向位移为

$$\delta_{v1}=\delta_h\theta_u=\frac{\delta_h}{2}\frac{FhT_r}{E_{rb}I}=\frac{\delta_h^2}{2}\frac{GAh}{E_{rb}I} \tag{10.1.8}$$

竖向压力引起的竖向变形量 δ_{v2} 为

$$\delta_{v2}=\frac{3}{2}\sqrt{\frac{A}{A_e}}\frac{Pnt_r}{E_{cb}A}=\frac{3}{2}\sqrt{\frac{1}{AA_e}}\frac{Pnt_r}{E_{cb}} \tag{10.1.9}$$

压缩剪切变形状态下橡胶支座的竖向变形量 δ_v 为

$$\delta_v=\delta_{v1}+\delta_{v2} \tag{10.1.10}$$

图 10.1.5 为铅芯橡胶支座压剪试验得到的剪切应变与竖向变形的关系。可以看出，理论计算值与试验值一致，因此该力学模型能够有效地预测铅芯橡胶支座

在压缩剪切变形状态下的竖向变形量。

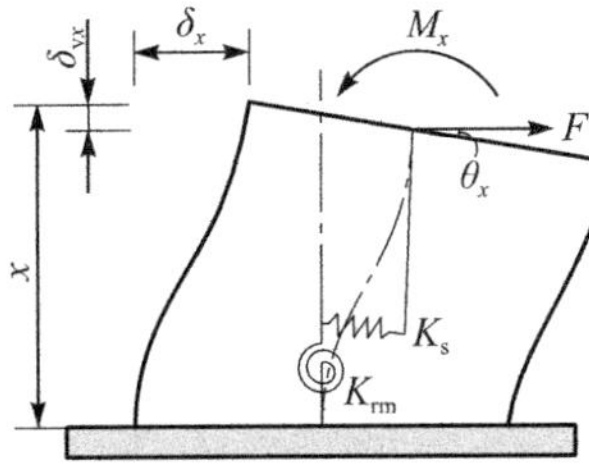

图 10.1.4　剪切状态竖向变形计算模型

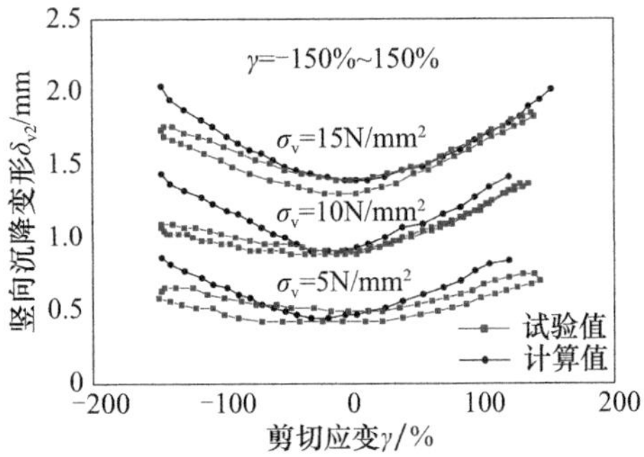

图 10.1.5　剪切应变与竖向变形的关系

2. 橡胶隔震支座拉伸性能

橡胶支座主要利用其高竖向承载能力支承上部结构重量，其竖向拉伸能力远小于竖向压缩能力。这里沿用橡胶支座压缩刚度因子的概念，提出拉伸刚度因子。橡胶支座拉伸应力-应变关系可采用图 10.1.6 所示的双刚度模型，A 点为屈服点，相应的应力应变定为屈服应力 σ_{ty} 和屈服应变 ε_{ty}，第一刚度 K_{vty} 和非线性刚度系数 ν_1 如下：

$$K_{vty}=\frac{1}{3}\varphi_t S_1 K_{h0} \tag{10.1.11}$$

$$\nu_1=0.06 \tag{10.1.12}$$

式中，φ_t 为拉伸刚度因子。

图 10.1.7 为原点拉伸刚度应力-应变模型，OA 弹性段和 AB 非线性段与双刚度模型的区别之处在于拐点 A 的位置固定在 $\sigma_{t0}=G$（G 为橡胶剪切模量，单位为 N/mm^2）处。因为非线性段的刚度 K_{vt} 按原点割线刚度计算，这种模型定义为原点拉伸刚度模型。该模型中，橡胶支座拉伸刚度 K_{vt0} 计算式为

$$K_{vt0}=\varphi_t S_1 K_{h0} \tag{10.1.13}$$

非线性段 AB 上任一点的原点拉伸刚度 K_{vt} 为

$$K_{vt}=\mu_\varepsilon \varphi_t S_1 K_{h0} \tag{10.1.14}$$

式中，μ_ε 为非线性段拉伸刚度降低系数，它决定支座拉伸刚度降低的曲线形状。

当支座剪切应变 γ 为零时，拉伸刚度最大。随着剪切应变的增大，支座上下面相交面积的减少，拉伸刚度不断减小。橡胶支座拉伸剪切变形状态竖向刚度 $K_{vt,sl}$ 计算式为

$$K_{vt,sl}=\sqrt{\frac{A_e}{A}}\frac{E_{tb}A}{nt_r}=\sqrt{\frac{A_e}{A}}\varphi_t S_1 K_{h0} \tag{10.1.15}$$

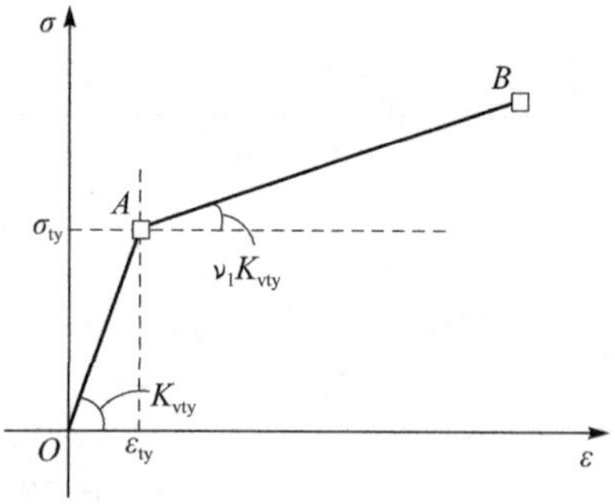

图 10.1.6 双刚度应力-应变模型

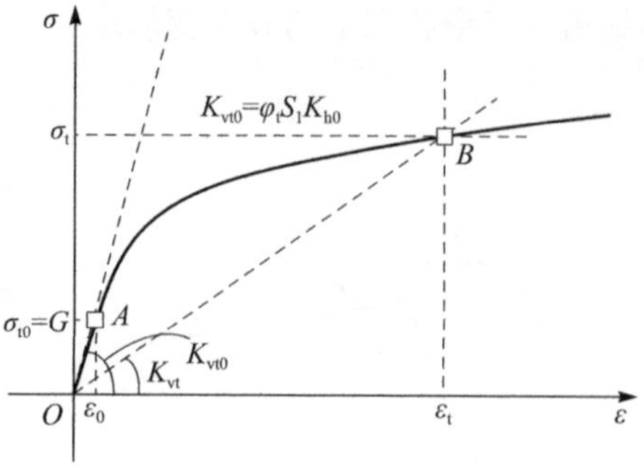

图 10.1.7 原点拉伸刚度应力-应变模型

需要注意，橡胶支座在剪切变形较大时（$\gamma>100\%$）橡胶材料出现刚度硬化的现象，拉伸剪切变形状态非相交部分对拉伸刚度的影响不能忽略，A_e 取 $\gamma=100\%$ 时的面积。

非线性拉伸变形领域的偏拉原点刚度计算方法与之前类似，考虑拉伸刚度降低系数 μ_ε，计算公式为

$$K_{vt,s2}=\sqrt{\frac{A_e}{A}}\mu_\varepsilon\varphi_t S_1 K_{h0} \tag{10.1.16}$$

在小应力状态，橡胶支座的拉伸特性接近压缩特性。若竖向拉力为 P_t，原点拉伸刚度为 K_{vt}，则可得 P_t 作用下支座的竖向拉伸变形量为

$$\delta_{t,e}=\frac{P_t}{K_{vt}}=\frac{P_t n t_r}{E_{t0}A}=\frac{P_t}{\varphi_t S_1 K_{h0}} \tag{10.1.17}$$

非线性段的竖向拉伸变形量为

$$\delta_{t,n}=\frac{P_t}{K_{vt}}=\frac{P_t}{\mu_\varepsilon\varphi_t S_1 K_{h0}} \tag{10.1.18}$$

橡胶支座拉伸剪切变形状态下的竖向变形一部分由剪切和弯曲产生，另一部分由竖向拉力产生。由剪切变形和弯曲产生的竖向变形 δ_{t1} 与压缩剪切状态的相同得

$$\delta_{t1}=\delta_{v1}=\frac{\delta_h^2}{2}\frac{GAh}{E_{rb}I} \tag{10.1.19}$$

在剪切变形状态下，拉力产生的竖向变形 δ_{t2} 由原点拉伸刚度的计算式得

$$\delta_{t2,e}=\sqrt{\frac{A}{A_e}}\frac{P_t n t_r}{E_t A}=\sqrt{\frac{A}{A_e}}\frac{P_t}{\varphi_t S_1 K_{h0}} \tag{10.1.20}$$

剪切变形状态非线性段的拉伸变形量采用式(10.1.18)计算，竖向拉伸变形量为

$$\delta_{t2,n}=\sqrt{\frac{A}{A_e}}\frac{P_t}{\mu_\varepsilon\varphi_t S_1 K_{h0}} \tag{10.1.21}$$

因此，剪切变形线性段和非线性段的拉伸变形量分别为

$$\delta_{\text{tt,e}}=\frac{\delta_{\text{h}}^{2}}{2}\frac{GAh}{E_{\text{rb}}I}+\sqrt{\frac{A}{A_{\text{e}}}}\frac{P_{\text{t}}}{\varphi_{\text{t}}S_{1}K_{\text{h0}}} \tag{10.1.22}$$

$$\delta_{\text{tt,n}}=\frac{\delta_{\text{h}}^{2}}{2}\frac{GAh}{E_{\text{rb}}I}+\sqrt{\frac{A}{A_{\text{e}}}}\frac{P_{\text{t}}}{\mu_{\varepsilon}\varphi_{\text{t}}S_{1}K_{\text{h0}}} \tag{10.1.23}$$

由图 10.1.8 所示的拉力和拉伸变形关系曲线可以看出，采用双刚度模型和原点拉伸刚度模型均能够较为准确地描述铅芯橡胶支座在线性及非线性变形领域的应力-应变特性。

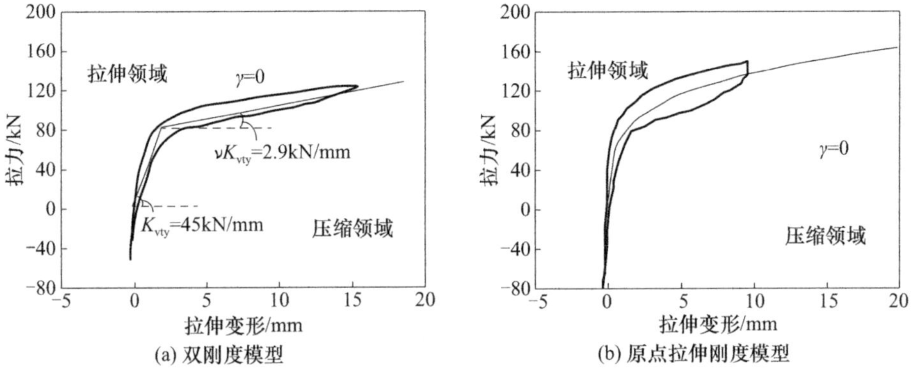

图 10.1.8　双刚度模型和原点拉伸刚度模型拉力和拉伸变形关系(γ=0)

3. 橡胶隔震支座回转伴随剪切性能

橡胶弹性体理论通常假定回转刚度为常数，仅与橡胶材料特性和橡胶体高度相关，随着剪切应变的增加，橡胶支座上下面相交部分逐渐减小，采用恒定回转刚度计算会出现较大的计算误差。这里基于橡胶支座的非线性弹性性质，探讨其回转和剪切相关的特性。

纯弯状态下，回转造成橡胶一部分受压弯曲，另一部分拉伸弯曲，当弹性体压缩和拉伸弯曲刚度相同时，应变中和轴与中心线重合，如图 10.1.9 所示。但是橡胶弹性体的压缩和拉伸弯曲刚度并不相同，应变中和轴与中心线重合的结论不成立。基于橡胶体纵向拉伸弹性模量为纵向压缩弹性模量 0.2 倍的假定，可以求解出纯弯状态下橡胶弹性体的中和轴只保持在 $\theta=\pm\pi/3$ 的位置，得到橡胶弹性体纯弯状态下压缩和拉伸弯曲回转刚度分别为

$$K_{\text{rm}}=\frac{E_{\text{rb}}I}{h}=\frac{\pi D^{4}E_{\text{rb}}}{64h} \tag{10.1.24}$$

$$K_{\text{rmt}}=\frac{E_{\text{rtb}}I}{h}=\frac{1}{5}\frac{E_{\text{rb}}I}{h}=\frac{\pi D^{4}E_{\text{rb}}}{320h} \tag{10.1.25}$$

式中，D 为橡胶支座直径。

当竖向压力 P 不为零时，中和轴随着竖向压力的变化，θ 在 $\pi/3\sim\pi/2$ 内变化。

随着竖向压力的进一步增大，橡胶进入全截面受压状态，此时的回转刚度按式(10.1.24)计算。同样，若竖向拉力不为零且当橡胶进入全截面受拉状态时，回转刚度按式(10.1.25)计算。

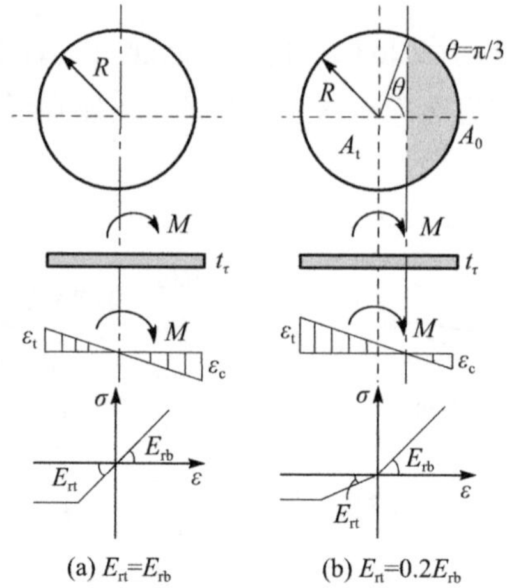

图 10.1.9　橡胶体零压力纯弯状态计算模型

考虑剪切应变 γ 的回转刚度计算式为

$$K_{\mathrm{rms}}=K_{\mathrm{rm0}}\left(1-\left|\frac{\delta}{D}\right|^{\frac{1}{1+\gamma^2}}\right) \tag{10.1.26}$$

式中，K_{rm0} 为剪切应变 $\gamma=0$ 时的回转刚度，采用式(10.1.24)计算。

橡胶支座和铅芯橡胶支座测到的回转刚度基准化后与剪切应变的相关性如图 10.1.10所示。

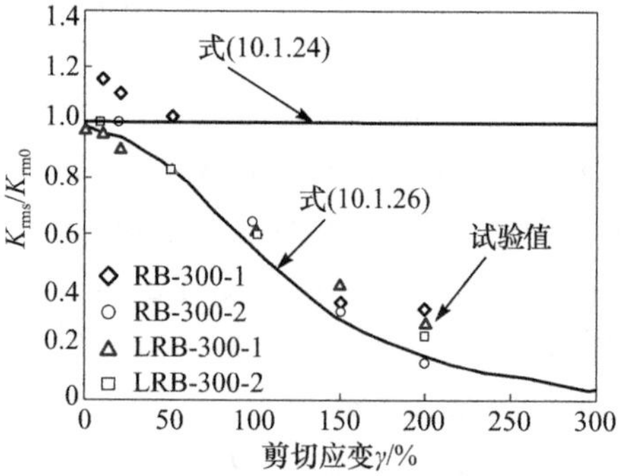

图 10.1.10　回转刚度与剪切应变的相关性

10.1.2　铅芯橡胶隔震支座恢复力模型

铅芯橡胶隔震支座本身具有弹塑性特性，其恢复力模型是由天然橡胶隔震支座和铅芯阻尼器叠加得到，如图 10.1.11 所示。现有的铅芯橡胶隔震支座的弹塑性恢复力分析模型主要有双线性模型、双向 Bouc-Wen 模型、双向耦合弹塑性模型及 Ramberg-Osgood 模型，本小节主要介绍前三种模型。

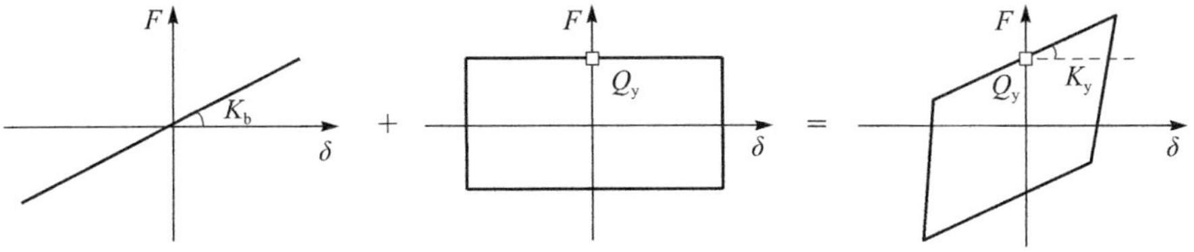

图 10.1.11　铅芯橡胶隔震支座恢复力特性

1. 双线性模型

双线性模型如图 10.1.12 所示，其单一方向力-位移关系为

$$F_b=\begin{cases}K_e u_b, & u_b\leqslant u_y\\ \alpha K_e u_b+(1-\alpha)F_y, & u_b>u_y\end{cases} \tag{10.1.27}$$

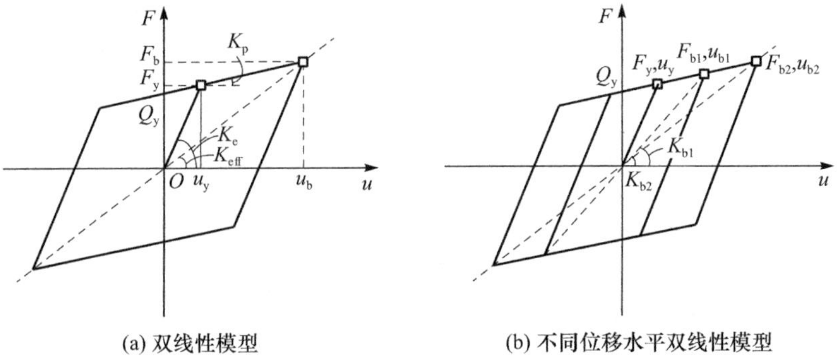

图 10.1.12　双线性模型

双线性模型的等效刚度和等效黏滞阻尼比分别为[3]

$$K_{eff}=\frac{F_b}{u_b},\quad \xi_{eq}=\frac{2}{\pi}(1-\alpha)\frac{u_b-u_y}{u_b}\frac{F_y}{F_b} \tag{10.1.28}$$

在实际应用中，通常给出不同位移水平下的支座等效刚度和等效黏滞阻尼比，如(F_{b1}，u_{b1}，K_{b1}，ξ_{b1})、(F_{b2}，u_{b2}，K_{b2}，ξ_{b2})，其力学参数的换算关系为

$$Q_y=\frac{F_{b1}u_{b2}-F_{b2}u_{b1}}{u_{b2}-u_{b1}} \tag{10.1.29}$$

$$K_p=\frac{F_{b2}-F_{b1}}{u_{b2}-u_{b1}} \tag{10.1.30}$$

$$u_y=\frac{F_{b2}u_{b2}\xi_{b2}u_{b1}-F_{b1}u_{b1}\xi_{b1}u_{b2}}{F_{b2}u_{b2}\xi_{b2}-F_{b1}u_{b1}\xi_{b1}} \tag{10.1.31}$$

$$F_y=\frac{F_{b1}F_{b2}(u_{b2}\xi_{b2}-u_{b1}\xi_{b1})}{F_{b2}u_{b2}\xi_{b2}-F_{b1}u_{b1}\xi_{b1}} \tag{10.1.32}$$

$$K_e=\frac{F_{b1}F_{b2}(u_{b2}\xi_{b2}-u_{b1}\xi_{b1})}{F_{b2}u_{b2}\xi_{b2}u_{b1}-F_{b1}u_{b1}\xi_{b1}u_{b2}} \tag{10.1.33}$$

式中，α 为屈服后与屈服前剪切刚度的比值，$\alpha=K_p/K_e$；F_b、u_b 分别为支座恢复力和位移；u_y 为屈服位移；ξ_{b1} 为（F_{b1}、u_{b1}）的黏滞阻尼比；ξ_{b2} 为（F_{b2}、u_{b2}）的黏滞阻尼比。图 10.1.12(b)中，K_{b1} 为（F_{b1}、u_{b1}）的等效刚度；K_{b2} 为（F_{b2}、u_{b2}）的等效刚度。

2. 双向 Bouc-Wen 模型

第 4 章已经详述了单向经典 Bouc-Wen 模型，这里将该模型扩展到水平双向，从而描述水平剪切作用下橡胶支座的滞回模型[4]。双向模型如图 10.1.13 所示，可以用初始弹性刚度 K_d、特征强度 Q_d、屈服强度 F_y 和屈服位移 Y 来表征，那么正交方向的恢复力 F_x 和 F_y 为

$$\begin{bmatrix}F_x\\F_y\end{bmatrix}=c_d\begin{bmatrix}\dot{U}_x\\\dot{U}_y\end{bmatrix}+K_d\begin{bmatrix}U_x\\U_y\end{bmatrix}+(\sigma_{YL}A_L)\begin{bmatrix}Z_x\\Z_y\end{bmatrix} \tag{10.1.34}$$

式中，σ_{YL} 为铅芯有效屈服应力；A_L 为铅芯横截面面积；c_d 为橡胶中表征能量耗散的参数；变量 Z_x 和 Z_y 表征恢复力的分量，为 U_x 和 U_y 的函数，双向作用下的微分方程为

$$Y\begin{bmatrix}\dot{Z}_x\\\dot{Z}_y\end{bmatrix}=\left(A\boldsymbol{I}-\begin{bmatrix}Z_x^2(\gamma\mathrm{sgn}(\dot{U}_xZ_x)+\beta) & Z_xZ_y(\gamma\mathrm{sgn}(\dot{U}_yZ_y)+\beta)\\Z_xZ_y(\gamma\mathrm{sgn}(\dot{U}_xZ_x)+\beta) & Z_y^2(\gamma\mathrm{sgn}(\dot{U}_yZ_y)+\beta)\end{bmatrix}\right)\begin{bmatrix}\dot{U}_x\\\dot{U}_y\end{bmatrix} \tag{10.1.35}$$

式中，γ 和 β 为控制滞回曲线形状的参数；A 为恢复力幅值。当开始屈服时，如果参数满足关系 $A/(\beta+\gamma)=1$，则等式 $Z_x=\cos\theta$，$Z_y=\sin\theta$ 是方程(10.1.35)的解，其中 θ 表示相对于运动方向合力的方向，Z_x 和 Z_y 在±1 之间。

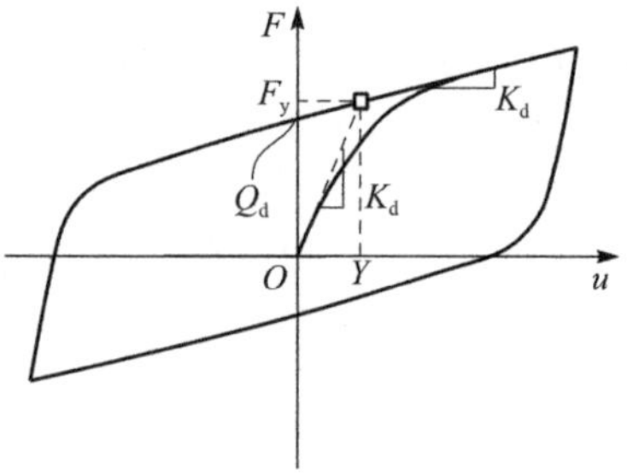

图 10.1.13 双向 Bouc-Wen 模型

3. 双向耦合弹塑性模型

双向耦合弹塑性模型是一种率无关的塑性理论模型[5]，图 10.1.14 给出了双

向耦合弹塑性模型的简图。该模型中,支座的恢复力 $\boldsymbol{F}=[F_x,F_y]^{\mathrm{T}}$ 由弹性分量和塑性分量构成

$$\boldsymbol{F}=K_2\boldsymbol{u}+\boldsymbol{F}_{\mathrm{p}} \tag{10.1.36}$$

式中,K_2 为屈服后硬化刚度;$\boldsymbol{u}=[u_x,u_y]^{\mathrm{T}}$ 为水平位移;$\boldsymbol{F}_{\mathrm{p}}$ 为滞回力。

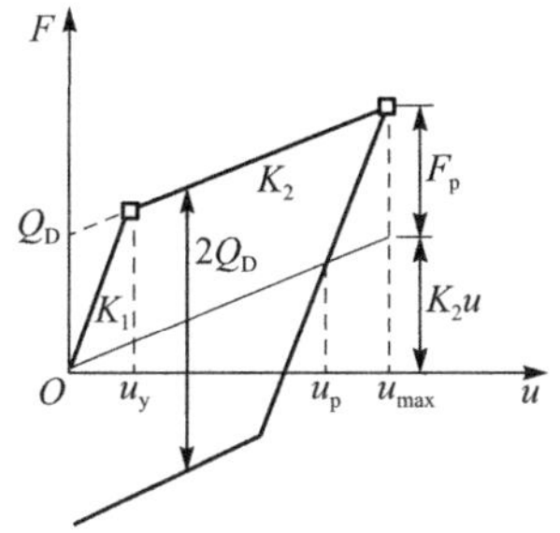

图 10.1.14 双向耦合弹塑性模型

塑性力可以由式(10.1.37)描述为

$$\boldsymbol{F}_{\mathrm{p}}=(K_1-K_2)(\boldsymbol{u}-\boldsymbol{u}_{\mathrm{p}}) \tag{10.1.37}$$

屈服面 $\phi(\boldsymbol{F}_{\mathrm{p}})$满足

$$\phi(\boldsymbol{F}_{\mathrm{p}})=\|\boldsymbol{F}_{\mathrm{p}}\|-Q_{\mathrm{D}} \tag{10.1.38}$$

式中,$\boldsymbol{u}_{\mathrm{p}}$ 为塑性位移;Q_{D} 为零位移力截距;K_1 为屈服前刚度。

当 $\phi(\boldsymbol{F}_{\mathrm{p}})<0$ 时,塑性变形的变化 p 为 0,当 $\phi(\boldsymbol{F}_{\mathrm{p}})=0$ 时,相关联流动法则为

$$\dot{u}_{\mathrm{p}}=\gamma\frac{\partial\phi(\boldsymbol{F}_{\mathrm{p}})}{\partial\boldsymbol{F}_{\mathrm{p}}}=\gamma\frac{\boldsymbol{F}_{\mathrm{p}}}{\|\boldsymbol{F}_{\mathrm{p}}\|} \tag{10.1.39}$$

式中,塑性系数 $\gamma\geqslant0$。

Kuhn-Tucker 加载/卸载条件为

$$\gamma\geqslant0,\quad \phi(\boldsymbol{F}_{\mathrm{p}})\leqslant0,\quad \gamma\phi(\boldsymbol{F}_{\mathrm{p}})=0 \tag{10.1.40}$$

一致性条件为

$$\gamma\cdot\dot{\phi}(\boldsymbol{F}_{\mathrm{p}})=\gamma\frac{\boldsymbol{F}_{\mathrm{p}}^{\mathrm{T}}}{\|\boldsymbol{F}_{\mathrm{p}}\|}=\gamma\boldsymbol{n}^{\mathrm{T}}\dot{\boldsymbol{F}}_{\mathrm{p}}=0 \tag{10.1.41}$$

式中,$\boldsymbol{n}$ 为加载屈服面曲面指数。

滞回力 $\boldsymbol{F}_{\mathrm{p}}$ 可由式(10.1.37)~式(10.1.41)计算得到。

10.2 高阻尼橡胶隔震支座

高阻尼橡胶隔震支座采用特殊配制的橡胶材料制作而成,其形状及构造与天然橡胶支座相同,如图 10.2.1 所示。高阻尼橡胶隔震支座不仅保持了叠层橡胶隔震支座的良好力学性能,同时具有较高的阻尼比,在地震中通过高阻尼橡胶在水平

方向的大位移剪切变形及滞回耗能吸收地震能量，隔离桥梁上、下部结构的地震运动，延长结构自振周期，减小地震作用力，从而实现减隔震功能。

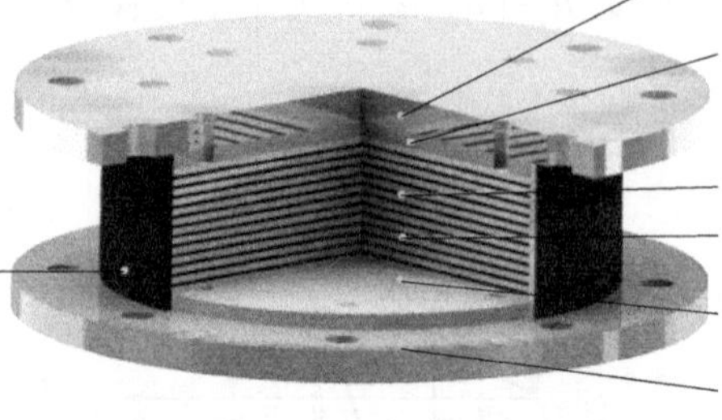

图 10.2.1　高阻尼橡胶隔震支座

高阻尼橡胶隔震支座中合成橡胶的非线性应力-应变特性会影响支座整体的力学行为。在诸如风或小震的条件下，支座的刚度较大，并且结构中的力和变形在弹性范围内。在中震下，支座发生变形并提供额外的能量耗散。在大震极端荷载情况下，弹性体的应变硬化特性限制了支座的变形，减小了支座失稳的风险。

10.2.1　高阻尼橡胶隔震支座的性能

高阻尼橡胶隔震支座的力学性能主要包括单轴压缩、单轴拉伸和剪切特性等。

1. 单轴压缩性能

双弹簧模型能够准确反映支座的受压性能，该模型主要从轴向刚度对水平位移的依赖性及剪切刚度随轴向荷载的变化两方面来考虑轴向刚度与水平刚度的耦合。双弹簧模型受压时的竖向刚度 K_v 和水平刚度 K_h 分别为[6]

$$K_v=\frac{AE_c}{T_r}\frac{1}{1+\frac{3}{\pi^2}\left(\frac{u_h}{r}\right)^2}=K_{v0}\frac{1}{1+\frac{3}{\pi^2}\left(\frac{u_h}{r}\right)^2} \tag{10.2.1}$$

$$K_h=\frac{GA}{T_r}\left[1-\left(\frac{P}{P_{cr}}\right)^2\right]=K_{h0}\left[1-\left(\frac{P}{P_{cr}}\right)^2\right] \tag{10.2.2}$$

式中，A 为橡胶面积；E_c 为支座的压缩模量；T_r 为总橡胶厚度；u_h 为支座的水平位移；r 为橡胶的回转半径；P_{cr}为临界屈曲荷载，可按式(10.2.3)计算；G 为橡胶剪切模量；P 为瞬时轴向荷载；K_{v0}为无水平位移下的轴向刚度；K_{h0}为零轴向荷载下的水平刚度。

$$P_{cr}=\begin{cases}0.2P_{cr0}, & \dfrac{A_r}{A}<0.2\\ P_{cr0}\dfrac{A_r}{A}, & \dfrac{A_r}{A}\geqslant 0.2\end{cases} \tag{10.2.3}$$

式中，P_{cr0} 为零位移情况下的屈曲荷载；A_r 为重叠部分的橡胶面积。

2. 单轴拉伸性能

拉伸载荷下支座的橡胶体内形成空腔，当空穴产生后，竖向刚度显著降低，通常认为空穴发生在约 3G 的负压下，因此橡胶支座的初始空穴力 F_c 为 $3GA$，A 为橡胶面积。在拉伸位移为 u 时的后空穴力 F 可以按照式(10.2.4)计算[6]：

$$F(u)=F_c\left[1+\frac{1}{kT_r}(1-e^{-k(u-u_c)})\right] \tag{10.2.4}$$

式中，$u_c=F_c/K_{vc}$；k 为后空穴参数。

由于橡胶中形成微裂纹，橡胶支座中的空穴将产生不可逆破坏。当支座加载超过空穴点和卸载点时，其沿着新路径卸载，并且空穴强度降低。定义损伤指数 ϕ_1，则新的空穴强度 F_{cn} 为

$$F_{cn}=F_c(1-\phi_1) \tag{10.2.5}$$

式中，ϕ_1 表示支座中的累积损伤($0\leqslant\phi_1\leqslant1$)。它是支座在拉伸载荷下经历的最大变形的函数，可以按照式(10.2.6)计算：

$$\phi_1=\phi_{max}(1-e^{-a\frac{u-u_c}{u_c}}) \tag{10.2.6}$$

式中，a 为强度退化参数；ϕ_{max} 为在支座中的最大损伤。

上述拉压行为如图 10.2.2 所示，其中描述了屈曲特性(临界屈服荷载 P'_{cr} 和临界屈服位移 u'_{cr})、竖向和水平运动的耦合、空穴效应及强度退化。

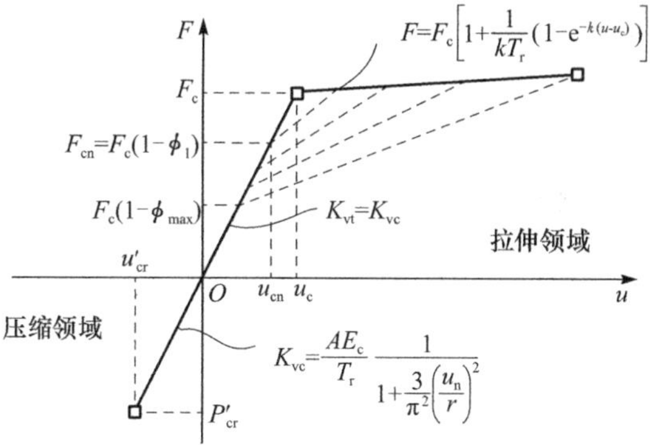

图 10.2.2　高阻尼橡胶隔震支座轴向特性

3. 水平剪切性能

Grant 等[7]提出了一种与速率无关的双向模型，该模型能够准确描述高阻尼橡胶隔震支座在双向荷载作用下刚度和阻尼的退化行为。支座双向剪切中的抗力 $\boldsymbol{F}$ 可以分解为弹性部分和滞回部分，即

$$\boldsymbol{F}(\boldsymbol{U},\boldsymbol{n})=\boldsymbol{F}_1(\boldsymbol{U})+\boldsymbol{F}_2(\boldsymbol{U},\boldsymbol{n}) \tag{10.2.7}$$

式中，向量 $\boldsymbol{F}$、$\boldsymbol{U}$ 和 $\boldsymbol{n}$ 分别代表抗力、变形和归一化的速度；$\boldsymbol{F}_1$ 为位移方向分量；$\boldsymbol{F}_2$ 为速度方向分量。

采用广义 Mooney-Rivlin 应变能函数，弹性力可以表示为位移的五阶多项式函数：

$$\boldsymbol{F}_1=(\alpha_1+\alpha_2\|\boldsymbol{U}\|^2+\alpha_3\|\boldsymbol{U}\|^4)\boldsymbol{U} \tag{10.2.8}$$

式中，α_1、α_2、α_3 为材料参数。

采用边界面塑性理论来描述滞回分量，在力空间中的边界面函数定义为

$$\boldsymbol{B}(\boldsymbol{U})=\|\boldsymbol{F}_2\|-R(\boldsymbol{U})=0 \tag{10.2.9}$$

$$R(\boldsymbol{U})=b_1+b_2\|\boldsymbol{U}\|_2 \tag{10.2.10}$$

式中，b_1 和 b_2 为材料参数。

10.2.2 高阻尼橡胶隔震支座的力学模型

描述高阻尼橡胶隔震支座的力学模型有很多，这里只对其中一种模型进行介绍。

高阻尼橡胶隔震支座的物理模型包含六个离散弹簧，各个自由度（$u_1\sim u_{12}$）的弹簧如图 10.2.3 所示[8]。在该离散弹簧物理模型中，除了水平剪切方向采用耦合双向模型外，其他方向均解耦。因为忽略了轴向刚度和转动刚度之间的耦合，所以刚度矩阵中的非对角项均为零。这里并不直接考虑竖向刚度和水平刚度的耦合，而是采用水平剪力和竖向刚度之间的表达式来间接表现。因为三个转动方向的刚度对支座整体的影响并不大，这里采用解耦的线性弹簧来描述三个转动方向的刚度。上述离散弹簧模型的力向量 $\boldsymbol{f}_\text{b}$ 和单元刚度矩阵 $\boldsymbol{K}_\text{b}$ 的一般形式为

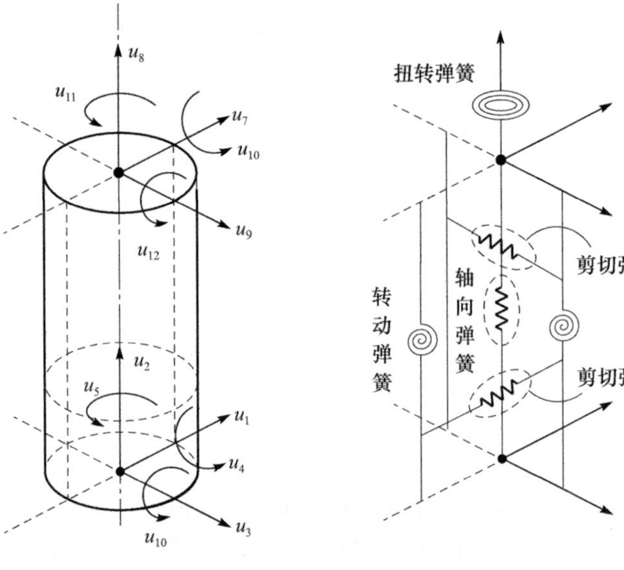

图 10.2.3 高阻尼橡胶隔震支座的物理模型

$$
\boldsymbol{f}_{\mathrm{b}}=\begin{bmatrix}\text{Axial}\\ \text{Shear1}\\ \text{Shear2}\\ \text{Rotation1}\\ \text{Rotation2}\end{bmatrix},\quad \boldsymbol{K}_{\mathrm{b}}=\begin{bmatrix}\text{Axial} & 0 & 0 & 0 & 0 & 0\\ 0 & \text{Shear1} & \text{Shear12} & 0 & 0 & 0\\ 0 & \text{Shear21} & \text{Shear2} & 0 & 0 & 0\\ 0 & 0 & 0 & \text{Torsion} & 0 & 0\\ 0 & 0 & 0 & 0 & \text{Rotation1} & 0\\ 0 & 0 & 0 & 0 & 0 & \text{Rotation2}\end{bmatrix} \tag{10.2.11}
$$

式中，Axial 为竖向刚度；Shear1、Shear2 分别为 1 方向和 2 方向的剪切刚度；Rotation1、Rotation2 分别为 1 方向和 2 方向的转动刚度；Torsion 为扭转刚度。

10.3　滑动摩擦隔震支座

滑动摩擦类隔震支座，这类隔震装置的原理为当结构受到较小的地震激励时，静摩擦力阻止上部结构滑动，使结构保持稳定；当地震激励超过某一限度（最大静摩擦力）时，滑动面开始滑移，发挥隔震作用。这时即使地震激励再增大，传入上部结构的地震荷载也不会随之增加。因此，通过选取适当的摩擦材料就可以控制传入上部结构的地震力。滑动摩擦隔震支座主要可以分为三种[9]：第一种是摩擦摆支座（friction pendulum system，FPS）；第二种是双凹面摩擦摆（double concave friction pendulum，DCFP）支座；第三种是多重摩擦摆支座（multiple friction pendulum system，MFPS）。

10.3.1　聚四氟乙烯-不锈钢界面摩擦特性

滑动摩擦隔震支座的滑动界面主要是高分子聚合物-不锈钢组成的滑动界面，目前滑动摩擦支座主要以聚四氟乙烯（PTFE）-不锈钢为主。因此，针对此界面，研究滑动速度、温度、竖向荷载等重要因素对摩擦特性的影响。在本节最后，给出了考虑不同影响因素的摩擦系数修正因子[10]。

1. 滑动速度的影响

当滑动速度不引起材料表面层性质发生变化时，摩擦系数几乎与滑动速度无关。然而在实际情况下，滑动速度的变化必将引起表面层发热、变形、化学变化和磨损等，从而显著地影响摩擦系数。

图 10.3.1 描绘了不同压力下摩擦系数与滑动速度之间的关系。速度为零时对应的摩擦力为静摩擦力。在滑动开始后，滑动摩擦系数立即呈现出一个低值，即 $\mu_{\min}$，随着速度增加，其值不断增加。当速度很高时，滑动摩擦系数达到一个稳定值

μ_{max}。当速度达到我们所关心的地震能造成的速度时(500mm/s 或者更大),摩擦系数是最低速度时的 5～6 倍。

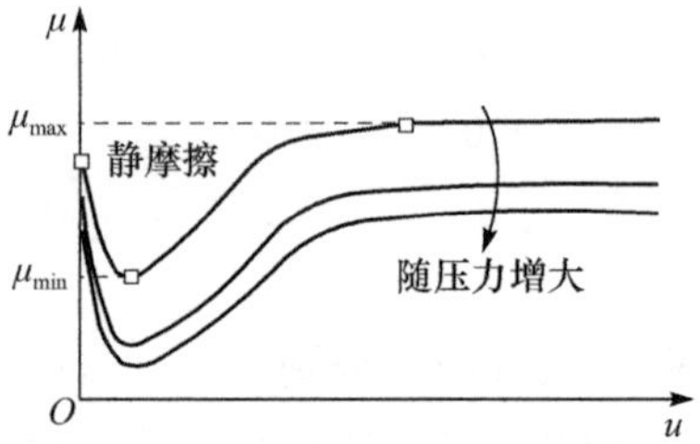

图 10.3.1　滑动速度与摩擦系数的关系图

归纳以往研究成果,对于给定的表面压力值,滑动摩擦系数取决于速度 u,即

$$\mu=\mu_{max}-(\mu_{max}-\mu_{min})e^{-\alpha u} \tag{10.3.1}$$

式中,μ_{max}、μ_{min}分别为高速和低速下摩擦系数的最大值和最小值;α 为材料特性参数,未填充的 PTFE 材料取 20～30s/m,合成的 PTFE 材料取 100s/m 或更大。

2. 温度效应的影响

PTFE-不锈钢界面引起温升的因素有外界环境温度的升高及滑动摩擦过程中材料接触点的变形和剪断所产生的摩擦热。摩擦热对摩擦性能的影响表现在两方面:①发生润滑状态转化,如从油膜润滑转化为边界润滑甚至干摩擦;②引起摩擦过程中表面层的变化,即摩擦表面与周围介质的相互作用改变,如表面原子或分子间的扩散、吸附或解附以及表层结构的变化和相变等。

图 10.3.2 描绘了温度对表面摩擦性能的影响。摩擦系数受温度的影响非常大,高温时摩擦系数的值比低温时小。在滑动接触面上,PTFE-不锈钢界面摩擦系数与温度的关系可以用指数函数模型来表示:

$$\mu=\mu_0\exp(-\beta\theta) \tag{10.3.2}$$

式中,μ_0 为 0℃时材料的摩擦系数;β 为摩擦系数与温度相关的衰减系数;θ 为温度。

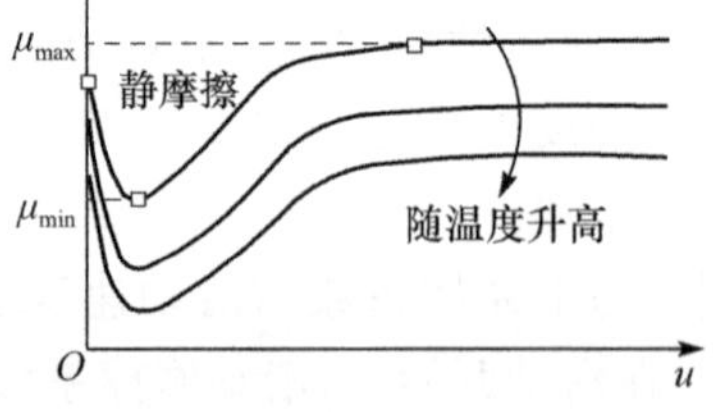

图 10.3.2　温度对表面摩擦性能的影响

3. 竖向荷载的影响

研究发现，随着压力的增大，摩擦系数明显减小，同时衰减率趋于常数。衰减率取决于滑动速度，当高速运动时，衰减率相对较大[11]。图 10.3.3 描绘了竖向荷载对表面摩擦性能的影响。

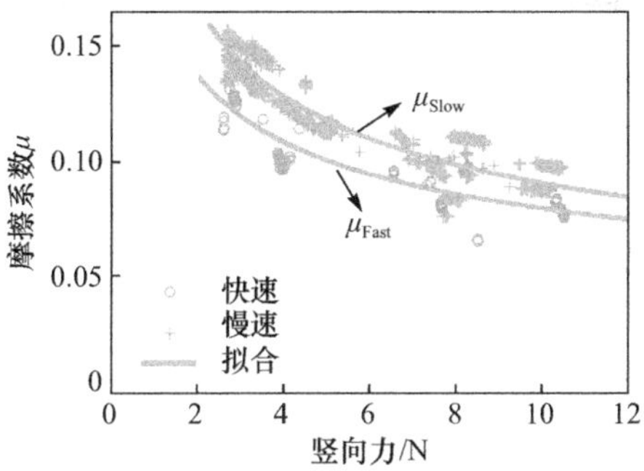

图 10.3.3　竖向荷载对表面摩擦性能的影响

摩擦系数与竖向荷载之间的关系可以由幂函数来描述：

$$\mu_{\text{Slow}}=\alpha_{\text{Slow}}N^{n_{\text{Slow}}-1} \tag{10.3.3}$$

$$\mu_{\text{Fast}}=\alpha_{\text{Fast}}N^{n_{\text{Fast}}-1} \tag{10.3.4}$$

式中，α_{Slow}、α_{Fast}、n_{Slow}及 n_{Fast}为决定摩擦系数模型的常数参量；N 为竖向荷载。

4. 考虑多因素耦合的性能修正系数

滑动摩擦隔震支座的滑动界面受老化、污染、历史加载、温度等影响。地震发生时，支座的确切状态无从知晓，但是支座力学参数的最大值和最小值可以估计，从而预估桥梁结构动力响应的范围。对于滑动摩擦隔震支座，只需考虑摩擦系数的修正[12]。

根据美国 AASHTO(American Association of State Highway and Transportation officials)规范，假设摩擦系数存在标准值，该值的取值条件为：①全新的支座；②温度在 20℃；③竖向荷载、速度以及位移与实际条件相符。假设摩擦系数标准值为 P_{n}，摩擦系数的最大值和最小值分别为 $P_{\max}$和 $P_{\min}$，那么摩擦系数的性能修正值表示为

$$P_{\max}=\lambda_{\max}P_{\text{n}} \tag{10.3.5}$$

$$P_{\min}=\lambda_{\min}P_{\text{n}} \tag{10.3.6}$$

式中

$$\lambda_{\max}=\lambda_{\max,1}\lambda_{\max,2}\lambda_{\max,3} \tag{10.3.7}$$

$$\lambda_{\min}=\lambda_{\min,1}\lambda_{\min,2}\lambda_{\min,3} \tag{10.3.8}$$

式中，$\lambda_{\max,i}$和$\lambda_{\min,i}$分别为与不同因素（如磨损、污染、老化、加载历史、温度等）相关的分项修正系数，且$\lambda_{\max,i}\geqslant 1$，$\lambda_{\min,i}\leqslant 1$。

10.3.2　平面摩擦型隔震支座

平面摩擦型隔震支座是指将平板式摩擦组件水平叠置、形成摩擦面的减隔震装置[13]。摩擦组件通常由 PTFE 滑移层和不锈钢摩擦板组成。其中，PTFE 滑移层是由 PTFE 添加强化剂制成的，以提高其耐久性和耐磨性。为了方便添加润滑剂，经常在滑移垫表面设置储油槽。不锈钢摩擦板的表面需经过专门的抛光处理，并在其上涂一层热硬化的树脂以提高其耐磨性。组装时，PTFE 滑移层可嵌入叠层橡胶板内，如滑板橡胶支座。PTFE 滑移层也可嵌入钢板内，如盆式活动支座或球形活动支座（见图 10.3.4）。

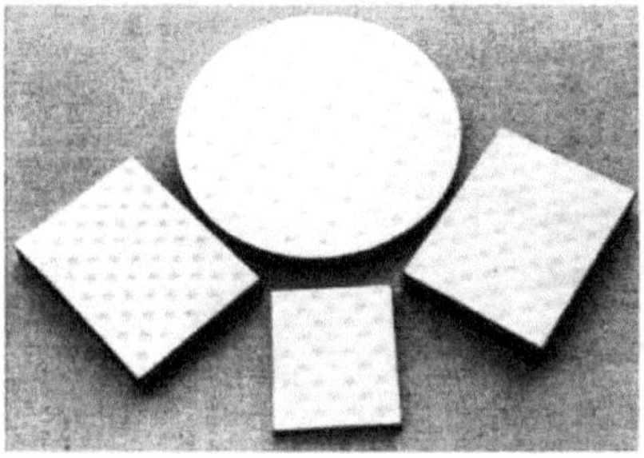

(a) 滑板橡胶支座

(b) 盆式活动支座

(c) 球形活动支座

图 10.3.4　平面摩擦型隔震支座

平面摩擦型隔震支座的工作机理是：当桥梁受到较小地震作用时，摩擦面不发生滑移。当地震作用超过某一限值时，摩擦面所受的水平地震作用超过其最大静摩阻力，摩擦面开始发生滑移，此时减隔震装置的水平刚度降低为零，减隔震装置处于纯摩擦状态。当地震作用结束后，由于不具备复位功能，减隔震装置处于随遇平衡状态。该类支座的恢复力模型在第 3 章中已有叙述，此处不再赘述。

10.3.3　摩擦摆支座

摩擦摆支座(FPS)由 Zayas 等开发[14]，是将传统平板滑动隔震支座的水平滑动面变为曲面，从而可以依靠曲面提供刚度，来实现隔震和自复位功能。该类型支座由上、下两个支座板和一个铰接滑块组成，其剖面如图 10.3.5 所示。

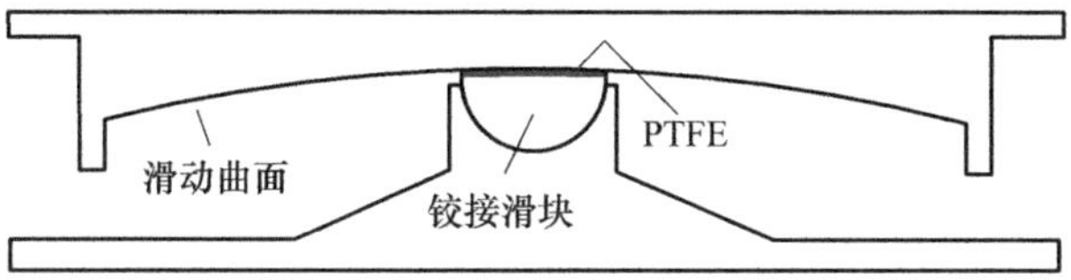

图 10.3.5　FPS 剖面图

FPS 的基本工作原理如图 10.3.6 所示，当滑动界面受到的地震作用超过界面最大静摩擦力时，地震作用就会促使滑块在滑动曲面内运动，从而引起上部结构轻微抬高，发生类似单摆的运动。

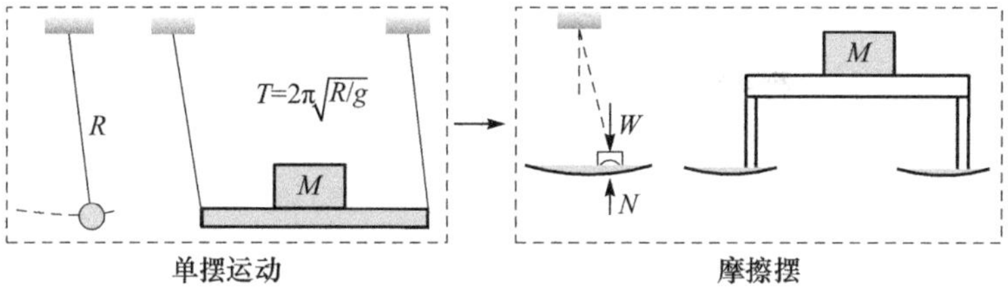

图 10.3.6　FPS 基本工作原理

FPS 中的铰接滑块及嵌在滑块上的低摩擦材料与滑动曲面具有相同的曲率半径，可以与滑动曲面完全贴合，由此使得上支座板在支座运动时始终保持水平。支座中的低摩擦材料为高分子聚合材料(一般为 PTFE)，可以在支座滑动时耗散能量。当外部作用消失后，支座会在上部结构竖向荷载作用下自动恢复。

FPS 的力-位移关系为[15]

$$F=\frac{Wd}{R_e}+\mu W\text{sgn}(\dot{\theta}) \tag{10.3.9}$$

式中，W 为施加在支座上的轴向荷载；R_e 为滑动面的有效曲率半径(滑动面半径减去支点到滑动面的值)；μ 为滑动摩擦系数；d 为支座水平力；sgn( ) 为符号函数。

FPS 具有一些独特的优点：①振动周期和上部质量无关；②能够有效抵抗结构的扭转效应；③竖向承载能力大，稳定性好；④耗能和隔震为两个完全解耦的系统，可以进行单独优化。

10.3.4　双凹面摩擦摆支座

对于滑动摩擦隔震系统，双凹面摩擦摆(DCFP)支座是第一个有书面专利的支座。1870 年，Touaillon[16]就在专利中描述了该支座。但是，近 130 年后，日本的隔震建筑中才首次使用了 DCFP 支座。

DCFP 支座滑动状态如图 10.3.7 所示。DCFP 支座包括上、下两个不锈钢滑动曲面，一般情况下两个滑动面曲率半径相等($R_1=R_2$)，而摩擦系数不相等($\mu_1\neq\mu_2$)。DCFP 支座中心有一个铰接滑块，该滑块上、下两个表面都嵌摩擦板(一般为 PTFE)，该摩擦板与滑动曲面有同样的曲率半径[17,18]。

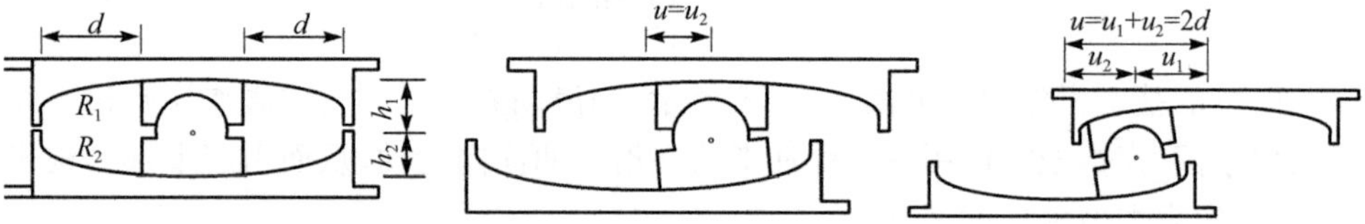

图 10.3.7　DCFP 支座滑动状态

DCFP 支座的计算模型如图 10.3.8(a)所示，建立水平方向上部滑动面的力-位移关系为

$$F_1=\frac{Wu_1}{(R_1-h_1)\cos\theta_1}+\frac{F_{f1}}{\cos\theta_1}\tag{10.3.10}$$

类似地，下部滑动面的力-位移关系为

$$F_2=\frac{Wu_2}{(R_2-h_2)\cos\theta_2}+\frac{F_{f2}}{\cos\theta_2}\tag{10.3.11}$$

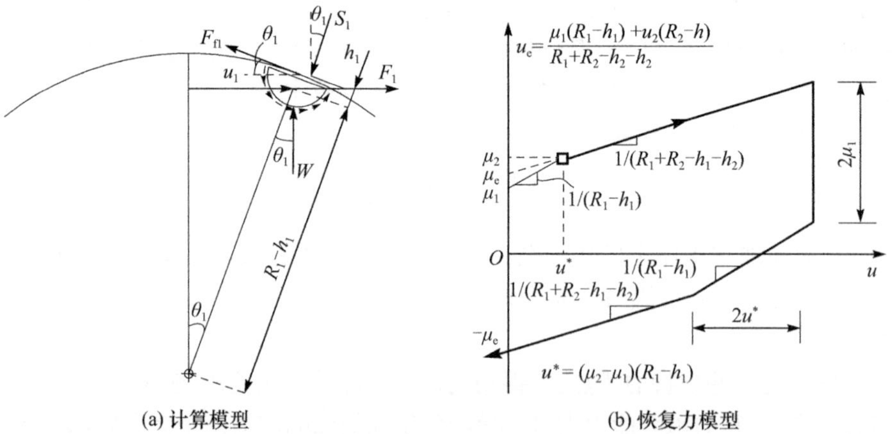

(a) 计算模型　　(b) 恢复力模型

图 10.3.8　DCFP 支座计算模型及恢复力模型

式中，F_1 和 F_2 为通过支座顶部传递到滑块上的力；u_1 和 u_2 为滑块沿着滑动面的位移；F_{f1}和 F_{f2}为滑动面的摩擦力；θ_1 和 θ_2 为上下滑块的转角；R_1 和 R_2 分别为上、下支座半径。

对整个支座来说，位移为顶面和底面之和，即

$$u=u_1+u_2 \tag{10.3.12}$$

忽略支座运动带来的不明显的惯性力，则滑块在水平方向的力平衡方程为

$$F=F_1+F_2 \tag{10.3.13}$$

结合以上，如图 10.3.8(b)所示，得到支座的力-位移关系为

$$F=\frac{Wu}{R_1+R_2-h_1-h_2}+\frac{F_{f1}(R_1-h_1)+F_{f2}(R_2-h_2)}{R_1+R_2-h_1-h_2} \tag{10.3.14}$$

10.3.5　多重摩擦摆支座

多重摩擦摆支座（MFPS）实质有三个或三个以上的滑动摩擦面，而且各滑动面的摩擦系数、曲率半径和位移能力都不同，其滑动顺序取决于上述参数。因此，支座系统所有摩擦面在任何时刻都在变化，刚度和阻尼可以改变，具有刚度和阻尼自适应性[19]。

MFPS 剖面图及实物模型如图 10.3.9 所示，主要由上、下两支座板和上、下滑块组成。其中，上、下支座板具有相同的曲率半径（$R_1=R_4$），上、下滑动板也具有相同的曲率半径（$R_2=R_3$）。这四个滑动面的摩擦系数定义为 μ_i，一般情况下，摩擦系数关系为 $\mu_4 \geqslant \mu_1 \geqslant \mu_2=\mu_3$。上下支座板和上下滑动板上设有圆形挡环，起到控制支座最大位移的作用，支座总的位移为 $D_1+D_2+D_3+D_4$。h_i 为 i 面到滑子中心的距离，则 i 面的有效曲率半径为 $R_{ei}=R_i-h_i$。

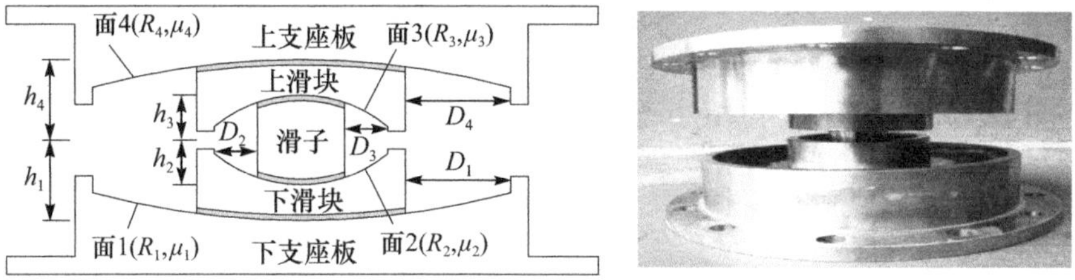

(a) 剖面图　　(b) 实物模型

图 10.3.9　MFPS 剖面图及实物模型

支座由几个不同的滑动状态组成，每个滑动状态对应着不同的滑动面组合。其工作原理为：首先当 i 面受到的水平力超过最大静摩擦力时，该面就会开始滑动；其次是刚度变化，在多球面滑动摩擦支座中，刚度与组合滑动面 i 和 j 的有效曲率半径和的倒数成正比，即 $K=P/(R_{ei}+R_{ej})$。因此，多球面滑动摩擦隔震支座的力-位移关系在不同滑动机制下是不同的。MFPS 的力-位移关系如表 10.3.1

所示，其中 P 为支座竖向力，d 为支座位移，R_{ei}为 i 面的有效半径，f_i 为 i 面的水平摩擦力。

表 10.3.1 MFPS 的力-位移关系

	滑动机制	描述	力-位移关系
一般情况	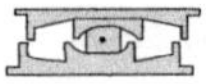	2、3 面滑动	$F=\frac{P}{R_{e2}+R_{e3}}d+\frac{f_2R_{e2}+f_3R_{e3}}{R_{e2}+R_{e3}}$
	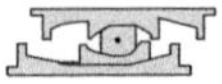	2 面停止，1、3 面滑动	$F=\frac{P}{R_{e1}+R_{e3}}d+\frac{f_1(R_{e1}-R_{e2})+f_2R_{e2}+f_3R_{e3}}{R_{e1}+R_{e3}}$
	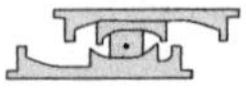	2、3 面停止，1、4 面滑动	$F=\frac{P}{R_{e1}+R_{e4}}d+\frac{f_1(R_{e1}-R_{e2})+f_2R_{e2}+f_3R_{e3}+f_4(R_{e4}-R_{e3})}{R_{e1}+R_{e4}}$
	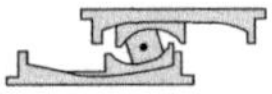	1、3 面停止，2、4 面滑动	$F=\frac{P}{R_{e2}+R_{e4}}(d-d_{34})+\frac{P}{R_{e1}}D_1+f_1$
	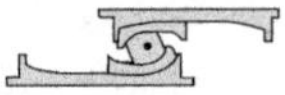	1、4 面停止，2、3 面滑动	$F=\frac{P}{R_{e2}+R_{e3}}(d-d_{45})+\frac{P}{R_{e4}}D_4+f_4$
摩擦系数相等	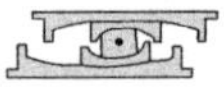	1、4 面停止，2、3 面滑动	$F=\frac{P}{R_{e1}+R_{e4}}d+f$
	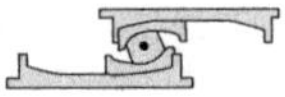	2、3 面停止，1、4 面滑动	$F=\frac{P}{R_{e2}+R_{e3}}d-\frac{P(D_1+D_4)(R_{e1}+R_{e4}-R_{e2}-R_{e3})}{(R_{e1}+R_{e4})(R_{e2}+R_{e3})}+f$

两种情况下的恢复力骨架曲线如图 10.3.10 所示。

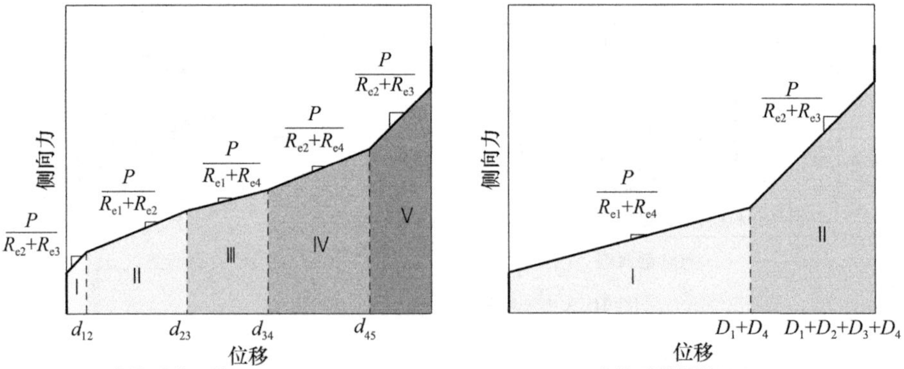

(a) 摩擦系数不等($\mu_4 \geqslant \mu_1 \geqslant \mu_2=\mu_3$)　(b) 摩擦系数相等($\mu_4=\mu_1=\mu_2=\mu_3$)

图 10.3.10 两种情况下恢复力骨架曲线

采用拟静力试验验证了摩擦系数相等情况下的滑动机理及力-位移关系[20]，如图 10.3.11 所示。

(a) 支座变形

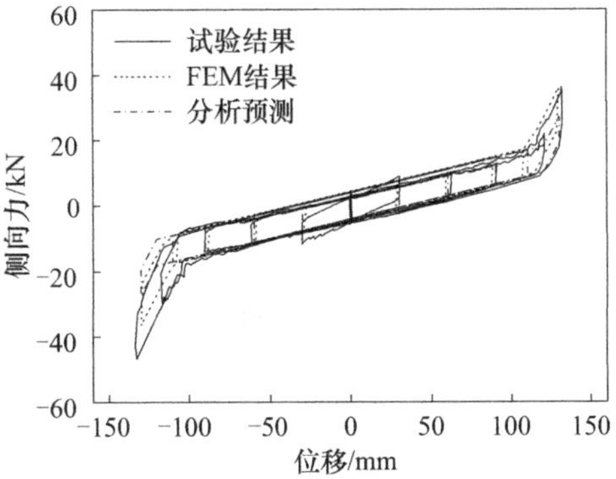

(b) 滞回曲线

图 10.3.11　拟静力试验及结果

10.3.6　抗拉拔桥梁摩擦隔震支座

桥梁设计中应尽量避免橡胶支座和摩擦支座的拉拔效应，因为随着上部结构的提离，产生的碰撞效应会对支座造成巨大的压力，从而影响整个系统的完整性。为了让隔震层以上的结构尽可能均匀分布，避免支座中产生过大的拉力甚至提离，设计通常会被迫进行调整。然而，结构的更改通常会受到造型、功能和资金等因素的限制，导致结构修改难以进行。因此，有必要研发一种能够应用于实际工程的抗拉拔桥梁支座，以满足近场地震和近断层区竖向地震分量较大的桥梁抗震设计[21]。

抗拉拔桥梁摩擦隔震支座是一种新型的滑动摩擦隔震支座。不同于 FPS，该支座能够承受拉力，并且能够实现拉伸和压缩之间的连续转换，避免了接触时的冲击碰撞。另外，在拉伸和压缩时都具有摩擦曲面，该支座如图 10.3.12 所示。

图 10.3.12　抗拉拔桥梁摩擦隔震支座

抗拉拔桥梁摩擦隔震支座的基本工作原理可以与 FPS 比较研究。假设两个 FPS 支撑着 2W 的刚性质量块，如图 10.3.13 所示。当质量块承受倾覆弯矩 M 时，其中一个支座会产生提离，而另一个支座会有 2W 的竖向荷载。考虑整个体系为抗拉拔桥梁摩擦隔震支座。当整个刚体承受倾覆弯矩时，其中一个支座承受 W 大小的拉力，为了平衡，另一个支座将会承受 3W 大小的压力。受拉隔震支座的负刚度会被受压支座逐渐增大的刚度所平衡，总系统刚度会与 FPS 相同。然而，隔震系统的总摩擦力会因其中一个支座拉力的出现而增大[22,23]。

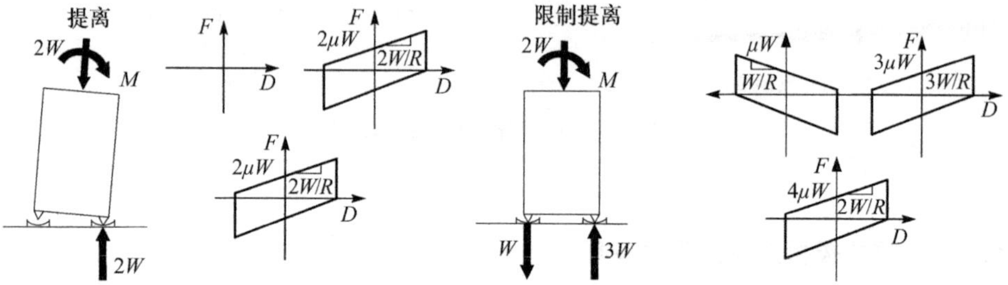

图 10.3.13　抗拉拔桥梁摩擦隔震支座与 FPS 比较

该隔震支座的恢复力模型为

$$\begin{bmatrix}F_x\\F_y\end{bmatrix}=\begin{bmatrix}N/R_x & 0\\0 & N/R_y\end{bmatrix}+\begin{bmatrix}\mu_x|N| & 0\\0 & \mu_y|N|\end{bmatrix}\begin{bmatrix}Z_1\\Z_2\end{bmatrix} \tag{10.3.15}$$

式中，R_x、R_y 为上、下支座板的曲率半径；μ_x、μ_y 为上、下支座板的摩擦系数；U_x、U_y 分别为上、下支座板的位移；F_x、F_y 为垂直方向的水平力；N 为竖向力；Z_1 和 Z_2 为无量纲的控制滞回特性的微分方程，与式(10.1.31)的意义相同。

10.3.7　界面热效应预测

为了保证支座滑动面的持续相对运动，滑块需要克服摩擦力做功，而一部分功转变成了热，其直接的表现就是温度的升高，这里需要量化滑动界面温度的升高。通常用解析、数值和试验三种方法进行研究，本小节就前两种方法进行介绍。

1. 解析方法

滑动摩擦隔震支座的滑动界面由图 10.3.14 描述。物体 1(PTFE)是静止的，而物体 2(不锈钢)是运动的。假设总热量为 q，q_1 表示流入物体 1 的热量；q_2 表示流入物体 2 的热量。假设 $q_1=0$ 而 $q_2=q$，即所有的热量都被物体 2 吸收了，实际上热量会因对流和辐射而流失，忽略这些因素的影响，温度增量的解为

$$T(x,t)=\frac{2q\sqrt{D}}{k}\left[\sqrt{t}\,\mathrm{ierfc}\left(\frac{x}{2\sqrt{D}\sqrt{t}}\right)-\sqrt{t-T}\,\mathrm{ierfc}\left(\frac{x}{2\sqrt{D}\sqrt{t-T}}\right)\right] \tag{10.3.16}$$

式中，x 为深度；t 为时间；k 为固体的导热系数；D 为固体散热系数；T 为热源周期，如图 10.3.15 所示；ierfc(　)函数为

$$\operatorname{ierfc}(x)=\int_x^{\infty}\operatorname{erfc}(\zeta)\mathrm{d}\zeta=\frac{\mathrm{e}^{-x^2}}{\sqrt{\pi}}-x\operatorname{erfc}(x) \tag{10.3.17}$$

式中，erfc(　)为误差补足方程。当 $x=0$ 时，方程(10.3.17)的值为$(1/\pi)^{0.5}$。

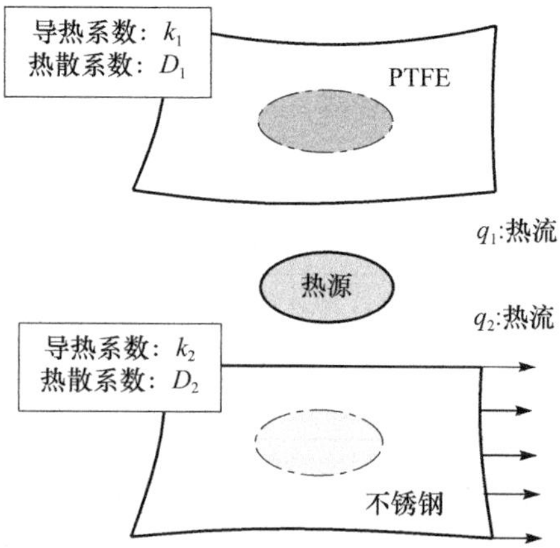

图 10.3.14　滑动过程中两物体传热示意图

可以推导出表面温度的增量为

$$T_{\mathrm{s}}=\frac{2q\sqrt{D}}{\sqrt{\pi}k}(\sqrt{t}-\sqrt{t-T}) \tag{10.3.18}$$

利用式(10.3.18)可建立图 10.3.15 所示的间歇式热源方程，在 $t=2nT+(2n-1)t_0$ 时刻，即第 N 周期，温度增量为

$$T_{\mathrm{sn}}=\frac{2q_{\mathrm{av}}\sqrt{D}}{\sqrt{\pi}k}\left[\sqrt{2nT+(2n-1)t_0}-\sqrt{(2n-1)(T+t_0)}+\sqrt{(2n-1)T+(2n-2)t_0}-\sqrt{(2n-2)(T+t_0)}\right]+T_{\mathrm{s}(n-1)} \tag{10.3.19}$$

式中，q_{av} 为平均热功率；t_0 为热源间隔时间。

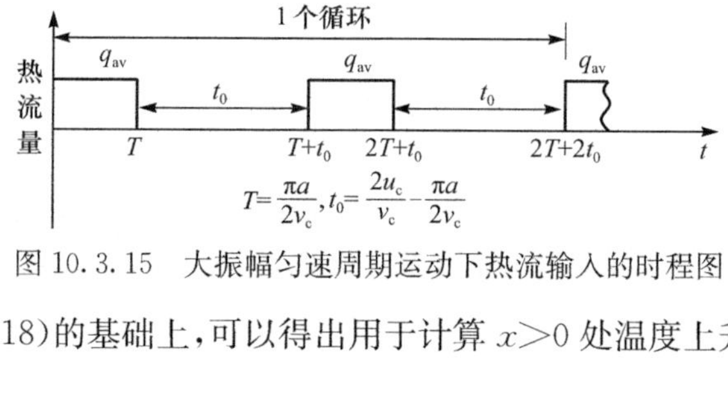

图 10.3.15　大振幅匀速周期运动下热流输入的时程图

在式(10.3.18)的基础上，可以得出用于计算 $x>0$ 处温度上升情况的方程，类

似于式(10.3.19),但更为复杂。另外,利用 Duhamel 定理,可以从恒定热源问题的解推导出任意热源时半无限物体表面温度的通解。

2. 数值方法

解析方法虽然物理意义明确,但是过程复杂,在工程应用上难以接受。采用有限元方法建立热-力耦合模型进行分析,不乏为一种高效而又精确的方法[24]。

支座的上、下支座板及球铰均采用不锈钢材料,滑动摩擦垫片为 PTFE 材料。模型支座的材料特性如表 10.3.2 所示。在滑动接触面上,PTFE 复合材料的摩擦系数与温度的关系可以用指数函数模型式(10.3.2)描述。

表 10.3.2 支座材料属性

材料	弹性模量/MPa	泊松比	导热系数/[mW/(mm·K)]	比热容/[J/(kg·K)]
不锈钢	1.96×10^5	0.3	16	5.0×10^5
PTFE 聚合材料	800	0.45	0.65	1.1×10^6

由于摩擦系数与温度的耦合,在有限元分析过程中,每一步都要对摩擦系数和温度进行迭代修正,以更新产生的热通量。从图 10.3.16 中可以看出,有限元计算的 PTFE 表面温升和力-位移关系曲线与试验吻合较好,可以利用该方法对摩擦类隔震支座滑动界面的温度变化情况进行预测。

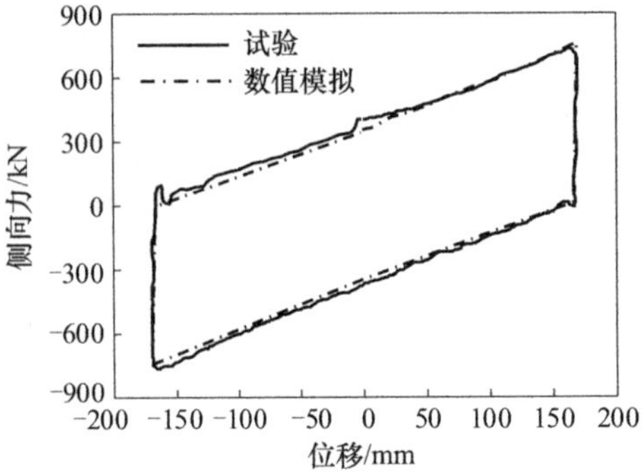

(a) 滞回曲线

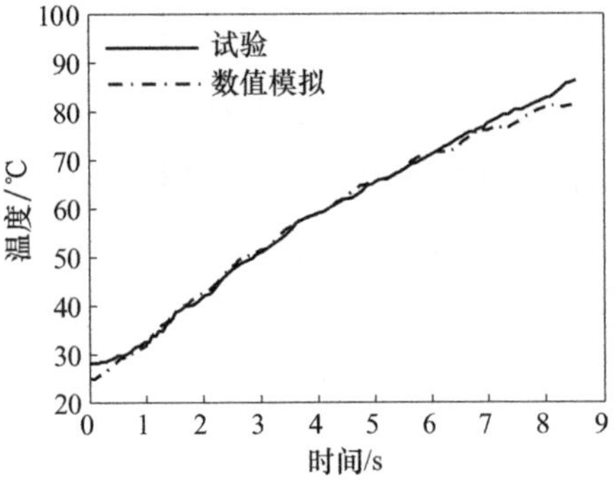

(b) 温升曲线

图 10.3.16 试验与数值模拟的力-位移曲线及温度比较

采用相同的方法可以研究 DCFP 支座和 MFPS 的热力学特性。图 10.3.17 为两种支座的 PTFE 垫片随着时间变化的温度云图。整个垫片温度的增加不是均匀一致的,下垫片温度的增加从垫片中心向四周逐渐蔓延,峰值温度沿着垫片中心呈条形分布。MFPS 的 1 面温度明显要高于 2 面,因为其摩擦系数相对较大,并且滑动距离较长。

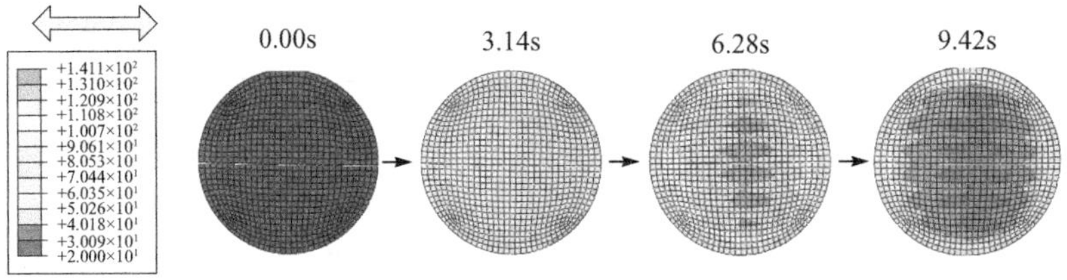

(a) DCFP支座

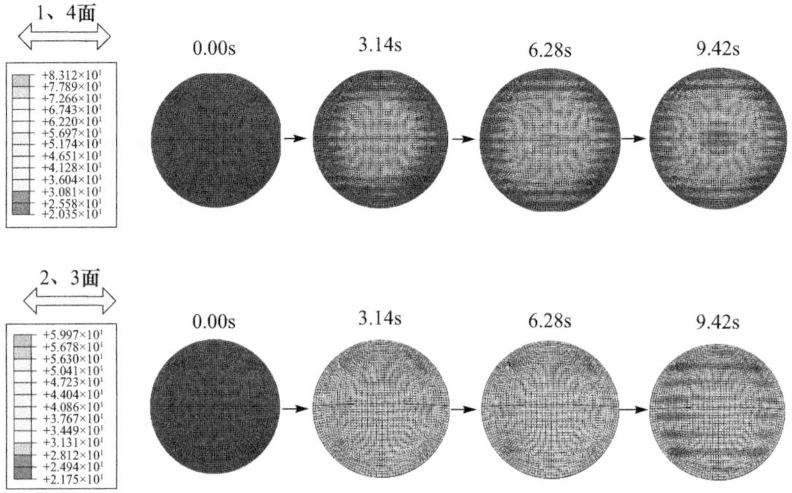

(b) MFPS支座

图 10.3.17　垫片表面随时间变化的温度云图(单位:℃)

图 10.3.18 为两种隔震支座摩擦系数不等情况下力-位移关系曲线。由于滑动界面温度与摩擦系数耦合,随着温度的升高,摩擦系数减小,力-位移关系曲线逐渐偏离理论曲线。因为随着循环次数的增加,摩擦力不断减小,包络面积也在减小。

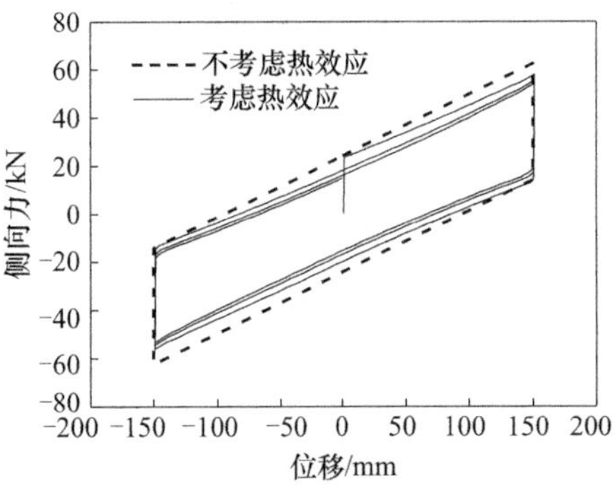

(a) DCFP支座

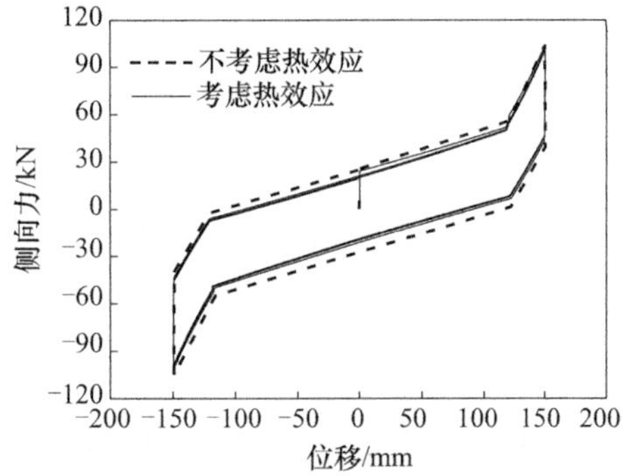

(b) MFPS

图 10.3.18　DCFP 支座及 MFPS 力-位移关系曲线

由分析结果可以看出，支座的热效应不仅能够造成不锈钢表面的氧化、PTFE超过材料闪点，还会造成支座耗能减少。同时，不考虑支座热效应对摩擦性能的影响，可能会低估桥梁的动力响应，造成上部结构位移过大，甚至发生落梁。

10.4 三维隔震支座

隔震与耗能减震技术是目前为止性能最稳定并且最有效的控制技术之一，但目前的减隔震技术并不能有效减小工程结构竖向地震反应，因此在高烈度区域及近断层区域对竖向地震比较敏感的桥梁结构实施竖向或三维隔震技术是未来的发展趋势。

10.4.1 三维隔震支座工作机理

三维隔震支座主要由铅芯橡胶隔震支座、组合碟形弹簧和菱形钢板阻尼器构成[25]，如图 10.4.1 所示，上部为竖向隔震系统，主要包括装置上连接板、组合碟形弹簧、组合碟形弹簧导向轴和菱形钢板阻尼器等部件；下部为水平向隔震系统，采用铅芯橡胶隔震支座。

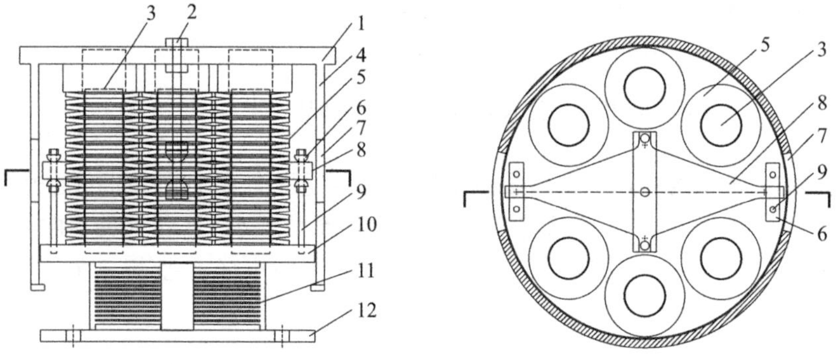

(a) 装置内部构造图　　(b) 装置内部平面布置图

图 10.4.1 三维隔震支座示意图

1. 装置上连接板；2. 阻尼器连接螺杆；3. 组合碟形弹簧导向轴；4. 外套筒；5. 组合碟形弹簧；6. 半圆柱支承轴；7. 预留孔洞；8. 菱形钢板阻尼器；9. 支承螺杆；10. 中间连接板；11. 铅芯橡胶垫；12. 装置下连接板

该三维隔震支座与目前已有的三维隔震支座相比具有以下特点和优点：①水平方向采用铅芯橡胶隔震支座，能够提供水平刚度和耗能能力；②组合碟形弹簧可以提供足够的承载力和适宜的竖向隔震刚度；③菱形钢板阻尼器能够提供竖向初始刚度和竖向耗能能力，提高结构的竖向耗能减震效果。

10.4.2　三维隔震支座力学性能

三维隔震支座的力学性能包括水平剪切力学性能和竖向压缩力学性能。整个装置的水平隔震性能由铅芯橡胶隔震垫的水平力学性能所决定，装置竖向力学性能主要由上部的组合碟形弹簧和菱形钢板阻尼器决定。

三维隔震支座水平隔震力学性能即下部铅芯橡胶垫的隔震性能，其水平剪切刚度按式(10.1.3)计算。三维隔震支座竖向压缩性能包括菱形钢板弯曲力学性能、组合碟形弹簧压缩性能和铅芯橡胶隔震垫压缩性能。竖向压缩初始弹性刚度、屈服后强度、钢板屈服后刚度、等效刚度和等效阻尼比分别为

$$K_{3D,u}=\frac{(K_{u,s}+K_{spring})K_{LRB,v}}{K_{u,s}+K_{spring}+K_{LRB,v}} \tag{10.4.1}$$

$$K_{3D,d}=\frac{(K_{d,s}+K_{spring})K_{LRB,v}}{K_{d,s}+K_{spring}+K_{LRB,v}} \tag{10.4.2}$$

$$Q_{3D,v}=P_y+(K_{LRB,v}+K_{spring})\Delta_p \tag{10.4.3}$$

$$K_{3D,eq}=K_{3D,d}+\frac{Q_{3D,v}}{\delta_{3D,v}} \tag{10.4.4}$$

$$\xi_{3D,eq}=\frac{2Q_{3D,v}(\delta_{3D,v}-Q_{3D,v}/K_{3D,u})}{\pi K_{3D,eq}\delta_{3D,v}^2} \tag{10.4.5}$$

式中，$K_{3D,u}$和 $K_{3D,d}$分别为三维隔震支座竖向初始弹性刚度和屈服后刚度；$Q_{3D,v}$、$K_{3D,eq}$和 $\xi_{3D,eq}$分别为竖向屈服强度、等效刚度和等效阻尼比；$K_{u,s}$和 $K_{d,s}$分别为菱形钢板阻尼器弹性刚度和屈服后刚度；K_{spring} 和 $K_{LRB,v}$分别为组合碟形弹簧压缩刚度和铅芯橡胶垫竖向压缩刚度；Δ_p 和 $\delta_{3D,v}$分别为菱形钢板阻尼器塑性屈服位移和三维隔震支座竖向压缩变形；P_y 为菱形钢板阻尼器的屈服强度。

如图 10.4.2(a)所示，在较小的位移时，菱形钢板阻尼器没有屈服，整个竖向隔震系统有较大的初始刚度。随着竖向力增大，菱形钢板阻尼器逐渐屈服，竖向刚度

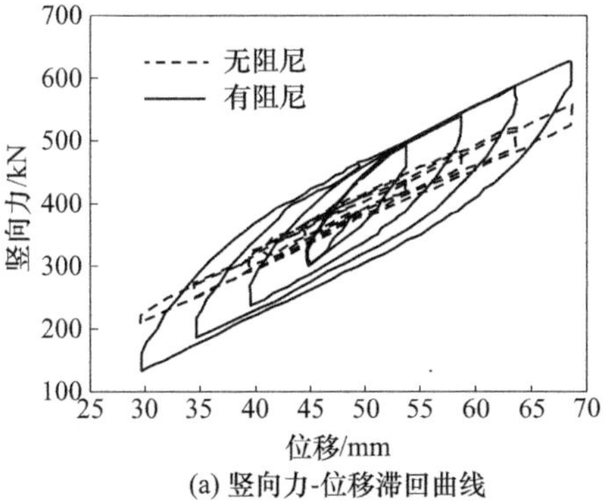

(a) 竖向力-位移滞回曲线

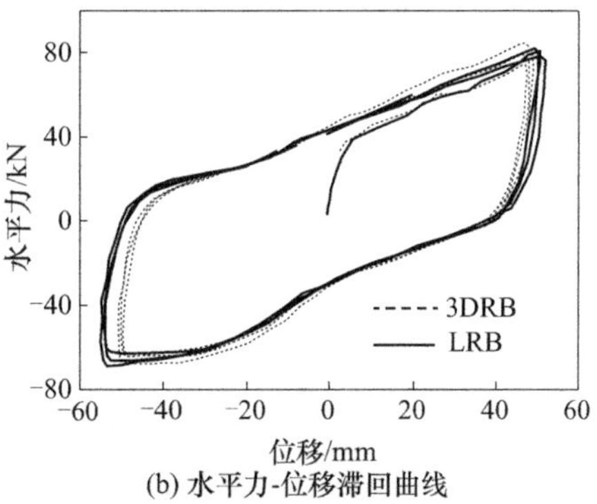

(b) 水平力-位移滞回曲线

图 10.4.2　竖向力-位移滞回曲线及水平力-位移滞回曲线

较小。无阻尼器时组合碟形弹簧碟片间以及边缘处摩擦提供的阻尼耗能相对较小,但增加阻尼器后提高了竖向隔震系统的阻尼。从图 10.4.2(b)可以看出,铅芯橡胶隔震支座的水平剪切性能决定三维隔震支座的水平隔震性能,具有良好的滞回稳定性和饱满的水平剪切滞回耗能能力。

10.5 隔震支座新进展

10.5.1 变曲率摩擦摆支座

传统的 FPS 是一种具有固定频率的长周期隔震系统,可以减小传递到上部结构的地震能量。其缺点是长周期分量过多,结构的地震响应可能会被放大,如近断层地面运动。因此,有必要研发一种变频滑动摩擦隔震支座来减小长周期地震分量对结构的影响。

变曲率滑动摩擦隔震[26,27](variable frequency pendulum isolator,VFPI)支座的滑动面特性如图 10.5.1 所示,滑动面下凹且轴对称。滑动面的方程可以由平面坐标系函数 $y(x)$表示,y 轴是对称轴,x 轴是滑块水平位移方向,支座滑块有四个力相互作用。图中,U 表示作用在滑块的水平剪力,P 为上部结构重力产生的竖向力,F_f 为与滑动表面相切的摩擦力,N 为滑块和滑动面之间的法向接触力。这里的水平力 U 由上部结构和地震作用引起。此外,为了方便公式的导出,图 10.5.1 中也给出了一个与滑块一起移动的 t-n 坐标系。移动坐标的 t 轴和 n 轴分别与滑动面相切和垂直。因为滑块在法向上的运动被约束,所以在 n 方向上的合力必须为 0。

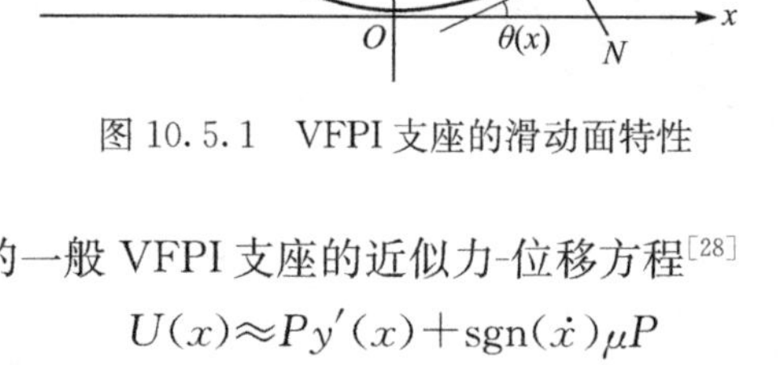

图 10.5.1 VFPI 支座的滑动面特性

处于滑动状态的一般 VFPI 支座的近似力-位移方程[28]

$$U(x) \approx Py'(x) + \mathrm{sgn}(\dot{x})\mu P \tag{10.5.1}$$

式中,μ 表示滑动表面的摩擦系数。

VFPI 的刚度 $k_r(x)$为恢复力的变化率,可以通过取 $u_r(x)$对滑块位移 x 的一

阶导数计算得到

$$k_{\mathrm{r}}(x)=\frac{\mathrm{d}u_{\mathrm{r}}(x)}{\mathrm{d}x}=Py''(x) \tag{10.5.2}$$

因此，整个隔离系统的切向隔离频率 $\omega_{\mathrm{b}}(x)$ 为

$$\omega_{\mathrm{b}}(x)=\sqrt{\frac{k_{\mathrm{r}}(x)}{M}}=\sqrt{\frac{y''(x)\sum_{i=1}^{n}P_i}{\sum_{i=1}^{n}\frac{P_i}{g}}}=\sqrt{gy''(x)} \tag{10.5.3}$$

式中，g 为重力加速度。

不难发现，一旦 VFPI 支座的滑动表面的几何函数 $y(x)$ 确定了，则 VFPI 支座的刚度 $k_{\mathrm{r}}(x)$ 和频率 $\omega_{\mathrm{b}}(x)$ 是滑块位移的函数，这与传统的滑动摩擦隔震系统不同。那么，通过选择适当的横截面几何函数 $y(x)$，VFPI 支座可以实现期望的滞回性能和良好的动态特性。

10.5.2　Roll-N-Cage 支座

Roll-N-Cage(RNC)隔震支座[29]是一种适用于近场和近断层的隔震元件。RNC 支座提供了基于重力的线性自复位系统以及能量吸收缓冲装置，并且沿隔震支座外缘布置了一系列的金属阻尼器。其力学模型主要为三部分：滞回分量 F_{bH}、回复力分量 F_{bR} 和阻尼力分量 F_{bB}。

滞回分量 F_{bH} 可由 Bouc-Wen 模型描述，回复力分量 F_{bR} 由中间的准椭球体提供。准椭球体所受到的结构自重、竖向反力形成了与运动方向相反的力矩 M_{res}，如图 10.5.2 所示。水平回复力 F_{bR} 由两部分组成：惯性力分量 F_{bRI} 和重力分量 F_{bRW}。其数学模型为

$$F_{\mathrm{bR}}=F_{\mathrm{bRI}}+F_{\mathrm{bRW}} \tag{10.5.4}$$

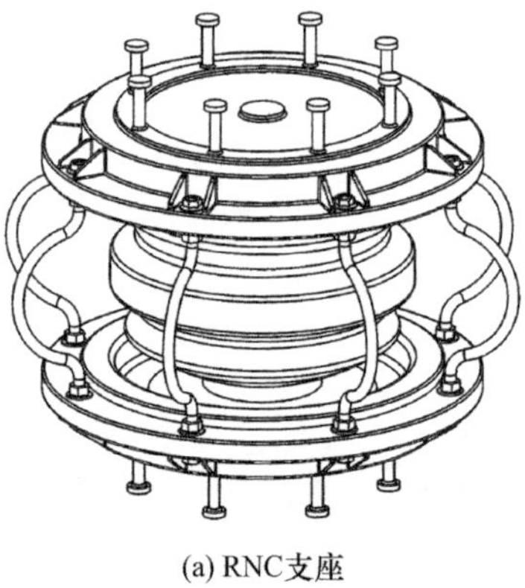

(a) RNC支座

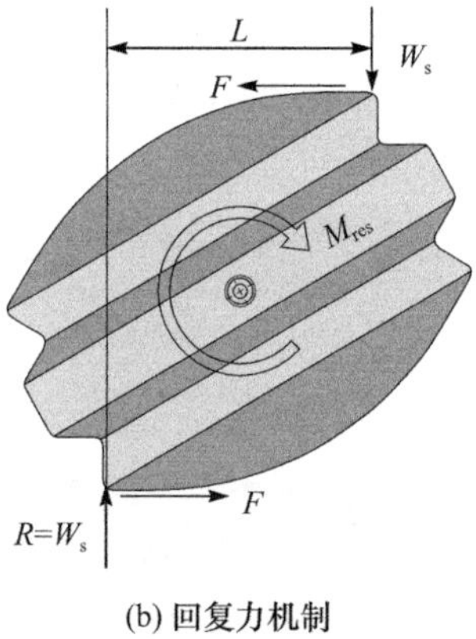

(b) 回复力机制

图 10.5.2　RNC 支座及其回复力机制

惯性力分量 F_{bRI}（见图 10.5.3(a)）和重力分量 F_{bRW}（见图 10.5.3(b)）的平衡方程为

$$F_{\mathrm{bRI}}=\frac{1}{2p}J_{\mathrm{r}}\ddot{\theta}_{\mathrm{r}}+\frac{1}{2}m_{\mathrm{r}}(\ddot{x}_{\mathrm{r}}+\ddot{x}_{\mathrm{g}}) \tag{10.5.5}$$

$$F_{\mathrm{bRW}}=\frac{1}{2p}W_{\mathrm{s}}\left(\frac{x_{\mathrm{b}}}{2}+c\right)+\frac{1}{2p}W_{\mathrm{r}}c \tag{10.5.6}$$

式中，x_{r}、y_{r} 分别为距离中心点的水平位移和竖向位移；θ_{r} 为转动角度；x_{b} 为隔震元件的水平位移；p 为两个转动点之间的竖向位移的一半；c 为上下两接触点水平距离的一半；W_{r} 为转动内核质量；J_{r} 为转动惯量。

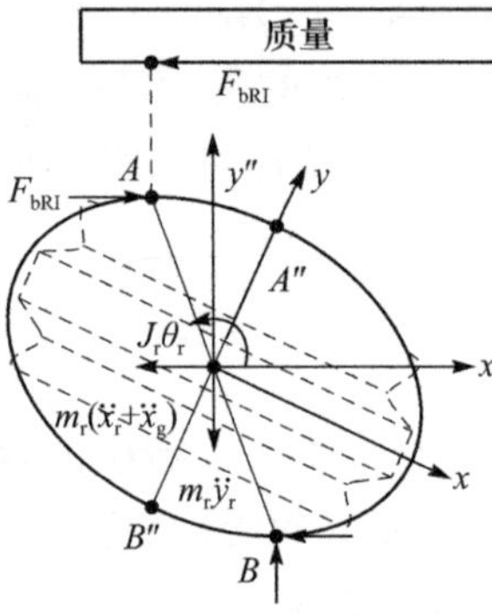

(a) 惯性力分量　　(b) 重力分量

图 10.5.3　RNC 支座核心隔离体分析

RNC 支座的阻尼力分量 F_{bB} 通过两个直角的限位装置提供，如图 10.5.4 所示，其主要作用是限制大震下隔震元件的位移，力学模型为

$$F_{\mathrm{bB}}=\begin{cases}0, & |x_{\mathrm{b}}|\leqslant x_{\mathrm{des}}\\ k_{\mathrm{B}}(x_{\mathrm{b}}-x_{\mathrm{des}}), & |x_{\mathrm{b}}|>x_{\mathrm{des}}\end{cases} \tag{10.5.7}$$

式中，k_{B} 为缓冲元件刚度；x_{des} 为设计位移。

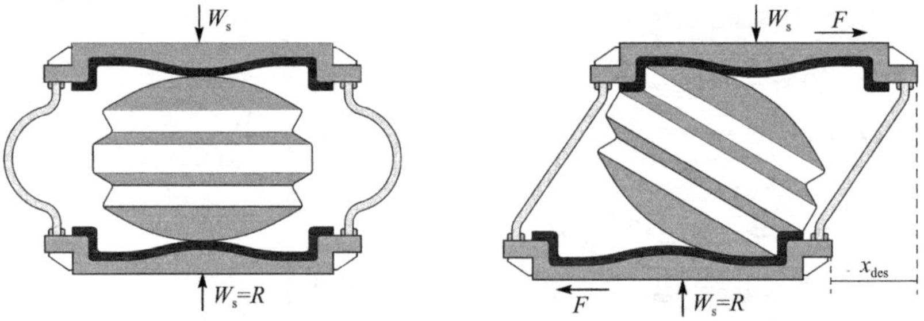

(a) 变形前　　(b) 变形后

图 10.5.4　RNC 支座耗能缓冲机理

RNC 支座的力-位移滞回关系如图 10.5.5 所示，其表达式包含滞回分量 F_{bH}、回复力分量 F_{bR} 和阻尼力分量 F_{bB} 三部分，即

$$F_b=\begin{cases}F_{bH}+F_{bR}, & |x_b|\leqslant x_{des}\\ F_{bH}+F_{bR}+F_{bB}, & |x_b|>x_{des}\end{cases} \tag{10.5.8}$$

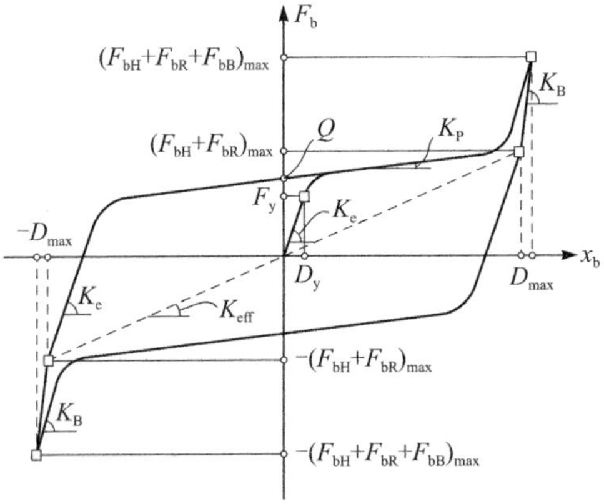

图 10.5.5　RNC 支座的力-位移关系示意图

10.6　金属阻尼器

金属阻尼器可为结构提供附加刚度和阻尼，分为屈服应力比较低的软钢阻尼器以及依靠铅挤压或剪切耗能的铅阻尼器等类型。其工作原理为利用软钢和铅良好的滞回性能耗散输入的地震能量，起到保护主体结构的作用。金属阻尼器只是抗侧力构件的一部分，因而其屈服耗能不会影响结构的承重能力。同时，金属钢阻尼器的应用范围不受高度和平面布置形式的限制，既可用于新建桥梁的抗震设计，也可用于既有桥梁的加固维修。根据钢板形状的不同，软钢阻尼器可分为 X 型、H 型、K 型等(见图 10.6.1)。铅阻尼器主要分为挤压型和剪切型。

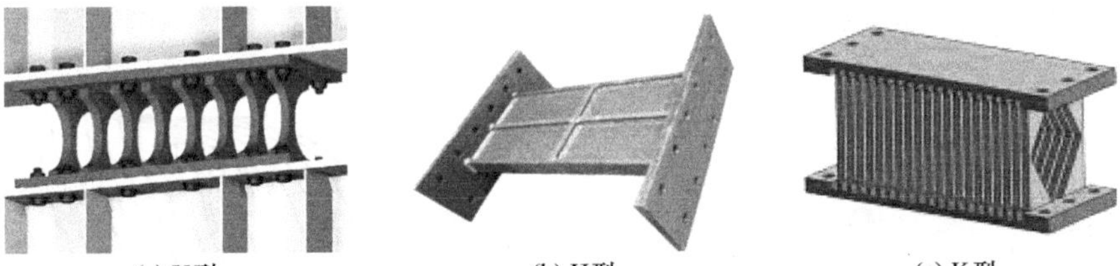

(a) X型　(b) H型　(c) K型

图 10.6.1　常见软钢阻尼器

软钢阻尼器通过侧向弯曲屈服来耗散结构的振动能量，以减小桥梁结构的整体地震反应。铅挤压阻尼器是当中心轴(剪切杆)与管壁产生相对运动时，管内的铅因挤压或者剪切产生塑性变形来耗散大量的地震能量。

对于软钢阻尼器，当按照一定的初始刚度加载至阻尼器屈服后，阻尼器仍然具有一定的强化刚度，其耗能滞回曲线近似为平行四边形，可以用双线性模型来模拟其耗能性能。铅阻尼器的初始屈服刚度非常大，一旦达到屈服极限，其所产生的阻尼力保持不变，它的耗能滞回曲线近似为矩形，可用刚塑性模型来模拟其耗能性能。

10.6.1　菱形钢板阻尼器

传统X型钢板上下分别与梁底和支承架顶部固定连接，在加载时和变形后，钢板轴力对耗能性能影响较大。三角形钢板虽然克服了这个缺点，但其与连接板以及与梁底连接的焊接质量对耗能能力影响比较大，两种钢板阻尼器与结构的连接容易造成阻尼器局部开裂。新型菱形钢板阻尼器是将两个三角形钢板阻尼器各边相连构成的，如图10.6.2(a)所示，能够尽可能避免或者减小X型和三角形阻尼器局部开裂的这种不利影响，是一种耗能性能良好的新型阻尼器。

根据菱形钢板阻尼器的构造形式特点，其力学性能可看成两个三角形钢板阻尼器各边对接而成，即可以看成两个并联三角形钢板阻尼器的力学性能。对于单片三角形钢板阻尼器，其受力相当于一个悬臂梁在自由端受到集中力F的作用，单片三角形钢板阻尼器力学性能可按式(10.6.1)～式(10.6.4)计算：

$$K_{\mathrm{d}}=\frac{Ebt^3}{6h^3} \tag{10.6.1}$$

$$\Delta_{\mathrm{y}}=\frac{\sigma_{\mathrm{y}}h^2}{Et} \tag{10.6.2}$$

$$P_{\mathrm{y}}=\frac{bt^2}{6h}\sigma_{\mathrm{y}}=K_{\mathrm{d}}\Delta_{\mathrm{y}} \tag{10.6.3}$$

$$P_{\mathrm{p}}=\frac{bt^2}{4h}\sigma_{\mathrm{y}} \tag{10.6.4}$$

式中，K_{d}为三角形钢板阻尼器弹性刚度；P_{y}为屈服强度；P_{p}为塑性强度；Δ_{y}为屈服位移；t为钢板厚度；h为钢板高度；b为钢板底边宽度；E为钢材弹性模量；σ_{y}为钢材屈服强度。

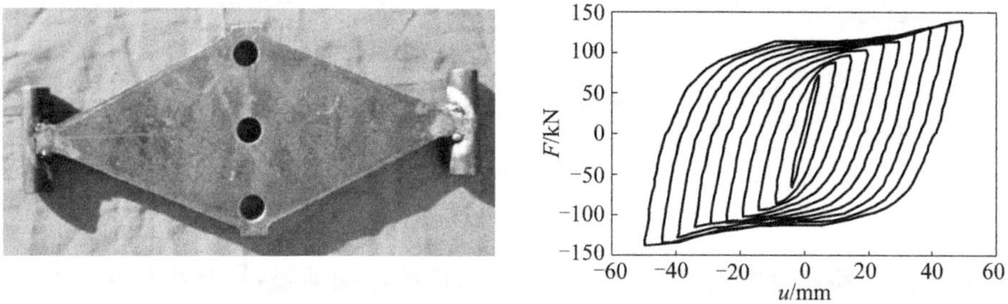

(a) 菱形钢板阻尼器　　(b) 滞回曲线

图10.6.2　菱形钢板阻尼器构造及其滞回曲线

如图 10.6.2(b)所示,阻尼器表现出比较明显的双线性特性,尽管极低屈服点钢具有显著的应变强化效应,但一般按照双线性模型来作为阻尼器滞回力学模型。

10.6.2　宫格式阻尼器

弯曲变形钢板利用面外弯曲耗能机理,具有稳定且优良的滞回性能,在地震中能吸收大量能量,但刚度不足。而剪切变形钢板利用面内剪切变形耗能,可以提高初始刚度和强度,保证阻尼器在正常荷载下处于弹性阶段变形且有足够的强度,但耗能水平不如面外钢板。考虑将两者有机结合,充分发挥各自优势,作者开发了一种可双向耗能的宫格式箱型软钢阻尼器,具体构造形式及应用如图 10.6.3 所示。该阻尼器可以取代桥梁的内外挡块,作为桥梁抗震中的“牺牲”构件,与隔震支座并联使用,作为耗能元件,提升桥梁整体抗震性能。

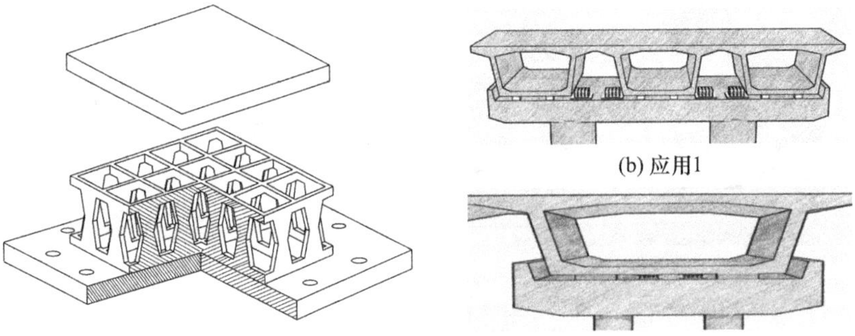

(a) 宫格式阻尼器　(b) 应用1　(c) 应用2

图 10.6.3　宫格式阻尼器构造及其应用

宫格式箱型软钢阻尼器中起决定性耗能作用的是中间“沙漏状”钢板,对于面外弯曲,钢板顶部和底部刚性连接,变形形式为 S 形,弯矩均匀分布。面内剪切钢板经历非弹性剪切变形,发生斜拉屈服,如图 10.6.4(a)所示。图 10.6.4(b)为宫

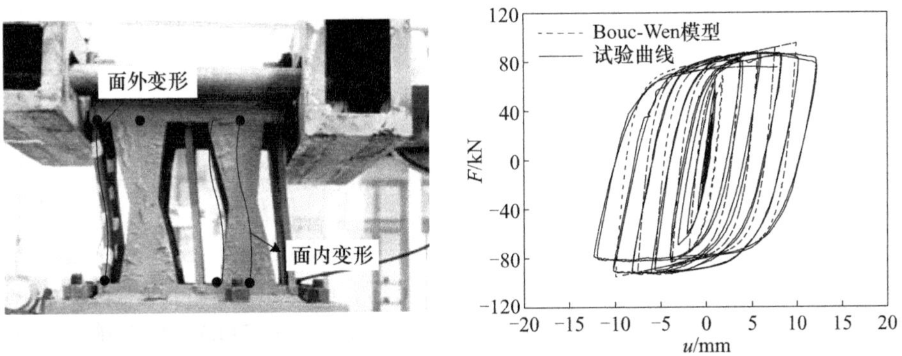

(a) 破坏模式　(b) 滞回曲线

图 10.6.4　宫格式阻尼器破坏模式及其滞回曲线

格式阻尼器的滞回曲线，可以看到滞回曲线饱满、稳定，呈纺锤状，有稳定耗能段，可以采用 Bouc-Wen 模型描述。

10.6.3　铅芯钢管阻尼器

铅芯钢管阻尼器主要由两个彼此焊接的水平接触钢管（以下称为主管），以及焊接在顶部和底部的支撑板组成[30]（见图 10.6.5(a)）。钢管之间有两个 V 形槽焊缝，管与支撑板之间有四个倾斜槽焊缝。铅芯钢管阻尼器主要耗能部分由内、外层软钢管以及中间铅芯填充层组成。外部软钢管起到变形耗能和对铅芯填充层施加外力的作用；内部软钢管限制铅芯填充层变形，并且通过出现局部屈曲发挥耗能作用；铅芯填充层通过屈服变形进行耗能。

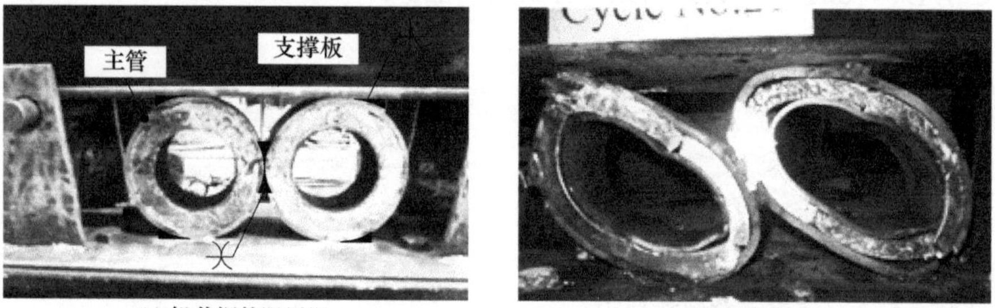

(a) 铅芯钢管阻尼器　　(b) 失效模式

图 10.6.5　铅芯钢管阻尼器及其失效模式

铅芯钢管阻尼器相对于其他形式的金属阻尼器，具有初始刚度大、耗能多、极限位移大等优点，适用于桥梁工程等具有较大相对位移的结构，能起到限位和消耗地震能的作用。除了耗能能力外，铅芯钢管阻尼器还可以为结构增加额外的强度和刚度。

铅芯钢管阻尼器的弹性刚度 K_0、屈服力 P_y、容许位移 Δ_u 可分别通过以下公式计算：

$$K_0 = 5.75t_m - 13.85 \tag{10.6.5}$$

$$P_y = 0.04(D_m)^{\frac{9}{5}}\left(\frac{D_m}{D_i}\right)^{\frac{6}{5}}\left(\frac{D_m}{t_m}\right)^{-\frac{2}{3}} \tag{10.6.6}$$

$$\Delta_u = 0.00155D_m\left[-0.46\left(\frac{D_m}{t_m}\right)^2 + 25.2\frac{D_m}{t_m} + 65\left(2 - \frac{D_m}{D_i}\right) - 170\right] \tag{10.6.7}$$

式中，D_m、D_i 分别为主管和内管的直径；t_m 为主管的厚度。

试验研究表明，当主管与内管的直径比为 1.5 时，耗能特性最佳。此时，内管虽然产生了很大的塑性变形，但没有发生破坏（见图 10.6.5(b)），铅芯能够与钢管协同变形，耗能充分。从图 10.6.6(a)可以发现，铅芯钢管阻尼器具有初始刚度较大、滞回性能稳定的特点。对于每一圈滞回曲线，二次刚度明显增大，没有明显的刚度下降。对铅芯钢管阻尼器的初始刚度进行分析，可以发现试验结果与公式预测结果吻合较好(见图 10.6.6(b))。

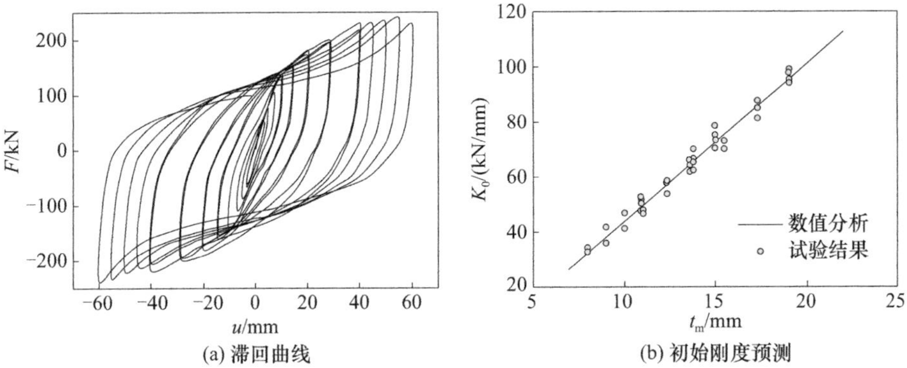

(a) 滞回曲线　　(b) 初始刚度预测

图 10.6.6　铅芯钢管阻尼器试验结果

10.6.4　大行程板式铅阻尼器

大跨度桥梁结构往往要求阻尼器的行程在十几厘米甚至是几十厘米。圆筒式铅挤压阻尼器可以实现阻尼器的大行程，但是考虑到其加工成本较高等因素，开发成本低廉的大行程板式铅阻尼器具有重要的工程意义。

传统的大行程板式铅阻尼器的特点是随着位移幅值的增加，铅在往复运动过程中被挤压到钢板间的间隙中，增大了正压力，最终导致阻尼力越来越大。基于传统大行程板式铅阻尼器改进后的大行程板式铅阻尼器[31]，其构造细节如图 10.6.7 所示。

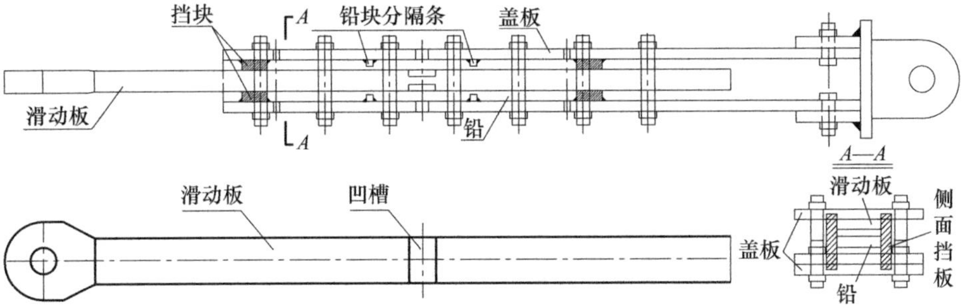

图 10.6.7　大行程板式铅阻尼器

该铅阻尼器主要包括盖板、滑动板、侧面挡板和挡块。两块盖板在滑动板上下相对放置，侧面挡板在两块盖板之间，其中，在盖板上沿长度方向焊接两个挡块。通过螺栓固定盖板、滑动板、侧面挡板和挡块形成两个“腔体”。当滑动板往复运动时，利用凹槽剪切铅块而耗能。由于设置侧面挡板，盖板与滑动板避免直接接触，减小滑动板与挡块之间的正压力。而且,挡块与滑动板的接触面积不会随着设计行程的增加而增加。

铅块的受力状态如图 10.6.8 所示。铅可分为四个区域:1 区为定形区;2 区为塑性变形区;3 区受到 2 区和另一侧铅块给予的正压力,以及滑动板和盖板给予的正压力和摩擦力;4 区为难变形区(死区)。对每一区域进行隔离体分析并整理,可以得到阻尼器的阻尼力为

$$P=2\sigma_s\left[\left(1+\frac{1}{\sqrt{3}\tan\alpha}\right)\ln\frac{d_2}{d_1}+\frac{\mu l_1}{d_1}+\frac{l_3+l_0}{\sqrt{3}d_2}\right]Bd_2 \qquad (10.6.8)$$

式中,α 为死区角度,取 60°;μ 为钢铅摩擦系数,取 0.15;B 为铅块的横向宽度;d_1 为凹槽区域外的铅块厚度;d_2 为凹槽处铅块厚度;l_0 为凹槽纵向长度的一半;l_1 为工作区铅块长度,取铅块纵向全长的一半减去 l_0;l_3 为 3 区铅块长度;σ_s 为铅块的变形抗力。

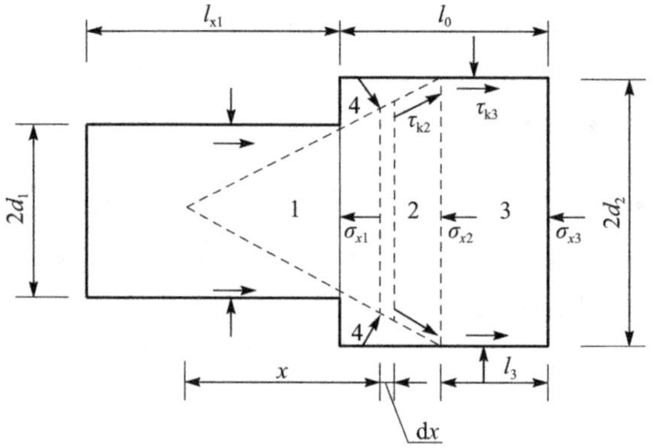

图 10.6.8　铅块受力示意图

如图 10.6.9 所示,试验中当位移幅值为±60mm 时,该阻尼器的阻尼力大约

(a) 试验加载

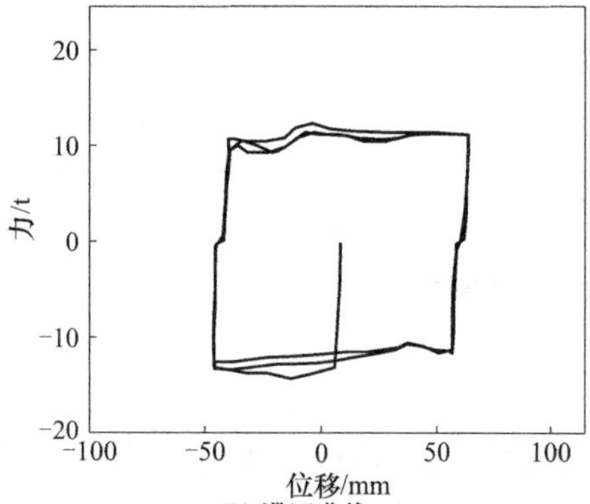

(b) 滞回曲线

图 10.6.9　大行程板式铅阻尼器试验及结果

为13t,通过式(10.6.8)计算得到阻尼力为16t。也可以看出,该阻尼器克服了试验中摩擦力大且难以控制的现象,滞回曲线比较丰满,出力比较稳定。

10.7　防屈曲支撑

框架支撑体系在一定程度上解决了结构的抗侧刚度小的问题,但是普通支撑在大震往复荷载作用下易造成自身和连接处的失效与破坏,同时支撑受压屈曲后的滞回耗能能力变差,难以有效耗散地震输入能量,结构抗震能力大幅降低。为了解决支撑受压屈曲的问题,研发了一种能防止屈曲的支撑构件,称为防屈曲支撑(buckling-restrained brace,BRB)。

10.7.1　防屈曲支撑构造及工作机理

防屈曲支撑主要由耗能内芯、无黏结材料、外围约束机构三部分组成,如图10.7.1所示。内芯作为主要的受力单元,常见的截面形式有一字形、十字形、T形、圆形等,外围约束机构主要负责提供约束,以防止核心单元受轴压时发生整体或者局部屈曲。目前常见的约束形式为矩形或圆形钢管填充混凝土所构成。无黏结材料为内芯和外围约束之间提供滑动的界面,以减小内芯和外围约束间的摩擦力,以避免拉压不对称的情况出现。目前常见的无黏结材料有橡胶、聚乙烯、硅胶、乳胶等材料。

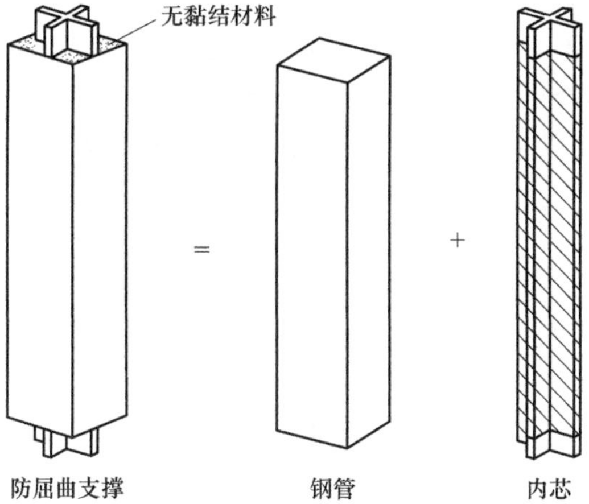

图10.7.1　防屈曲支撑的构造

支撑结构在地震作用下所承受的轴向力作用全部由支撑的耗能内芯承担,耗能内芯在轴向拉力和压力作用下屈服耗能,外围约束单元提供给内芯弯曲限制,避免内芯受压时屈曲。由于存在泊松效应,内芯在受压情况下会膨胀,在芯材和砂浆之间设有一层无黏结材料或者非常狭小的空气层,可以减小或者消除内芯受轴力时传给外围约束的力。防屈曲支撑在受拉和受压时都可屈服而不屈曲(见图 10.7.2(b)),克服了传统支撑受压时屈曲强度明显低于受拉时的拉伸强度,并且滞回耗能过小的缺点(见图 10.7.2(a))。

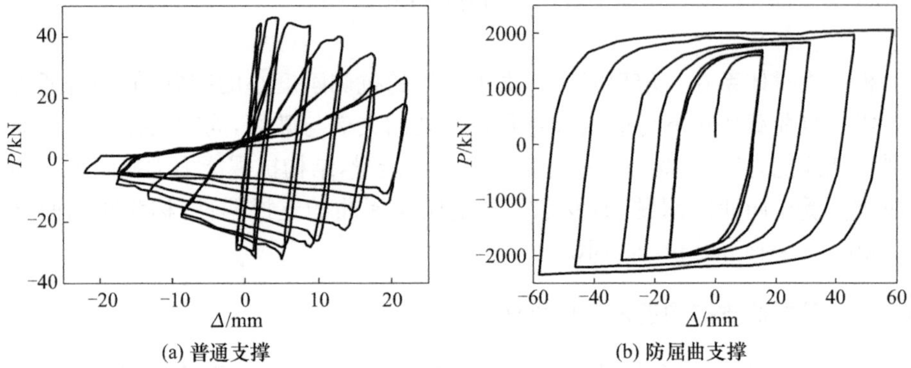

图 10.7.2　不同支撑的力学特性

10.7.2　自复位防屈曲支撑

BRB 是通过耗能内芯发生弹塑性变形而耗能,会导致大震后产生较大的残余变形,然而结构过大的侧向变形或侧向残余变形是结构发生破坏倒塌的直接原因。因此,为了减小或者消除防屈曲支撑体系的残余变形,基于 BRB 系统良好的耗能能力和自复位系统的优良自复位功能,提出了新型的自复位防屈曲支撑(self-centering buckling restrained braces,SC-BRB)。可以将 SC-BRB 应用到钢桥、拱桥、排架桥墩以及主塔等重要构件中以保护主体结构,消除震后产生的较大残余变形。

1. 构造及工作机理

图 10.7.3(a)为一种新型 SC-BRB 的构造,通过 BRB 和自复位系统分别实现稳定的耗能能力和良好的自复位功能,主要由方形外管、矩形内管、金属碟形弹簧、BRB 耗能内芯、挡块和端板等组成。BRB 部分中,内芯单元通过变形耗能,其中外围约束单元防止耗能内芯受压发生屈曲。自复位系统中,当内外套管发生相对位移时,挡板挤压碟形弹簧使其发生压缩变形,自复位系统激活,此时无论支撑受拉还是受压,碟形弹簧均处于受压状态以保证支撑拥有足够的恢复力。

2. 力学性能

图 10.7.3(b)为 SC-BRB 的工作原理示意图。假设 BRB 的滞回模型为理想弹塑性模型,自复位系统为双折线模型,将 BRB 与自复位系统的力学模型相互叠加,则展现出特有的旗帜形滞回曲线。

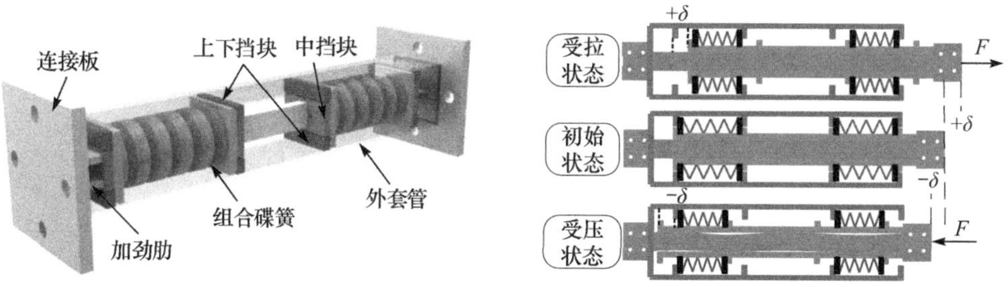

（a）基本构造　　（b）工作原理

图 10.7.3　SC-BRB 构造及其工作原理

SC-BRB 的恢复力可由式(10.7.1)计算得到：

$$F=\begin{cases}(k_{\mathrm{ds}}+k_{\mathrm{c}})x, & 0\leqslant x<u_{\mathrm{yt}}\\ 2F_0+(x-u_{\mathrm{yt}})k_{\mathrm{ds}}, & u_{\mathrm{yt}}\leqslant x<u_{\mathrm{ys}}\\ 2F_0+F_{\mathrm{t}}+(x-u_{\mathrm{ys}})K_{\mathrm{d}}, & u_{\mathrm{ys}}\leqslant x\leqslant u_{\mathrm{m}}\\ 2F_0+F_{\mathrm{t}}+(u_{\mathrm{m}}-u_{\mathrm{ys}})K_{\mathrm{d}}-(u_{\mathrm{m}}-x)k_{\mathrm{c}}, & u_{\mathrm{m}}-2u_{\mathrm{yc}}<x\leqslant u_{\mathrm{m}}\\ 2F_0+F_{\mathrm{t}}+(2u_{\mathrm{yc}}-u_{\mathrm{ys}}+x)K_{\mathrm{d}}-2u_{\mathrm{yc}}k_{\mathrm{c}}, & u_{\mathrm{ys}}<x\leqslant u_{\mathrm{m}}-2u_{\mathrm{yc}}\\ 2F_0+F_{\mathrm{t}}+2u_{\mathrm{yc}}(K_{\mathrm{d}}-k_{\mathrm{c}})-(k_{\mathrm{ds}}+k_{\mathrm{c}})(u_{\mathrm{ys}}-x), & 0<x\leqslant u_{\mathrm{ys}}\end{cases}\tag{10.7.1}$$

式中，x 为连接板位移；k_{ds}为钢芯的弹性刚度；k_{c} 为 BRB 系统的第一刚度；K_{d} 为组合弹簧总刚度；F_0 为组合碟形弹簧的总预压力；F_{t} 为钢芯的屈服力；u_{yt}为钢芯的屈服位移；u_{m} 为最大位移；u_{ys}为 BRB 系统的回弹位移；u_{yc}为自复位系统的屈服位移。

拟静力试验验证了 SC-BRB 的自复位和耗能能力，如图 10.7.4 所示。滞回曲线展现出了具有良好自复位性能的旗帜形曲线，曲线圆润饱满。同时，SC-BRB

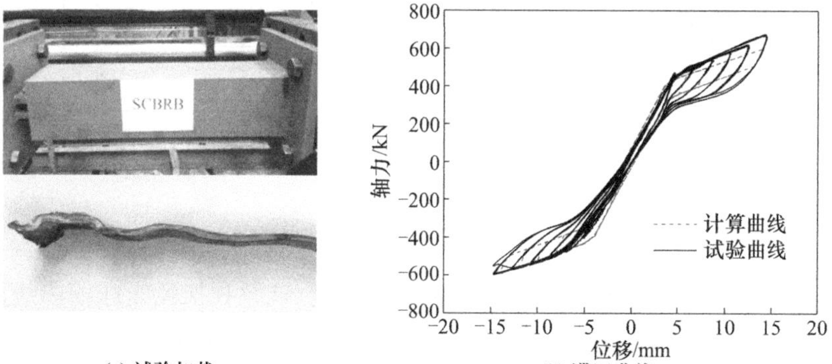

(a) 试验加载　　(b) 滞回曲线

图 10.7.4　SC-BRB 试验加载及其滞回曲线

具有良好的延性性能。对比图 10.7.4(b)中试验曲线和理论计算曲线发现,式(10.7.1)能够较为准确地描述 SC-BRB 的恢复力模型。

10.8　锁死销及防落梁装置

10.8.1　锁死销构造及力学性能

连续梁桥具有一联多跨的结构特点,为了满足温度荷载引起的变形需求,一联通常只在一个桥墩上设置固定支座,其余桥墩均为活动支座。这种连续梁桥的支座设置特点导致桥梁纵桥向地震荷载主要由固定墩承担,这不仅使固定墩的抗震能力难以满足抗震设计需求,而且使得连续梁桥纵向地震位移响应较大,极易引起伸缩缝和支座的破坏,严重的将导致碰撞损伤和桥跨结构的破坏。在连续梁桥上附加锁死销装置可以使活动墩和固定墩协同承担地震作用下上部结构的纵向地震反应,提高连续梁桥的整体抗震性能。

1. 构造及工作机理

基于拥有抗震潜能的活动墩未能有效参与固定墩协同抗震的现状,为有效降低连续梁桥固定墩地震响应,控制梁端位移,提出基于地震突发时将活动墩和固定墩临时连接的思想,即锁死销连接减震装置,其结构如图 10.8.1 所示,锁死销主要由锁死球、锁死球托架、上部套箱、下部卡座和摩擦底板五种构件组成。锁死销安装于连续梁桥梁体与活动墩墩顶之间,上部套箱与梁体相连,下部卡座嵌固于摩擦底板之上,摩擦底板固定在活动墩墩顶上[32]。

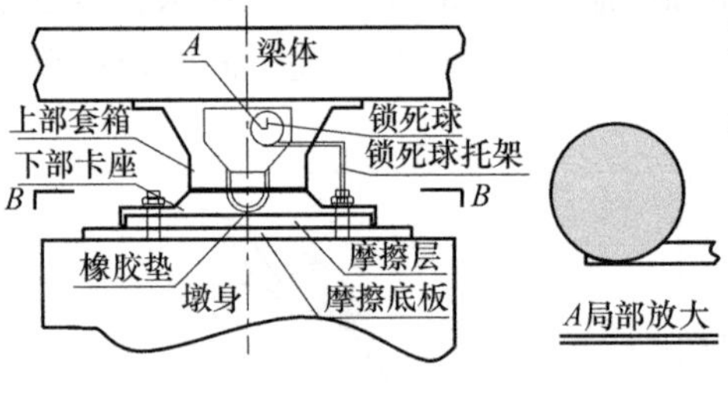

(a) 立面图

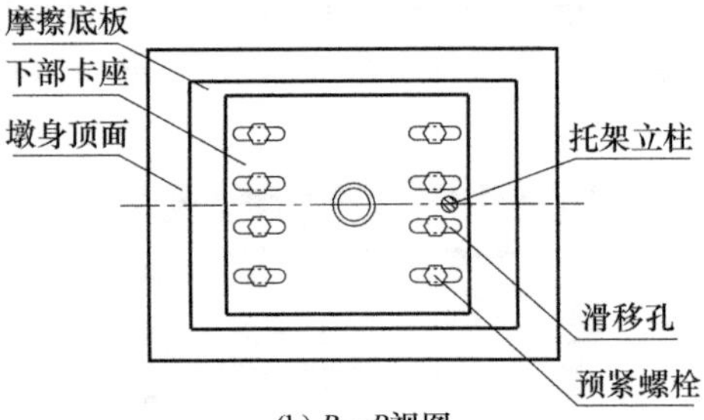

(b) B—B视图

图 10.8.1　锁死销结构

正常运营状态下,锁死球位于托架弧面球槽内(调整托架弧面球槽曲线半径可设置不同的锁死销激活阈值)。锁死球边缘与上部套箱内壁预留一定安全距离,以避免桥梁日常运营状态梁墩相对变位时锁死球与上部套箱接触的现象发生。地震发生时,锁死球在弧面球槽内晃动,当墩顶加速度大于激活阈值时,锁死球从球槽内滚动、脱落至下部卡座球槽内，限制梁体和活动墩相对位移的发生，促使活动墩和固定墩协同工作，共同承担地震引起的上部结构纵向地震作用，提高连续梁桥的整体抗震性能。

2. 力学性能

当墩顶加速度首次达到加速度激活阈值 a_k 之前，锁死销没被激活。当墩顶加速度达到加速度激活阈值时，锁死销被激活，锁死球进入卡槽；当相对位移大于锁死销间隙 g_p 时，锁死球与上部套箱和下部卡座内衬橡胶垫发生碰撞，限制梁体和活动墩的相对位移。设活动墩墩顶上锁死销的滑移摩擦力为 F_s，当梁体所传递至活动墩的力大于 F_s 时，锁死销上部结构开始滑移，以避免活动墩发生破坏。为表述方便，设活动墩墩顶承受水平荷载 F_s 时的水平位移为 δ，可理解为当活动墩与梁体相对位移大于 δ 时，锁死销进入滑动摩擦状态。锁死销单元本构如图 10.8.2 所示。

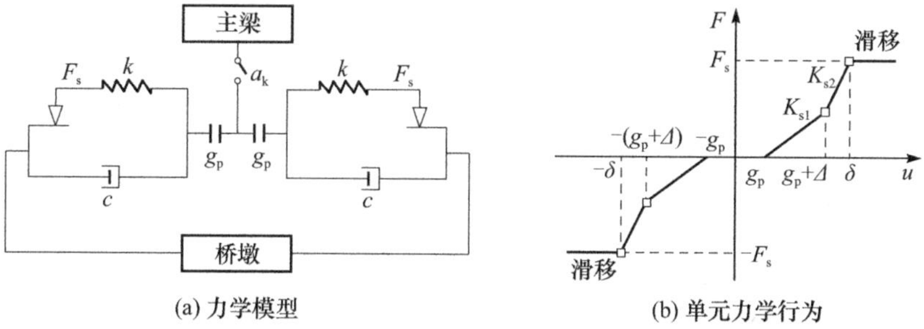

图 10.8.2　锁死销单元本构

锁死销单元的本构方程为

$$F(t)=\begin{cases}0, & t<t^* \\ 0, & t\geqslant t^*,|d_i|<g_p \\ k_{s1}(|d_i|-g_p)+cv, & t\geqslant t^*,g_p\leqslant|d_i|<g_p+\Delta \\ k_{s2}(|d_i|-g_p-\Delta)+cv, & t\geqslant t^*,g_p+\Delta\leqslant|d_i|<\delta \\ F_s, & t\geqslant t^*,|d_i|\geqslant\delta\end{cases} \tag{10.8.1}$$

式中，d_i 为活动墩墩顶和梁体的相对位移；v 为活动墩墩顶和梁体的相对速度；t^* 为墩顶加速度值首次达到加速度激活阈值的时刻；Δ 为上部套箱和下部卡座内衬橡胶垫的最大压缩量；k_{s1}、k_{s2} 分别为碰撞位置橡胶垫压缩前后锁死销连接刚度；δ 为活动墩墩顶水平荷载达到滑移摩擦力 F_s 时的水平位移。

图 10.8.3 为设置/未设置锁死销情况下振动台试验结果。设置锁死销后，固定墩墩底弯矩减小明显（约减小 35%），说明利用锁死销可有效降低固定墩地震响

应。设置锁死销后，活动墩墩底弯矩大幅增加，说明利用锁死销进行连续梁桥减震时，增大了活动墩的地震响应和结构的整体刚度。

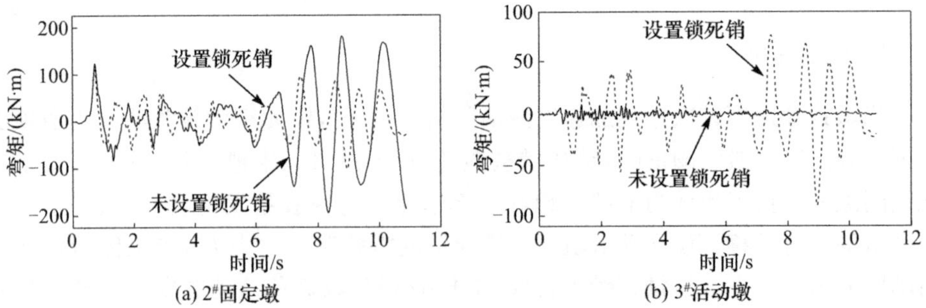

图 10.8.3　振动台试验结果(Taft 波，PGA=0.5g)

10.8.2　防落梁装置及工作机理

在地震作用下，当伸缩缝处墩梁间的相对位移超过支撑搭接长度时，梁体就发生落梁而破坏。新建桥梁依据抗震设计相关规定预留足够支承搭接长度来避免落梁。既有桥梁的支承搭接长度一般不足，为了减少落梁这类最严重的桥梁震害发生，可以在伸缩缝处附加防落梁装置来减小桥梁相对位移。

1. 分类及基本构造

桥梁防落梁措施通常可以分为三种：搁置长度、限位装置、连梁装置。限位装置限制桥梁的伸缩缝或支座在设计地震作用下产生过大的变位，把主梁的惯性力传递到桥墩或桥台；同时，在正常使用条件下，限位装置应有足够的变形冗余度，以满足温度、徐变、制动力等作用的变形需要。较常见的限位装置有锚固钢棒式、缆索式和挡块式，如图 10.8.4 所示。

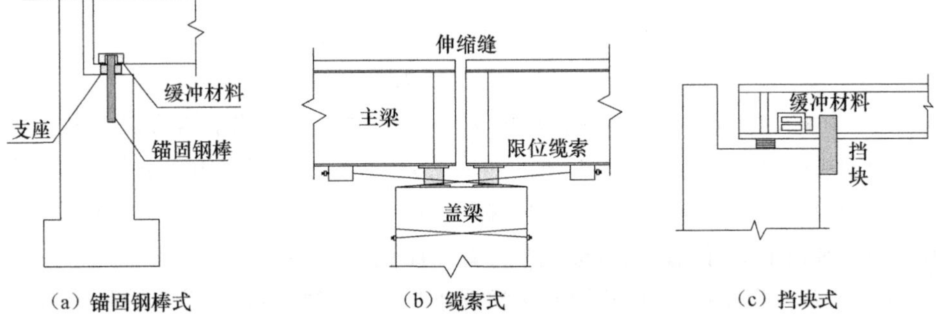

图 10.8.4　限位装置

在高烈度区或潜在地震动超越设计地震动的可能性较大的地区，还需要在桥梁上安装连梁装置，连梁装置是防止桥梁落梁最有效的装置之一，属于第二重桥梁地震保护装置。常见的连梁装置有拉杆（预应力钢棒）连梁装置、连接板（FRP）连梁装置及各种耗能连接器连梁装置，如图 10.8.5 所示。

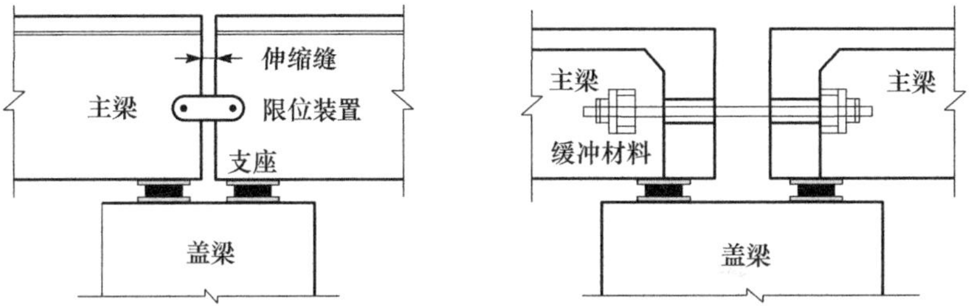

(a) 连接板(FRP)连梁装置　　(b) 拉杆(预应力钢棒)连梁装置

图 10.8.5　连梁装置

2. 防落梁装置力学模型

桥梁伸缩缝处连梁装置和限位装置的分析模型及力-位移关系曲线如图 10.8.6所示。分析模型中，相邻梁体的接触单元采用 Kelvin 碰撞模型进行模拟，其力学模型参见第 3 章。图 10.8.6 中，K_K 为梁体的轴向接触刚度，Δ_G 为伸缩缝间隙，C_K 为阻尼系数，D_S 为防落梁装置的松弛量，K_r 为防落梁装置的刚度，K_{r1}、K_{r2}为两侧限位装置的刚度，$D_{S1(2)}$为两侧限位装置的松弛量[33]。

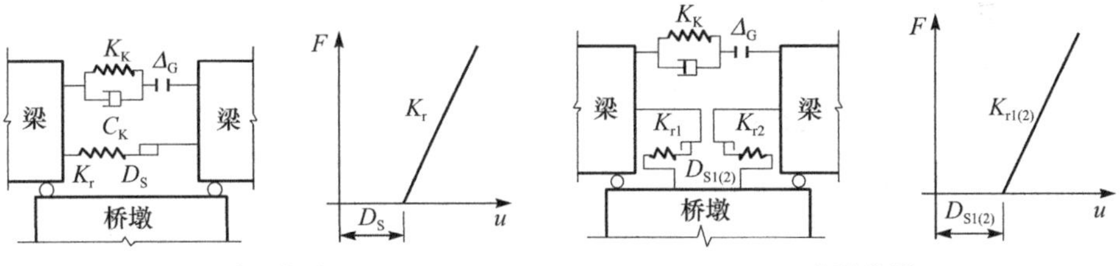

(a) 连梁装置　　(b) 限位装置

图 10.8.6　分析模型及力-位移关系曲线

参 考 文 献

[1]　周福霖. 工程结构减震控制. 北京：地震出版社，1997.

[2]　刘文光. 橡胶隔震支座力学性能及隔震结构地震反应分析研究[博士学位论文]. 北京：北京工业大学，2003.

[3]　曾德民. 橡胶隔震支座的刚度特征与隔震建筑的性能试验研究[博士学位论文]. 北京：中

国建筑科学研究院,2007.
[4] 董慧慧.改进的 Bouc-Wen 模型及其在钢筋混凝土桥墩中的应用[硕士学位论文].北京:北京工业大学,2013.
[5] 韩强.隔震桥梁结构试验及地震反应分析方法研究[博士学位论文].北京:北京工业大学,2007.
[6] Kumar M,Whittaker A S,Constantinou M C. An advanced numerical model of elastomeric seismic isolation bearings. Earthquake Engineering & Structural Dynamics,2015,43(13):1955-1974.
[7] Grant D N,Fenves G L,Whittaker A S. Bidirectional modelling of high-damping rubber bearings. Journal of Earthquake Engineering,2004,8(s1):161-185.
[8] Kumar M,Whittaker A S,Constantinou M C. Response of base-isolated nuclear structures to extreme earthquake shaking. Nuclear Engineering and Design,2015,295:860-874.
[9] Constantinou M C. 桥梁地震保护系统.北京:中国铁道出版社,2012.
[10] Constantinou M C,Tsopelas P,Kasalanati A,et al. Property Modification Factors for Seismic Isolation Bearings. Buffalo:Multidisciplinary Center for Earthquake Engineering Research,1999.
[11] Bowden F P,Tabor D. The Friction and Lubrication of Solids. Oxford:Oxford University Press,2001.
[12] Constantinou M,Mokha A,Reinhorn A. Teflon bearings in base isolation Ⅱ:Modeling. Journal of Structural Engineering,1990,116(2):455-474.
[13] 燕斌.固结体系独塔斜拉桥基础隔震设计方法研究[博士学位论文].北京:北京工业大学,2017.
[14] Zayas V,Low S,Mahin S. The FPS Earthquake Resisting System. Report No. UCB/EERC-87/01. Berkeley:University of California,1987.
[15] Zaysa V,Low S, Mahin S. A simple pendulum technique for achieving seismic isolation. Earthquake Spectra,1990,6:317-334.
[16] Touaillon J. Improvement in buildings:USA Patent,99973. 1870-2-15.
[17] Fenz D M,Constantinou M C. Behaviour of the double concave friction pendulum bearing. Earthquake Engineering & Structural Dynamics,2006:3511:1403-1424.
[18] Fenz D M,Constantinou M C. Spherical sliding isolation bearings with adaptive behavior:Experimental verification. Earthquake Engineering & Structural Dynamics,2008,37(2):185-205.
[19] Fenz D M,Constantinou M C. Modeling triple friction pendulum bearings for response-history analysis. Earthquake Spectra,2008,24(4):1011-1028.
[20] Han Q,Wen J,Lin L,et al. Experimental and numerical studies on multi-spherical sliding friction isolation bearing. Journal of Vibroengineering,2014,16(5):2394-2405.
[21] 韩强,温佳年,杜修力.抗拉拔桥梁摩擦隔震支座:中国,CN103147393A. 2013.
[22] Roussis P C,Constantinou M C. Uplift restraining friction pendulum seismic isolation sys-

tem. Earthquake Engineering & Structural Dynamics,2006,35(5):577-593.

[23] 温佳年. 抗拉双向滑动摩擦隔震支座的开发及其性能研究[学士学位论文]. 北京:北京工业大学,2013.

[24] 林亮亮. 滑动摩擦类隔震支座界面热效应数值分析[硕士学位论文]. 北京:北京工业大学,2015.

[25] 贾俊峰. 桥梁三维隔震分析与试验研究[博士学位论文]. 哈尔滨:哈尔滨工业大学,2011.

[26] Murnal P, Sinha R. Aseismic design of structure-equipment systems using variable frequency pendulum isolator. Nuclear Engineering and Design,2004,231(2):129-139.

[27] Murnal P,Sinha R. Earthquake resistant design of structures using the variable frequency pendulum isolator. Journal of Structural Engineering,2002,128(7):870-880.

[28] Lu L Y,Lee T Y,Yeh S W. Theory and experimental study for sliding isolators with variable curvature. Earthquake Engineering & Structural Dynamics,2011,40(14):1609-1627.

[29] Ismail M,Casas J R. Novel isolation device for protection of cable-stayed bridges against near-fault earthquakes. Journal of Bridge Engineering,2013,19(8):A4013002.

[30] Maleki S, Mahjoubi S. Infilled-pipe damper. Journal of Constructional Steel Research, 2014,98:45-58.

[31] 周大兴. 考虑土-结构相互作用大跨径连续梁桥抗震性能研究[博士学位论文]. 北京:北京工业大学,2012.

[32] 陈士通,张文学,杜修力,等. 连续梁桥锁死销减震机理及影响参数研究. 工程力学,2016,33(2):74-80.

[33] 黄小国. 连续梁桥防落梁装置试验和理论研究[博士学位论文]. 上海:同济大学,2009.

第 11 章　减隔震桥梁地震反应分析方法

减隔震桥梁的分析方法主要有三种[1]：单自由度简化分析方法、多自由度分析方法和非线性时程分析方法。

分析减隔震桥梁一般采用非线性时程分析方法，该方法可以描述减隔震桥梁地震反应全过程。桥梁主体解耦的建模方法与一般桥梁建模方法一致，其核心在于减隔震装置的恢复力模型确定，是减隔震桥梁结构地震反应分析的关键所在。单自由度和多自由度分析方法需要将桥梁结构(包括减隔震装置)简化为等效线性模型，然后利用弹性反应谱进行减隔震设计。该分析方法需要考虑减隔震装置的高阻尼特性，即需要对原反应谱进行修正。对于符合一定条件的减隔震桥梁，采用单自由度反应谱分析也能获得较好的结果。

本章首先介绍高阻尼反应谱的修正以及阻尼在结构中的副作用，接着对单自由度分析方法、多自由度分析方法及非线性时程分析方法进行介绍。本章的算例重点对铅芯橡胶支座、滑动摩擦支座以及采用附加阻尼装置的减隔震桥梁进行非线性时程分析，对减隔震装置的性能以及桥梁结构的动力特性进行分析。

11.1　单自由度和多自由度分析方法

11.1.1　阻尼在减隔震桥梁结构中的作用

1. 高阻尼反应谱的修正[2]

桥梁的抗震设计普遍采用 0.05 阻尼比的弹性反应谱，采用简化分析计算方法(单自由度或多自由度法)需要建立高阻尼反应谱。建立大于 0.05 阻尼比下的弹性反应谱的典型方法是通过阻尼系数或阻尼衰减因子 B 来折减 0.05 阻尼比下的加速度反应谱：

$$S_a(T,\xi)=\frac{S_a(T,0.05)}{B} \tag{11.1.1}$$

式中，$S_a(T,\xi)$为周期为 T 和阻尼比为 ξ 时的谱加速度。

目前普遍采用式(11.1.1)求取一定周期范围内所选地震动对应的系数 B 值。用阻尼比为 0.05 时的值除以阻尼比为 ξ 时的值，可以得到相应的 B 值。根据所选地震动，将所求得的结果进行平均。各国桥梁规范在简化表达式基础之上，对 B 的取值都有较为详细的说明。

FEMA440 中阻尼衰减因子 B 为

$$B=\frac{4}{5.6-\ln(100\xi)} \tag{11.1.2}$$

Eurocode8 中阻尼衰减因子 B 为

$$B=\sqrt{\frac{0.05+\xi}{0.10}} \tag{11.1.3}$$

各国规范中规定的阻尼衰减因子 B 如表 11.1.1 所示，可以看到，当阻尼比小于或等于 0.3 时，以上规范和细则中 B 值都基本相等。

表 11.1.1 各种规范和细则中的阻尼衰减因子 B

ξ	公路工程抗震规范	城市轨道交通结构抗震设计规范	FEMA440	Eurocode8
0.05	1.0	1.0	1.0	1.0
0.1	1.3	1.3	1.2	1.2
0.2	1.6	1.6	1.5	1.6
0.3	1.8	1.8	1.8	1.9
0.4	1.9	1.9	2.1	2.1

中国《公路工程抗震规范》(JTG/T B02-01—2008)[3]、《城市桥梁抗震设计规范》(CJJ 166—2011)[4]及《城市轨道交通结构抗震设计规范》(GB 50909—2014)[5]中阻尼调整系数 C_d(或 η)的倒数即为阻尼衰减因子 B。

《公路工程抗震规范》及《城市桥梁抗震设计规范》中的阻尼调整系数 C_d 为

$$C_d=\frac{1}{B}=1+\frac{0.05-\xi}{0.06+1.7\xi} \tag{11.1.4}$$

《城市轨道交通结构抗震设计规范》中的阻尼调整系数 C_d 为

$$C_d=\frac{1}{B}=1+\frac{0.02-\xi}{0.08+1.6\xi} \tag{11.1.5}$$

2. 阻尼的副作用

适度地增加结构阻尼或附加阻尼装置能有效减小整体结构的地震反应。但研究表明，过大的阻尼会对结构产生不利影响，特别是对于近场或近断层地震动[6-8]，其主要表现在：①与低阻尼情况相比，较高的黏滞阻尼可能会产生更大的力或加速度；②滞回阻尼比黏滞阻尼的效率低，主要是因为高阶振型的贡献被放大，从而造成较大的加速度。

对单自由度体系的研究发现(见图 11.1.1)，黏滞阻尼通常能够有效减小上部结构的最大加速度。实际上，对于真实的阻尼和质量参数，加速度和弹性力随着阻尼的增加而减小。超过 0.35 的阻尼比会导致加速度和弹性力的增加。但是即使在这种情况下，这些值也低于对应于低黏滞阻尼比(0.05)的值。

比较黏滞阻尼器和摩擦阻尼器减震结构(见图 11.1.2),发现基频附近的谱加速度值减小幅度基本相同。然而,由于摩擦力的不连续性,摩擦阻尼会导致高频附近的谱加速度值显著增大。对于更平滑的非线性行为(如速度依赖型的 PTFE 材料),尽管总体趋势相同,但相对于黏滞阻尼也有一定的放大。

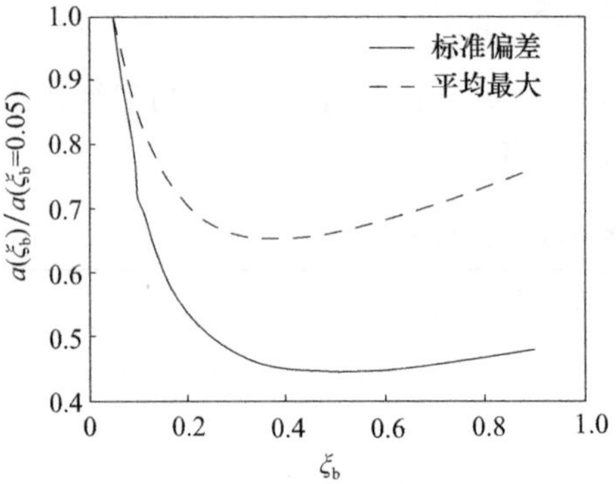

图 11.1.1　标准化加速度随阻尼比的变化

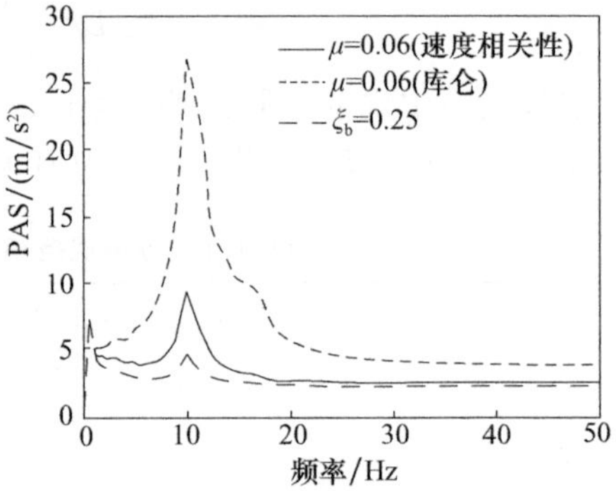

图 11.1.2　不同阻尼的谱加速度值

11.1.2　单自由度分析方法

对于符合一定条件的减隔震桥梁,可以采用单自由度反应谱分析方法进行地震反应分析:①桥梁几何形状满足规则桥梁的要求;②距离最近的活动断层大于 15km;③场地类型为Ⅰ、Ⅱ、Ⅲ类,且场地条件稳定;④减隔震装置等效阻尼比不超过 0.3;⑤减隔震桥梁的基本周期 T_1(隔震周期)为未采用隔震桥梁基本周期 T_0 的 2.5 倍以上。

减隔震桥梁顺桥向、横桥向的水平地震力可按式(11.1.6)计算:

$$E_{hp}=Sm_t \tag{11.1.6}$$

式中,S 为相应于减隔震桥梁等效周期(纵桥向或横桥向),采用等效阻尼比修正的反应谱值;m_t 为一联桥梁梁体总质量。

(1) 梁体的纵桥向(或横桥向)位移反应为

$$D_d=\frac{T_{eq}^2}{4\pi^2}S \tag{11.1.7}$$

(2) 减隔震桥梁等效周期 T_{eq}(s)可以按照如下公式计算:

$$T_{eq}=2\pi\sqrt{\frac{m_t}{\sum K_{eq,i}}} \tag{11.1.8}$$

$$\sum K_{eq,i}=\sum\frac{k_{eff,i}k_{p,i}}{k_{eff,i}+k_{p,i}} \tag{11.1.9}$$

式中,$K_{eq,i}$为第 i 桥墩或桥台与其上部减隔震装置等效刚度串联的刚度值;$k_{eff,i}$为第 i 桥墩或桥台上减隔震装置的等效刚度;$k_{p,i}$为第 i 桥墩或桥台的剪切刚度。

(3) 计算隔震桥梁的等效阻尼比 ξ_{eq}，可根据第 i 桥墩上减隔震装置的等效阻尼比 $\xi_{eff,i}$ 与第 i 桥墩的阻尼比 $\xi_{p,i}$，按式(11.1.10)计算：

$$\xi_{eq}=\frac{\sum k_{eff,i}(D_{d,i})^2\left(\xi_{eff,i}+\frac{\xi_{p,i}k_{eff,i}}{k_{p,i}}\right)}{\sum k_{eff,i}(D_{d,i})^2\left(1+\frac{k_{eff,i}}{k_{p,i}}\right)} \tag{11.1.10}$$

式中，$D_{d,i}$ 为第 i 桥墩减隔震装置的水平设计位移。

反应谱方法计算地震作用效应(内力、位移)，可根据规范进行。

11.1.3　多自由度分析方法

多自由度分析方法一般借助反应谱分析的程序完成。利用单自由度分析方法得到每一个隔震支座的有效水平刚度。分析时采用阻尼比为 0.05 的反应谱，但是在高阻尼下要对其进行修正。修正时，通常以 0.05 阻尼比反应谱为基础，通过隔震支座有效阻尼确定相应的阻尼衰减因子 B，将周期大于 $0.8T_{eff}$ 的谱值除以 B 值来进行调整(见图 11.1.3)。高阻尼导致的结构需求减少仅用于隔震结构的振型，而非隔震振型仍假定阻尼为临界阻尼的 0.05。

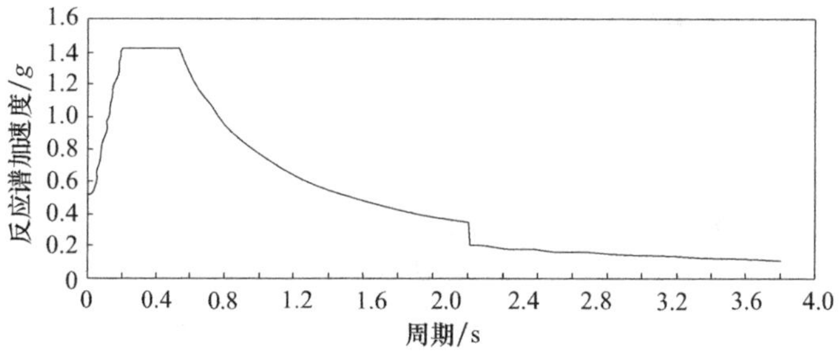

图 11.1.3　多模态分析方法中的反应谱

11.2　非线性时程分析方法

非线性时程反应分析方法是最精确的结构分析方法，可采用有限元程序进行分析，如 3D-BASIS 系列软件、SAP2000、ANSYS、ABAQUS 以及 OpenSees。主要的数值分析方法有中心差分法、Newmark-β 法、Wilson-θ 法等，感兴趣的读者可以参阅相关文献，这里不再赘述。

减隔震桥梁非线性时程反应分析的不同主要体现在运动方程的不同，方便起见，这里将其重新给出[9]：

$$\boldsymbol{M}\ddot{\boldsymbol{u}}+\boldsymbol{C}\dot{\boldsymbol{u}}+\boldsymbol{K}\boldsymbol{u}+\boldsymbol{D}\boldsymbol{F}=-\boldsymbol{M}\boldsymbol{I}\ddot{u}_g \tag{11.2.1}$$

$$\boldsymbol{u}=[x_1 \quad y_1 \quad z_1 \quad \cdots \quad x_n \quad y_n \quad z_n]^{\mathrm{T}} \tag{11.2.2}$$

$$\ddot{\boldsymbol{u}}_{\mathrm{g}}=[\ddot{x}_{\mathrm{g}} \quad \ddot{y}_{\mathrm{g}} \quad \ddot{z}_{\mathrm{g}}]^{\mathrm{T}} \tag{11.2.3}$$

式中，$\boldsymbol{M}$、$\boldsymbol{K}$ 及 $\boldsymbol{C}$ 分别为桥梁结构的质量、刚度和阻尼矩阵，均为 $3N\times3N$(其中 N 为某一方向自由度的数目)的矩阵；$\ddot{\boldsymbol{u}}$、$\dot{\boldsymbol{u}}$ 及 $\boldsymbol{u}$ 分别为桥梁结构的加速度、速度和位移向量；$\boldsymbol{D}$ 为恢复力的位置矩阵；$\boldsymbol{F}$ 为隔震元件恢复力的向量；$\boldsymbol{I}$ 为 $3N\times3$ 的影响系数矩阵；$\ddot{\boldsymbol{u}}_{\mathrm{g}}$ 为地震动加速度向量；$\ddot{x}_{\mathrm{g}}$、$\ddot{y}_{\mathrm{g}}$ 及 $\ddot{z}_{\mathrm{g}}$ 代表三个方向的地震加速度；x_i、y_i 及 z_i 为 i 节点的三个方向的位移。

需要说明，这里仅考虑两个方向的地震动，因此，对于铅芯橡胶支座隔震的桥梁结构，运动方程中的恢复力向量 $\boldsymbol{F}$ 为[10]

$$\begin{bmatrix} F_x \\ F_y \end{bmatrix}=\begin{bmatrix} c_{\mathrm{b}} & 0 \\ 0 & c_{\mathrm{b}} \end{bmatrix}\begin{bmatrix} \dot{x}_{\mathrm{b}} \\ \dot{y}_{\mathrm{b}} \end{bmatrix}+\alpha\begin{bmatrix} k_{\mathrm{b}} & 0 \\ 0 & k_{\mathrm{b}} \end{bmatrix}\begin{bmatrix} x_{\mathrm{b}} \\ y_{\mathrm{b}} \end{bmatrix}+(1-\alpha)F^{\mathrm{y}}\begin{bmatrix} Z_x \\ Z_y \end{bmatrix} \tag{11.2.4}$$

式中，Z_x、Z_y 分别为恢复力 x 和 y 方向的滞回位移分量；α 为后屈服刚度与屈服刚度的比值；F^{y} 为支座的屈服力。

对于摩擦摆支座隔震的桥梁结构，运动方程中的恢复力向量 $\boldsymbol{F}$ 为[11]

$$\begin{bmatrix} F_x \\ F_y \end{bmatrix}=\begin{bmatrix} k_{\mathrm{b}} & 0 \\ 0 & k_{\mathrm{b}} \end{bmatrix}\begin{bmatrix} x_{\mathrm{b}} \\ y_{\mathrm{b}} \end{bmatrix}+\begin{bmatrix} F_{\mathrm{s}x} \\ F_{\mathrm{s}y} \end{bmatrix} \tag{11.2.5}$$

式中，k_{b} 为支座的重力在指向曲面中心的恢复力刚度；$F_{\mathrm{s}x}$、$F_{\mathrm{s}y}$ 分别为 x 和 y 方向的摩擦力，

$$F_{\mathrm{s}x}=F_{\mathrm{s}}Z_x \tag{11.2.6}$$

$$F_{\mathrm{s}y}=F_{\mathrm{s}}Z_y \tag{11.2.7}$$

式中，Z_x 和 Z_y 的意义同前；F_{s} 为极限摩擦力。

需要指出，当 $k_{\mathrm{b}}=0$ 时，即为平板摩擦型隔震支座的恢复力向量。

对于设置黏滞阻尼器的桥梁结构，运动方程需要增加阻尼力，即

$$\boldsymbol{M}\ddot{\boldsymbol{u}}+\boldsymbol{C}\dot{\boldsymbol{u}}+\boldsymbol{K}\boldsymbol{u}+\boldsymbol{H}\boldsymbol{R}=-\boldsymbol{M}\boldsymbol{I}\ddot{\boldsymbol{u}}_{\mathrm{g}} \tag{11.2.8}$$

式中，$\boldsymbol{H}$ 为恢复力的位置矩阵；$\boldsymbol{R}$ 为阻尼器附加阻尼力向量。对于采用斜支撑形式的黏滞阻尼器，假设阻尼器布置在 j 节点和 $j-1$ 节点，则附加水平阻尼力为

$$R_j(t)=\cos^2\theta_j c_j[\dot{x}_j(t)-\dot{x}_{j-1}(t)] \tag{11.2.9}$$

式中，$R_j(t)$ 为 j 节点处阻尼器在 t 时刻对桥梁结构的水平力；θ_j 为 j 节点和 $j-1$ 节点之间的水平夹角；$\dot{x}_j(t)$ 及 $\dot{x}_{j-1}(t)$ 分别为 j 节点和 $j-1$ 节点的速度；c_j 为阻尼器的附加阻尼。

11.3 减隔震桥梁地震反应分析实例

11.3.1 铅芯橡胶支座连续梁桥[12]

某四跨连续桥梁(见图 11.3.1)，跨径布置为 4×30m。采用圆形钢筋混凝土

桥墩和预应力薄壁箱梁，桥墩高 10m，桥台为刚性，桥墩与地面刚性连接。上部结构截面积为 3.46m^2，梁体重 9980kN，桥墩的抗弯惯性矩为 0.548m^4，混凝土弹性模量为 2.5×10^7kN/m^2。

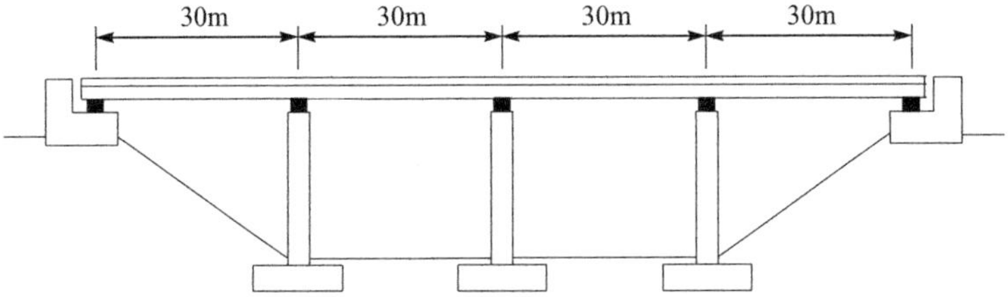

图 11.3.1　四跨连续隔震梁桥

分析在三条实际地震作用下隔震桥梁系统的地震反应。三条地震波详情如表 11.3.1所示。

表 11.3.1　地震波详情

地震	记录台站	顺桥向		横桥向	
		分量	峰值加速度/g	分量	峰值加速度/g
Kobe	JMA	N90E	0.599	N00E	0.821
Imperial Valley	El-Centro	S90W	0.214	S00E	0.348
Loma Prieta	Corralitos	S00E	0.644	S90W	0.479

为了分析双向地震作用下铅芯橡胶隔震支座的双向相互作用对隔震连续桥梁地震反应的影响，本节进行了两种工况分析：一种是隔震但不考虑隔震支座恢复力的双向耦合作用；另一种是隔震且考虑隔震支座恢复力的双向耦合作用。

对于隔震支座设计，桥墩、桥台处铅芯支座屈服力的总和为梁体总重的 8%，满足常用隔震桥梁结构的归一化屈服力 F_0 变化范围为 0.02～0.20 的要求。支座隔震周期 T_b 变化范围多为 2～4s，本节支座的隔震周期取 2s。

表 11.3.2 为水平双向地震作用下，该多跨连续梁桥中间桥墩基础的剪力(F_x 或 F_y)、桥面中心处的绝对加速度(a_x 或 a_y)、中间桥墩(x_a 或 y_a)和桥台(x_p 或 y_p)处支座相对位移反应的峰值，x 和 y 分别指桥纵向和横向反应。可以看出，考虑铅芯橡胶支座恢复力的双向耦合作用后，桥墩基础剪力 F_x 或 F_y 的峰值均有所降低，降低值最大达 10.4%；桥面中心处的绝对加速度 a_x 或 a_y 的峰值均有所降低，降低值最大达 20.1%；桥墩和桥台处 LRB 位移的峰值均有明显增大，增大值最大达 18.1%。这是由于考虑双向相互作用后，支座滞回环面积减小，产生了更大的支座位移。如果忽略支座恢复力的双向相互作用，隔震桥梁系统在纵向和横向是相互独立的，这样将会低估支座的位移。

表 11.3.2　隔震桥梁地震反应峰值

地震	方向	考虑支座恢复力双向耦合作用				不考虑支座恢复力双向耦合作用			
		F_x 或 F_y/kN	a_x 或 a_y/g	x_a 或 y_a/cm	x_p 或 y_p/cm	F_x 或 F_y/kN	a_x 或 a_y/g	x_a 或 y_a/cm	x_p 或 y_p/cm
Kobe	顺桥向	596.7	0.214	17.89	17.76	631.9	0.229	15.68	15.43
	横桥向	978.9	0.298	24.81	24.67	1043.2	0.302	21.02	20.89
Imperial Valley	顺桥向	369.5	0.118	6.76	6.63	380.1	0.121	5.25	5.11
	横桥向	448.2	0.136	7.98	7.83	482.4	0.154	5.83	5.72
Loma Prieta	顺桥向	661.4	0.142	9.24	8.96	634.6	0.161	7.61	7.47
	横桥向	501.7	0.151	9.72	9.44	559.4	0.189	9.31	9.04

图 11.3.2 为 Kobe 地震作用下隔震桥梁顺桥向地震响应。从图中可以看出，桥墩基础剪力和桥面加速度显著减小，说明支座对桥梁隔震设计是有效的。由于支座力的相互作用，桥墩基础剪力稍有减小。对于是否考虑相互作用，支座位移变化规律相同，只是峰值有所增加。因此，支座恢复力的双向耦合相互作用对隔震桥

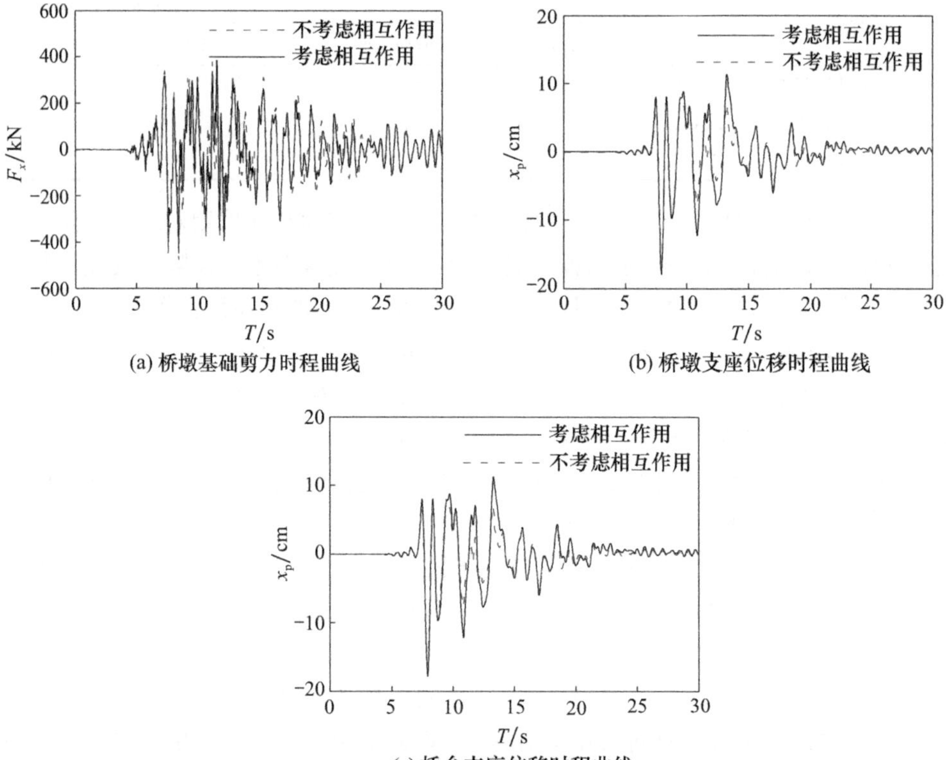

(a) 桥墩基础剪力时程曲线　　(b) 桥墩支座位移时程曲线

(c) 桥台支座位移时程曲线

图 11.3.2　Kobe 地震作用下隔震桥梁顺桥向地震响应

梁的反应有重要影响，若忽略双向耦合相互作用，虽然桥面加速度和桥墩基础剪力略有减小，但大大低估了支座位移，而隔震支座的位移设计对隔震桥梁设计有至关重要的作用。

图 11.3.3 为 Kobe 地震作用下桥台支座纵桥向力-位移关系曲线。当不考虑支座恢复力的相互作用时，单向力-位移关系是典型的双线性，支座滞回环形状有规律。然而，考虑支座恢复力相互作用时，单向力-位移曲线不再是典型的双线性，支座滞回环形状不规则。

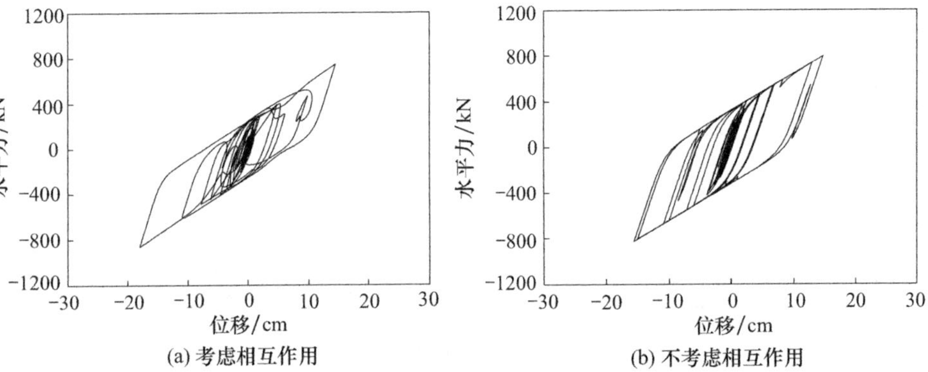

图 11.3.3　Kobe 地震作用下桥台支座纵桥向力-位移关系

11.3.2　滑动摩擦支座隔震桥梁

1. 港珠澳大桥非通航孔[13]

港珠澳大桥非通航孔一联连续梁桥的桥跨为 6×85m，主梁采用单箱单室等高钢-混组合梁，单幅宽 16.3m，梁高 4.3m。下部结构采用钢筋混凝土空心桥墩，墩高 23.75m。桥梁基础处在海洋软黏土中，采用钢管混凝土圆柱复合桩，桩长 14m，桩基嵌入岩石中。主梁和桥墩之间设置 MFPS 或 FPS。桥墩布置如图 11.3.4所示。

根据桥梁地震反应特点，主梁、桥墩和桩基采用空间梁单元进行模拟，FPS 采用摩擦隔震器单元进行模拟，MFPS 采用三个 FPS 单元进行串联模拟，其基本原理如图 11.3.5 所示。桥梁基础处在海洋软黏土条件下，根据现场地质情况和相关试验数据，采用 Matlock 提出的 p-y 曲线进行分析。通过上述方法建立的有限元模型，如图 11.3.6 所示。

1) 反应谱分析

将非线性支座单元等效为线性黏滞单元。等效刚度取预期位移下支座的等效刚度；阻尼采用耗能相等原理进行等效，即在预期位移下每个循环周期内所耗能量

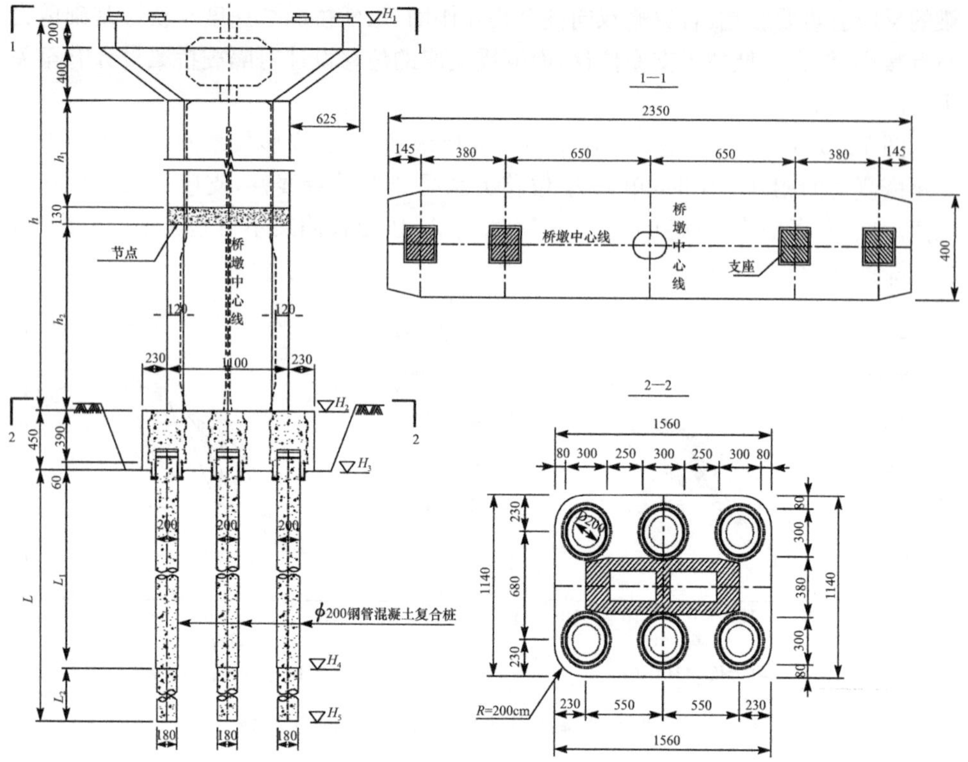

图 11.3.4　桥墩布置图(单位:mm)

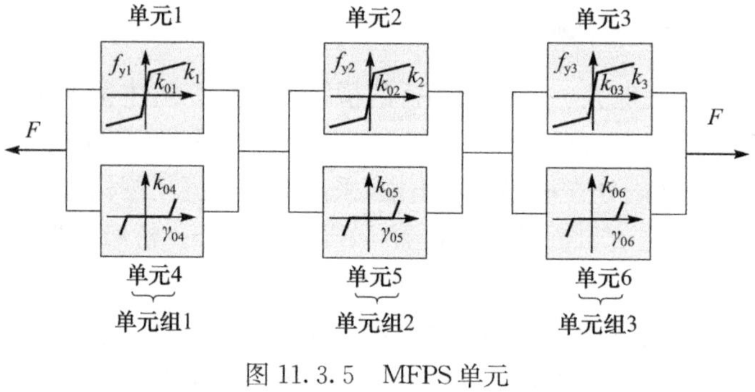

图 11.3.5　MFPS 单元

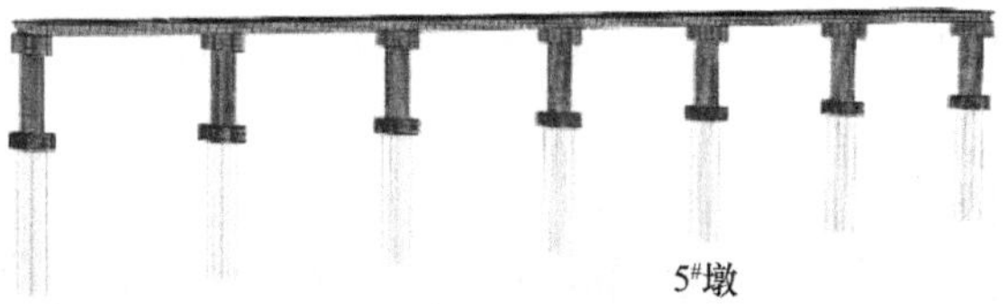

图 11.3.6　有限元模型

相等。通过阻尼衰减因子 B 将桥梁抗震设计中 0.05 阻尼比的弹性反应谱进行修正得到计算需要的高阻尼反应谱。按照上述方法对等效线性化的桥梁结构进行多自由度反应谱分析，隔震支座、桥墩的响应如表 11.3.3 所示。

表 11.3.3　反应谱分析的结构响应

支座类型	支座位移/mm	支座剪力/kN	墩底剪力/kN	墩底弯矩/(kN·m)	墩顶位移/mm
FPS	122.23	2629	9774	116820	70.73
MFPS	164.80	1856	7527	86002	52.41
增/减率/%	34.8	29.4	23.0	26.4	25.9

可以看出，地震作用下 MFPS 的位移比 FPS 增大了 34.8%，支座剪力则减小了 29.4%，表明 MFPS 具有更大的位移能力，承担较小的地震水平作用力。采用 MFPS 的桥梁墩底剪力和弯矩比采用 FPS 分别减小 23.0%和 26.4%，墩顶位移减小 25.9%，说明在相同激励下，采用 MFPS 桥梁的地震反应更小，MFPS 具有更好的隔震效果。

2）非线性时程分析

采用双指标控制进行地震动的选择，通过控制实测地震动的加速度反应谱值的两个频率段来选择地震动：一是对在[0.1，T_g]平台段的均值进行控制；二是对在结构基本周期处的均值进行控制。要求二者与设计加速度反应谱值相差都不超过 20%。按照规范要求，选择 7 条地震动进行分析。地震荷载按照 120 年超越概率 5%(P3 水准)，对应加速度峰值为 0.249g。将选择的地震动转化成反应谱，并与规范反应谱比较得到图 11.3.7。

考虑到输入和结构的对称性，以 5# 墩为例进行隔震支座和桥墩的地震响应分析。在给定的地震动输入下，得到了桥梁支座力-位移滞回曲线，其中 El-Centro 波作用下桥梁支座力-位移滞回曲线如图 11.3.8 所示。各地震作用下支座响应峰值如表 11.3.4。

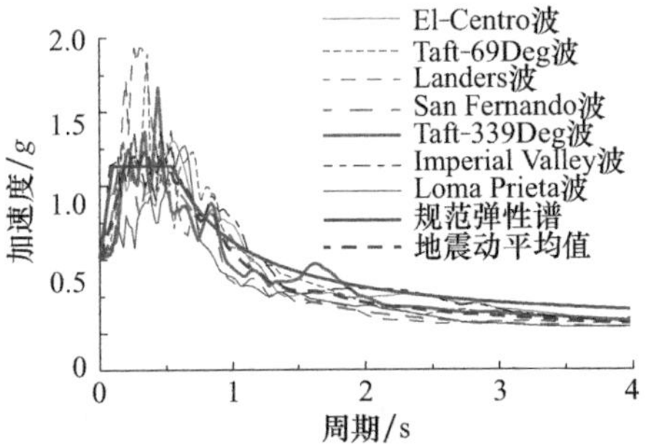

图 11.3.7　地震动反应谱

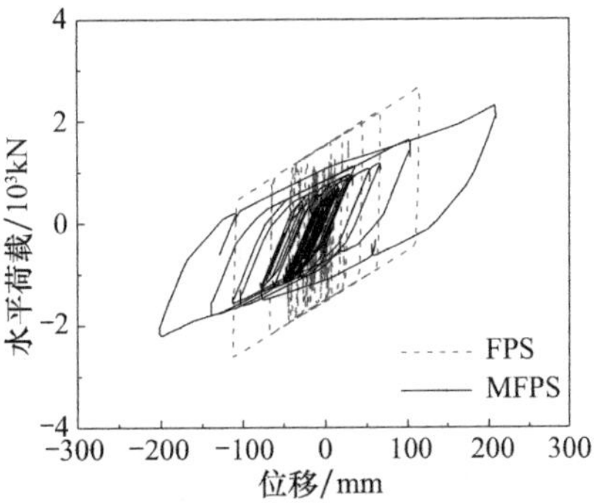

图 11.3.8　El-Centro 波作用下桥梁支座力-位移滞回曲线

表 11.3.4　各地震作用下支座响应峰值

地震	支座顺桥向位移/mm		支座顺桥向剪力/kN	
	FPS	MFPS	FPS	MFPS
El-Centro	115.9	209.3	2653	2301
Taft-69Deg	220.7	223.1	3648	2372
Landers	98.0	111.1	2453	1640
San Fernando	131.5	181.5	2833	2073
Taft-339Deg	117.9	215.0	2683	2347
Imperial Valley	156.7	241.4	3082	2598
Loma Prieta	98.2	164.4	2464	1916
平均值	134.1	192.3	2831	2178

从图 11.3.8 可看出，FPS 的力-位移曲线表现出双线性，MFPS 则表现出多线性，表明多个滑动摩擦面的存在会引起支座刚度的变化，说明 MFPS 具有良好的刚度自适应性。从表 11.3.4 可以看出，同一地震动激励下，不同支座的位移、剪力响应有着较大的差异，但对于同样尺寸、同样摩擦系数的 FPS 和 MFPS，MFPS 允许产生更大的位移，承受更小的水平荷载，因此具有更好的适应性。

桥墩是桥梁结构的主要受力构件，在地震作用下较易受到破坏，因此通过分析桥墩的地震响应可以更好地表明两种支座的隔震效果。图 11.3.9 为两条地震作用下桥墩墩底水平剪力时程曲线。可以看出，不同地震动输入下采用 MFPS 的桥墩响应比采用 FPS 的桥墩响应有所减小。地震作用开始阶段，减小趋势呈同步同相形态；地震作用中后期 MFPS 桥梁的响应出现了周期的延长、相位的滞后以及幅值较大幅度的减小。

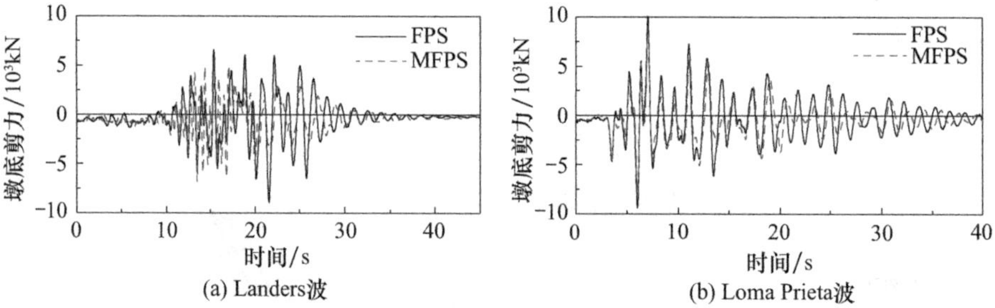

图 11.3.9　不同地震波作用下墩底水平剪力时程曲线

表 11.3.5 为各地震作用下桥墩的峰值响应。可以看出，采用 MFPS 后，桥墩的响应比采用 FPS 普遍有所减小，但在不同地震作用下减小的程度存在较大差异。例如，在 El-Centro 波激励下，墩底剪力减小率仅为 3.4%，墩底弯矩减小率为 1.4%，墩

顶位移减小率为 1%，而在 Taft-339Deg 波激励下，采用 MFPS 的桥墩剪力比 FPS 的大了 5%，墩底弯矩增加了 3%，墩顶位移增加了 3%，说明地震动频谱的影响使结构响应表现出一定的离散性。

表 11.3.5　各地震作用下桥墩的峰值响应

地震	墩底剪力/kN		墩底弯矩/(kN·m)		墩顶位移/mm	
	FPS	MFPS	FPS	MFPS	FPS	MFPS
El-Centro	10581	10216	127864	126061	77	76
Taft-69Deg	12365	10456	150483	126358	91	76
Landers	8924	6887	107723	83840	65	50
San Fernando	12293	9217	150085	111602	91	67
Taft-339Deg	9887	10390	120501	124571	73	75
Imperial Valley	11575	10994	140634	135500	74	73
Loma Prieta	10048	9118	122521	123097	85	82
平均值	10810	9897	131402	120147	79	72

对比分析两种方法的结果可以得出以下结论：①反应谱分析和非线性时程分析的结果及规律相同，两种分析结果表明 FPS 和 MFPS 两种支座均能减小桥梁结构的地震响应，有较好的隔震效果；②支座尺寸及滑动面摩擦系数相同的条件下，MFPS 比 FPS 具有更强的位移能力和更有效的隔震效果。

2. 基础隔震斜拉桥[14]

基础隔震斜拉桥是在主塔底部和边跨处增加柔性支座，系统性地减小主塔、上部结构和边跨的地震需求。以某固结体系独塔斜拉桥为工程背景，该桥具体参数参见 5.6.2 节。

采用 FPS、DCFP 支座及 TFPS 作为斜拉桥的隔震层，各滑动摩擦隔震支座尺寸如图 11.3.10 所示。

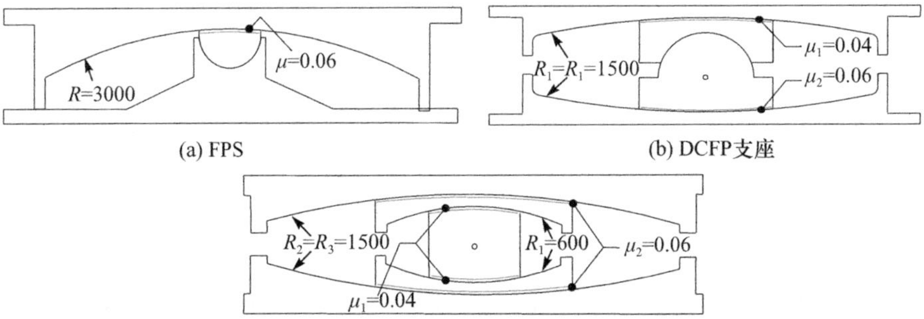

(a) FPS　(b) DCFP支座　(c) TFPS

图 11.3.10　滑动摩擦隔震支座尺寸

根据该桥梁设计资料可知，该桥梁抗震设防烈度为7度，最终确定设计加速度幅值为0.156g，地震动参数如表5.6.2所示。

三种不同隔震支座的隔震效果如图11.3.11所示。纵桥向的位移比原型桥梁明显增大。纵桥向弯矩明显减小，而横桥向弯矩减小不显著。基础隔震斜拉桥侧向的主振型主要为主塔的侧弯和主塔的水平刚体运动。横桥向弯矩减小，主要是因为侧弯振型的质量参与系数减小，而刚体平动的质量参与系数增大。因为上部结构的惯性力并不直接传递于墩底，而是通过隔震支座以摩擦力的方式传递于下部，纵、横桥向墩底剪力明显减小。

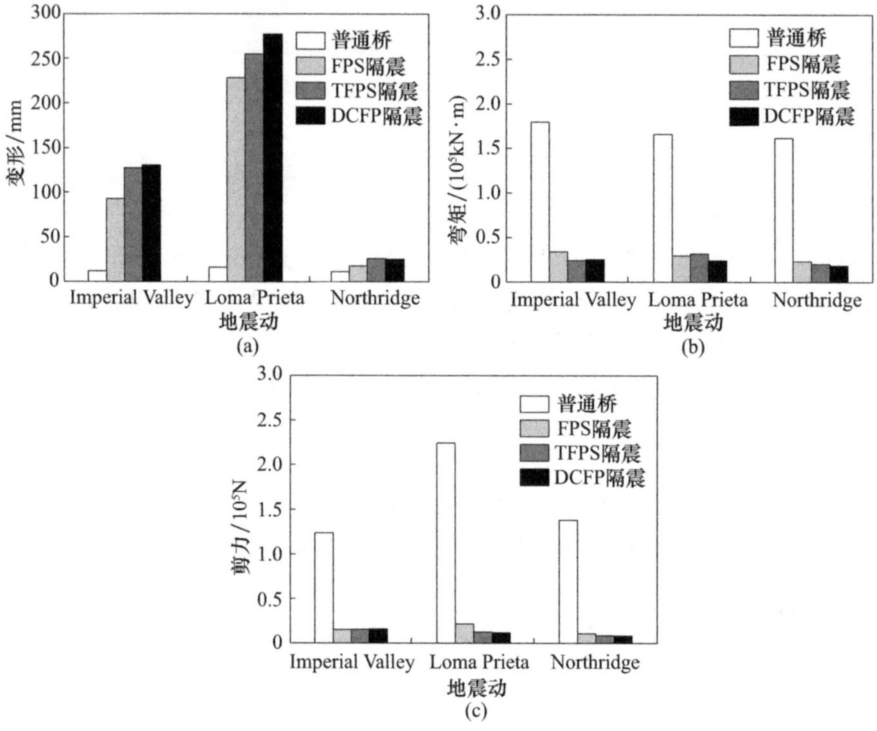

图11.3.11　三种不同隔震支座的隔震效果

三种不同Loma Prieta波激励下三种支座力-位移关系曲线如图11.3.12所示，这里仅取纵桥向结果(该结果位移最大)。需要指出的是，研究目标支座为主塔下中间支座，由于承台尺寸较大，接近于刚性，各个隔震支座的力-位移关系相近。图11.3.12所示滞回曲线分别为考虑与不考虑双向耦合效应的结果，其中非耦合的支座力-位移关系采用单轴材料中的MultiLinear材料模拟。可以发现，双向耦合的隔震系统在位移相对较小时就发生了屈服，其峰值位移较非耦合隔震系统会有所增大，二者相差最大约为5%。可见对于双向输入的隔震桥梁，有必要考虑耦合作用。除此之外，相对于耦合隔震系统，非耦合隔震系统的曲线整齐饱满。DCFP 支座在位移大约为 30mm 时发生刚度的变化，TFPS 在位移大约为 24mm 和 184mm 时发生刚度变化，与之前理论分析所得到的结论相符。

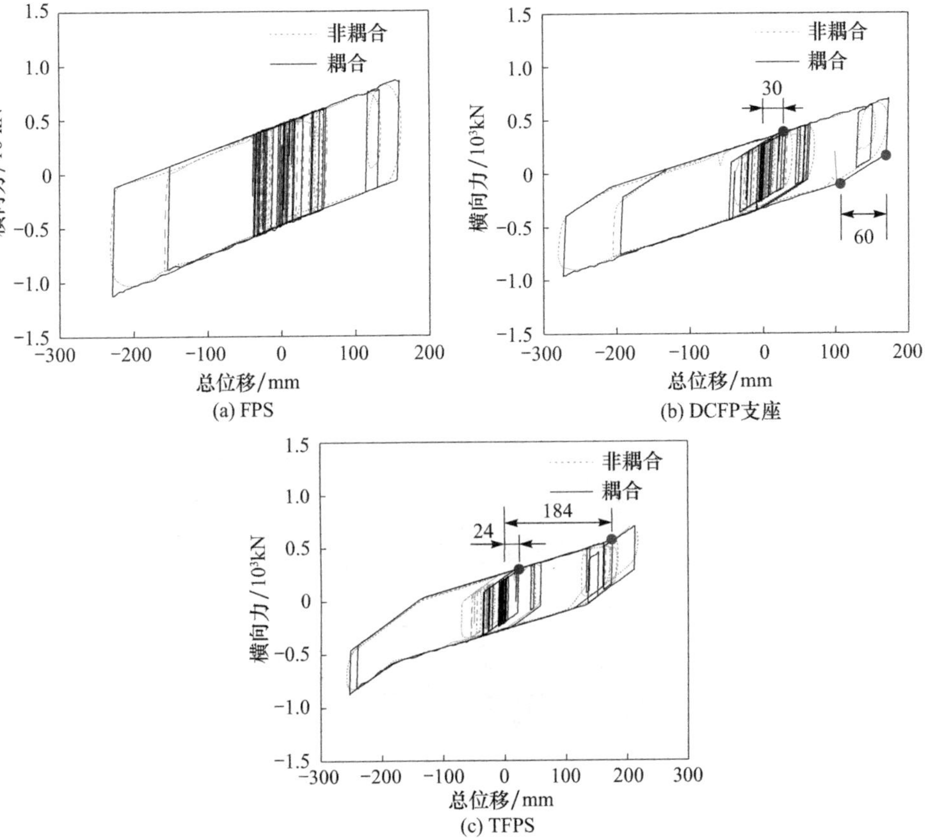

图 11.3.12 支座滞回曲线

土体滞回曲线如图 11.3.13(a)所示，这里仅比较原桥中桩侧土体位移最大的工况，可以看到，采用基础隔震后桩侧土体没有产生塑性变形，土体变形控制在 5mm 内。在桩-土的非线性时程分析中，前、后排桩的顺序经常发生变化，因此忽略各桩在群桩中的位置，采用平均折减系数得到桥梁整个系统的动力响应。当峰值力得到后，对群桩进行推覆分析，进而得到各排桩的峰值响应。图 11.3.13(b)为考虑基础隔震后与原桥的弯矩值比较。不同排桩的弯矩变化趋势与原桥相似，但是正负弯矩均有所减小，弯矩的影响深度也有所减小，纵桥向与横桥向弯矩的减震率均在 10%左右。采用基础隔震，能够有效地减小上部结构的惯性力传入下部桩基础。因此，相对于原桥，在考虑基础隔震设计后，能够减小桩径与桩长。

空心薄壁桥墩采用之前所述的分层壳单元，其中混凝土保护层和核心混凝土都会被分为若干层。图 11.3.14 为地震激励下核心混凝土层最大主应力(σ_1)达到

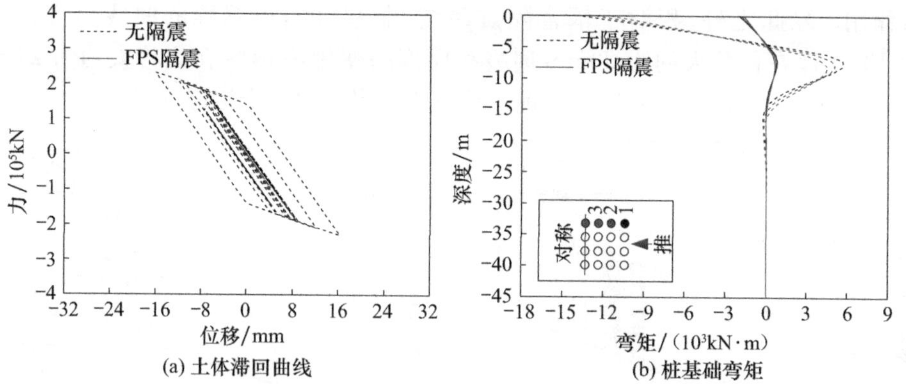

(a) 土体滞回曲线　　(b) 桩基础弯矩

图 11.3.13　土体滞回曲线及桩基础弯矩

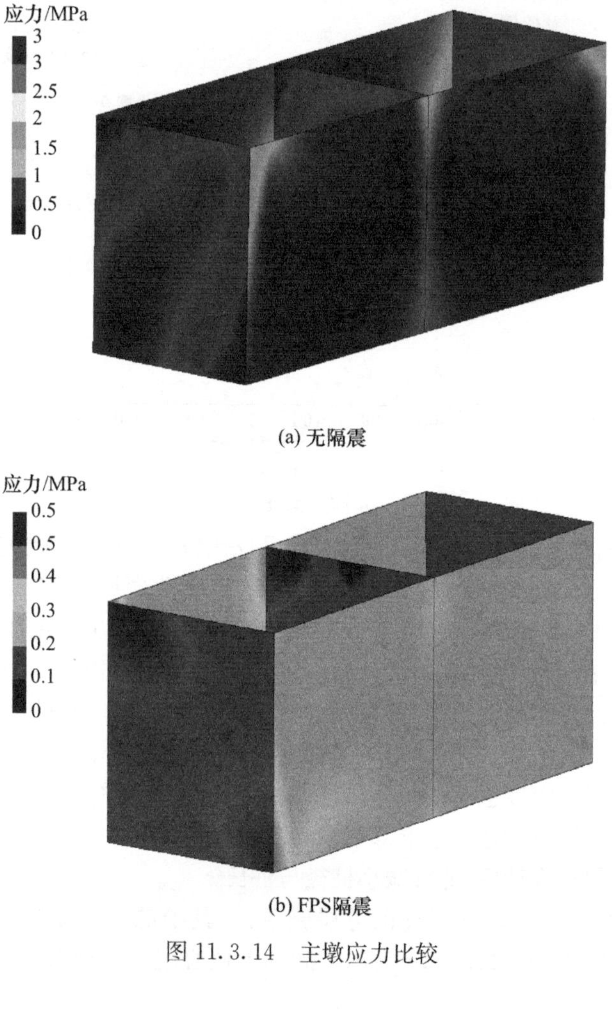

(a) 无隔震

(b) FPS隔震

图 11.3.14　主墩应力比较

峰值时的云图。可以看到,最大主应力的高值均为从上到下倾斜分布,剪切效应明显,最大主应力均出现在主墩底部,峰值主应力均未超过 3MPa,但已经超过了混凝土的极限抗拉强度。该墩为典型的薄壁矮墩,因此该类型桥墩主要以承受剪力为主。如果受到较大的地震作用,该桥墩可能会发生斜截面的剪切破坏。

由此看出,单纯地增大桥墩截面,即传统的强度设计理论并不能有效提高该桥的抗震性能。相反,这样设计只会造成桥梁不经济和不美观。采用基础隔震后,主墩最大主应力的高值分布与原桥分布不同,改变了原来的斜剪破坏模式。应力高值出现在主墩顶部和底部的斜对角位置,而中间的应力值较小,峰值主应力均未超过 0.5MPa,避免了核心混凝土的开裂破坏。因此,采用基础隔震是改善桥墩受力状态和减小主墩尺寸的有效方法之一。

11.4　附加阻尼装置的高架桥梁地震碰撞分析

地震作用下空间相邻结构之间因为存在间隙而极易发生碰撞,碰撞不仅会引起桥梁上部结构的损伤,甚至会导致落梁等严重震害发生。对桥梁来说,由于主梁和桥墩之间设置活动支座,在地震作用下,若墩梁、台梁相对位移过大,极易引起主梁与桥台之间、主梁与邻梁之间、主梁与挡块之间的碰撞。本节研究地震作用下高架桥的碰撞行为,分析采用复合式金属阻尼器及黏滞阻尼器作为高架桥防撞和减撞措施的适用性和有效性。

11.4.1　高架桥梁的碰撞[15]

1. 碰撞对高架桥梁的影响

选取一座四跨连续梁桥,桥型布置如图 11.4.1 所示。全桥设 3 个桥墩,均采

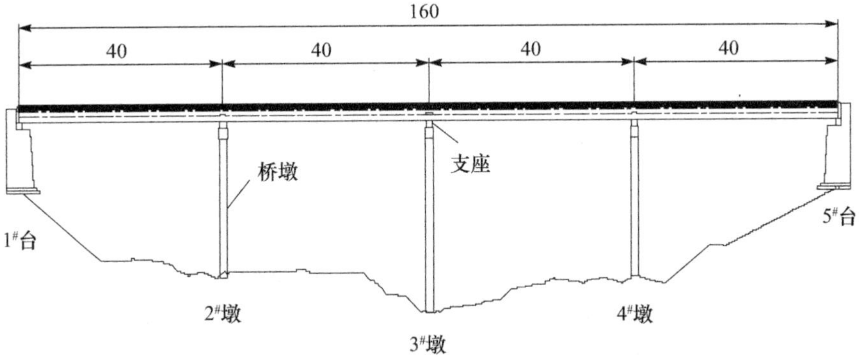

图 11.4.1　选取连续梁桥示意图(单位:m)

用双柱式桥墩,桥墩直径为 1.4m。梁端与桥台间距为 8cm,上部结构采用单箱单室箱梁,桥宽 12m。取人工地震波进行输入,考察一致激励和多点激励下纵桥向主梁与桥台之间的碰撞响应。碰撞模型选取线性碰撞模型,桥墩底部设置集中塑性铰进行模拟。

图 11.4.2 为考虑碰撞与不考虑碰撞情形下桥梁结构的动力响应。可以看出,由于碰撞的存在,滑动支座的位移减小,但 3# 固定墩处的固定支座剪力增大,从而增大了固定墩的墩底剪力。小震作用(E1)下,碰撞力较小,桥梁地震反应相差不大,而大震作用(E2)下,考虑碰撞后的活动支座位移及固定墩墩顶位移降低较多,大大降低了活动支座位移失效的概率和固定墩塑性铰的发展程度,不考虑碰撞时固定墩塑性铰发展较为严重,而考虑碰撞后固定墩基本保持在弹性受力状态,但是固定墩的支座剪力会增大较多,进而固定墩的剪力响应会增大较多,降低了固定支座和固定墩抗剪的安全系数。

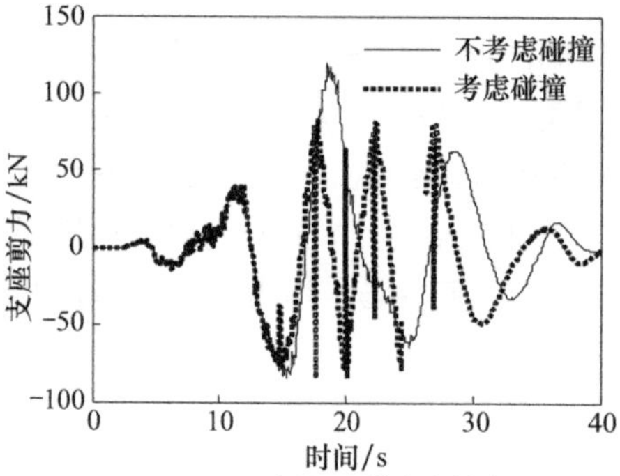

(a) E1下3#固定墩支座剪力

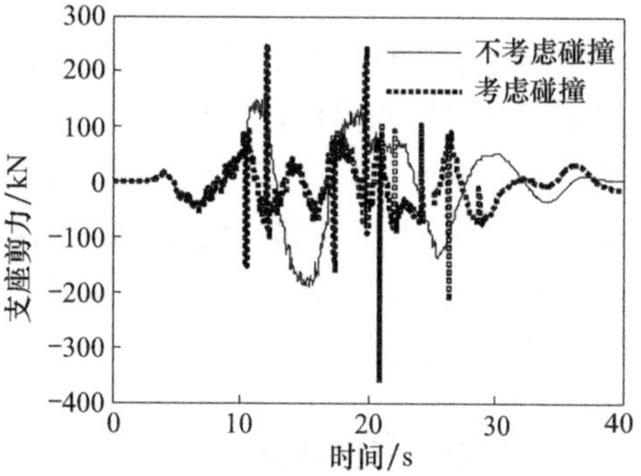

(b) E2下3#固定墩支座剪力

图 11.4.2 考虑碰撞与不考虑碰撞情形下桥梁结构的动力响应

2. 地震动空间效应对碰撞效应的影响

为了探讨地震动空间变化性对结构碰撞的影响,共假设如下两种情形:①各桥墩场地条件相同,视波速分别为 300m/s、500m/s、1000m/s 的多点激励(TE);②1#、2# 和 3# 桥墩(台)为 Ⅱ 类场地、桥墩(台)4# 和 5# 为 Ⅲ 类场地、视波速为 1000m/s 的多点激励(MPE)。

图 11.4.3 给出了不同地震动激励下的碰撞力时程及峰值,其中 UE 代表一致激励。从图中可以看出,考虑行波效应后的碰撞力要远大于一致激励下的碰撞力,增大率为 20%~60%,且增大率随着视波速的增大而减小。值得注意的是,即使在 1000m/s 的视波速下对高架桥的碰撞也有着较大的影响。考虑局部场地效应后的碰撞力也远大于一致激励下的碰撞力,增大率为 60%左右。

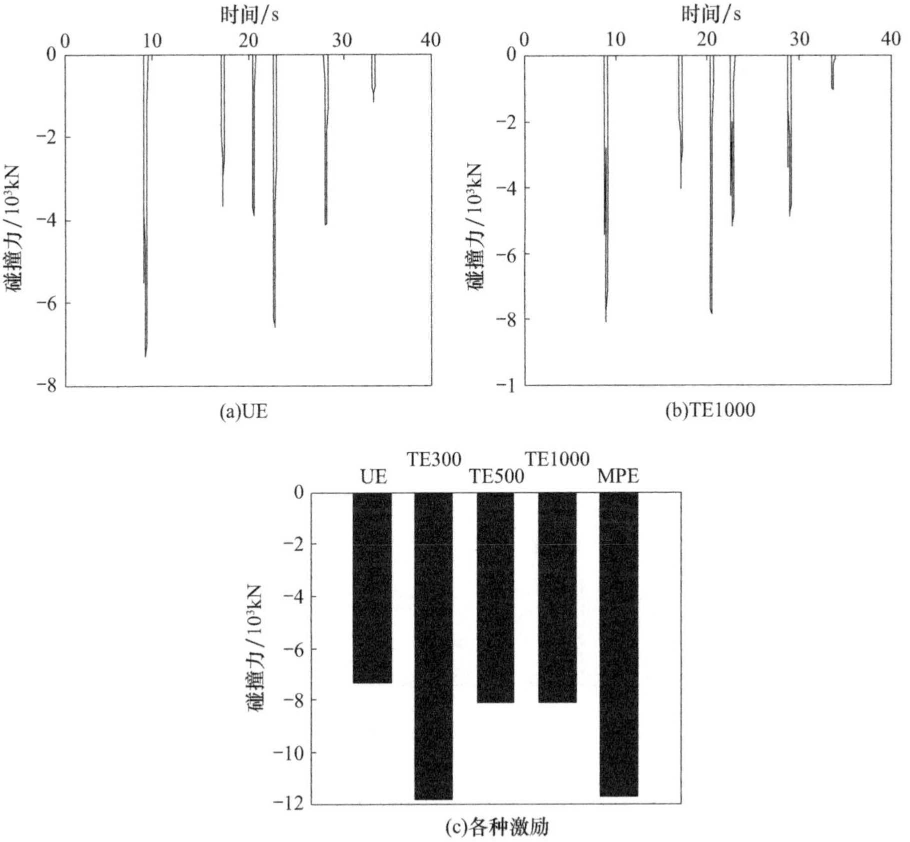

图 11.4.3　不同地震动激励下的碰撞力时程及峰值

11.4.2　附加阻尼器的减撞控制

1. 附加复合式金属阻尼器的减撞控制

复合式金属阻尼器主要由内填复合式金属、挤压筒、挤压轴及活塞组成，如图 11.4.4(a)所示，其滞回模型如图 11.4.4(b)所示。复合式金属阻尼器的滞回模型可以等效为理想双线性弹塑性滞回模型与旗帜形滞回模型的组合。其中 K_1 为初始刚度，近似为刚性，计算时取值不宜完全刚性；K_2 为第一屈服刚度，近似为 0；K_3 为第二屈服刚度，其值大小通过试验测得，约为 1.05×10^5kN/m；K_4 为卸载刚度，取值可以与 K_1 近似相等；F_1 为第一屈服力；F_2 为阻尼器最大出力；d_1、d_2、d_3、d_4 分别对应于刚度改变时的阻尼器位移。

地震激励工况同 11.4.1 节，复合式金属阻尼器 K_1 和 K_3 均取 5×10^5kN/m，

F_1 取 400kN，由于梁-台间隙为 8cm，d_1 取 6.5cm。图 11.4.5 给出了复合式金属阻尼器的减震效果。

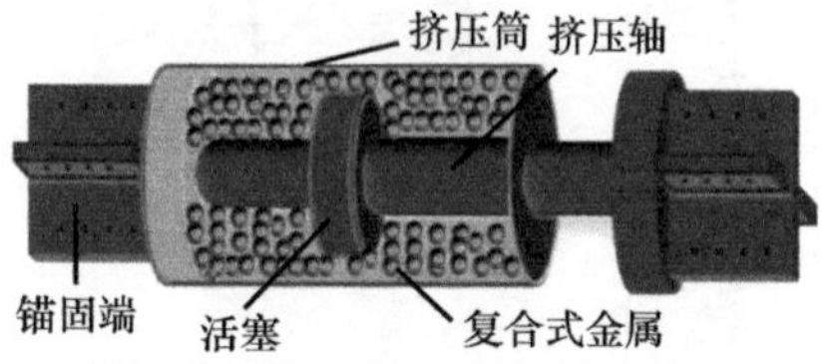

(a) 基本构造

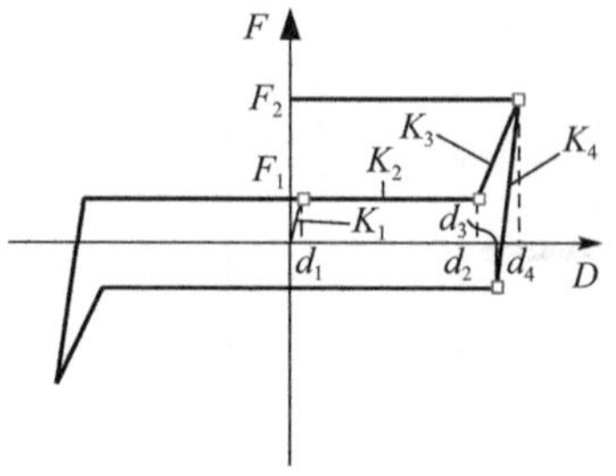

(b) 滞回模型

图 11.4.4　复合式金属阻尼器及等效滞回模型

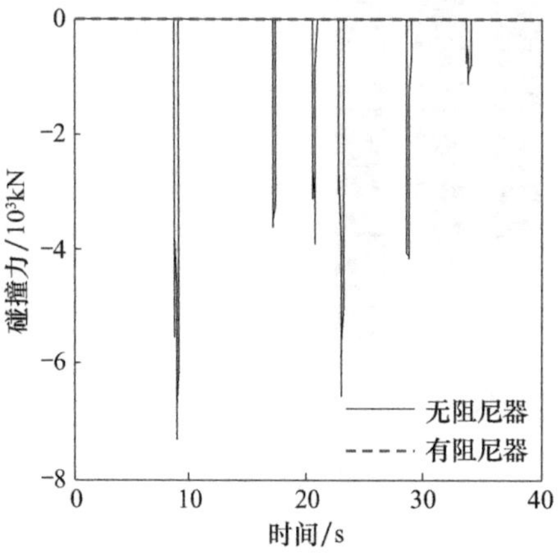

(a) UE-碰撞力

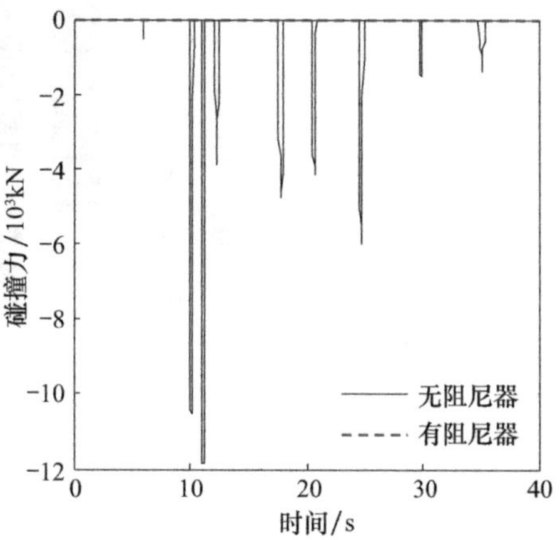

(b) TE-碰撞力

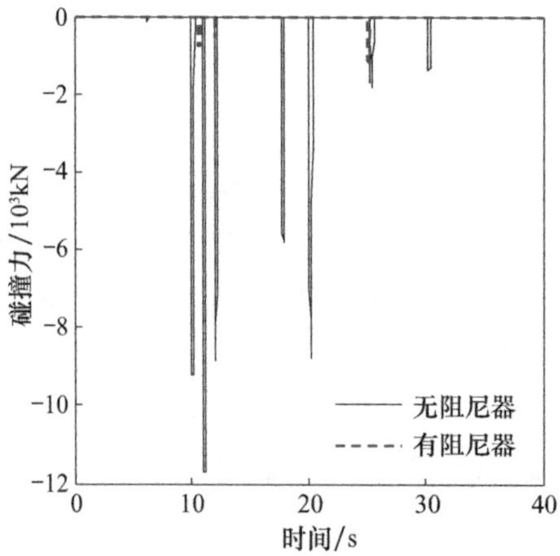

(c) MPE-碰撞力

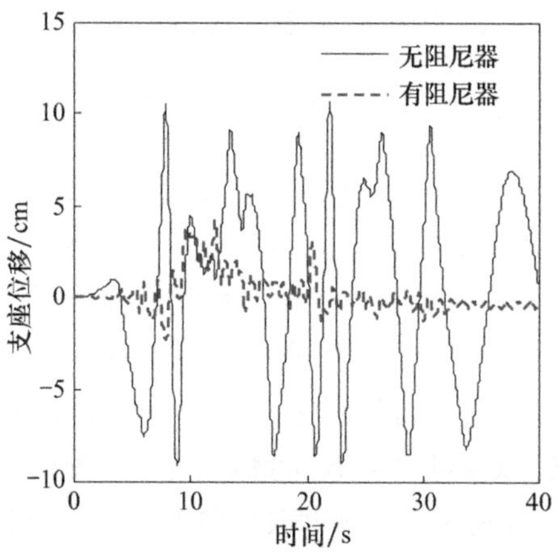

(d) UE-支座位移

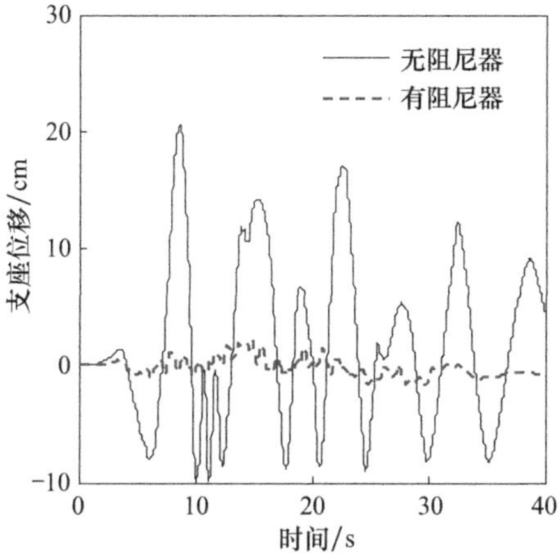

(e) TE-支座位移

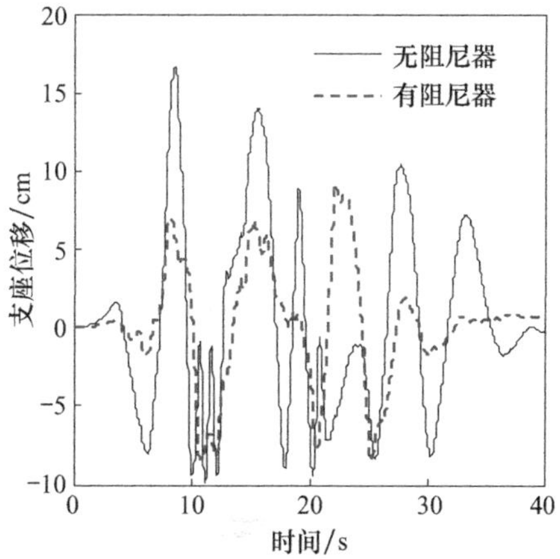

(f) MPE-支座位移

图 11.4.5 复合式金属阻尼器的减震效果

从图 11.4.5 可以看出，对于一致激励和考虑行波效应的情形，桥梁结构的支座位移大幅下降，基本控制在 8cm 以内，从而防止了主梁和桥台的碰撞。对于考虑场地效应的情形，支座位移的减震率在 30%以上，会发生轻微程度的碰撞，但基本达到了防撞的目的。此外，安装复合式金属阻尼器之后，不同激励方式下的桥墩塑性铰区域基本保持在弹性受力状态。因此，复合式金属阻尼器应用于高架桥梁可以明显降低碰撞效应，取得较好的减震效果。

2. 附加黏滞阻尼器的减撞控制

对于近断层地震，由于存在速度型脉冲，而复合式金属阻尼器为位移型阻尼器，采用金属阻尼器后高架桥仍存在一定的碰撞风险，且金属阻尼器相应的减震性能可能并未达到一个较好的状态。鉴于此，这里讨论使用速度型阻尼器(即黏滞阻尼器)进行近断层地震激励下的减震控制分析。

基于黏滞阻尼器参数优化设计，计算中采用的阻尼系数为 2000kN/(m/s)，阻尼指数为 0.4。选取典型近断层地震记录 TCU052 和 TCU063 对安装黏滞阻尼器的高架桥进行减震控制分析。黏滞阻尼器在近断层地震激励下的减震效果如图 11.4.6所示。

从图 11.4.6 可以看出，对于近断层地震激励，采用黏滞阻尼器进行减震设计后，支座位移有了大幅降低，从而在 TCU063 地震作用下避免了碰撞的发生，在 TCU052 地震作用下也只有较小的碰撞力，减震率在 80%以上。此外，固定墩墩底塑性铰区基本保持在弹性范围内，塑性铰转角的减震率在 60%以上。从上述结果可以发现，在近断层地震激励下采用速度型黏滞阻尼器对高架桥进行减震设计能取得较好的效果。

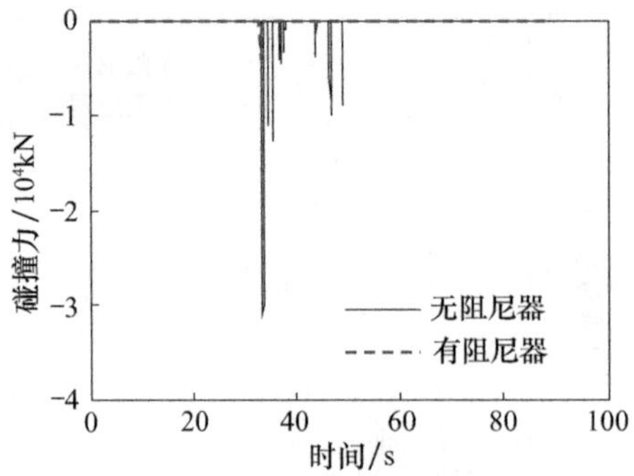

(a) TCU052-梁端碰撞力

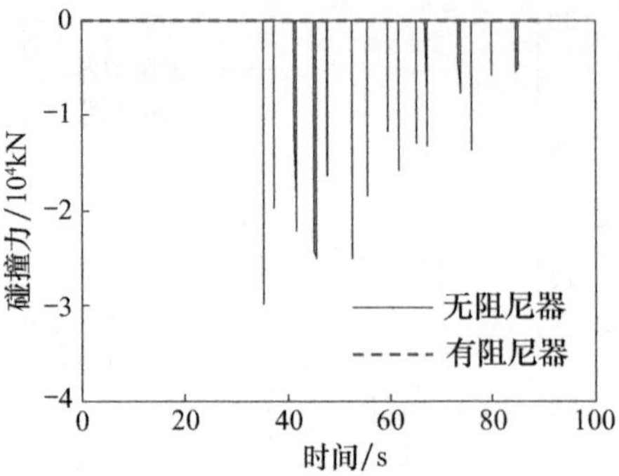

(b) TCU063-梁端碰撞力

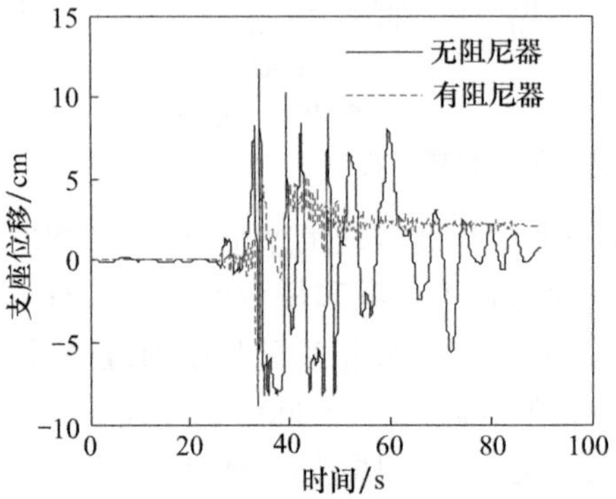

(c) TCU052-桥台支座位移

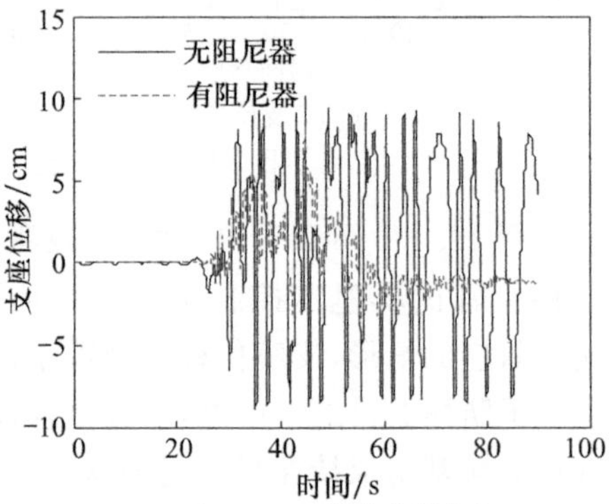

(d) TCU063-桥台支座位移

图 11.4.6 黏滞阻尼器在近断层地震激励下的减震效果

参考文献

[1] 叶爱君. 桥梁抗震. 北京：人民交通出版社，2002.

[2] Constantinou M C. 桥梁地震保护系统. 北京：中国铁道出版社，2012.

[3] 中华人民共和国交通运输部. 公路桥梁抗震设计细则(JTG/T B02-01—2008). 北京：人民交通出版社，2008.

[4] 中华人民共和国交通运输部. 城市桥梁抗震设计规范(CJJ 166—2011). 北京：中国建筑工业出版社，2011.

[5] 中华人民共和国住房和城乡建设部. 城市轨道交通结构抗震设计规范(GB 50909—2014). 北京：中国计划出版社，2014.

[6] Politopoulos I. A review of adverse effects of damping in seismic isolation. Earthquake Engineering & Structural Dynamics，2008，37(3)：447-465.

[7] Providakis C P. Effect of supplemental damping on LRB and FPS seismic isolators under near-fault ground motions. Soil Dynamics and Earthquake Engineering，2009，29(1)：80-90.

[8] Providakis C P. Effect of LRB isolators and supplemental viscous dampers on seismic isola-

ted buildings under near-fault excitations. Engineering Structures, 2008, 30(5): 1187-1198.

[9] Soneji B B, Jangid R S. Response of an isolated cable-stayed bridge under bi-directional seismic actions. Structures and Infrastructure Engineering, 2010, 6(3): 347-363.

[10] Park K S, Jung H J, Lee I W. A comparative study on aseismic performances of base isolation systems for multi-span continuous bridge. Engineering Structures, 2002, 24(8): 1001-1013.

[11] 李爱群. 工程结构减振控制. 北京：机械工业出版社，2007.

[12] 韩强. 隔震桥梁结构试验及地震反应分析方法研究[博士学位论文]. 北京：北京工业大学，2007.

[13] 王雄. 滑动摩擦支座跨海隔震桥梁地震反应分析[博士学位论文]. 北京：北京工业大学，2015.

[14] 温佳年. 独塔斜拉桥非线性地震反应及其基础隔震研究[硕士学位论文]. 北京：北京工业大学，2016.

[15] 李勇. 高架桥多点地震响应及减震对策研究[博士学位论文]. 北京：北京工业大学，2012.

第 12 章　摇摆桥梁结构分析与抗震设计

目前各国桥梁抗震规范[1-4]是基于桥梁抗倒塌设计，即根据桥梁抗震需求，采用延性构件或减隔震装置来防止桥梁结构倒塌破坏，但对震后桥梁结构的功能性和可修复性没有明确的量化标准，特别是在罕遇地震后桥梁结构的破坏有可能较难修复而拆除，或因修复时间较长而严重影响抗震救灾、震后应急和正常使用。近年来，桥梁抗震设计理念逐步由抗倒塌设计向功能可恢复设计方向发展，即如何使桥梁在地震后不需修复或稍许修复即可恢复其使用功能，可恢复结构设计成为当前工程结构抗震的一个重要研究方向。

近年来，在基于性能抗震设计方法的框架内，美国、日本和新西兰等国家越来越多地着眼于提升结构的震后恢复能力，以期通过结构的巧妙设计，最大限度地减少地震损失。而具有损伤控制和自复位能力的摇摆结构作为一种减震效果良好的结构体系受到了广泛关注，并在建筑工程领域首先得到了应用[5]。摇摆桥梁结构的减震机理为地震作用下允许桥梁结构或结构构件发生界面分离并摇摆，降低结构侧向刚度，延长结构自振周期而起到一定隔震作用；同时，摇摆桥梁结构可将结构损伤控制在摇摆界面上，避免主体结构破坏，且在变形位置采用不易受损的控制元件并附加易于修复的耗能装置，进而显著提升摇摆桥梁结构的自复位能力和耗能能力。摇摆桥梁结构在具有较好耐久性和稳定性的同时，可提供优良的抗震能力和震后恢复能力，且极适用于桥梁预制拼装技术的应用，使结构建造速度更快、质量更可控、环境影响更小，是现代桥梁结构抗震设计方法和先进建造技术的前沿领域。

12.1　摇摆桥梁体系概述

12.1.1　摇摆桥梁体系构造

典型的摇摆桥梁横断面构造如图 12.1.1 所示，其主要由混凝土墩柱、无黏结预应力钢绞线和阻尼器组成。依据摇摆桥梁受力性能，将墩柱构造分为摇摆体系、自复位体系和耗能体系三部分。通过桥墩与上部主梁和承台分缝浇筑，实现地震动作用下桥梁墩柱的整体摇摆，形成摇摆体系；在墩柱中设置无黏结预应力束，通过预应力束的张拉力提供结构的自复位能力，组成自复位体系；通过在墩底设置阻尼器，如低屈服点耗能钢筋、黏滞阻尼器等，使桥梁结构在摇摆过程中通过阻尼器的滞回耗能来耗散地震能量，形成结构的耗能体系。

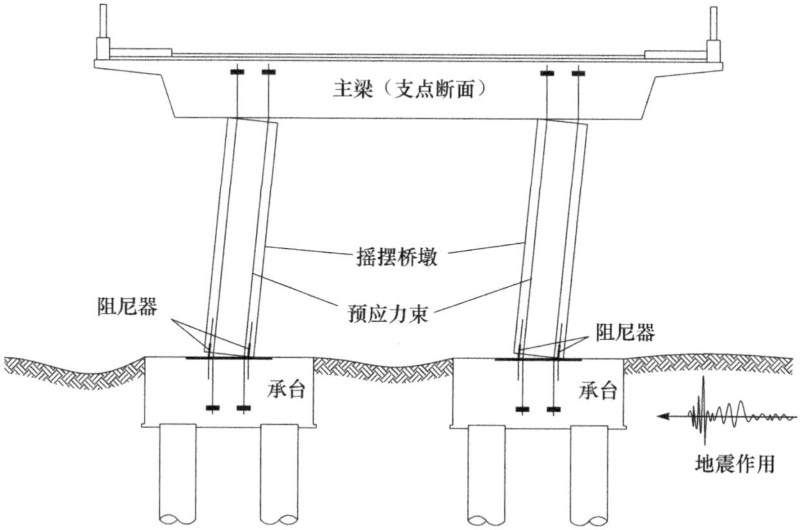

图 12.1.1　摇摆桥梁典型横断面构造

12.1.2　摇摆桥墩力学机理

摇摆桥墩力学机理示意如图 12.1.2 所示，摇摆桥墩与上部结构和承台之间设置干接缝，通过无黏结预应力束将上部结构、桥墩和承台连成整体（见图 12.1.2(b)），利用接触面的变形来实现桥梁结构对非弹性的需求，桥墩与上部结构和承台的连接部分在地震作用下不断“打开”和“闭合”，来耗散地震能量，形成了一个摇摆体系（见图 12.1.2(c)）。由于在干接缝处相邻构件间增设的钢筋提供了足够的耗能能力，构件仍处在弹性范围内，地震对其的损伤破坏非常有限。利用

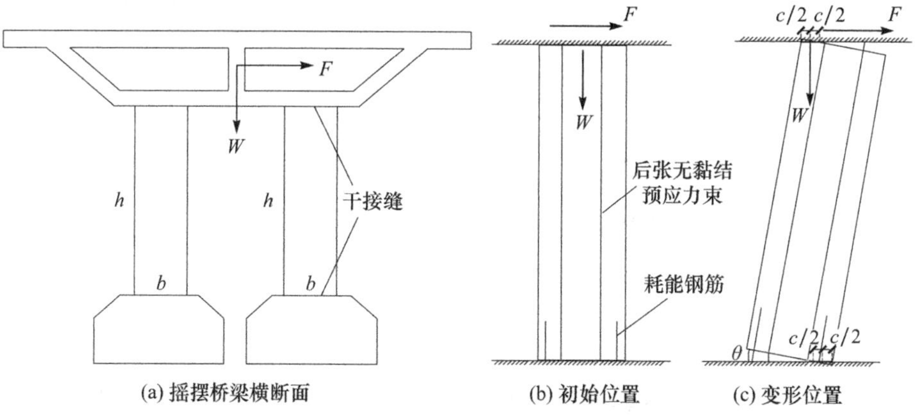

图 12.1.2　摇摆桥墩力学机理

这一设计思想，摇摆桥墩滞回性能如图 12.1.3 所示，有效利用无黏结预应力束的自复位特性(见图12.1.3(a))和耗能钢筋的耗能能力(见图 12.1.3(b))，当上部结构自重与后张拉无黏结预应力束产生的复位弯矩大于耗能钢筋的抵抗弯矩时，桥墩发生可控制的摇摆，塑性变形仅发生在干接缝处(受压区高度 c)，结构的整体性得以保持，同时表现出旗帜形的滞回行为(见图 12.1.3(c)，其中 F_{sc} 指自复位组件承载力；F_{ed} 指耗能组件承载力)，震后残余位移很小，可以忽略不计。

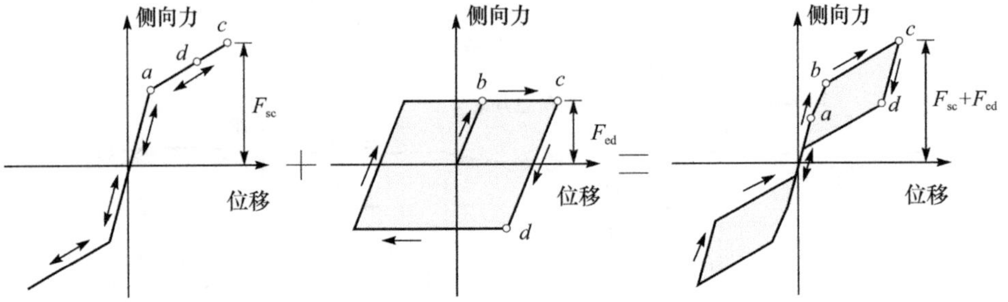

(a) 自复位组件　(b) 耗能组件　(c) 旗帜形滞回行为

图 12.1.3　摇摆桥墩滞回性能

12.1.3　摇摆桥墩一般损伤过程和极限状态

根据摇摆桥墩受力机理和滞回行为可知，摇摆桥墩的极限状态如图 12.1.4 所示，摇摆桥墩的性能极限状态按发生的时间顺序依次为：消压、阻尼器屈服、阻尼器断裂、预应力束屈服、预应力束断裂和完全失效。

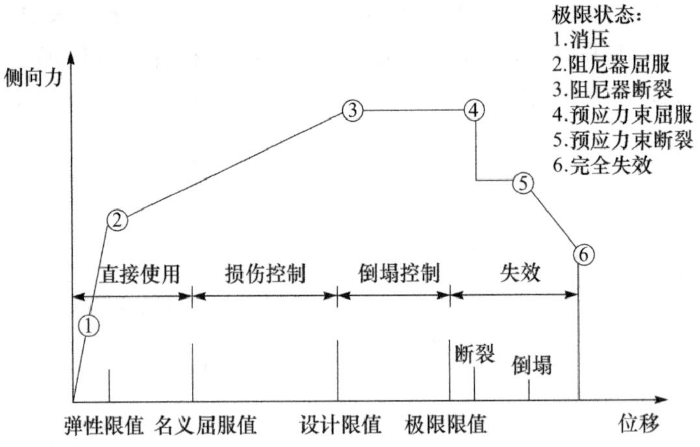

图 12.1.4　摇摆桥墩极限状态

当摇摆桥墩仅承受竖向力和预应力的作用时，摇摆界面承受均布竖向荷载；当施加在墩顶的侧向水平力从零开始逐渐增大时，摇摆界面的应力分布开始发生变化，并最终达到消压状态，此时摇摆界面的一侧边缘应力为零，墩顶位移完全由桥墩自身弯曲变形提供。消压阶段过后，随着荷载的持续增大，摇摆界面与承台之间产生开口，此时桥墩抗侧刚度与初始抗侧刚度相比有很小幅度的下降。当摇摆界面与承台之间产生一定开口时，耗能钢筋开始提供抗侧能力，此时桥墩抗侧刚度有一定的提高。当摇摆界面开口位移超过耗能钢筋的屈服位移时，即进入屈服阶段，导致桥墩的刚度有一定损失，将此时桥墩承载能力乘以结构重要性系数，作为摇摆桥墩的正常使用状态和 E1 地震作用下的设计极限状态。合理设计耗能无黏结长度，可以有效控制耗能钢筋的失效位移，此时桥墩位移乘以结构重要性系数可作为摇摆桥墩在 E2 地震作用下的设计限值。当预应力束发生屈服时，预先施加的预应力将会严重减小，导致摇摆桥墩的抗侧刚度减小和自复位能力显著退化。当预应力束失效时，体系稳定性差和自复位能力退化严重，因此可被定义为结构的最终极限状态。

结合摇摆桥墩的极限状态分类和实际桥墩设计理念可知，摇摆桥墩正常使用极限状态和 E1 地震的设计极限状态均为阻尼器屈服，由于屈服前刚度与初始刚度相差极小，该状态设计方法可采用常规现浇桥墩加速度反应谱法来计算；E2 地震的设计极限状态为阻尼器失效断裂，此过程刚度有显著折减。针对此状态，本书提出一种适用有效的基于性能的抗震设计方法。

12.2　摇摆桥墩分析方法

12.2.1　摇摆结构力学行为分析

1. 纯刚体摇摆分析模型

1963 年，Housner[6] 首先对刚体的摇摆力学行为进行了研究，提出的刚体摇摆模型如图 12.2.1 所示。对 O 点取矩，列弯矩平衡方程可得刚体自由振动的公式为

$$I_0\ddot{\theta}=-WR\sin(\alpha-\theta) \tag{12.2.1}$$

式中，I_0 为 O 点的质量惯性矩；$\ddot{\theta}$ 为刚体的角加速度，$\mathrm{rad/s^2}$。

对于长细比较大的刚体（$\alpha<20°$），式(12.2.1)可简化为

$$I_0\ddot{\theta}-WR\theta=-WR\alpha \tag{12.2.2}$$

令 $WR/I_0=p^2$，则式(12.2.2)可转化为

$$\ddot{\theta}-p^2\theta=-p^2\alpha \tag{12.2.3}$$

假设初始位置刚体的转角为 θ_0，刚体从静止处开始释放。此时 $t=0$，角速度 $\dot{\theta}=0$，代入式(12.2.3)可求得

$$\theta=\alpha-(\alpha-\theta_0)\cosh(pt) \tag{12.2.4}$$

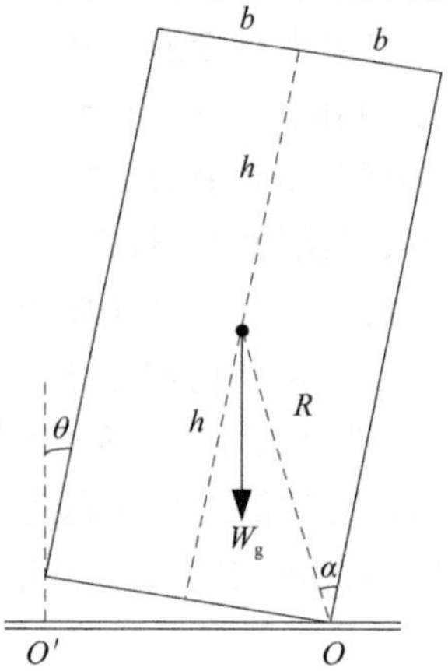

(a) 刚体摇摆模型示意图

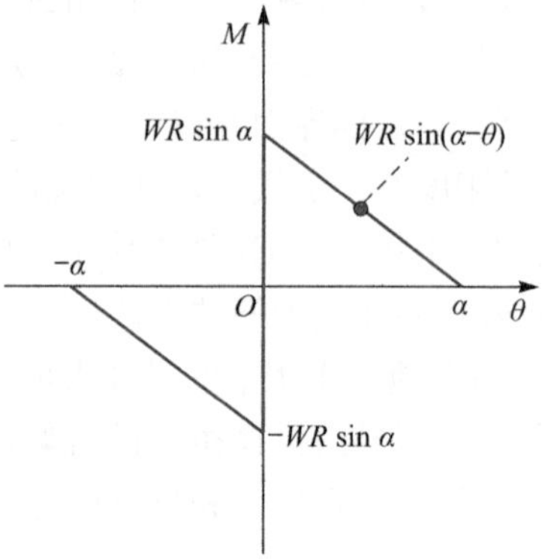

(b) 弯矩-转角关系

图 12.2.1　纯刚体摇摆分析模型

在刚体回落之后，刚体会转而绕 O' 点旋转，若忽略刚体与基础之间的冲击能量损伤，则刚体转角可达到 $\theta=-\theta_0$。刚体经过摇摆再回到初始位置，则完成一个周期 T。当 $t=T/4$ 时，恰好 $\theta=0$，此时

$$0=\alpha-(\alpha-\theta_0)\cosh\left(\frac{pT}{4}\right) \tag{12.2.5}$$

刚体摇摆结构在自由振动下的周期为

$$T=\frac{4}{p}\operatorname{arccosh}\left(\frac{1}{1-\theta_0/\alpha}\right) \tag{12.2.6}$$

从式(12.2.6)可以看出，自由振动下的刚体摇摆反应是高度非线性的，体系的周期与刚体转角 θ 密切相关。自由振动摇摆周期与转角 θ_0 的关系如图 12.2.2 所示，当 θ_0 接近于 α 时，周期趋近于无穷大；当 $\theta_0=0°$时，周期则为 0。通过对 O 点取矩，可计算得到刚体的倾覆弯矩和转角之间的关系。很明显，该体系的二次刚度是负值，这说明了刚体摇摆是一个高度非线性和不稳定的体系。

如果在摇摆过程中没有能量损失，那么刚体摇摆体系会以释放角度对应的周期无限摇摆下去。事实上，在摇摆过程中会以接触阻尼的方式损失一部分能量。Housner[6]用刚体冲击接触前后的动能之比来表示能量的衰减率，即用 r 表示，并假设冲击是无弹性的，即不产生反弹力。

$$r=\left(\frac{\frac{1}{2}\dot{\theta}_2^2}{\frac{1}{2}\dot{\theta}_1^2}\right)=\left(\frac{\dot{\theta}_2}{\dot{\theta}_1}\right)^2 \tag{12.2.7}$$

式中，$\dot{\theta}_1^2$ 为冲击发生前的角速度；$\dot{\theta}_2^2$ 为冲击发生后角速度。

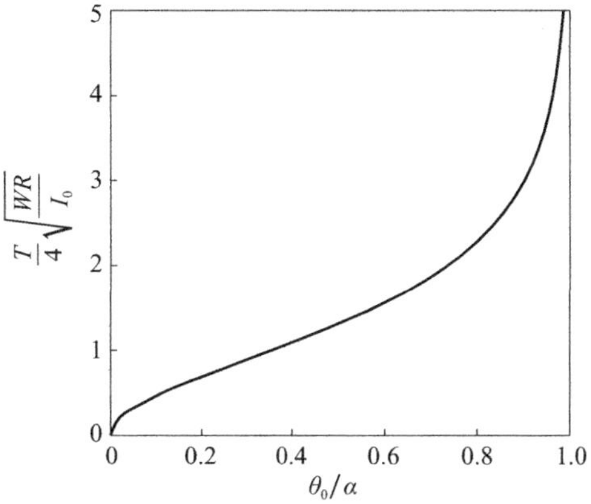

图 12.2.2　自由振动摇摆周期与转角的关系图

根据动量守恒，有

$$I_0\dot{\theta}_1-2mRb\dot{\theta}_1\sin\alpha=I_0\dot{\theta}_2 \tag{12.2.8}$$

将式(12.2.8)代入式(12.2.7)，可得

$$r=\left\{1-\frac{mR^2}{I_0}[1-\cos(2\alpha)]\right\}^2 \tag{12.2.9}$$

记 $\phi=\frac{\theta}{\alpha}$，$\phi_0=\frac{\theta_0}{\alpha}$，则从角度 θ_0 释放的摇摆刚体经过 n 次连续冲击后

$$\phi_n=1-\sqrt{1-r^n[1-(1-\phi_0)^2]} \tag{12.2.10}$$

后来，Priestley 等[7]把这种动能衰减等效成一种黏滞阻尼：

$$\xi_{eq}=\frac{1}{n\pi}\ln\frac{\theta_0}{\theta_n} \tag{12.2.11}$$

式中，θ_n 指摇摆刚体经过 n 次连续冲击后的 θ 角。

根据经验，式(12.2.11)近似写为

$$\xi_{eq}=-0.34\ln r \tag{12.2.12}$$

Tso 和 Wong[8]指出，刚体高度非线性摇摆行为会使其在地震作用下的动力特性变得极为复杂。Aslam 等[9]指出，刚体摇摆结构的地震响应与传统的弹性或塑性结构是不同的，并通过试验结果的难以重复性进行了证实。

2. 后张预应力摇摆结构分析模型

如图 12.2.3(a)所示，Aslam 等[9]针对刚体摇摆系统的不稳定性，提出了一种在刚体中心施加后张预应力的改进摇摆结构。增加的后张预应力筋极大地提高了摇摆刚体的抗倾覆能力。

图 12.2.3(b)比较了两种体系的弯矩-转角关系曲线，其中 d_i 表示每根预应力束到 O 点的距离，$T_{pt,0}$ 表示初始预应力的大小，K 表示预应力束的刚度。可以发

现，增加后张预应力筋之后结构的二次刚度明显增加，且如果预应力足够大，二次刚度可变为正值，减小了结构发生倾覆的可能。虽然该体系仍然是非线性的，但是它的动力性能已经更加接近传统的延性体系。

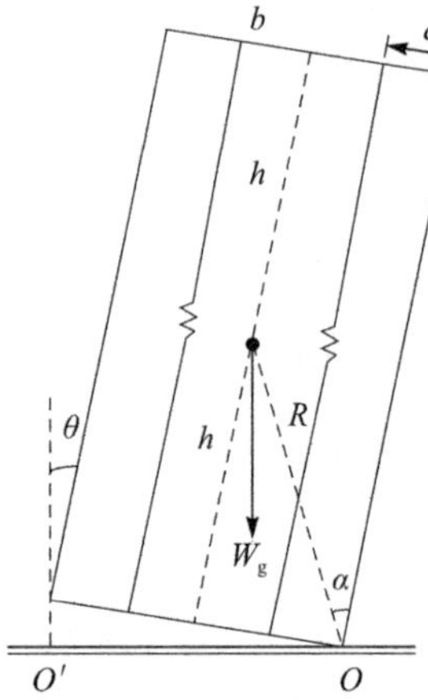

(a) 倒摆模型示意图

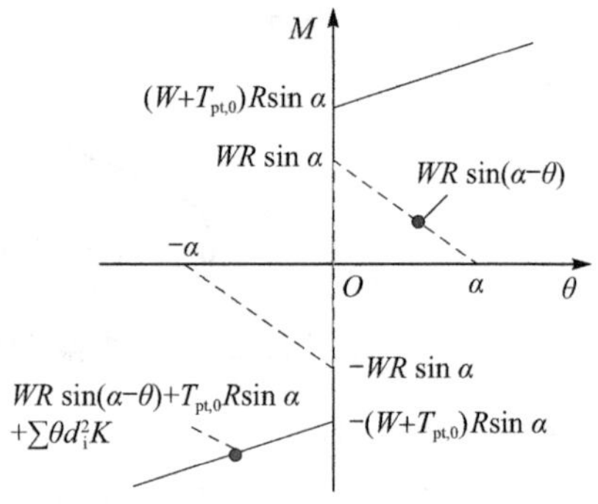

(b) 弯矩-转角关系

图 12.2.3　后张预应力摇摆结构分析模型

当预应力筋位于刚体中心时，后张预应力摇摆结构的运动方程为

$$I_0\ddot{\theta}=-WR\sin(\alpha-\mathrm{sgn}(\theta))-K_sb^2\sin(\mathrm{sgn}(\theta)) \tag{12.2.13}$$

式中，K_s 为预应力筋提供的转角刚度，$K_s=E_sA_sb/L$；E_s 为预应力筋的弹性模量；A_s 为预应力筋面积；L 为预应力筋锚固长度。

Cheng[10]指出，后张预应力摇摆结构的阻尼比可以通过计算每次冲击的能量损失(δE)来获得

$$\xi=\frac{\delta E}{\pi F\Delta}=\frac{E_p(1-r)}{\pi F\Delta} \tag{12.2.14}$$

式中，E_p 为摇摆刚体的势能(包括重力势能和储存在预应力筋里的弹性势能)；$E_p=Wb(\Delta/h)+(K_sb/2)(\Delta/h)^2$；$\Delta$ 为质心的横向位移；F 为摇摆刚体的横向抵抗力，$F=W[(b-\Delta)/h]+K_sb(\Delta/h)$。

将 E_p、F 代入式(12.2.14)，可得

$$\xi=\frac{1-r}{\pi}\frac{1+\dfrac{K_s\Delta}{2Wh}}{1-\left(\dfrac{h}{b}-\dfrac{K_s}{W}\right)\dfrac{\Delta}{h}} \tag{12.2.15}$$

3. 附加延性元件的摇摆结构分析模型

如图 12.2.4(a)所示，Makris 和 Zhang[11]提出了一种在摇摆界面边缘布置延

性耗能元件的改进形式。延性耗能元件可显著提高摇摆刚体体系的耗能能力和整体稳定性，以及弯矩-转角骨架曲线的初始刚度和抗侧强度。该模型的弯矩-转角关系曲线如图12.2.4(b)所示。图中 F_u 表示耗能元件极限抗拉强度，θ_y、θ_u 分别表示耗能元件的屈服转角和极限转角，K_m 为耗能元件提供的转角刚度。在耗能元件屈服之前，模型的运动方程为

$$I_0\ddot{\theta}=-WR\sin(\alpha-\mathrm{sgn}(\theta))-4K_m b^2\sin(\mathrm{sgn}(\theta)) \tag{12.2.16}$$

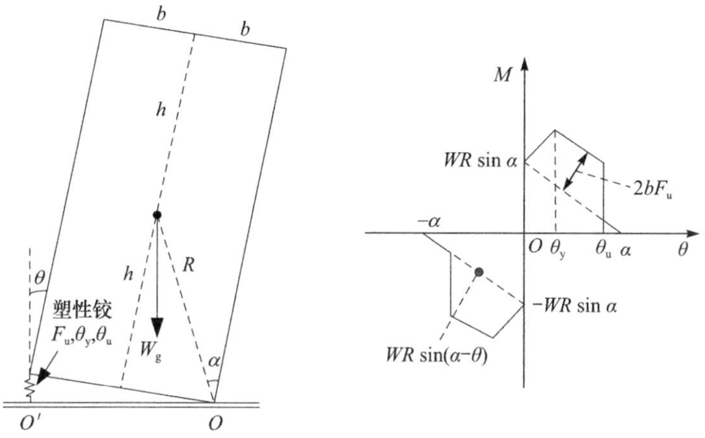

(a) 倒摆模型示意图　　(b) 弯矩-转角关系

图12.2.4　附加延性元件摇摆结构分析模型

综合以上有关刚体摇摆行为的研究可以看出，自由摇摆刚体运动与后张预应力摇摆体系的动力特性是完全不同的。后张预应力摇摆体系更接近传统的延性体系，而且具有更大的二阶刚度，保证体系具有足够的稳定性，可防止体系发生倾覆，传统的反应谱法经过适当的调整就可以适用于该结构。能量损耗系数是一个很有用的概念，而对于后张预应力摇摆体系，可以将发生的能量损耗等效成黏滞阻尼。

12.2.2　摇摆桥墩分析计算方法

根据摇摆桥墩受力机理和极限状态，在摇摆桥墩分析模型基础上，提出其在消压、屈服和设计极限状态的计算方法，并给出限定残余位移小于1%的回复能力验算公式。

1. 消压极限状态

摇摆界面消压之前，摇摆桥墩位移反应保持线弹性，因此摇摆桥墩分析计算方法与现浇桥墩计算方法一致。消压极限状态的截面弯矩(M_{dec})和曲率(φ_{dec})可仅用独立公式计算：

$$M_{dec}=\frac{(W+F_{PT,0})b}{6} \tag{12.2.17}$$

$$\varphi_{\mathrm{dec}}=\frac{M_{\mathrm{dec}}}{E_{\mathrm{c}}I}=\frac{2(W+F_{\mathrm{PT},0})}{E_{\mathrm{c}}b^3} \tag{12.2.18}$$

式中，I 为截面抗弯惯性矩。根据消压极限状态的弯矩和曲率，可计算出消压极限状态的墩顶侧向力（F_{dec}）和位移（Δ_{dec}）为

$$F_{\mathrm{dec}}=\frac{2M_{\mathrm{dec}}}{h}=\frac{(W+F_{\mathrm{PT},0})b}{3h} \tag{12.2.19}$$

$$\Delta_{\mathrm{dec}}=\frac{2\varphi_{\mathrm{dec}}(h/2)^2}{3}=\frac{(W+F_{\mathrm{PT},0})h^2}{3E_{\mathrm{c}}b^3} \tag{12.2.20}$$

式中，E_{c} 为混凝土弹性模量；b 为截面宽度；h 为桥墩高度；W 为上部结构重力；$F_{\mathrm{PT},0}$为预应力束初始张拉力。

2. 屈服极限状态

屈服极限状态以摇摆桥墩墩底最外侧耗能钢筋达到受拉屈服状态为标志。由于该极限状态的摇摆界面开口不大，Pampanin 等[12]提出可通过现浇桥墩截面类比法来计算该极限状态的侧向承载能力和位移，其中用于类比的现浇桥墩截面需要与摇摆桥墩截面的几何尺寸和截面配筋形式保持一致。因此，可通过常规截面分析方法，得到截面的屈服曲率 φ_{y} 和屈服弯矩 M_{y}。根据屈服曲率和弯矩可计算出摇摆桥墩在屈服极限状态时的力和位移：

$$F_{\mathrm{y}}=\frac{2M_{\mathrm{y}}}{h} \tag{12.2.21}$$

$$\Delta_{\mathrm{y}}=\frac{2\varphi_{\mathrm{y}}(h/2)^2}{3} \tag{12.2.22}$$

摇摆桥墩的屈服位移还可由干接缝区域变形造成的 $\Delta_{\theta\mathrm{y}}$ 与弹性的消压位移 Δ_{dec} 两部分组成：

$$\Delta_{\mathrm{y}}=\Delta_{\theta\mathrm{y}}+\Delta_{\mathrm{dec}} \tag{12.2.23}$$

由干接缝区域的变形引起的位移可通过 Wacker 等[13]给出的公式计算：

$$\Delta_{\theta\mathrm{y}}=\theta_{\mathrm{y}}h \tag{12.2.24}$$

$$\theta_{\mathrm{y}}=\frac{\sigma_{\mathrm{dy}}l_{\mathrm{d,ub}}}{E_{\mathrm{d}}\eta b} \tag{12.2.25}$$

$$c=(1-\eta)b \tag{12.2.26}$$

$$\eta=0.57-1.5\rho_{\mathrm{s}}-0.8\left(\frac{W}{f'_{\mathrm{c}}A_{\mathrm{g}}}+\rho_{\mathrm{p}}\frac{F_{\mathrm{PT},0}}{f'_{\mathrm{c}}}\right) \tag{12.2.27}$$

式中，θ_{y} 为屈服极限状态的摇摆界面开口角度；η 为调整系数；$l_{\mathrm{d,ub}}$为耗能钢筋无黏结长度；σ_{dy}为耗能钢筋的屈服应力；E_{d} 为耗能钢筋的弹性模量；A_{g} 为桥墩截面面积；f'_{c} 为混凝土抗压强度；ρ_{p} 为预应力筋的配筋率。

3. 设计极限状态

为使桥墩在震后具有较好的恢复能力，最大限度地降低地震破坏对桥梁结构交通功能的影响，将最外侧耗能钢筋拉断且预应力束不屈服作为摇摆桥墩的设计极限状态，最外侧耗能钢筋的极限应变可表示为

$$\varepsilon_{du}=\frac{\theta_u(x_{d,side}-c)}{l_{d,ub}} \tag{12.2.28}$$

式中，θ_u 为设计极限状态时的截面转角；$x_{d,side}$ 为最外侧耗能钢筋距另一侧距离。

摇摆桥墩摇摆界面的受力如图 12.2.5 所示，截面上混凝土压力采用等效矩形力块表示，等效应力取 $0.85f'_c$，摇摆界面受压区高度为 c。

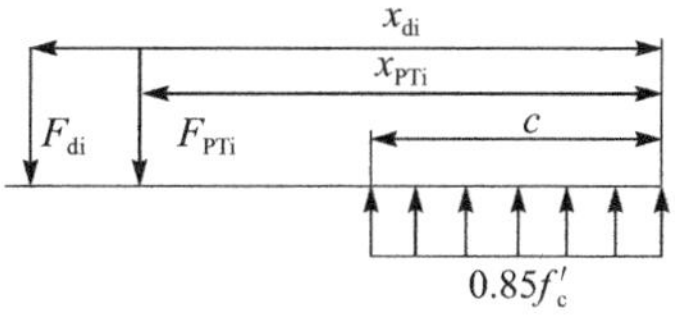

图 12.2.5　摇摆界面受力分析

耗能钢筋受力为

$$F_{di}=A_d\sigma_{di}(\varepsilon_{di}) \tag{12.2.29}$$

$$\varepsilon_{di}=\frac{\theta_u(x_{di}-c)}{l_{d,ub}} \tag{12.2.30}$$

式中，A_d、x_{di}、σ_{di} 和 ε_{di} 分别为耗能钢筋面积、距远侧边缘距离、应力和应变。

后张无黏结预应力束的受力为

$$F_{PTi}=A_{PT}E_{PT}\Delta\varepsilon_{PTi}+F_{PT,0} \tag{12.2.31}$$

$$\Delta\varepsilon_{PTi}=\frac{(x_{PTi}-c)\theta_u}{l_{PT,ub}} \tag{12.2.32}$$

式中，A_{PT}、E_{PT}、$\Delta\varepsilon_{PTi}$、x_{PTi} 和 $l_{PT,ub}$ 分别为后张无黏结预应力束的面积、弹性模量、应变增量、距远侧边缘距离和无黏结长度。

重力、耗能钢筋反力、预应束反力对墩底受压区中心点取距

$$F_u h=W\theta_u\sqrt{(b-c)^2+h^2}+\sum F_{PTi}\left(x_{PTi}-\frac{c}{2}\right)+\sum F_{di}\left(x_{di}-\frac{c}{2}\right) \tag{12.2.33}$$

重力、耗能钢筋反力、预应束反力和截面受压区反力在竖向静力方向平衡

$$0.85f'_c c=W+\sum F_{PTi}+\sum F_{di} \tag{12.2.34}$$

根据式(12.2.33)和式(12.2.34)可求出设计极限状态下受压区高度 c 和墩顶水平力 F。设计极限状态下摇摆桥墩的墩顶水平位移 Δ_u 为

$$\Delta_u=\Delta_{dec}+\theta_u h \tag{12.2.35}$$

4. 残余位移

日本抗震设计规范一般规定震后残余位移漂移率需控制在 1%以下，以保证桥梁结构的正常交通功能，降低维修成本和周期。因此，本节将 1%残余位移漂移率时

的摇摆桥墩回复弯矩 $M_{回复}$ 和抵抗回复弯矩 $M_{抵抗}$ 之间的关系作为判断标准来衡量该体系是否具有良好的自复位能力。摇摆桥墩震后残余位移漂移率小于1%的条件为

$$M_{回复} \geqslant M_{抵抗} \tag{12.2.36}$$

由于在达到屈服极限状态前体系力学行为主要表现为弹性，残余位移漂移率为1%时的摇摆桥墩摇摆界面受压区高度可根据屈服极限状态的受压区高度插值得到，屈服极限状态的受压区高度由式(12.2.26)计算得到。

根据位移协调条件，残余位移漂移率为1%时的摇摆界面截面转角 $\theta_{0.01}$ 为

$$\theta_{0.01}=\frac{0.01h-\Delta_{dec}}{h} \tag{12.2.37}$$

根据残余位移漂移率为1%时的摇摆界面截面转角，可求出耗能钢筋轴向变形 Δ_{di} 为

$$\Delta_{di}=\theta_{0.01}(x_{di}-c) \tag{12.2.38}$$

因此，残余位移漂移率为1%时的耗能钢筋提供的抵抗回复弯矩 $M_{抵抗}$ 为

$$M_{抵抗}=\sum A_d\sigma_{di}\frac{\Delta_{di}}{l_{d,ub}}\left(x_{di}-\frac{c}{2}\right) \tag{12.2.39}$$

后张无黏结预应力束和重力提供的回复弯矩 $M_{回复}$ 为

$$M_{回复}=W\theta_{0.01}\sqrt{(b-c)^2+h^2}+\sum F_{PTi}\left(x_{PTi}-\frac{c}{2}\right) \tag{12.2.40}$$

式中，当残余位移漂移率为1%时，后张无黏结预应力束提供的回复力可以通过式(12.2.31)计算，预应力束应变增量的计算公式为

$$\Delta\varepsilon_{PTi}=\frac{(x_{PTi}-c)\theta_{0.01}}{l_{PT,ub}} \tag{12.2.41}$$

5. 变形模式验算

变形模式验算可分为两阶段：摇摆桥墩的消压极限状态和设计极限状态。

1) 消压极限状态

摇摆桥墩在消压极限状态的摩擦力为

$$F_\mu=\mu(W+F_{PT,0}) \tag{12.2.42}$$

式中，μ 为钢与混凝土接触面的摩擦系数，取值为0.5。

摇摆桥墩在消压极限状态的墩顶水平力为

$$F_{dec}=\frac{(W+F_{PT,0})b}{3h} \tag{12.2.43}$$

摇摆桥墩在摇摆界面处不发生滑动的条件为

$$F_\mu \geqslant F_{dec} \tag{12.2.44}$$

即

$$\frac{b}{h}\leqslant 1.5 \tag{12.2.45}$$

由于桥墩为细长构件，$h \gg b$，所以式(12.2.45)成立，摇摆桥墩在消压状态不发生滑动。

2) 设计极限状态

摇摆桥墩在设计极限状态的摩擦力为

$$F_{\mu} = \mu\left(W + \sum F_{\mathrm{PTi}} + \sum F_{\mathrm{di}}\right) \tag{12.2.46}$$

摇摆桥墩在设计极限状态的墩顶水平力为

$$F_{\mathrm{u}} = \frac{W\theta_{\mathrm{u}}\sqrt{(b-c)^2 + h^2} + \sum F_{\mathrm{PTi}}\left(x_{\mathrm{PTi}} - \frac{c}{2}\right) + \sum F_{\mathrm{di}}\left(x_{\mathrm{di}} - \frac{c}{2}\right)}{h} \tag{12.2.47}$$

保证摇摆桥墩在摇摆界面处不发生滑动的条件为

$$F_{\mu} \geqslant F_{\mathrm{u}} \tag{12.2.48}$$

即

$$\frac{W\theta_{\mathrm{u}}\sqrt{(b-c)^2 + h^2} + \sum F_{\mathrm{PTi}}\left(x_{\mathrm{PTi}} - \frac{c}{2}\right) + \sum F_{\mathrm{di}}\left(x_{\mathrm{di}} - \frac{c}{2}\right)}{0.5h\left(W + \sum F_{\mathrm{PTi}} + \sum F_{\mathrm{di}}\right)} \leqslant 1 \tag{12.2.49}$$

根据几何条件可知，$\theta_{\mathrm{u}}\sqrt{(b-c)^2+h^2} < b$，$x_{\mathrm{PTi}} - \frac{c}{2} < b$ 和 $x_{\mathrm{di}} - \frac{c}{2} < b$。因此，只要 $b < 0.5h$，摇摆桥墩就不会发生滑动。摇摆桥墩在设计极限状态不发生滑动。

12.2.3　摇摆桥墩数值分析

摇摆桥墩常见的数值分析方法有集中塑性铰法、纤维单元法、实体有限元法等。集中塑性铰模型包括一个梁柱单元和两个并联的转动弹簧，如图 12.2.6(a)所示。摇摆界面采用两个并联的零长度转动弹簧模拟，桥墩采用弹性桁架单元模拟。采用这种模型分析，首先要对结构进行截面分析(见 12.2.2 节)。在进行截面分析时，截面的承载力首先被分解成耗能钢筋部分、预应力部分和轴压部分。然后就可以得到各个组成部分的非线性滞回模型。通常预应力和轴压部分采用双线性或三线性弹性滞回模型，对于耗能钢筋部分，则根据采用的阻尼器类型选用非线性弹塑性滞回模型。

纤维单元模型是把一个单元沿长度方向分成许多部分，每一部分里面包括若干离散纤维层，每一个纤维表示一个附有材料本构的混凝土或钢筋单元。纤维单元是严格遵守平截面假定的，严格来说，它无法模拟摇摆结构的摇摆开口行为，但也可以通过在摇摆截面设置没有刚度的纤维单元，然后读取它的拉伸应变，进而获得摇摆界面的开口大小。图 12.2.6(b)是纤维单元法建立摇摆桥墩模拟的示意图。

实体有限元法可以直接模拟出摇摆界面的接触行为，通过建立精细化的实体模型不仅可以获得结构的整体非线性力学行为，还可以直观地观察到摇摆桥梁的局部受力状况，如图 12.2.6(c)所示。

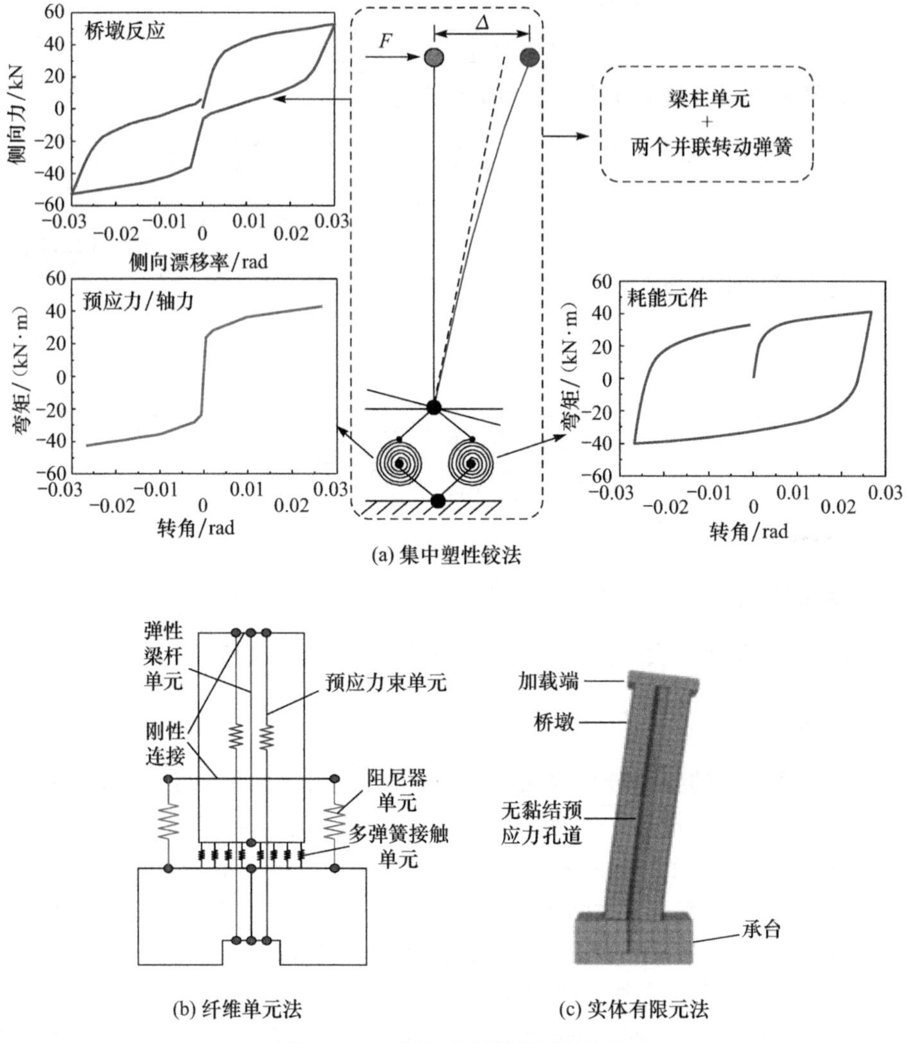

(a) 集中塑性铰法

(b) 纤维单元法　　(c) 实体有限元法

图 12.2.6　摇摆桥墩数值分析方法

本节介绍一个采用摇摆墩设计的 4×30m 的连续梁桥数值模拟实例，基于通用有限元分析软件 ABAQUS 进行建模分析。

1. 原型桥选择

双柱式桥墩是城市桥梁和公路桥梁中常见的桥墩形式，选用 G3 京台高速(北京段)某联 4×30m 双柱式桥墩连续梁桥作为研究对象。本节数值模拟、双墩拟静力试验及振动台试验均以该桥作为研究对象。

1) 上部结构

上部结构采用 4×30m 现浇连续箱梁,桥宽 20.3m,端横梁宽 1.6m,中横梁宽 2m;支点附近变截面长度为 3m,上部结构采用 C50 混凝土。其标准断面尺寸如图 12.2.7所示。

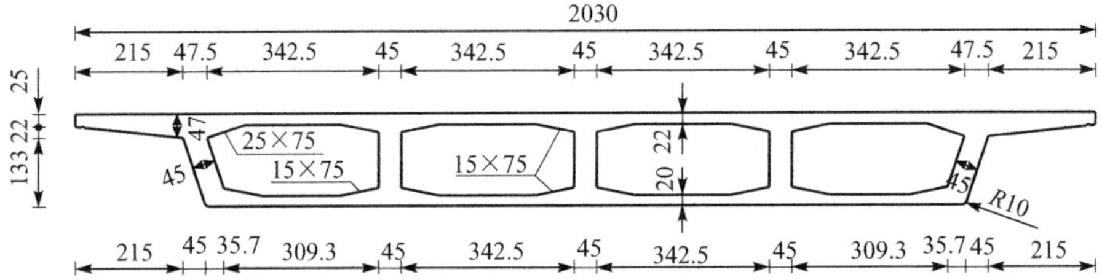

图 12.2.7　标准断面图(单位:cm)

2) 下部结构

如图 12.2.8 所示,边墩采用 1.0m×1.6m 矩形墩,下接四桩承台,墩顶均设置滑板支座。横桥向设置两根墩柱,墩柱距主梁中线均为 5m,每个墩柱墩顶设一个滑板式支座,墩高 $H=7\text{m}$。墩柱采用 C40 混凝土。承台尺寸为 5.5m×5.5m×2.1m;下部设 4 根 1.2m 的桩基,承台采用 C35 混凝土桩基并按照 40m 桩长考虑,桩基采用 C30 混凝土。

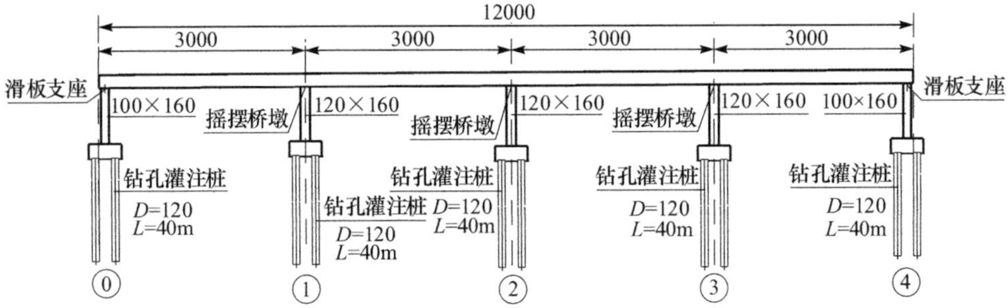

图 12.2.8　4×30m 连续梁桥(单位:cm)

2. 摇摆桥墩设计

具体设计参数如下:预应力束采用 1860MPa 强度等级的预应力钢绞线,张拉控制应力为 1116MPa。预应力筋一端锚固在承台底,另一端锚固在箱梁顶。三个中墩均为摇摆桥墩,且在横桥向设置两个 1.2m×1.6m 的矩形墩柱(1.2m 为顺桥向尺寸),墩柱横桥向均距桥梁中线 5m。每个桥墩布置 4 个预应力筋孔道,每孔采

用 $6\times\Phi^{S}15.2$ 的钢绞线。耗能钢筋采用 36 根屈服强度为 320MPa、直径为 32mm 的钢筋，耗能钢筋的无黏结段长度为 450mm。具体尺寸布置如图 12.2.9 和图 12.2.10所示，摇摆桥墩结构示意图如图 12.2.11 所示。

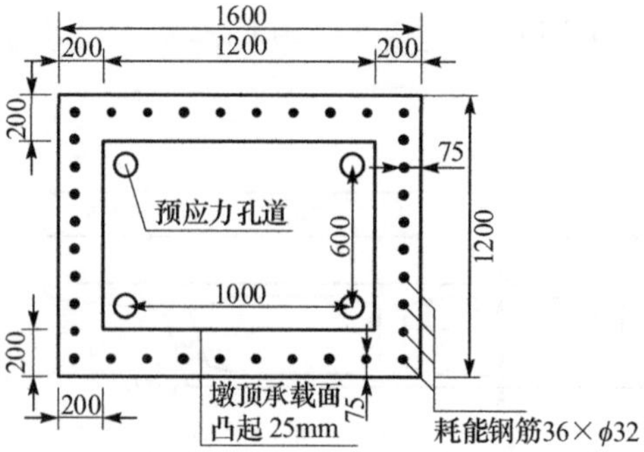

图 12.2.9　桥墩构造平面图(单位:mm)

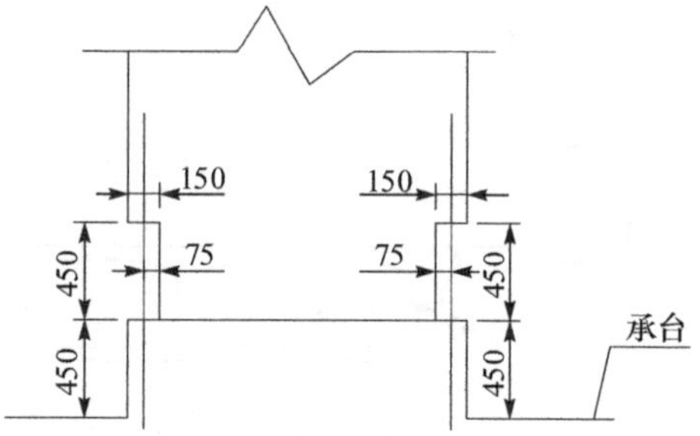

图 12.2.10　桥墩局部构造立面图(单位:mm)

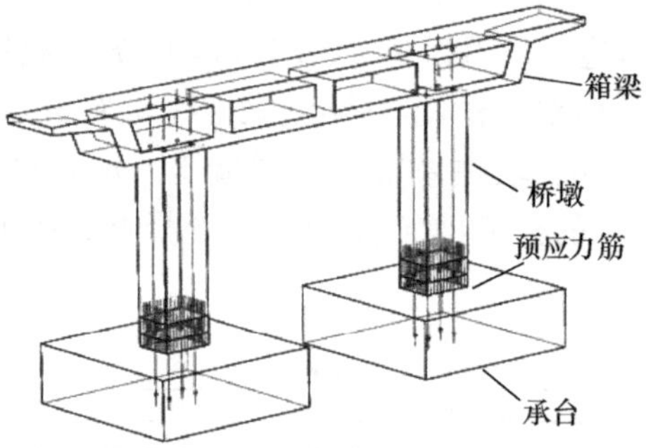

图 12.2.11　摇摆桥墩结构示意图

3. 有限元模型

全桥 ABAQUS 有限元模型如图 12.2.12 所示，其中主梁、桥墩及承台均采用 C3D8R 实体单元模拟，桥墩无黏结预应力束和耗能钢筋均采用 T3D2 桁架单元模拟。该摇摆结构的构造措施使得墩柱的混凝土基本处于弹性状态，因此混凝土材料采用弹性本构。耗能钢筋和桥墩无黏结预应力束均采用双折线的弹塑性本构模型。

主梁、桥墩、承台之间的相互作用关系均采用硬接触并定义摩擦系数的方式，摩擦系数根据经验取 0.5。耗能钢筋和预应力筋均采用埋入(embed)的方式嵌入混凝土中，如图 12.2.13 和图 12.2.14 所示。采用固结的方式约束六个承台底部所有自由度，四个边墩处采用弹簧连接模拟支座。弹簧刚度采用原型桥的支座设计值，支座的竖向刚度为 3.6×10^{7} N/mm。

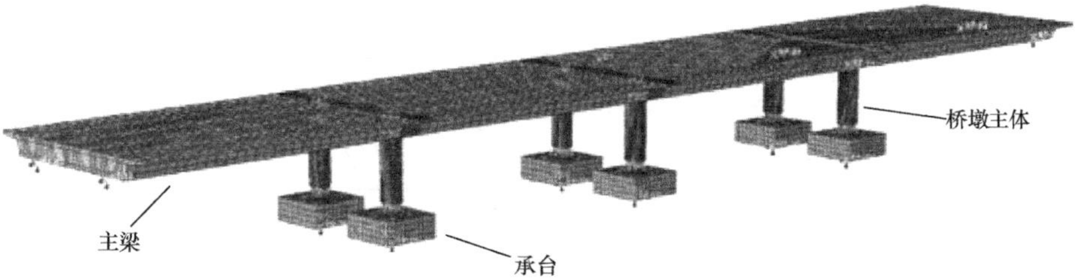

图 12.2.12　ABAQUS 全桥模型

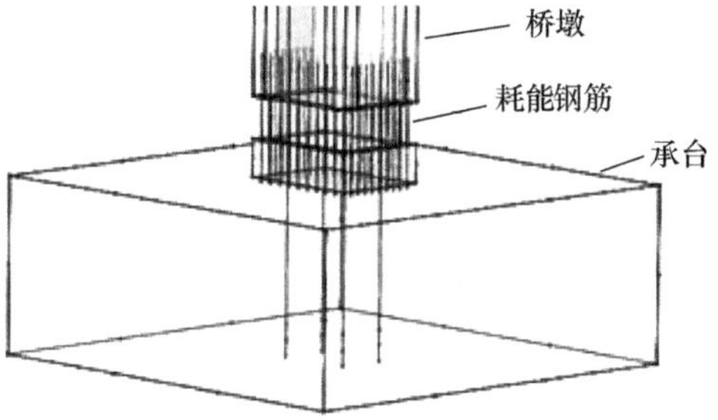

图 12.2.13　耗能钢筋埋入桥墩示意图

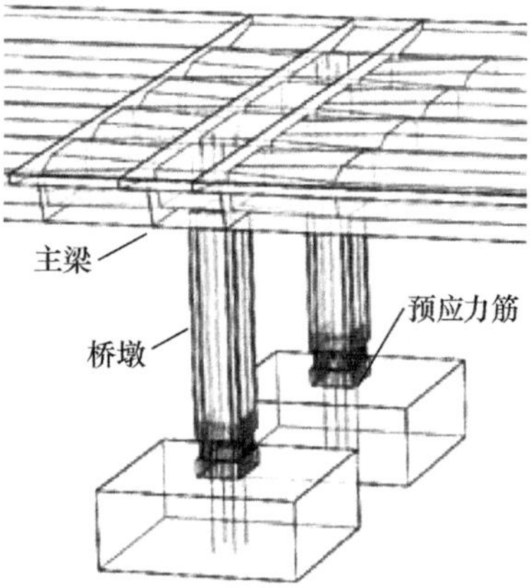

图 12.2.14　预应力筋埋入主梁示意图

荷载与作用按如下方式施加。

(1) 二期恒载：沿桥梁纵向布置大小为 110kN/m 的均布荷载。

(2) 正常使用极限状态：在 MIDAS 中计算自重、二期恒载、温度荷载、混凝土收缩徐变组合作用下主梁的内力，然后在 ABAQUS 中把组合荷载等效成相应的温度荷载施加在主梁上。经计算，等效的温度荷载为降温 60℃。

(3) 桥墩无黏结预应力荷载：直接在模拟预应力筋的桁架单元上施加相应预应力。

(4) 位移荷载：模拟桥梁推覆分析、循环加载时在桥面处施加相应的位移。

(5) 地震作用：首先需要定义质量，对于结构自身的质量，程序会基于材料密度自动计算，但是对于二期恒载引起的质量，需给主梁附加一个均布的等效质量；其次在分析起始阶段施加重力荷载，考虑重力作用对桥墩的影响；最后施加相应地震作用的加速度时程进行动力时程分析。

4. 计算结果

根据计算结果得到的摇摆桥墩力-位移滞回曲线如图 12.2.15 所示。从图中可以看出，摇摆桥墩具有良好的耗能能力和自复位能力，而且具有较小的残余位移，符合耗能钢筋数量的设计要求。

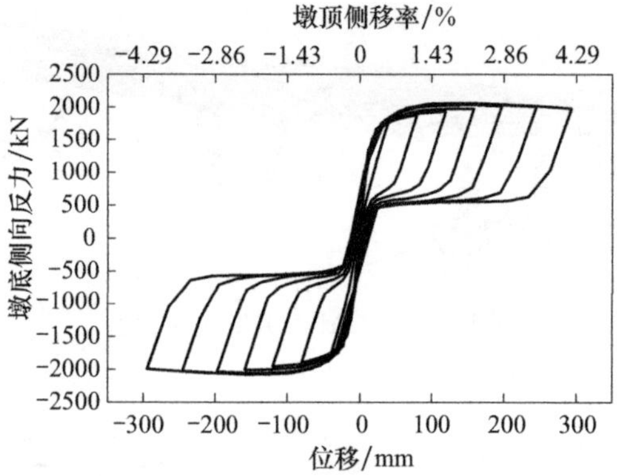

图 12.2.15　摇摆桥墩力-位移滞回曲线

摇摆桥墩的推覆曲线如图 12.2.16 所示,可以看出,桥墩具有良好的承载能力,且预应力的设计具有足够的安全储备。正常使用状态中耗能钢筋未屈服,即预应力筋设计和耗能钢筋的数量设计满足目标要求。

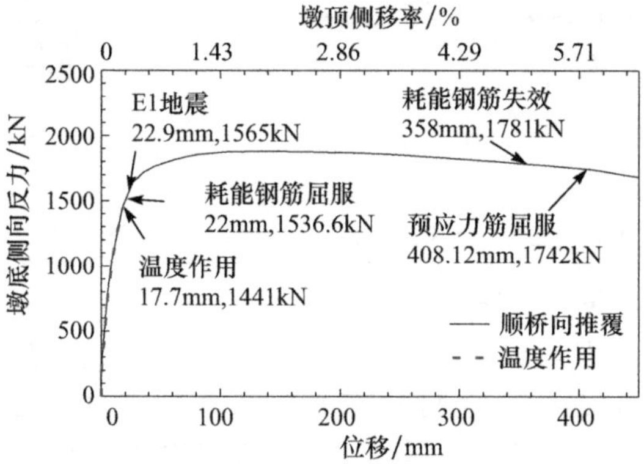

图 12.2.16　摇摆桥墩推覆曲线

在 E2 地震作用下,墩顶最大位移为 99.76mm,而对于采用减隔震支座的相同桥梁结构,其墩顶最大位移为 372mm,如图 12.2.17 所示。可见在地震作用下,对于采用摇摆体系的桥梁结构,其地震反应得到了较好的控制。

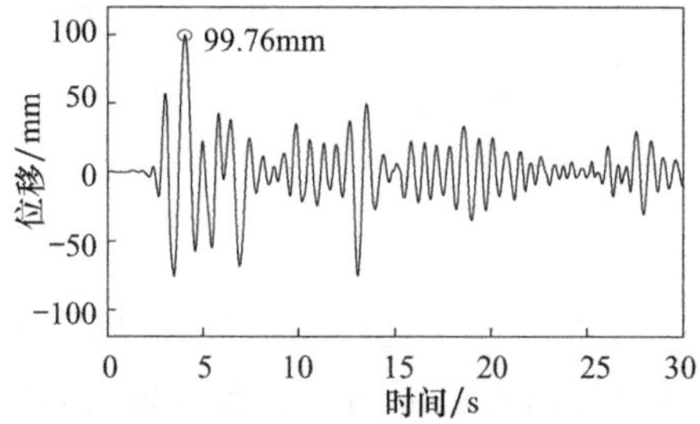

图 12.2.17　E2 地震作用下顺桥向位移响应

12.3　摇摆桥墩抗震设计方法

根据摇摆桥墩力学行为和变形特点，通常采用的基于力的抗震设计方法难以满足对其摇摆行为的需求，且无法精细化考虑结构抗震性能水平，因此采用基于直接位移的性能抗震设计方法可更好地设计摇摆桥墩。

图 12.3.1 为基于直接位移设计方法的摇摆桥墩的设计流程。其具体步骤如下：

(1) 根据摇摆桥墩损伤程度、震后恢复能力等确定目标位移。由于国内外没有相关规范和设计先例，本节中目标位移取值参考桥梁常规延性(塑性铰)抗震设计时的设计位移，并保守地取原型桥梁设计位移的 85%，以保证桥梁的安全性并使桥梁具有足够的变形耗能能力。

(2) 根据正常使用状态、E1 状态或设计经验确定摇摆桥墩的几何尺寸、耗能钢筋设计参数以及预应力束设计参数。

(3) 通过前面所述分析模型确定其延性系数 μ_Δ。

$$\mu_\Delta=\frac{\Delta_d}{\Delta_y} \tag{12.3.1}$$

式中，Δ_d 为墩顶最大位移；Δ_y 为屈服位移。

(4) 假定有效周期为 T_e，根据式(12.3.2)确定其等效黏滞阻尼比 ξ_{eq}：

$$\xi_{eq}=\xi_{hyst}+\xi_{elastic} \tag{12.3.2}$$

$$\xi_{hyst}=\frac{1}{1+\lambda_{ED}}\left[a\left(1-\frac{1}{\mu_\Delta^b}\right)\left(1+\frac{1}{(T_e+c)^d}\right)\right] \tag{12.3.3}$$

$$\lambda_{ED}=\frac{V_{exp}-V_{exp0}}{V_{exp}} \tag{12.3.4}$$

式中，V_{exp} 为墩底最大需求侧向力；V_{exp0} 为不考虑耗能钢筋时墩底最大需求侧向力；ξ_{hyst} 为等效黏滞阻尼比滞回分量；$\xi_{elastic}$ 为钢筋混凝土结构弹性阻尼系数，取值 0.05；a、b、c 和 d 为设计参数，采用 Blandon 和 Priestley[14] 针对摇摆桥墩给出的建议值，分别为 0.305、0.492、0.790 和 4.463；λ_{ED} 为耗能钢筋用量参数。

(5) 根据式(12.3.5)求出等效单自由度体系的弹性位移反应谱折减系数 η：

$$\eta=\sqrt{\frac{0.07}{0.02+\xi_{eq}}} \tag{12.3.5}$$

(6) 通过 η 折减得到弹性位移谱的目标位移 $\Delta_{d,5\%}$，计算等效周期，与假设的周期进行比较，进入迭代程序最终确定该单自由度体系的真实有效周期 T_e。

(7) 根据式(12.3.6)计算等效刚度 K_e：

$$K_e=4\pi^2\frac{m}{T_e^2} \tag{12.3.6}$$

(8) 根据式(12.3.7)计算摇摆桥墩的基底剪力 F_d：

$$F_d=K_e\Delta_d \tag{12.3.7}$$

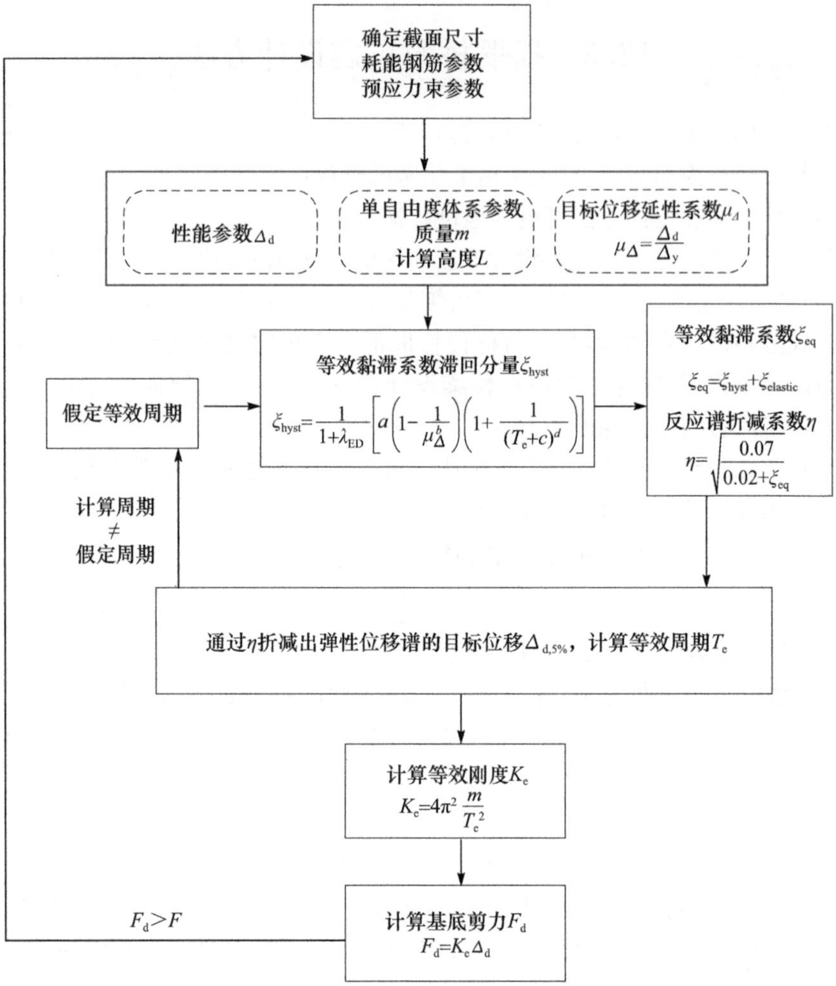

图 12.3.1　基于直接位移设计方法的摇摆桥墩的设计流程

(9) 根据 12.2 节中提出的分析模型或有限元方法计算出设计摇摆桥墩在目标位移下的承载能力，与基于直接位移方法计算的基底剪力进行验算。

12.4　摇摆桥墩抗震性能试验研究

12.4.1　单墩拟静力试验研究

以一个附加耗能装置的自复位摇摆桥墩的单墩拟静力试验[15]为例进行介绍。桥墩试件如图 12.4.1 所示，截面尺寸为 400mm×400mm，桥墩柱高度为 1.7m，混凝土等级均为 C60，内置耗能钢筋采用 ϕ20 延性钢筋。试验采用电液伺服加载结构试验机进行低周期往复荷载作用下的拟静力加载，加载过程采用位移控制。

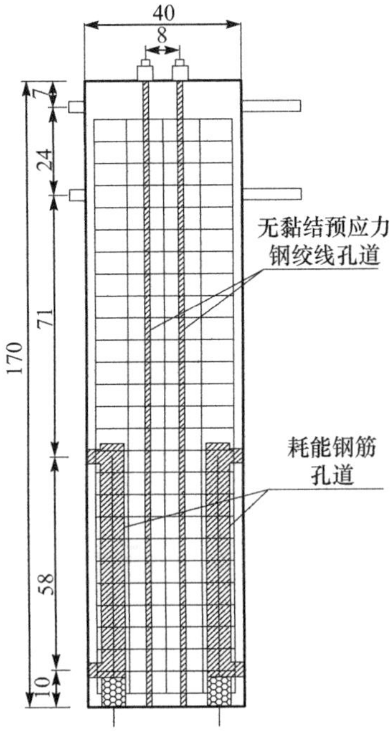

图 12.4.1　摇摆桥墩单墩试验试件(单位:cm)

图 12.4.2 为摇摆桥墩单墩试验力与位移关系曲线。可以看出，不同于传统桥梁墩柱形成塑性铰变形的典型饱满滞回曲线，当自复位节点作用力为 0 时，位移也显著回归零点，最后即使在 3.5%的横向水平位移作用后，残余位移仍接近于 0，显示该节点体系具有良好的自恢复特点，并且该滞回曲线同样饱满，证明了自复位体系具有稳定的耗能能力。

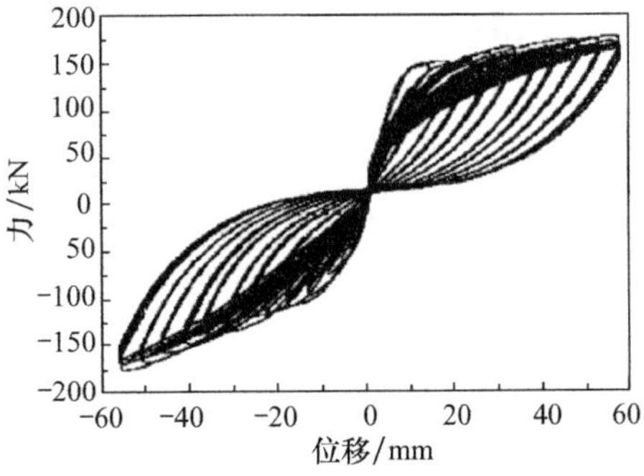

图 12.4.2　摇摆桥墩单墩试验力与位移关系曲线

12.4.2　双柱桥墩拟静力试验研究

1. 试验设计

对自复位双柱式摇摆桥墩进行拟静力试验[16]，试验模型的缩尺比例为 1∶3，模型采用 C40 细石混凝土。梁体、桥墩和承台分别浇筑，待混凝土养护 28d 后再拼装成整体结构。试验所用钢板均采用 Q345B 钢。耗能钢筋采用由 Q235 圆钢棒加工而成，纵向受力钢筋为 $\phi32$ 的 HRB400 级钢筋，并通过机械连接套筒与伸出的桥墩和承台的纵向钢筋连接。截面布置四个 $\phi50$ 预应力束孔洞，每孔采用 $\Phi^{S}15.2$ 预应力钢绞线。桥墩的顶部和底部均设置剪力销，并留足够空间避免桥墩在摇摆过程中与剪力销发生接触。试件的具体尺寸及配筋见图 12.4.3。

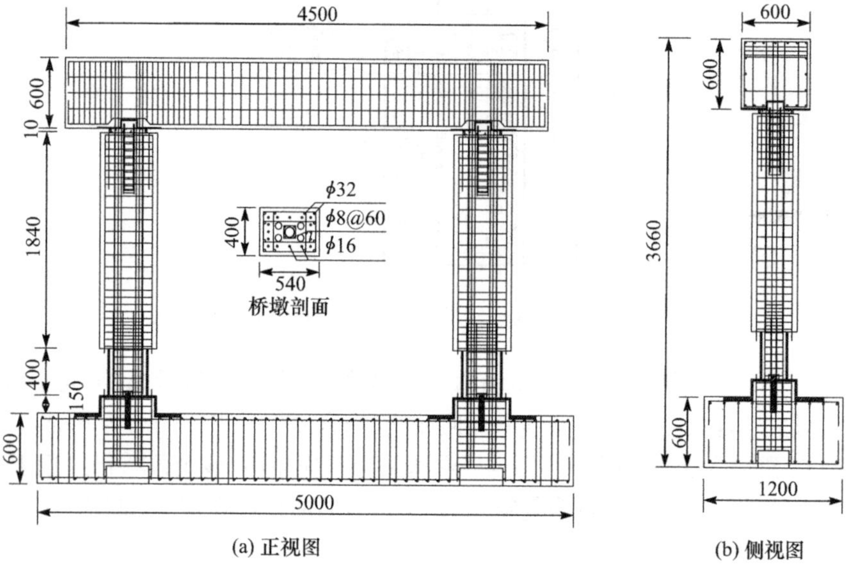

图 12.4.3　试件配筋图(单位：mm)

为限制桥墩在水平力作用下的界面滑动位移，在桥墩的顶部和底部各设置直径为 30mm 的钢管抗剪销，插入深度为 2cm。为保护桥墩、承台和盖梁的混凝土不发生塑性损伤，在摇摆界面均设置局部加强构造，即在承台和盖梁的摇摆界面上铺设钢板，在桥墩墩底和墩顶分别增设钢套筒和钢箍。试验构件整体布置见图 12.4.4。

2. 设计工况及加载制度

1) 设计工况

试验设计工况主要包括：①在温度力和 E1 地震作用下，墩柱受力(摇摆界面开

图 12.4.4　试验构件整体布置图

口)情况及耗能钢筋受力状况(是否屈服);②水平单向循环荷载作用,墩柱的耗能、损伤、残余位移状况。

2) 加载制度

试验为力和位移混合控制的水平单向往复加载,每一级加载目标循环两次,采用力控制的加载幅值为 100kN、200kN,采用位移控制的加载幅值为 5mm、10mm、15mm、20mm、30mm、40mm、50mm、60mm、80mm、100mm。加载方案如图 12.4.5 所示。

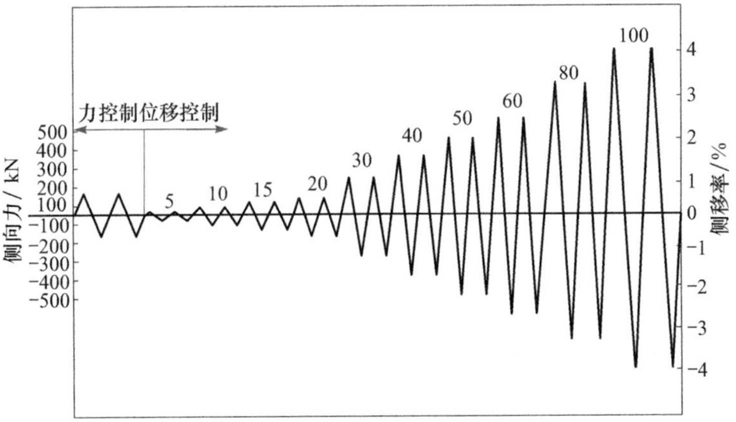

图 12.4.5　加载方案图

3) 初始张拉力及墩顶竖向轴压

每孔采用 1 束 $\Phi^{S}15.2$ 钢绞线,每孔张拉力控制在 105.3kN(实际张拉力误差在−0.5～0.5kN),每个桥墩的预应力总加载量为 421.2kN(轴压比为 0.106);每个竖向千斤顶加载力为 866.4kN(上部结构自重)(轴压比为 0.218)。合计每个桥墩轴压比为 0.324。

3. 试验结果及分析

1）滞回曲线

试验所得试件的力-位移滞回曲线如图 12.4.6 所示。

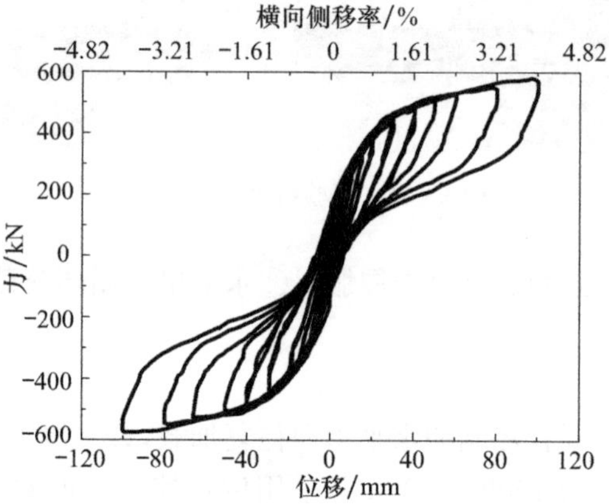

图 12.4.6　试件的力-位移滞回曲线

试件加-卸载后残余位移很小，每个加载级别的残余位移如表 12.4.1 所示。

表 12.4.1　各加载级别与残余位移

加载级别/侧移率	残余位移/侧移率
20mm/0.8%	4.49mm/0.18%
30mm/1.2%	5.34mm/0.21%
40mm/1.6%	5.46mm/0.22%
50mm/2.0%	5.55mm/0.23%
60mm/2.4%	5.60mm/0.23%
80mm/3.2%	5.72mm/0.23%
100mm/4.0%	6.13mm/0.25%

注：加载点至墩底高度为 2.7m，加载点至摇摆截面高度为 2.49m。

由图 12.4.6 和表 12.4.1 可知，外置耗能装置的摇摆桥墩残余位移小，在加载位移偏移率为 4.0%时，最大残余位移侧移率为 0.25%，验证了后张预应力双柱式摇摆桥墩体系具有很好的自复位能力。该体系的滞回环较饱满，耗能效果明显。

2）骨架曲线

将每个加载循环过程中的侧向力最大点连成该双柱式摇摆桥墩体系的骨架曲线，如图 12.4.7 所示。由图可以看出，推拉两个方向的最大侧向力分别达到 572kN 和 554kN 左右，并且在加载最大位移为 100mm 时，水平抗侧力仍然没有明显下降，说明该体系具有良好的抗侧能力和位移延性。

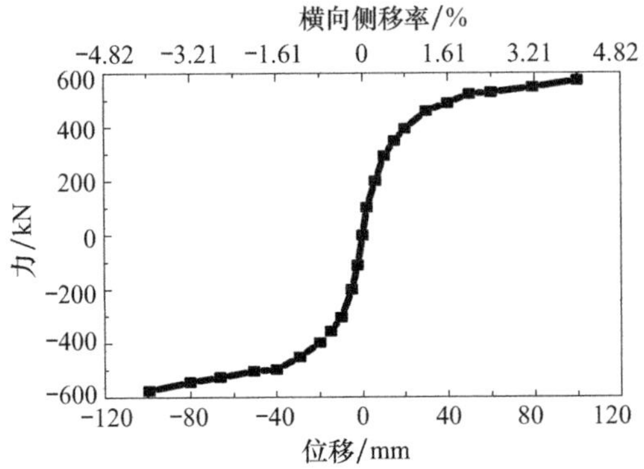

图 12.4.7　双柱式摇摆桥墩体系的骨架曲线

3）预应力损失

图 12.4.8 为 8 根预应力束的预应力变化曲线。表 12.4.2 给出了每根预应力束的预应力变化情况。

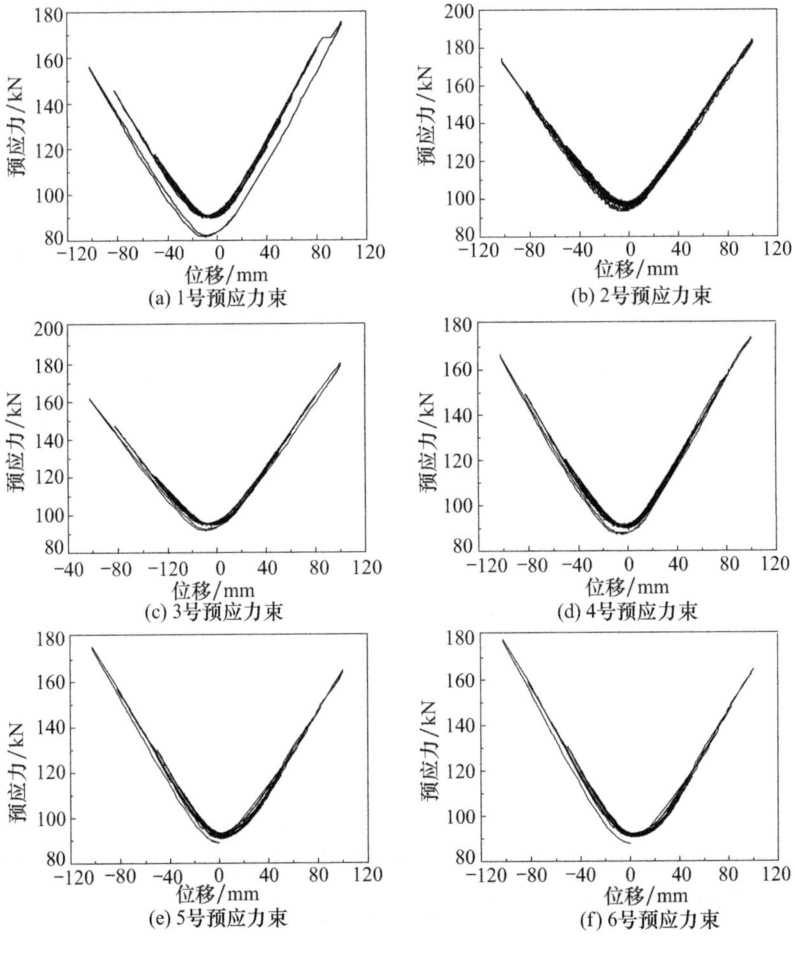

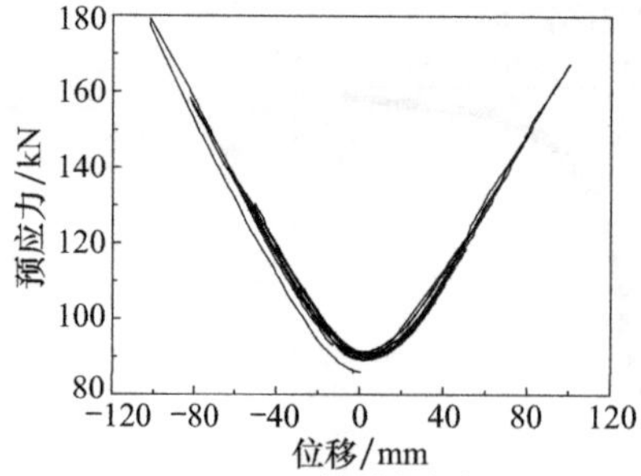

(g) 7号预应力束

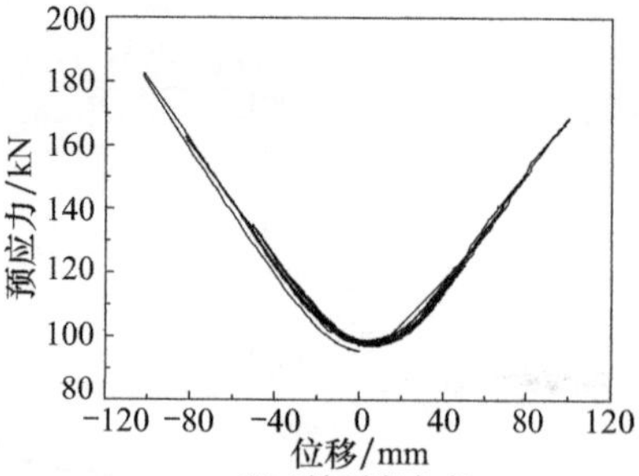

(h) 8号预应力束

图 12.4.8 预应力束的预应力变化曲线

表 12.4.2 预应力束的预应力变化情况表

编号	初始施加预应力/kN	轴力施加后预应力/kN	轴力施加后预应力损失/kN	循环加载后预应力损失/kN	与轴力施加后相比预应力损失率/%
1	96.85	90.32	6.53	7.80	8.64
2	101.62	95.86	5.76	2.17	2.26
3	100.60	94.93	5.67	1.94	2.04
4	95.77	90.09	5.68	2.57	2.85
5	98.60	91.89	6.71	1.11	1.21
6	97.29	91.48	5.81	2.76	3.02
7	96.21	90.08	6.13	2.37	2.63
8	103.5	97.94	5.56	1.76	1.80

试验表明，后张预应力摇摆桥墩体系具有良好的自复位能力，较好地达到了预期设计目标。最大侧向位移加载至100mm（偏移率为4.0%）时，最大残余位移仅为6.13mm（残余偏移率为0.246%）；体系滞回曲线的滞回环比较饱满，耗能效果较好。该双柱式摇摆桥墩具有较强的抗侧能力及位移延性。

12.4.3 单跨摇摆桥梁振动台试验研究

1. 试验设计

1）相似比设计

选取下述桥型中的其中一跨进行振动台试验研究[17]，根据试验场地条件、振动台技术参数及试验目的，确定几何相似比为1∶10。缩尺后为1跨2m的双柱式摇摆桥墩。桥墩混凝土材料为细石混凝土，取 $S_\sigma=1$。加速度相似比 S_a 取2.65。根据量纲分析法，推导出其余相似比，如表12.4.3所示。

表 12.4.3　模型动力相似关系表

类型	物理量	量纲(绝对系统)	相似关系	相似比例
几何特性	长度 l	L	S_l	0.10
	线位移 x	L	$S_x=S_V/S_k=S_l$	0.10
材料特性	弹性模量 E	FL^{-2}	S_E	1.00
	应力 σ	FL^{-2}	$S_\sigma=S_E$	1.00
	质量密度 ρ	FT^2L^{-4}	$S_\rho=S_E/(S_lS_a)$	3.77
	弯矩 M	FL	$S_M=S_VS_l$	0.001
动力性能	质量 m	$FL^{-1}T$	$S_m=S_ES_l^2/S_a$	0.00377
	时间 t,固有周期 T	T	$S_t=S_T=S_l\sqrt{S_\rho/S_E}$	0.1943
	频率 f	T^{-1}	$S_f=1/S_T=S_l^{-1/2}$	5.148
	加速度 a	LT^{-2}	$S_a=S_x/S_t^2=1$	2.65

2）模型设计

上部结构在原型中为预应力混凝土箱梁，按照 1∶10 缩尺后，由于箱梁壁较薄，不易配置预应力钢筋和普通钢筋；同时由于主梁在地震过程中很少发生基于自身材料非线性的破坏，而且主梁并非本试验的研究重点，考虑加工的方便性，根据刚度等效原则，采用钢箱梁代替混凝土箱梁。

振动台整体布置立面图如图 12.4.9 所示，通过连接钢板承台与振动台采用螺栓连接。主梁、桥墩以及承台通过中心的预应力钢丝绳穿心连接。预应力筋预留孔道直径为 20mm，拟采用直径为 7mm 的预应力钢丝绳作为预应力材料。在墩顶与梁的接触面设置了角钢，在墩底设置了高度为 20cm 的方钢管套筒，以防止构件发生角点局部破坏。在桥墩下部预留三排螺栓孔用来安装阻尼器。承台主筋采用直径 8mm 的 HRB300 钢筋，箍筋为直径 6mm 的 HRB300 钢筋，承台箍筋全部预先焊接在底部 2cm 厚的连接钢板上，如图 12.4.10 所示，连接钢板通过两排螺栓固定在振动台台面上。

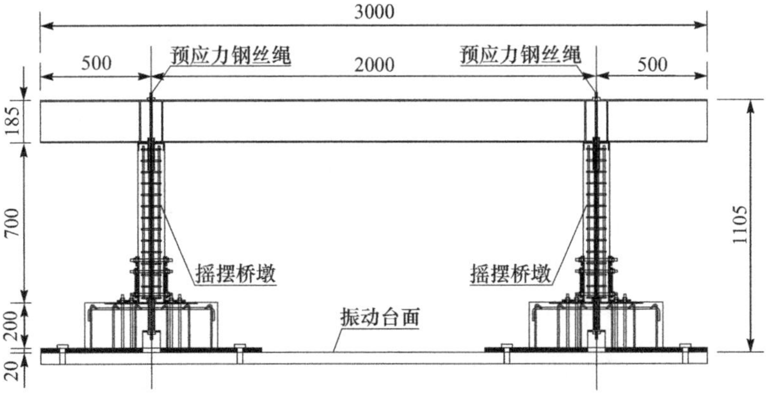

图 12.4.9　单跨摇摆桥梁振动台整体布置立面图(单位：mm)

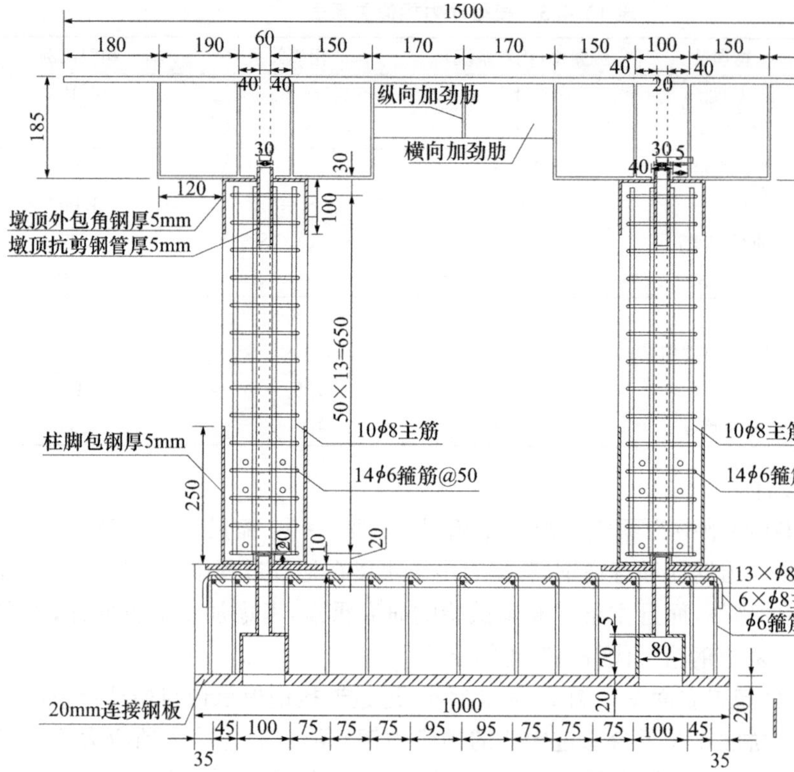

图 12.4.10　摇摆桥墩横桥向剖面图(单位:mm)

采用与原桥相同配筋率原则进行配筋设计,纵筋采用直径 8mm 的 HRB300 钢筋,箍筋采用直径 6mm 的 HPB300 钢筋。摇摆桥墩横截面配筋图如图 12.4.11 所示。

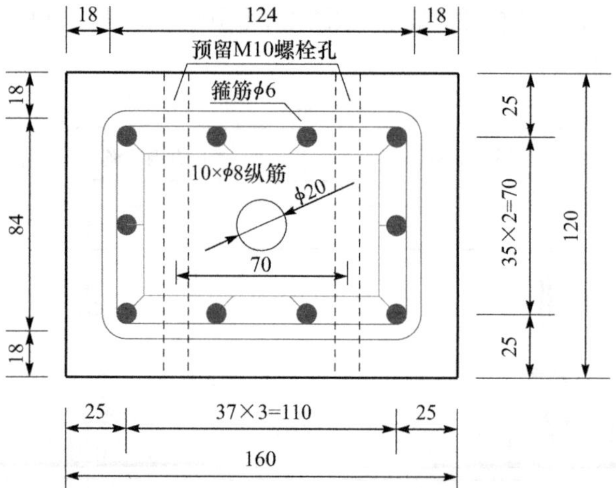

图 12.4.11　摇摆桥墩横截面配筋图(单位:mm)

试验采用防屈曲钢板阻尼器作为体系的耗能装置，防屈曲钢板阻尼器主要由耗能钢板、外盖板、垫片、连接螺栓等组成，通过耗能钢板屈服变形耗能，外盖板和桥墩共同作用达到防屈曲增加阻尼器耗能能力的目的。防屈曲钢板阻尼器的具体尺寸设计图如图 12.4.12所示。

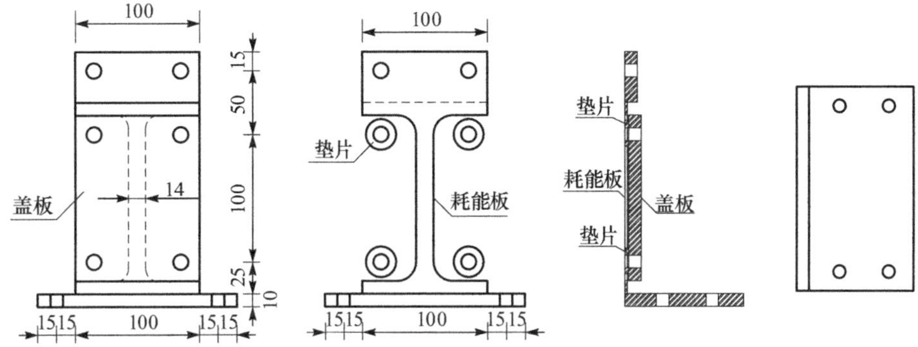

(a) 主视图　(b) 主视图(去掉盖板)　(c) 侧视图　(d) 俯视图

图 12.4.12　防屈曲钢板阻尼器设计图(单位：mm)

试件安装时，首先将预应力钢丝绳一端锚固在承台位置处，然后把钢梁放置在桥墩设计位置处，最后在钢梁表面锚固预应力钢丝绳的另一端并张拉预应力到设计预应力大小。振动台试验整体布置如图 12.4.13 所示。

图 12.4.13　单跨摇摆桥梁振动台试验整体布置图

2. 试验加载

1）输入地震波

选择两条天然波(El-Centro 波和 Taft 波)以及一条人工波作为地震动输入，E1 地震工况的加速度峰值调整为 0.32g，E2 地震工况的加速度峰值调整为 1.08g，时间压缩 5.148 倍。其中，人工波 E2 地震工况的时程曲线如图 12.4.14 所示。

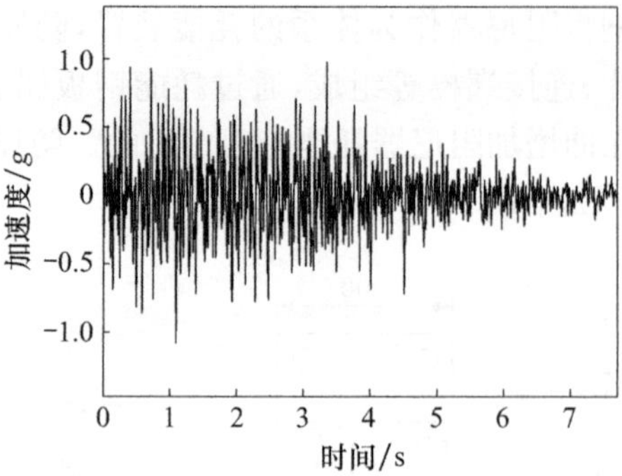

图 12.4.14 人工波 E2 地震工况时程曲线

2）试验工况

每一级工况在加载地震波之前要先进行白噪声扫频获得结构的自振频率。在进行工况加载时，首先进行的是桥墩附加防屈曲钢板阻尼器的 E1 地震、E2 地震激励工况，然后进行的是无阻尼器的 E1 地震作用、E2 地震的工况。

3. 试验结果

1）桥面加速度反应

（1）E1 地震工况。

Taft 波 E1 地震工况下桥面加速度反应如图 12.4.15 所示。由图可以看出，桥面加速度反应的峰值与输入加速度的峰值非常接近，加阻尼器与不加阻尼器情形下的加速度反应也比较接近。这说明 E1 地震工况下，由于桥梁结构摇摆行为较小，摇摆桥梁反应与刚接体系比较接近，阻尼器未屈服或刚刚屈服，耗散能量较小。

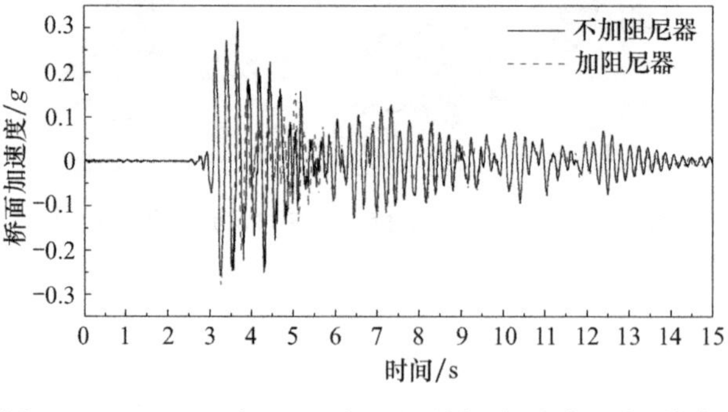

图 12.4.15 Taft 波 E1 地震工况下桥面加速度反应（单跨）

（2）E2 地震工况。

Taft 波 E2 地震工况下桥面加速度反应如图 12.4.16 所示。由图可以看出，桥面加速度反应峰值相对于输入加速度峰值有所减小，加阻尼器后桥面的加速度反应峰值进一步减小。

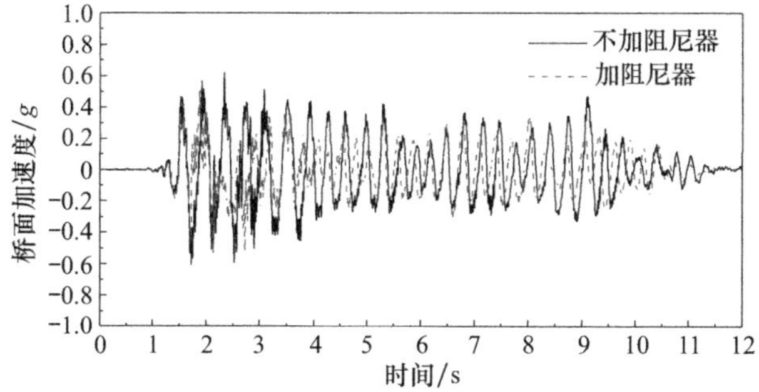

图 12.4.16　Taft 波 E2 地震工况下桥面加速度反应(单跨)

2）桥面相对位移

(1) E1 地震工况。

Taft 波 E1 地震工况下桥面相对位移如图 12.4.17 所示。由图可以看出，桥面相对于承台的最大位移为 4.7mm，加阻尼器后体系刚度增大，桥面最大位移为 3.4mm。

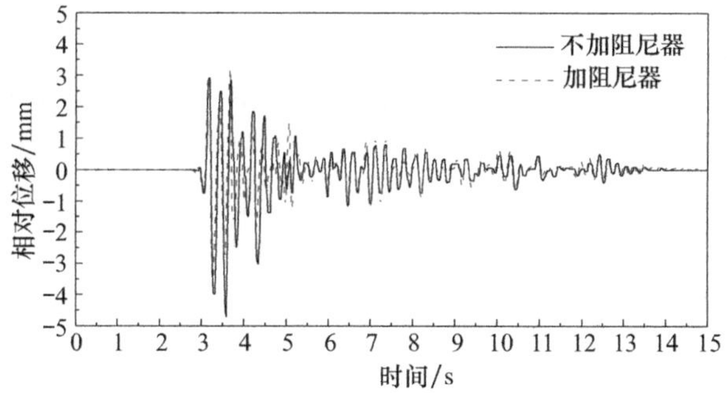

图 12.4.17　Taft 波 E1 地震工况下桥面相对位移(单跨)

(2) E2 地震工况。

Taft 波 E2 地震工况下桥面相对位移如图 12.4.18 所示。由图可以看出，加装阻尼器后桥面位移可得到有效控制，并且桥墩可以自主复位，残余变形很小。

3）摇摆界面开口

在人工波 E2 地震工况下，桥梁位移响应变大，自复位桥墩上摇摆界面和下摇摆界面均产生了较大的开口，如图 12.4.19 所示。E2 地震工况下加阻尼器的最大开口为 1.87mm，不加阻尼器的最大开口为 3.93mm。

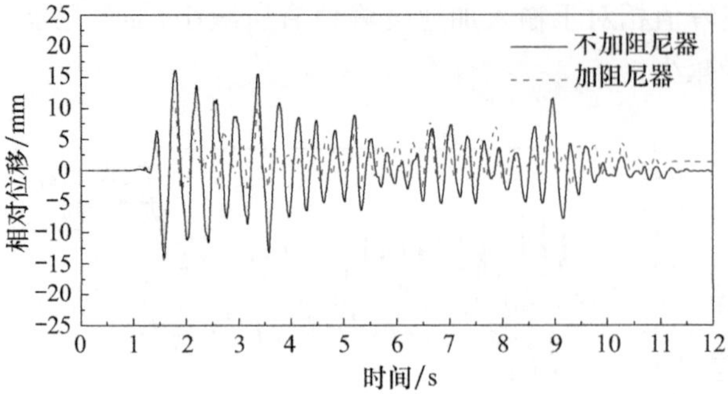

图 12.4.18　Taft 波 E2 地震工况下桥面相对位移(单跨)

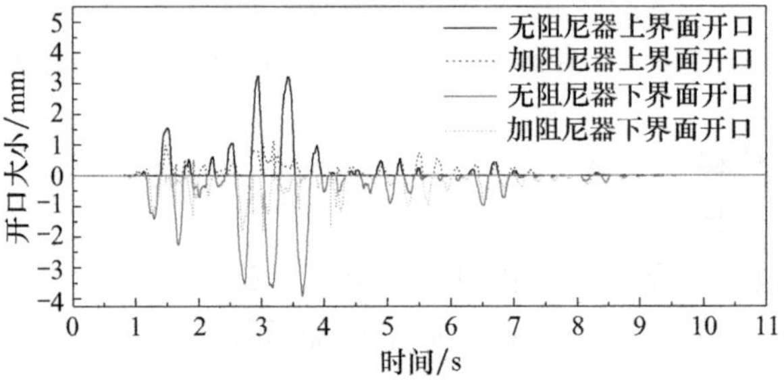

图 12.4.19　人工波 E2 地震工况下摇摆桥墩上下界面开口(单跨)

本次摇摆桥梁振动台试验验证了设置摇摆桥墩的桥梁结构体系在地震作用下的反应。试验表明,通过桥墩的摇摆降低结构体系刚度可有效阻止地面振动传递到上部结构上,从而减少地震能量的输入,起到隔震的作用。地震作用下预应力自复位体系和耗能体系的工作效果良好,摇摆桥墩上的附加阻尼器可有效减少上部结构的位移响应,而且体系能够自主复位,具有较小的残余位移。

12.4.4　四跨摇摆桥梁振动台试验研究

1. 试验设计

1) 相似比设计

与单跨摇摆桥梁振动台试验类似,对整个四跨摇摆桥梁进行振动台试验研究[18],几何相似比为 1∶10,应力相似比为 $S_\sigma=1$,加速度相似比 $S_a=3$。

2) 模型设计

模型结构全长 12m,分为四跨,每跨 3m。其中,中间三排桥墩为摇摆桥墩,两边墩处设置四氟滑板支座。振动台布置立面图如图 12.4.20 所示,中间三个自复位桥墩放置在 1m×1m 的子振动台台面上,两个边墩放置在地面上。桥墩配筋、尺寸、阻尼器类型、钢梁截面形状均与单跨模型一致。试验整体布置如图 12.4.21 所示。

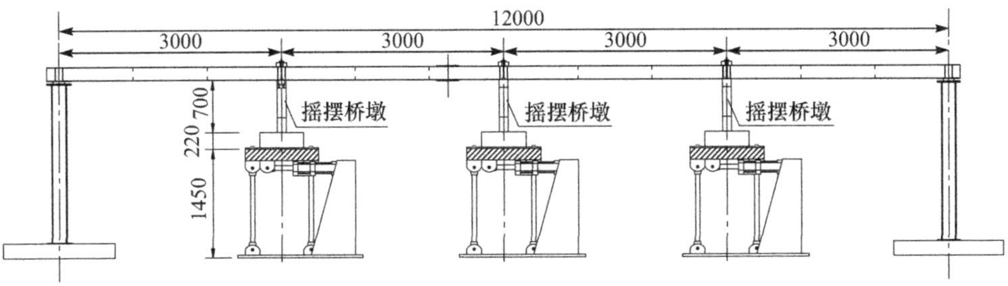

图 12.4.20　四跨摇摆桥梁振动台布置立面图(单位:mm)

图 12.4.21　四跨摇摆桥梁振动台试验整体布置图

2. 试验加载

振动台试验中输入的地震波及试验工况与单跨模型试验基本一致。不同之处在于,E1 地震作用的加速度峰值为 0.36g,E2 地震作用的加速度峰值为 1.2g,地震波总时长压缩到原波的 0.1826 倍。

3. 试验结果

1) 桥面加速度反应

(1) E1 地震工况。

Taft 波 E1 地震工况下桥面加速度反应如图 12.4.22 所示,加阻尼器与不加阻尼器的加速度反应比较接近。这说明 E1 地震工况下,由于桥梁结构摇摆行为较小,其反应与刚接体系比较接近,阻尼器未屈服或刚刚屈服,耗散能量较小。

(2) E2 地震工况。

Taft 波 E2 地震作用下桥面加速度反应如图 12.4.23 所示,相对于输入加速度峰值,加阻尼器后桥面加速度反应峰值稍微减小。

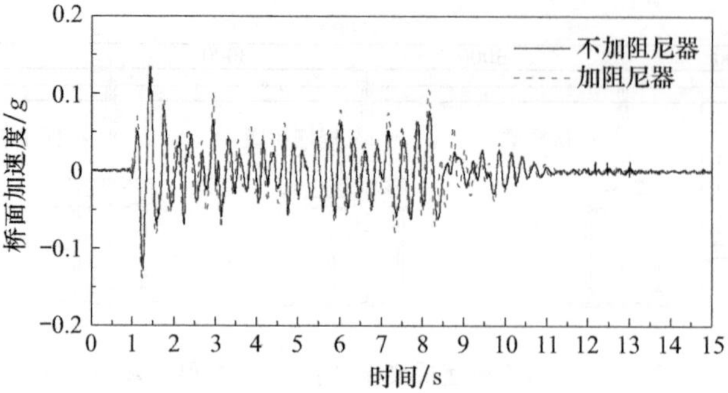

图 12.4.22　Taft 波 E1 地震工况下桥面加速度反应(四跨)

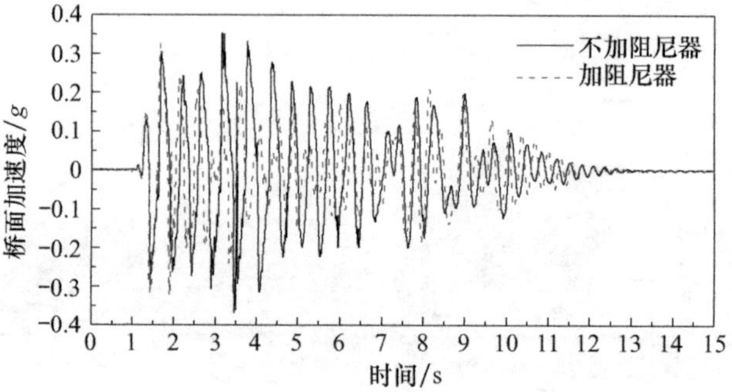

图 12.4.23　Taft 波 E2 地震工况下桥面加速度反应(四跨)

2) 桥面相对位移

(1) E1 地震工况。

Taft 波 E1 地震工况下桥面位移反应如图 12.4.24 所示,桥面相对于承台的最大位移为 3.18mm。加阻尼器后,桥面最大位移为 3mm。桥梁结构反应基本一致,阻尼器未发挥作用,结构基本处于弹性状态。

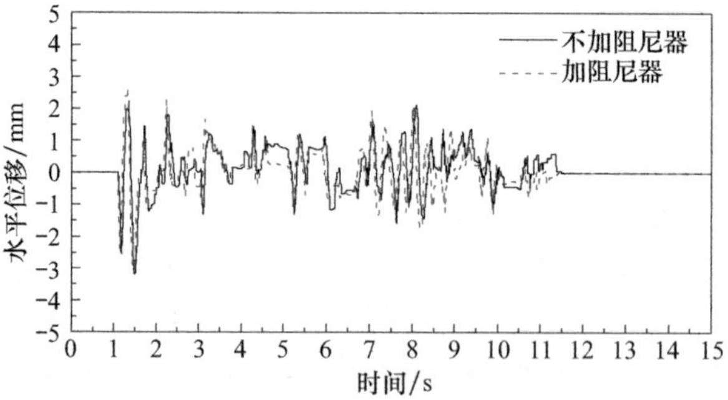

图 12.4.24　Taft 波 E1 地震工况下桥面位移反应(四跨)

(2) E2 地震工况。

Taft 波 E2 地震作用下桥面位移反应如图 12.4.25 所示,加阻尼器后,桥面位移显著减小，桥面位移可以得到有效控制。在 E2 地震作用下，桥墩可以自主复位，残余变形很小。

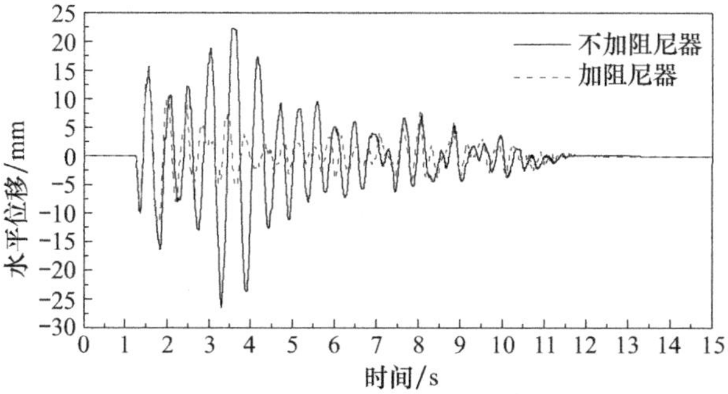

图 12.4.25　Taft 波 E2 地震工况下桥面位移反应(四跨)

3）摇摆界面开口

在 Taft 波 E2 地震作用下，桥梁位移响应变大，自复位桥墩上摇摆界面和下摇摆界面均产生了较大的开口，如图 12.4.26 所示。加阻尼器的 E2 地震工况最大开口为 2.6mm，不加阻尼器的最大开口为 5.0mm。

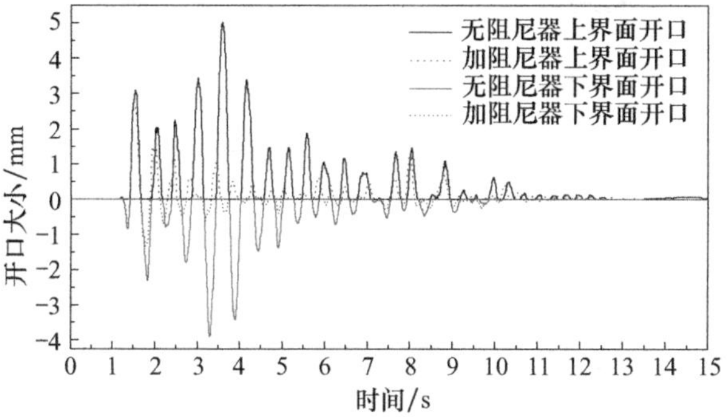

图 12.4.26　Taft 波 E2 地震工况下摇摆桥墩摇摆界面开口(四跨)

试验结果表明，在 E1 地震作用下，阻尼器未发挥作用，桥梁整体处于弹性状态；在 E2 地震作用下，自复位桥梁结构体系起到了减隔震的作用，验证了设计方法的正确性；桥墩产生的摇摆行为以及阻尼器的屈服均起到了耗能作用，可有效减少上部结构的位移响应；地震结束后阻尼器可快速更换，满足可更换性；地震波加载完成之后墩柱能自主复位，残余位移小，预应力筋不发生屈服，满足设计要求；桥梁结构除阻尼器保险丝构件外未发生损伤，具有可快速恢复性；设置摇摆桥墩达到了减隔震的目的，并验证了自复位桥梁结构的工作机理。

摇摆桥梁结构不仅具有良好的抗震性能，而且与现有桥梁结构相比，其结构损伤可控，能有效保证结构抗震安全，真正实现大震不倒，而且保证大震时结构损伤小,减少修复工程,保证震后交通生命线的畅通,有巨大的工程应用前景。

12.5　摇摆桥梁工程应用

12.5.1　工程概况

目前摇摆结构主要局限在钢桁架桥的抗震加固领域[19-24],摇摆桥梁的新建工程应用也仅限于20世纪80年代建造的新西兰South Rangitikei铁路桥[20]。2016年在G3京台高速(北京段)公路工程中,北京工业大学和北京市市政工程设计研究总院合作,针对自复位摇摆桥梁分析理论和设计方法开展研究工作,在国内首次把自复位摇摆桥梁新技术应用到实际桥梁工程中。

该桥梁为黄徐路分离式立交跨线桥,桥址位于京山铁路北侧,在京台主线桩号ZK18+165.197处上跨京台高速公路。黄徐路道路线位与铁路大致平行,与京台主线斜交,交角为118.9°。桥梁全长87.199m,跨径布置为40m+40m,桥宽16m,采用1.4m×1.6m矩形截面双柱墩,墩高6.8m。黄徐路跨线桥立面图如图12.5.1所示,建成后的桥如图12.5.2所示,其摇摆桥细部构造如图12.5.3所示。

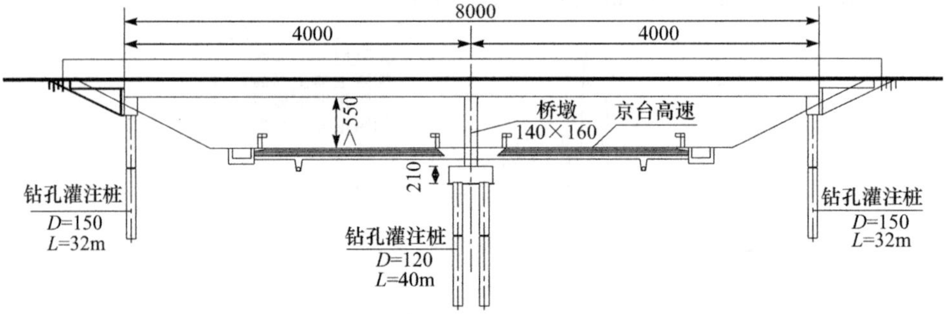

图12.5.1　黄徐路跨线桥立面图(单位:cm)

图12.5.2　已建成的黄徐路跨线桥

(a) 摇摆桥墩与主梁连接　(b) 摇摆界面整体式耗能装置

(c) 安装就位后耗能装置　(d) 墩底抗剪销

图 12.5.3　黄徐路跨线摇摆桥细部构造

12.5.2　设计标准和设计目标

1. 黄徐路跨线桥设计标准

(1) 荷载标准:公路-Ⅰ级。
(2) 抗震标准:地震基本烈度为 8 度,设计按 8 度设计,按 9 度采取抗震措施。
(3) 抗震设计方法:基于性能的抗震设计方法。

2. 桥梁抗震设防目标

(1) E1 地震作用下:不受损伤或不需修复可继续使用。
(2) E2 地震作用下:仅发生轻微损伤,不需修复或经简单修复可继续使用。

3. 桥梁抗震性能目标

(1) E1 地震作用下:容许摇摆界面消压;耗能装置最大应力小于材料屈服强度;墩柱无黏结预应力筋的应力应满足现行桥梁设计规范正常使用极限状态的设计要求;桥梁能够自复位,无残余位移。

(2) E2 地震作用下:容许摇摆界面消压;耗能装置不发生断裂破坏;无黏结预应力筋不发生屈服;桥梁能够自复位,且残余位移小于墩柱倾斜率的 1%;墩柱局部不出现压溃破坏；摇摆桥墩不发生稳定性破坏。设计摇摆桥墩 E2 作用下的最大水平位移小于其极限位移。

12.5.3　设计与分析

黄徐路跨线桥为 2×40m 现浇预应力混凝土连续梁桥，中墩采用摇摆桥墩，两边墩设置滑板支座，边墩构造上设置抗震设施。摇摆桥墩分为三大部分：两端部设置摇摆界面的独立桥墩、墩柱内竖向无黏结预应力索和墩底耗能装置。分别在墩柱顶部和底部设置抗剪销和加强墩柱局部承压的构造，并在柱底承台钢板上加设防止墩柱发生扭转变形的限位措施，保证地震作用下给结构提供足够的安全储备。黄徐路桥摇摆桥墩的具体构造如图 12.5.4 所示。

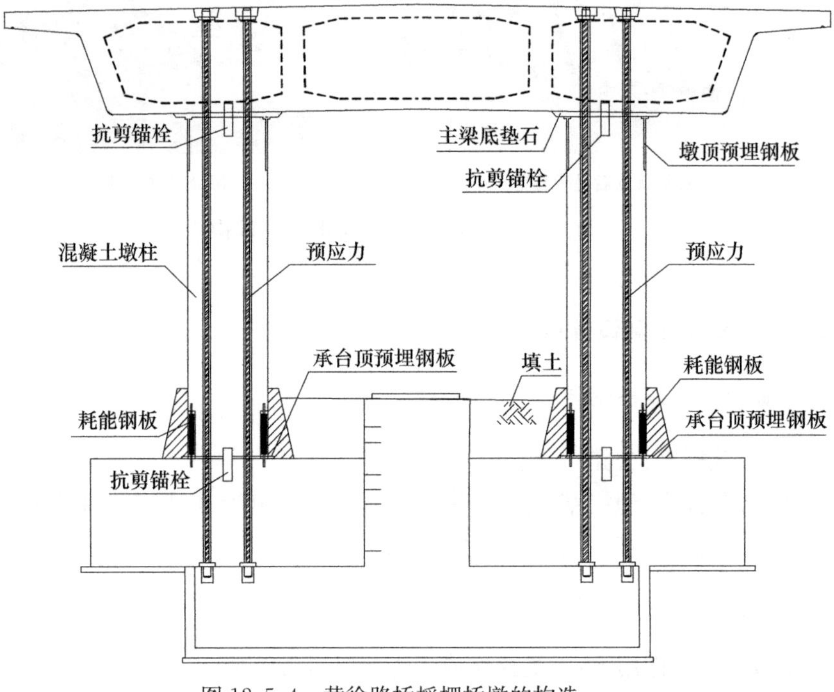

图 12.5.4　黄徐路桥摇摆桥墩的构造

桥台底部设置检查通道，方便施工和后期维护。墩柱内竖向无黏结预应力索采用高强低松弛 $\Phi^{S}15.2$ 环氧喷涂无黏结钢绞线，并将其缠包后外挤聚乙烯树脂(PE)。锚具采用 GJ15-8 挤压索锚具，可以在必要时进行补张拉和更换。索内预埋索力监测装置。耗能装置设有防屈曲构造，可后期更换，其材料表面采用镀锌防腐，安装完毕后采用 C25 低标号混凝土封闭，保证其耐久性。

该桥所受永久作用和可变作用对无支座自复位墩柱设计影响均可参照常规桥墩进行设计，其耗能钢筋和无黏结预应力设计主要由地震作用控制，按照规范要求进行两阶段设计，分别分析 E1 地震和 E2 地震作用下桥梁结构各构件的受力状态。

根据上述设计步骤对该桥进行设计，初步拟定预应力采用 4 孔 $8\times\Phi^{S}15.2$ 的预应力钢绞线，初始张拉控制应力为 1116MPa；耗能钢筋为直径 32mm 的 $35^{\#}$ 钢筋，按照一侧 10 根、一侧 9 根的方式布置。

为了验证设计的合理性和安全性，采用 ABAQUS 有限元程序对全桥进行模拟分析。以采用 El-Centro 地震动记录的工况为例，建立的全桥有限元模型如图 12.5.5所示。

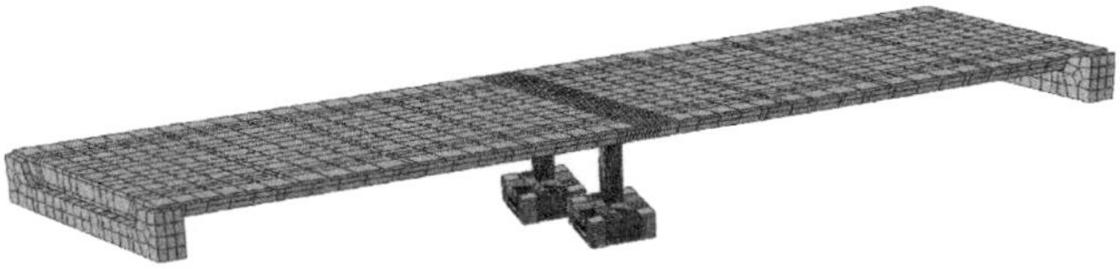

图 12.5.5　黄徐路桥 ABAQUS 有限元模型

桥墩循环加载滞回曲线如图 12.5.6 所示，呈典型的旗帜形，具有滞回环饱满、残余位移小的特点。

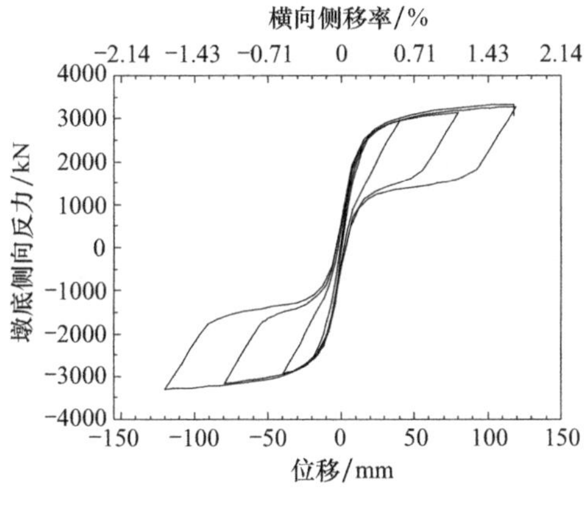

图 12.5.6　桥墩循环加载滞回曲线

E2 地震下桥面最大位移为 147mm，如图 12.5.7 所示，震后的残余位移仅为 1.7mm，可忽略不计。耗能钢筋未出现拉断(依据安全简化原则定义钢筋拉断应变为 0.1)，但其最大应力已明显超过屈服应力，受拉侧耗能钢筋基本均已屈服。无黏结预应力钢束最大应力为 1404MPa，超过正常使用阶段允许值，但未超过预应力钢束屈服点，较为安全。墩底压应力最大值为 153MPa，未超过试验验证计算的局压应力，但为保证墩柱局部压应力满足设计要求，避免桥墩在摇摆过程中因碰撞等造成的混凝土局部损伤和破坏，可在墩底和承台处包钢板并设置限位措施。

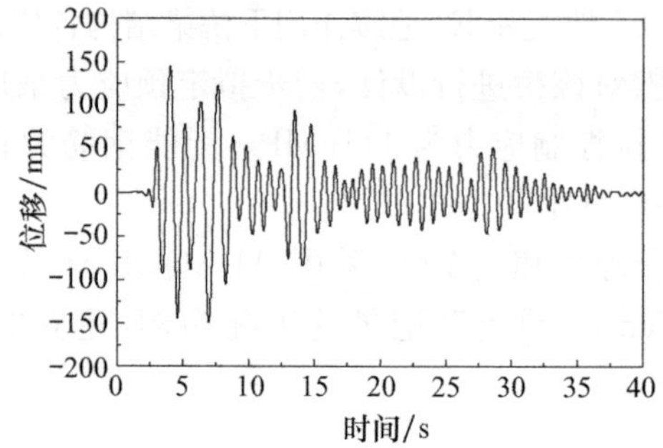

图 12.5.7　E2 地震作用下桥面位移

图 12.5.8 为摇摆桥墩推覆曲线。在 E1 地震作用下，摇摆界面已进入消压状态，但耗能钢筋没有屈服且具有一定的安全储备；在 E2 地震作用下，随着摇摆桥墩刚度折减，地震力增幅变小，有效地实现了减震功能。如果发生耗能钢筋断裂，也会有一定的安全储备，距预应力钢筋屈服还有较大的安全储备，满足设计安全性的需求。

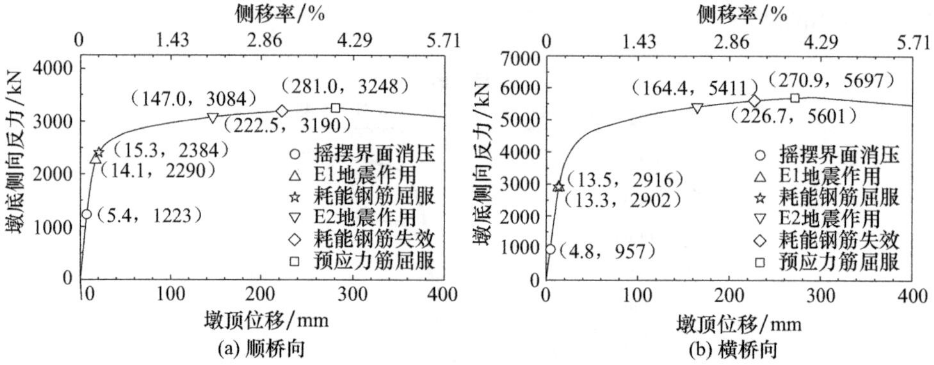

图 12.5.8　摇摆桥墩推覆曲线

12.5.4　施工与监测

黄徐路分离式立交桥为全国首例应用的摇摆体系桥梁，其墩柱构造不同于传统钢筋混凝土墩柱，且构成部件较为复杂，需要根据其受力特点对中墩墩柱、承台、桩基施工进行专门的设计。摇摆桥梁中墩施工顺序如下：

(1) 完成中墩桩基施工后，进行承台底检修井施工。

(2) 进行承台施工，预埋承台顶钢板、预应力钢束预埋管、锚栓和地脚螺栓。

(3) 墩柱施工，设置顶底钢板箍和预应力钢束预埋管，安装墩底限位钢板。

(4) 完成上部结构主梁混凝土浇筑。

(5) 张拉墩柱竖向预应力。

（6）张拉主梁横向预应力、纵向预应力。

（7）完成桥面铺装和附属设施施工。

（8）安装耗能装置。

（9）浇筑墩底二期混凝土。

在施工和后期运营中需要对墩柱中竖向预应力钢索的应力状况进行监测。监测采用压力环检测和磁通量传感器检测双控的方法；每个墩柱中设置四根预应力索，在其中选择两根分别设置压力环和磁通量传感器。桥梁建成通车后六个月内，摇摆桥墩中竖向预应力钢索的预应力损失很小，在设计控制范围内，摇摆桥梁运营状态良好。

参考文献

[1] 中华人民共和国交通运输部. 公路桥梁抗震设计细则(JTG/T B02-01—2008). 北京：人民交通出版社，2008.

[2] 中华人民共和国交通运输部. 城市桥梁抗震设计规范(CJJ 166—2011). 北京：中国建筑工业出版社，2011.

[3] California Department of Transportation. Clatrans Seismic Design Criteria. Version 1. 7. California：California Department of Transportation，2013.

[4] AASHTO. LRFD Bridge Design Specifications. 7th ed. Washington DC：American Association of State Highway and Transportation Officials，2013.

[5] Pampanin S. Emerging solutions for high seismic performance of precast/prestressed concrete buildings. Journal of Advanced Concrete Technology，2005，3(2)：207-223.

[6] Housner G W. The behavior of inverted pendulum structure during earthquakes. Bulletin of the Seismic of America，1963，2(53)：403-417.

[7] Priestley M J N，Evison R J，Carr A J. Seismic response of structures free to rock on their foundations. Bulletin of the New Zealand National Society for Earthquake Engineering，1978，11(3)：141-150.

[8] Tso W K，Wong C M. Steady state rocking response of rigid blocks part 1：Analysis. Earthquake Engineering & Structural Dynamics，1989，18(1)：89-106.

[9] Aslam M，Scalise D T，Godden W G. Earthquake rocking response of rigid bodies. Journal of the Structural Division，1980，106(2)：377-392.

[10] Cheng C T. Energy dissipation in rocking bridge piers under free vibration tests. Earthquake Engineering & Structural Dynamics，2007，36(4)：503-518.

[11] Makris N，Zhang J. Rocking response and overturning of anchored equipment under seismic excitation. Report No. PEER-1999106. Berkeley：University of California，1999.

[12] Pampanin S，Priestley M J N，Sritharan S. Analytical modelling of the seismic behaviour of precast concrete frames designed with ductile connections. Journal of Earthquake Engi-

neering,2001,5(3):329-367.

[13] Wacker J M, Hieber D G, Stanton J F, et al. Design of Precast Concrete Piers for Rapid Bridge Construction in Seismic Regions. State Transportation Center Report,2005.

[14] Blandon C A, Priestley M N. Equivalent viscous damping equations for direct displacement based design. Journal of Earthquake Engineering,2005,9(2):257-278.

[15] 郭佳. 基于性能的新型自复位桥墩抗震理论与试验研究[硕士学位论文]. 北京:清华大学,2012.

[16] 韩强,杨怀茂,贾俊峰,等. 自复位双柱式摇摆桥墩拟静力试验研究报告//城市与工程安全减灾教育部重点实验室研究报告. 北京:北京工业大学,2016.

[17] 韩强,周雨龙,贾振雷,等. 单跨自复位双柱式摇摆桥梁振动台试验研究报告//城市与工程安全减灾教育部重点实验室研究报告. 北京:北京工业大学,2016.

[18] 韩强,贾振雷,贾俊峰,等. 四跨自复位双柱式摇摆桥梁振动台阵试验研究报告//城市与工程安全减灾教育部重点实验室研究报告. 北京:北京工业大学,2017.

[19] Priestley M J N, Seible F, Calvi G M. Seismic Design and Retrofit of Bridges. New York: John Wiley & Sons,1996.

[20] Astaneh-Asl A, Shen J H. Rocking behavior and retrofit of tall bridge piers. Structural Engineering in Natural Hazards Mitigation,1993,(1):121-126.

[21] Dowdell D J, Hamersley B A. Lions' gate bridge north approach: Seismic retrofit. Proceedings of the third International Conference, STESSA 2000, Balkema,2000.

[22] Jones M H, Holloway L J, Toan V, et al. Seismic retrofit of the 1927 Carquinez bridge by a displacement capacity approach. The Second National Seismic Conference on Bridges and Highways, Sacramento,1997.

[23] Ingham T J, Rodriguez S, Nader M N, et al. Seismic retrofit of the golden gate bridge. Proceedings of the National Seismic Conference on Bridges and Highways: Progress in Research and Practice, San Diego,1995.

[24] Cormack L G. The design and construction of the major bridges on the Mangaweka rail deviation. Transactions of the Institution of Professional Engineers New Zealand: Civil Engineering Section,1988,15(1):17-23.

第13章　桥墩地震动水压力分析方法

经济建设的快速发展不仅推动了我国陆地桥梁的建设，也推动了我国跨海、跨江和库区桥梁的建设。深水桥梁与陆地桥梁的一个重要区别在于地震作用下结构与周围水体的动力相互作用不同。在地震作用下，水中结构的运动会引起周围水体的辐射波浪运动，由于水体与结构的相对运动，水会对结构水下部分产生动水压力作用，从而改变结构动力特性、影响结构的动力响应。研究结果表明[1-6]，动水压力作用对深水桥梁结构动力特性和动力响应的影响很明显，会增大桥梁结构在地震中承受的作用力。因此，在深水桥梁的抗震设计中，动水压力的作用不可忽视。目前我国还未制定专门的桥梁抗震规范，仅在《公路工程抗震设计规范》(JTG B02—2013)[7]和《铁路工程抗震设计规范》(GB 50111—2006)[8]中规定了动水压力的近似计算公式。另外，《公路桥梁抗震设计细则》(JTG/T B02-01—2008)[9]中关于桥墩地震动水压力的规定沿用了《公路工程抗震设计规范》的内容。总而言之，我国规范对桥墩地震动水压力计算的规定尚不完善，主要体现在两个方面：一是采用的还是简单的简化计算方法，只对圆形和矩形截面形状桥墩的动水压力计算做了规定；二是仅适用于中等跨度桥梁，不适用于长大跨度的深水桥梁。因此，需要对深水桥梁桥墩的动水压力计算方法进行系统深入的研究。

本章主要介绍深水桥梁桥墩动水压力的计算方法、水与桥梁结构动力分析的时域子结构模型和常见截面形式桥墩动水压力的简化计算公式。

13.1　桥墩动水压力的计算方法

桥墩地震动水压力的计算方法主要有解析法、数值分析法、半解析半数值法以及 Morison 方程法[10]。解析法是先求得结构所受地震动水压力的解析解，然后将其代入结构的振动方程，从而对结构进行地震和动水压力作用的动力响应分析，其计算量小，易于求解，但主要适用于简单规则的结构，如圆形和椭圆形截面桥墩。数值分析法主要是利用有限元法和边界元法等数值方法进行求解，它适用于任意截面和复杂结构，但计算复杂、计算量大。半解析半数值法是动水压力以解析解或半解析解来表示，结构采用数值方法求解。Morison 方程[10,11]是一种半经验半理论公式，最先由 Morison 等于 1950 年提出用于计算小直径柱体的水平波浪力，之后被 Penzien 等发展用于计算地震作用下小直径柱体受到的动水压力，该方程忽略了结构存在对水体运动的影响。本节主要介绍圆形和椭圆形桥墩动水压力的解析解和任意截面桥墩动水压力的数值计算方法[12]。

13.1.1　圆形截面桥墩动水压力的解析解

地震作用下圆形截面桥墩与水体的相互作用分析模型如图 13.1.1 所示,假定地基为刚性,流体为无旋、无黏性。桥墩截面半径和水深分别为 a 和 h,水平向位移为$u(t)$。

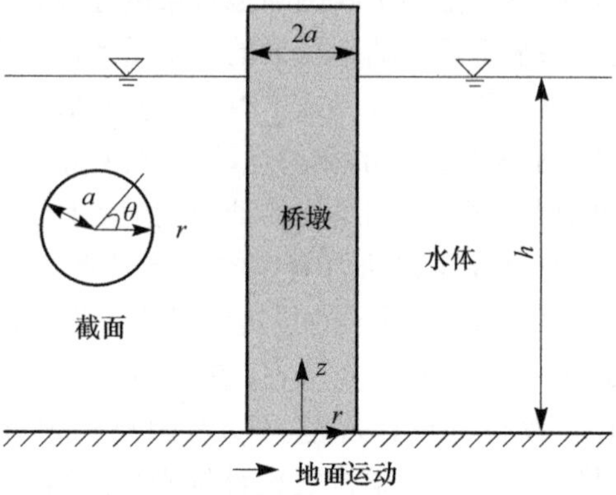

图 13.1.1　圆形截面桥墩与水体的相互作用分析模型

1. 可压缩水体

柱坐标系下,以动水压力 p 表示的可压缩水体控制方程为

$$\frac{\partial^2 p}{\partial r^2}+\frac{1}{r}\frac{\partial p}{\partial r}+\frac{1}{r^2}\frac{\partial^2 p}{\partial \theta^2}+\frac{\partial^2 p}{\partial z^2}=\frac{1}{c^2}\frac{\partial^2 p}{\partial t^2} \tag{13.1.1}$$

式中,c 表示水中声速,当忽略水体压缩性时,$c\to\infty$。

相应的边界条件包括:

$$p=0,\quad z=h \tag{13.1.2}$$

$$\frac{\partial p}{\partial z}=0,\quad z=0 \tag{13.1.3}$$

$$\frac{\partial p}{\partial r}=-\rho\frac{\partial^2 u}{\partial t^2}\cos\theta,\quad r=a \tag{13.1.4}$$

$$p=0,\quad r\to\infty \tag{13.1.5}$$

式中,ρ 表示水体密度。

地面简谐运动时水体的动水压力和桥墩的绝对位移可以表示为

$$p(r,\theta,z,t)=P(r,\theta,z)\mathrm{e}^{\mathrm{i}\omega t} \tag{13.1.6}$$

$$u(z,t)=U\mathrm{e}^{\mathrm{i}\omega t} \tag{13.1.7}$$

式中,ω 为结构的振动频率;U 为频域下结构的位移。

柱坐标系下,$P(r,\theta,z)$可分离变量为

$$P=R(r)\Theta(\theta)Z(z) \tag{13.1.8}$$

将式(13.1.8)代入控制方程(13.1.1)，可得到三个解耦的方程：

$$Z''+\lambda^2 Z=0 \tag{13.1.9}$$

$$\Theta''+n^2\Theta=0 \tag{13.1.10}$$

$$R''+\frac{1}{r}R'+\left(\frac{\omega^2}{c^2}-\lambda^2-\frac{n^2}{r^2}\right)R=0 \tag{13.1.11}$$

根据边界条件(13.1.2)和(13.1.3)，可得到式(13.1.9)的解为

$$Z(z)=d_1\cos(\lambda z) \tag{13.1.12}$$

式中，$\lambda=(j-0.5)\pi/h$；d_1 为待定系数。

利用圆柱墩引起的动水压力分布特点，式(13.1.10)的解为

$$\Theta(\theta)=b_1\cos\theta \tag{13.1.13}$$

式中，b_1 为待定系数。

式(13.1.11)写为贝塞尔方程为

$$r_0^2\frac{\mathrm{d}^2R}{\mathrm{d}r_0^2}+r_0\frac{\mathrm{d}R}{\mathrm{d}r_0}+(r_0^2-n^2)R=0 \tag{13.1.14}$$

式中，$r_0=-\mathrm{i}r\lambda\sqrt{1-(\omega/\lambda c)^2}$。

由 $n=1$ 和辐射边界条件(13.1.5)，可得

$$R(r)=e_1H_1^{(2)}(r_0) \tag{13.1.15}$$

式中，$H_1^{(2)}(x)$为一阶汉克尔函数。

综上，圆柱运动引起动水压力 P 的解为

$$P=\cos\theta\sum_{j=1}^{\infty}C_jH_1^{(2)}(r_0)\cos(\lambda z) \tag{13.1.16}$$

将式(13.1.16)代入边界条件(13.1.4)，并利用水层振型函数 $\cos(\lambda z)$的正交性可得

$$C_j=\frac{2\rho a\omega^2\int_0^h U\cos(\lambda z)\mathrm{d}z}{hr_0H_1^{(2)\prime}(r_0)} \tag{13.1.17}$$

将圆柱简化为一维悬臂梁，则圆柱截面受到的动水压力在频域下为

$$F=-\int_0^{2\pi}Pa\cos\theta\mathrm{d}\theta \tag{13.1.18}$$

将式(13.1.16)代入式(13.1.18)，整理可得

$$F=-\frac{2\rho\pi a^2\omega^2}{h}\sum_{j=1}^{\infty}\frac{H_1^{(2)}(r_0)}{r_0H_1^{(2)\prime}(r_0)}\cos(\lambda z)\int_0^h U\cos(\lambda z)\mathrm{d}z \tag{13.1.19}$$

式中，$H_1^{(2)\prime}(x)=\mathrm{d}H_1^{(2)}(x)/\mathrm{d}x$。

2. 不可压缩水体

柱坐标系下，以动水压力 p 表示的不可压缩水体控制方程为

$$\frac{\partial^2 p}{\partial r^2}+\frac{1}{r}\frac{\partial p}{\partial r}+\frac{1}{r^2}\frac{\partial^2 p}{\partial \theta^2}+\frac{\partial^2 p}{\partial z^2}=0 \tag{13.1.20}$$

根据边界条件式(13.1.2)～式(13.1.5)，可得到式(13.1.20)的解为

$$p=-\sum_{j=1}^{\infty}\frac{2\rho\int_0^h \ddot{u}\cos(\lambda z)\mathrm{d}z}{h\lambda K'(\lambda r)}K(\lambda r)\cos(\lambda z)\cos\theta \tag{13.1.21}$$

式中，$K(x)$为第二类贝塞尔函数，$K'(x)=\mathrm{d}K(x)/\mathrm{d}x$。

将式(13.1.21)代入式(13.1.18)，并整理得到圆柱截面受到的动水压力为

$$f=\frac{2\rho\pi a^2}{h}\sum_{j=1}^{\infty}\cos(\lambda z)\frac{K_1(\lambda a)}{\lambda a K_1'(\lambda a)}\int_0^h \ddot{u}\cos(\lambda z)\mathrm{d}z \tag{13.1.22}$$

13.1.2 椭圆形截面桥墩动水压力的解析解

地震作用下椭圆形截面桥墩与水体相互作用的分析模型如图 13.1.2 所示，a 和 b 分别表示椭圆的半长轴和半短轴。

1. 可压缩水体

直角坐标系下，以动水压力 p 表示的可压缩水体控制方程为

$$\frac{\partial^2 p}{\partial x^2}+\frac{\partial^2 p}{\partial y^2}+\frac{\partial^2 p}{\partial z^2}=\frac{1}{c^2}\frac{\partial^2 p}{\partial t^2} \tag{13.1.23}$$

由于柱体截面呈椭圆形，将式(13.1.23)变换到椭圆坐标系(见图 13.1.3)上。直角坐标系与椭圆坐标系直接的变换关系为

$$x=\mu\cosh\xi\cos\eta \tag{13.1.24}$$

$$y=\mu\sinh\xi\sin\eta \tag{13.1.25}$$

式中，$\mu=\sqrt{a^2-b^2}$；ξ 和 η 分别为椭圆坐标系的径向和环向坐标，取值范围分别为 $0\leqslant\xi<\infty$ 和 $0\leqslant\eta<2\pi$。椭圆形截面的径向坐标为

$$\xi=\xi_0=\arctan\frac{b}{a} \tag{13.1.26}$$

将式(13.1.24)和式(13.1.25)代入式(13.1.23)，可得到椭圆坐标系下水体控制方程为

$$\frac{2}{\mu^2[\cosh(2\xi)-\cos(2\eta)]}\left(\frac{\partial^2 p}{\partial \xi^2}+\frac{\partial^2 p}{\partial \eta^2}\right)+\frac{\partial^2 p}{\partial z^2}=\frac{1}{c^2}\frac{\partial^2 p}{\partial t^2} \tag{13.1.27}$$

水体底部和静水表面边界条件如式(13.1.2)和式(13.1.3)所示，无穷远边界条件为

$$p\Big|_{\xi\to\infty}=0 \tag{13.1.28}$$

地震动沿长轴方向作用时的水体与结构交界面边界条件为

$$\frac{\partial p}{\partial \eta}\Big|_{\eta=0}=0 \tag{13.1.29}$$

$$p\Big|_{\eta=0.5\pi}=0 \tag{13.1.30}$$

$$\frac{\partial p}{\partial \xi}\Big|_{\xi=\xi_0}=-\rho\frac{\partial^2 u}{\partial^2 t}b\cos\eta \tag{13.1.31}$$

地震动沿短轴方向作用时的水体与结构交界面边界条件为

$$\frac{\partial p}{\partial \eta}\Big|_{\eta=0.5\pi}=0 \tag{13.1.32}$$

$$p\Big|_{\eta=0}=0 \tag{13.1.33}$$

$$\frac{\partial p}{\partial \xi}\Big|_{\xi=\xi_0}=-\rho\frac{\partial^2 u}{\partial^2 t}a\sin\eta \tag{13.1.34}$$

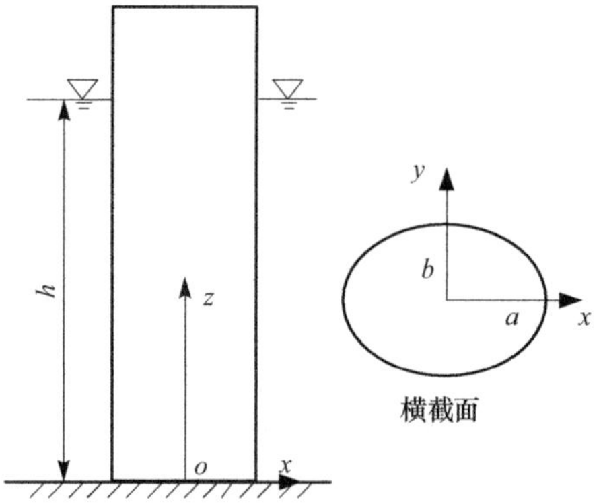

图 13.1.2　椭圆形截面桥墩与水体相互作用的分析模型

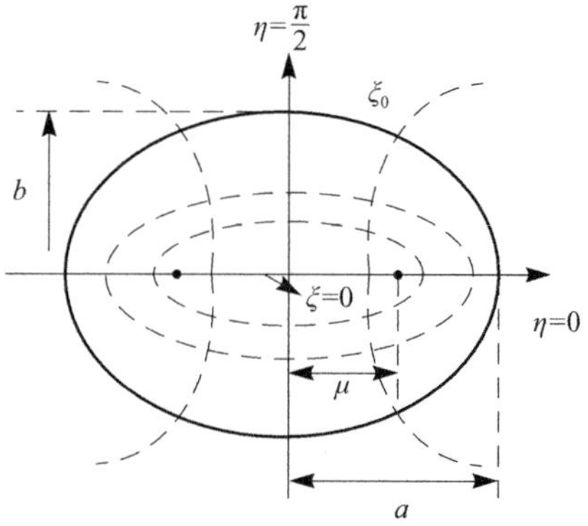

图 13.1.3　椭圆坐标系

地面简谐运动时水体的动水压力可以表示为

$$p(\xi,\eta,z,t)=P(\xi,\eta,z)\mathrm{e}^{\mathrm{i}\omega t} \tag{13.1.35}$$

椭圆柱坐标系下，$P(\xi,\eta,z)$可分离变量为

$$P=R(\xi)G(\eta)Z(z) \tag{13.1.36}$$

将式(13.1.35)代入控制方程(13.1.27)，可得

$$\frac{2}{\mu^2[\cosh(2\xi)-\cos(2\eta)]}\left(\frac{\partial^2 P}{\partial \xi^2}+\frac{\partial^2 P}{\partial \eta^2}\right)+\frac{\partial^2 P}{\partial z^2}+k^2P=0 \tag{13.1.37}$$

式中，$k=\omega/c$。

将式(13.1.36)代入控制方程(13.1.37)，整理得到三个解耦方程：

$$Z''+\lambda^2 Z=0 \tag{13.1.38}$$

$$G''+[a_0-2q\cos(2\eta)]G=0 \tag{13.1.39}$$

$$R''-[a_0-2q\cosh(2\xi)]R=0 \tag{13.1.40}$$

式中，λ 和 a_0 为分离变量常数；q 为无量纲参数。如果 $k>\lambda$，则 $q=\mu^2(k^2-\lambda^2)/4$；如果 $k<\lambda$，则 $q=-q'$，$q'=\mu^2(\lambda^2-k^2)/4$。方程(13.1.38)的解见式(13.1.12)。

方程(13.1.39)为角向马蒂厄方程[13]。第一类角向马蒂厄函数 $ce_n(\eta,q)$ 和

$se_n(\eta,q)$为本节角向马蒂厄方程的解。$ce_n(\eta,q)$和$se_n(\eta,q)$为周期函数，n为偶数时周期为π，n为奇数时周期为2π。

方程(13.1.40)为径向马蒂厄方程[14]。当$q>0$时，整数阶径向马蒂厄方程的完全解为

$$R=\begin{cases}\sum\limits_{n=0}^{\infty}D_n^1He_n^{(1)}(\xi,q)+D_n^2He_n^{(2)}(\xi,q)\\ \sum\limits_{n=0}^{\infty}D_{n+1}^3Ho_{n+1}^{(1)}(\xi,q)+D_{n+1}^4Ho_{n+1}^{(2)}(\xi,q)\end{cases}\tag{13.1.41}$$

式中，D_n^1、D_n^2、D_{n+1}^3和D_{n+1}^4为任意常数；$He_n^{(1)}(\xi,q)$和$Ho_{n+1}^{(1)}(\xi,q)$称为第一类马蒂厄-汉克尔函数，椭圆坐标系中常用来表示向内传播的波；$He_n^{(2)}(\xi,q)$和$Ho_{n+1}^{(2)}(\xi,q)$称为第二类马蒂厄-汉克尔函数，椭圆坐标系中常用来表示向外传播的波。当$q<0$时，整数阶径向马蒂厄方程的完全解为

$$R=\begin{cases}\sum\limits_{n=0}^{\infty}C_n^1Ie_n(\xi,-q')+C_n^2Ke_n(\xi,-q')\\ \sum\limits_{n=0}^{\infty}C_{n+1}^3Io_{n+1}(\xi,-q')+C_{n+1}^4Ko_{n+1}(\xi,-q')\end{cases}\tag{13.1.42}$$

式中，C_n^1、C_n^2、C_{n+1}^3和C_{n+1}^4为任意常数；$Ie_n(\xi,-q')$和$Io_{n+1}(\xi,-q')$称为第一类变形贝塞尔型径向马蒂厄函数，为单调递增函数；$Ke_n(\xi,-q')$和$Ko_{n+1}(\xi,-q')$称为第二类变形贝塞尔型径向马蒂厄函数，为单调递减函数。

1) 地震动沿长轴方向作用

当地震动沿长轴方向时，根据边界条件式(13.1.28)～式(13.1.30)，方程(13.1.37)的解为

$$P=\sum_{j=1}^{s-1}d_jce_1(\eta,q)He_1^{(2)}(\xi,q)\cos(\lambda z)+\sum_{j=s}^{\infty}d_jce_1(\eta,-q')Ke_1(\xi,-q')\cos(\lambda z)\tag{13.1.43}$$

将式(13.1.37)代入边界条件式(13.1.31)，并在区间$z=[0,h]$和$\eta=[0,2\pi]$积分，可得到

$$\int_0^h\int_0^{2\pi}\frac{\partial P}{\partial\xi}\Big|_{\xi=\xi_0}ce_1(\eta,q)\cos(\lambda z)\mathrm{d}\theta\mathrm{d}z=\rho\omega^2b\int_0^hU\cos\lambda\,\mathrm{d}z\int_0^{2\pi}ce_1(\eta,q)\cos\eta\mathrm{d}\theta\tag{13.1.44}$$

由角向马蒂厄函数的正交性以及竖向水层振型函数$\cos(\lambda z)$的正交性可得

$$d_j=\begin{cases}\dfrac{2\rho\omega^2bA_1^{(1)}\int_0^hU\cos(\lambda z)\mathrm{d}z}{hHe_1^{(2)\prime}(\xi_0,q)}, & k\geqslant\lambda\\ \dfrac{2\rho\omega^2bB_1^{(1)}\int_0^hU\cos(\lambda z)\mathrm{d}z}{hKe_1'(\xi_0,-q')}, & k<\lambda\end{cases}\tag{13.1.45}$$

式中，$He_1^{(2)\prime}(\xi,q)$和$Ke_1'(\xi,-q')$分别为函数$He_1^{(2)}(\xi,q)$和$Ke_1(\xi,-q')$的一阶导数。

地震作用沿长轴方向时，椭圆截面柱体表面沿单位高度上的动水压力为

$$F_x(z)=-\int_0^{2\pi}P(\xi_0,\eta,z)b\cos\eta\mathrm{d}\eta \tag{13.1.46}$$

将式(13.1.43)代入式(13.1.46)，整理可得

$$F_x(z)=-\frac{2\rho\pi b^2\omega^2}{h}\sum_{j=1}^{\infty}S_{xj}\cos(\lambda z)\int_0^h U\cos(\lambda z)\mathrm{d}z \tag{13.1.47}$$

$$S_{xj}=\begin{cases}\dfrac{[A_1^{(1)}]^2He_1^{(2)}(\xi_0,q)}{He_1^{(2)\prime}(\xi_0,q)}, & k\geqslant\lambda\\[2ex]\dfrac{[B_1^{(1)}]^2Ke_1(\xi_0,-q')}{Ke_1{}'(\xi_0,-q')}, & k<\lambda\end{cases} \tag{13.1.48}$$

2）地震动沿短轴方向作用

当地震动沿短轴方向时，根据边界条件式(13.1.28)和式(13.1.32)～式(13.1.34)，可求得椭圆截面柱体表面动水压力为

$$P=\sum_{j=1}^{s-1}d_j se_1(\eta,q)Ho_1^{(2)}(\xi,q)\cos(\lambda z)+\sum_{j=s}^{\infty}d_j se_1(\eta,-q')Ko_1(\xi,-q')\cos(\lambda z) \tag{13.1.49}$$

$$d_j=\begin{cases}\dfrac{2\rho\omega^2aB_1^{(1)}\displaystyle\int_0^h U\cos(\lambda z)\mathrm{d}z}{hHo_1^{(2)\prime}(\xi_0,q)}, & k\geqslant\lambda\\[3ex]\dfrac{2\rho\omega^2aA_1^{(1)}\displaystyle\int_0^h U\cos(\lambda z)\mathrm{d}z}{hKo'_1(\xi_0,-q')}, & k<\lambda\end{cases} \tag{13.1.50}$$

式中，$Ho_1^{(2)\prime}(\xi,q)$和$Ko_1'(\xi,-q')$为函数$Ho_1^{(2)}(\xi,q)$和$Ko_1(\xi,-q')$的一阶导数。

地震作用沿短轴方向时，椭圆截面柱体表面沿单位高度上的动水压力为

$$F_y(z)=-\int_0^{2\pi}P(\xi_0,\eta,z)a\sin\eta\mathrm{d}\eta \tag{13.1.51}$$

将式(13.1.49)代入式(13.1.51)，整理可得

$$F_y(z)=-\frac{2\rho\pi a^2\omega^2}{h}\sum_{j=1}^{\infty}S_{yj}\cos(\lambda z)\int_0^h U\cos(\lambda z)\mathrm{d}z \tag{13.1.52}$$

$$S_{yj}=\begin{cases}\dfrac{[B_1^{(1)}]^2Ho_1^{(2)}(\xi_0,q)}{Ho_1^{(2)\prime}(\xi_0,q)}, & k\geqslant\lambda\\[2ex]\dfrac{[A_1^{(1)}]^2Ko_1(\xi_0,-q')}{Ko_1'(\xi_0,-q')}, & k<\lambda\end{cases} \tag{13.1.53}$$

2. 不可压缩水体

在椭圆柱坐标系下，不可压缩水体控制方程可表示为

$$\frac{2}{\mu^2[\cosh(2\xi)-\cos(2\eta)]}\left(\frac{\partial^2 p}{\partial\xi^2}+\frac{\partial^2 p}{\partial\eta^2}\right)+\frac{\partial^2 p}{\partial z^2}=0 \tag{13.1.54}$$

1）地震动沿长轴方向作用

根据边界条件式(13.1.28)～式(13.1.30)，求得椭圆截面柱体表面动水压力为

$$p=\sum_{j=1}^{\infty}d_j ce_1(\eta,-q')Ke_1(\xi,-q')\cos(\lambda z) \tag{13.1.55}$$

式中，$q'=\mu^2\lambda^2/4$。

由水-结构交界面边界条件式(13.1.31)可得

$$d_j=-\frac{2\rho B_1^{(1)}\int_0^h \ddot{u}\cos(\lambda z)\mathrm{d}z}{hKe_1'(\xi_0,-q')} \tag{13.1.56}$$

将式(13.1.55)代入式(13.1.46)，整理可得

$$f_x(z)=\frac{2\rho\pi b^2}{h}\sum_{j=1}^{\infty}\frac{[B_1^{(1)}]^2Ke_1(\xi_0,-q')}{Ke_1'(\xi_0,-q')}\cos(\lambda z)\int_0^h u\cos(\lambda z)\mathrm{d}z \tag{13.1.57}$$

2）地震动沿短轴方向作用

根据边界条件式(13.1.28)和式(13.1.32)～式(13.1.33)，可求得椭圆截面柱体表面动水压力为

$$p=\sum_{j=1}^{\infty}d_j se_1(\eta,-q')Ko_1(\xi,-q')\cos(\lambda z) \tag{13.1.58}$$

由水-结构交界面边界条件式(13.1.34)可得

$$d_j=-\frac{2\rho A_1^{(1)}\int_0^h \ddot{u}\cos(\lambda z)\mathrm{d}z}{hKe_1'(\xi_0,-q')} \tag{13.1.59}$$

将式(13.1.58)代入式(13.1.51)，整理可得

$$f_y(z)=\frac{2\rho\pi a^2}{h}\sum_{j=1}^{\infty}\frac{[A_1^{(1)}]^2Ko_1(\xi_0,-q')}{Ko_1'(\xi_0,-q')}\cos(\lambda z)\int_0^h u\cos(\lambda z)\mathrm{d}z \tag{13.1.60}$$

13.1.3　任意截面桥墩动水压力的数值计算方法

地震作用下任意截面桥墩与水体相互作用的分析模型如图13.1.4所示，地面运动沿 x 轴方向。根据水体底部和静水表面边界条件式(13.1.2)和式(13.1.3)，动水压力 $p(x,y,z,t)$ 可以表示为

$$p(x,y,z,t)=\sum_{j=1}^{\infty}P_j(x,y)\cos(\lambda z)\mathrm{e}^{\mathrm{i}\omega t} \tag{13.1.61}$$

水体与结构交界面边界条件为

$$\frac{\partial p}{\partial \boldsymbol{n}}=-\rho\frac{\partial^2 u}{\partial t^2}\cos\alpha \tag{13.1.62}$$

式中，$\boldsymbol{n}$ 为柱体表面任意点的单位外法线向量；α 为 $\boldsymbol{n}$ 与 x 轴方向的夹角。

任意截面桥墩动水压力 $P_j(x,y)$ 可通过有限元方法求解，无限域水体采用圆形精确人工边界条件模拟，矩形截面分析模型如图 13.1.5 所示。

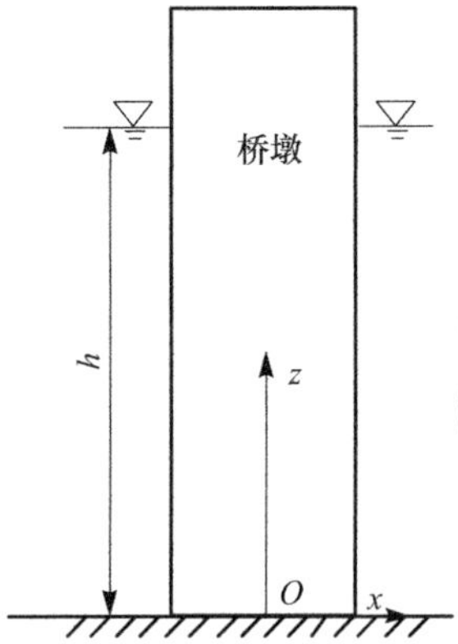

图 13.1.4　任意截面桥墩与水体相互作用的分析模型

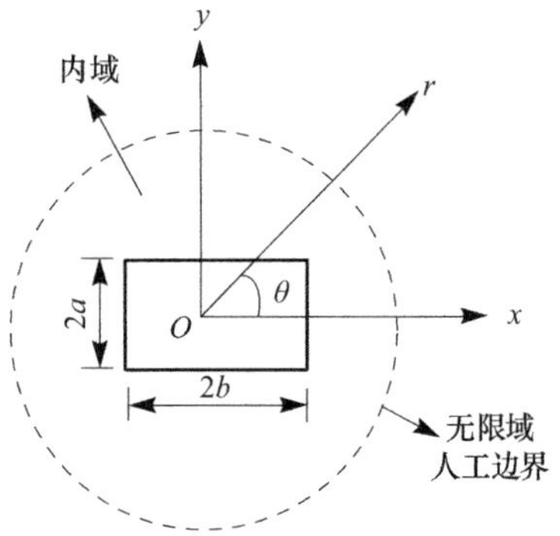

图 13.1.5　矩形截面

1. 可压缩水体

直角坐标系下，可压缩水体控制方程如式(13.1.1)所示。将式(13.1.61)代入式(13.1.1)和式(13.1.62)，整理可得

$$\frac{\partial^2 P_j}{\partial x^2}+\frac{\partial^2 P_j}{\partial y^2}+k_0^2 P_j=0 \tag{13.1.63}$$

$$\frac{\partial P_j}{\partial n}=G_j\cos\alpha \tag{13.1.64}$$

式中，$k_0=\sqrt{(\omega/c)^2-\lambda^2}$；$G_j=\rho\omega^2 U_j$，$U_j$ 的表达式为

$$U_j=\frac{2}{h}\int_0^h U\cos(\lambda z)\mathrm{d}z \tag{13.1.65}$$

1) 内域有限元方程

式(13.1.63)的等效积分弱形式为

$$\iint\left(\frac{\partial\widetilde{P}_j}{\partial x}\frac{\partial P_j}{\partial x}+\frac{\partial\widetilde{P}_j}{\partial y}\frac{\partial P_j}{\partial y}-k_0^2\widetilde{P}_j P_j\right)\mathrm{d}V=\int\widetilde{P}_j\frac{\partial P_j}{\partial n}\mathrm{d}L \tag{13.1.66}$$

单元节点动水压力差值为

$$P_{j,\mathrm{e}}(x,y)=\boldsymbol{N}_\mathrm{e}(x,y)\boldsymbol{P}_{j,\mathrm{e}} \tag{13.1.67}$$

式中，下标 e 表示单元；$\boldsymbol{P}_{j,\mathrm{e}}$ 为单元节点动水压力列向量；$\boldsymbol{N}_\mathrm{e}(x,y)$ 为单元形函数行向量。

将式(13.1.66)代入式(13.1.67)，可得单元节点动水压力的有限元方程为

$$(\boldsymbol{K}_\mathrm{e}-k_0^2\boldsymbol{M}_\mathrm{e})\boldsymbol{P}_{j,\mathrm{e}}=\boldsymbol{F}_{j,\mathrm{e}} \tag{13.1.68}$$

式中，单元质量矩阵、单元刚度矩阵和单元荷载列向量分别为

$$\boldsymbol{M}_{\mathrm{e}}=\iint \boldsymbol{N}_{\mathrm{e}}^{\mathrm{T}}(x,y)\boldsymbol{N}_{\mathrm{e}}(x,y)\mathrm{d}V_{\mathrm{e}} \tag{13.1.69a}$$

$$\boldsymbol{K}_{\mathrm{e}}=\iint\left(\frac{\partial \boldsymbol{N}_{\mathrm{e}}^{\mathrm{T}}(x,y)}{\partial x}\frac{\partial \boldsymbol{N}_{\mathrm{e}}(x,y)}{\partial x}+\frac{\partial \boldsymbol{N}_{\mathrm{e}}^{\mathrm{T}}(x,y)}{\partial y}\frac{\partial \boldsymbol{N}_{\mathrm{e}}(x,y)}{\partial y}\right)\mathrm{d}V_{\mathrm{e}} \tag{13.1.69b}$$

$$\boldsymbol{F}_{j,\mathrm{e}}=\int \boldsymbol{N}_{\mathrm{e}}^{\mathrm{T}}(x,y)\frac{\partial P_{j,\mathrm{e}}}{\partial n}\mathrm{d}L_{\mathrm{e}} \tag{13.1.69c}$$

2）无限域水体动力刚度

通过分离变量可得到圆形人工边界条件的解析解为

$$r\frac{\partial P_j}{\partial r}=\sum_{i=1}^{\infty}\frac{\partial P_{j,i}}{\partial r}T_i(\theta) \tag{13.1.70}$$

$$\frac{\partial P_{j,i}}{\partial r}=-S_i(r_0)P_{j,i} \tag{13.1.71}$$

$$S_i(r_0)=-r_0\frac{H_n^{(2)\prime}(r_0)}{H_n^{(2)}(r_0)} \tag{13.1.72}$$

$$P_{j,i}=\frac{\delta_i}{2\pi}\int_0^{2\pi}P_jT_i(\theta)\mathrm{d}\theta,\quad \delta_i=\begin{cases}1, & i=1\\ 2, & i=2,3,\cdots\end{cases} \tag{13.1.73}$$

$$\boldsymbol{\Phi}(\theta)=\{T_i(\theta)\}=\{1,\sin\theta,\cos\theta,\cdots,\sin(n\theta),\cos(n\theta),\cdots\},\quad i=1,2,3,\cdots \tag{13.1.74}$$

式中，$n=[i/2]$，[ ]表示取整数。

3）整体有限元方程

内域有限元弱形式右端项为

$$\boldsymbol{F}_{\mathrm{B}}=\int_0^{2\pi}\widetilde{P}_jR_{\mathrm{a}}\frac{\partial P_j}{\partial r}\mathrm{d}\theta \tag{13.1.75}$$

式中，R_{a} 为人工边界处水体的半径。

$T_i(\theta)$、P_j 和 $\widetilde{P}_j$ 用相同形函数离散，即

$$P_j=\boldsymbol{N}\boldsymbol{P}_j \tag{13.1.76}$$

$$T_i(\theta)=\boldsymbol{N}\boldsymbol{T}_l \tag{13.1.77}$$

$$\widetilde{P}_j=\boldsymbol{N}\widetilde{\boldsymbol{P}}_j \tag{13.1.78}$$

式中，$\boldsymbol{N}$ 为边界形函数向量。

将式(13.1.76)和式(13.1.77)代入式(13.1.73)，可得

$$P_{j,i}=\frac{\delta_l}{2\pi}\boldsymbol{T}_i^{\mathrm{T}}\boldsymbol{W}\boldsymbol{p} \tag{13.1.79}$$

$$\boldsymbol{W}=\int_0^{2\pi}\boldsymbol{N}^{\mathrm{T}}\boldsymbol{N}\mathrm{d}\theta \tag{13.1.80}$$

将式(13.1.79)、式(13.1.80)代入式(13.1.75)，整理可得

$$\boldsymbol{F}_{\mathrm{B}}=-(\boldsymbol{S}_{\mathrm{B}}^{\infty}\boldsymbol{p}) \tag{13.1.81}$$

$$\boldsymbol{S}_{\mathrm{B}}^{\infty}=\boldsymbol{W}\left(\sum_{i=1}^{\infty}\boldsymbol{T}_i\boldsymbol{T}_i^{\mathrm{T}}S_i\ \frac{\delta_i}{2\pi}\right)\boldsymbol{W} \tag{13.1.82}$$

内域有限元方程可以写为按边界点 B 和内点 I 的分块形式，即

$$\begin{bmatrix}\boldsymbol{S}_{\mathrm{I}} & \boldsymbol{S}_{\mathrm{IB}}\\ \boldsymbol{S}_{\mathrm{BI}} & \boldsymbol{S}_{\mathrm{B}}+\boldsymbol{S}_{\mathrm{B}}^{\infty}\end{bmatrix}\begin{bmatrix}\boldsymbol{P}_{j,\mathrm{I}}\\ \boldsymbol{P}_{j,\mathrm{B}}\end{bmatrix}=\begin{bmatrix}\boldsymbol{F}_{\mathrm{I}}\\ \boldsymbol{F}_{\mathrm{B}}\end{bmatrix} \tag{13.1.83}$$

式中，总刚度矩阵 $\boldsymbol{S}=(\boldsymbol{K}-k_0^2\boldsymbol{M})$ 分块为 $\boldsymbol{S}_{\mathrm{I}}$、$\boldsymbol{S}_{\mathrm{IB}}$、$\boldsymbol{S}_{\mathrm{BI}}$ 和 $\boldsymbol{S}_{\mathrm{B}}$。

2. 不可压缩水体

在直角坐标系 (x,y,z) 下，不可压缩水体控制方程为

$$\frac{\partial^2 p}{\partial x^2}+\frac{\partial^2 p}{\partial y^2}+\frac{\partial^2 p}{\partial z^2}=0 \tag{13.1.84}$$

将式(13.1.61)代入式(13.1.84)，整理可得

$$\frac{\partial^2 P_j}{\partial x^2}+\frac{\partial^2 P_j}{\partial y^2}-\lambda^2 P_j=0 \tag{13.1.85}$$

参照水体可压缩水体的有限元方法，整个水域动水压力场的有限元方程可以写为

$$\begin{bmatrix}\boldsymbol{S}_{\mathrm{I}} & \boldsymbol{S}_{\mathrm{IB}}\\ \boldsymbol{S}_{\mathrm{BI}} & \boldsymbol{S}_{\mathrm{B}}+\boldsymbol{S}_{\mathrm{B}}^{\infty}\end{bmatrix}\begin{bmatrix}\boldsymbol{P}_{j,\mathrm{I}}\\ \boldsymbol{P}_{j,\mathrm{B}}\end{bmatrix}=\begin{bmatrix}\boldsymbol{F}_{\mathrm{I}}\\ \boldsymbol{F}_{\mathrm{B}}\end{bmatrix} \tag{13.1.86}$$

式中，内域水体刚度矩阵 $\boldsymbol{S}=(\boldsymbol{K}+\lambda^2\boldsymbol{M})$。$\boldsymbol{S}_{\mathrm{B}}^{\infty}$ 为无限域水体动力刚度矩阵，表达式为

$$\boldsymbol{S}_{\mathrm{B}}^{\infty}=\boldsymbol{W}\left(\sum_{i=1}^{\infty}\boldsymbol{T}_i\boldsymbol{T}_i^{\mathrm{T}}S_i\ \frac{\delta_i}{2\pi}\right)\boldsymbol{W} \tag{13.1.87}$$

$$S_i=-\frac{R_0\lambda K_n'(R_0\lambda)}{K_n(R_0\lambda)} \tag{13.1.88}$$

13.2　桥墩-水相互作用的时域子结构模型

地震作用下桥墩与水体动力相互作用的时域子结构分析方法的思路是，建立水体的等效模型，用其代替水体与结构相连；确定地震荷载，将其作用于结构进行结构动力反应分析。时域子结构分析方法可考虑结构的非线性。本节基于桥墩动水压力的解析解或数值解，建立桥墩位移和动水压力之间的动力刚度关系；对于可压缩水体，应用时间卷积快速计算方法[15]获得高精度时域模型；对于不可压缩水体，提出动水压力的附加质量模型。

13.2.1　圆形截面桥墩可压缩水体动水压力的高精度时域模型

1. 动力刚度关系

将圆形桥墩动水压力公式(13.1.19)重写为如下动力刚度关系：

$$F=\sum_{m=1}^{\infty}F_m\phi_m \tag{13.2.1}$$

$$F_m=-SU_m \tag{13.2.2}$$

$$U_m=\frac{2}{h}\int_0^h U\phi_m \mathrm{d}z \tag{13.2.3}$$

$$S=\frac{\pi\rho c^2\lambda_m^2 a^2\overline{\omega}^2 H_1^{(2)}(-\mathrm{i}\lambda_m a\sqrt{1-\overline{\omega}^2})}{(-\mathrm{i}\lambda_m a\sqrt{1-\overline{\omega}^2})H_1^{(2)\prime}(-\mathrm{i}\lambda_m a\sqrt{1-\overline{\omega}^2})} \tag{13.2.4}$$

$$\phi_m=\cos(\lambda_m z) \tag{13.2.5}$$

$$\overline{\omega}=\frac{\omega}{\lambda_m c} \tag{13.2.6}$$

$$\lambda_m=\frac{(2m-1)\pi}{2h} \tag{13.2.7}$$

2. 时间局部化

在频域内建立模态动力刚度系数的有理函数近似式，将动力系统线性化。式(13.2.4)可表示为如下有理函数近似式：

$$S\approx\widetilde{S}=\pi\rho c^2\,\frac{p_0+p_1(\mathrm{i}\overline{\omega})+\cdots+p_{N+1}(\mathrm{i}\overline{\omega})^{N+1}}{q_0+q_1(\mathrm{i}\overline{\omega})+\cdots+q_N\,(\mathrm{i}\overline{\omega})^N} \tag{13.2.8}$$

式中，N 表示有理函数的阶数，阶数越高，精度也越高；$p_n(n=0,\cdots,N+1)$和 $q_n(n=0,\cdots,N)$为待定的实常数。

有理函数的稳定性条件是有理函数的全部极点和零点具有负实部，可表示为

$$\mathrm{Re}(s_j)<0,\quad j=1,2,\cdots,N+1 \tag{13.2.9}$$

$$\mathrm{Re}(\hat{s}_j)<0,\quad j=1,2,\cdots,N \tag{13.2.10}$$

式中，s_j 表示有理函数的极点；$\hat{s}_j$ 表示有理函数的零点；Re 表示复数的实部。

为了计算有理函数的实常数，将感兴趣的频率区间进行离散，通过最小二乘拟合构建非线性优化问题，并且采用罚函数方法将稳定性约束条件强加入目标函数，形成如下优化问题：

$$\min_{p_n,q_n}\left[\sum_{l=1}^{L}|\widetilde{S}(\overline{\omega}_l)-S(\overline{\omega}_l)|^2+\sum_{j=1}^{N+1}P_jH(\mathrm{Re}(s_j))+\sum_{j=1}^{N}Q_jH(\mathrm{Re}(\hat{s}_j))\right] \tag{13.2.11}$$

式中，L 为离散频率点的数量；$\overline{\omega}_l$ 为 $\overline{\omega}$ 的第 l 个频率点；| |表示复数的模；$H(y)$为海维赛德函数，当 $y<0$ 时，$H(y)=0$，当 $y\geqslant0$ 时，$H(y)=1$；P_j 和 Q_j 分别为零点和极点的正实数罚因子，取充分大数值时可以排除不满足稳定条件的解。采用遗传算法结合 Nelder-Mead 单纯形法求解式(13.2.11)的非线性优化问题，通过 MATLAB 软件编程实现。

由式(13.2.4)可以看出，精确动力刚度系数与圆柱几何尺寸 a/h 和模态阶数

m 相关。因此,直接对式(13.2.4)进行有理函数近似需要进行多次识别,即对不同的 a/h 值和其前 m 阶模态都要进行有理函数近似。并且,数值计算表明,有理函数需要比较高的阶数才能使精确动力刚度系数[式(13.2.8)]达到较高的精度。有理函数近似阶数增加,所需要的求解时间是几何增长的。

本节提出的一种有效的方法可以避免以上问题。将动力刚度系数式(13.2.4)重写为

$$S=-\frac{\pi\rho c^2 b^2\overline{\omega}^2}{S_2} \tag{13.2.12}$$

$$S_2=-\frac{yH_1^{(2)\prime}(y)}{H_1^{(2)}(y)} \tag{13.2.13}$$

$$y=-\mathrm{i}\lambda_m a S_1 \tag{13.2.14}$$

$$S_1=\sqrt{1-x^2} \tag{13.2.15}$$

$$x=\overline{\omega} \tag{13.2.16}$$

需要指出的是,S_1 和 S_2 分别为文献[15]的外域模型和文献[16]的波导模型问题的动力刚度系数。S_1 和 S_2 可以近似表示为如下有理函数:

$$S_1\approx\frac{p_0^{(1)}+p_1^{(1)}(\mathrm{i}x)+\cdots+p_{N_1+1}^{(1)}(\mathrm{i}x)^{N_1+1}}{q_0^{(1)}+q_1^{(1)}(\mathrm{i}x)+\cdots+q_{N_1}^{(1)}(\mathrm{i}x)^{N_1}} \tag{13.2.17}$$

$$S_2\approx\frac{p_0^{(2)}+p_1^{(2)}(\mathrm{i}y)+\cdots+p_{N_2+1}^{(2)}(\mathrm{i}y)^{N_2+1}}{q_0^{(2)}+q_1^{(2)}(\mathrm{i}y)+\cdots+q_{N_2}^{(2)}(\mathrm{i}y)^{N_2}} \tag{13.2.18}$$

式中,N_1 和 N_2 为有理函数的阶数;$p_0^{(1)}=q_0^{(1)}=1$,$p_{N_2+1}^{(1)}=q_{N_2}^{(1)}$,$p_0^{(2)}=q_0^{(2)}=1$,$p_{N_2+1}^{(2)}=q_{N_2}^{(2)}$;$N_1=5$ 时 $p_n^{(1)}$、$q_n^{(1)}$ 值见表 13.2.1,$N_2=3$ 时 $p_n^{(2)}$ 和 $q_n^{(2)}$ 值见表 13.2.2。

表 13.2.1　$N_1=5$ 时动力刚度系数 S_1 的有理函数近似值

p	数值	q	数值
$p_1^{(1)}$	2.2154653	$q_1^{(1)}$	2.2454789
$p_2^{(1)}$	4.1200781	$q_2^{(1)}$	3.5166000
$p_3^{(1)}$	4.6689702	$q_3^{(1)}$	3.8200977
$p_4^{(1)}$	4.5454584	$q_4^{(1)}$	2.4425584
$p_5^{(1)}$	2.4388548	$q_5^{(1)}$	1.4197931

表 13.2.2　$N_2=3$ 时动力刚度系数 S_2 的有理函数近似

p	数值	q	数值
$p_1^{(2)}$	7.5103362	$q_1^{(2)}$	7.4556862
$p_2^{(2)}$	16.066732	$q_2^{(2)}$	12.964489
$p_3^{(2)}$	15.815356	$q_3^{(2)}$	5.6996677

当 m 和 a/h 取不同值时,对应动力刚度系数 S 的有理函数近似可通过式(13.2.12)~式(13.2.16)获得,有理函数的阶数 $N=N_1N_2+N_1+N_2$。相应地,有理函数的系数可通过软件 MATLAB 符号运算得到。

有理函数式(13.2.8)替代动力刚度系数式(13.2.4)后,通过引入辅助变量对时间高阶线性系统进行等价降阶变换,式(13.2.8)转换为如图13.2.1所示的弹簧-阻尼-质量集中参数模型。该模型的动力方程可表示为

$$\boldsymbol{M}_m\ddot{\boldsymbol{u}}_m+\boldsymbol{C}_m\dot{\boldsymbol{u}}_m+\boldsymbol{K}_m\boldsymbol{u}_m+\boldsymbol{f}_m=0 \tag{13.2.19}$$

式中

$$\boldsymbol{u}_m=[u_m \quad u_{m,1} \quad \cdots \quad u_{m,N}]^{\mathrm{T}} \tag{13.2.20}$$

$$\boldsymbol{f}_m=[f_m \quad 0 \quad \cdots \quad 0]^{\mathrm{T}} \tag{13.2.21}$$

$$\boldsymbol{M}_m=\begin{bmatrix} 0 & 0 & 0 & \cdots & 0 & 0 \\ 0 & M_{m,1} & 0 & \cdots & 0 & 0 \\ 0 & 0 & M_{m,2} & \cdots & 0 & 0 \\ \vdots & \vdots & \vdots & & \vdots & \vdots \\ 0 & 0 & 0 & \cdots & M_{m,N-1} & 0 \\ 0 & 0 & 0 & \cdots & 0 & M_{m,N} \end{bmatrix} \tag{13.2.22a}$$

$$\boldsymbol{C}_m=\begin{bmatrix} C_{m,0}+C_{m,1} & -C_{m,1} & 0 & \cdots & 0 & 0 \\ -C_{m,1} & C_{m,1}+C_{m,2} & -C_{m,2} & \cdots & 0 & 0 \\ 0 & -C_{m,2} & C_{m,2}+C_{m,3} & \cdots & 0 & 0 \\ \vdots & \vdots & \vdots & & \vdots & \vdots \\ 0 & 0 & 0 & \cdots & C_{m,N-1}+C_{m,N} & -C_{m,N} \\ 0 & 0 & 0 & \cdots & -C_{m,N} & C_{m,N} \end{bmatrix} \tag{13.2.22b}$$

$$\boldsymbol{K}_m=\begin{bmatrix} K_{m,0} & 0 & 0 & \cdots & 0 & 0 \\ 0 & 0 & 0 & \cdots & 0 & 0 \\ 0 & 0 & 0 & \cdots & 0 & 0 \\ \vdots & \vdots & \vdots & & \vdots & \vdots \\ 0 & 0 & 0 & \cdots & 0 & 0 \\ 0 & 0 & 0 & \cdots & 0 & 0 \end{bmatrix} \tag{13.2.22c}$$

式中,$u_m(t)$和$f_m(t)$为$U_m(\omega)$和$F_m(\omega)$的时域值;$u_{m,n}(t)$为对应于弹簧-阻尼-质量模型中辅助自由度的辅助变量,$K_{m,0}$、$C_{m,n}$和$M_{m,n}$为待定的实常数(正负都可),$n=1,2,\cdots,N$。其中,弹簧、阻尼和质量参数可分别按如下公式计算:

$$K_{m,0}=\pi\rho c^2 k_{m,0} \tag{13.2.23a}$$

$$C_{m,n}=\frac{\pi\rho c}{\lambda_m}c_{m,n}, \quad n=0,1,\cdots,N \tag{13.2.23b}$$

$$M_{m,n}=\frac{\rho}{\lambda_m^2}m_{m,n}, \quad n=1,2,\cdots,N \tag{13.2.23c}$$

式中，$k_{m,0}$、$c_{m,n}$ 和 $m_{m,n}$ 分别为相应于无量纲频率 $\bar{\omega}$ 的无量纲弹簧、阻尼和质量参数。弹簧-阻尼-质量模型的动力刚度系数为一连分式；有理函数近似可以通过反复应用多项式除法展开为连分式。因此，通过两个模型连分式的比较可以得到无量纲弹簧、阻尼和质量常数。计算程序是在 MATLAB 中编程实现的。

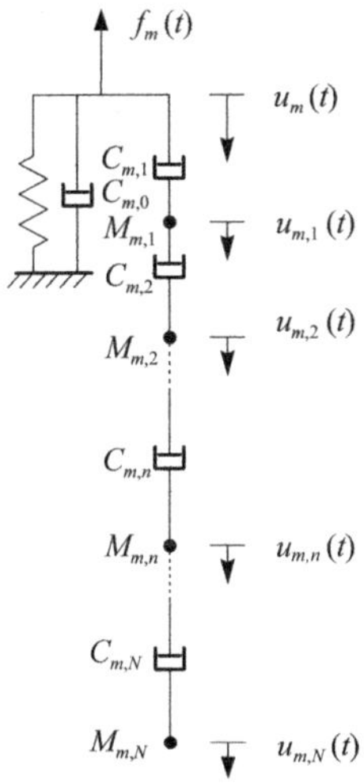

图 13.2.1　弹簧-阻尼-质量集中参数模型

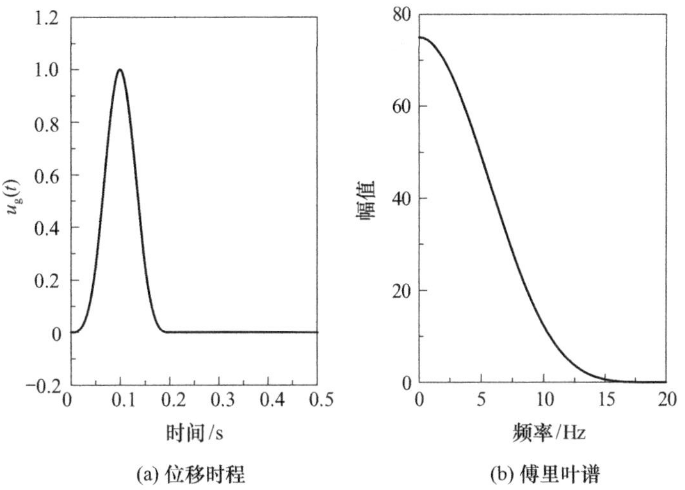

图 13.2.2　桥墩地面位移时程和傅里叶谱

3. 有限元公式

柔性圆柱与水体相互作用系统，采用有限元离散后可表示为如下有限元方程，其中，圆柱的位移向量 $\boldsymbol{u}(t)$ 分为水中部分 $\boldsymbol{u}_{\mathrm{B}}$ 和无水部分 $\boldsymbol{u}_{\mathrm{I}}$，即

$$\begin{bmatrix}\boldsymbol{M}_{\mathrm{I}} & 0\\ 0 & \boldsymbol{M}_{\mathrm{B}}\end{bmatrix}\begin{bmatrix}\ddot{\boldsymbol{u}}_{\mathrm{I}}\\ \ddot{\boldsymbol{u}}_{\mathrm{B}}\end{bmatrix}+\begin{bmatrix}\boldsymbol{C}_{\mathrm{I}} & \boldsymbol{C}_{\mathrm{IB}}\\ \boldsymbol{C}_{\mathrm{BI}} & \boldsymbol{C}_{\mathrm{B}}\end{bmatrix}\begin{bmatrix}\dot{\boldsymbol{u}}_{\mathrm{I}}\\ \dot{\boldsymbol{u}}_{\mathrm{B}}\end{bmatrix}+\begin{bmatrix}\boldsymbol{K}_{\mathrm{I}} & \boldsymbol{K}_{\mathrm{IB}}\\ \boldsymbol{K}_{\mathrm{BI}} & \boldsymbol{K}_{\mathrm{B}}\end{bmatrix}\begin{bmatrix}\boldsymbol{u}_{\mathrm{I}}\\ \boldsymbol{u}_{\mathrm{B}}\end{bmatrix}=\begin{bmatrix}0\\ \boldsymbol{f}_{\mathrm{B}}\end{bmatrix} \tag{13.2.24}$$

式中，下标 I 表示与圆柱无水节点相关，下标 B 表示与圆柱水下节点相关；$\boldsymbol{M}$、$\boldsymbol{C}$ 和 $\boldsymbol{K}$ 分别为圆柱的集中质量矩阵、阻尼矩阵和刚度矩阵；动水压力向量 $\boldsymbol{f}_{\mathrm{B}}(t)$ 为

$$\boldsymbol{f}_{\mathrm{B}}=\int_0^h \boldsymbol{N}^{\mathrm{T}} f\mathrm{d}z \tag{13.2.25}$$

式中，f 为频域动水压力 F 的时域形式；$\boldsymbol{N}^{\mathrm{T}}$ 为全局形函数向量，上标 T 表示矩阵的转置。水体的模态取前 M 阶，有限元离散后有

$$\boldsymbol{f}_{\mathrm{B}}(t)=-\left[\boldsymbol{C}_{\mathrm{B}}^{\infty}\dot{\boldsymbol{u}}_{\mathrm{B}}(t)+\boldsymbol{K}_{\mathrm{B}}^{\infty}\boldsymbol{u}_{\mathrm{B}}(t)+\sum_{m=1}^{M}(\boldsymbol{C}_{\mathrm{B}m}^{\infty}\dot{\boldsymbol{u}}_m(t))\right] \tag{13.2.26}$$

式中

$$\boldsymbol{C}_{\mathrm{B}}^{\infty}=\frac{2}{h}\boldsymbol{W}\sum_{m=1}^{M}\left[(C_{m,0}+C_{m,1})\boldsymbol{\Phi}_m\boldsymbol{\Phi}_m^{\mathrm{T}}\right]\boldsymbol{W} \tag{13.2.27a}$$

$$\boldsymbol{C}_{\mathrm{B}m}^{\infty}=-C_{m,1}\boldsymbol{W}\boldsymbol{I}_{m} \tag{13.2.27b}$$

$$\boldsymbol{K}_{\mathrm{B}}^{\infty}=\frac{2}{h}\boldsymbol{W}\sum_{m=1}^{M}(K_{m,0}\boldsymbol{\Phi}_{m}\boldsymbol{\Phi}_{m}^{\mathrm{T}})\boldsymbol{W} \tag{13.2.27c}$$

$$\boldsymbol{W}=\int_{0}^{h}\boldsymbol{N}^{\mathrm{T}}(z)\boldsymbol{N}(z)\mathrm{d}z \tag{13.2.28}$$

式中，$m=1,2,\cdots,M$；$\boldsymbol{I}_m$ 中除第一列为 $\boldsymbol{\Phi}_m$，其余列均为 $\mathbf{0}$ 向量；$\boldsymbol{C}_{\mathrm{B}}^{\infty}$ 和 $\boldsymbol{K}_{\mathrm{B}}^{\infty}$ 为对称的满阵；$\boldsymbol{\Phi}_m$ 为圆柱水下节点的 m 阶水层振型函数向量；$\boldsymbol{u}_{\mathrm{B}}(t)$为圆柱节点向量。

将式(13.2.19)、式(13.2.26)和式(13.2.24)联立后，可得到圆柱与水体相互作用系统的有限元方程为

$$\boldsymbol{M}\ddot{\boldsymbol{u}}+\boldsymbol{C}\dot{\boldsymbol{u}}+\boldsymbol{K}\boldsymbol{u}=\mathbf{0} \tag{13.2.29}$$

其中

$$\boldsymbol{u}=[\boldsymbol{u}_{\mathrm{I}}^{\mathrm{T}}\quad \boldsymbol{u}_{\mathrm{B}}^{\mathrm{T}}\quad \boldsymbol{u}_{1}^{\infty\mathrm{T}}\quad \boldsymbol{u}_{2}^{\infty\mathrm{T}}\quad \cdots\quad \boldsymbol{u}_{M}^{\infty\mathrm{T}}]^{\mathrm{T}} \tag{13.2.30}$$

$$\boldsymbol{u}_{m}^{\infty}=[u_{m,1}\quad u_{m,2}\quad \cdots\quad u_{m,N}]^{\mathrm{T}} \tag{13.2.31}$$

$$\boldsymbol{C}_{\mathrm{B}m}^{\infty}=\boldsymbol{C}_{m\mathrm{B}}^{\infty\mathrm{T}} \tag{13.2.32}$$

$$\boldsymbol{M}=\begin{bmatrix}\boldsymbol{M}_{\mathrm{I}} & \mathbf{0} & \mathbf{0} & \mathbf{0} & \cdots & \mathbf{0} & \mathbf{0}\\ \mathbf{0} & \boldsymbol{M}_{\mathrm{B}} & \mathbf{0} & \mathbf{0} & \cdots & \mathbf{0} & \mathbf{0}\\ \mathbf{0} & \mathbf{0} & \boldsymbol{M}_{1}^{\infty} & \mathbf{0} & \cdots & \mathbf{0} & \mathbf{0}\\ \mathbf{0} & \mathbf{0} & \mathbf{0} & \boldsymbol{M}_{2}^{\infty} & \cdots & \mathbf{0} & \mathbf{0}\\ \vdots & \vdots & \vdots & \vdots & & \vdots & \vdots\\ \mathbf{0} & \mathbf{0} & \mathbf{0} & \mathbf{0} & \cdots & \boldsymbol{M}_{M-1}^{\infty} & \mathbf{0}\\ \mathbf{0} & \mathbf{0} & \mathbf{0} & \mathbf{0} & \cdots & \mathbf{0} & \boldsymbol{M}_{M}^{\infty}\end{bmatrix} \tag{13.2.33a}$$

$$\boldsymbol{C}=\begin{bmatrix}\boldsymbol{C}_{\mathrm{I}} & \boldsymbol{C}_{\mathrm{IB}} & \mathbf{0} & \mathbf{0} & \cdots & \mathbf{0} & \mathbf{0}\\ \boldsymbol{C}_{\mathrm{BI}} & \boldsymbol{C}_{\mathrm{B}}+\boldsymbol{C}_{\mathrm{B}}^{\infty} & \boldsymbol{C}_{\mathrm{B1}}^{\infty} & \boldsymbol{C}_{\mathrm{B2}}^{\infty} & \cdots & \boldsymbol{C}_{\mathrm{B}(M-1)}^{\infty} & \boldsymbol{C}_{\mathrm{B}M}^{\infty}\\ \mathbf{0} & \boldsymbol{C}_{1\mathrm{B}}^{\infty} & \boldsymbol{C}_{1}^{\infty} & \mathbf{0} & \cdots & \mathbf{0} & \mathbf{0}\\ \mathbf{0} & \boldsymbol{C}_{2\mathrm{B}}^{\infty} & \mathbf{0} & \boldsymbol{C}_{2}^{\infty} & \cdots & \mathbf{0} & \mathbf{0}\\ \vdots & \vdots & \vdots & \vdots & & \vdots & \vdots\\ \mathbf{0} & \boldsymbol{C}_{(M-1)\mathrm{B}}^{\infty} & \mathbf{0} & \mathbf{0} & \cdots & \boldsymbol{C}_{M-1}^{\infty} & \mathbf{0}\\ \mathbf{0} & \boldsymbol{C}_{M\mathrm{B}}^{\infty} & \mathbf{0} & \mathbf{0} & \cdots & \mathbf{0} & \boldsymbol{C}_{M}^{\infty}\end{bmatrix} \tag{13.2.33b}$$

$$\boldsymbol{K}=\begin{bmatrix}\boldsymbol{K}_{\mathrm{I}} & \boldsymbol{K}_{\mathrm{IB}} & \mathbf{0} & \mathbf{0} & \cdots & \mathbf{0} & \mathbf{0}\\ \boldsymbol{K}_{\mathrm{BI}} & \boldsymbol{K}_{\mathrm{B}}+\boldsymbol{K}_{\mathrm{B}}^{\infty} & \mathbf{0} & \mathbf{0} & \cdots & \mathbf{0} & \mathbf{0}\\ \mathbf{0} & \mathbf{0} & \mathbf{0} & \mathbf{0} & \cdots & \mathbf{0} & \mathbf{0}\\ \mathbf{0} & \mathbf{0} & \mathbf{0} & \mathbf{0} & \cdots & \mathbf{0} & \mathbf{0}\\ \vdots & \vdots & \vdots & \vdots & & \vdots & \vdots\\ \mathbf{0} & \mathbf{0} & \mathbf{0} & \mathbf{0} & \cdots & \mathbf{0} & \mathbf{0}\\ \mathbf{0} & \mathbf{0} & \mathbf{0} & \mathbf{0} & \cdots & \mathbf{0} & \mathbf{0}\end{bmatrix} \tag{13.2.33c}$$

$$
\boldsymbol{C}_m^{\infty}=\frac{h}{2}\begin{bmatrix}
C_{m,1}+C_{m,2} & -C_{m,2} & 0 & \cdots & 0 & 0\\
-C_{m,2} & C_{m,2}+C_{m,3} & -C_{m,3} & \cdots & 0 & 0\\
0 & -C_{m,3} & C_{m,3}+C_{m,4} & \cdots & 0 & 0\\
\vdots & \vdots & \vdots & & \vdots & \vdots\\
0 & 0 & 0 & \cdots & C_{m,N-1}+C_{m,N} & -C_{m,N}\\
0 & 0 & 0 & \cdots & -C_{m,N} & C_{m,N}
\end{bmatrix}
\tag{13.2.34}
$$

4. 有限元模型在 ABAQUS 中的实现

如果基于现有商业有限元软件分析本节的圆柱与水体的相互作用模型，需要将提出的动水压力公式在有限元软件中实现，如 ABAQUS。由方程(13.2.29)可以看出，模型的有限元实现需要扩展自由度并且修改圆柱的有限元方程矩阵，利用开源有限元程序实现。本节给出了圆柱动水压力的高阶精度时域简化公式在商用有限元软件 ABAQUS 中的实现方法。

由于商用软件的封装性，难以直接修改有限元中的整体刚度、质量和阻尼矩阵，可通过将矩阵转化为物理模型的方式在有限元建模阶段实现动水压力的施加。如式(13.2.29)所示，第 j 个自由度和第 l 个自由度的动水压力可以表示为

$$
\begin{bmatrix} M_j & & \\ & \ddots & \\ & & M_l \end{bmatrix}\begin{bmatrix}\ddot{u}_j\\ \vdots\\ \ddot{u}_l\end{bmatrix}+\begin{bmatrix} C_{jj} & \cdots & C_{jl}\\ \vdots & & \vdots\\ C_{jl} & \cdots & C_{ll}\end{bmatrix}\begin{bmatrix}\dot{u}_j\\ \vdots\\ \dot{u}_l\end{bmatrix}+\begin{bmatrix} K_{jj} & \cdots & K_{jl}\\ \vdots & & \vdots\\ K_{jl} & \cdots & K_{ll}\end{bmatrix}\begin{bmatrix}u_j\\ \vdots\\ u_l\end{bmatrix}=\begin{bmatrix}0\\ \vdots\\ 0\end{bmatrix}
\tag{13.2.35}
$$

由式(13.2.35)可以看出，需要在两个自由度上设置集中质量单元 M_j 和 M_l，设置连接两自由度的并联弹簧 $-K_{jl}$ 和阻尼 $-C_{jl}$ 单元，并在两个自由度上分别设置接地的并联弹簧 $K_{jj}+K_{jl}$ 与阻尼 $C_{jj}+C_{jl}$ 单元、并联弹簧 $K_{ll}+K_{jl}$ 与阻尼 $C_{ll}+C_{jl}$ 单元。应用上面的方法，可以将圆柱的动水压力实现为有限元方程(13.2.29)的形式。需要指出的是，动水压力公式中的矩阵元素可能为负值，而 ABAQUS 的集中质量单元、阻尼器单元和弹簧单元不允许出现负值，因此本节利用 ABAQUS 用户单元子程序(UEL)开发了允许负值的附加质量、阻尼和弹簧单元，从而实现了圆柱动水压力的高阶精度时域简化公式在 ABAQUS 中的应用。

5. 模型验证

本节中，a/h 分别取 0.1 和 0.25，水深取 80m，水体的模态取 6 阶。基于 ABAQUS 软件，通过研究脉冲作用下柔性桥墩的位移反应以验证所提出的方法。柔性圆柱的密度和弹性模量分别为 $\rho=2500\mathrm{kg/m^3}$ 和 $E=30\mathrm{GPa}$。采用均匀网格

划分圆柱,单元长度为 8m。脉冲荷载如图 13.2.2 所示,持时 0.2s。图 13.2.3 为采用所提出的方法和声固耦合法计算得到的墩顶位移反应的比较,可以看出,两种方法的计算结果基本一致。

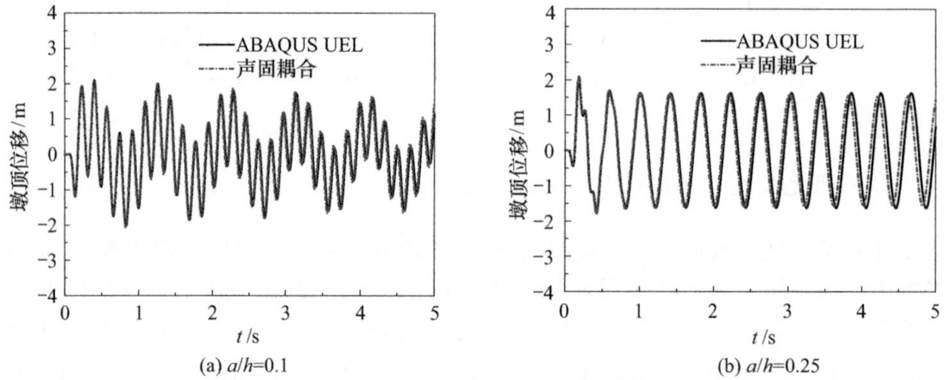

图 13.2.3　ABAQUS 二次开发与声固耦合方法的比较

13.2.2　方形截面桥墩可压缩水体动水压力的高精度时域模型

通过 13.1.3 节中动水压力的计算方法可得到方形截面桥墩的动水压力为

$$F=\sum_{m=1}^{\infty}F_m\phi_m \tag{13.2.36}$$

$$F_m=-SU_m \tag{13.2.37}$$

$$S=\frac{4\rho c^2\lambda_m^2a^2\overline{\omega}^2\beta_0H_1^{(2)}(-\mathrm{i}\lambda_m a\alpha_0\sqrt{1-\overline{\omega}^2})}{(-\mathrm{i}\lambda_m a\alpha_0\sqrt{1-\overline{\omega}^2})H_1^{(2)\prime}(-\mathrm{i}\lambda_m a\alpha_0\sqrt{1-\overline{\omega}^2})} \tag{13.2.38}$$

式中,a 为方形截面边长;$\alpha_0=1.145$,$\beta_0=1.186$;ϕ_m、U_m 和 $\overline{\omega}$ 定义见 13.2.1 节。

通过 13.2.1 节的方法,式(13.2.38)表示为如下有理函数近似式:

$$S\approx\widetilde{S}=4\rho c^2b_0^2\beta_0\ \frac{p_0+p_1(\mathrm{i}\overline{\omega})+\cdots+p_{N+1}(\mathrm{i}\overline{\omega})^{N+1}}{q_0+q_1(\mathrm{i}\overline{\omega})+\cdots+q_N(\mathrm{i}\overline{\omega})^N} \tag{13.2.39}$$

同样采用 13.2.1 节中的时域辅助变量公式,可以得到矩形截面桥墩动水压力的时域形式,并通过单元二次开发可实现本节模型在商业有限元软件 ABAQUS 中的应用。

通过研究脉冲作用下刚性方柱的动水压力,以验证所提出的方法。脉冲荷载如图 13.2.2 所示,持时 0.2s;a/h 分别取 0.1 和 0.25,水深取 80m。图 13.2.4为脉冲荷载作用下,ABAQUS 计算结果与声固耦合法计算得到的方柱总动水压力比较。从图中可以看出,本节计算方法与声固耦合法吻合较好。

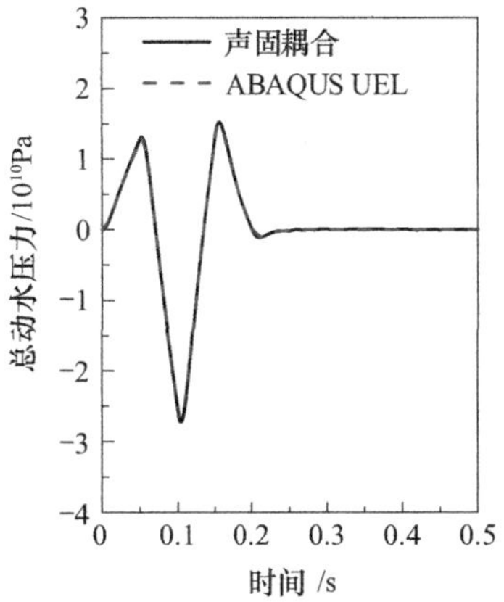

(a) a/h=0.1

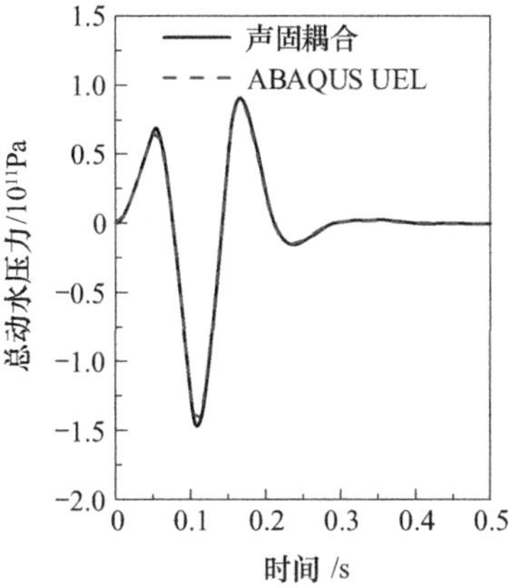

(b) a/h=0.25

图 13.2.4　脉冲作用下方柱总动水压力的比较

13.2.3　桥墩不可压缩水体动水压力的附加质量模型

水体不可压缩时，水体对桥墩的动水压力可以表示为附加质量形式。任意截面桥墩动水压力可以表示为

$$f=\sum_{m=1}^{\infty} f_m\phi_m \tag{13.2.40}$$

$$f_m=-M_m\ddot{u}_m \tag{13.2.41}$$

$$\ddot{u}_m=\frac{2}{h}\int_0^h \ddot{u}\phi_m\mathrm{d}z \tag{13.2.42}$$

式中，M_m 为附加质量系数。

对于圆形截面桥墩，有

$$M_m=-\rho\pi a^2\ \frac{K_1(\lambda_m a)}{\lambda_m a K_1'(\lambda_m a)} \tag{13.2.43}$$

式中，a 为桥墩截面半径。

对于矩形和其他截面形式桥墩可通过 13.1.3 节中的方法确定，如矩形截面桥墩时为

$$M_m=-4\rho a^2\beta_1\ \frac{-K_1(\alpha_1\lambda_m a)}{\alpha_1\lambda_m a K_1'(\alpha_1\lambda_m a)} \tag{13.2.44}$$

$$\alpha_1=0.76\mathrm{e}^{-1.932a/b}+1.1\mathrm{e}^{-0.0378a/b} \tag{13.2.45a}$$

$$\beta_1=0.454\mathrm{e}^{-1.66a/b}+1.132\mathrm{e}^{-0.0317a/b} \tag{13.2.45b}$$

式中，$2a$ 为矩形截面桥墩迎水面宽度；$2b$ 为矩形截面长度。

通过有限元离散后，动水压力向量 $\boldsymbol{f}_{\mathrm{B}}$ 为

$$\boldsymbol{f}_{\mathrm{B}}=\int_{0}^{h}\boldsymbol{N}^{\mathrm{T}}f\mathrm{d}z=-\boldsymbol{M}_{\mathrm{B}}^{\mathrm{add}}\ddot{\boldsymbol{u}}_{\mathrm{B}} \tag{13.2.46}$$

$$\boldsymbol{M}_{\mathrm{B}}^{\mathrm{add}}=\frac{2}{h}\boldsymbol{W}\left[\sum_{m=1}^{\infty}M_{m}\boldsymbol{\Phi}_{m}\boldsymbol{\Phi}_{m}^{\mathrm{T}}\right]\boldsymbol{W} \tag{13.2.47}$$

式中，$\boldsymbol{M}_{\mathrm{B}}^{\mathrm{add}}$ 为一个满秩的矩阵，即

$$\boldsymbol{M}_{\mathrm{B}}^{\mathrm{add}}=\begin{bmatrix} m_{1,1} & m_{1,2} & \cdots & m_{1,L-1} & m_{1,L} \\ m_{2,1} & m_{2,2} & \cdots & m_{2,L-1} & m_{2,L} \\ \vdots & \vdots & & \vdots & \vdots \\ m_{L-1,1} & m_{L-1,2} & \cdots & m_{L-1,L-1} & m_{L-1,L} \\ m_{L,1} & m_{L,2} & \cdots & m_{L,L-1} & m_{L,L} \end{bmatrix} \tag{13.2.48}$$

式中，$m_{i,j}=m_{j,i}$。

式(13.2.48)难以直接在商业有限元软件中实现，可通过将该矩阵转化为附加质量单元的方法实现，即

$$\boldsymbol{M}_{\mathrm{B}}^{\mathrm{add}}=\begin{bmatrix} m_{1} & 0 & 0 & 0 & 0 \\ 0 & m_{2} & \cdots & 0 & 0 \\ \vdots & \vdots & & \vdots & \vdots \\ 0 & 0 & \cdots & m_{L-1} & 0 \\ 0 & 0 & \cdots & 0 & m_{L} \end{bmatrix}+\sum_{i=1}^{L}\sum_{j=i+1}^{L}\boldsymbol{m}_{i,j}^{\mathrm{e}} \tag{13.2.49}$$

$$m_{i}=m_{i,1}+m_{i,2}+\cdots+m_{i,L-1}+m_{i,L} \tag{13.2.50}$$

$$\boldsymbol{m}_{i,j}^{\mathrm{e}}=\begin{bmatrix} -m_{i,j} & m_{i,j} \\ m_{i,j} & -m_{i,j} \end{bmatrix} \tag{13.2.51}$$

式中，L 表示边界节点的数目；$\boldsymbol{m}_{i,j}^{\mathrm{e}}$ 表示节点为 i，j 的质量矩阵。

当忽略式(13.2.49)的后一项时，附加质量可以直接在 ABAQUS 中采用附加质量块的方法实现，有负值的单元质量矩阵 $\boldsymbol{m}_{i,j}^{\mathrm{e}}$ 可通过单元二次开发的形式在 ABAQUS 中实现。

13.3 桥墩动水压力的附加质量简化公式

圆形和椭圆形桥墩动水压力的解析公式力学概念清晰，推理严谨，但是其数学表达复杂，需借助数学软件求解；矩形等截面形式桥墩的数值计算方法，需要自己编制有限元计算程序完成。可见，解析方法和数值方法不适用于工程应用。Morison 方程数学表达简单，但理论依据不足，用来计算地震动水压力还缺乏试验验证。因此，本节基于刚性桥墩动水压力的解析公式和数值解，提出了圆形、椭圆形和矩形截面桥墩地震动水压力的附加质量简化公式。该附加质量简化公式数学表达简单、参数少、精度较高，适用于深水桥梁的抗震设计。

13.3.1　圆形截面桥墩

1. 均布附加质量

刚性桥墩单位高度的动水压力为

$$\tilde{f}=-\frac{1}{h}\int_0^h f(z)\mathrm{d}z \tag{13.3.1}$$

将圆形截面桥墩动水压力的解析式(13.1.22)代入式(13.3.1),整理可得

$$\tilde{f}=-m_\infty C_\mathrm{M}\ddot{u}_\mathrm{g} \tag{13.3.2}$$

$$C_\mathrm{M}=\sum_{j=1}^{\infty}\frac{-8K_1(\lambda a)}{(2j-1)^2\pi^2\lambda aK_1'(\lambda a)} \tag{13.3.3}$$

式中,$\ddot{u}_\mathrm{g}$ 表示桥墩的加速度时程;$m_\infty=\rho\pi a^2$ 为圆形截面桥墩单位高度附加质量;C_M 为均布附加质量系数,通过曲线拟合,它可以简化为

$$C_\mathrm{M}\approx 0.6\mathrm{e}^{-0.93l}+0.403\mathrm{e}^{-0.156l} \tag{13.3.4}$$

式中,$l=2a/h$,为圆形截面桥墩宽深比。

图 13.3.1 为圆形截面桥墩均布附加质量系数简化公式计算结果与解析值的比较。由图可以看出,两者吻合很好。

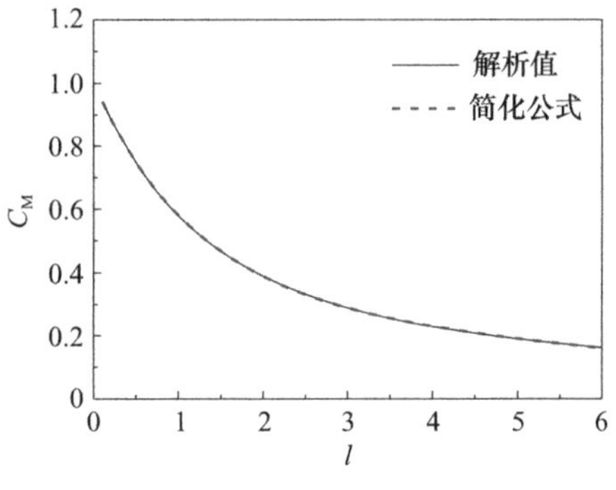

图 13.3.1　圆形截面桥墩均布附加质量系数简化公式计算结果与解析值比较

2. 分布附加质量

刚性圆形截面桥墩沿高度的分布动水压力为

$$f=-m_\infty c_\mathrm{m}\ddot{u}_\mathrm{g} \tag{13.3.5}$$

$$c_\mathrm{m}=\sum_{j=1}^{\infty}\frac{-(-1)^{j+1}4K_1(\lambda a)\cos(\lambda z)}{(2j-1)\pi\lambda aK_1'(\lambda a)} \tag{13.3.6}$$

式中,c_m 为分布附加质量系数。通过曲线拟合,分布附加质量系数可简化为

$$c_\mathrm{m}(\bar{z})=d_{01}\left[1-\bar{z}\mathrm{e}^{d_{02}(\bar{z}-1)}\right] \tag{13.3.7}$$

式中，$\bar{z}=z/h$；d_{01}为$\bar{z}=0$时的解析值；d_{02}为通过对解析公式曲线拟合得到的。

图 13.3.2 给出了不同宽深比 l 下圆形截面桥墩分布附加质量系数简化公式结果与解析值的比较。由图可以看出，两者吻合较好。

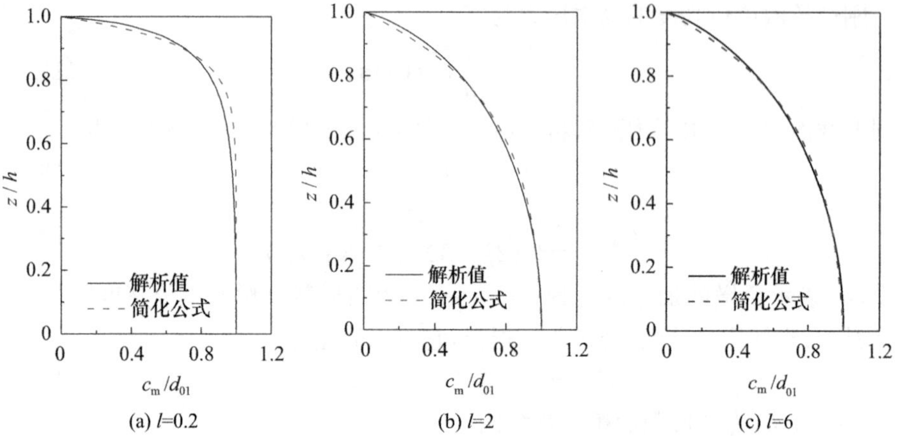

图 13.3.2　圆形截面桥墩分布附加质量系数简化公式结果与解析值的比较

通过对 d_{01}和 d_{02}的数据进行曲线拟合，可得到

$$d_{01}\approx 0.918e^{-0.468l}+0.155e^{0.015l} \tag{13.3.8}$$

$$d_{02}\approx 1.248l^{-1.194}+2.156 \tag{13.3.9}$$

13.3.2　矩形截面桥墩

1. 均布附加质量

对于矩形截面桥墩，可通过 13.1.3 节计算得到矩形截面桥墩的动水压力。对解析解进行拟合，可得到刚性矩形截面桥墩单位高度的动水压力为

$$\tilde{f}=-4\rho a^2 C_{MR}\ddot{u}_0 \tag{13.3.10}$$

$$C_{MR}\approx \tau_1 l^{\tau_2}+\tau_3 \tag{13.3.11}$$

式中，τ_1、τ_2 和 τ_3 为附加质量公式系数，$l=2a/h$。不同 a/b 时的附加质量公式系数如表 13.3.1 所示。$2a$ 表示矩形截面桥墩迎水面宽度，$2b$ 表示矩形截面长度。

矩形截面桥墩均布附加质量系数简化公式结果与解析值的比较如图 13.3.3 所示。可以看出，两者吻合较好。

表 13.3.1　矩形截面桥墩单位高度动水压力附加质量公式系数

a/b	τ_1	τ_2	τ_3
5	−0.457	0.541	1.061
4	−0.493	0.519	1.103

续表

a/b	τ_1	τ_2	τ_3
3	−0.532	0.501	1.151
2	−0.640	0.446	1.271
1	−0.838	0.376	1.485
1/2	−1.195	0.284	1.847
1/3	−1.748	0.199	2.400
1/4	−2.345	0.150	2.995
1/5	−3.069	0.115	3.717

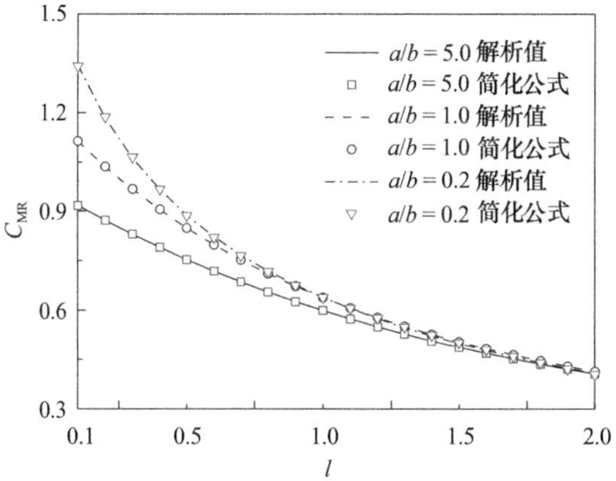

图 13.3.3　矩形截面桥墩分布附加质量系数简化公式结果与解析值比较

对表 13.3.1 中的数据进行曲线拟合，τ_1、τ_2 和 τ_3 可表示为

$$\tau_1=\begin{cases}-11.122e^{-9.191x}-1.438e^{-0.544x}, & 0.2\leqslant x\leqslant 1.0\\ -0.779e^{-0.743x}-0.475e^{-0.0151x}, & 1.0<x\leqslant 5.0\end{cases}\tag{13.3.12a}$$

$$\tau_2=\begin{cases}-0.469x^2+0.888x-0.044, & 0.2\leqslant x\leqslant 1.0\\ -0.384e^{-0.4x}+0.644e^{-0.017x}, & 1.0<x\leqslant 5.0\end{cases}\tag{13.3.12b}$$

$$\tau_3=\begin{cases}11.05e^{-9.117x}+2.053e^{-0.326x}, & 0.2\leqslant x\leqslant 1.0\\ 1.09e^{-0.0095x}+0.826e^{-0.711x}, & 1.0<x\leqslant 5.0\end{cases}\tag{13.3.12c}$$

式中，$x=a/b$。

2. 分布附加质量

刚性矩形截面桥墩沿高度的分布动水压力为

$$f=-4\rho a^2 c_{\mathrm{mr}}\ddot{u}_{\mathrm{g}}\tag{13.3.13}$$

式中，d_{03} 为 $\bar{z}=0$ 时的值；d_{04} 为通过对解析解进行曲线拟合得到的。在 $0.2\leqslant l\leqslant 2$ 和 $0.2\leqslant a/b\leqslant 5$ 范围内，d_{03} 和 d_{04} 可表示为

$$d_{03}=p_1 l^{p_2}+p_3 \tag{13.3.14}$$

$$p_1=-0.35x^{-1.092}-0.198 \tag{13.3.15a}$$

$$p_2=0.766e^{0.0471x}-0.782e^{-1.401x} \tag{13.3.15b}$$

$$p_3=0.412x^{-1.012}+0.952 \tag{13.3.15c}$$

$$d_{04}=q_1 l^{q_2}+q_3 \tag{13.3.16}$$

$$q_1=\begin{cases}1.859e^{-8.153x}+0.938e^{0.0865x}, & 0.2\leqslant x\leqslant 1.0\\ -0.0157x^2+0.194x+0.846, & 1.0<x\leqslant 5\end{cases} \tag{13.3.17a}$$

$$q_2=\begin{cases}0.296x^{-0.548}-1.521, & 0.2\leqslant x\leqslant 1.0\\ -1.26, & 1.0<x\leqslant 5.0\end{cases} \tag{13.3.17b}$$

$$q_3=\begin{cases}-0.0282x^{-1.647}+2.121, & 0.2\leqslant x\leqslant 1.0\\ 0.004x^2-0.0533x+2.143, & 1.0<x\leqslant 5.0\end{cases} \tag{13.3.17c}$$

式中，$x=a/b$。

图 13.3.4 为不同工况下矩形截面桥墩分布附加质量系数简化公式结果与解析值的比较。可以看出，两者吻合较好。

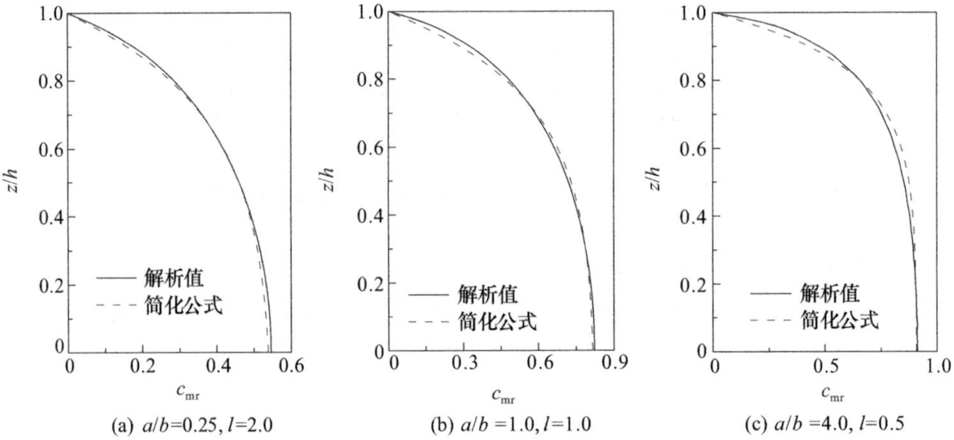

图 13.3.4　矩形截面桥墩分布附加质量系数简化公式结果与解析值比较

13.3.3　椭圆形截面桥墩

1. 均布附加质量

地震作用沿长轴方向时，将式(13.1.57)代入式(13.3.1)并通过曲线拟合可得

$$\tilde{f}=-\rho\pi b^2 C_{\mathrm{ME}}^x \ddot{u}_{\mathrm{g}} \tag{13.3.18}$$

$$C_{\mathrm{ME}}^x=\begin{cases}C_{\mathrm{M}}(w_{11}\delta^2+w_{12}\delta+w_{13}), & l\leqslant 2.5\\ C_{\mathrm{M}}(v_{11}\delta^{v_{12}}+v_{13}), & l>2.5\end{cases} \tag{13.3.19}$$

式中，$\delta=a/b\leqslant 5$；C_{ME}^{x}为椭圆形截面桥墩沿长轴方向的均布附加质量系数。式(13.3.19)中系数按下式计算：

$$w_{11}=0.00367l^{1.554}+0.0221 \tag{13.3.20a}$$

$$w_{12}=-0.185l^{0.507}-0.041 \tag{13.3.20b}$$

$$w_{13}=0.157l^{0.505}+1.037 \tag{13.3.20c}$$

$$v_{11}=0.488l^{-0.652}+0.608 \tag{13.3.21a}$$

$$v_{12}=-0.946l^{0.453}+0.832 \tag{13.3.21b}$$

$$v_{13}=-0.655l^{-1.395}+0.351 \tag{13.3.21c}$$

式中，$l=2b/h\leqslant 6$。

地震作用沿短轴方向时，将式(13.1.60)代入式(13.3.1)并通过曲线拟合可得

$$\tilde{f}=-\rho\pi a^{2}C_{\mathrm{ME}}^{y}\ddot{u}_{\mathrm{g}} \tag{13.3.22}$$

$$C_{\mathrm{ME}}^{y}=C_{\mathrm{M}}(v_{21}\delta^{v_{22}}+v_{23}) \tag{13.3.23}$$

式中，$\delta=a/b\leqslant 5$；C_{ME}^{y}为椭圆形截面桥墩沿短轴方向的均布附加质量系数。式(13.3.23)中的系数按下式计算：

$$v_{21}=\begin{cases}-0.277\mathrm{e}^{-0.0186l}+0.293\mathrm{e}^{-1.102l}, & l\leqslant 2.5\\ 0.037l^{2}-0.17l-0.0558, & 2.5<l\leqslant 3.8\\ 0, & 3.8<l<4.8\\ -0.0203l^{2}+0.449l-1.603, & l\geqslant 4.8\end{cases} \tag{13.3.24a}$$

$$v_{22}=\begin{cases}-0.008l^{2}+0.186l-1.056, & l\leqslant 2.5\\ 0.218l^{3}-1.933l^{2}+5.726l-6.285, & 2.5<l\leqslant 3.8\\ 0, & 3.8<l<4.8\\ -0.167l^{2}+1.426l-5.076, & l\geqslant 4.8\end{cases} \tag{13.3.24b}$$

$$v_{23}=\begin{cases}1.295\mathrm{e}^{-0.0106l}-0.31\mathrm{e}^{-1.052l}, & l\leqslant 2.5\\ -0.0295l^{2}+0.12l+1.126, & 2.5<l\leqslant 3.8\\ 1, & 3.8<l<4.8\\ 0.0204l^{2}-0.401l+2.38, & l\geqslant 4.8\end{cases} \tag{13.3.24c}$$

式中，$l=2a/h\leqslant 6$。

2. 分布附加质量

地震作用沿长轴方向时，刚性椭圆形截面桥墩沿高度的分布动水压力简化公式为

$$f=-\rho\pi b^{2}c_{\mathrm{me}}^{x}\ddot{u}_{\mathrm{g}} \tag{13.3.25}$$

$$c_{\mathrm{me}}^{x}(\bar{z})=d_{1}^{x}\left[1-\bar{z}\mathrm{e}^{d_{2}^{x}(\bar{z}-1)}\right] \tag{13.3.26}$$

在$l=2b/h\leqslant 4$范围内，有

$$d_1^x = d_{01}(p_{11}\delta^2 + p_{12}\delta + p_{13}) \tag{13.3.27}$$

$$p_{11} = 10^{-3}(-0.664l^3 + 5.49l^2 - 5.02l + 22.7) \tag{13.3.28a}$$

$$p_{12} = 10^{-3}(9.24l^2 - 119l - 81.6) \tag{13.3.28b}$$

$$p_{13} = -0.0115l^2 + 0.123l + 1.059 \tag{13.3.28c}$$

$$d_2^x = d_{02}(q_{11}\delta^{q_{12}} + q_{13}) \tag{13.3.29}$$

$$q_{11} = \begin{cases} 12.05l^{3.682} + 1.635, & l \leqslant 0.6 \\ 0.415l^{-4.0} + 0.277, & l > 0.6 \end{cases} \tag{13.3.30a}$$

$$q_{12} = \begin{cases} 0.533l^{0.55} - 0.48, & l \leqslant 0.6 \\ -1.307l^{1.253} + 0.786, & l > 0.6 \end{cases} \tag{13.3.30b}$$

$$q_{13} = \begin{cases} -11.88l^{3.652} - 0.619, & l \leqslant 0.6 \\ -0.43l^{-3.95} + 0.773, & l > 0.6 \end{cases} \tag{13.3.30c}$$

地震作用沿短轴方向时，刚性椭圆形截面桥墩沿高度的分布动水压力简化公式为

$$f = -\rho\pi a^2 c_{\mathrm{me}}^y \ddot{u}_{\mathrm{g}} \tag{13.3.31}$$

$$c_{\mathrm{me}}^y(\bar{z}) = d_1^y\left[1 - \bar{z}\mathrm{e}^{d_2^y(\bar{z}-1)}\right] \tag{13.3.32}$$

在 $l=2a/h\leqslant 4$ 范围内，有

$$d_1^y = d_{01}(p_{21}\delta^{p_{22}} + p_{23}) \tag{13.3.33}$$

$$p_{21} = 10^{-2}(0.489l^3 + 3.21l^2 - 25.49l + 4.6) \tag{13.3.34a}$$

$$p_{22} = \begin{cases} -0.265l^2 + 0.903l - 1.553, & l \leqslant 1.6 \\ -0.11l^2 - 0.0334l - 0.468, & l > 1.6 \end{cases} \tag{13.3.34b}$$

$$p_{23} = -0.056l^2 + 0.28l + 0.95 \tag{13.3.34c}$$

$$d_2^y = d_{02}(q_{21}\delta^{q_{22}} + q_{23}) \tag{13.3.35}$$

$$q_{21} = \begin{cases} -0.38l^2 + 0.947l - 0.633, & l < 1.0 \\ 0, & 1.0 \leqslant l < 1.2 \\ -0.115l^2 + 0.805l - 0.792, & l \geqslant 1.2 \end{cases} \tag{13.3.36a}$$

$$q_{22} = \begin{cases} 2.868l^{10.39} - 0.737, & l < 1.0 \\ 0, & 1.0 \leqslant l < 1.2 \\ -0.925l^{1.706} + 0.756, & l \geqslant 1.2 \end{cases} \tag{13.3.36b}$$

$$q_{23} = \begin{cases} 0.41l^2 - 0.968l + 1.635, & l < 1.0 \\ 1, & 1.0 \leqslant l < 1.2 \\ 0.834l^{-1.98} + 0.478, & l \geqslant 1.2 \end{cases} \tag{13.3.36c}$$

参考文献

[1] 赖伟. 地震和波浪作用下深水桥梁的动力响应研究[博士学位论文]. 上海：同济大学，2004.

[2] 刘振宇. 地震作用下深水桥梁的动力响应研究[硕士学位论文]. 成都:西南交通大学,2007.

[3] 黄信. 水-桥墩动力相互作用机理及深水桥梁非线性地震响应研究[博士学位论文]. 天津:天津大学,2011.

[4] 高学奎,朱晞. 地震动水压力对深水桥墩的影响. 北京交通大学学报,2006,30(1):55-58.

[5] 李悦,宋波. 动水对斜拉桥结构动力响应研究. 土木工程学报,2010,43(12):93-99.

[6] 冼巧玲,冯俊迎,周福霖. 水深对桥梁地震反应的影响分析. 地震工程与工程振动,2013,34(1):81-86.

[7] 中华人民共和国交通运输部. 公路工程抗震设计规范(JTG B02—2013). 北京:人民交通出版社,2013.

[8] 中华人民共和国铁道部. 铁路工程抗震设计规范(GB 50111—2006). 北京:中国计划出版社,2006.

[9] 中华人民共和国交通运输部. 公路桥梁抗震设计细则(JTG/T B02-01—2008). 北京:人民交通出版社,2008.

[10] Morison J R, Johnson J W, Schaaf S A. The force exerted by surface wave on piles. Journal of petroleum Technology,1950,2(5):149-154.

[11] 王丕光. 地震和波浪作用下水-桥梁下部结构相互作用研究[博士学位论文]. 北京:北京工业大学,2017.

[12] Abramowitz M, Stegun I A. Handbook of Mathematical Functions. New York:Dover Publications,1965.

[13] 熊天信. 马蒂厄函数理论基础及应用. 北京:科学出版社,2013.

[14] 赵密. 近场波动有限元模拟的应力型时域人工边界条件及其应用[博士学位论文]. 北京:北京工业大学,2009.

[15] Du X, Zhao M. A local time-domain transmitting boundary for simulating cylindrical elastic wave propagation in infinite media. Soil Dynamics and Earthquake Engineering,2010,30(10):937-946.

[16] Zhao M, Du X, Liu J, et al. Explicit finite element artificial boundary scheme for transient scalar waves in two-dimensional unbounded waveguide. International Journal for Numerical Methods in Engineering,2011,87(11):1073-1104.

第 14 章　桥梁结构模型动力试验

随着计算机技术的发展，桥梁结构在地震作用下的动力反应在理论上可以通过数学解析的方法求解。但是地震作用下桥梁结构的反应涉及的因素众多，诸如结构动力特性（自振周期、振型等）或者结构抗震性能问题（极限承载力、变形能力和延性耗能等），很难用纯粹的理论分析方法解决。这些问题取决于材料的性质、结构的形式以及细部构造等，往往需要借助动力试验直接确定或者验证理论分析方法的正确性。

在抗震研究工作中，理论分析与试验研究一直是相辅相成的两种手段。分析一种结构的地震反应，应该将理论分析和试验相结合，利用试验数据为理论分析提供必要的计算模型参数，将两种方法得到的结果互相验证。桥梁结构动力试验已经成为解决桥梁抗震问题必不可少的手段。

桥梁结构试验研究的主要任务是验证理论和计算方法的合理性和有效性，确定弹性阶段的应力应变状态，寻求弹塑性和破坏阶段的工作状况，其主要内容包括如下几个方面：

(1) 确定桥梁结构的动力特性，如自振周期、阻尼和振型等。

(2) 确定桥梁结构或构件在低周往复荷载作用下的恢复力特性，如承载力、变形性能、滞回特性、耗能和延性等。

(3) 研究桥梁结构或构件的破坏机理与破坏特征，验证在设计地震荷载下桥梁结构的抗震性能。

(4) 验证所采取的抗震措施或加固措施的有效性，提出新的抗震设计方法。

(5) 在给定的模拟地震作用下测定桥梁结构的动力反应，验证理论模型与计算方法的合理性和可靠性。

(6) 研究开发具有良好抗震性能的新材料和新的地震保护装置。

(7) 为制定和修改抗震设计规范提供科学依据。

目前应用的桥梁抗震试验方法主要有拟静力试验、拟动力试验、地震模拟振动台试验和天然地震试验等。桥梁抗震试验技术的内容包括结构动力特性的测量技术、振动测量与记录仪器选择及应用技术、振动数据采集与分析处理技术等。

一次桥梁结构试验通常经历以下几个步骤：

(1) 研究对象的确定，包括试验目的、荷载形式、模型材料、相似关系以及需要测量的物理量等。

(2) 试验荷载的施加。根据需要选用适宜的设备对结构或构件模型施加激励,并尽可能模拟实际荷载。

(3) 物理参数的测量。选择合适的测量仪器来测定所需要的物理量,如应力、位移、速度和加速度等。

(4) 数据分析。把记录信号数字化或者通过转换装置输入计算机进行数据处理,得到需要的结果。

本章主要介绍桥梁结构抗震试验的模型设计、拟动力试验以及振动台试验,特别是基于北京工业大学多台阵系统的典型桥梁结构地震模拟振动台试验方法和考虑土-结构相互作用的桥梁结构动力子结构试验技术。

14.1　结构模型设计与相似理论

考虑到试验设备的限制和经济性,往往用模型试验替代原型桥梁结构试验。模型试验首先遇到的是如何选择与设计模型的问题,它除了取决于试验的目的与要求以及模型材料和制造可能性外,还必须符合相似条件。结构模型应该严格按照相似理论进行设计,保证模型与原型结构在几何尺寸和材料特性上具有某种相似关系,从而确定试验过程中模型结构其他物理量间(荷载、质量、加速度、位移等)的相似关系,使模型结构可以正确反映原型结构在相应激励下的反应特征[1,2]。

虽然试验模型和实际桥梁结构之间需要满足一定的相似要求,才能按照相似条件由模型试验推算出原型结构的相应数据和试验结果,但采用严格的相似条件会给一些模型设计和试验带来较大的困难,因此在结构试验中尚有另一类模型,它仅是原型结构缩小几何比例尺寸的试验代表物,将该模型的试验结果与理论计算对比校核,用以研究结构的性能,验证设计假定与计算方法的正确性,这些结果所证实的一般规律与计算理论可以推广到实际结构中去,这类试验不一定要求满足严格的相似条件。

14.1.1　结构模型设计的相似条件

结构模型试验的过程客观反映了参与工作的各相关物理量之间的相互关系。模型和原型结构之间的相似关系反映出模型与原型结构相似常数之间的关系。相似常数之间所应满足的关系就是模型和原型结构之间的相似条件,也就是模型设计需要遵循的原则。

相似理论的基本内容可参考文献[3],在试验力学系统中多采用力、长度和时间(F、L、T)的量纲系统。表 14.1.1 给出了常见物理量的量纲。

表 14.1.1 常见物理量的量纲

物理量	符号	量纲	物理量	符号	量纲
长度	L	L	角度	θ	O
时间	t	T	压力	p	F/L^2
集中力	P	F	比重	δ	F/L^3
线位移	x	L	应变	ε	O
线加速度	$x(a)$	L/T^2	应力	σ	F/L^2
密度	ρ	FT^2/L^4	速度	$\dot{x}\,(v)$	L/T
质量	m	FT^2/L	角速度	$\dot{\theta}\,(\omega)$	1/T
力矩	M	FL	周期	T	T
弹性模量	E	F/L^2	频率	f	1/T
泊松比	ν	O	阻尼比	ξ	O
刚度	k	F/L	位移	$x(u)$	L

注:力、长度和时间的量纲分别用 F、L 和 T 表示。

1. 几何相似

结构模型和原型满足几何相似,即要求模型和原型之间所有对应部分尺寸成比例,模型比例为长度相似常数,即

$$\frac{h_{\mathrm{m}}}{h_{\mathrm{p}}}=\frac{b_{\mathrm{m}}}{b_{\mathrm{p}}}=\frac{l_{\mathrm{m}}}{l_{\mathrm{p}}}=S_l \tag{14.1.1}$$

式中,下标 m、p 分别表示模型和原型;h、b、l 分别表示物体的高、宽、长。

由此,可以推导出模型的面积、惯性矩的相似常数 S_A、S_I 为

$$S_A=\frac{A_{\mathrm{m}}}{A_{\mathrm{p}}}=\frac{b_{\mathrm{m}}h_{\mathrm{m}}}{b_{\mathrm{p}}h_{\mathrm{p}}}=S_l^2 \tag{14.1.2}$$

$$S_I=\frac{I_{\mathrm{m}}}{I_{\mathrm{p}}}=\frac{\frac{1}{12}b_{\mathrm{m}}h_{\mathrm{m}}^3}{\frac{1}{12}b_{\mathrm{p}}h_{\mathrm{p}}^3}=S_l^4 \tag{14.1.3}$$

还可以根据长度相似比推导出应变和位移之间的关系。以小应变情形下的平面问题为例,应变和位移之间的关系为

$$\varepsilon_x=\frac{\partial u}{\partial x} \tag{14.1.4}$$

$$\varepsilon_y=\frac{\partial v}{\partial y} \tag{14.1.5}$$

$$\gamma_{xy}=\frac{\partial u}{\partial y}+\frac{\partial v}{\partial x} \tag{14.1.6}$$

由于模型跟原型结构相似,有

$$\frac{S_\varepsilon S_l}{S_u}=1 \tag{14.1.7}$$

$$\frac{S_\gamma S_l}{S_u}=1 \tag{14.1.8}$$

即要求

$$S_\varepsilon = S_\gamma = \frac{S_u}{S_l} \tag{14.1.9}$$

通常有 $S_u = S_l$，则 $S_\varepsilon = S_\gamma = 1$。

2. 质量相似

在结构动力问题中，要求结构的质量分布相似，即模型与原型结构对应部分质量成比例，质量相似常数为

$$S_m = \frac{m_{\mathrm{m}}}{m_{\mathrm{p}}} \tag{14.1.10}$$

对于具有分布质量的部分，用密度来表示更为合理，密度相似常数为

$$S_\rho = \frac{\rho_{\mathrm{m}}}{\rho_{\mathrm{p}}} = \frac{m_{\mathrm{m}} V_{\mathrm{p}}}{m_{\mathrm{p}} V_{\mathrm{m}}} = \frac{S_m}{S_V} = \frac{S_m}{S_l^3} \tag{14.1.11}$$

3. 时间相似

对于结构动力问题，在随时间变化的过程中，要求结构模型和原型结构在对应的时刻进行比较，对应的时刻成比例，时间相似常数为

$$S_t = \frac{t_{\mathrm{m}}}{t_{\mathrm{p}}} \tag{14.1.12}$$

4. 单值条件相似

结构模型试验的单值条件指物体的边界条件和运动的初始条件。一般情况下，边界条件所给的单值量为物体所受的力或给定的位移等，运动的初始条件所给的单值量为开始时所给定的位移和速度等。

用应力表示的边界条件为

$$\bar{t}_i = n_j \sigma_{ji} \tag{14.1.13}$$

经过推导可以得到以下相似条件：

$$\frac{S_\sigma}{S_{\bar{t}}} = 1 \tag{14.1.14}$$

面力相似常数

$$S_{\bar{t}} = S_\sigma \tag{14.1.15}$$

线分布力相似常数

$$S_q = S_{\bar{t}} S_l = S_\sigma S_l \tag{14.1.16}$$

集中力相似常数

$$S_F = S_{\bar{t}} S_l^2 = S_\sigma S_l^2 \tag{14.1.17}$$

力矩相似常数

$$S_M = S_F S_l = S_\sigma S_l^3 \tag{14.1.18}$$

体积力的相似常数

$$S_W=\frac{S_F}{S_l^3}=\frac{S_\sigma}{S_l} \tag{14.1.19}$$

从上面的结果可以看出，几种荷载中只要其中之一确定，其他荷载都可以根据量纲关系求出。根据胡克定律，可以把上述各式中的 S_σ 代以弹性模量的相似比 S_E，可知当模型比例和模型材料选定之后，荷载比例也就确定了。$S_W=S_\sigma/S_l$ 说明当模型比例确定之后，模型材料和弹性模量已不能任意选择，给选择材料带来一定的限制，在不能忽略体积力作用的模型试验中，模型材料是不能任意选择的。

根据速度和加速度对位移的微分关系，可以推出

$$S_{\dot{u}}=\frac{S_u}{S_t}=\frac{S_l}{S_t} \tag{14.1.20}$$

$$S_{\ddot{u}}=\frac{S_u}{S_t^2}=\frac{S_l}{S_t^2} \tag{14.1.21}$$

这里速度包括振动速度和物体中波的传播速度。

5. 平衡条件相似

由动力平衡方程得

$$\sigma_{ij,j}+w_i=\rho\ddot{u}_i \tag{14.1.22}$$

式中，w_i 为体积力在 i 方向的分量。可以得到相似条件为

$$S_W=\frac{S_\sigma}{S_l}=S_\rho\frac{S_l}{S_t^2} \tag{14.1.23}$$

$$S_t=S_l\sqrt{\frac{S_\rho}{S_\sigma}} \tag{14.1.24}$$

从上面各式可以得到自振频率的相似常数为

$$S_f=\frac{1}{S_t}=\frac{1}{S_l}\sqrt{\frac{S_\sigma}{S_\rho}} \tag{14.1.25}$$

根据量纲分析，可以给出阻尼比 ξ 的相似常数为 S_ξ。

6. 物理相似条件

物理相似要求模型和原型结构各相应点的应力和应变、刚度和变形之间的关系相似。

$$S_\sigma=\frac{\sigma_{\mathrm{m}}}{\sigma_{\mathrm{p}}}=\frac{E_{\mathrm{m}}\varepsilon_{\mathrm{m}}}{E_{\mathrm{p}}\varepsilon_{\mathrm{p}}}=S_ES_\varepsilon \tag{14.1.26}$$

$$S_\tau=\frac{\tau_{\mathrm{m}}}{\tau_{\mathrm{p}}}=\frac{G_{\mathrm{m}}\gamma_{\mathrm{m}}}{G_{\mathrm{p}}\gamma_{\mathrm{p}}}=S_ES_\gamma \tag{14.1.27}$$

$$S_\nu=\frac{\mu_{\mathrm{m}}}{\mu_{\mathrm{p}}} \tag{14.1.28}$$

式中，S_σ、S_E、S_ε、S_τ、S_G、S_γ 和 S_ν 分别为应力、弹性模量、应变、剪应力、剪切模量、剪应变和泊松比的相似常数。

由刚度和变形关系可知，刚度相似常数为

$$S_k=\frac{S_p}{S_x}=\frac{S_\sigma S_l^2}{S_l}=S_\sigma S_l \tag{14.1.29}$$

14.1.2　模型设计

1. 模型比例和模型材料的选择

几何相似是相似理论和模型设计的基本要求，试验的第一步要选择适宜的几何相似常数。在一般情况下，按照相似条件选用小比例模型是可行的。在弹性阶段可以将模型中得到的结果按照相似关系转换到原型结构中去。结构的地震反应或承载能力与材料的弹塑性性能、各个节点的连接构造及其刚度有关系，而有时小比例模型中很难反映这些因素，导致需要做大比例模型试验，甚至要做足尺结构试验。

事实上，考虑到试验设备的限制和经济性，足尺桥梁结构试验比模型试验更为困难，因此往往需要将二者结合起来，通过足尺试验找出主要影响因素与模拟关系，然后通过一系列模型试验找出一般规律。

在决定模型比例时，还要考虑模型材料和结构类型。选用钢筋混凝土为模型材料时比例不能太小，如果实物的细部构造影响不大，就可以做比例较小的模型。此外，要考虑加载设备与测量仪器的能力、加工条件和费用等因素，加载设备的能力往往成为模型尺寸的主要控制因素。

在选用模型材料时要考虑以下因素：满足相似条件；有足够的量测精度；易于制作加工而且性能稳定；节省费用和试验时间等。

2. 弹性模型试验

模型试验可以分为弹性模型试验和破坏模型试验。弹性模型试验的目的是要获得原型结构在弹性阶段的反应及其性状，研究范围仅局限于结构的弹性工作状态。一般说来，弹性模型的制作材料不必和原型结构的材料完全相似，它只需要在试验过程中具有完全的弹性性质。但是，弹性模型的试验结果不能推测原型结构超过弹性阶段后的反应及其性状，如混凝土开裂和钢材屈服所产生的影响等。当模型比例很小时，模型试验得到的应力和挠度比真实结构的应力和挠度小得多，这对试验测量提出了更高的要求，必须提高模型试验的测量精度。

3. 破坏模型试验

破坏模型试验的目的是预计原型结构的极限承载力以及原型结构从弹性工作状态直到破坏荷载甚至极限变形时的全过程性能。

从理论上讲，破坏试验模型材料的应力-应变曲线必须与原型结构相似，而且施加于模型的各类荷载形式与阻尼效应等更应当接近实际；施工中的缺欠（如收缩和约束等）也应在模型中尽量模拟，而实际上往往很难做到完全相似的程度。

实现上述要求有两种途径：第一种是采用与原型结构相同的材料，严格达到应力-应变关系一致，但是 $S_\rho S_l=1$ 的条件总是不能满足（$S_l=1$），这对动力试验的影响比较大，通常采用附加质量的办法加以补救；第二种是采用与原型结构不同的材料来满足 $S_\rho S_l=1$，但是，这样得到的破坏机制特征就很难做到与原型结构相似。

近年来，钢筋混凝土破坏模型试验技术得到了很大的发展。试验的成功在很大程度上取决于模型混凝土及钢筋的材性与原型结构材料材性的相似程度。目前，钢筋混凝土结构的小比例强度模型还只能做到不完全的相似程度，材料的完全相似很难得以满足。

钢筋混凝土结构的破坏模型要求正确反映原型结构的弹塑性性质，包括给出和原型结构相似的破坏形态、变形能力和极限承载能力，对模型材料的相似要求比较严格。理想模型的混凝土和钢筋应与原型结构的混凝土和钢筋具有相似的 σ-ε 曲线，并且在极限强度下的变形 ε_c 和 ε_y 应相等，如图 14.1.1 和图 14.1.2 所示。

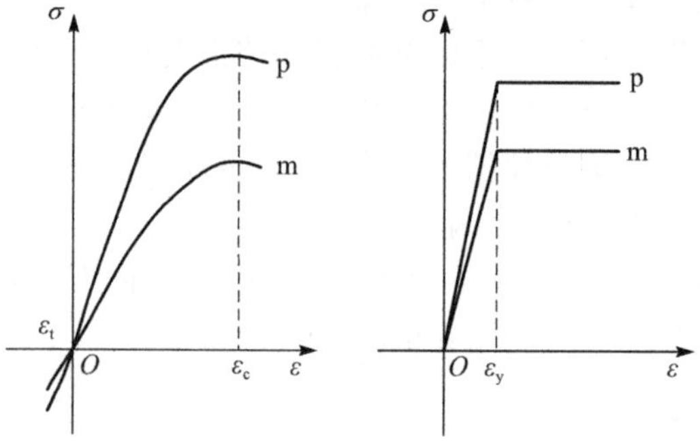

(a) 混凝土　　　　(b) 钢筋

图 14.1.1　理想相似材料的 σ-ε 曲线

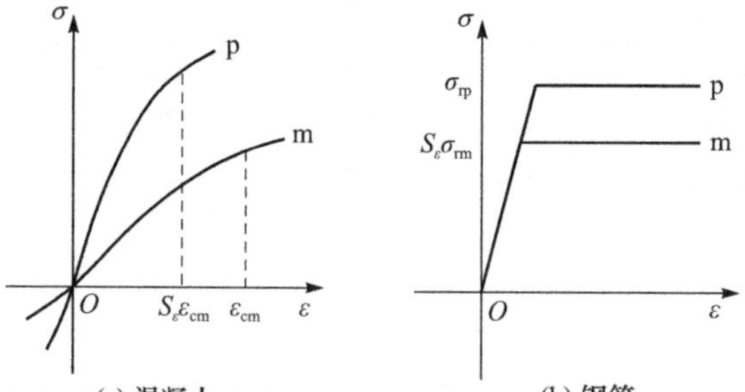

(a) 混凝土　　　　(b) 钢筋

图 14.1.2　不完全相似材料的 σ-ε 曲线

当模型材料满足这些要求时，由量纲分析得出的钢筋混凝土破坏模型的相似条件如表 14.1.2 所示。注意，这时 $S_{Er}=S_{Ec}=S_{\sigma c}$，即要求模型钢筋的弹性模量相似常数等于模型混凝土的弹性模量相似常数和应力相似常数。由于钢筋还是最适合的模型配筋材料，$S_{Er}=S_{Ec}=S_{\sigma c}$ 这一条件很难满足，要满足这个条件，需要 $S_{Er}=S_{Ec}=S_{\sigma c}=1$，也就是模型结构采用和原型结构相同的混凝土和钢筋。在这样的条件下，其他各量的相似常数要求如表 14.1.2 中实际模型的相似常数所示。其中模型混凝土密度相似常数为 $1/S_l$，要求模型混凝土的密度为原型结构混凝土密度的 S_l 倍。当需要考虑结构本身的质量对结构性能的影响时，为满足密度相似的要求，通常在模型结构上施加附加质量的办法来实现。

表 14.1.2　钢筋混凝土破坏模型的相似条件

分组	物理量	量纲	理想模型	实际模型	不完全相似模型
材料特性	混凝土应力 σ_c	F/L^2	$S_{\sigma c}$	1	S_σ
	混凝土应变 ε_c	—	1	1	S_ε
	混凝土弹模 E_c	F/L^2	$S_{\sigma c}$	1	S_σ/S_ε
	混凝土泊松比 ν_c	—	1	1	1
	混凝土密度 ρ_c	FT^2/L^4	$S_{\sigma c}/S_l$	$1/S_l$	S_σ/S_l
	钢筋应力 σ_r	F/L^2	$S_{\sigma c}$	1	S_σ
	钢筋应变 ε_r	—	1	1	S_ε
	钢筋弹模 E_r	F/L^2	$S_{\sigma c}$	1	1
几何尺寸	线尺寸 l	L	S_l	S_l	S_l
	线位移 Δ	L	S_l	S_l	$S_\varepsilon S_l$
	角变位 β	—	1	1	S_ε
	钢筋面积 A_s	L^2	S_l^2	S_l^2	$S_\sigma S_l^2/S_E$
荷载	集中荷载 P	F	$S_\sigma S_l^2$	S_l^2	$S_\sigma S_l^2$
	线荷载 w	F/L	$S_\sigma S_l$	S_l	$S_\sigma S_l$
	均布荷载 q	F/L^2	S_σ	1	S_σ
	弯矩 M	FL	$S_\sigma S_l^3$	S_l^3	$S_\sigma S_l^3$

混凝土的弹性模量和 σ-ε 曲线直接受骨料及其级配情况的影响，模型混凝土的骨料多为中、粗砂，其级配情况也和原型结构不同，因此实际情况下，$S_{Ec}\neq 1$，$S_{\varepsilon c}$ 和 $S_{\sigma c}$ 也不等于 1，在 $S_{Er}=1$ 的情况下为满足 $S_{\sigma r}=S_{\sigma c}$、$S_{\varepsilon r}=S_{\varepsilon c}$，需要调整模型钢筋的面积，如表 14.1.2 中不完全相似模型的相似常数，由于不完全相似，对非线性的试验结果会有一定的影响。

4. 结构抗震模型试验

桥梁结构抗震模型试验是应用相似理论来模拟地震对桥梁结构的作用，主要研究桥梁结构在地震作用下的动力特性、动力反应与破坏特征等，了解其在不同受力状态下的变化规律与抗震性能，通常采用破坏模型试验。

除了一般应遵守上面所讨论的有关相似准则外，在动力反应试验中还应使作用在原型结构与试验模型上的地震动相似（即地面运动的模拟），其中一种方法为反应谱相似。

地震是无规则的地面运动，在应用上可以简化为单自由度体系的反应谱来处理，这种反应谱表征了地震的频率和振幅的影响。实际地震的平均反应谱用$(S_v)_\mathrm{p}$表示，模型地震的反应谱用$(S_v)_\mathrm{m}$表示，则有

$$S_s=\frac{(S_v)_\mathrm{m}}{(S_v)_\mathrm{p}} \tag{14.1.30}$$

S_s称为地震相似常数。有了这一数值就可以把模型上得到的对应于各振型的反应值（变形曲线）换算到原型结构上去，计算出实际的地震反应，进而把它们按振型叠加起来即为结构对于地震作用的总反应。可见S_s不是一个简单的比例尺度，而是表征试验所模拟的地震和真实地震性状之间差别的参数。显然，S_s同周期T和阻尼比ξ有关，仅对应某一振型的T_i和相应ξ_i的S_s才有意义。

对于抗震试验模型的设计，另一个重要问题是阻尼特性的相似。在交变荷载作用下，振动阻尼可用滞回曲线包围的面积来表示，这就要求模型材料的滞回曲线形状和面积与原型结构相似。一个简单的比较办法是用原型结构与模型材料分别做两根梁，使其自由振动并测其振动衰减曲线求阻尼值。如果二者衰减率相同，就认为它们满足了相似条件，这一方法主要反映了材料阻尼的相似条件。

14.2　结构拟动力试验

拟动力试验是一种相对新型的结构抗震试验方法。这种拟动力试验方法将计算机与加载作动器联机结合使用，可以部分克服拟静力试验的单调、往复加载不产生惯性力，且忽略应变速度对材料的影响，还可以克服地震模拟振动台试验中难以得到结构恢复力特性的不足，它是未来结构抗震试验最有活力的发展方向之一。三种试验方法对比见表14.2.1。

表14.2.1　拟静力试验、拟动力试验和振动台试验方法对比

试验方法对比	拟静力试验	拟动力试验	振动台试验
造价	最低	较低	高
试件尺寸	大型、足尺	大型、足尺	小型、缩尺
能否随时对试件弹塑性性状进行细致的测量、观察	能	能	否
是否考虑应变速率效应	否	否	是
能否再现真实的地震情况	否	能	能
对试验的精度要求	一般	极高	较高

本质上，拟动力试验就是一个时程分析过程，应该注意的是，计算中需要的结构刚度特性参数是由试验得到的，而不是在计算之前通过选择某一种恢复力模型假定的。通过在联机试验中使用作动器施加计算得到的位移，就可以测得真实的

与反应相关的结构恢复力。总的来说，拟动力试验就是动力学数值计算与拟静力位移控制加载试验的组合。

从表 14.2.1 可以看出，拟动力试验方法结合了拟静力试验和振动台试验两者的优点。但它也有自身特定的限制，主要有：①结构的刚度不能太大；②试验系统误差（特别是控制误差）需要被严格限制；③不适用于分布质量很大的结构（包括混凝土水坝）；④如果结构的反应对黏滞阻尼特性非常敏感，并且很难准确地识别，拟动力试验方法就不适用；⑤无法对用应变速率敏感的材料制成的试件进行试验。

14.2.1　拟动力试验的流程

拟动力试验主要包括以下步骤（每一循环步中）：

(1) 根据前一时间步的结果，用计算机算出结构当前步的位移反应。

(2) 由加载作动器强迫结构模型实现这一位移，同时量测结构对应于该步位移的恢复力，并反馈给计算系统。

(3) 根据这个实测恢复力（结构刚度）及其他参数计算下一步的位移反应。

采用以上方法，一步步循环，直至完成整个结构的地震反应模拟。拟动力试验流程如图 14.2.1 所示。

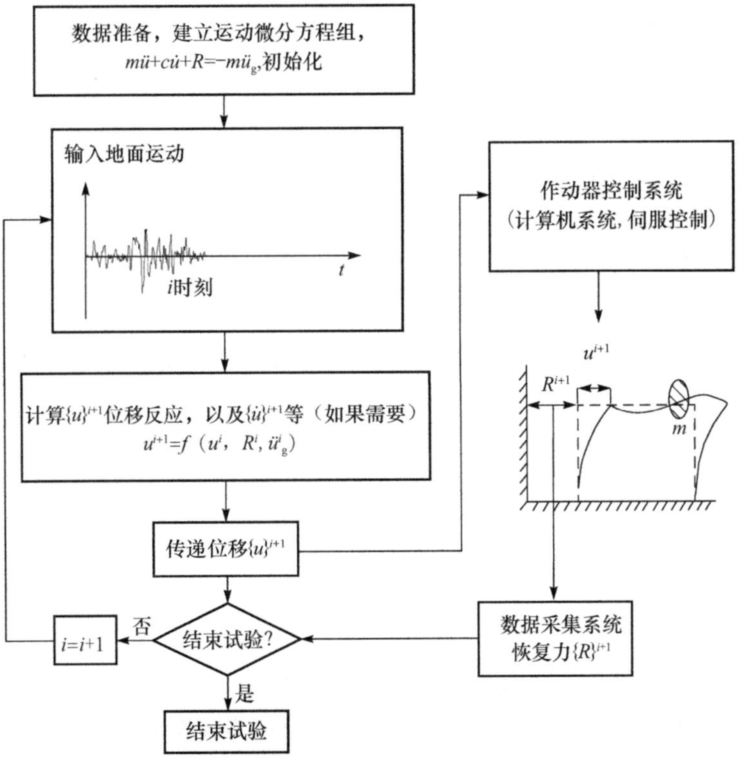

图 14.2.1　拟动力试验流程

14.2.2 拟动力试验理论问题

1. 结构动力模型

在拟动力试验中，试验模型在每一个物理坐标自由度下的位移场需要由一个独立的位移控制加载器来控制，而加载器是有限的，这样动力模型只能采用高度简化的集中质量法所建立的模型。

结构的运动方程为

$$\boldsymbol{M}\ddot{u}(t)+\boldsymbol{C}\dot{u}(t)+\boldsymbol{R}(t)=-\boldsymbol{M}\ddot{u}_{\mathrm{g}}(t) \tag{14.2.1}$$

式中，$\boldsymbol{M}$、$\boldsymbol{C}$分别为质量矩阵和阻尼矩阵；$\boldsymbol{R}(t)$为非线性恢复力向量；$\ddot{u}_{\mathrm{g}}(t)$为地面运动加速度时程。其中，阻尼矩阵$\boldsymbol{C}$可以采用近似方法获得，如假设与质量矩阵$\boldsymbol{M}$成正比，也可以采用瑞利阻尼，即$\boldsymbol{C}=\alpha_1\boldsymbol{M}+\alpha_2\boldsymbol{K}$，而$\alpha_1$和$\alpha_2$是与结构阻尼比有关的常数。瑞利阻尼中的刚度矩阵可以采用结构的初始刚度矩阵。

2. 数值积分方法

由于$\boldsymbol{R}(t)$是非线性的，运动方程为非线性微分方程，只能用逐步积分法求解，可以采用显式算法或者隐式算法。其中显式算法包括中心差分法、单边差分法等，隐式算法包括 Newmark-β 法、Wilson-θ 法等。

采用显式的中心差分法容易实现拟动力试验的试验流程要求，缺点是为满足稳定性条件，有时时间步长要取得较小，使得试验加载次数增加。当采用隐式算法时，为配合拟动力法的试验流程，需要迭代求解技术。

3. 位移控制加载系统

采用电液伺服加载器对模型施加由运动方程求解出来的位移，但需要满足：①稳定性要求，即当输入有限小变动时，输出不出现发散或持续振荡现象；②尽量小的稳定误差，即输出的稳定值尽量接近要求的值。

采用拟动力方法可获得构件和结构的动力反应和动力特性，但在测试结构动力反应时，如果对整个结构都用拟动力方法，则结构模型大小将受到很大限制。

14.2.3 拟动力方法应用

1. 子结构方法[2]

结构在地震作用下产生破坏，但破坏往往只发生在结构的某些部位或构件上，其他部分仍处在完好或基本完好的状态。经济合理的试验研究是将结构中最容易破坏的、具有复杂非线性特性的这部分结构进行试验，其他处在弹性状态的完好结构部分用计算机进行计算模拟，这就是拟动力试验中的子结构方法。

在子结构拟动力试验过程中，试验子结构的恢复力直接由试验测得，计算子结构基本处于弹性状态，恢复力按照初始刚度计算得到。在拟动力试验中采用子结构技术，同时应用可靠的数值积分方法，可以很好地模拟整体结构在地震作用下的非线性特征。采用高阻尼橡胶隔震支座的桥梁结构在地震作用下发生弹塑性变形的部位主要集中在隔震支座，而桥墩和桥梁上部结构基本处于弹性反应状态。此时可以对发生弹塑性变形的高阻尼支座采用拟动力试验，而对处于弹性状态的其他桥梁构件建立力学模型，用计算机进行动力反应计算。

子结构方法解决了两个方面的问题：一是大大降低了试件的尺寸和规模，降低了对试验设备的要求，解决了实验室规模对大型结构试验的限制，同时降低了费用；二是将结构最复杂且难以用计算机分析模拟部分用试验来分析，能够得到真实的受力状况，免去分析不准的困难。

2. 多点地震动输入

大跨度桥梁各桥墩相距较远，地震到达各支撑点的时间先后、峰值及频率成分等均不相同，导致各支撑点处的地震激励产生差别。在多点地震作用下，桥梁结构的受力情况非常复杂，不仅存在动力作用，还受到由各支撑点相对运动而产生的静力作用，所以破坏可能更为严重。

此外，实际的地震动是多维的，不仅存在水平分量，而且存在转动分量。大量震害调查和试验结果表明，结构在多维地震作用下的破坏比一维地震作用下的破坏更为严重，受力状态也更复杂。目前为止，多维地震动下结构非线性反应的动力分析方法和恢复力模型还没有很好地建立。

对于多维多点地震作用下结构动力反应的试验问题，通常采用地震模拟振动台台阵进行试验，但是其造价昂贵，而且试件的规模和尺寸也受到诸多限制。多维多点地震输入的拟动力试验方法，不仅在一定程度上解决了结构在多维多点地震输入下的试验问题，而且可以对较大规模尺寸的结构进行地震模拟试验。

图 14.2.2 为多维多点输入的结构模型，多维多点地震波在 x-y 平面内的 A、B 两点分别沿 x、y 方向输入，梁、墩的质量可以集中在两个节点处。地震作用下桥梁的破坏一般以桥墩破坏为主，而上部结构一般处于线弹性状态，此时，仅需对桥墩部分采用子结构模型进行拟动力试验，而上部结构的反应由计算机模拟。拟动力试验中，两个子结构加载的位移由整体结构动力方程计算得到。

3. 土-结构动力相互作用

土-结构动力相互作用是桥梁结构抗震研究的一个难点问题。拟动力试验方法可以在一定程度上弥补土-结构相互作用理论模型中的缺点，为解决工程问题提供可靠的保证。

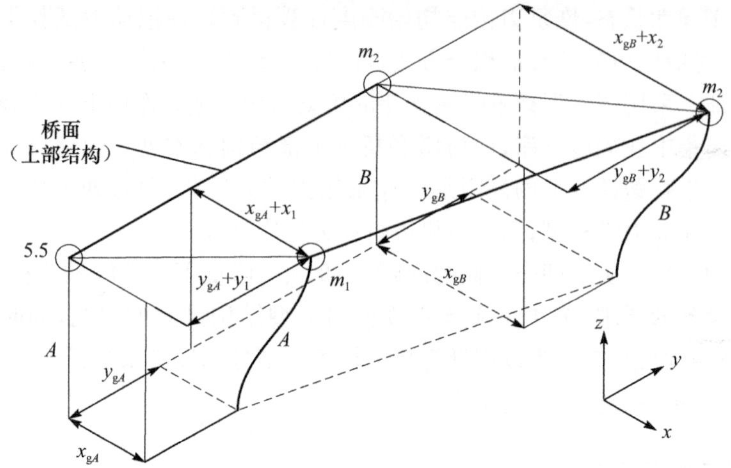

图 14.2.2　多维多点输入的结构模型

因为土-结构相互作用系统的动力刚度和阻尼是频率的函数，土体的应变速率和动力参数的频率相关性是比较难解决的问题，其解决途径之一是在土-结构相互作用动力方程的数值求解公式中考虑频率相关性因素的影响。

拟动力试验过程可以用图 14.2.3 所示的方法对桥梁结构进行试验分析，对土体采用数值模拟，试验中的实际加载位移应该减去因基础平动和转动在每一层产生的附加位移。这相当于土体部分作为计算子结构。

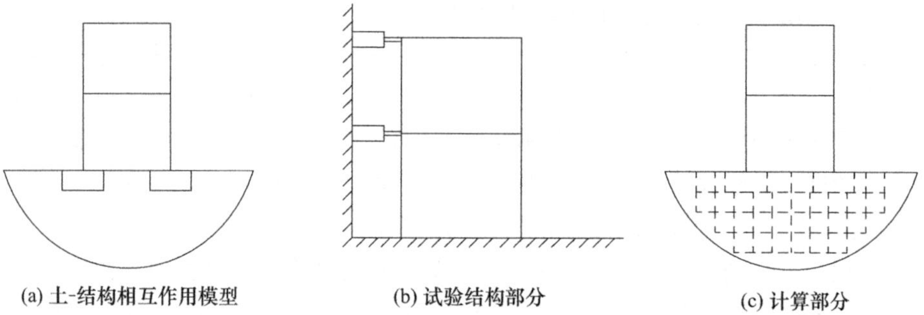

图 14.2.3　土-结构动力相互作用的理论模型和试验模型

这种方法只能考虑土体处于弹性状态的土-结构动力相互作用问题。为了模拟土体的非线性状态，可以直接将试件置于土体中进行试验，加载位移直接由土-结构整体动力方程计算，此时土体的非线性特征被包含在所测量的恢复力之中。

14.3　结构振动台试验

地震模拟振动台可以再现地震过程，是在实验室中研究结构地震反应和破坏机理的最直接方法，可以检验结构抗震性能，特别是强震作用下结构进入非线性后的性能。

采用地震模拟振动台进行的动力试验可以：①再现各种形式的地震波，为试验的多波输入分析提供可能；②模拟若干次地震现象的初震、主震以及余震的全过程，展现试验结构在相应各个阶段的力学性能，从而直观地了解地震对结构产生的破坏现象；③可按照研究人员的要求，借助人工地震波的合成和输入，模拟在任何场地上的地面运动特性，便于进行结构的随机振动分析，这是目前结构抗震研究中的重要手段之一。

14.3.1　地震模拟振动台的分类

地震模拟振动台始建于 21 世纪 60 年代末，首先是美国加州大学伯克利分校建成了6.1m×6.1m 的水平或垂直两向振动台，随后日本国立防灾科技中心建成了世界上最大的 15m×15m 的水平或垂直单独工作的地震模拟振动台。目前，国内的北京工业大学、同济大学、福州大学、中国地震局工程力学研究所、中国建筑科学研究院、招商局重庆交通科研设计院有限公司等高校和科研机构建立了一批台面尺寸大、承载力高，或是具有其他特色的地震模拟振动台。

从驱动方式来看，大部分地震模拟振动台都采用电液伺服方式，即采用高压液压油作为驱动源，这种方式具有出力大、位移行程大、设备质量轻等特点，也有一部分小型振动台采用电动式。从激振方向来看，有单向、双向和三向的振动台。从模拟控制方式来看，主要有两种：一种是以位移控制为基础的 PID（比例积分微分）控制方式；另一种是以位移、速度和加速度组成的三参量反馈控制方式。目前，新的自适应控制方法已经在电液伺服控制中有所应用。

振动台的输出频率一般是 0～50Hz，个别有特殊要求的振动台可达 100Hz 以上。振动台的位移幅值一般在±100mm 以内，速度在 80cm/s 以内，加速度可以达到 $2g$。地震模拟振动台的数控方式主要还是采用开环迭代进行台面的地震波再现。

城市与工程安全减灾教育部重点实验室（北京工业大学）地震模拟振动台系统主要有三种：1 个 3.0m×3.0m 的三向六自由度固定型振动台、2 个 2.5m×2.5m 的三向六自由度可移动型振动台、9 个积木式 1.0m×1.0m 子台模拟地震振动台阵系统。这些地震模拟振动台系统，特别适合研究多维多点地震动作用下长大桥梁结构的地震响应。2 个台位可移动的双台阵如图 14.3.1 所示，9 子台振动台台阵系统如图 14.3.2 所示。图 14.3.3 为利用该 9 子台振动台阵系统开展的独塔自锚式悬索桥结构模型试验。子台各项性能参数如表 14.3.1 所示。

图 14.3.1　2 个台位可移动的双台阵

(a) 台阵　　(b) 子台

图 14.3.2　9 子台振动台台阵系统

图 14.3.3　利用 9 子台振动台阵系列开展的独塔自锚式悬索桥结构模型试验

表 14.3.1　地震模拟振动台性能参数

性能指标	具体参数	性能指标	具体参数
台面尺寸	1m×1m	加速度波形失真度	≤25%(个别点除外)
台数	9 台	位移波形失真度	≤5%
最大位移	±7.5cm	台面不均匀度	≤25%
台重	1t	控制方式	加速度控制
最大承重	5t	振动波形	地震波、随机波、正弦波
频率范围	0.1～45Hz	最大加速度	(满荷)1.5$g(x)$,0.8$g(z)$
最大速度	60cm/s	工作方式	单台三向六自由度, 组合可作双向和三向

14.3.2　地震模拟振动台试验的作用

有限元方法的提出和地震工程的发展是 20 世纪土木工程界的两大突破,后者开拓了结构动力分析新领域。振动台可以模拟地震发生的全过程,使人们直观了解和认识地震对结构产生的破坏现象。因此,地震模拟振动台试验设备的问世和试验技术的发展在抗震科研工作中发挥了积极的作用,促进和推动了地震工程的发展。

1. 研究结构的动力性能、破坏机理以及震害原因

地震模拟振动台可以再现各种形式的地震波,利用振动台的输入和结构反应输出,借助系统识别方法可以得到结构的各种动力参数,为研究结构物的各种动力性能以及结构的抗震性能提供依据。在进行抗震设计时,对于特别复杂的结构,可以通过振动台试验得到结构的破坏机理,结合理论分析研究结构可能的震害原因,找出薄弱环节,指导设计。

2. 验证抗震计算理论和计算模型的正确性

试验能够鉴别一个新的计算模型是否反映结构的本质,一种新的计算理论是否合理。在结构非线性地震分析中,研究人员可以通过建立一种适当的恢复力模型来验证地震反应分析方法对于预测结构非线性性能的可靠性,还可以验证对于原型结构计算方法的正确性。

3. 研究动力相似理论为模型试验提供依据

通过不同比例模型的试验,可以验证相似理论的正确性,同时可以外推到原型结构在确定性地震波输入后的反应,进行震害分析。

4. 检验实际结构的可靠性以提高抗震性能

某些结构的可靠性关系着人民的生命财产安全,其抗震性能受到特别的重视。

例如，城市管线、电力、通信、运输等生命线工程，维系着一个城市的命脉，其抗震问题不容忽视。对于核反应堆的管道及其连接部分、高压输电线路的绝缘瓷瓶高压开关等，都要经过抗震试验验证合格才能在地震区应用。

5. 为抗震静力试验提供依据

根据动力试验的结果，可以寻找静力简化算法，为静力试验提供依据。根据振动台试验中结构的变形形式，确定沿结构高度静力加载的荷载分布比例。根据量测到的结构最大加速度反应来确定静力加载时荷载的大小，还可以根据结构动力反应的位移时程来控制静力试验的加载过程。

14.3.3 地震模拟振动台试验的加载过程和试验方法

根据试验目的不同，在选择和设计振动台台面输入加速度时程曲线后，试验的加载过程有一次性加载和多次加载的不同方案。

1. 一次性加载

一次性加载试验的特点是结构从弹性状态到弹塑性直到破坏阶段的全过程是在一次加载过程中完成的。试验加载时选择一条合适的地震记录，该地震激励能够使结构产生需要的反应。在试验过程中，连续记录结构的位移、速度、加速度和应变等输出信号，并观察记录结构的裂缝形成和发展过程，用来研究结构在弹性、弹塑性以及破坏阶段的各种性能，如刚度变化、能量吸收能力等，还可以基于位移反应通过计算机分析确定结构各个阶段的周期、阻尼比和强迫振动下的结构变形。这种加载过程的主要特点是可以较好地连续模拟结构在一次强烈地震全过程中的表现和反应。该试验的缺点是对试验过程中的量测和观察要求较高，特别是在初始裂纹阶段难以观察到结构各个部位上的微裂纹，要求有高速摄影或电视摄像的方法记录试验过程。

2. 多次加载

目前的模拟地震振动台试验，大多采用多次加载的方案来进行。一般可以分为弹性、出现初始裂纹、开裂等阶段一直到结构成为机构破坏倒塌。

(1) 动力特性试验，用来得到结构在初始阶段的各种动力特性。

(2) 振动台面输入运动，使结构产生微裂纹。

(3) 加大台面输入加速度的幅值，使结构产生中等程度的开裂。

(4) 加大台面输入加速度的幅值，使剪力墙、柱节点等重要部位产生破坏，受拉钢筋屈服，受压钢筋压屈，裂缝贯通整个截面，但是结构还具有一定的承载力。

(5) 继续加大台面输入加速度的幅值，使结构变成机动体系，稍加荷载结构就发生破坏倒塌。

在各个试验阶段，试验结构各种反应的测量和记录与一次性加载时相同，这样可以明确得到结构在每个阶段的周期、阻尼、振动变形、刚度退化、耗能能力和滞回特性等。多次加载会对变形产生累积的影响。

14.3.4　地震模拟振动台试验结构反应的测量

在试验中，需要测量结构或者构件的位移和加速度反应，一般将测点布置在产生最大位移或加速度的部位。对于结构构件的主要受力部位和截面，要求测量钢筋和混凝土的应变、钢筋和混凝土的黏结滑移等参数。来自位移、加速度和应变传感器的所有信号由专用的数据采集系统进行数据采集和处理，其结果可以由计算机终端显示。

14.4　典型桥梁结构振动台试验实例

本节基于北京工业大学 9 子台地震模拟振动台阵系统，开展典型梁桥结构地震模拟振动台试验研究，重点考虑行波效应、不相干效应以及局部场地效应对典型桥梁结构地震反应的影响，研究附加减隔震装置桥梁的减震效果以及桥梁碰撞反应等；探讨并发展土-结构相互作用动力子结构试验技术。当需要重点关注桥梁结构系统动力响应，但又要考虑桩-土-结构构动力相互作用时，可以将基础系统作为数值模型，桥梁结构模型安置到振动台上进行物理试验，界面响应由振动台进行模拟，桥墩与基础间的反力(剪力与弯矩)通过传感器反馈到数值模型中，以确保该类子结构试验的整体性。

14.4.1　典型梁桥结构地震模拟振动台试验介绍

1. 多维多点激励下曲线连续梁桥振动台试验

重点考虑行波效应、不相干效应以及局部场地效应对曲线桥梁结构地震反应的影响，以期明确地震动的空间变化性对曲线梁桥结构的影响规律。原型桥为一座曲率半径为 100m 的四跨连续梁桥，其跨径组合为 4×40m，主梁截面为混凝土箱形截面，双柱式圆形桥墩，墩顶设有盖梁。试验主要目的是研究地震作用下的桥梁结构动力响应，因此在模型相似比设计中采用忽略重力影响的强度模型[3]。综合考虑实验室场地和振动台系统的技术参数，选用 1/10 的几何相似比对试验模型进行了设计。曲线连续梁桥模型如图 14.4.1 所示[2]。

2. 不等高桥墩连续梁桥振动台试验

考察行波效应、不相干效应以及局部场地效应对高架桥地震响应的影响，并将黏滞阻尼器应用于高架桥模型结构,验证其对高架桥结构的减震效果,为实际工程中的应用提供相关试验依据。选取一座四跨连续梁桥为原型桥梁,跨径组合为4×40m,桥梁全长160m,上部结构为单箱三室钢筋混凝土箱梁,下部结构为钢筋混凝土双柱式桥墩。根据试验场地条件、研究目的及振动台的技术参数,设定几何缩尺比例为1∶10,不等高桥墩连续梁桥模型如图14.4.2所示[4]。

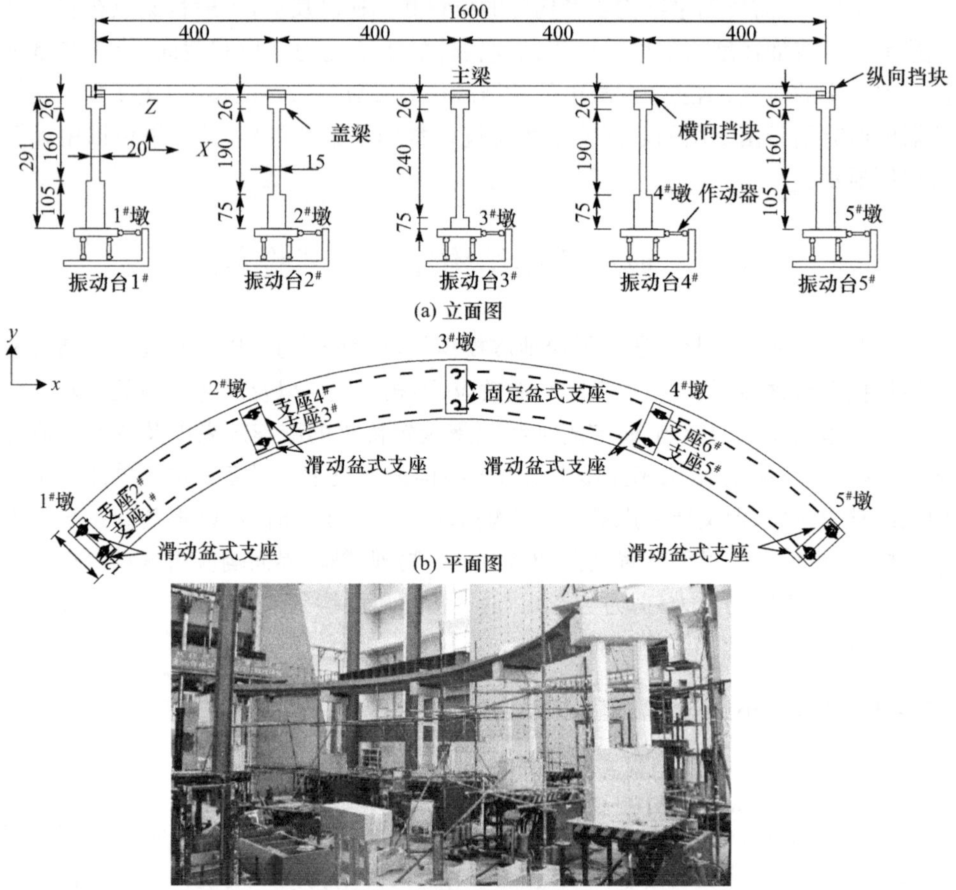

(a) 立面图

(b) 平面图

(c) 实物图

图14.4.1　曲线连续梁桥模型(单位:cm)

3. 高墩大跨刚构桥梁振动台试验

以某高墩大跨度预应力混凝土刚构桥为工程背景,按1/10比例设计并制作了一座三跨钢筋混凝土刚构桥模型,开展多子台振动台阵试验,研究行波效应和局部场地效应对大跨度刚构桥的地震响应的影响规律以及桥梁的碰撞行为,如图14.4.3所示[5-8]。

图 14.4.2　不等高桥墩连续梁桥模型(单位:m)

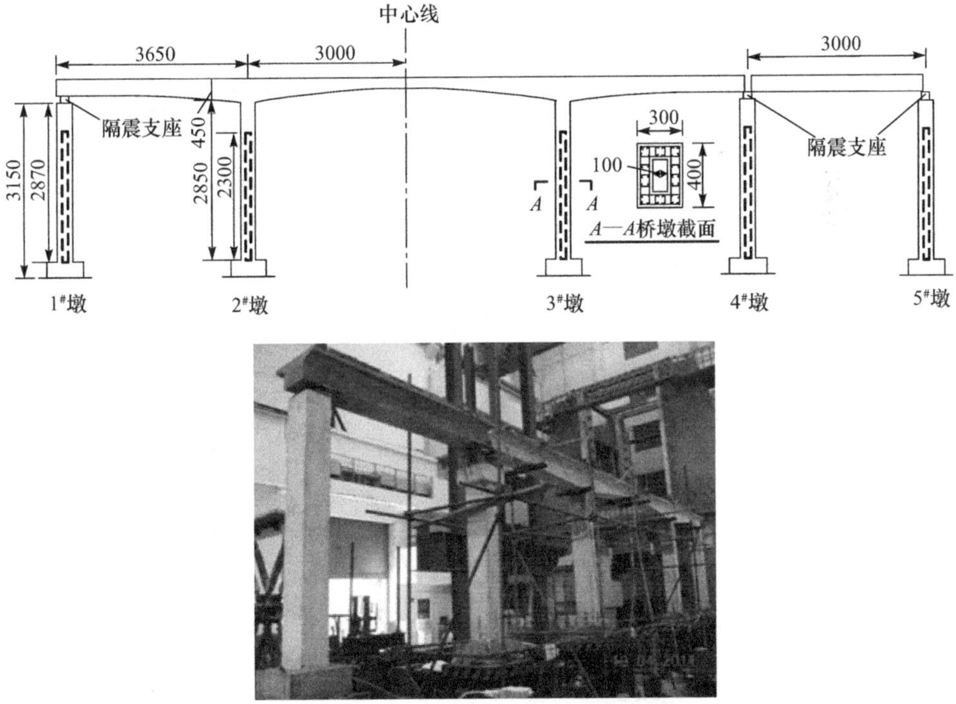

图 14.4.3　三跨连续刚构桥模型示意图(单位:mm)

14.4.2 典型梁桥结构地震模拟振动台试验结果

1. 行波效应影响

1）行波效应对曲线连续梁桥结构地震反应的影响

对于行波效应，不考虑其他因素变化的影响，只考虑视波速 v_{app} 为 50m/s、100m/s、300m/s 以及无穷大(inf)时(一致激励)所带来的影响。图 14.4.4 给出了在单向激励和双向激励下桥墩的相对位移，可以看出，与一致激励相比，在单向激励和双向激励下，对于桥墩的切向位移，中墩($3^{\#}$墩)的切向位移要更大，特别是时间迟滞比较明显时(v_{app}为 50m/s 和 100m/s)，其在单向激励和双向激励下的放大系数的最大值分别为 1.29 和 1.82，边墩($1^{\#}$墩和 $5^{\#}$墩)的切向位移相对于一致激励略微变小，特别是在双向激励下这个现象更为明显；对于桥梁的径向位移，中墩($3^{\#}$墩)的位移要明显比一致激励时小，而边墩的位移要比一致激励时大，其在单向激励和双向激励下的放大系数的最大值分别为 1.06 和 1.17。由此可以发现，不

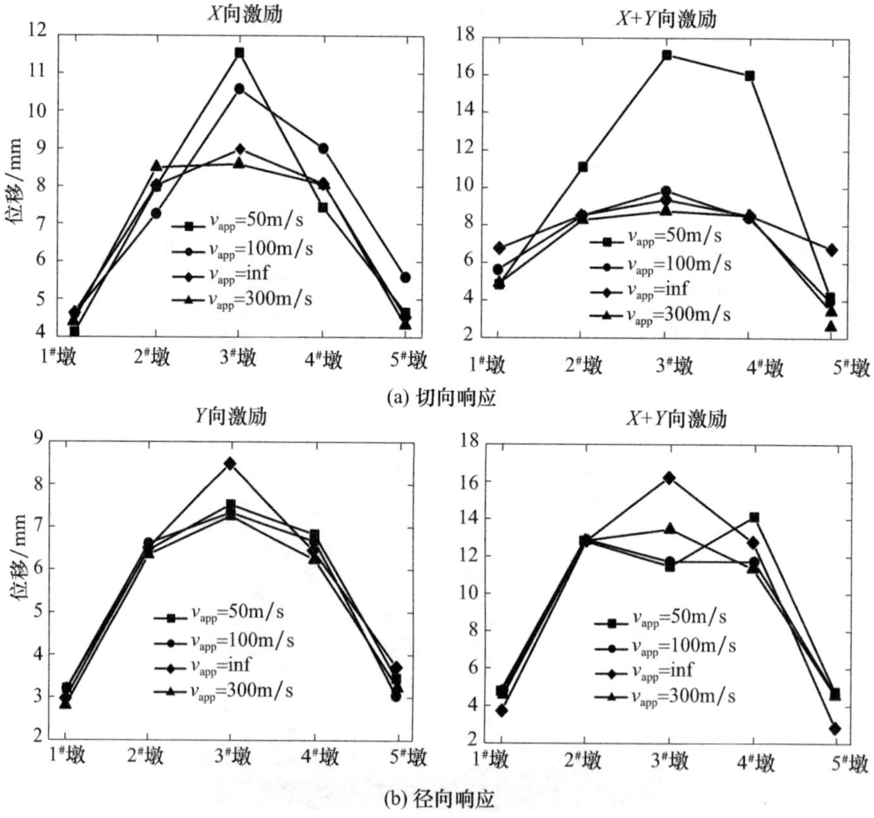

图 14.4.4　不同视波速下桥墩的相对位移响应

同视波速的地震波对中墩的切向位移和边墩的径向位移有较明显的放大作用，而对中墩的径向位移和边墩的切向位移的放大作用不明显，甚至出现缩小的情形。

2）行波效应对不等高桥墩高架梁桥结构地震反应的影响

振动台试验选择 El-Centro 波、集集波和人工波作为地震动输入。由于直线型桥梁不存在水平方向上的耦合作用，分别沿横桥向和纵桥向进行了单向输入，视波速选取 100m/s 和 300m/s。此外，为了考虑不同地震作用水平下的结构动力响应，输入加速度峰值分别调整为 0.4g 和 0.8g。图 14.4.5 和图 14.4.6 分别给出了在横向激励和纵向激励下的桥墩墩顶相对位移。从图 14.4.5 可以看出，虽然两次输入的地震动加速度峰值为 2 倍的关系，但是墩顶横向位移响应值并不是相应的 2 倍关系，而是大于 2 倍。横向地震行波激励下，固定墩墩顶横向位移响应显著降低，并且视波速越小，位移减小越多。当视波速为 100m/s 时，墩顶横向位移降低 30%以上，当视波速为 300m/s 时，墩顶横向位移与一致激励下的反应值相差很小。对于 El-Centro 波，考虑行波效应后的桥墩纵向位移与一致激励下的桥墩纵向位移相差很小，但是对于集集波和人工波，行波激励下的固定墩纵向位移要比一致激励下的位移小，相差 10%。

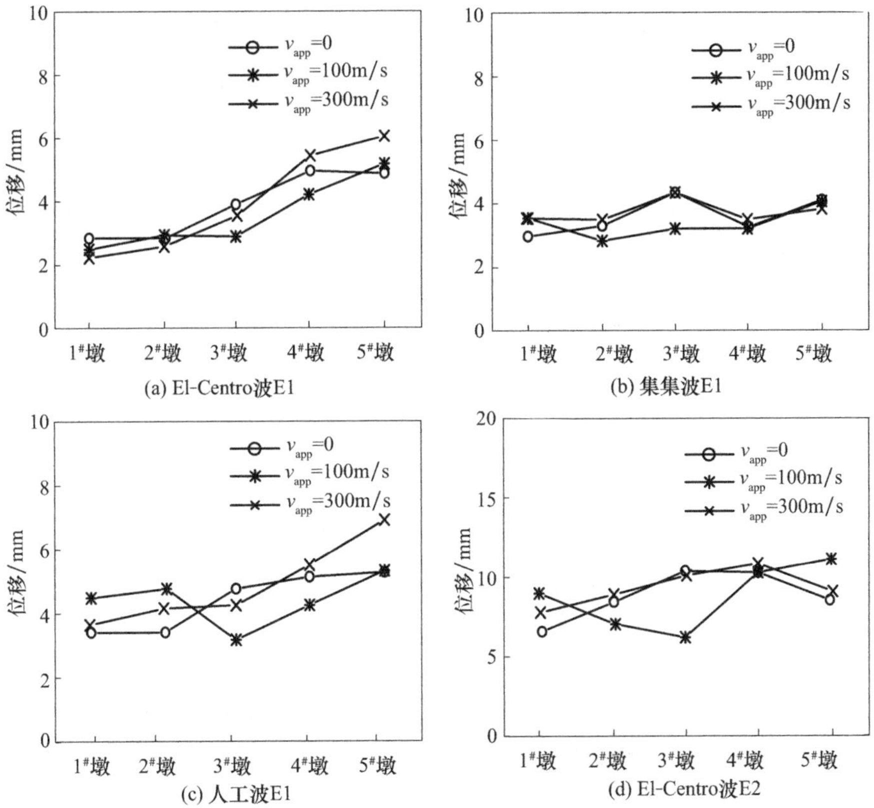

(a) El-Centro波E1　(b) 集集波E1

(c) 人工波E1　(d) El-Centro波E2

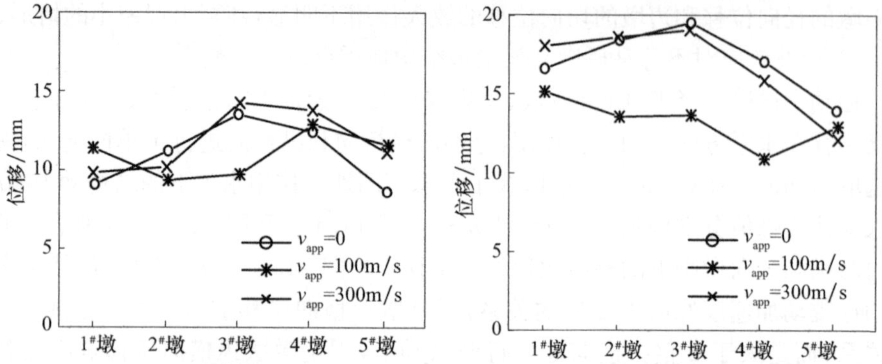

(e) 集集波E2　　(f) 人工波E2

图 14.4.5　横向激励下墩顶横向相对位移

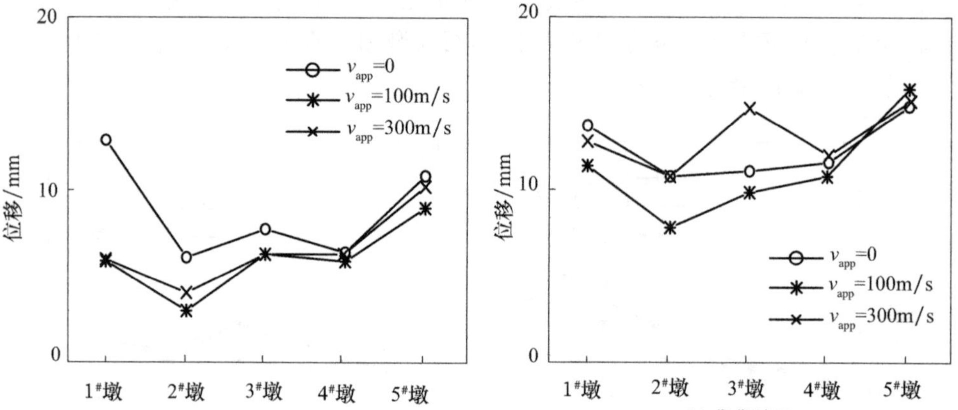

(a) El-Centro波E1　　(b) 集集波E1

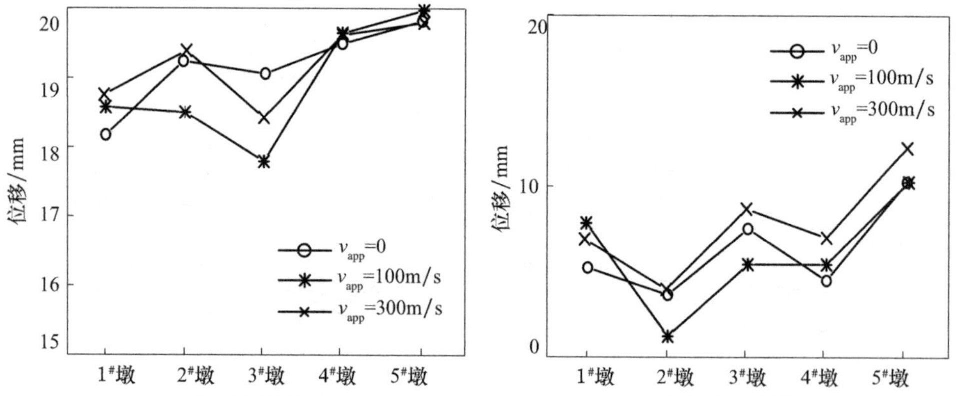

(c) 人工波E1　　(d) El-Centro波E2

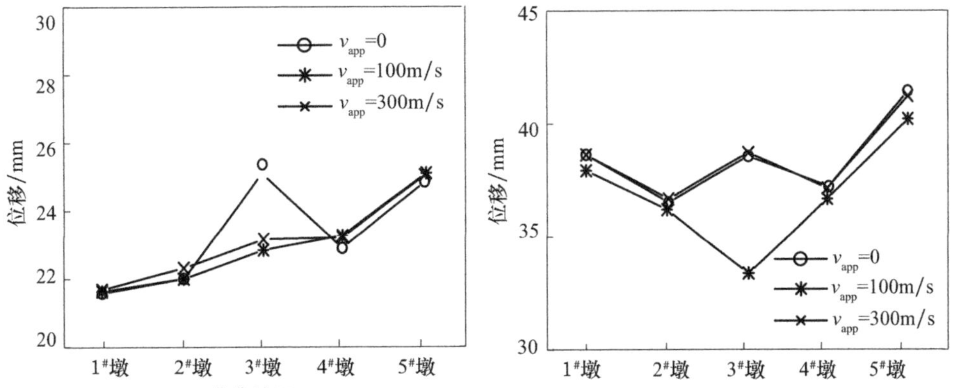

(e) 集集波E2　　(d) 人工波E2

图 14.4.6　纵向激励下墩顶纵向相对位移

3）行波效应对高墩大跨刚构桥梁结构地震反应的影响

地震波选取 El-Centro 波、汶川波和北京波（唐山地震）作为地震动输入。根据抗震设计规范中对超越概率分别为 63％、10％和 2％地震动设计峰值的规定，按 8 度抗震设防烈度考虑，加速度峰值分别调整为 0.385g、1.1g 和 1.5g。试验中视波速分别取 100m/s、200m/s、400m/s 和 600m/s。为了研究多点激励对桥梁动力响应的影响程度，定义位移增幅 $D_\Delta=(\Delta_t-\Delta_0)/\Delta_0$ 以及应变增幅 $D_\varepsilon=(\varepsilon_t-\varepsilon_0)/\varepsilon_0$，其中 Δ_t 和 ε_t 为考虑多点激励时结构响应的峰值；Δ_0 和 ε_0 为不考虑多点激励时结构响应的峰值。图 14.4.7 给出了行波效应下桥墩动力响应增幅。可以看出，考虑行波效应后，各边墩墩底应变增长显著。对于 1# 边墩，当视波速由 600m/s 降到 100m/s 时，在 El-Centro 波作用下应变增幅为 107.06％，在汶川波作用下应变增幅为 57.21％，在北京波作用下应变增幅为 102.85％。可以看出，视波速由 100m/s 增大到 600m/s 时，边墩动力响应与一致激励时的动力响应越来越接近，当视波速为 600m/s 时，边墩动力响应与一致激励时的动力响应基本一致。对于 2# 中墩，在三条强震记录作用下，北京波作用下 2# 中墩墩底应变响应峰值最大，且墩底应变增幅最大。这说明对中墩而言，考虑行波效应时，北京波将引起中墩墩底应变的剧烈变化。对整个结构而言，边墩和中墩对地震动频带的敏感带是不同的。

2. 不相干效应影响

1）不相干效应对曲线连续梁桥结构地震反应的影响

对于不相干效应的研究，忽略行波效应和场地效应带来的影响，只考虑高、中、低三个程度的相干性对结构响应带来的影响，通过引入相干函数，生成每个桥墩处的地震波。图 14.4.8 给出了不同相干性下桥墩位移响应。可以看出，与一致激励相比，当考虑不相干效应时，桥墩的相对位移有了较为明显的增大，特别是在高相

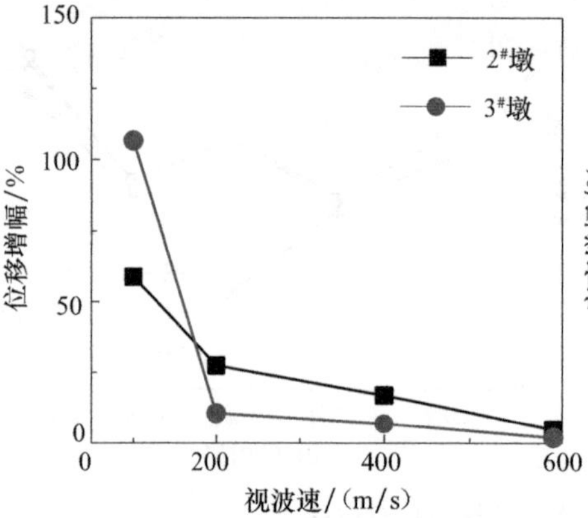

(a) El-Centro波中墩位移增幅

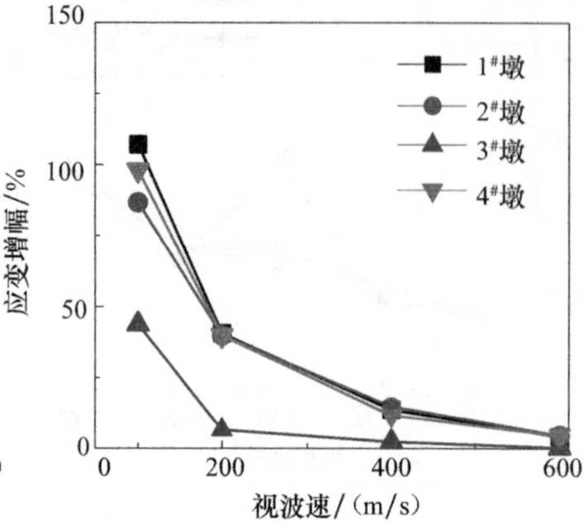

(b) El-Centro波桥墩应变增幅

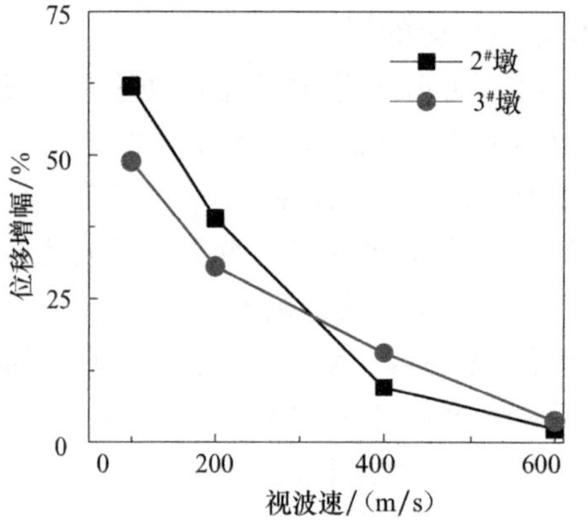

(c) 汶川波中墩位移增幅

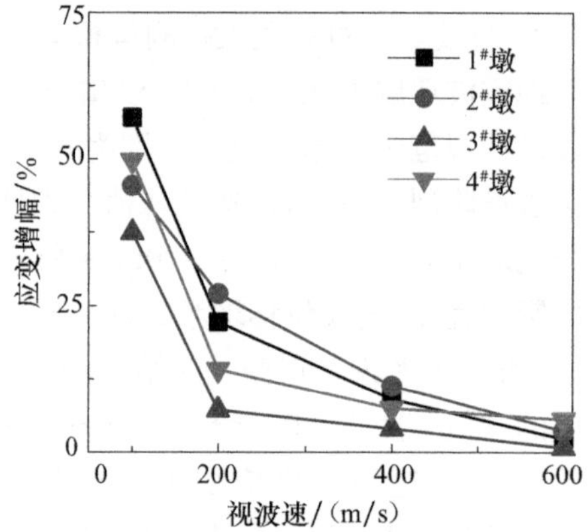

(d) 汶川波桥墩应变增幅

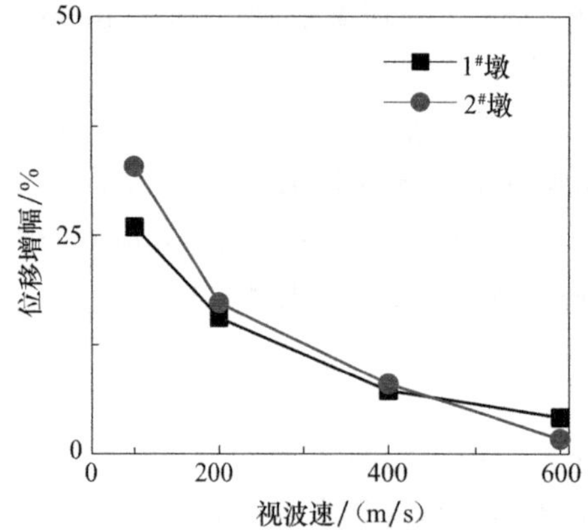

(e) 北京波中墩位移增幅

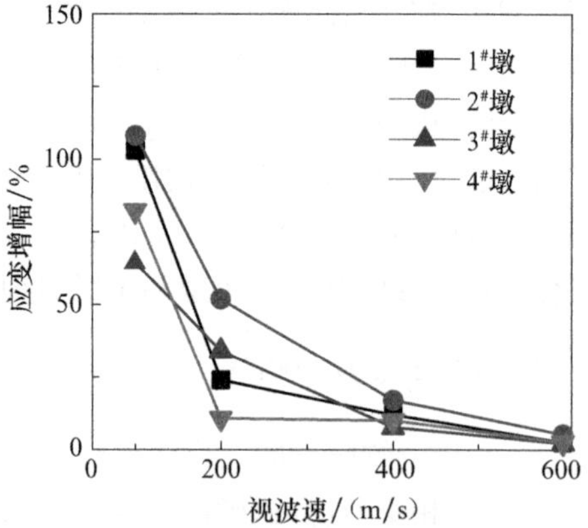

(f) 北京波桥墩应变增幅

图 14.4.7　行波效应下桥墩动力响应增幅

干性和中相干性时，桥墩切向位移在单向和双向激励下的放大系数最大值分别是 1.36 和 1.49。桥墩径向位移在单向和双向激励下也有较为明显的增大，其放大系数最大值分别是 2.03 和 1.22。与行波效应类似，相干效应对中墩(2#、3#、4# 墩)切向位移的放大作用要大于边墩(1#、5# 墩)，但相干效应对边墩(1#、5# 墩)径向位移的放大作用要比中墩更为明显。

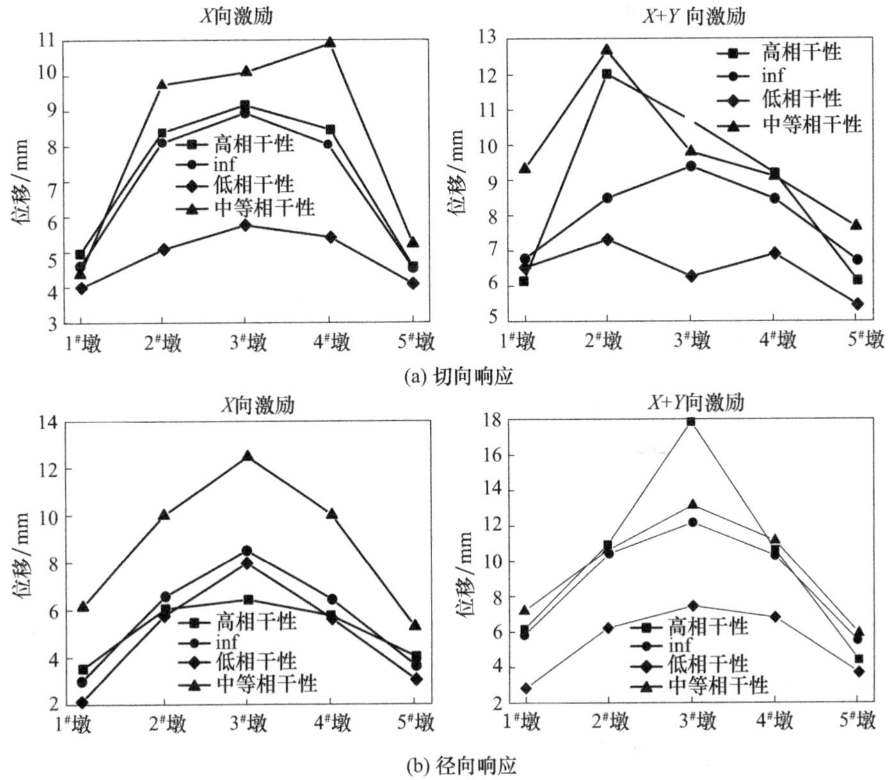

图 14.4.8　不同相干性下桥墩位移响应

2) 不相干效应对不等高桥墩高架梁桥结构地震反应的影响

为了考察不相干效应的影响，假设桥墩的场地类型一致，通过引入相干函数，生成每个桥墩处的地震波，并与一致激励进行对比。图 14.4.9 给出了考虑不相干效应的墩顶位移响应。可以看出，在横向多点激励下，除了 4# 墩外，各桥墩的墩顶横向位移均小于一致激励下的值，并且从 1# 到 5# 桥，考虑不相干效应的桥墩横向位移与一致激励下的位移值相差越来越大，其最大增幅约为 35%。因此，从设计角度讲，考虑不相干效应后桥墩安全系数降低。相对于一致激励，固定墩(3# 墩)的墩顶纵向位移降低，其降幅约为 15%，4# 墩的墩顶纵向位移增大，其他桥墩的墩顶位移相差不大。

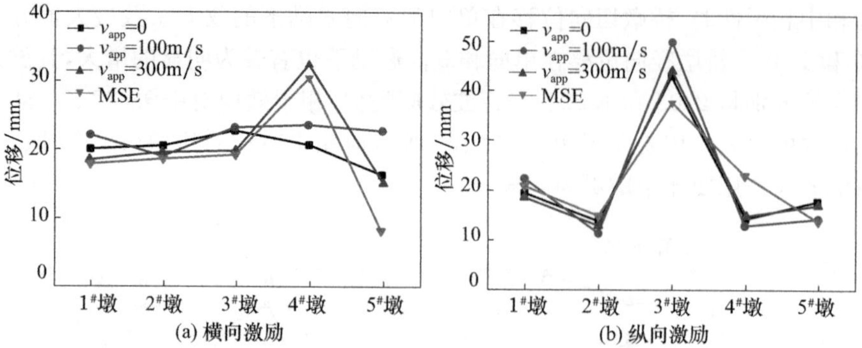

图 14.4.9　考虑不相干效应的墩顶位移响应

3. 局部场地效应影响

1）局部场地效应对曲线连续梁桥结构地震反应的影响

对于局部场地效应，主要研究土层分布不规则带来的影响。假设不考虑行波效应，只考虑中等程度的不相干效应。各个支点处的场地条件相同，但土层厚度不同，如图 14.4.10 所示。每条地震波也分别沿 X 向、Y 向、$X+Y$ 向进行输入。图 14.4.11 给出了不规则土层分布情况下桥墩位移响应。从图 14.4.11 可以看出，相对于 A 类场地，桥墩的切向位移在单向激励和双向激励下有明显的增大，其放大系数的最大值分别为 3.67、2.52、2.16、1.85 和 2.77、3.02、2.64、1.76。桥墩的径向位移在单向激励和双向激励作用下增大效果不明显，大部分桥墩的径向位移甚至减小，其放大系数最大值分别为 1.10、2.36、1.07、1.20 和 1.09、1.15、1.04、0.95。可以发现，不规则土层分布引起的局部场地效应会对桥墩的切向位移有明显增大，并且土层越厚越不规则，增大效果越明显，而对桥墩径向位移的放大作用就很微小，甚至起到了缩小作用，并且土层分布越不规则，对桥墩径向位移的缩小

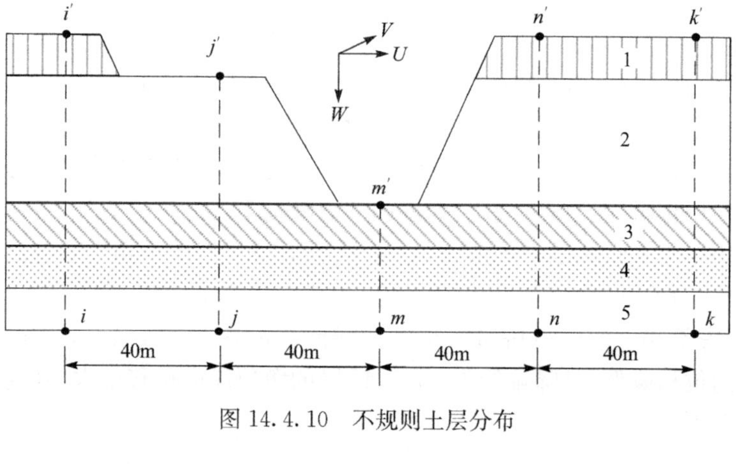

图 14.4.10　不规则土层分布

作用就越明显。产生这些现象的原因可以归结为土层分布越不规则,其对地震动相位的影响就越显著,从而使高阶模态对结构响应的影响更为明显,对桥墩的径向位移起到一定的缩小作用。

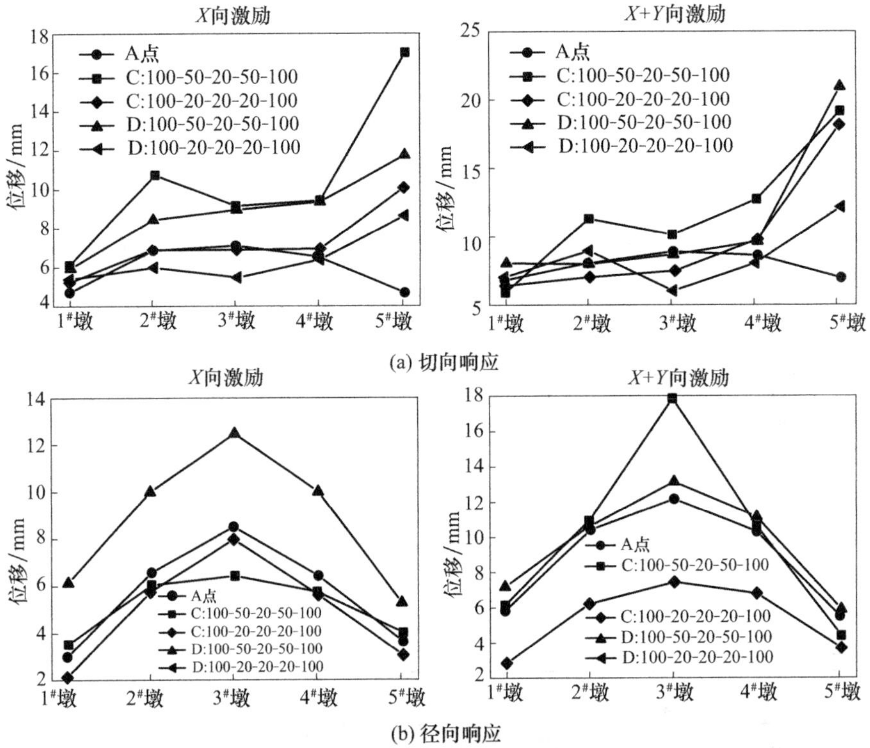

图 14.4.11　不规则土层分布情况下桥墩位移响应

100-50-20-50-100 表示 1# ～5# 桥墩位置处的土层厚度

2）局部场地效应对高墩大跨刚构桥梁结构地震反应的影响

局部场地的变化通过在各个不同的地面支承处输入不同的自功率谱来考虑。本章采用屈铁军等[9]对实测地震记录进行回归拟合得到的不同激励点自功率谱来模拟局部场地效应的变化。表 14.4.1 列出了考虑局部场地效应的桥墩和固结节点地震响应增幅。可以看出,局部场地效应增大了中墩变形和各个桥墩的墩底应变,说明局部场地效应对桥墩而言是不利因素。但局部场地效应降低了墩梁固结节点处的应变峰值,说明考虑局部场地效应比一致激励对节点受力更有利。考虑局部场地效应后,边墩动力响应增幅受 El-Centro 波的影响大,中墩动力响应增幅受北京波的影响大,说明各个桥墩因其约束的不同而对场地效应的敏感度是不同的。桥墩墩底应变增幅明显大于固结节点处应变增幅,说明墩底应变比节点处对场地土质的变化更敏感。

表 14.4.1　考虑局部场地效应的桥墩和固结节点地震响应增幅（单位：%）

试验工况＼动力响应	1# 墩墩底应变	2# 中墩		2# 墩固结节点应变	3# 墩固结节点应变	3# 中墩		4# 墩墩底应变
		墩底应变	位移			墩底应变	位移	
El-Centro 波	86.63	144.89	61.59	−39.38	−12.15	67.68	55.83	78.76
汶川波	14.95	101.95	21.40	−17.06	−8.55	69.58	27.04	17.23
北京波	71.34	169.23	6.97	−8.99	−20.73	94.13	6.10	20.65

4. 附加黏滞阻尼器对不等高桥墩高架梁桥的减震效果

为了研究黏滞阻尼器应用于高架桥的减震效果，设计制作了四个最大出力30kN 的黏滞阻尼器，其设计参数如表 14.4.2 所示，并且在每个阻尼器的活塞杆中间安装一个 30kN 的拉压传感器，用来测试阻尼器的出力。黏滞阻尼器及安装如图 14.4.12 所示。选取集集波进行一致输入和考虑行波效应的多点输入，其中视波速取 100m/s 和 300m/s，输入方向为纵桥向，输入峰值按照 E1 和 E2 两种方式进行。

表 14.4.2　黏滞阻尼器设计参数

外缸内径/m	活塞头直径/m	活塞头长度/m	活塞杆直径/m	阻尼孔直径/m	阻尼孔长度/m	阻尼孔个数	黏滞液体黏度/cst
0.05	0.05	0.05	0.028	0.002	0.05	4	100

(a) 阻尼器照片　　(b) 阻尼器安装

图 14.4.12　黏滞阻尼器及安装

图 14.4.13 给出了一致激励下各桥墩墩顶位移峰值对比。可以看出，阻尼器能有效地减小固定墩的位移，减震率为 20%～40%，具有良好减震效果。同时，阻尼器也能有效减小 2# 和 4# 活动墩墩顶位移，由于 1# 和 5# 墩安装了阻尼器，其墩顶位移有所增大，但是增大率较小，有效地分担了固定墩造成的水平力。

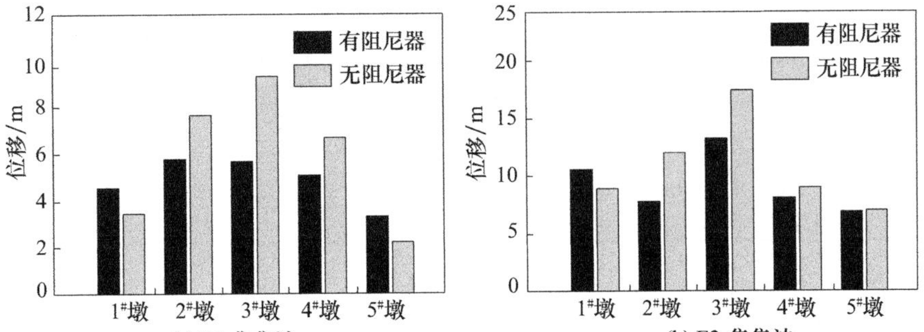

(a) E1-集集波　　(b) E2-集集波

图 14.4.13　一致激励下桥墩墩顶位移峰值对比

图 14.4.14 给出了多点激励下各桥墩墩顶位移峰值的对比。固定墩墩顶位移大于其他桥墩的墩顶位移,但其减震率在 30%以上。同时,2# 及 4# 活动墩墩顶位移的减震率也在 10%以上,而 1# 和 5# 边墩安装了阻尼器,其墩顶位移响应有所增大。

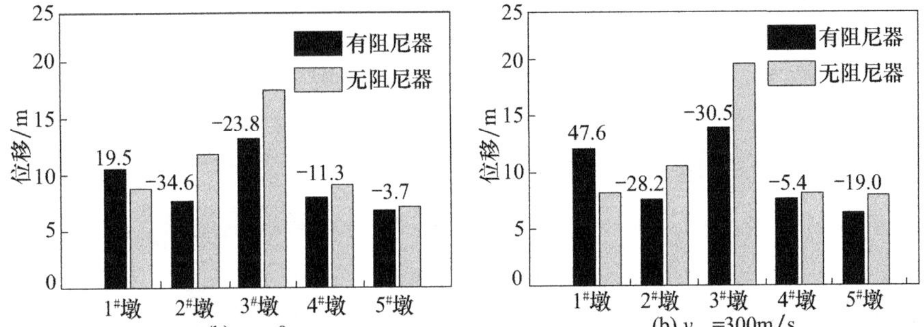

(b) v_{app}=0　　(b) v_{app}=300m/s

图 14.4.14　多点激励下各桥墩墩顶位移峰值对比

可见,在一致激励与多点激励下黏滞阻尼器均具有较好的减震效果,但是在多点激励下,阻尼器的减震效果并未达到最优。阻尼器在优化设计时,需要考虑地震动多点激励所带来的影响。

5. 地震碰撞影响及减撞效果

表 14.4.3 汇总了桥梁碰撞动力响应峰值[7]。可以看出,用铅芯橡胶支座并设置阻尼器时,在 El-Centro 波行波激励下,桥梁水平加速度响应峰值小于一致激励下的试验值,且未发生上部结构碰撞。在汶川波和北京波行波激励下,水平加速度响应峰值大于一致激励下的试验值,且发生了桥梁碰撞。这说明考虑行波效应后,阻尼器的使用降低了碰撞力和邻梁纵向相对位移,但不一定会减小结构的加速度响应,因此需要合理选用,确定最优化的参数。刚构部分与简支梁部分的刚度、质量差异使刚构部分峰值的变化量均大于简支梁部分峰值的变化量。在北京波激励下,水平加速度峰值变化量最小,而汶川波最大,说明汶川波将引起上部结构剧烈碰撞。

表 14.4.3　桥梁碰撞动力响应峰值汇总

支座形式		动力响应	$1^{\#}$墩梁面加速度/g	$2^{\#}$墩梁面加速度/g	$3^{\#}$墩梁面加速度/g	$4^{\#}$墩梁面加速度/g	简支梁纵向加速度/g	主梁竖向加速度/g	邻梁相对位移/mm	碰撞钢管应变/$\mu\varepsilon$
铅芯橡胶支座+阻尼器	一致激励	El-Centro 波	0.216	0.208	0.229	0.242	0.244	0.533	3.588	4.969
		汶川波	0.431	0.387	0.353	0.421	1.016	0.790	5.490	286.1
		北京波	1.002	0.963	0.930	0.899	2.741	1.452	5.741	295.84
	行波效应	El-Centro 波	0.117	0.079	0.091	0.127	0.148	0.582	4.306	5.712
		汶川波	0.929	0.825	0.836	0.921	1.824	1.288	10.286	526.52
		北京波	1.183	1.084	1.062	1.042	2.840	1.499	9.090	715.10

对于本试验，行波效应增大了桥梁结构的地震响应，但其峰值随视波速的增加而单调递减。局部场地效应增大了桥墩变形和墩底受力，但降低了墩梁固结节点受力。行波效应和桥梁结构邻梁刚度、质量差异均为桥梁邻梁碰撞的诱因。附加阻尼器可以有效降低碰撞力和邻梁纵向相对位移，但不一定能降低结构的加速度响应，阻尼器的减震效果与输入的地震动特性密切相关。

碰撞试验模型是在高墩大跨刚构桥梁模型的基础上增加了一跨跨度为 3.0m 的简支梁，如图 14.4.15 所示，在简支梁梁端截面设置一个半球，半径为 5cm，在主桥梁端截面设置二级钢钢管，直径为 5cm，钢管在工作过程中一直处于弹性阶段，由钢管应变可以反算出碰撞力的大小。

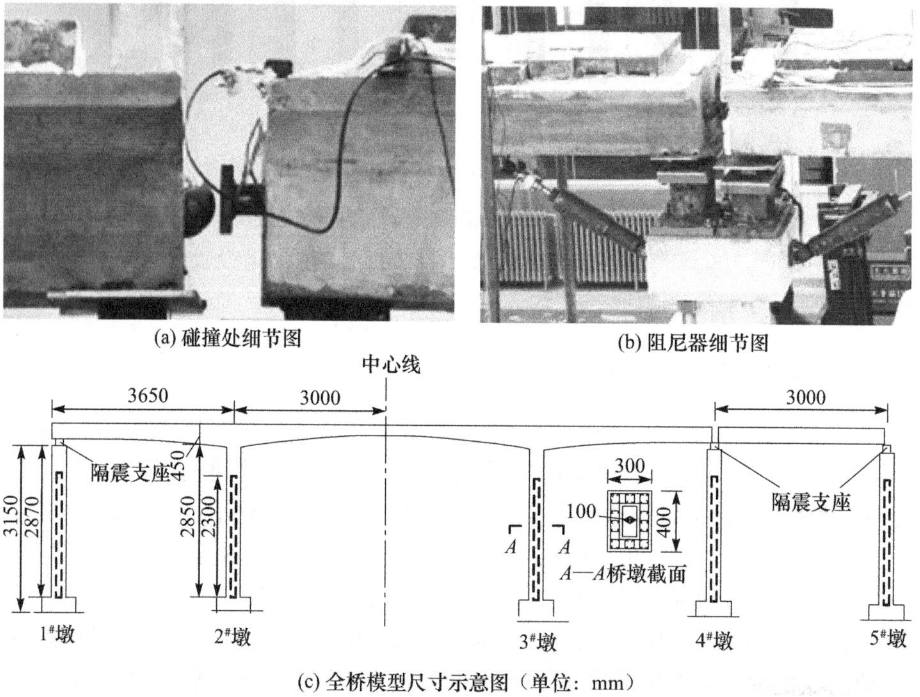

(a) 碰撞处细节图　　(b) 阻尼器细节图

(c) 全桥模型尺寸示意图（单位：mm）

图 14.4.15　连续刚构-简支梁组合桥碰撞试验模型示意图

14.4.3　考虑 SSI 桥梁结构动力子结构试验技术

1. 动力子结构试验技术简介

现有研究土-结构相互作用的试验方法主要有两类。第一类，将土-基础系统用装有土体的层状剪切箱代替，上部结构采用小比例(1/50 或更小)缩尺模型或直接采用悬臂-质量系统，严重的尺寸效应使得该方法只能对土-结构相互作用进行定性研究。此外，试验中激励输入也要进行相应比例缩尺，从而对振动台运行频带提出了更高要求。第二类，在实验室建立大尺寸(如 1/3 或以上)土-结构相互作用试验模型或在野外进行原位试验，但无法模拟地震激励，只能研究结构的自振特性(频率、阻尼比)。动力子结构试验方法可以将部分试验对象进行数学建模，其余部分进行真实试验测试，这对土-结构相互作用系统进行大尺寸试验测试提供了可能。

动力子结构试验通常把试验对象分为两个部分：重点分析或难以准确数学建模部分(结构或构件)在实验室进行物理试验，剩余部分通过计算机建模的方法进行数值分析，数据实时交互，达到整体试验同样的效果。1992 年，日本京都大学 Nakashima 等[10]成功实现首个试验以来，该项试验技术在工程结构中得到快速发展和广泛应用。利用该试验技术对桥梁结构行为进行研究，主要包括分别对上部或下部结构进行物理试验两类实现形式(见图 14.4.16)。

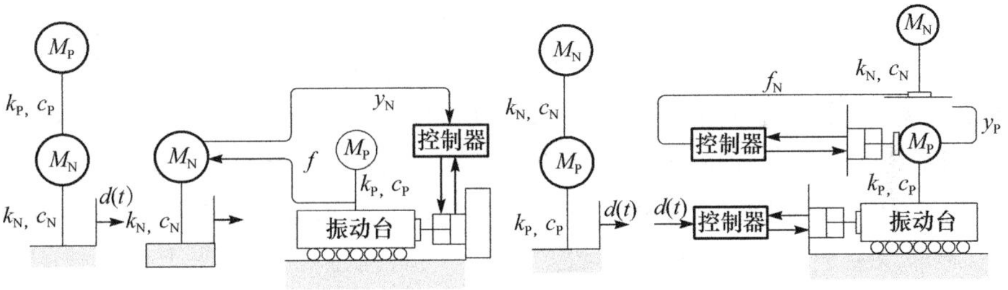

(a) 上部结构物理试验　(b) 下部结构物理试验

图 14.4.16　动力子结构试验技术原理

如图 14.4.16(a)所示动力子结构系统将上部结构进行物理测试，只需要振动台即可完成试验。试验时上部结构被固定在振动台上进行物理测试，底部结构作为数值子结构在计算机中进行求解。为了保证数值求解的实时性，子结构试验过程中，数值模型通过数值计算软件(如 Simulink)编译到实时处理器(如 dSPACE)上运行。数值求解将求得数值子结构在地面运动(d)和物理子结构反力(f)共同作用下的界面数值位移(y_N)，该数值位移结合设计的外环控制器共同产生振动台控制指令驱动振动台。试验对象同时包括振动台和物理子结构试件，物理子结构和振动台之间安装的力传感器用于测量物理子结构产生的反力并反馈到数值子结构模型，以此进行二者之间的数据交互。数值计算求取二者之间的界面位移(y_N)，振动台将该位移施加到物理试件上，为了保证试验精度，必须通过外环控制器使该位移与振动台实际响应位移(y_P)同步。

如图 14.4.16(b)所示动力子结构系统将下部结构进行物理测试，底部地面运动和上部结构产生的反力都需要施加到下部结构上，同时需要振动台和作动器两类加载设备协同工作方可完成整个试验。试验中对顶部自由度进行数学建模以求取数值/物理子结构界面间数值反力；动力子结构试验系统中物理部分包括下部结构、振动台(模拟地震动输入)和作动器(施加界面力)。在地震动激励(d)作用下，物理子结构产生响应，其位移被测量并传递给数值子结构，从而通过动力方程数值求解得到界面反力由作动器施加给物理子结构。振动台和作动器与数值模型的连接与实现形式与图 14.4.16(a)所示实现形式相同。

2. *考虑 SSI 的桥梁系统动力子结构试验方法*

1) 土-结构相互作用动力子结构试验需求

土-结构动力相互作用系统主要包括土-基础系统和上部结构动力响应。相对于土-基础系统，对上部结构动力特性建模相对容易，而基础与土体间的非线性、土体应力-应变非线性等特性很难准确进行数学描述。另外，土-结构相互作用研究的主要目的在于结构动力响应，且结构中存在的材料、几何及接触非线性的综合模型也难以精确理论建模。因此，基于不同研究目的，需要发展两类动力子结构试验方法：重点关注土-基础系统响应时将上部结构进行数值建模，反之则将土-基础系统作为数值模型。

以图 14.4.17(a)所示的考虑土-结构相互作用的桥梁结构动力响应研究为例，当研究重点为桥梁动力响应时，可发展图 14.4.17(b)所示的子结构试验系统，将土-基础系统进行数值模拟，桥梁模型安置到振动台上进行物理试验，界面响应由振动台进行模拟，桥墩与基础间的反力(剪力与弯矩)通过传感器反馈到数值模型中，以确保该类子结构试验的整体性。相反，当研究重点为基础-土体系统的动力特性时，可发展图 14.4.17(c)所示的子结构试验系统，将桥梁结构进行数值模拟，基础埋置于模型土箱中安置到振动台上进行物理试验，地震动输入振动台进行模拟，桥墩与基础间的反力(剪力与弯矩)通过作动器施加到基础上，从而保证对图 14.4.17(a)所示系统的整体模拟。

2) 土-基础系统建模

地震过程中作用到上部结构的地面运动包括图 14.4.18(a)所示的三部分：地震荷载造成的自由场运动(u_g)、基础与自由场土间的相对运动(u_{gs})，以及上部结构反力造成的基础变形(惯性相互作用：δ 和 θ)。此处主要讨论土与结构间的动力相互作用，故忽略基础与自由场间的相对运动($u_{gs}=0$)。为了描述图 14.4.18(a)所示的土-结构相互作用桥梁结构系统动力特性，通常基于半无限边界假设，将基础受力与变形间的关系采用式(14.4.1)所示阻抗函数进行描述。

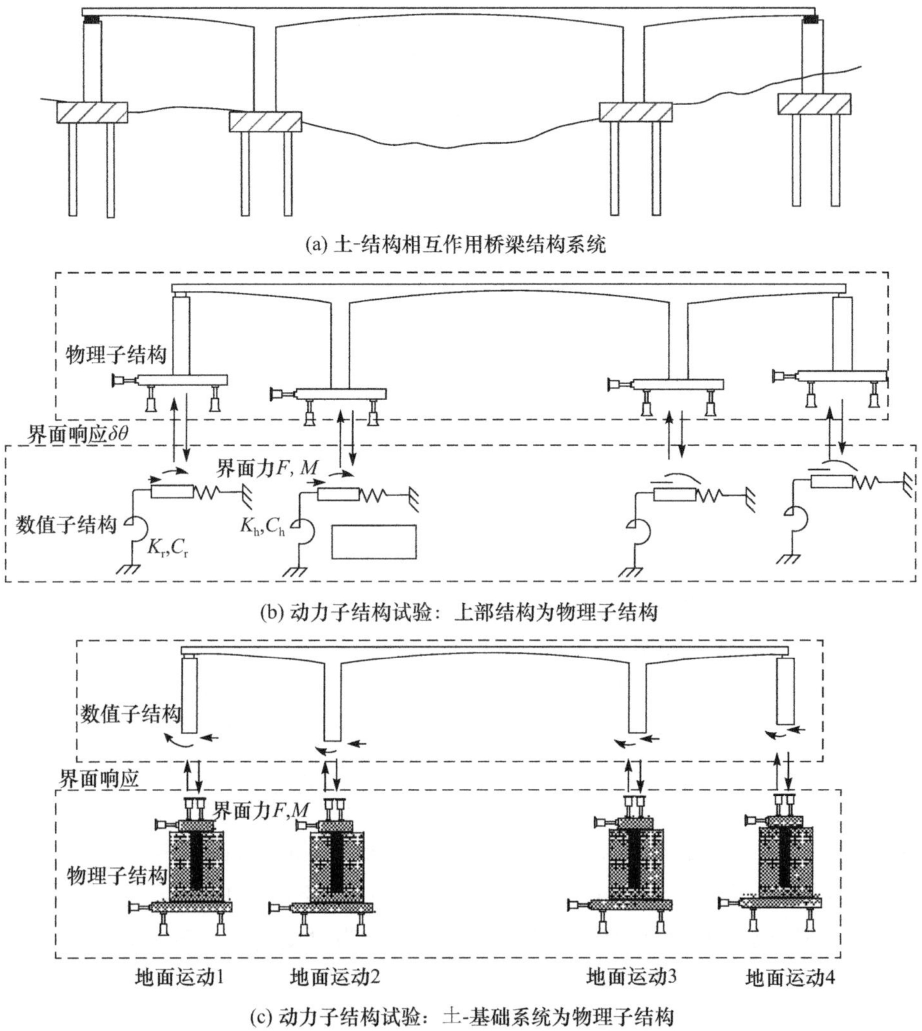

图 14.4.17　考虑土-结构相互作用的桥梁系统动力子结构试验方法

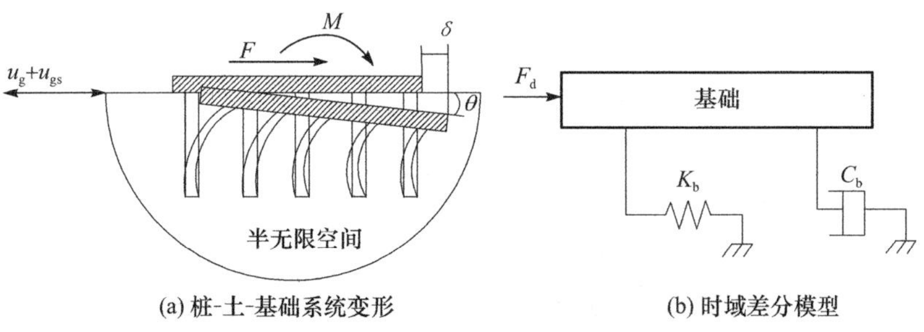

图 14.4.18　桩-土-基础数值模型

$$K = k(\omega) + \mathrm{i}\omega c(\omega) \tag{14.4.1}$$

式中，k 为刚度；c 为阻尼；ω 为圆频率；i 为虚数单位。然而，该模型为频域模型，无法满足动力子结构试验中逐步求解数值与物理子结构相互作用的时域要求。

为了克服该不足，采用杜修力等[11]提出的时域差分模型将该频域模型转化为时域模型。该时域模型如图 14.4.18(b)所示，该模型将土-基础系统动力特性用在假想力(F_d)作用下的单自由度系统进行描述，其力学模型如下：

$$K_b = nK_s k_1 \tag{14.4.2}$$

$$C_b = nK_s c_1 \tag{14.4.3}$$

$$F_d = \sum_{i=1}^{n} b_i y_b(t - i\Delta t) + \sum_{i=1}^{n} a_i F_d(t - i\Delta t) \tag{14.4.4}$$

式中，n 为桩的数量；K_s 为单桩静刚度；k_1 为归一化刚度；c_1 为归一化阻尼；$y_b(t)$ 为基础位移；t 为积分步长；a_i、b_i 为归一化求解系数。该模型中确定了 k_1、c_1、a_i、b_i 等参数就确定了相应的时域模型。

将式(14.4.2)～式(14.4.4)所示时域模型转换为频域传递函数，而后与式(14.4.1)给出的频域准确解结合，即可求得以上参数[12]。

3) 界面响应同步控制策略

在传统的振动台试验或作动器加载试验中，其控制性能往往基于 PID 或三参量等常用的工业控制器，加载过程中指令荷载往往难以准确地施加给试件，总会存在时间滞后或幅值误差。传统试验为开环系统，误差不会积累，其加载精度可满足试验研究。但在动力子结构试验中，数值模型与物理模型之间存在闭环数据交互，加载误差会不断积累增大，不但会大大降低试验精度，而且可能导致试验无法顺利完成(即失稳)。为了提高试验精度和可靠性，采用如图 14.4.19所示的自适应控制策略。该策略将振动台或作动器的动力特性分为时变与时不变两部分，时不变部分用常参数控制器补偿，时变部分采用自适应控制器补偿。

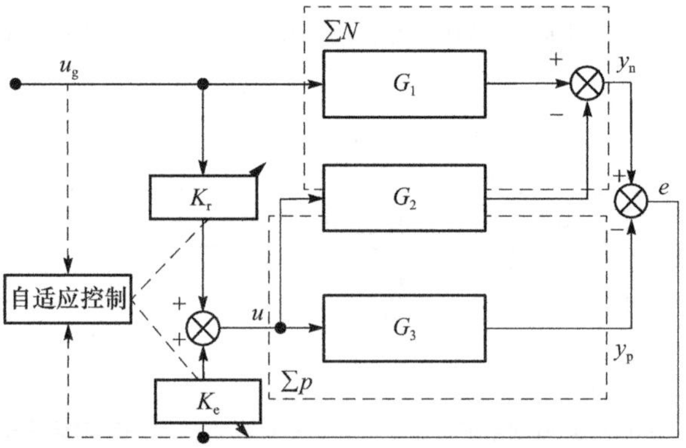

图 14.4.19　动力子结构试验自适应控制策略

常参数控制器设计过程中将整个试验系统分为数值子结构($\sum n$)和物理子结构($\sum p$)两部分。整个动力子结构试验系统包括三个模块：边界约束(G)、激励(G_1)和加载系统(G_2)。三个模块对应的表达式为

$$G_1(s)=G_{fr}(s) \tag{14.4.5}$$

$$G(s)=G_s(s)G_f(s)G_{ff}(s) \tag{14.4.6}$$

$$G_2(s)=G_s(s) \tag{14.4.7}$$

式中，$G_{fr}(s)$、$G_{ff}(s)$分别为界面响应(y_N)与地面运动(u_g)、上部结构反力(f)之间的传递函数；$G_f(s)$为上部结构反力(f)与加载设备响应(y_P)之间的传递函数；$G_s(s)$为加载系统输入输出之间传递函数。控制器的设计目标为界面上计算与加载间误差($e=y_N-y_P$)为零，根据图 14.4.19 与式(14.4.5)可得到常参数控制器(K_r)的表达式为

$$G_{err}(s)=\frac{G_1(s)-(G(s)+G_2(s))K_r(s)}{1+(G(s)+G_2(s))K_e} \tag{14.4.8}$$

理想条件下式(14.4.6)所示控制器可以保证界面响应加载误差为零，但实际系统中必然存在时变因素，考虑到时变因素的影响，采用 Stoten 教授提出的如下自适应控制算法：

$$u(t)=K_r(s)\ddot{\boldsymbol{u}}_g(t)+K_e(s)\boldsymbol{e}(s)+K_{ra}(t)\ddot{\boldsymbol{u}}_g(t)+K_{ea}(t)\boldsymbol{e}(t) \tag{14.4.9}$$

$$K_{ra}(t)=\alpha\int_0^t y_e(t)\boldsymbol{r}^{T}(t)\mathrm{d}t+\beta y_e(t)\boldsymbol{r}^{T}(t)\mathrm{d}t \tag{14.4.10}$$

$$K_{ea}(t)=\alpha\int_0^t y_e(t)\boldsymbol{e}^{T}(t)\mathrm{d}t+\beta y_e(t)\boldsymbol{e}^{T}(t)\mathrm{d}t \tag{14.4.11}$$

式中，α、β为自适应权重，$\alpha=10\beta$；误差项 $y_e(t)=C_e e(t)$，C_e 通常定义为 $C_e=4/t_s$，t_s 为试验系统运行步长。

4）试验系统性能测试

为了验证动力子结构试验系统对土-结构相互作用效应的试验测试效果，进行了传统振动台整体试验和子结构试验的对比[13]。在整体试验系统中，采用剪切土箱模拟土体，土箱中的土模拟近场土体基本特性，特制土箱侧壁使得剪切波速尽可能地传播，以模拟远场土体对地震波的反射和辐射特性。上部结构为单自由度系统，系统总质量为 130kg，其中上部质量 50kg，下部基础 80kg，基础与上部质量之间用 12 根 5mm 厚的钢管连接，基础埋入土中 100mm。整体试验照片如图 14.4.20所示。试验中采用了两条地震记录时程：Friuli-San Rocco 地震(15/09/76)Y-Y 向记录和 Vrancea 地震(04/04/77)南北向记录。为了能激起整体试验系统的自振频率，将原时程进行了缩尺，16.75s 的 Friuli-San Rocco 地震记录缩为 3.1s；40s 的 Vrancea 地震记录缩为 7.4s。

动力子结构试验中桩-土-基础系统采用前述时域模型，通过实测频域响应得到时域模型参数，如图 14.4.21 所示，对比频域响应表明，试验中该时域模型在小于

10Hz 的频率范围内能较好地描述土-基础系统动力特性，而后随频率的增大误差增大。

图 14.4.20　整体试验照片

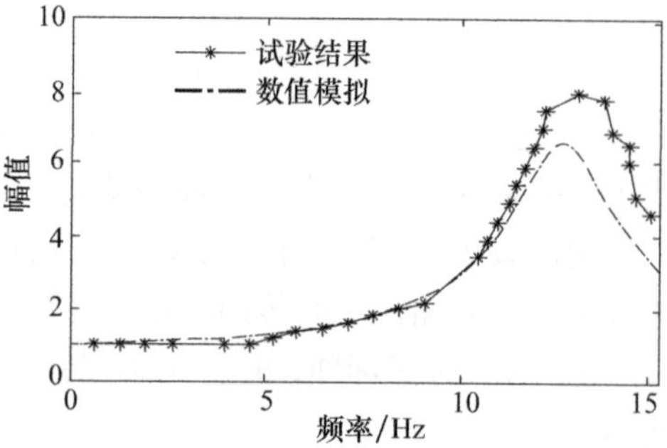

图 14.4.21　桩-土-基础系统数学模型

图 14.4.22 给出了整体试验与动力子结构试验下界面加速度响应对比情况。图 14.4.22(a)表明，子结构试验系统很好地再现了 Vrancea 激励下整体试验系统响应，对 Friulli-San Rocco 激励结构再现精度较差，这主要是 Rocco 波含有较多高频分量，而图 14.4.21 表明高频段数值模型描述精度不高，因此误差较大。图 14.4.22(b)所示加速度功率谱对比结果显示，子结构试验在 10Hz 以前对两激励信号作用系统均较好地再现了整体试验系统动力特性，与图 14.4.21 对其动力特性描述的频带范围一致，说明动力子结构试验能较好地实现土-结构相互作用。

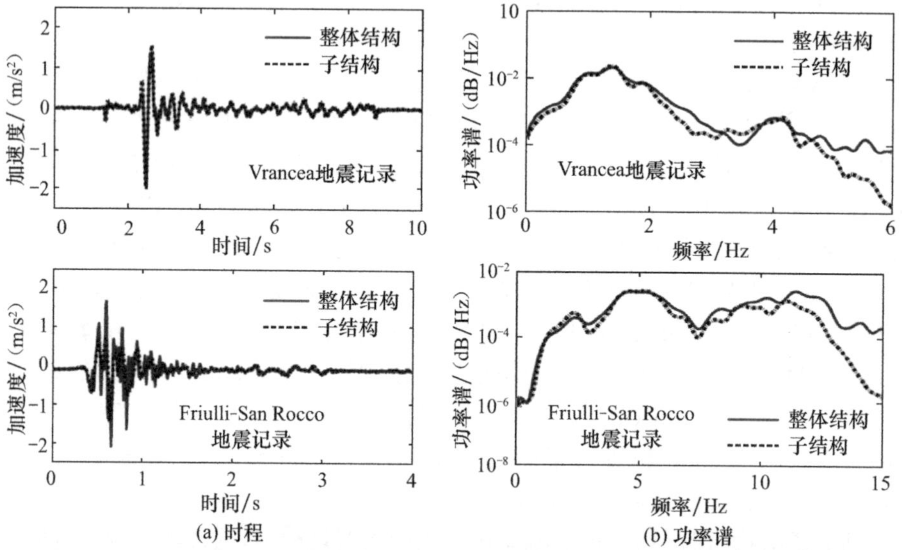

图 14.4.22　整体试验与动力子结构试验界面加速度响应对比

3. 考虑SSI刚构桥梁多振动台阵试验

在考虑土-结构相互作用的前提下，大部分振动台台阵系统都无法对结构进行大尺寸模型试验。动力子结构试验将土-基础系统作为数值子结构，在不增加设备试验能力的前提下可以考虑土-结构相互作用的影响。因此，此处采用动力子结构试验技术对考虑土-结构相互作用的多跨桥梁结构进行抗震性能研究。

将桥梁结构作为物理子结构进行物理试验，桩-土-基础系统作为数值子结构，采用考虑多层不同土质场地的彭津模型进行建模。子结构试验系统架构如图14.4.23所示。桥梁质量主要集中于桥面板上，因此在进行单向抗震试验时可将其看成单自由度系统，测量其惯性力按照桥墩刚度比例分配给基础作为界面反力反馈给数值模型。同时采用前述自适应控制器补偿振动台动力特性，以保证数值计算与物理试验的界面响应同步。

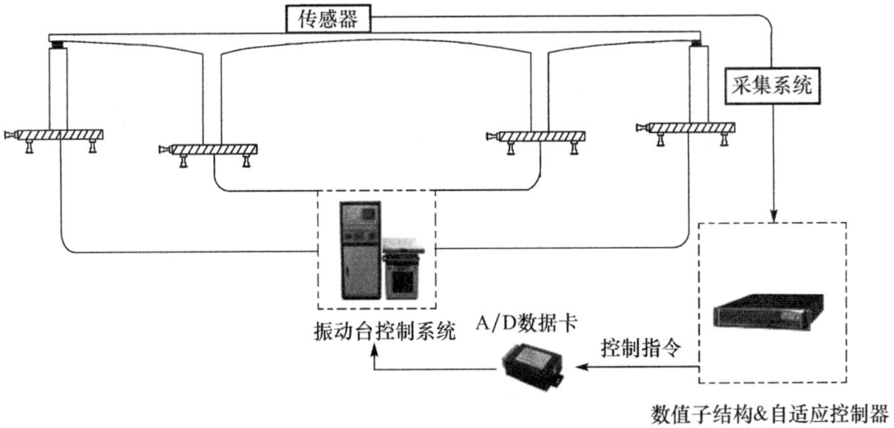

图14.4.23　桥梁结构动力子结构试验系统架构示意图

采用该试验技术对四跨连续梁桥和三跨连续刚构桥进行试验，对原桥尺寸进行1∶10缩尺，缩尺后试件模型分别如图14.4.2和图14.4.3所示。

对于连续梁桥，选取1940年美国加州地震的El-Centro波，沿纵桥向激励，加速度峰值调整为0.15g。由图14.4.24和图14.4.25可以看出，在El-Centro波作用下，考虑SSI效应后，3个桥墩的墩底应变均大于一致激励下且不考虑SSI效应的情况。当剪切波速V_s由400m/s降低至100m/s时，1#桥墩的墩底应变由149$\mu\varepsilon$增大到379$\mu\varepsilon$，增幅由6.085%增大至153.543%；2#桥墩和3#桥墩的应变响应规律与1#桥墩类似，但增幅有所不同。对于应变响应来说，除了剪切波速为100m/s时，1#边墩墩底应变出现突变的情况，3#墩的墩底应变响应增幅大于1#边墩和2#边墩墩底应变响应增幅，说明对SSI效应，固定墩墩底受力比边墩墩底受力更敏感。

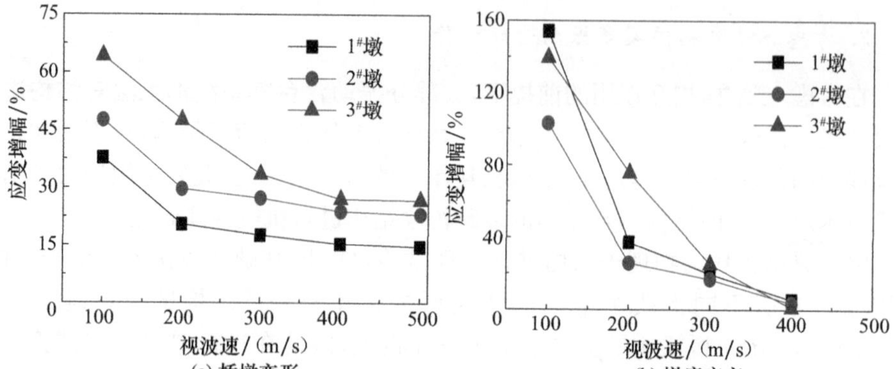

(a) 桥墩变形　　(b) 墩底应变

图 14.4.24　El-Centro 波作用下桥墩动力响应增幅

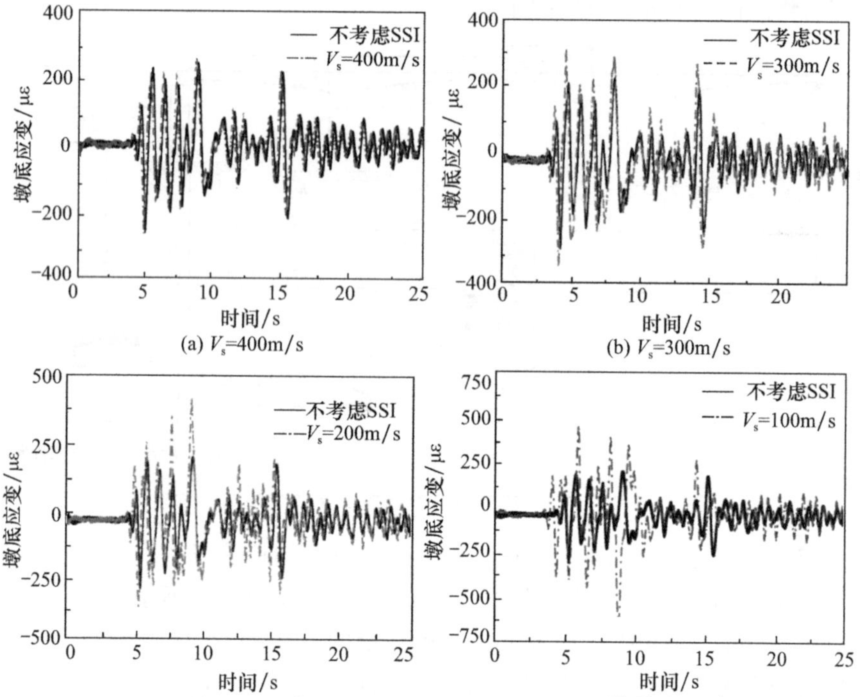

(a) V_s=400m/s　　(b) V_s=300m/s

(c) V_s=200m/s　　(d) V_s=100m/s

图 14.4.25　El-Centro 波作用下 3# 墩墩底钢筋应变时程曲线

采用特征周期为 0.25s 的人工波作为输入地震动，沿纵桥方向加载对连续刚构桥进行试验。图 14.4.26 为Ⅰ类场地人工地震动作用下，同一土层厚度，不同剪切波速的情况下，刚构桥中墩墩顶相对位移和主梁跨中挠度时程曲线(墩顶相对位移为墩顶相对于墩底的位移)。从图 14.4.26(a)可以看出，Ⅰ类场地人工地震作用下，当地基土剪切波速由 400m/s 减小到 200m/s 时，桥墩的墩顶相对位移最大值由 4.831mm 增大到 7.51mm，增幅为 55.4%，这说明 SSI 效应增大了桥墩的变形，且当土层厚度一定时，随着剪切波速的减小，桥墩变形随之增加。从图 14.4.26(b)可以看出，当地基土剪切波速由 400m/s 减小到 200m/s 时，主梁跨中挠度最大值由 1.006mm 增大到 1.405mm，增幅为 39.6%，这说明 SSI 效应增大了主梁挠度，且当土层厚度一定时，随着剪切波速的减小，主梁挠度随之增加。

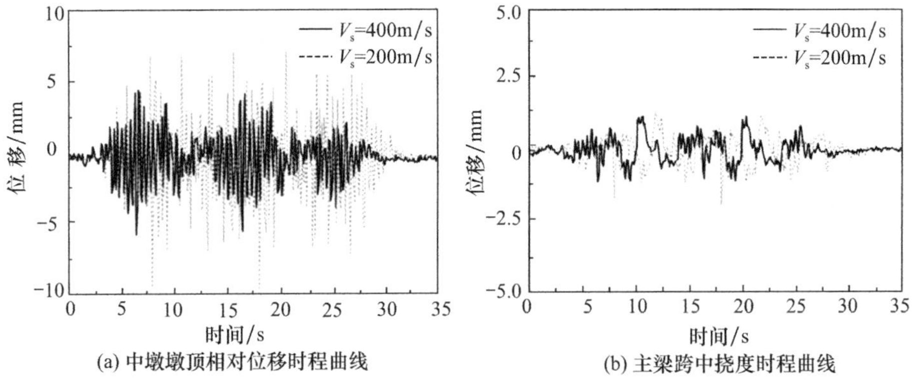

图 14.4.26　连续刚构桥中墩墩顶相对位移和主梁跨中挠度时程曲线

试验和模拟结果表明，提出的两类子结构试验方法为研究大尺寸结构中复杂介质耦合作用提供了新的试验方法。这两类子结构试验方法分别对土-基础系统和桥梁结构进行实验室试验，极大地释放了试验设备的试验能力，在同样试验设备能力的前提下能较大地提高试验试件的尺寸，能很好地避免小比例模型带来的试验误差[14-17]。

参考文献

[1] 李忠献. 工程结构试验理论与技术. 天津：天津大学出版社，2004.

[2] 李宏男. 地震工程学. 北京：机械工业出版社，2013.

[3] 谈庆明. 量纲分析. 合肥：中国科学技术大学出版社，2005.

[4] 李晰. 空间变化地震作用下曲线梁桥抗震性能研究[博士学位论文]. 北京：北京工业大学，2014.

[5] 王天稳. 土木工程结构试验. 武汉：武汉理工大学出版社，2006.

[6] 李勇. 非一致地震激励下高架连续梁桥动力响应与控制研究[博士学位论文]. 北京：北京工业大学，2012.

[7] Han Q, Dong H, Du X, et al. Pounding analysis of RC bridge considering spatial variability of ground motion. Earthquakes & Structures, 2015, 9(5): 1029-1044.

[8] 闫晓宇，李忠献，韩强，等. 多点激励下大跨度连续刚构桥地震响应振动台阵试验研究. 土木工程学报，2013,(7): 81-89.

[9] 屈铁军,王君杰,王前信.空间变化的地震动功率谱的实用模型.地震学报,1996,(1):55-62.

[10] Nakashima M, Kato H, Takaoka E. Development of real-time pseudo dynamic testing. Earthquake Engineering & Structural Dynamics,2010,21(1):79-92.

[11] 杜修力,赵建锋,韩强.精度可控地基阻抗力的一种时域差分计算方法.力学学报,2008,40(1):59-66.

[12] 赵建锋,杜修力.基础阻抗力时域递归参数的计算方法及程序实现.岩土工程学报,2008,30(1):34-38.

[13] 赵建锋.考虑土-结动力相互作用和多点输入的桥梁非线性地震响应分析[博士学位论文].北京:北京工业大学,2007.

[14] 唐贞云.基于振动台的实时动力子结构实验方法研究[博士学位论文].北京:北京工业大学,2012.

[15] 闫晓宇,李忠献,李勇,等.考虑土-结构相互作用的多跨连续梁桥振动台阵试验研究.土木工程学报,2013,(11):98-104.

[16] 闫晓宇,李忠献,韩强,等.考虑土-结构相互作用的大跨度连续刚构桥振动台阵试验研究.工程力学,2014,31(2):58-65.

[17] 周大兴.考虑土-结构相互作用大跨径连续梁桥抗震性能研究[博士学位论文].北京:北京工业大学,2012.